Linß / Linß / Greiner / Illhardt

# Qualitätsmanagement – Integrierte Managementsysteme

Gerhard Linß
Elske Linß
Philipp Greiner
Sebastian Illhardt

# Qualitätsmanagement – Integrierte Managementsysteme

Umwelt, Energie, Arbeits- und Informationssicherheit

unter Mitarbeit von:
Prof. Dr. rer. nat. Gunther Notni
Dr.-Ing. Maik Rosenberger
Dr.-Ing. Dominik Höppner
Dipl.-Designerin Carmen Linß
Dipl.-Designer Hendrik Lührs
Dr.-Ing. B. Sc. Ec. Oksana Fütterer
Dipl.-Ing. Steffen Lübbecke
M. Sc. Marco Senfleben
M. Sc. Richard Weddige
M. Sc. Lucas Krahl
M. Sc. Alexej Drachenberg
M. Sc. Richard Heinold

HANSER

Über die Autor:innen:
**Univ.-Prof. Dr.-Ing. habil. Gerhard Linß** – Technische Universität Ilmenau, Fakultät für Maschinenbau
**Dr.-Ing. Elske Linß** – Materialforschungs- und -prüfanstalt an der Bauhaus-Universität Weimar
**Dr.-Ing. Philipp Greiner** – Steinbeis Qualitätssicherung und Bildverarbeitung GmbH Ilmenau
**B. Sc. Sebastian Illhardt** – Technische Universität Ilmenau, Arbeits-, Brand- und Gesundheitsschutz

MIX
Papier aus verantwortungsvollen Quellen
FSC® C083411

Print-ISBN: 978-3-446-47996-8
E-Book-ISBN: 978-3-446-48033-9



Bibliografische Information der Deutschen Nationalbibliothek:
Die Deutsche Nationalbibliothek verzeichnet diese Publikation in der Deutschen Nationalbibliografie; detaillierte bibliografische Daten sind im Internet unter http://dnb.d-nb.de abrufbar.


Vilshofener Straße 10 | 81679 München | info@hanser.de
*www.hanser-fachbuch.de*
Lektorat: Lisa Hoffmann-Bäuml, Sophia Zschache
Herstellung: Carolin Benedix
Covergestaltung: Max Kostopoulos
Titelmotiv: © dpa Picture-Alliance GmbH, Fotograf Gero Breloer
Satz: Eberl & Koesel Studio, Kempten
Druck: CPI Books GmbH, Leck
Printed in Germany

# Vorwort

*„Wer das Ziel kennt, kann entscheiden;*
*wer entscheidet, findet Ruhe;*
*wer Ruhe findet, ist sicher;*
*wer sicher ist, kann überlegen;*
*wer überlegt, kann verbessern".*

Konfuzius (551 v. Chr. bis 479 v. Chr.)

Qualitätsmanagement ist eine Querschnittsdisziplin und dient der Analyse, Prüfung, Beurteilung und Qualitätsregelung materieller und immaterieller Produktions- und Dienstleistungsprozesse.

Seit der ersten Einführung der weltweit geltenden Normenfamilie ISO 9000 ff. im Jahr 1987 hat sich das Wissensgebiet und die Bedeutung des Qualitätsmanagements (QM) kontinuierlich stark weiterentwickelt.

Qualität wird zunehmend mit einer nachhaltigen und umweltgerechten Produktion in den Unternehmen und Organisationen in Verbindung gebracht.

Aktuell werden dem Begriff Qualität immer mehr auch Anforderungen zur Nachhaltigkeit, Umweltsicherung, Energieeinsparung, Cybersicherheit und Arbeitssicherheit zugeordnet. In vielen Branchen wie beispielsweise Dienstleistung, öffentliche Verwaltung, Bildungswesen, Automobilindustrie, Luft- und Raumfahrt, Militärtechnik, Energietechnik, Gesundheitswesen, Software und Kommunikationstechnologien entwickelt sich deshalb ein nachhaltiges Qualitätsmanagement zu einem immer bedeutenderen Wettbewerbsfaktor.

Die EU-Richtlinie zur Nachhaltigkeit „Corporate Sustainability Reporting Directive (CSRD)" ist am 05. Januar 2023 in Kraft getreten und muss nach 18 Monaten von den Mitgliedstaaten der EU umgesetzt werden. Das bedeutet, dass mit dem Geschäftsjahr 2025 erstmals alle großen EU-Unternehmen dazu verpflichtet sind, ausführlich über ihr Nachhaltigkeitsmanagement und über die Auswirkungen von Chancen und Risiken für das Geschäftsjahr 2025 zu berichten. Das betrifft Unternehmen mit mindestens 250 Arbeitnehmern und mehr als 50 Mio. EUR Umsatz sowie mit einer Bilanzsumme größer als 25 Mio. EUR. Voraussetzung ist hierbei, dass zwei der drei genannten Kriterien vom Unternehmen erfüllt werden. Die Berichtsinhalte sind im europäischen Nachhaltigkeitsstandard „European Sustainability Reporting Standards – ESRS" enthalten. Momentan betrifft das europaweit ca. 50 000 Unternehmen. Verantwortlich für die Berichterstattung sind die Unternehmensleitungen einschließlich der Aufsichtsräte.

Weiterhin werden im Normungssektor für die nachhaltige Wiederaufarbeitung gebrauchter Geräte unter dem Begriff Remanufacturing mit der DIN SPEC 91472 die Qualitätsanforderungen für industrielle Hersteller und Inverkehrbringer festgelegt. Ein bedeutender Schritt zu einer nachhaltigen industriellen Produktion ist auch das Lieferkettensorgfaltspflichtengesetz (LkSG).

Neue Normen wie beispielsweise zum Umwelt- und Energiemanagement, zur Informations- und Arbeitssicherheit sowie zur Akkreditierung von Prüflaboratorien sind in den Organisationen einzuführen und in Managementsystemen zu integrieren. Neue Managementbereiche beispielsweise zum Energiemanagement, zur IT-Sicherheit und zum Krisen- und Risikomanagement sind hinzugekommen.

Dabei hat sich die weltweit gültige Qualitätsnorm ISO 9001 zu einer Leitnorm mit der High Level Structure (HLS) für den Aufbau von integrierten Managementsystemen (IMS) entwickelt.

Seit Mai 2021 ist der Begriff Harmonized Structure (HS) für eine einheitliche Struktur und einen einheitlichen Rahmen für neue und zu überarbeitende ISO-Managementnormen eingeführt worden. Der Unterschied zur High Level Structure (HLS) ist gering. Beispielsweise sind die Begriffe „Planung von Änderungen und Aufbewahren" und „Aufrechterhaltung von dokumentierten Informationen" präzisiert worden.

Integrierte Managementsysteme haben das Ziel, unterschiedliche Managementnormen einer Organisation zu vereinheitlichen, um Synergien zu schaffen und die Effizienz zu steigern. Dabei müssen die Anforderungen unterschiedlicher Normen wie beispielsweise DIN EN ISO 14001 (Umweltmanagement), DIN ISO 45001 (Arbeitssicherheitsmanagement) und DIN EN ISO/IEC 27001 (Informationssicherheit) zu einem integrierten Managementsystem (IMS) zusammengeführt und integriert werden. Anwendbare dokumentierte Informationen in Managementsystemen sollten nach ISO 24494-1 den vier Grundsätzen der Sprache – Relevanz, Auffindbarkeit, Verständlichkeit und Anwendbarkeit – entsprechen.

Ziel dieses Lehr- und Praxisbuchs ist es, das Fachgebiet der integrierten Managementsysteme strukturiert und inhaltlich umfassend zu beschreiben. Zudem werden die Zusammenhänge und Synergien zwischen den unterschiedlichen Normenanforderungen aufgezeigt.

Die Anforderungen nach der Leitnorm DIN EN ISO 9001 für das Qualitätsmanagement und weiterer Anforderungsnormen (DIN ISO 45001, DIN EN ISO 14001, DIN EN ISO 50001, DIN EN ISO/IEC 27001, TISAX nach VDA ISA und DIN EN ISO/IEC 17025) werden mit Hinweisen zur Umsetzung so dargestellt, dass auch dem Praktiker und den Studierenden die Anwendung des Wissens ermöglicht wird. Ein wichtiges Anliegen des Buchs ist es, dass die Anforderungen unterschiedlicher Managementnormen mittels der Harmonized Structure (HS) in ein integriertes Managementsystem (IMS) zusammengeführt werden können. Durch die vorhandenen Synergien können bis zu 50 % des Aufwands durch die Integration eingespart werden [Ill 19].

Zwei weitere Bücher des Hanser Verlags vervollständigen das Wissensgebiet:

- **„Qualitätsmanagement – Grundlagen. Aufbau und Zertifizierung von Managementsystemen, Metrologie, Messtechnik“**
- **„Qualitätsmanagement – Methoden und Werkzeuge. Planung, Realisation, Auswertung und Verbesserung“**

In beiden ergänzenden Büchern werden die Grundlagen sowie die Werkzeuge und Methoden (Qualitätstechniken, Quality Tools) des Qualitätsmanagements systematisch beschrieben. Die stringente **Systematisierung der Inhalte** hat sich sehr bewährt und trägt wesentlich zur Übersichtlichkeit und zum Verständnis für Studierende und Praktiker bei.

Insbesondere werden für den Aufbau von IMS die vereinheitlichte Struktur entsprechend der Harmonized Structure (HS) und die Anforderungen der DIN EN ISO 9001:2015 berücksichtigt.

Eine umfangreiche **Sammlung** von **Programmen, Qualitätstools, Formularen, QM-Handbüchern, Verfahrens- und Prozessbeschreibungen sowie praktische Beispiele** und Software sind für dieses Lehr- und Praxisbuch im Downloadbereich des Hanser Verlags unter *plus.hanser-fachbuch.de* zu finden. Damit werden wesentliche **Trainings- und Hilfsmittel** für die tägliche Arbeit bereitgestellt.

Dieses Buch wäre undenkbar ohne die langjährigen und umfangreichen Arbeiten unserer Mitarbeitenden und Studierenden, deren Leistungen durch die Quellenangaben gewürdigt werden.

Besonderer Dank gebührt B. Sc. Jennifer Szymkiewicz, M. Sc. Marco Senfleben M. Sc. Richard Weddige, M. Sc. Jennifer Wolf, M. Sc. Luise Adolph, Dipl.-Wirtsch.-Ing. Christian Kleinen, Dr.-Ing. Axel Sichardt, Dipl.-Ing. Steffen Lübbecke, M. Sc. Alexander Drachenberg, M. Sc. Richard Heinold, M. Sc. Hardy Grimm, M. Sc. Lucas Krahl, Dipl.-Ing. (FH) Marion Zumpf und B. Sc. Shirley-Aida Krings für ihre Mitarbeit.

Bei Frau Dipl.-Designerin Carmen Linß und Herrn Dipl.-Designer Hendrik Lührs (design:lab weimar GmbH) möchten wir uns für die starke Unterstützung bei der Erarbeitung der Inhalte zum Informationssicherheitsmanagement und zum Trusted Information Security Assessment Exchange Systeme – TISAX nach VDA ISA bedanken.

An dieser Stelle möchten wir unseren herzlichen Dank für die ganz ausgezeichnete und konstruktive Zusammenarbeit mit Frau Lisa Hoffmann-Bäuml und Frau Sophia Zschache vom Carl Hanser Verlag München aussprechen.

Gedankt sei auch den Studierenden und Mitarbeitenden der Technischen Universität Ilmenau sowie den Mitarbeitenden der SQB GmbH Ilmenau, die im Rahmen von Projekten, Lehrveranstaltungen, Praktika, Bachelor-/Masterarbeiten und durch zahlreiche Hinweise dazu beigetragen haben, das Buch zu ermöglichen.

Bei Frau Dipl.-Ing. Margita Linß möchten wir uns für ihre unermüdliche Beratung und langjährige Unterstützung bei allen Buchprojekten sehr herzlich bedanken.

Hinweise zur Verbesserung, Korrektur und Weiterentwicklung der Inhalte dieses Buchs sind erwünscht und willkommen.

Weimar, Ilmenau, Herbst 2024

*Gerhard Linß, Elske Linß, Philipp Greiner, Sebastian Illhardt*

# Inhalt

# 1 Einführung

## 1.1 Qualität und Nachhaltigkeit

Immer mehr **Organisationen/Unternehmen integrieren Nachhaltigkeit** in ihre Unternehmensstrategie und ihr Qualitätsmanagement. Dies umfasst nicht nur die Umweltauswirkungen ihrer Produkte, sondern auch soziale und ethische Aspekte der Produktion.

**Qualität und Nachhaltigkeit** sind untrennbar miteinander verbunden und bedingen sich gegenseitig. Eine hohe Produkt- und Prozessqualität steigert zugleich auch die Nachhaltigkeit von Produkten, Prozessen und Dienstleistungen.

Je langlebiger qualitativ hochwertige Produkte sind, die aus ressourcenschonenden Materialien hergestellt wurden, desto nachhaltiger ist ihre **Umweltverträglichkeit**. Wenn ein Produkt länger genutzt wird, reduziert sich der Bedarf an Ersatz und somit der Ressourcenverbrauch und die Umweltbelastung.

Qualitativ hochwertige Produkte erfordern oft **weniger natürliche, zeitliche und finanzielle Ressourcen während ihrer Herstellung** und Nutzung, da sie effizienter sind und weniger Abfall produzieren. Das trägt zur Schonung von natürlichen Ressourcen bei.

Durch Reparatur und Wiederverwendung von qualitativ hochwertigen Produkten können diese länger genutzt werden, anstatt entsorgt zu werden. Das fördert eine **Kultur der Wiederverwendung** und reduziert den Abfall.

Unternehmen, die auf Qualität setzen, gewinnen mehr Kunden, die bereit sind, ihre Produkte länger zu nutzen. Dies führt zu einem positiven Image und trägt dazu bei, die Umwelt nachhaltig zu schonen.

Zwischen **Qualität und Nachhaltigkeit besteht ein enger Zusammenhang**. Beispielsweise reduziert eine nachhaltige Mode mit Kleidung von hoher Qualität, die länger hält und aus umweltfreundlichen Materialien hergestellt wird, den Bedarf an häufigem Kleidungskauf und mindert somit die Umweltbelastung. Auch hochwertige elektronische Geräte, die langlebig und reparierbar sind, reduzieren den Elektroschrott und den Bedarf an Rohstoffen für neue Produkte. Lebensmittel von hoher Qualität, die ökologisch angebaut und verarbeitet werden, fördern die Gesundheit und verringern die Umweltbelastung im Vergleich zu minderwertigen, ressourcenintensiven Lebensmitteln. Generell trägt eine Fokussierung auf hochwertige Qualität dazu bei, dass Produkte ressourcenschonender hergestellt werden und länger nutzbar sind, was wiederum zur Nachhaltigkeit beiträgt.

Einen wichtigen Beitrag leistet auch die **Kreislaufwirtschaft**. Hierbei geht es darum, Produkte und Materialien so zu gestalten, dass sie am Ende ihres Lebenszyklus wiederverwendet oder recycelt werden können, ohne an Qualität zu verlieren. Das fördert die Nachhaltigkeit, indem Abfälle minimiert und Ressourcen besser genutzt werden.

In unterschiedlichen Branchen haben **Zertifizierungen für nachhaltige und qualitativ hochwertige Produkte** einen großen Einfluss auf die Nachhaltigkeit. Beispiele sind das Fair-Trade-Siegel für fairen Handel oder Zertifizierungen für die ökologische Landwirtschaft.

Qualität fördert das Bewusstsein der Verbraucher für nachhaltige und qualitativ hochwertige Produkte. Verbraucher wählen vermehrt Produkte, die länger halten und umweltfreundlicher hergestellt sind, was Hersteller dazu motiviert, qualitativ hochwertige und nachhaltige Optionen anzubieten.

Bildungseinrichtungen und Forschungsinstitute spielen eine wichtige Rolle bei der **Entwicklung nachhaltiger Materialien und Produktionsmethoden** sowie bei der Ausbildung zukünftiger Generationen von Fachleuten für Qualität und Nachhaltigkeit.

**Fortschritte in Technologie und Materialwissenschaft** ermöglichen die Entwicklung hochwertiger Materialien und Produkte, die gleichzeitig umweltfreundlich und langlebig sind. Beispielsweise kommen insbesondere im Handel biologisch abbaubare Materialien für Verpackungen und Produkte zunehmend zum Einsatz.

Die **Verbindung zwischen Qualität und Nachhaltigkeit** ist also ein komplexes Netzwerk aus Produktentwicklung, Produktion, Verbraucherverhalten, Qualitätsmanagement und Innovation. Es erfordert ein ganzheitliches Denken und Handeln von verschiedenen Akteuren, um sowohl die Qualität als auch die Nachhaltigkeit von Produkten, Prozessen und Dienstleistungen zu verbessern.

**Integrierte Managementsysteme** zur Erfüllung der Anforderungen aus unterschiedlichen Managementnormen, beispielsweise für Qualität, Umwelt, Arbeitssicherheit, Energie u. a., sind deshalb ein herausragendes Mittel, um Qualität und Nachhaltigkeit in den Organisationen/Unternehmen strategisch und kontinuierlich umzusetzen.

## 1.2 Begriffe zu Management und Qualität

Qualitätsmanagement ist ein interdisziplinäres Fachgebiet und nutzt deshalb Begriffe aus verschiedenen Wissensgebieten. Deshalb ist die **Terminologie** für die Verständigung besonders notwendig. So wie in der Mathematik ein Satz nur dann bewiesen werden kann, wenn er sich auf andere bereits bewiesene Sätze stützen kann, so ist es auch in der Qualitätslehre notwendig, ein festes Gebäude an definierten und wohlgeordnet in Beziehung stehenden Begriffen als Unterbau sämtlicher Ausführungen zu haben.

Für die Weiterentwicklung des Qualitätsmanagements ist es daher unbedingt notwendig, Begriffe einheitlich zu definieren und zu verwenden. Gerade für den Lernenden ist es schwierig, den Sinn eines Sachverhalts zu verstehen, wenn für diesen die Begrifflichkeiten nicht geordnet sind. Es wird in solchen Fällen zwischen Homonymen und Synonymen unterschieden. Ein **Homonym** bezeichnet einen Begriff, der gleichlautend, aber bedeutungsverschieden mit einem anderen Begriff ist. Beispielsweise bezeichnet „Lehre" sowohl Ausbildung als auch ein Prüfmittel in der Fertigungsmesstechnik. Ein **Synonym** ist ein Begriff, der bedeutungsgleich, aber nicht gleichlautend ist. Beispielsweise ist der Begriff „Aktivität" ein Synonym für „Tätigkeit". Begriffsunsicherheiten können zu Komplikationen führen und den Gedankenaustausch und damit den wissenschaftlichen Fortschritt behindern. Daher werden zunächst einige Grundbegriffe zum Management/Qualitätsmanagement und zur Messtechnik eingeführt.

Im Qualitätsmanagement werden unterschiedliche Objekte zu unterschiedlichen Zwecken betrachtet. Diese Objekte werden als Einheit bezeichnet.

> ☑ **Einheit:** Materieller oder immaterieller Gegenstand der Betrachtung [Gei 08], das, was einzeln beschrieben und betrachtet werden kann [Nor 13e].

Eine Einheit ist prinzipiell das, was einzeln beschrieben und betrachtet werden kann. Einheiten können spezifiziert werden als:

- Tätigkeiten
- Produkte (Ergebnisse von Prozessen und Tätigkeiten)
- Systeme
- Personen
- sonstige Einheiten
- Kombinationen aus Einheiten

Produkte werden unterschieden in materielle und immaterielle Produkte. Um Einheiten zu beschreiben, wird der Begriff der Beschaffenheit benötigt.

**Beschaffenheit:** Gesamtheit der inhärenten Merkmale einer Einheit sowie der zu diesen Merkmalen gehörenden Merkmalswerte [Nor 13e].

Das Merkmal ist definiert als:

**Merkmal:** kennzeichnende Eigenschaft [Nor 15b].

Merkmale werden unterschieden in

- inhärente (der Einheit innewohnende) Merkmale und
- zugeordnete Merkmale.

Um die Beschaffenheit einer Einheit zu beschreiben, müssen zunächst **Merkmale der Einheit** definiert werden. Soll beispielsweise die Beschaffenheit des Produkts „Schlüsselschraube" beschrieben werden, können folgende Merkmale definiert werden:

- Länge
- Durchmesser
- Gewindesteigung
- Schlüsselweite
- Zugfestigkeit
- Preis
- Farbe usw.

Es fällt auf, dass sich die Liste der Merkmale beliebig fortsetzen lässt. Die Festlegung der Merkmale muss daher unter einem bestimmten Blickwinkel erfolgen. So können beispielsweise definiert werden:

- qualitätsbezogene Merkmale
- sicherheitsbezogene Merkmale
- umweltbezogene Merkmale

Sind die Merkmale der Einheit definiert, kann deren **Wert** ermittelt werden. Die Beschaffenheit ergibt sich dann laut Definition aus den Merkmalen und deren Werten.

An Einheiten werden bestimmte Forderungen gestellt. Sind diese qualitätsbezogen, handelt es sich um Qualitätsforderungen.

**Qualitätsforderung:** Gesamtheit der betrachteten Einzelforderungen an die Beschaffenheit einer Einheit in der betrachteten Konkretisierungsstufe der Einzelforderungen [Gei 08].

Qualitätsforderungen bestehen demnach aus **Einzelforderungen**; diese sind die Forderungen an die Merkmale der Einheit. Für die in der Definition genannten Konkretisierungsstufen der Einzelforderungen sollen für die Einheit Schlüsselschraube und das Merkmal Länge einige Beispiele angegeben werden (Tabelle 1.1).

**Tabelle 1.1** Beispiele für Einzelforderungen je Konkretisierungsstufe

| Konkretisierungsstufe | Einzelforderung in Konkretisierungsstufe |
|---|---|
| 1 Anforderungsanalyse | Länge muss ausreichend sein, um zwei Bleche miteinander zu verbinden |
| 2 Pflichtenheft | $\text{Länge} = 100\ \text{mm} \pm 0{,}5\ \text{mm}$ |
| 3 Warenausgangsprüfung | Mittelwert entsprechend DIN ISO 3951 normal mit AQL = 0,4 und Prüfniveau II |

Die Qualitätsforderung an die gesamte Einheit ergibt sich aus der Summe der Einzelforderungen in der betrachteten Konkretisierungsstufe, d. h. aus allen Forderungen aller Merkmale. Um Qualitätsforderungen zu graduieren, wird die Anspruchsklasse benutzt.

☑ **Anspruchsklasse:** Kategorie oder Rang, die oder der den verschiedenen Qualitätsanforderungen an Produkte, Prozesse oder Systeme mit demselben funktionellen Gebrauch zugeordnet ist [Nor 15b].

Unterschiedliche Anspruchsklassen sind beispielsweise die Klassen bei der Eisenbahn. Die Qualitätsforderungen der Anspruchsklasse 1 (1. Klasse) sind höher als die Qualitätsforderungen der Anspruchsklasse 2 (2. Klasse). Werden Anspruchsklassen nummeriert, sollte die höchste mit 1 und alle weiteren mit 2, 3 usw. bezeichnet werden. Die Qualität einer Einheit ist das Verhältnis zwischen der vorhandenen Beschaffenheit der Einheit und der geforderten Beschaffenheit.

☑ **Qualität:**

a) „realisierte Beschaffenheit einer Einheit bezüglich Qualitätsforderung" [Gei 98]
b) „Grad, in dem ein Satz inhärenter Merkmale Anforderungen erfüllt" [Nor 15b]
c) „Qualität ist die Übereinstimmung mit den Anforderungen" [Cro 79]
d) „Qualität = Gebrauchstauglichkeit = Fitness for use" [Jur 87]

Dieser Qualitätsbegriff lässt eine differenzierte Aussage über die Qualität von Einheiten zu (Bild 1.1).

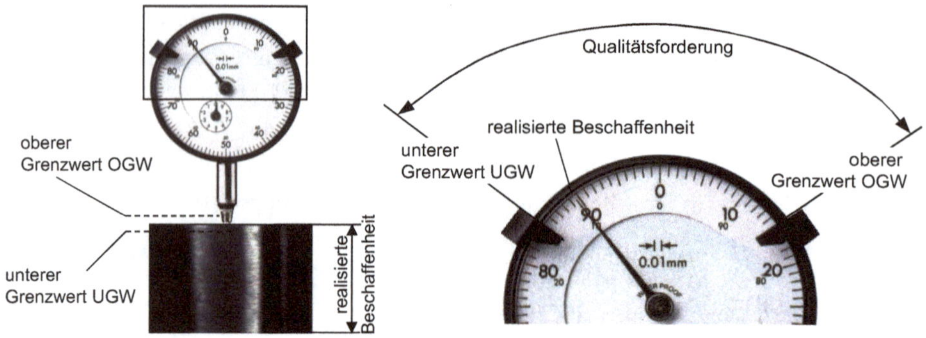


**Bild 1.1** Qualitätsforderungen und realisierte Beschaffenheit bei einer Messung

In der Praxis ist es zumeist notwendig, die Qualität alternativ mit „ausreichend" (forderungskonform) und „nicht ausreichend" (nicht forderungskonform) zu bezeichnen, wie dieses beispielsweise bei Annahmeprüfungen der Fall ist. Vom Wesen her ist der Qualitätsbegriff jedoch stetig.

Der Begriff „Qualitätsmanagement" besteht aus dem Grundwort „Management" und dem Bestimmungswort „Qualität". Unter Management wird verstanden:

> ☑ **Management:** Koordinierte Tätigkeiten zur Erreichung von Zielen [Gei 08].

Dieser Begriff des Managements ist sehr allgemein gefasst. Ist das Management auf die Erreichung spezieller Ziele ausgerichtet, ist es **aufgabenbezogen**. Es kann sich beispielsweise auf Kosten, Umwelt, Prüfmittel, Wissen oder Qualität beziehen. Dieser Bezug wird durch eine Erweiterung des Managementbegriffs dargestellt. Auf diese Weise entstehen beispielsweise die Begriffe Kostenmanagement, Umweltmanagement, Prüfmittelmanagement, Wissensmanagement und Qualitätsmanagement.

Qualitätsmanagement ist dabei wie folgt definiert:

> ☑ **Qualitätsmanagement:** Aufeinander abgestimmte Tätigkeiten zum Leiten und Lenken einer Organisation bezüglich der Qualität [Nor 15b].

In Wortverbindungen kann Qualitätsmanagement mit dem Kürzel „QM" abgekürzt werden (z. B. QM-System). **Bestandteile des Qualitätsmanagements** sind z. B.:

Qualitätspolitik, Qualitätsziele, Qualitätsplanung, Qualitätslenkung, Qualitätssicherung und Qualitätsverbesserung.

Häufig wird noch der Begriff **Qualitätssicherung** als Oberbegriff verwendet, dies ist jedoch nicht mehr zu empfehlen. Die 1974 durch die Deutsche Gesellschaft für Qualität e. V. (DGQ) als Oberbegriff eingeführte Bezeichnung Qualitätssicherung wurde durch die Neuauflage der ISO 9001 im Jahre 1994 durch den Begriff Qualitätsmanagement ersetzt. Qualitätssicherung selbst soll nur noch in Verbindung mit QM-Darlegung benutzt werden.

**Qualitätssicherung:** Teil des Qualitätsmanagements, der auf das Erzeugen von Vertrauen gerichtet ist, dass Qualitätsanforderungen erfüllt werden [Nor 15b].

Demgegenüber werden mit Qualitätswesen die Organisationsstrukturen im Unternehmen bezeichnet.

**Qualitätswesen:** Organisatorische Einheit, die sich vorwiegend mit Qualitätsmanagement befasst [Gei 08].

Der Begriff des Systems ist wie folgt erklärt:

**System:** Satz von in Wechselbeziehung oder Wechselwirkung stehenden Elementen [Nor 15b].

Ein Managementsystem ist ein spezielles System, nämlich:

**Managementsystem:** System zum Festlegen von Politik und Zielen sowie zum Erreichen dieser Ziele [Nor 15b].

Wird eine Organisation durch das Management hinsichtlich der Qualität geleitet und gelenkt, handelt es sich um ein Qualitätsmanagement.

**Qualitätsmanagementsystem:** Managementsystem zum Leiten und Lenken einer Organisation bezüglich der Qualität [Nor 15b].

Höhere Kundenorientierung und zunehmende Komplexität von Produkten und Dienstleistungen (immaterielle Produkte) rücken Fragen der Qualität und Nachhaltigkeit immer mehr in den Vordergrund unternehmerischen Handelns. Das Wort **„Qualität“** ist vom lateinischen „qualis“ – „wie beschaffen“ – abgeleitet. Qualität wird durch die Nutzer wahrgenommen und dient der Bedürfnisbefriedigung der Kunden.

Qualitativ hochwertige Produkte und Prozesse realisieren eine hohe technische Zuverlässigkeit und führen zu einer Risikominimierung und damit zu einer Verringerung der Produkthaftung.

Die Kriterien Qualität, Preis und Termin/Liefertreue sind die wesentlichen Erfolgsfaktoren eines Unternehmens (Bild 1.2).

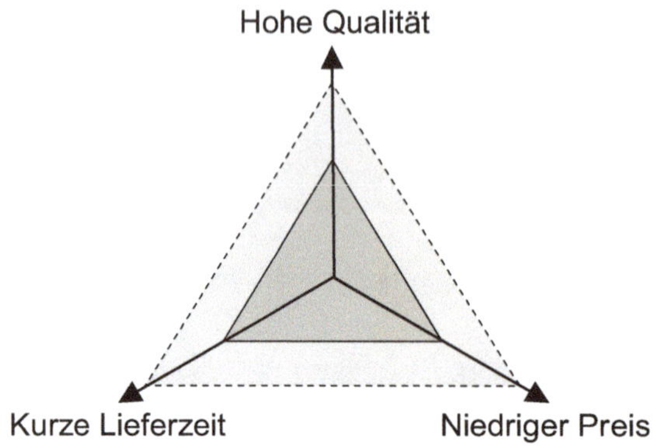


**Bild 1.2** Qualität-Preis-Lieferzeit-Dreieck [Mas 14]

Zur Herstellung qualitativ hochwertiger Produkte mit minimalem Aufwand sind **fähige und beherrschte Prozesse** Voraussetzung [Hof 86]. Das bedeutet:

> Prozessqualität ist die Voraussetzung für Produktqualität.

## 1.3 Messgrößen zur Beschreibung der Qualität

Qualitätssicherung und Qualitätsmesstechnik sind gekennzeichnet durch digital vernetzte Messtechnik, Sensoren, Bildverarbeitungssysteme und Managementsysteme sowie von Menschen, Maschinen, Anlagen und Logistik. Zur Beschreibung und Qualifizierung von Qualität sind **Messungen** erforderlich.

> **Qualitätsmesstechnik (Qualitätsmetrologie)** ist die Vorbereitung, Durchführung und Auswertung von qualitätsfähigen Messungen mit qualitätsfähigen Messmitteln und Messpersonen unter qualitätsfähigen Randbedingungen zur Ermittlung der qualitätsbestimmenden Parameter von Produkten (Erzeugnissen und Dienstleistungen).
>
> **Qualitätsfähigkeit** ist die Eignung einer Organisation oder eines Systems oder eines Prozesses zum Realisieren eines Produkts, das die Anforderungen an dieses Produkt erfüllt [Nor 15b].

Qualitätsfähige Messungen müssen grundsätzlich unter Wiederholbedingungen vorbereitet, durchgeführt und ausgewertet werden.

**Wiederholbedingungen** liegen vor, wenn die Messaufgabe eindeutig und vollständig formuliert ist und garantiert gelöst werden kann. Die Messperson oder der Messautomat gewinnen die Messinformation durch vorgeschriebene determinierte Handlungen und Entscheidungen bei der Vorbereitung, Durchführung und Auswertung der Messungen. [Hof 86]

Bedeutenden Einfluss auf das Qualitätsmanagement hat die moderne Entwicklung der Mess- und Informationstechnik in Produktion und Dienstleistung.

Qualität ist im Sprachgebrauch ein unscharfer Begriff. Deshalb sind Inhalt, Objektivität, Genauigkeit, Reproduzierbarkeit, Prüfbarkeit und Vergleichbarkeit von Qualität nicht trivial. [Hof 86]

Mit anderen Worten ist Qualität das Verhältnis zwischen realisierter Beschaffenheit und Qualitätsforderungen. Die Beschaffenheit einer Betrachtungseinheit setzt sich wiederum aus den **Merkmalen** und den **Werten dieser Merkmale** zusammen. Die Merkmale $X_i$ sind – sofern sie messbar sind – die **messbaren Stellvertreter** der Qualität (Bild 1.3).

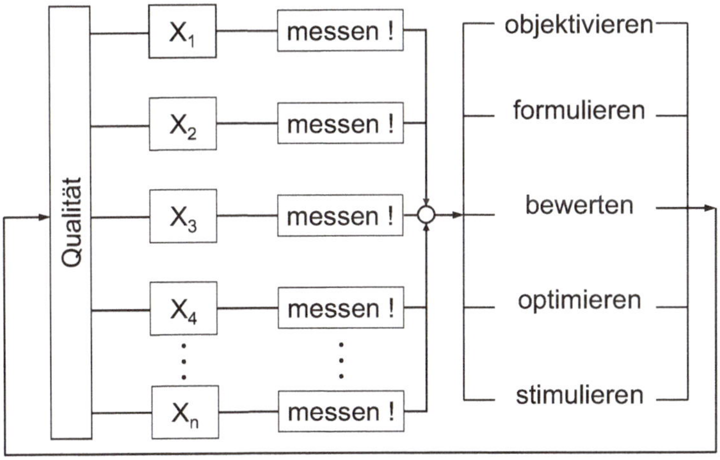


**Bild 1.3** Beschreibung der Qualität durch messbare Stellvertreter – Qualitätsmerkmale

Nicht messbare Merkmale können für eine objektivierte Qualitätssicherung nicht herangezogen werden.

Durch **messbare Stellvertreter** verliert Qualität ihre Anonymität und wird fassbar. Darüber hinaus können die Dienste des weltweit akzeptierten staatlichen und betrieblichen Messwesens in Anspruch genommen werden. Es gibt auch Qualitätseigenschaften, die heute noch nicht messbar sind. Für diese müssen schrittweise ebenfalls die Voraussetzungen für ihre Messbarkeit geschaffen werden.

Die Messtechnik nimmt hieran selbst erheblichen Anteil, indem sie sich schrittweise von der analogen über die digitale zur intelligenten und wissensbasierten Messtechnik und Qualitätssicherung weiterentwickelt.

Die Entwicklung einer **vernetzten KI-basierten Qualitätsmesstechnik – QMT** aus den Wurzeln beispielsweise der Fertigungsmesstechnik FMT, elektrischen Messtechnik EMT und Prozessmesstechnik PMT steht mit der Entwicklung zur digital vernetzten Industrie auf der Tagesordnung. Ziel dieser Entwicklung ist der Gewinn von mehr **Messinformation je Zeit** zu gleichen oder niedrigeren Kosten.

Dadurch wird ein Anstieg der **Messinformationsqualität** $Q$ bewirkt:

$$Q = \mathrm{ld}\,\hat{m}/(t_\mathrm{E}K) \quad \text{in Bit}/(\mathrm{s}\cdot €)$$

Mit $Q$ Messinformationsqualität, ld binärer Logarithmus, $\hat{m}$ maximales metrologisches Auflösungsvermögen, $t_\mathrm{E}$ Einstellzeit, $K$ Kosten, Bit binärer Schritt, s Sekunde, € Geldeinheit.

Zum Wissensgebiet der Messtechnik muss auf die Fachliteratur verwiesen werden [Gev 06] [Hof 12] [Pfe 10] [Wei 00] [Hof 86] [Sch 23].

## 1.4 Arten von Merkmalen

Die Merkmale einer zu prüfenden Einheit können unterschiedlicher Art sein (Bild 1.4). Prinzipiell werden Merkmale unterschieden in qualitative und quantitative Merkmale. [DGQ 96]

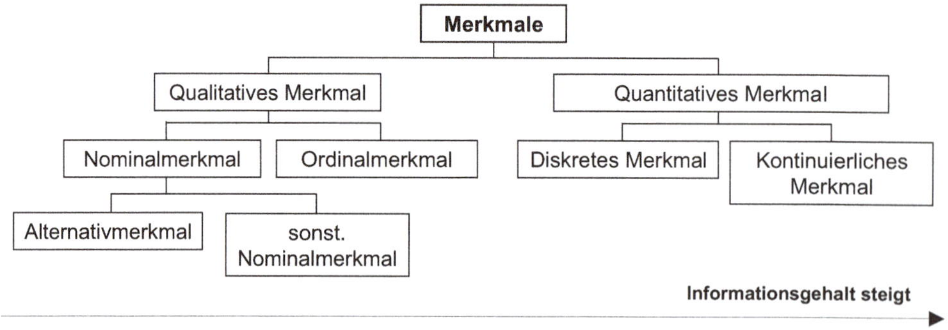


**Bild 1.4** Arten von Merkmalen [DGQ 96]

**Quantitative Merkmale:** Merkmale, deren Werte einer Skala zugeordnet sind, auf der Abstände definiert sind [DGQ 09].

Quantitative Merkmale werden weiter unterschieden in **diskrete und kontinuierliche Merkmale**. Kontinuierlich sind quantitative Merkmale, wenn sie jeden beliebigen Zwischenwert innerhalb des Wertebereichs annehmen können.

Diskret sind quantitative Merkmale, wenn ihr Wertebereich endlich oder abzählbar unendlich ist.

Ein Sonderfall der diskreten Merkmale sind Zählmerkmale, deren Wertebereich der Wertebereich der natürlichen Zahlen ist. [DGQ 09]

☑ **Qualitative Merkmale:** Merkmale, deren Werte einer Skala zugeordnet sind, auf der Abstände nicht definiert sind [DGQ 09].

Qualitative Merkmale werden unterschieden in Ordinal- und Nominalmerkmale.

**Ordinalmerkmale** sind qualitative Merkmale, die eine Ordnungsbeziehung zwischen den Merkmalswerten aufweisen (Noten).

**Nominalmerkmale** sind qualitative Merkmale, die keine Ordnungsbeziehung zwischen den Merkmalswerten aufweisen.

Ein Sonderfall der Nominalmerkmale sind **Alternativmerkmale** mit einem Wertevorrat von zwei (iO/niO, ja/nein, wahr/falsch, true/false). Datentechnisch gesehen sind Alternativmerkmale vergleichbar mit binären bzw. Boole'schen Variablen.

Die Kenntnis der Art des Merkmals ist von entscheidender Bedeutung für die Qualitäts- und Prüfplanung, da die Prüfung der unterschiedlichen Merkmalsarten in Abhängigkeit vom verwendeten Prüfmittel differenziert geplant werden muss. Von der Art des Merkmals hängt auch der Wertebereich des Merkmals ab. Bei quantitativen Merkmalen ist der Wertebereich allgemein ein Zahlenbereich – qualitative Merkmale lassen sich Listen zuordnen. [Höp 01]

Mit dem Einsatz der Qualitätsmesstechnik in der Produktion materieller Erzeugnisse und bei der Erbringung von Dienstleistungen lassen sich effektive Qualitätsregelkreise aufbauen. Managementsysteme organisieren den Aufbau und die Aufrechthaltung von Qualitätsregelkreisen für unterschiedliche Funktionen in den Organisationen/Unternehmen.

## 1.5 Qualitätsregelkreise

Die Umsetzung des betrieblichen Managements in Organisationen/Unternehmen bedeutet, materielle und immaterielle Produkte und Prozesse in Sollqualität herzustellen, Prozesse in einer Sollqualität zu regeln und fortlaufend zu verbessern. In Analogie zu technischen Regelkreisen müssen deshalb zum Beispiel für das Qualitätsmanagement Qualitätsregelkreise mit Qualitätsregelstrecke, Qualitätsregler, Qualitätsführungsgröße w, Qualitätsregelabweichung e, Qualitätssteuergröße u und Qualitätsregelgröße x aufgebaut werden (Bild 1.5).

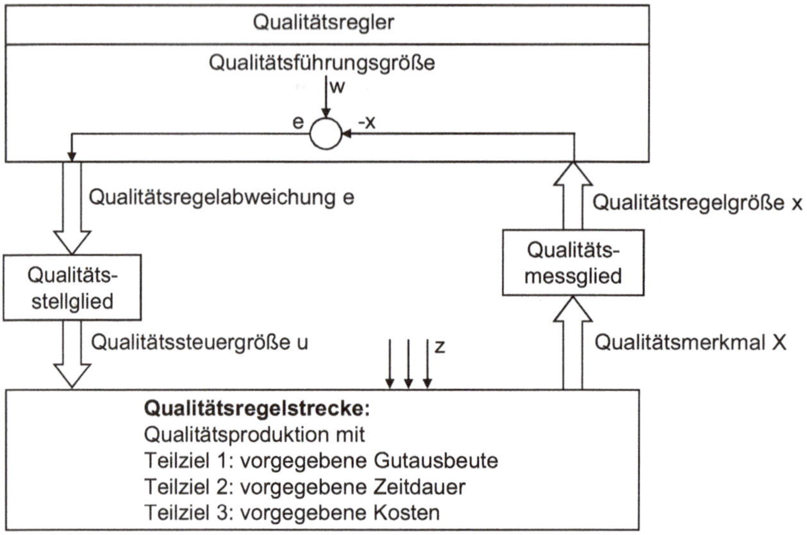


**Bild 1.5** Bestandteile und Struktur von Qualitätsregelkreisen

**Qualitätsführungsgrößen** sind beispielsweise Sollwert und Toleranzbereich eines Qualitätsmerkmals. Der Qualitätsregelkreis wird beschrieben als:

> **Qualitätsregelkreis:** abgeschlossener technologisch-organisatorischer Wirkungsablauf in einem Prozess zur Schaffung eines Qualitätsproduktes.

Für die Modellierung, Dimensionierung und praktische Umsetzung von Qualitätskreisen ist anzustreben, dass

- die Qualität durch messbare Stellvertreter – Qualitätsmerkmale – beschrieben wird,
- gestörte Qualitäten messbar sind,
- die verursachten Störungen mess- und steuerbar sind,
- die Störungen schnell erkannt und erfasst werden,
- Störungen schnell ausgeregelt werden,
- die bleibende Regelabweichung gegen null strebt,
- die Regelung selbsttätig arbeitet,
- die Regelung adaptiv arbeitet. [Lin 86]

Qualitätsregelkreise müssen sowohl für Produkte und Dienstleistungen als auch für Prozesse aufgebaut werden.

Der **Produktregelkreis (Erzeugnis-/Dienstleistungsregelkreis)** ist ein Qualitätsregelkreis, der produktorientiert (erzeugnis-/dienstleistungsorientiert) anhand der Qualitätsmerkmale des Produktes (Erzeugnis/Dienstleistung) arbeitet.

Der **Prozessqualitätsregelkreis** ist ein Qualitätsregelkreis, der produktorientiert (erzeugnis-/leistungsorientiert) anhand der Qualitätsmerkmale des Prozesses arbeitet.

Unabhängig von diesen Unterscheidungen sind alle Qualitätsregelkreise in ihrer grundsätzlichen Zielstellung produktorientiert (Bild 1.6).

Für qualitätsgerechte Leistung ist stets die Kombination von Produkt- und Prozessqualitätsregelkreis notwendig – **Produkt-Prozessqualitätsregelung**.

Bei ganzheitlicher Sicht auf den Herstellungsprozess von Produkten und Dienstleistungen muss eine weitere Unterscheidung von Qualitätsregelkreisen in **kleine Qualitätsregelkreise** (direkte Qualitätsregelung) und **große Qualitätsregelkreise** (indirekte Qualitätsregelung) erfolgen (Bild 1.6).

**Kleine Qualitätsregelkreise – KQR** dienen der laufenden Steuerung/Qualitätserzeugung im Herstellungsprozess durch unverzögerte Einflussnahme auf die einzelnen Fertigungsschritte (Werkzeugmaschine, Fertigungszelle, Bearbeitungsvorgang). Sie nehmen direkten Einfluss auf die herzustellenden Qualitätsmerkmale in der Phase ihrer Erzeugung. [Lin 86]

**Große Qualitätsregelkreise – GQR** dienen der nachträglichen Überprüfung und Qualitätsbestätigung des Herstellungsprozesses durch verzögerte Einflussnahme in mehreren Fertigungsstufen (Vorfertigung, Montage, Endprüfung, Dienstleistung). Sie nehmen indirekten Einfluss auf die herzustellenden Qualitätsmerkmale für die Phase ihrer zukünftigen Erzeugung. Bedingt ermöglichen sie eine nachträgliche Qualitätssicherung gefertigter Produkte/Dienstleistungen durch Sortierung/Korrekturmaßnahmen. [Lin 86]

Die regelungstechnische Sicht auf das Qualitätsmanagement ist eng verbunden mit der Modellierung und Beschreibung von Prozessen. Mit der ISO-Normenfamilie 9000 ff. wird der Übergang zum prozessorientierten Qualitätsmanagement gefordert.

Innerhalb eines Qualitätsregelkreises werden Entscheidungen und Maßnahmen auf Basis von Informationen getroffen. Je nach Richtung der Informationsverarbeitung werden Informationen benutzt, um in einen laufenden Prozess so einzugreifen, dass entweder auf das aktuell produzierte Teil oder auf die nächstfolgenden Teile eingewirkt wird. In der Literatur werden verschiedene Typen von Qualitätsregelkreisen definiert und unterschiedlich benannt (Tabelle 1.2).

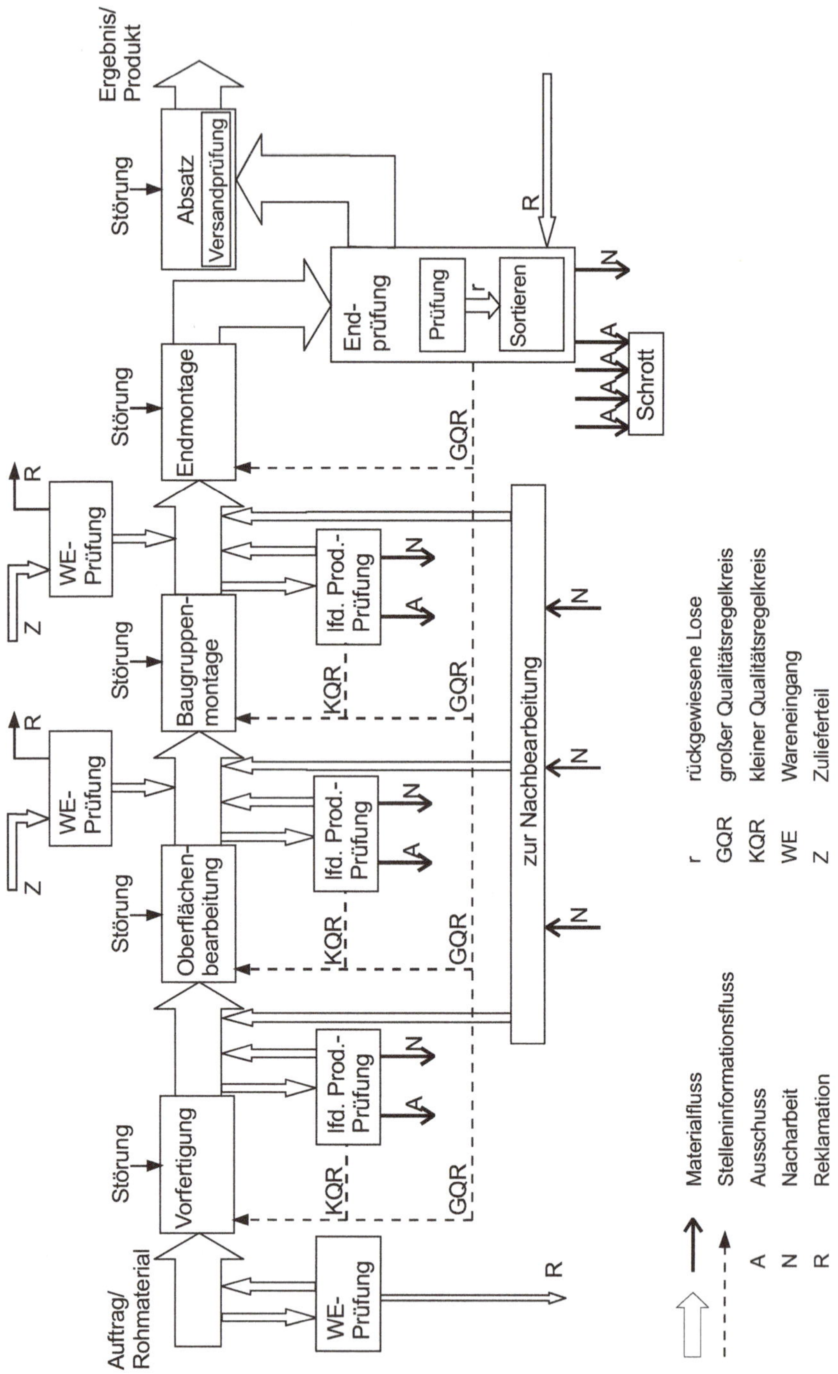


**Bild 1.6** Kleine und große Qualitätsregelkreise (KQR; GQR) in einem typischen Produktionsprozess der verarbeitenden Industrie [Lin 86]

**Tabelle 1.2** Typen und Bezeichnungen von Qualitätsregelkreisen

| Linß [Lin 86] | Hering [Her 03] | Pfeifer [Pfe 10] | Weckenmann [Wec 04] |
|---|---|---|---|
| Produktqualitätsregelreis<br>Prozessqualitätsregelkreis<br>Produkt-Prozess-Qualitäts-regelkreis<br>Großer Qualitätsregelkreis<br>Kleiner Qualitätsregelkreis | Prozess-Regelkreis<br>Teile-Regelkreis<br>Produkt-Regelkreis | Maschineninterner Quali-tätsregelkreis<br>Maschinennaher Qualitäts-regelkreis<br>Ebenenübergreifender Qualitätsregelkreis | Vorwärtsverketteter Regelkreis<br>Rückwärtsverketteter Regelkreis |

Qualitätsregelkreise können auch nach der Richtung der Informationsverarbeitung in **vorwärts-** und **rückwärtsverkettete Regelkreise** unterschieden werden [Wec 04].

### Vorwärtsverkettung

Ein **vorwärtsverketteter Qualitätsregelkreis** gibt Informationen an nachfolgende Prozessschritte weiter. Alle innerhalb des Regelkreises im Prozess vorgenommenen Änderungen betreffen das derzeit hergestellte Bauteil. Nach Möglichkeit soll versucht werden, vorhandene Abweichungen in nachfolgenden Prozessschritten aus zu regeln und die Qualität des Bauteiles falls nötig zu verbessern. [Wec 04] Auch ist ein dynamisches Überprüfen der Bauteile in einem vorwärtsverketteten Qualitätsregelkreis denkbar. Über ein Modell wird entschieden, ob das aktuell produzierte Bauteil überhaupt noch fertiggestellt oder es gleich aussortiert wird (Bild 1.7).

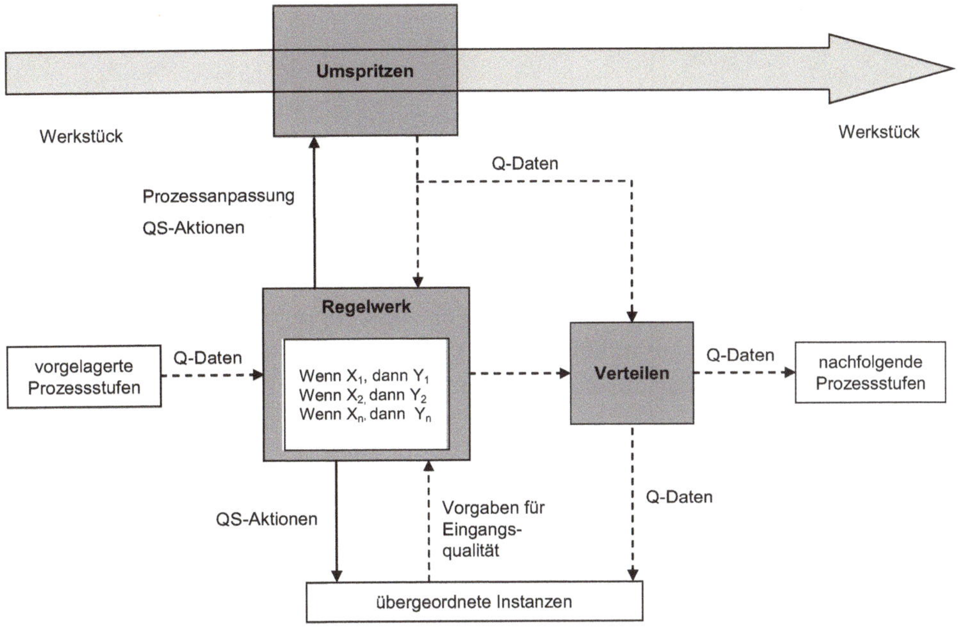


**Bild 1.7** Vorwärtsverketteter Qualitätsregelkreis [Wec 04]

### Rückwärtsverkettung

In einem **rückwärtsverketteten Qualitätsregelkreis** werden Prozessabweichungen aus vorherigen Prozessstufen erst in späteren Stufen erkannt. Nachregelungen betreffen nicht mehr das aktuell produzierte Teil, sondern erst die nachfolgend produzierten Bauteile. Bei Auftreten eines Problems gibt der rückwärtsverkettete Regelkreis die Fehlermeldung an vorgelagerte Prozessstufen zurück. Bei Empfang einer Meldung kann die Regelung Maßnahmen initiieren, um den Prozess wieder auf die Sollwerte einzustellen. [Wec 04]

Qualität ist ein Begriff, der oft schwer zu fassen ist. Die Messung von Qualitätsmerkmalen ist eine zielführende Methode, um Qualität objektiv zu beschreiben und zu definieren. Die Qualitätsmesstechnik ist das entscheidende Werkzeug, um die Qualität von Produkten und Dienstleistungen quantitativ und qualitativ beschreibbar zu machen.

Mit der Messung von Qualitätsmerkmalen wird es erst möglich, dass Organisationen/Unternehmen effektive Regelkreise für die Qualitätssicherung aufbauen.

Managementsysteme sind hervorragend geeignet, um diese Qualitätsregelkreise systematisch zu strukturieren und aufrechtzuerhalten. Managementsysteme realisieren Anforderungen und Prozesse, um Qualitätsstandards zu definieren, zu implementieren und kontinuierlich zu verbessern. Sie ermöglichen es Organisationen/Unternehmen, verschiedene Funktionen innerhalb der Organisation/des Unternehmens zu koordinieren und sicherzustellen, dass Qualitätsstandards eingehalten werden.

Messbare Qualität und Managementprozesse mit implementierten Prozessen, sind für Unternehmen unerlässlich, um Wettbewerbsfähigkeit, Kundenzufriedenheit und langfristigen Erfolg zu gewährleisten

## 1.6 Prozessorientiertes Management

Das Ziel einer Unternehmung ist es, Gewinn zu erzielen. Dieses ist jedoch nur durch die Schaffung von Mehrwert möglich – durch Wertschöpfung. **Wertschöpfung** ist die Erbringung von Dienstleistungen und die Produktion materieller Erzeugnisse. Somit ist Wertschöpfung gleichbedeutend mit **Leistungserbringung**. Ein Gewinn wird jedoch nur dann erzielt, wenn der Kunde das Produkt auch abnimmt. Der Grad der Befriedigung der Kundenbedürfnisse ist daher einer der wichtigen Faktoren der Gewinnerzielung. [Höp 01]

### Prozesse

Das Mittel der Leistungserbringung ist das Ausführen von **Kundenaufträgen** oder erwarteten Kundenaufträgen (Lageraufträgen). Die für das Unternehmen so wichtige Auftragsabwicklung besteht aus unterschiedlichen Aktivitäten. Diese werden als „Prozesse“ bezeichnet (Bild 1.8).

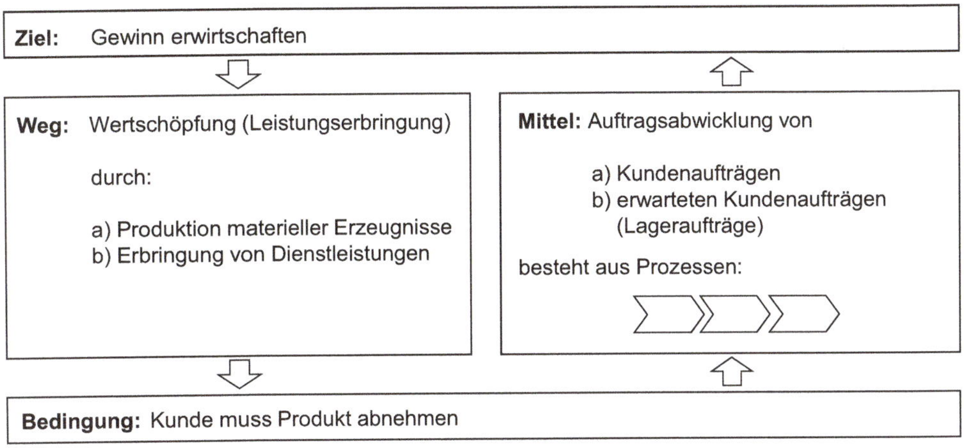


**Bild 1.8** Auftragsabwicklungsprozesse als Mittel zur Zielerreichung von Unternehmen

Der Erfolg der Unternehmung ist also direkt mit der **Leistungsfähigkeit** und der **Kundenorientierung** der Prozesse verknüpft. Daher besteht die Forderung, die Qualität der Unternehmensprozesse systematisch zu lenken und zu leiten. Das System zum Leiten und Lenken der Organisation bezüglich Qualität (QM-System) muss sich daher an den Prozessen des Unternehmens ausrichten (Bild 1.9).

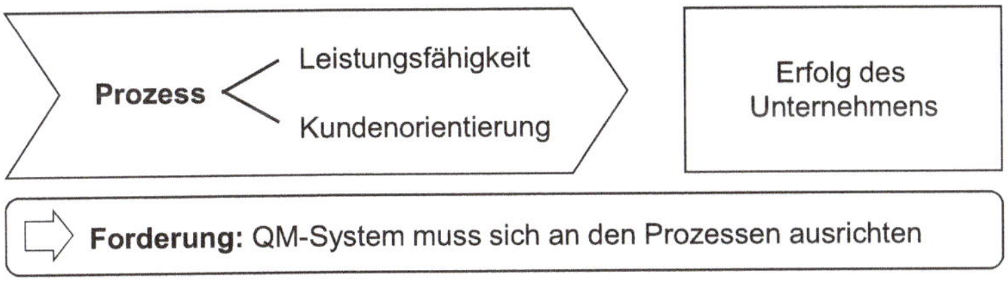


**Bild 1.9** Verknüpfung von Prozesseigenschaften und Unternehmenserfolg

Der Begriff „Prozess" wird in der Qualitätslehre wie folgt definiert:

> ☑ **Prozess:** System von Tätigkeiten, das Eingaben in Ergebnisse umgestaltet [Gei 08].

Diese in der Definition genannten Tätigkeiten stehen in Wechselwirkung und Wechselbeziehung untereinander.

> ☑ **Tätigkeit:** Verändern des Zustandes einer Einheit [Gei 08].

Der „Zustand" bezieht sich auf den Betrachtungszeitpunkt:

> ☑ **Zustand:** Beschaffenheit einer Einheit zum Betrachtungszeitpunkt [Gei 08].

Jeder Prozess wandelt bestimmte **Eingaben** (Inputs) in **Ergebnisse** (Outputs) um. Für diese Transformation werden bestimmte Mittel benötigt. Solche **Mittel** sind u. a.:

- Einrichtungen
- Anlagen
- Technologien
- Personen
- Methoden

Jeder Prozess besteht somit aus den folgenden vier Elementen (Bild 1.10) [DGQ 10]:

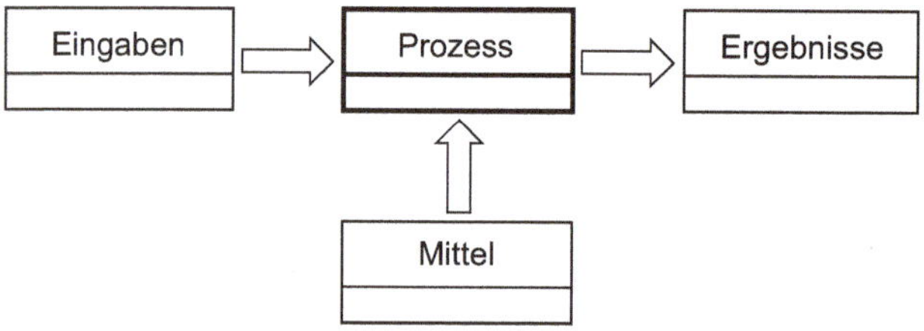


**Bild 1.10** Allgemeine Prozessstruktur

Zur Veranschaulichung sollen zwei Beispiele angeführt werden (Bild 1.11).

Zwischen mehreren Prozessen bestehen Schnittstellen. Für die Visualisierung der Prozesse und deren Schnittstellen wird im Qualitätsmanagement die „Prozesslandschaft“ erarbeitet.

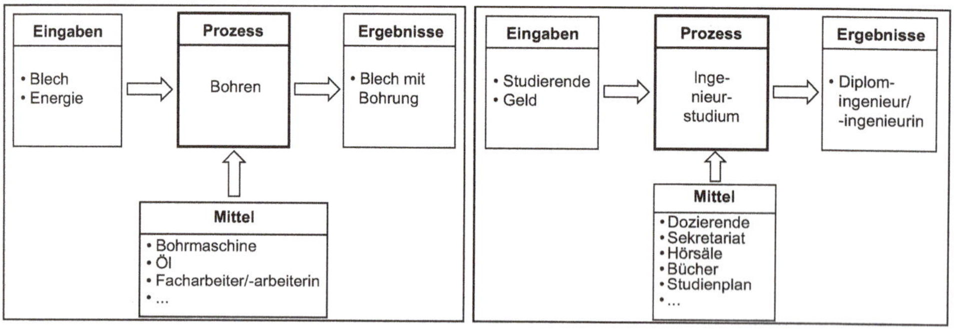


**Bild 1.11** Beispiele für Prozesse

Wie die Beispiele zeigen, können Prozesse unterschiedliche **Detaillierungen** aufweisen. So ist der Beispielprozess „Bohren“ eng abgegrenzt als ein Arbeitsgang, der von einer Person durchgeführt wird. Der Prozess „Studium zum Master“ ist hingegen weitaus komplexer. Hier wird sofort erkennbar, dass dieser Prozess aus vielen Teilprozessen besteht, wie z. B. „Mathematik lernen“, „Bücher kaufen“, „Master-Thesis schreiben“ etc. Jedoch besteht bei genauerer Betrachtung auch das Bohren aus Teilprozessen, wie z. B. „Blech einspannen“, „Bohrmaschine einschalten“, „Öl zuführen“ usw. Weiterhin lassen sich sämtliche dieser Teilprozesse erneut in Teilprozesse unterteilen. Beispielsweise besteht der Teilprozess „Master-Thesis schreiben“ aus „Gliederung anlegen“, „Literatur studieren“, „Manuskript anfertigen“ etc. (Bild 1.12).

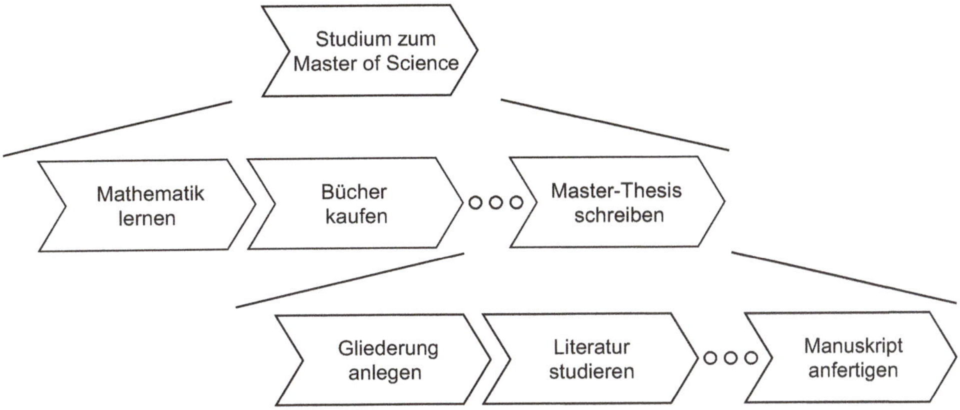


**Bild 1.12** Detaillierung von Prozessen

Prozesse weisen insbesondere zwei Eigenschaften auf:

**Abgegrenztheit:** Jeder Prozess hat einen definierten Anfang und ein definiertes Ende.

**Selbstähnlichkeit:** Jeder Prozess kann in weitere Prozesse zerlegt werden.

Für die Identifizierung und Dokumentation von Prozessen muss je nach Zweck eine geeignete Detaillierungsebene gefunden werden.

### Prozessketten

Prozesse im Unternehmen sind in vielfältiger Weise untereinander verknüpft. So sind die Ergebnisse eines Prozesses Eingaben anderer Prozesse. Auf diese Weise entstehen Prozessketten. Jedes der Elemente dieser Prozessketten ist Zwitter. Es ist gleichzeitig **Kunde** eines Prozesskettenelementes und **Lieferant** eines anderen Prozesskettenelementes.

Die Ergebnisse von Produktionsprozessen sind Produkte. Diese können materiell (Materie) oder immateriell (Energie, Information) sein. Die Forderungen an die Produkte werden von den nachfolgenden Prozesskettenelementen gestellt.

Daher gilt:

Der Fluss von Forderungen und Produkten verläuft gegensätzlich.

Um die Prozesse hinsichtlich ihrer Leistungsfähigkeit zu bewerten, sind **Messungen** erforderlich. Diese können sowohl vom zu bewertenden Prozesskettenelement selbst (aus Lieferantensicht) als auch vom nachfolgenden Prozesskettenelement (aus Kundensicht) durchgeführt werden.

Die Übereinstimmung von Forderung und Produkt wird vorwärts als **Kundenzufriedenheit** und rückwärts als **Lieferantenbewertung** gemessen. Es ist daher möglich, zur Bestimmung der Kundenzufriedenheit der Organisationseinheit $OE_{j-1}$ die Lieferantenbewertung der Organisationseinheit $OE_j$ (des Kunden der Organisationseinheit $OE_{j-1}$) heranzuziehen. Es gibt dabei keinen prinzipiellen Unterschied zwischen internen und externen Größen (Bild 1.13).

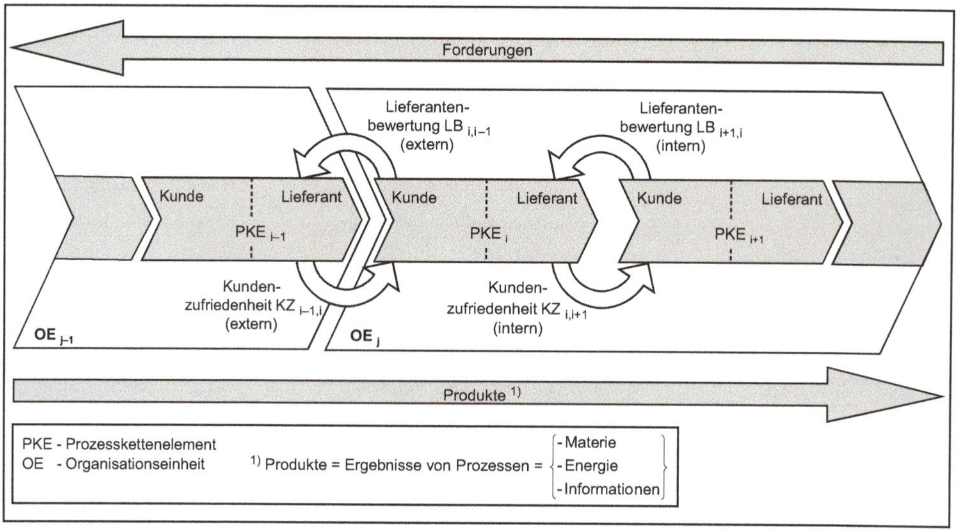


**Bild 1.13** Prozessketten mit Kunden-Lieferanten-Beziehungen [Höp 01] (PKE – Prozesskettenelement; OE – Organisationseinheit)

Prozessketten enden nicht an den Grenzen von Organisationseinheiten. So verläuft die in Bild 1.13 dargestellte Prozesskette durch mehrere Organisationseinheiten. Solche **Organisationseinheiten** können beispielsweise sein:

- Unternehmen
- Unternehmensgruppen
- Profit-Center
- Abteilungen
- Arbeitsplätze

Bei $n$ Organisationseinheiten sind die Organisationseinheiten $OE_2$ bis $OE_{n-1}$ im Verlauf der Prozesskette sowohl Lieferant als auch Kunde (dies gilt im internen und im externen Verhältnis). Die Organisationseinheiten $OE_1$ und $OE_n$ entwickeln bezüglich ihres Geltungsbereichs nur eine Ausprägung:

$$\text{intern}: \; OE_1 = \text{Wareneingang}$$

$$OE_n = \text{Warenausgang}$$

$$\text{extern}: \; OE_1 = \text{„Urlieferant“}$$

$$OE_n = \text{Endverbraucher}$$

Die Ausweitung des Managements von Prozessketten über die Organisationsgrenzen hinweg führt zum **Supply Chain Management** (Bild 1.13).

Im Unternehmen existieren Prozessketten, die direkt Produkten/Produktgruppen zugeordnet werden können, und Prozessketten, die Bestandteil einer Unternehmensfunktion sind. Daher werden Prozessketten unterschieden in

- produktbezogene Prozessketten und
- funktionsbezogene Prozessketten.

**Produktbezogene Prozessketten:** Prozessketten, die Prozesse der Herstellung bzw. Werterhöhung von Produkten umfassen.

**Funktionsbezogene Prozessketten:** Prozessketten, die produktübergreifend einer Unternehmensfunktion zugeordnet werden können.

Bei der Prozessgestaltung ist es notwendig, sowohl produktbezogene als auch funktionsbezogene Prozessketten zu modellieren. Dadurch ergibt sich eine **Matrixorganisation** (Bild 1.14).

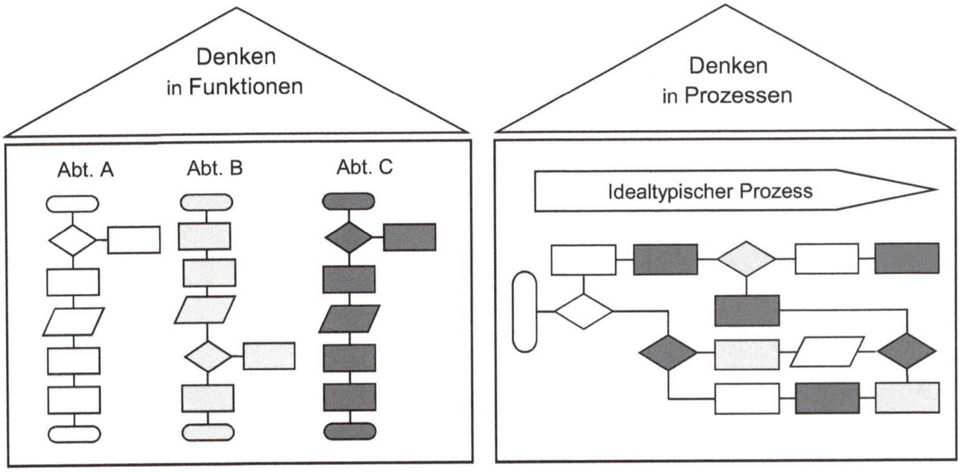


**Bild 1.14** Matrixorganisation funktionsbezogener und produktbezogener Prozessketten [Bay 03]

Die Gestaltung **produktbezogener Prozessketten** hat den Vorteil der Betonung der Orientierung auf den externen Kunden, da die Prozesskette in Richtung der Werterhöhung weist. Eine zu einseitige Ausrichtung auf produktbezogene Prozessketten kann den Verlust von Know-how zur Folge haben. Dies kann beispielsweise bei der sequenziellen Durchführung von Projekten eintreten, wenn das Personal der Entwicklungsabteilung wiederholt in Projektteams verteilt wird. Es besteht dann die Gefahr des Verlustes an Kompetenz in der Struktureinheit „Entwicklungsabteilung".

**Funktionsbezogene Prozessketten** bringen wiederum dann Vorteile, wenn gleichartige Methoden und Ressourcen auf verschiedene Produkte/Produktgruppen (beispielsweise das Know-how einer Entwicklungsabteilung) angewendet werden. Eine typische funktionsbezogene Prozesskette ist die Abwicklung der Instandhaltung – sie wirkt produktunabhängig. Eine zu starke Orientierung auf funktionsbezogene Prozessketten kann den Aufbau effizienter produktbezogener Prozessketten beeinträchtigen. Aufgabe eines Unternehmens ist es deshalb, stets ein ausgewogenes Verhältnis von produktbezogenen und funktionsbezogenen Prozessketten zu gewährleisten.

### Plan-Do-Check-Act-Zyklus – PDCA

Um die Leistungsfähigkeit von Prozessen zu sichern und weiter zu erhöhen, ist es hilfreich, Prozesse als wiederkehrende Abfolge der Phasen

- Planen (Plan),
- Ausführen (Do),
- Prüfen (Check) und
- Verbessern/Agieren (Act)

zu gestalten. Dieser Ablauf wird nach Deming mit dem Begriff **PDCA-Zyklus** bezeichnet (Bild 1.15) [Dem 94].

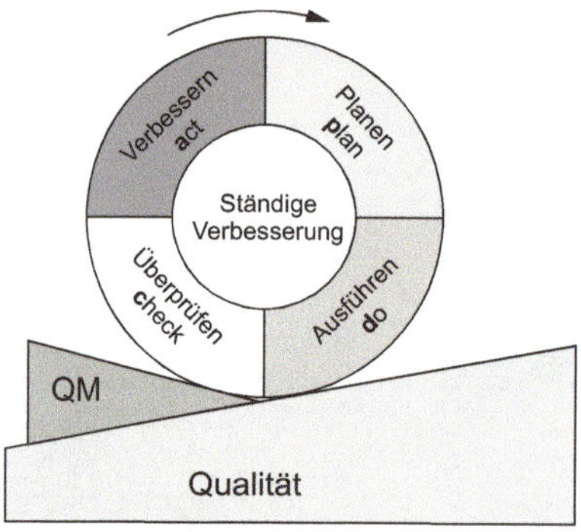


**Bild 1.15**
Deming'scher PDCA-Zyklus

Die Anwendung des ursprünglich auf Shewhart zurückgehenden Deming-Zyklus ermöglicht die fortlaufende Verbesserung der Prozesse. Durch Integration objektiver Messungen und die Rückführung der Ergebnisse in den Planungsprozess wird eine **Regelkreisstruktur** aufgebaut. Der PDCA-Zyklus kann auf alle Detaillierungsstufen von Prozessen angewandt werden.

### Prozessgestaltung

Der Aufbau von Prozessstrukturen wird als **prozessorientierter Ansatz** bezeichnet. Er ist in der ISO 9000:2015 definiert:

**Prozessorientierter Ansatz:** Systematisches Erkennen sowie Handhaben verschiedener Prozesse innerhalb einer Organisation, vor allem aber der Wechselwirkungen zwischen solchen Prozessen [Nor 15b].

Folgende Schritte sind zum **Aufbau einer Prozessstruktur** notwendig:

a) Prozessdefinition: Identifizierung und Systematisierung der Prozesse

b) Benennung der Prozessverantwortlichen

c) Analyse der Prozesse

d) Reengineering: Aufbau einer PDCA-Struktur

#### a) Prozessdefinition: Identifizierung und Systematisierung der Prozesse

Zunächst sind Prozesse zu identifizieren und gegeneinander abzugrenzen. Dazu eignet sich die Methode des **Brainstormings**, die im Team anzuwenden ist. Dabei ist jeweils die geeignete Detaillierungsstufe für den Prozess zu finden.

Bei der Prozessdefinition sollte man sich insbesondere auf die Kernprozesse des Unternehmens konzentrieren. Kernprozesse sind die Prozesse, die die Wertschöpfung des Unternehmens bewirken und die Qualität beeinflussen. Sie enthalten das höchste Unternehmens-Know-how und sind daher von höchster Relevanz.

Es sollten weiterhin auch solche Prozesse identifiziert werden, die funktionsübergreifenden Charakter haben.

#### b) Benennung der Prozessverantwortlichen

Für jeden Prozess sind Prozessverantwortliche – Prozesseigentümer – festzulegen.

#### c) Analyse der Prozesse

Für jeden Prozess sind zu ermitteln:

- Eingaben (Input)
- Anforderungen an die Eingaben

- Lieferanten
- Ergebnisse (Output)
- Anforderungen an die Ergebnisse
- Prozesseigentümer
- Kunden
- Mittel (Ressourcen)
- Arbeitsinhalt des Prozesses
- Methoden zur wirksamen Durchführung und Lenkung von Prozessen

#### d) Reengineering: Aufbau einer PDCA-Struktur

Der Aufbau von PDCA-Strukturen sichert die fortlaufende Verbesserung von Prozessen. Es ist insbesondere festzulegen:

- Wer plant den Prozess?
- Wie wird der Prozess gemessen, was sind die Messgrößen des Prozesses?
- Wie wird gewährleistet, dass die Messergebnisse zur Verbesserung der Prozessplanung verwendet werden?

**Ein gut gestalteter Prozess ...**

- ist kundenorientiert,
- erhöht den Wert eines Produktes bzw. einer Dienstleistung,
- hat einen Prozessverantwortlichen,
- wird von allen Beteiligten verstanden,
- wird anhand von Messgrößen beurteilt und
- wird kontinuierlich verbessert.

## 1.7 Bedeutung der Produkt- und Prozessqualität

Der wirtschaftliche Erfolg von Unternehmen wird wesentlich durch die **Qualität** der hergestellten Produkte und Prozesse bestimmt. Ziel jedes Unternehmens ist es, den beabsichtigten Zweck mit möglichst wenig Mitteln bzw. Kosten zu erreichen. Treten Fehler oder Ausfälle auf, verursachen diese unter Umständen erhebliche Mehrkosten. Diese Mehrkosten sind umso höher, je später im Produktlebenszyklus die Fehler erkannt werden (Bild 1.16).

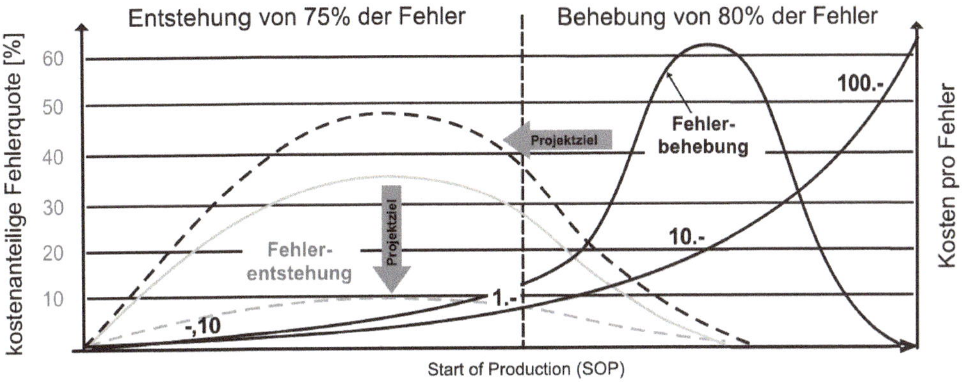


**Bild 1.16** Ausgangssituation und Potenziale präventiver Fehlervermeidung [Jah 88]

Das beschreibt die **Zehnerregel der Fehlerkosten**: Werden Fehler jeweils eine Stufe später im Herstellungsprozess bzw. erst beim Kunden entdeckt, sind die Kosten für die Fehlerbeseitigung etwa 10-mal höher. Wenn also überhaupt Fehler entstehen, sollten diese frühzeitig entdeckt werden. Verfahren für das **präventive Qualitätsmanagement** sind deshalb von besonderer Bedeutung [Pfe 15].

Fehlervermeidung hat Vorrang vor Fehlerbehebung. 80 % der Fehler in der Serienfertigung haben zu 75 % ihre Ursache in Entwicklungs- und Überleitungsleistungen vor dem Serienstart (Bild 1.16).

Darüber hinaus beeinflussen Qualitätsmängel künftige Kaufentschlüsse der Kunden sehr nachhaltig. Analysen in vielen Unternehmen haben gezeigt, dass die Kosten, die durch die Nichterfüllung von Qualitätsforderungen (Nichtkonformitätskosten) verursacht werden, einen erheblichen Anteil des Umsatzes ausmachen (Bild 1.17).

Eine Halbierung der Kosten, die durch mangelhafte Qualität verursacht werden, hätte häufig eine Verdoppelung des Gewinns vor Steuern zur Folge. Andere Erhebungen zeigen den hohen Stellenwert des Qualitätsmanagements für den Unternehmenserfolg.

Umfragen in 3000 Unternehmen in den USA zeigen den Zusammenhang zwischen Qualität, Marktanteil, Return On Investment (ROI) und der Verzinsung des eingesetzten Kapitals [Web 111]. Dabei zeigt es sich, dass bei gleichem Marktanteil die Verzinsung des eingesetzten Kapitals umso höher ist, je besser die Qualität der Produkte des Unternehmens von den Kunden eingeschätzt wird. Der Unternehmenserfolg hängt also wesentlich von der **Zufriedenheit der Kunden** ab. [Web 111]

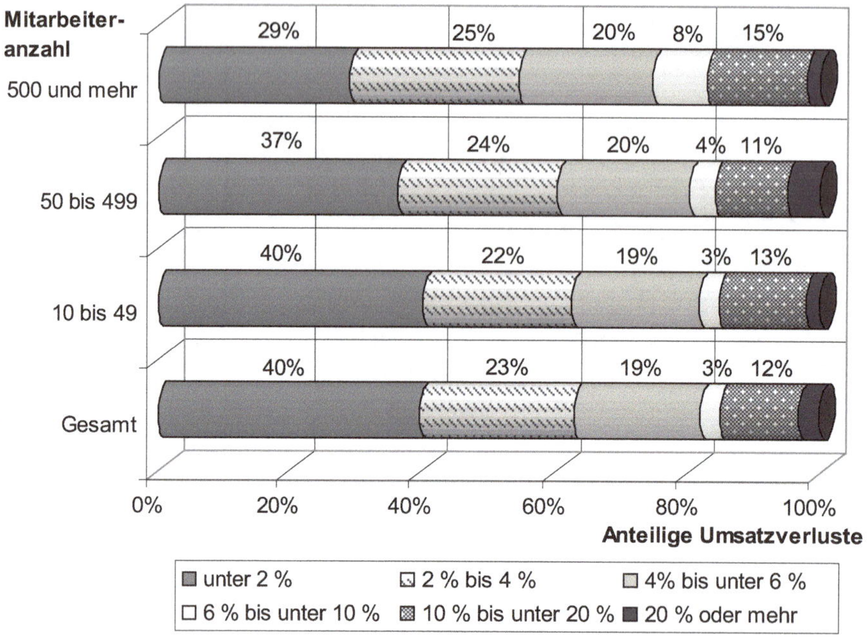


**Bild 1.17** Prozentualer Umsatzverlust durch Qualitätsmängel in kleinen, mittleren und großen Unternehmen [ExB 09]

Die Erwartungen der Kunden hinsichtlich der Qualität von Produkten und Dienstleistungen steigen – sie sind nicht allein mit einem funktionstüchtigen Produkt zu befriedigen.

Der Kunde hat besondere Erwartungen an Zuverlässigkeit, Haltbarkeit, leichte Handhabbarkeit, einfache Inbetriebnahme, Wartung und Service. Er legt zudem immer mehr Wert auf kompetente Beratung und Unterstützung bei der Auswahl und Anwendung der Produkte oder Dienstleistungen. Die Qualität ist deshalb ein besonderer Wettbewerbsfaktor, der über den **langfristigen Geschäftserfolg** entscheidet. Qualitativ hochwertige Produkte werden verstärkt nachgefragt, erzielen einen höheren Preis und tragen so zum Wachstum von Gewinn, Marktanteilen und Rentabilität der Unternehmen bei (Bild 1.18).

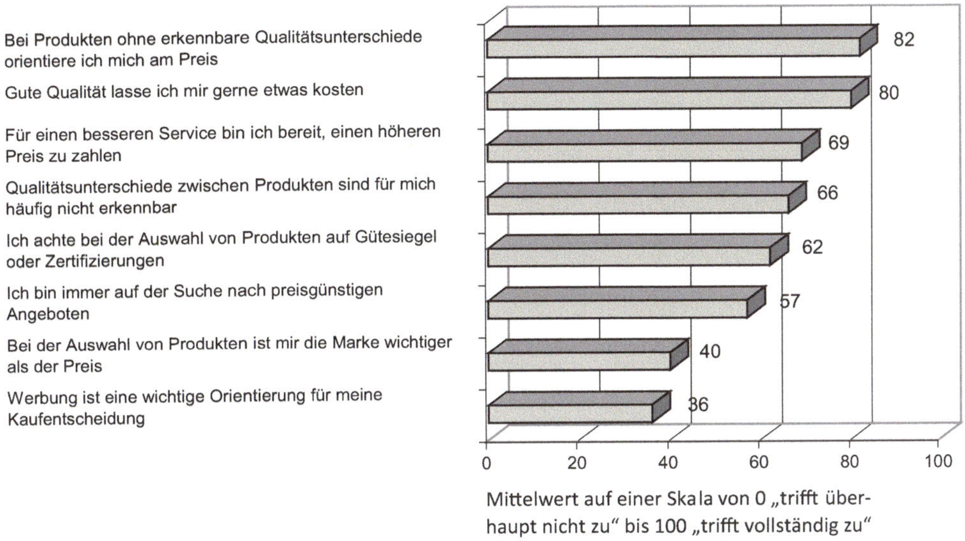


**Bild 1.18** Aussagen zum Kaufverhalten in der Bevölkerung [ExB 09]

An dauerhaft wettbewerbsfähige Unternehmen werden folgende **Anforderungen** gestellt:

- Gewinn steigern
- Qualität kundenorientiert produzieren
- Liefertermine einhalten – Liefertreue verbessern
- ständige Verbesserungen von Produkten und Prozessen initiieren
- Kosten senken
- Verteilung, Service, Wartung und Recycling organisieren und optimieren

Qualität ist ein Anspruch an das gesamte Unternehmen. Ein Unternehmen kann jedoch nur dauerhaft erfolgreich geführt werden, wenn die Anforderungen für Produktivität und Qualität auch ständig gemessen und im **Wettbewerb angepasst** werden. Die Herstellung der Qualität muss **geplant** werden. Qualität muss **realisiert** und beim Kunden im Gebrauch **erhalten** werden. Qualitätsforderungen können nicht in Produkte und Dienstleistungen „hineingeprüft“ werden. Die fortlaufende **kontinuierliche Verbesserung** der Produkt- und Prozessqualität durch geeignete Werkzeuge zur Qualitätsverbesserung in den Unternehmen ist daher Voraussetzung für einen dauerhaften Geschäftserfolg. Die Globalisierung der Märkte und beschleunigte Innovation von Produkten und Prozessen lassen die Anforderungen an das Qualitätsmanagement in Unternehmen ständig steigen.

So ist die Umsetzung der **Null-Fehler-Strategie** eine ehrgeizige Zielstellung. Die Auswirkungen von **nur 99,9 % Fehlerfreiheit** wären beispielsweise [DGQ 86]:

- Jeden Monat eine Stunde verschmutztes Trinkwasser!
- Jeden Tag zwei unsichere Flugzeuglandungen auf dem Frankfurter Flughafen!
- 1600 Postsendungen, die jede Stunde durch die Post verloren gehen!
- 20 000 falsche Rezepte für Medikamente jedes Jahr!
- 500 falsch durchgeführte chirurgische Operationen jede Woche!
- Jeden Tag 50 neugeborene Babys, die von den Ärzten bei der Geburt aufgegeben werden!
- 32 000 aussetzende Herzschläge pro Person jährlich!

Demgegenüber haben beispielsweise **fähige Produktionsprozesse** mit einer Prozessfähigkeit von $c_{pk} = \mathbf{1,33}$ eine Fehlerfreiheit von 99,997 %. Unternehmen müssen 100 % fehlerfreie Produkte und Dienstleistungen an Kunden liefern. Die konsequente Anwendung der Methoden und Werkzeuge des Qualitätsmanagements ermöglicht die Erreichung dieses anspruchsvollen Ziels.

# 2 Harmonized Structure (HS) für integrierte Managementsysteme (IMS)

## 2.1 Historische Entwicklung des Qualitätsmanagements

Das Bedürfnis der Menschen nach qualitativ hochwertigen Produkten und Dienstleistungen gab es schon in frühen Zeiten der menschlichen Existenz. Aus dem alten Babylon ist in Keilschrift der „Codex Hammurapi" überliefert, die erste Gesetzessammlung der Welt (Bild 2.1).

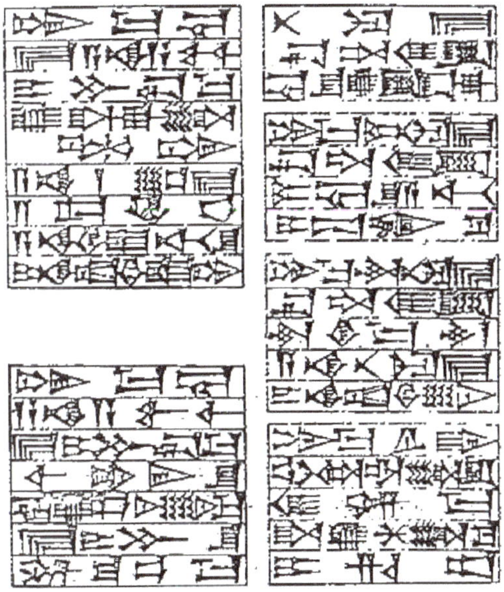

**Bild 2.1**
Der Gesetzestext in Keilschrift zur „gerechten Ordnung" Hammurapis

Die von französischen Archäologen im heutigen Irak entdeckten eingemeißelten Keilschriften von Hammurapi (1728–1686 v. Chr.) beinhalten Bestrafungen nach dem Prinzip „Auge um Auge, Zahn um Zahn“:

> „Wenn der Baumeister für jemanden ein Haus baut und es nicht fest ausführt und das Haus, das er gebaut hat, einstürzt und den Eigentümer totschlägt, so soll jener Baumeister getötet werden. Wenn es den Sohn des Eigentümers totschlägt, so soll der Sohn jenes Baumeisters getötet werden. Wenn es Sklaven des Eigentümers erschlägt, so soll der Baumeister Sklaven für Sklaven geben" [nach Hammurapi].

In der jüngeren Geschichte des Qualitätsmanagements haben **bedeutende Einzelpersönlichkeiten** die herausragende Bedeutung der Qualität hervorgehoben. Beispielsweise hat der Begründer des weltbekannten Unternehmens Bosch das ständige Streben nach Qualität wie folgt formuliert:

> **„Es war mir immer ein unerträglicher Gedanke, es könne jemand bei der Prüfung eines meiner Erzeugnisse nachweisen, dass ich irgendwie Minderwertiges leiste."**
> Robert Bosch (1861 - 1942)

> **„Das Beste oder nichts."**
> Gottlieb Daimler (1834 - 1900)

> **„Qualität ist das Anständige."**
> Theodor Heuß (1884 - 1963)

Das Qualitätsmanagement wurde besonders durch folgende **Branchen und Aktivitäten** vorangetrieben und entwickelt:

- Militärtechnik
- Energie- und Kernenergietechnik
- internationale Automobilindustrie
- nationale und internationale Übereinkünfte zur Produkthaftung
- japanische Qualitätsoffensive
- amerikanische Qualitätsprogramme
- Medizintechnik und Medizingerätetechnik
- Luft- und Raumfahrt

Die nationalen Gesetze zur **Produkthaftung**, unter anderem das Produkthaftungsgesetz der Bundesrepublik Deutschland vom 01. Januar 1990, haben ebenfalls zu einem bedeutenden Aufschwung des Qualitätsmanagements beigetragen [Pro 17].

Die im Jahr 1986 erstmals veröffentlichte ISO-9000-Normenreihe gilt heute als die weltweit bedeutendste Normenfamilie. Im industriellen Bereich haben der Aufbau und die Zertifizierung von Qualitätsmanagementsystemen weltweit kontinuierlich zugenommen (Bild 2.2).

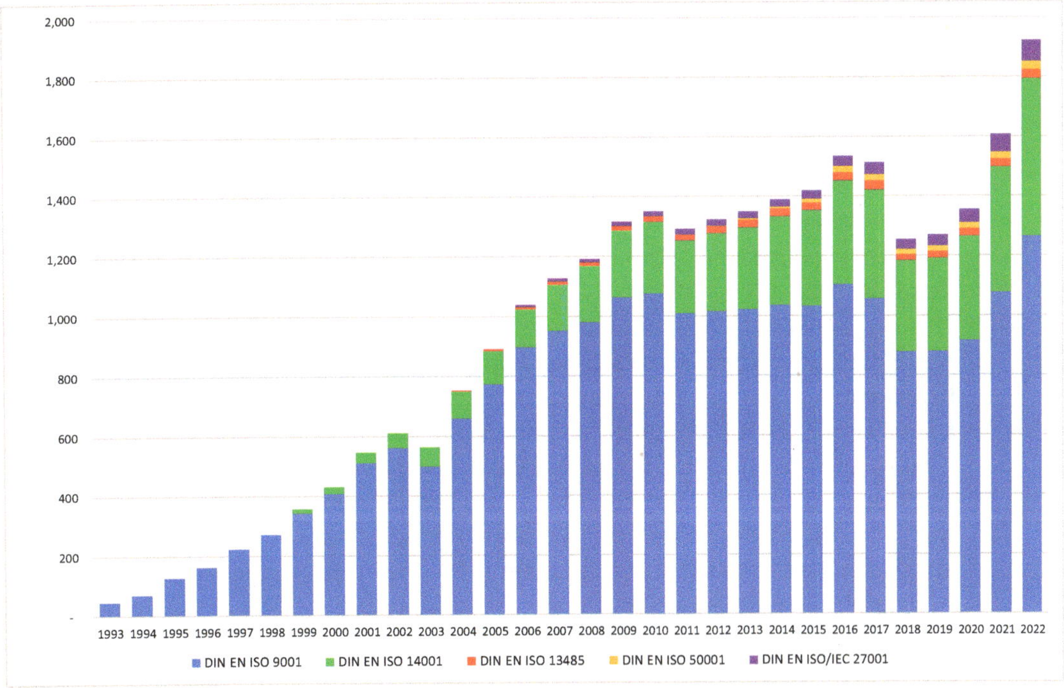


**Bild 2.2** Entwicklung der ISO-9001-Zertifizierungen weltweit [ISO 22]

In der **Wissenschaft** haben in den letzten Jahrzehnten die Qualitätswissenschaft/ Qualitätssicherung in Deutschland durch ihre Buchveröffentlichungen, Lehrtätigkeit und Forschungsarbeiten besonders vorangetrieben:

Prof. Dr. Walter Masing (TU Berlin), Prof. Dr. Gerd Kamiske (TU Berlin, DGQ e. V.), Prof. Dr. Tilo Pfeifer (RWTH Aachen), Prof. Dr. Dietrich Hofmann (Friedrich-Schiller-Universität Jena) und Prof. Dr.-Ing. Robert Schmitt (RWTH Aachen).

Durch die USA wurde auf Basis des **Taylor-Systems** der Weltmarkt mit neuen komplizierten Massenartikeln von mechanisierten Produktionsstätten versorgt. Die neue Arbeitsorganisation war durch Linienstruktur und einen hohen Grad der Arbeitsteilung gekennzeichnet. Das Taylor-System erhöhte die Arbeitsproduktivität in vorher unbekanntem Ausmaß, führte aber gleichzeitig zur Differenzierung, Spezialisierung,

Verwendung einseitiger Arbeitscharakteristiken, Disqualifizierung und Verlust der Übersicht und der Verantwortung für den gesamten Produktionsprozess insbesondere in der Fertigungsebene [Jur 87] [Fei 87] [Dem 87] [Seg 13].

Die höchsten Qualitätsanforderungen in den **USA** wurden in der Militärproduktion gestellt. So blieben viele potenzielle Qualitätsreserven zur Befriedigung von Käuferwünschen im zivilen Bereich ungenutzt. Jedoch verursachte ein riesiger Mangel an Konsumgütern nach dem ersten und insbesondere nach dem zweiten Weltkrieg eine hohe Nachfrage nach amerikanischen Gütern, da sie sich durch gute Qualität und akzeptable Preise auszeichneten. „MADE IN U. S. A." wurde von etwa 1920 bis 1960 zum führenden Qualitätssiegel [Jur 87] [Dem 87].

Die **japanische** Qualitätsoffensive (Joseph M. Juran, William E. Deming) wurde nach dem zweiten Weltkrieg durch die amerikanische Besatzungsmacht ausgelöst, als die militärische Produktion in Japan verboten, die mächtigen Konzerne aufgelöst und demokratische Verhältnisse eingeführt wurden.

Um ihre hochgesteckten nationalen Qualitätsziele zu erreichen, setzten die japanischen staatlichen, politischen, wissenschaftlichen und wirtschaftlichen Führungskräfte auf beispielgebende Qualität der zivilen Produktion. Dabei legten sie **amerikanische Militärstandards** zugrunde und ergriffen landesweit Maßnahmen in Erziehung, Ausbildung, Investitionen, Forschung, Entwicklung, Produktion sowie Innen- und Außenhandel mit starker Anlehnung an europäische Vorbilder, um ganz bewusst das Handelssiegel „MADE IN JAPAN" zum führenden in der Welt zu machen, was ab etwa 1960 gelang [Jur 87]. Im japanischen Management wurde ähnlich dem alten Handwerksprinzip „große Übersicht und integrierte Verantwortung" eingeführt. Dazu wurden die **schöpferischen Fähigkeiten** der Arbeitskräfte mobilisiert. Hinzu kamen ein großer Binnenmarkt, massiver innerer Wettbewerb, staatliche Förderung sowie strategische und taktische Koordinierung des Exports.

Der Vater der japanischen Qualitätsoffensive, Kaoru Ishikawa, formulierte folgende **Qualitätsphilosophie**:

- Gute Qualität ist das Erste und Wichtigste – nur dann stellt sich anhaltender Qualitätserfolg ein.
- Qualitätsforderungen müssen kundenorientiert sein – nicht herstellerorientiert.
- Einsatz/Anwendung sind entscheidend – nicht die technisch anspruchsvollste Lösung.
- Mit Daten und Fakten arbeiten – nicht nur mit Meinungen.
- Den Faktor Mensch beachten – Arbeitszufriedenheit nicht vergessen.
- Funktional managen – Funktion erfüllen.

In unterschiedliche Regionen der Welt sind sehr unterschiedliche wirtschaftliche Bedingungen gegeben. Das zeigt beispielsweise ein Vergleich Deutschland–China (Bild 2.3).

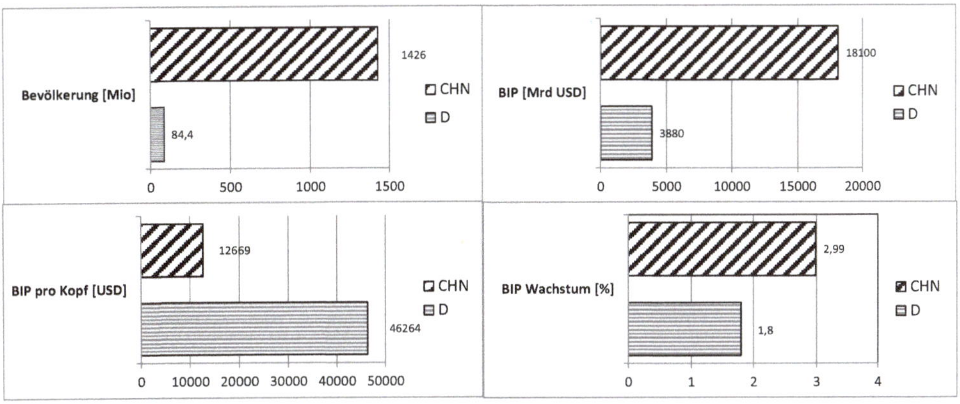


**Bild 2.3** Potenzialvergleich Deutschland – China (BIP – Bruttoinlandsprodukt) [Web 21]

Auch kulturelle Unterschiede in den Regionen der Welt haben starken Einfluss auf Unternehmensführung und Qualitätsmanagement.

Um einen Vergleich zwischen der Kultur einer Gesellschaft und der Kultur in einem Unternehmen zu haben, ist es sinnvoll, einen sog. Werthaltefragebogen (Tabelle 2.1) anzulegen. *Hofstede* hat von 1967 bis 1978 bei dem internationalen Konzern International Business Machines (IBM) 116 000 Mitarbeiterfragebögen zur Kultur der einzelnen Mitarbeitenden unterschiedlicher Länder ausgewertet [Hof 83]. In der ersten Spalte befindet sich die Fragennummer. In Spalte drei erfolgt je nach Antwort die Zuordnung eines Wertes zwischen 1 und 5. Die Kulturdimensionen lassen sich mithilfe der Fragennummer und des zugeordneten Werts ermitteln.

**Tabelle 2.1** Werthaltefragebogen [Hof 83]

| Nr. | Frage | Antwort |
|---|---|---|
| **Bitte denken Sie an eine ideale berufliche Tätigkeit – Ihre gegenwärtige Tätigkeit, falls Sie berufstätig sind, außer Acht gelassen. Wie wichtig ist es für Sie bei der Auswahl einer beruflichen Tätigkeit, dass …** | | **1 = äußerst wichtig<br>2 = sehr wichtig<br>3 = einigermaßen wichtig<br>4 = nicht so wichtig<br>5 = nicht wichtig** |
| 1 | Sie genügend Zeit für sich persönlich oder für Ihr Familienleben haben? | s. o. |
| 2 | Sie gute Arbeitsbedingungen haben (gute Be- und Entlüftung und gutes Licht, angemessener Arbeitsplatz usw.)? | s. o. |
| 3 | Sie eine gute Beziehung zu Ihrer/m direkten Vorgesetzten haben? | s. o. |

**Tabelle 2.1** Werthaltefragebogen [Hof 83] *(Fortsetzung)*

| Nr. | Frage | Antwort |
|---|---|---|
| **Bitte denken Sie an eine ideale berufliche Tätigkeit – Ihre gegenwärtige Tätigkeit, falls Sie berufstätig sind, außer Acht gelassen. Wie wichtig ist es für Sie bei der Auswahl einer beruflichen Tätigkeit, dass ...** | | **1 = äußerst wichtig**<br>**2 = sehr wichtig**<br>**3 = einigermaßen wichtig**<br>**4 = nicht so wichtig**<br>**5 = nicht wichtig** |
| 4 | Sie einen sicheren Arbeitsplatz haben? | s. o. |
| 5 | Sie mit Menschen arbeiten, die gut miteinander kooperieren können? | s. o. |
| 6 | Sie von Ihrer/m direkten Vorgesetzten bei ihren/seinen Entscheidungen konsultiert werden? | s. o. |
| 7 | Sie Aufstiegsmöglichkeiten zu einer beruflichen Tätigkeit auf höherem Niveau haben? | s. o. |
| 8 | Ihre berufliche Tätigkeit Abwechslung und Abenteuer enthält? | s. o. |
| **Wie wichtig ist im Privatleben Folgendes für Sie?** | | |
| 9 | Persönliche Stetigkeit und Stabilität | s. o. |
| 10 | Sparsamkeit | s. o. |
| 11 | Ausdauer (Beharrlichkeit) | s. o. |
| 12 | Respekt der Tradition | s. o. |
| 13 | Wie oft fühlen Sie sich bei Ihrer Arbeit nervös oder angespannt? | 1 = nie<br>2 = selten<br>3 = manchmal<br>4 = gewöhnlich<br>5 = immer |
| 14 | Wie häufig haben Ihrer Erfahrung nach Personen Angst, ihren Vorgesetzten gegenüber zum Ausdruck zu bringen, dass sie ihnen nicht zustimmen? | 1 = sehr selten<br>2 = selten<br>3 = manchmal<br>4 = häufig<br>5 = sehr häufig |

| Nr. | Frage | Antwort |
|---|---|---|
| **Inwieweit stimmen Sie folgenden Aussagen zu oder nicht zu?** | | **1 = abs. gleicher Meinung**<br>**2 = gleicher Meinung**<br>**3 = unentschieden**<br>**4 = anderer Meinung**<br>**5 = abs. anderer Meinung** |
| 15 | Den meisten Menschen kann man trauen | s. o. |
| 16 | Man kann eine gute Führungskraft sein, auch ohne auf alle Fragen, die untergeordnete Mitarbeitende bezüglich ihrer Arbeit haben, genaue Antworten geben zu können | s. o. |
| 17 | Eine Organisationsstruktur, bei der bestimmte Beschäftigte zwei Vorgesetzte haben, sollte auf alle Fälle vermieden werden. | s. o. |
| 18 | Konkurrenz unter Beschäftigten schadet mehr, als sie nützt. | s. o. |
| 19 | Die Regeln einer Firma oder einer Organisation sollten immer eingehalten werden, auch dann, wenn der Beschäftigte denkt, sie liegen nicht im Interesse der Firma. | s. o. |
| 20 | Wenn jemand im Leben gescheitert ist, ist es oft durch eigene Schuld. | s. o. |

Aus dem Werthaltefragebogen lassen sich folgende Kriterien zur Beurteilung und Einteilung von Kulturdimensionen selektieren [Hof 93]:

- Individualismus versus Kollektivismus (Individualism – IDV)

  Dieser Index spiegelt die Beziehung des Individuums in der Gesellschaft wider. Der Wert 0 lässt auf eine kollektivistische und der Wert 100 auf eine individuelle Kultur schließen.

- Machtdistanz (Power Distance Index – PDI)

  Diese Skala zeigt, wie eine Gesellschaft die Unterschiede ihrer Mitglieder akzeptiert. Geringe Werte bedeuten, dass die Gesellschaft versucht, die Verschiedenheiten ihrer Mitglieder zu verdecken. Ist der Wert hoch, dann werden die Unterschiede in Macht und Wohlstand der Mitglieder unter Akzeptanz der Gesellschaft wachsen.

- Unsicherheitsvermeidung (Uncertainty Avoidance Index – UAI)

  Dieser Aspekt trifft Aussagen darüber, wie sich eine Gesellschaft hinsichtlich der Unsicherheit in der Zukunft verhält. Wenn Gesellschaften ihre Mitglieder lehren, die Unsicherheit in der Zukunft zu akzeptieren, dann besitzen sie einen geringen UAI-Index. Menschen werden leichter Risiken eingehen. Ist der UAI-Index hoch, werden die Gesellschaften versuchen, die Unsicherheit der Zukunft zu umgehen.

- Maskulinität versus Femininität (Masculinity – MAS)

  Als feminin bezeichnete Gesellschaften zeichnen sich durch Zurückhaltung, Betonung von zwischenmenschlichen Beziehungen, Lebensqualität und Umwelterhaltung aus. Die maskulinen Gesellschaften bevorzugen Eigenschaften wie Prahlen, Vorführen, sichtbare Zielerreichung und Geldverdienst. Der MAS-Wert der maskulinen Gesellschaften liegt höher.

- Langzeitorientierung (Longterm orientation – LTO)

  Dieser Wert trifft eine Aussage über den zeitlichen Planungshorizont einer Gesellschaft. Ein hoher LTO-Index spiegelt hohe Langzeitorientierung wider. Sparsamkeit und Beharrlichkeit sind Werte einer derartigen Gesellschaft. Angehörige kurzfristig ausgerichteter Gesellschaften sind meist flexibel und egoistisch [Hof 93].

Zur Quantifizierung der Kulturdimension können Berechnungsformeln zur Bestimmung der Werte für die verschiedenen Faktoren, die in Tabelle 2.1 ermittelt wurden, aufgestellt werden (Tabelle 2.2). Der Wert $m(x)$ ist der Mittelwert der Antworten zur Frage $x$. Der Faktor vor jedem Mittelwert dient der Gewichtung der einzelnen Frage. Der Summand am Ende jeder Formel dient der Normierung, sodass das Ergebnis meist einen Wert zwischen 0 und 100 aufweist. Ergebnisse, die größer als 100 und kleiner als 0 sind, sind ebenfalls möglich [Hof 93].

**Tabelle 2.2** Berechnung der Kulturdimensionen [Hof 93]

| Kulturdimension | Berechnung |
|---|---|
| Individualismus | $IDV = -50\ m(1) + 30\ m(2) + 20\ m(4) - 25\ m(8) + 130$ |
| Machtdistanz | $PDI = -35\ m(3) + 35\ m(6) + 25\ m(14) - 20\ m(17) - 20$ |
| Unsicherheitsvermeidung | $UAI = +25\ m(13) + 20\ m(16) - 50\ m(18) - 15\ m(19) + 120$ |
| Maskulinität | $MAS = +60\ m(5) - 20\ m(7) + 20\ m(15) - 70\ m(20) + 100$ |
| Langzeitorientierung | $LTO = -20\ m(10) + 20\ m(12) + 40$ |

Auf Basis der systematisch gesammelten Daten wurden die Kulturunterschiede verschiedener Länder aufgezeigt. Verschiedene Kulturdimensionen haben auch erheblichen Einfluss auf das industrielle Qualitätsmanagement. So sind in Deutschland, China, den Vereinigten Staaten, Brasilien, Mexiko und Indien sehr unterschiedliche Bedingungen vorzufinden (Bild 2.4) [Hof 93].

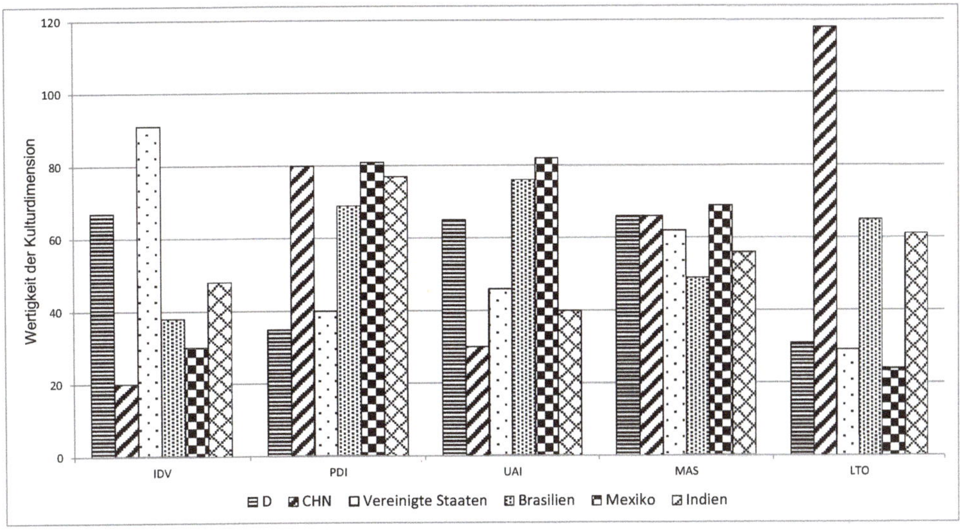


**Bild 2.4** Kulturdimensionen von Deutschland, China, Vereinigten Staaten, Brasilien und Mexiko im Vergleich [Hof 93]

Unterschiede in der Unternehmenskultur können zu Irrtümern und Ziellücken im Qualitätsmanagement führen [Lin 18]:

**Statt-Strategie**
- Qualitätszertifikat statt Qualitätssystem
- Qualitätsverfahren statt Qualitätsziel
- Tagesaufgabe statt Langzeitprogramm
- Insellösung statt Gesamtprojekt
- Naheliegendes statt Wesentliches
- Innovation statt Verbesserung
- Maschine statt Intelligenz

**Statt-Personalarbeit**
- Fehlerdiskussion statt Fehlerabstellung
- Fehlerkorrektur statt Fehlervermeidung
- Toleranzeinhaltung statt Toleranzeinengung
- Schuldzuweisung statt Prozessanalyse
- Personalabbau statt Produktverbesserung
- Entlassung statt Qualifizierung

**Statt-Handeln**
- Informieren statt Kommunizieren
- Perfektionieren statt Rationalisieren
- Formalisieren statt Dokumentieren
- Abfordern statt Einbeziehen
- Interpretieren statt Lösen
- Bewahren statt Verändern
- Strohfeuer statt Glut

**Ohne-Was**
- Pflichten ohne Rechte
- Forderung ohne Maßstab
- Beschäftigung ohne Aufgabe
- Anforderung ohne Qualifizierung
- Abforderung ohne Vorgabe
- Kontrolle ohne Schlussfolgerung

**Statt-Wirtschaftlichkeit**
- Hersteller statt Kunde
- Kosten statt Nutzen
- Umsatz statt Gewinn
- Ausweichen statt Kämpfen
- Schnäppchen statt Erwerbung
- Bezahlen statt Motivieren
- Erklärungen statt Termintreue

**Qualitäts-Dilemma**
- Wissen ohne Können
- Können ohne Wollen
- Wollen ohne Dürfen
- Dürfen ohne Haben
- Haben ohne Machen
- Machen ohne Wissen

Eine besondere Bedeutung für die Entwicklung des Qualitätsmanagements hat die Schaffung von betriebsinternen, nationalen und internationalen **Normen und Regelwerken** zum Aufbau von Qualitätsmanagementsystemen (Kapitel 3).

Im 20. Jahrhundert entwickelte sich das Qualitätsmanagement durch zahlreiche neue Normen und Veröffentlichungen zu einem bedeutenden Wettbewerbsfaktor für Unternehmen (Tabelle 2.3).

**Tabelle 2.3** Zeittafel zur Entwicklung des Qualitätsmanagements (Auswahl)

| | | |
|---|---|---|
| Fritz, Gropp | 2025 | Qualitätsmanagement – Lehrbuch für Studium und Praxis |
| Linß, Linß | 2024 | Qualitätsmanagement – Grundlagen<br>Aufbau und Zertifizierung von Managementsystemen, Metrologie, Messtechnik |
| Bruhn | 2023 | Quality Management for Services<br>Handbook for Successful Quality Management. Principles – Concepts – Methods |
| Jakoby | 2022 | Qualitätsmanagement für Ingenieure<br>Eine Einführung in die qualitätsorientierte Gestaltung von Produkten, Prozessen und Organisationen |
| Bruhn | 2021 | Qualitätsmanagement für Non-Profit-Organisationen<br>Grundlagen – Planung – Umsetzung – Kontrolle |
| Sommerhoff | 2021 | QM in Wandel |
| Schmitt, Pfeifer | 2021 | Masing: Handbuch Qualitätsmanagement |
| Brüggemann, Bremer | 2020 | Grundlagen Qualitätsmanagement<br>Von den Werkzeugen über Methoden zum TQM |
| EFQM-Modell 2020 | 2020 | Überarbeitung des EFQM-Modells für die Excellence |
| ISO 50001 | 2018 | Energiemanagementsysteme |
| IATF 16949 | 2016 | Qualitätsmanagementsysteme |
| Kamiske | 2015 | Handbuch QM-Methoden |
| ISO 14001 | 2015 | Umweltmanagement |
| ISO 9001 | 2015 | Revision Qualitätsmanagement |
| Schmitt, Pfeifer | 2014 | Masing: Handbuch Qualitätsmanagement |
| Kamiske, Brauer | 2011 | Qualitätsmanagement von A bis Z |
| ISO 50001 | 2011 | Energiemanagementsysteme |
| ISO 19011 | 2011 | Leitfaden zur Auditierung von Managementsystemen |

| | | |
|---|---|---|
| ISO/TS 16949 | 2010 | Qualitätsmanagementsysteme |
| EFQM-Modell 2010 | 2009 | Überarbeitung des EFQM-Modells für die Excellence |
| ISO 9004 | 2009 | Anleitung für den nachhaltigen Erfolg einer Organisation |
| ISO/TS 16949 | 2009 | DIN-Fassung: DIN SPEC 1115 |
| ISO 9001 | 2008 | Redaktionelle Revision |
| Schmitt, Pfeifer | 2007 | Masing: Handbuch Qualitätsmanagement |
| ISO/IEC 17025 | 2005 | Kompetenz von Prüf- und Kalibrierlaboratorien |
| ISO 9000:2005 | 2005 | Überarbeitung der Norm für QM-Systeme – Grundlagen und Begriffe |
| VDA 6.1 | 2003 | Prozessorientierter Ansatz |
| VDA 5. | 2003 | Prüfprozesseignung |
| ISO/TS 16949:2002 | 2002 | Anforderungen bei Anwendung von ISO 9001:2000 |
| Linß | 2002 | Qualitätsmanagement für Ingenieure mit Handbuch „Qualitätsmanagement" auf CD-ROM |
| Pfeifer | 2001 | Qualitätsmanagement: Strategien, Methoden, Techniken |
| ISO 9000 ff. | 2000 | 3. Revision der ISO 9000 ff. |
| ISO/TS 16949 | 1999 | Forderungen der internationalen Automobilbranche |
| Ludwig-Erhard-Preis | 1997 | Deutscher Qualitätspreis |
| Kamiske | 1996 | Qualitätsmanagement/Total Quality Management – TQM |
| Pfeifer | 1996 | Prozessübergreifendes Qualitätsmanagement |
| VDA 6.1/6.2 | 1996 | Forderungen der deutschen Automobilbranche |
| Seghezzi | 1996 | Integriertes Qualitätsmanagement – St. Galler Konzept |
| QS-9000 | 1994 | Forderungen der amerikanischen Automobilbranche |
| ISO 9000 ff. | 1994 | 2. Revision der ISO 9000 ff. |
| European Quality Award – EQA | 1992 | Europäischer Qualitätspreis |
| ISO 9000 ff. | 1990 | 1. Revision der ISO 9000 ff. |
| Juran | 1990 | Qualität: fitness for use |
| Robert Bosch GmbH | 1990 | Fähigkeit von Messeinrichtungen |
| Ford Motor Company | 1989 | Ford-Qualitätsrichtlinie Q 101: FMEA, SPC, Prozessfähigkeitsanalyse |

**Tabelle 2.3** Zeittafel zur Entwicklung des Qualitätsmanagements (Auswahl) *(Fortsetzung)*

| | | |
|---|---|---|
| European Foundation for Quality Management – EFQM | 1988 | Gründung der EFQM |
| Shainin | 1988 | Design of Experiments |
| Malcolm Baldrige National Award | 1987 | Amerikanischer Qualitätspreis |
| General Motors Corporation | 1987 | Fähigkeit von Messeinrichtungen |
| ISO 9000 ff. | 1986 | 1. Weltstandard zu QM |
| Deming | 1986 | Plan Do Check Act – PDCA-Zyklus |
| Hofmann | 1986 | Integration Messtechnik und Qualitätssicherung |
| Ishikawa | 1985 | Company Wide Quality Control/Qualitätszirkel |
| Masing | 1980 | Prozessübergreifendes Qualitätsmanagement/ Qualitätskreis |
| Box | 1978 | Design of Experiments |
| Deutsche Gesellschaft für Qualität e. V. – DGQ | 1972 | Gründung der DGQ aus dem Ausschuss Technische Statistik im AWF |
| Taguchi | 1962 | Design of Experiments |
| Ishikawa | 1960 | Ishikawa-Diagramm |
| Feigenbaum | 1960 | Total Quality Control |
| Crosby | 1960 | Null-Fehler-Programm |
| Deming | 1960 | Qualitätsmanagement |
| Umbenennung Ausschuss für Technische Statistik im AWF | 1957 | Arbeitsgemeinschaft Statistische Qualitätskontrolle – ASQ beim AWF |
| Juran | 1955 | Qualitätsmanagement |
| Ausschuss für wirtschaftliche Fertigung e. V. | 1952 | Gründung des Ausschusses für Technische Statistik |
| Shewhart | 1940 | Qualitätsregelkarten, Stichprobensysteme |
| Taylorismus | 1920 | Starke Arbeitsteilung, sortierende Prüfung |

## 2.2 High Level Structure (HLS) für integrierte Managementsysteme (IMS)

Organisationen sind erfolgreich, wenn sie Produkte bereitstellen, die die Kunden zufriedenstellen und die in effektiver Weise erzeugt wurden.

Der Begriff **„Produkte“** umfasst dabei sowohl Hardware (z. B. Teile, Geräte), Software (z. B. Programme, Bücher), verfahrenstechnische Produkte (z. B. Schütt- und Fließgüter) als auch Dienstleistungen (z. B. Transport, Krankenpflege, Beratung).

Da Produkte immer das Ergebnis von Prozessen sind, kommt es darauf an, die notwendigen Prozesse zu ermitteln und zu planen und diese dann in beherrschter Weise effektiv und effizient durchzuführen.

Die DIN EN ISO 9001:2015 [Nor 15d] wurde im Jahr 2015 grundlegend überarbeitet.

Die Norm DIN EN ISO 9001:2015 ist erstmals nach der **High Level Structure** (auch als „Annex SL“ bekannt) aufgebaut – diese Struktur ist für die Integration unterschiedlicher Managementsysteme geeignet, weil die entsprechenden Normen nach gleichen Gliederungen aufgebaut sind bzw. zukünftig aufgebaut werden (nach ISO-Direktiven festgelegte Grundstruktur für Managementsystemnormen – High Level Structure). „Annex SL“ ist eine entscheidende Hilfe für die Benutzerfreundlichkeit von Standards unterschiedlicher Managementnormen [DGQ 19a]. Bild 2.5 enthält die Gliederung der High Level Structure, die dem PDCA-Zyklus folgt (Abschnitt 1.6). Die Zuordnung zu den Elementen des PDCA-Zyklus ist dabei wie folgt:

- für Plan die Kapitel 4, 5, 6 und 7
- für Do das Kapitel 8
- für Check das Kapitel 9
- für Act das Kapitel 10

Folgende ISO-Managementnormen sind beispielsweise analog zueinander strukturiert:

- DIN EN ISO 9001 – Qualitätsmanagement
- DIN EN ISO 14001 – Umweltmanagement
- DIN EN ISO 45001 – Sicherheit und Gesundheit bei der Arbeit
- DIN EN ISO 50001 – Energiemanagement
- DIN EN ISO 27001 – Informationssicherheit

## 2.3 Harmonized Structure (HS) der International Organization for Standardization (ISO)

Das Ziel der High Level Structure (HLS) ist eine Harmonisierung der ISO-Normen, um eine Zusammenführung in einem integrierten Managementsystem (IMS) zu vereinfachen und eine Kompatibilität der Normen untereinander zu gewährleisten. In diesem Zusammenhang wurden elementare, normübergreifende Begriffe und Definitionen vereinheitlicht, um Anwendern das Verstehen des Normtextes zu erleichtern.

Im Mai 2021 hat die ISO die neue Bezeichnung „Harmonized Structure" veröffentlicht und beschrieben. Neue ISO-Managementnormen und Revisionen müssen nach der Harmonized Structure aufgebaut werden. Mit der DIN/TR 36601:2023-02 „Harmonisierte Struktur für Managementsystemnormen mit Anleitung zur Anwendung (ISO/IEC Directives, Part 1, Consolidated ISO Supplement, 2021, Procedures specific to ISO, Annex SL, Appendix 2)" wurde dazu die deutsche Normungsgrundlage geschaffen.

Die Strukturen der High Level Structure und der Harmonized Structure sind prinzipiell gleich (Bild 2.5). Lediglich in den einzelnen Kapiteln sind geringe inhaltliche und begriffliche Anpassungen/Ergänzungen erfolgt [Web 109] [Web 110]:

- **Kapitel 1 „Anwendungsbereich":**

  Hier sollen im Zusammenhang mit dem Anwendungsbereich auch die beabsichtigten Ergebnisse des Managementsystems verknüpft werden. Dabei sollen explizit messbare Ziele formuliert werden, beim Umweltmanagement beispielsweise die Verbesserung der umweltbezogenen Leistung, die Erfüllung der rechtlichen Verpflichtungen und der Nachweis der Umweltziele.

- **Kapitel 3 „Begriffe":**

  Die Definition von relevanten Begriffen in Managementnormen muss in der jeweiligen Norm komplett enthalten sein. Damit sollen die Transparenz und die Eindeutigkeit verbessert werden. Statt Steuerung „ausgegliederter Prozesse" (outsourced processes) wird beispielsweise dieser Begriff durch Steuerung „extern bereitgestellter Prozesse, Produkte oder Dienstleistungen" ersetzt.

- **Kapitel 4.2 „Interessierte Parteien":**

  Es wurden Präzisierungen vorgenommen im Zusammenhang mit dem normenübergreifenden Begriff „Anforderung". Es wird explizit gefordert, die relevanten Anforderungen der interessierten Parteien zu ermitteln. Und es wird zusätzlich gefordert, besonders die Anforderungen zu formulieren, die für das Managementsystem der Organisation relevant und rechtlich verpflichtend sind.

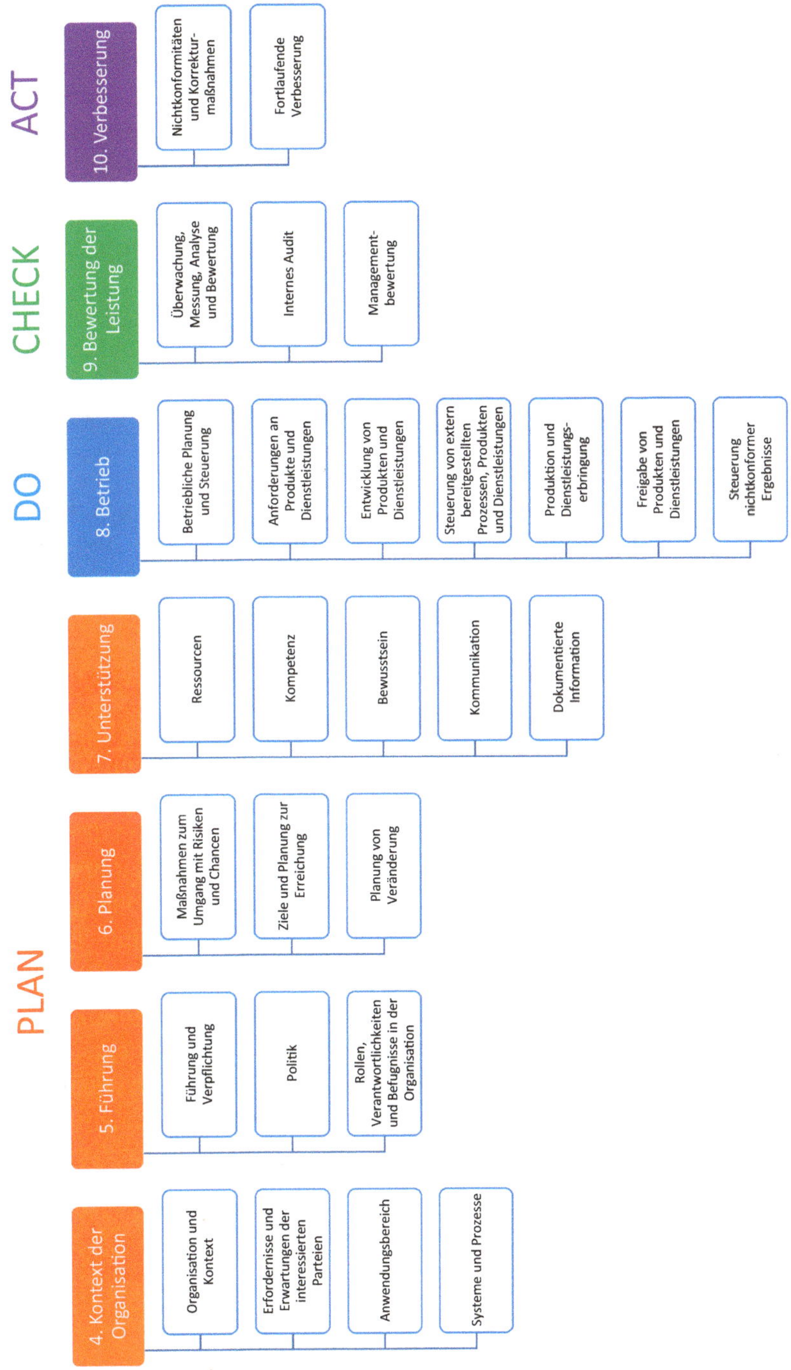


**Bild 2.5** Grundstruktur für Managementsystemnormen – High Level Structure bzw. Harmonized Structure [Tei 18] [Nor 15d]

- **Kapitel 6 „Planung“:**

  Zum „Management von Änderungen“ wurde ein weiteres Unterkapitel 6.3 hinzugefügt. Neu ist, dass Änderungen des Managementsystems geplant werden müssen. Dazu gehört auch, die Umstellung von einer Vorgängernorm auf eine aktuellere Managementsystemnorm als eine „geplante Änderung“ zu behandeln.

- **Kapitel 7.5 „Dokumentierte Information“:**

  Verfügbarkeit, Verwendbarkeit und der Schutz aller dokumentierten Informationen müssen unbedingt gewährleistet werden. Veraltete Begriffe, wie z. B. „Aufbewahrung“, werden nicht mehr verwendet.

- **Kapitel 8 „Betrieb“:**

  Neu ist, dass die Planungen von Änderungen auch gesteuert werden müssen.

- **Kapitel 10 „Verbesserung“:**

  Hier geht es vor allem um die proaktive Initiierung von Verbesserungen. Bisher war die Identifizierung möglicher Verbesserungen formuliert. Es geht also mehr um eine generelle „fortlaufende Verbesserung“. [Web 109] [Web 110]

Mit Stand Anfang 2024 sind nach der neuen Harmonized Structure die ISO 37301:2021 zum „Compliance Management“ und die Norm für „Informationssicherheit“ ISO 27001:2022 strukturiert.

Die **Vorteile der Harmonized Structure** sind einheitliche Begriffe und Definitionen und der einheitliche Aufbau der unterschiedlichen Managementnormen. Mit der Harmonized Structure können integrierte Managementsysteme – IMS, zum Beispiel für Qualität, Arbeitssicherheit und Umwelt einheitlich strukturiert rationell aufgebaut werden. Durch die vorhandenen Synergien können **bis zu 50 %des Aufwands** durch die Integration vor allem bei der Dokumentation eingespart werden [Ill 19]. Auch die Vorbereitung, Durchführung und Auswertung von Audits vereinfacht sich erheblich.

In der **Leitnorm DIN EN ISO 9001:2015** sind deshalb gemeinsame Benennungen sowie Basisdefinitionen für den Gebrauch in unterschiedlichen Managementsystemnormen mit Harmonized Structure eingeführt worden. Der Begriff „dokumentierte Information“ wurde als neuer Sammelbegriff der bisher bekannten „dokumentierten Verfahren“ und „Aufzeichnungen“ eingeführt.

# 3 Ausgangspunkt – Normen für Qualitätsmanagement (QM)

## 3.1 Gründe für den Aufbau von QM-Systemen

Jede Organisation ist davon abhängig, dass ihre Lieferanten ihre Produkte in gleicher guter Qualität liefern. Gerade bei Anwendung von Just-in-time-Philosophien ist hohe Liefertreue und Qualitätsfähigkeit von Lieferanten unabdingbare Voraussetzung für eine reibungslose Produktion.

Der Kunde erhofft und erwartet vom gekauften Produkt, dass dieses die gestellten Erwartungen in Bezug auf Funktionalität, Fehlerfreiheit und Sicherheit erfüllt. Er hat jedoch im Vorfeld des Kaufes keine Möglichkeit, um dieses mit Gewissheit festzustellen. Er kann zwar einzelne Produkte prüfen, hat jedoch keine Gewähr dafür, dass zukünftige Produkte des Lieferanten die gleiche Qualität haben werden. Er kann auch die Zuverlässigkeit des Lieferanten in Bezug auf Termineinhaltung, Service und Wartung schlecht einschätzen. Daher ist jeder Kauf ein **Vertrauensvorschuss des Kunden an den Lieferanten**.

Der Lieferant wiederum kann das Vertrauen des Kunden im Vorfeld der Produktbenutzung nur schwer gewinnen, da die Kunden oftmals durch übersteigerte Marketing- und Werbeaussagen von Lieferanten misstrauisch geworden sind.

Das Vertrauen des Kunden würde jedoch dann geschaffen, wenn der Lieferant nachweist, dass er systematisch organisierte Maßnahmen zum Erhalt und zur Verbesserung der Qualität seiner Produkte durchführt.

Ein solches vertrauensbildendes System von Maßnahmen, das sich auf alle Unternehmensprozesse erstreckt, ist ein zertifiziertes **QM-System**.

Es beinhaltet die Planung, Durchführung, Überwachung und Verbesserung aller Prozesse, die sich auf die Qualität der Produkte auswirken. Für den Lieferanten ist der Aufbau eines solchen QM-Systems mit einer Reihe von **Vorteilen** verbunden:

- **Schaffung von Vertrauen zwischen Kunden und Lieferanten**

  Die qualitätsbezogenen Tätigkeiten und Zielsetzungen des Lieferanten sind in einem System geordnet. Dadurch wird Vertrauen des Kunden in die Organisationsstruktur des Lieferanten geschaffen. Es ergibt sich damit ein direkter Wettbewerbsvorteil gegenüber Mitbewerbern.

- **Verbesserung der betrieblichen Abläufe und ihrer Dokumentation**

  Der Aufbau des QM-Systems beinhaltet die Analyse, Optimierung und Dokumentation der betrieblichen Prozesse. Es ist dadurch möglich, Schwachstellen zu erkennen, die Leistungsfähigkeit und die Kundenorientierung der Prozesse sprungartig zu verbessern.

- **Schaffung von Vertrauen der Organisation in die eigenen Geschäftsprozesse**

  Mit dem QM-System werden Regelungen geschaffen und dokumentiert, um die eigenen Prozesse zu lenken und zu verbessern. Das schafft Sicherheit und Vertrauen der Leitung und der Mitarbeitenden der Organisation in die eigenen Prozesse.

- **Entlastungsmöglichkeit im Produkthaftungsfall**

  Der Aufbau eines QM-Systems bestätigt die Erfüllung der Sorgfaltspflichten zur Strukturierung der qualitätsbezogenen Tätigkeiten und Zielsetzungen und ihren Wechselwirkungen. In Fällen der verschuldensabhängigen Haftung hat der Lieferant Aussicht auf Entlastung, wenn er nachweisen kann, dass er unter Einsatz des Standes der Technik alle Maßnahmen getroffen hat, um Fehler bei Entwicklung, Herstellung und Einsatz des Produktes zu vermeiden [ProdSG 21].

Für den Aufbau von QM-Systemen wurde die internationale Normenfamilie ISO 9000 ff. entwickelt.

## 3.2 Entstehung der Normenfamilie ISO 9000 ff.

Ebenso wie die Produkte eines jeden Unternehmens spezifisch sind, unterscheiden sich auch die Geschäftsprozesse der Unternehmen. Daher sind auch QM-Systeme unternehmensspezifisch. Trotzdem gibt es bestimmte normierbare **Mindestanforderungen** an QM-Systeme, die eingehalten werden müssen.

Normen für QM-Systeme beschreiben daher **Mindestbestandteile** von QM-Systemen und die **Anforderungen** an diese. Sie sind keine Gesetze, jedoch enthalten sie die Mehrheitsauffassung zum aktuellen Stand der Technik und werden durch vertragliche Vereinbarung der Anforderungsnormen für die Vertragsparteien verbindlich.

Wie so oft in der Geschichte des wirtschaftlichen Fortschritts hatte auch die Entwicklung der Normenfamilie ISO 9000 ff. ihren Ursprung im **militärischen Bereich**. Gerade hier ist der Anspruch an die Qualität der Produkte besonders hoch, da einerseits Leib und Leben von ihnen abhängen und andererseits eine hohe Einsatzbereitschaft gesichert werden muss.

An der Entwicklung von Normen zum Qualitätsmanagement wurde auf nationaler und internationaler Ebene gearbeitet. Als Ergebnis der Entwicklungen entstanden die US-Norm MIL-Q-9858A, die kanadische Z 299.1 bis Z 299.4 und die britische Norm BS 5750. Diese waren wichtige Grundlagen für die Entwicklung der 1987 verabschiedeten Normen ISO 9000 bis ISO 9004 (Bild 3.1).

Die als Normenfamilie ISO 9000 ff. bezeichnete Normenreihe bestand zunächst aus der ISO 9000, die Grundlagen und Konzepte darlegte, den Normen ISO 9001, 9002 und 9003, die die nachzuweisenden Anforderungen enthielten, wenn das Gesamtsystem, ein System ohne Entwicklungstätigkeiten oder Systeme, die sich nur auf Liefertätigkeiten (Endprüfung) beschränken, dargelegt werden sollte, sowie aus der ISO 9004, die einen Leitfaden zum Aufbau und zur Verbesserung von QM-Systemen bot.

Gleichzeitig wurde eine Reihe von Normen zu QM-Werkzeugen entwickelt, beispielsweise zu Auditanforderungen, zum Konfigurations- und Projektmanagement oder zu QM-Dokumenten.

Da die ersten QM-Anforderungsnormen sehr stark an einer Stückfertigung orientiert waren, wurden weitere Normen entwickelt, die die Anwendung für Dienstleistungsprozesse, Softwareentwicklung oder Produktion verfahrenstechnischer (fluider) Stoffe anpassen bzw. erleichtern sollten. Dennoch gab es in der Folgezeit eine starke Entwicklung branchenspezifischer Regelungen, sodass Unternehmen mit Kunden aus verschiedenen Branchen durchaus nach fünf oder noch mehr Normen bzw. Regelwerken auditiert werden mussten.

Um eine weitere Ausuferung zu verhindern, entwickelte ISO mit der Vision ISO 2000 ein neues Normungskonzept. In dessen Folge wurde die Normenanzahl reduziert und die Normenfamilie neu strukturiert.

Die ISO-9001-Familie besteht aus den Kernnormen der Nummernreihe ISO 9000 ff. und den unter der Nummernreihe ISO 10000 ff. zusammengefassten QM-Werkzeug-Normen [DIN 16a] [DIN 16].

Eine Ausnahme bildet die Kernnorm ISO 19011, da sie gleichermaßen Anforderungen an Audits zum Qualitäts- und zum Umweltmanagement beinhaltet.

Weiterhin wurden Normen, die eher erklärenden oder hinweisenden Charakter hatten, als Technische Regeln (ISO TR) oder Broschüren von ISO veröffentlicht. Sie können zum Teil auf der Homepage der International Organization for Standardization abgerufen werden [Web 35].

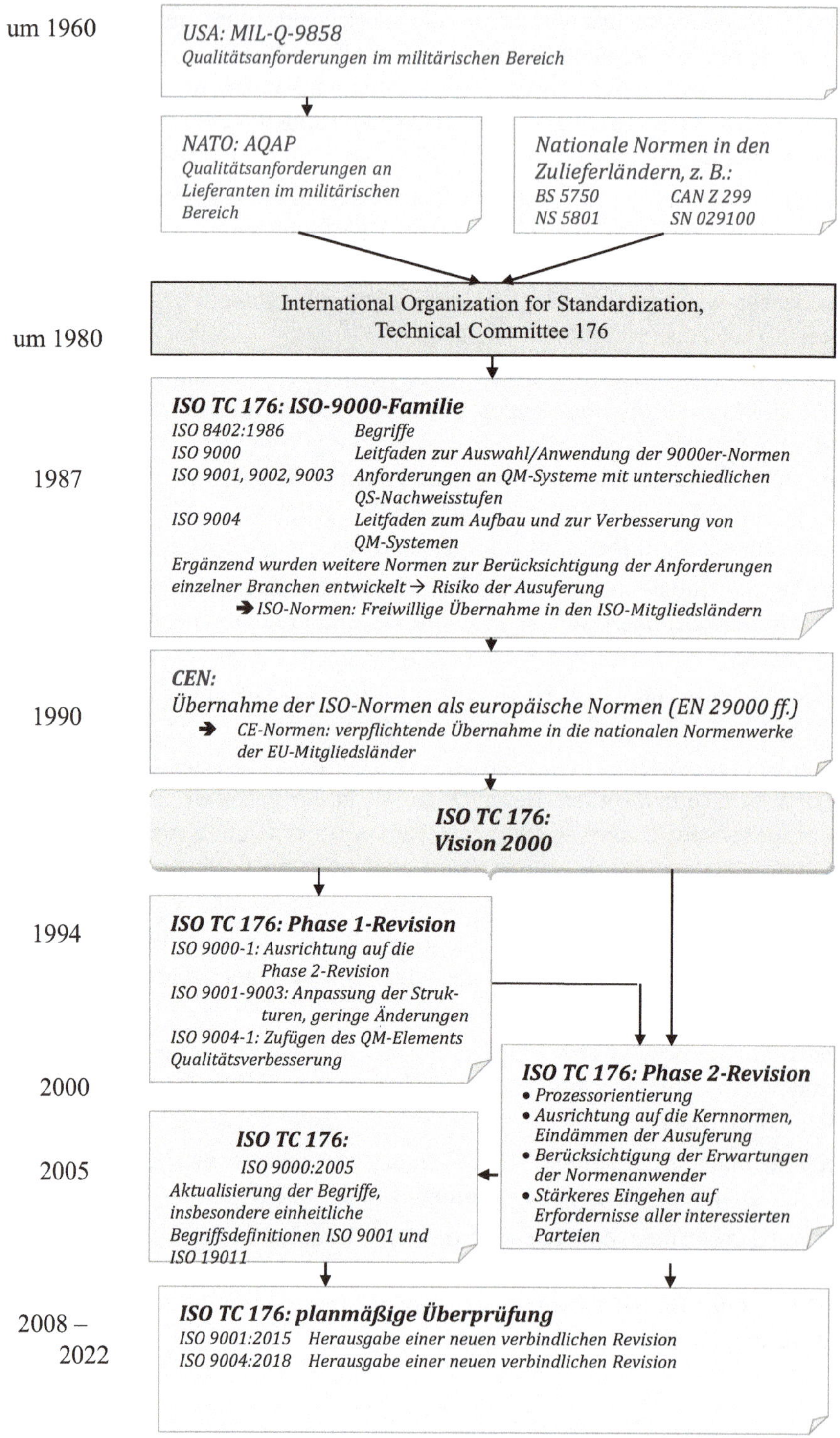


**Bild 3.1** Entstehung und Entwicklung der Normenfamilie ISO 9000 ff.

Normen unterliegen einer periodischen Überprüfung, als deren Ergebnis die betreffenden Normen bestätigt werden oder Überarbeitungen erfolgen können. Eine wichtige Etappe war hier die Revision der ISO-9000-Kernnormen im Jahr 2000. Der Entwicklung im Qualitätsmanagement Rechnung tragend, wurde erstmals ein prozessorientierter Ansatz eingeführt.

ISO 9001 und ISO 9004 bildeten ein sogenanntes konsistentes Paar mit Anforderungen (ISO 9001) und einem Leitfaden zur fortlaufenden Verbesserung (ISO 9004). Während ISO 9001 insbesondere auf die Kundenforderungen fokussiert, orientiert sich ISO 9004 stärker an den Erwartungen aller an der Organisation interessierten Parteien, nämlich der Kunden, der Eigentümer, der Mitarbeitenden, der Lieferanten und Partner sowie der Gesellschaft.

Die letzte Revision der ISO 9001 erfolgte im Dezember 2015. Im Vergleich zur Revision aus dem Jahr 2008 erfolgte eine fachliche Überarbeitung, die inhaltliche Gliederung wurde verändert (Harmonized Structure), die „Grundsätze des Qualitätsmanagements" wurden überarbeitet und neue Begriffe aufgenommen. Für 2026 ist eine weitere Revision der ISO 9001 geplant.

## 3.3 Überblick Normen und Regelwerke für QM-Systeme

Normen und Regelwerke zu QM-Systemen entstehen wie andere Normen auch auf verschiedenen internationalen und nationalen Ebenen oder branchenspezifisch.

- **Internationale Normen**

  Die internationale Normung erfolgt beispielsweise durch die
  - International Organization for Standardization (ISO) oder die
  - International Electrotechnical Commission (IEC).
- Internationale Normen können ins nationale Normenwerk übernommen werden, müssen aber nicht. Bei Übernahme sind sie vollständig und identisch zu übernehmen. Nationale Normen zum gleichen Gegenstand dürfen bestehen bleiben.
- Um branchenspezifische Regelungen zu QM-Systemen international zu veröffentlichen, besteht die Möglichkeit der Entwicklung von Normen auf der Basis von ISO 9001, z. B. ISO 13485 Medizinprodukte oder der Ergänzung der ISO 9001 in Technischen Spezifikationen, z. B. IATF 16949, Zusatzforderungen Automotive Industries.
- **Europäische Normen**

  Die europäische Normung erfolgt durch die Organisationen
  - Comité Européen de Normalisation (CEN),
  - Comité Européen de Normalisation Électrotechnique (CENELEC),
  - European Telecommunications Standards Institute (ETSI).

- Europäische Normen müssen ins nationale Normenwerk übernommen werden. Nationale Normen zum gleichen Gegenstand müssen aufgehoben werden. ISO und CEN haben die Übernahme der ISO 9000 ff. ins europäische Normenwerk vereinbart, insofern sind sie national ebenfalls zu übernehmen.
- **Nationale Normen (Auswahl)**
  - DIN – Deutsche Industrie-Norm
  - ÖNorm – Österreichische Norm
  - BS – British Standard

  Wenn internationale oder europäische Normen in das nationale Normenwerk übernommen werden, erhalten sie den entsprechenden Vorsatz, z. B. DIN ISO, DIN EN oder DIN EN ISO.
- **Branchenspezifische Regelwerke (Auswahl)**
  - VDA 6
  - Regelwerk der deutschen Automobilindustrie
  - GMP, HACCP
  - Regelwerk der Pharma- und Lebensmittelindustrie
- **Unternehmensspezifische Regelwerke (Auswahl)**
  - Q 1

    Regelwerk von Ford
  - Formel Q

    Regelwerk von VW
  - Valeo 1000

    Regelwerk von Valeo

Im Folgenden soll ein Überblick über verschiedene Normen und Regelwerke für QM-Systeme nach den Kategorien branchenspezifisch/branchenneutral und auf der ISO 9000 ff. aufbauend/eigenständig gegeben werden (Bild 3.2).

In Tabelle 3.1 bis Tabelle 3.5 sind ausgewählte Normen und Regelwerke zum Qualitätsmanagement aufgeführt.

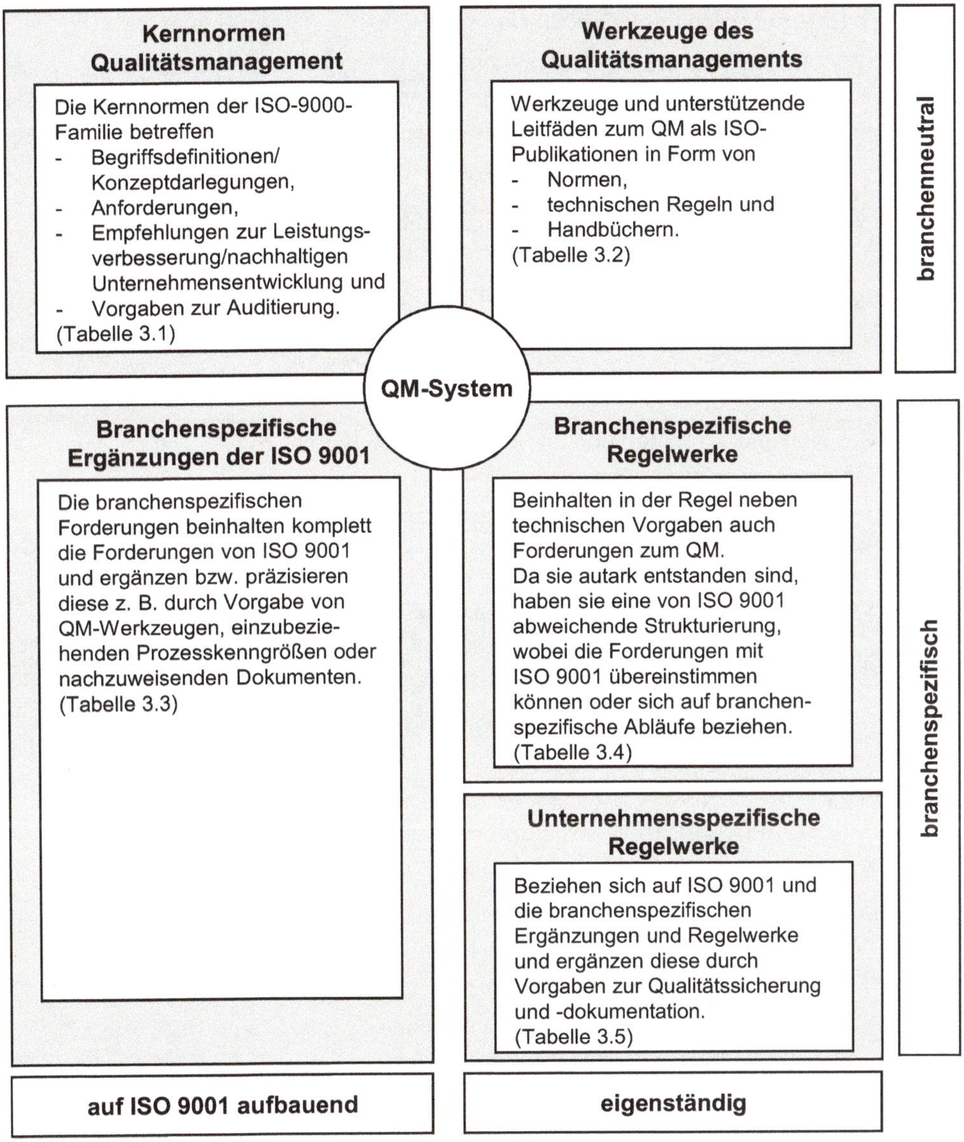


**Bild 3.2** Systematik Normen und Regelwerke für QM-Systeme

**Tabelle 3.1** Kernnormen der ISO-9000-Familie

| Norm | Titel | Ausgabe |
|---|---|---|
| DIN EN ISO 9000 | QM-Systeme – Grundlagen und Begriffe | 11/2015 |
| DIN EN ISO 9001 | QM-Systeme – Anforderungen | 11/2015 |
| DIN EN ISO 9004 | QM-Systeme – Leitfaden zur Leistungsverbesserung | 08/2018 |
| DIN EN ISO 19011 | Leitfaden für Audits von Qualitätsmanagement- und/oder Umweltmanagementsystemen | 10/2018 |

**Tabelle 3.2** Normen, Leitfäden und andere ISO-Publikationen zu QM-Werkzeugen und zur Unterstützung der Kernnormen

| Norm | Titel | Ausgabe |
|---|---|---|
| DIN ISO 10001 | Qualitätsmanagement – Kundenzufriedenheit – Leitfaden für Verhaltenskodizes für Organisationen | 07/2019 |
| DIN ISO 10002 | Qualitätsmanagement – Kundenzufriedenheit – Leitfaden zur Behandlung von Reklamationen in Organisationen | 07/2019 |
| DIN ISO 10003 | Qualitätsmanagement – Kundenzufriedenheit – Leitfaden für Konfliktlösung außerhalb von Organisationen | 07/2019 |
| DIN ISO 10004 | Qualitätsmanagement – Kundenzufriedenheit – Leitfaden zur Überwachung und Messung der Kundenzufriedenheit | 07/2019 |
| DIN ISO 10005 | Qualitätsmanagement – Leitfaden für Qualitätsmanagementpläne | 10/2020 |
| DIN ISO 10006 | Qualitätsmanagement – Leitfaden für Qualitätsmanagement in Projekten | 10/2020 |
| DIN ISO 10007 | Qualitätsmanagement – Leitfaden für Konfigurationsmanagement | 10/2020 |
| DIN ISO 10008 | Leitfaden für den elektronischen Geschäftsverkehr zwischen Unternehmen und Verbrauchern | 01/2015 |
| DIN EN ISO 10012 | Messmanagementsysteme – Anforderungen an Messprozesse und Messmittel | 03/2004 |
| DIN EN 50001 | Energiemanagementsysteme – Anforderungen mit Anleitung zur Anwendung | 12/20018 |

| Norm | Titel | Ausgabe |
|---|---|---|
| ISO 10013 | Qualitätsmanagementsysteme – Anleitung für dokumentierte Informationen | 03/2021 |
| ISO 10014 | Qualitätsmanagementsysteme-Führung und Steuerung einer Organisation bezüglich Qualitätsergebnissen-Leitfaden zur Erzielung finanziellen und wirtschaftlichen Nutzens | 04/2021 |
| ISO 10015 | Qualitätsmanagement – Leitfaden für das Kompetenzmanagement und die Entwicklung von Personen | 12/2019 |
| ISO/TR 10017 | Leitfaden für die Anwendung statistischer Verfahren für ISO 9001:2000 (Veröffentlichung in Deutschland als DIN-Fachbericht ISO/TR 10017:2004) | 09/2004 |
| ISO 10019 | Leitfaden für die Auswahl von Beratern zum Qualitätsmanagementsystem und für den Einsatz ihrer Dienstleistungen | 01/2005 |
| **Unterstützende Publikationen, Downloads usw.** | | |
| Beuth-Verlag | DIN EN ISO 9001 – Anleitung für kleine Organisationen – Hinweise von ISO TC 176 | 2015 |
| *www.iso.org* | ISO 9000 Introduction and Support Package: Guidance on the Concept and Use of the Process Approach for management systems | 2008 |
| Beuth-Verlag | ISO 9001:2015 Anleitungen für kleine Unternehmen, Hinweise von ISO/TC 176 | 06/2017 |
| *www.iso.org* | Selection and use of the ISO 9000 family of standards | 03/2016 |

**Tabelle 3.3** Beispiele von branchenspezifischen Ergänzungen auf der Grundlage von ISO 9001

| Norm | Titel | Ausgabe |
|---|---|---|
| **Automobilbranche** | | |
| IATF 16949:2016 | Anforderungen an Qualitätsmanagementsysteme für die Serien- und Ersatzteilproduktion in der Automobilindustrie | 10/2016 |
| VDA 6.1 | Qualitätsmanagement in der Automobilindustrie – QM-Systemaudit – Serienproduktion | 12/2016 |

**Tabelle 3.3** Beispiele von branchenspezifischen Ergänzungen auf der Grundlage von ISO 9001 *(Fortsetzung)*

| Norm | Titel | Ausgabe |
|---|---|---|
| **Automobilbranche** | | |
| VDA 6.2 | QM-Systemaudit – Dienstleistungen | 2017 |
| VDA 6.4 | QM-Systemaudit – Produktionsmittel – Besondere Anforderungen an Hersteller von Produktionsmitteln für die Automobilwirtschaft | 06/2017 |
| **Transportwesen** | | |
| DIN EN 12507 | Dienstleistungen im Transportwesen – Leitfaden zur Anwendung von EN ISO 9001:2000 auf den Straßen- und Schienengüterverkehr, die Lagerhaltung und die Verteilerindustrie | 12/2005 |
| DIN EN 12798 | Qualitätsmanagementsystem für die Beförderung – Beförderung auf der Straße, mit der Eisenbahn und auf Binnenwasserstraßen – Forderungen des Qualitätsmanagementsystems zur Ergänzung von EN ISO 9001 im Hinblick auf Sicherheit bei der Beförderung gefährlicher Güter | 08/2007 |
| **Telekommunikation** | | |
| DIN EN 62673 | Methodik zur Beurteilung und Sicherstellung der Zuverlässigkeit von Kommunikationsnetzen (IEC 62673:2013); Deutsche Fassung EN 62673:2013 | 04/2014 |
| **Medizinprodukte, Kosmetik, Verpackungen** | | |
| DIN EN ISO 13485 | Medizinprodukte – Qualitätsmanagementsysteme – Anforderungen für regulatorische Zwecke (ISO 13485:2016); Deutsche Fassung EN ISO 13485:2016 + AC:2018 + A11:2021 | 12/2021 |
| DIN EN ISO 22716 | Kosmetik – Gute Herstellungspraxis (GMP) – Leitfaden zur guten Herstellungspraxis (ISO 22716:2007); Deutsche Fassung EN ISO 22716:2007 | 12/2008 |
| DIN EN ISO 15378 | Primärpackmittel für Arzneimittel – Besondere Anforderungen für die Anwendung von ISO 9001:2015 entsprechend der Guten Herstellungspraxis (GMP) (ISO 15378:2017); Deutsche Fassung EN ISO 15378:2017 | 04/2018 |

| Norm | Titel | Ausgabe |
|---|---|---|
| **Luft- und Raumfahrt** | | |
| EN 9100 | Qualitätsmanagementsysteme – Anforderungen an Organisationen der Luftfahrt, Raumfahrt und Verteidigung; Deutsche und Englische Fassung EN 9100:2018 | 08/2018 |
| DIN EN 9137 | Qualitätsmanagementsysteme – Anleitung für die Anwendung von AQAP 2110 in einem EN 9100-Qualitätsmanagementsystem; Deutsche und Englische Fassung EN 9137:2012 | 04/2012 |
| AS/EN 9110 | Qualitätsmanagementsysteme-Normen für die Luft- und Raumfahrtindustrie | 2016 |
| AS/EN 9120 | Qualitätsmanagementsysteme für die Luft- und Raumfahrt | 2017 |
| EN/AS 9003 | Inspection and Test Quality Systems, Requirements for Aviation, Space, and Defense Organizations | 12/2021 |

Die größte Bedeutung innerhalb der verschiedenen Normen und Regelwerke haben die Kernnormen der ISO-9000-Familie als weltweit angewendete Normen.

**Tabelle 3.4** Beispiele von eigenständigen branchenspezifischen Regelungen zu QM-Systemen und QM-/QS-Werkzeugen

| Regelwerk | Titel | Ausgabe |
|---|---|---|
| **Verschiedene Bereiche: Medizin/Lebensmittel/Chemie/Pharmazie usw.** | | |
| GMP<br>GLP<br>CP | Good manufacturing practice/Gute Herstellungspraxis Good laboratory practice/Gute Laborpraxis Good clinical practice/Gute Klinikpraxis for Food, Drug, Medical Devices, Cosmetics and Pharma Allgemeine Richtlinien (OECD/national), in der Regel in Gesetzen oder Verwaltungsvorschriften vorgegeben (z. B. Chemikaliengesetz, Anhang 1) und in Normen übernommen | 2010 |
| HACCP-Konzept | Hazard Analysis and Critical Control Point/ Gefährdungsanalyse und kritische Lenkungspunkte<br>Verordnung (EG) Nr. 852/2004 des Europäischen Parlaments und des Rates vom 29. April 2004 über Lebensmittelhygiene | 2006<br>04/2004 |

**Tabelle 3.4** Beispiele von eigenständigen branchenspezifischen Regelungen zu QM-Systemen und QM-/QS-Werkzeugen *(Fortsetzung)*

| Regelwerk | Titel | Ausgabe |
|---|---|---|
| **NATO** | | |
| AQAP 2000 und AQUAP 2009 AQUAP 2110 bis AQUAP 2131 | Allied Quality Assurance Publications: NATO-Leitfaden für die Anwendung der AQUAP-200-Reihe | 06/2016 |
| **Kerntechnik** | | |
| KTA 1401 | Allgemeine Forderungen an die Qualitätssicherung | 11/2017 |
| **Medizin** | | |
| KTQ GmbH | KTQ-Katalog für den Nachweis eines internen Qualitätsmanagements mit den sechs Kategorien: Patientenorientierung, Mitarbeiterorientierung, Sicherheit, Informations- und Kommunikationswesen, Führung sowie Qualitätsmanagement | 2021 |
| **Bildung** | | |
| ISO 21001 | Bildungsorganisation-Managementsysteme für Bildungsorganisationen-Anforderungen mit Anleitung zur Anwendung | 05/2018 |
| **Automobilindustrie** | | |
| PPAP | Production Part Approval Process/Produktionsteil-Abnahmeverfahren (Handbuch, deutsch übersetzt) | 06/2021 |
| FMEA | Potential Failure Mode and Effects Analysis (Handbuch, engl.) | 06/2020 |
| APQP | Advanced Product Quality Planning/Projektmanagement für die Produkt- und Qualitätsplanung (Handbuch, dt. übersetzt) | 05/2013 |
| VDA-Bände | Beinhalten QM-Werkzeuge wie Dokumentation, Sicherung Lieferqualität, Sicherung Qualität vor Serieneinsatz, FMEA, Projektplanung oder Prüfmittel | unterschiedliche Ausgabedaten |

**Tabelle 3.5** Beispiele für unternehmensspezifische Regelwerke zur Qualitätssicherung bei Lieferanten

| Regelwerk | Titel | Ausgabe |
|---|---|---|
| Ford Q 101 | Ford worldwide quality system standard Q-101: for manufacturing operations and outside suppliers of production andservice products | 10/2008 |
| VW Formel Q | QM-Vereinbarungen zwischen VW und seinen Lieferanten, 8. Überarbeitete Auflage | 06/2015 |
| Valeo TCV | VALEO TCV Supplier Quality Manual, Rev. 12.0 | 01/2020 |

## 3.4 Die Kernnormen der ISO-9000-Normenfamilie

Die Normenfamilie ISO 9000 ff. besteht aus vier Kernnormen (Bild 3.3) und den Normen der 10000er-Reihe, wobei die Kernnormen folgenden Ausgabestatus haben:

- DIN EN ISO 9000:2015 – Grundlagen und Begriffe [Nor 15b]
- DIN EN ISO 9001:2015 – Anforderungen [Nor 15f]
- DIN EN ISO 9004:2018 – Anleitung zum Erreichen nachhaltigen Erfolgs [Nor 18c]
- ISO 19011:2018 – Leitfaden zur Auditierung von Managementsystemen [Nor 18g]
- ABNT ISO/TS 9002:2022 – Quality Management Systems – Guidelines for the Application of ISO 9001:2015 [Nor 22a]

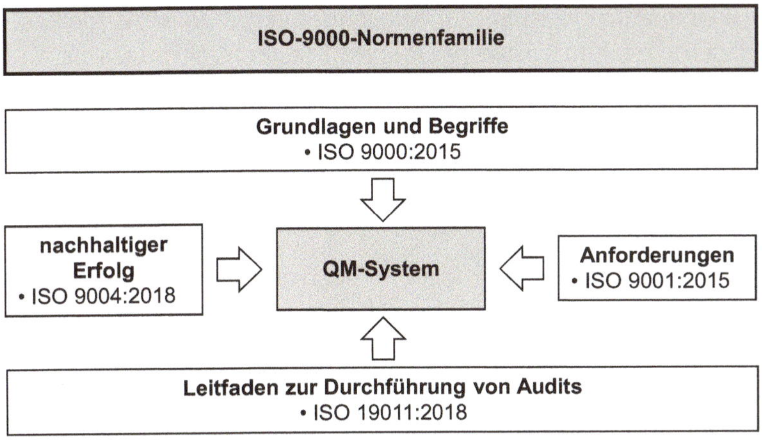


**Bild 3.3** Kernnormen der Normenfamilie ISO 9000 ff.

Die Kernnormen wurden entwickelt, um Organisationen jeder Art und Größe beim Verwirklichen von und beim Arbeiten mit wirksamen Qualitätsmanagementsystemen zu unterstützen [Nor 15b].

Die **ISO 9000:2015** beschreibt dabei die Grundlagen von QM-Systemen und legt die Terminologie für QM-Systeme fest. So wurden die sieben Grundsätze des Qualitätsmanagements aufgestellt, auf deren Basis die Leistungsfähigkeit von Organisationen verbessert werden kann und die die Grundlage der QM-Normen der ISO-9000-Familie bilden:

- Kundenorientierung
- Führung
- Einbeziehung von Personen
- prozessorientierter Ansatz
- Verbesserung
- faktengestützte Entscheidungsfindung
- Beziehungsmanagement

Weiterhin werden in der ISO 9000 die den Kernnormen zugrunde liegenden Konzepte erläutert.

Managementsysteme können helfen, die Kundenzufriedenheit durch anforderungsgerechte Bereitstellung der Produkte und Leistungen zu erhöhen und die Effektivität der Bereitstellungsprozesse zu verbessern. Beherrschte Prozesse geben der Organisation und ihren Kunden Vertrauen in die Fähigkeit, die gewünschten Produkte kontinuierlich bereitzustellen.

Die ISO-9000-Familie ist auf alle Arten von Organisationen anwendbar, da sie ausschließlich auf die QM-Systeme fokussiert. Dagegen werden Produktanforderungen in von den QM-Normen unabhängigen Spezifikationen festgelegt. Diese werden entweder von den Kunden oder – in Vorwegnahme der Kundenforderungen bzw. in Umsetzung von gesetzlichen oder behördlichen Forderungen – von der Organisation selbst vorgegeben.

Die DIN EN ISO 9000 erläutert weiter die Ansätze zur Entwicklung von QM-Systemen und regt die Anwendung eines prozessorientierten Ansatzes an, der auf dem Modell des PDCA-Zyklus aufbaut (Abschnitt 1.6).

Des Weiteren finden sich Ausführungen zur Rolle der obersten Leitung, zur Qualitätspolitik und zu Qualitätszielen, zu Nutzen und Arten der dokumentierten Informationen sowie zur Beurteilung von Qualitätsmanagementsystemen. Die Bedeutung der fortlaufenden Verbesserung und die Rolle der statistischen Methoden werden erläutert.

Nach der Darstellung der Konzepte werden die im Qualitätsmanagement gebräuchlichen Begriffe an die aktuellen Normen angepasst, erweitert und definiert sowie eine redaktionelle Überarbeitung durchgeführt.

Die DIN EN **ISO 9001:2015** legt die Anforderungen an ein QM-System für den Fall fest, dass eine Organisation ihre Fähigkeit darlegen muss, anforderungsgerechte Produkte (Kunden- oder/und behördliche Forderungen) bereitzustellen und dass sie darüber hinaus anstrebt, die Kundenzufriedenheit zu erhöhen. Dabei kann die Darlegung in Form von Eigenkontrollen (interne Audits), im Rahmen vertraglicher Kunden-Lieferanten-Beziehungen (Kunden- bzw. Lieferantenaudits) oder ebenfalls auf vertraglicher Basis im Rahmen von Audits durch Dritte (Zertifizierungsverfahren) erfolgen [Nor 15d].

ISO 9001 baut auf dem in ISO 9000 entwickelten Prozessmodell (Bild 3.4) und den sieben Managementgrundsätzen auf.

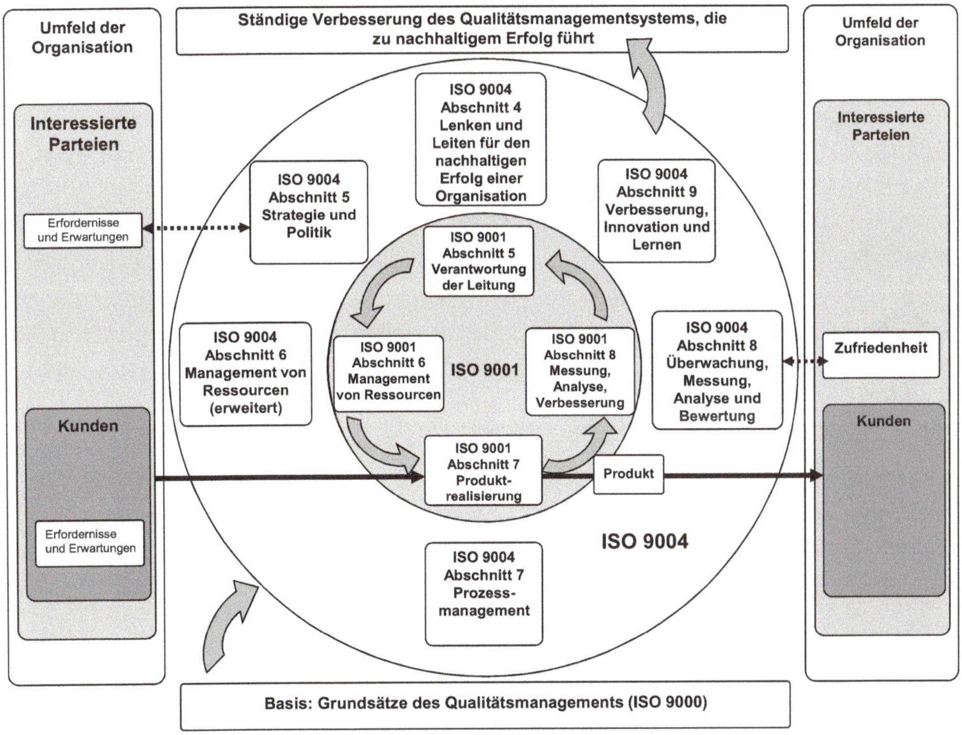


**Bild 3.4** Prozessmodell für das Qualitätsmanagement [Nor 18c] [Nor 15d]

Um dem Anspruch gerecht zu werden, eine universell für alle Arten von Organisationen anwendbare Norm zu sein, besteht die Möglichkeit, Prozesse „nicht zutreffend" hinsichtlich des Anwendungsbereiches des QM-Systems" bzw. nicht vorkommende Prozesse auszuschließen. Diese Ausschlussmöglichkeit ist im Abschnitt 4.3 und im Anhang A.5 der ISO 9001:2015 geregelt. Ausschlüsse sind im Handbuch (Anwendungsbereich des QM-Systems) aufzuführen und zu begründen. Alle anderen Prozesse müssen geregelt und dargelegt werden, um die **Konformität** mit ISO 9001 nachweisen zu können. Das schließt auch die Verantwortung für die Prozesse ein, die von der Organisation an andere Firmen oder Stellen ausgelagert wurden.

Die notwendige Prozessüberwachung muss von der Organisation festgelegt werden und ist abhängig von der Art der ausgelagerten Prozesse. Sie kann von der einfachen Wareneingangsprüfung über die Bereitstellung und Überwachung von Werkzeugen, Prüfmitteln und Verfahrens- bzw. Produktspezifikationen bis hin zur Produktprüfung bzw. zur Durchführung von Audits im Hause des Lieferanten reichen.

Für QM-Systeme ist die ISO 9001 auch für die EU-Konformitätserklärung nach dem EG-Beschluss 768/2008/EG vom 9. Juli 2008 für unterschiedliche Richtlinien (beispielsweise Niederspannungsrichtlinie 2014/35/EU, Maschinenrichtlinie 2022/EG, Richtlinie über Druckgeräte 2014/68/EU, Funkanlagenrichtlinie 2014/53/EU, Richtlinie über die elektromagnetische Verträglichkeit 2014/30/EU, Messgeräterichtlinie 2014/32/EU, Richtlinie über selbsttätige Waagen 2014/31/EU, Richtlinie über Explosivstoffe für zivile Zwecke 2014/28/EU, Pyrotechnische Gegenstände 2014/29/EU, ATEX-Richtlinie (Geräte und Schutzsysteme – explosionsgefährdete Bereiche) 2014/34/EU und Richtlinie über Aufzüge 2014/33/EU) von Bedeutung (Geregelter Bereich). Die internationale Norm DIN EN ISO/IEC 17000:2020 „Konformitätsbewertung – Begriffe und allgemeine Grundlagen“ ist die Grundlage für die EG-Konformitätsbewertung für unterschiedliche Branchenrichtlinien [Nor 20].

Mit der Revision 2018 wurde der Fokus der Kernnorm DIN EN **ISO 9004** auf den nachhaltigen Erfolg einer Organisation gerichtet, die sich in einem komplexen, anspruchsvollen und sich ständig ändernden Umfeld befindet (Normabschnitt 5.8) [Nor 18c].

Die Kernnorm **ISO 19011:2018** [Nor 18g] stellt im Rahmen der ISO-9000-Familie eine Besonderheit dar, indem sie ein Leitfaden für die Auditierung sowohl von Qualitätsmanagementsystemen als auch von weiteren Managementsystemen, beispielsweise von Umweltmanagementsystemen ist. Sie wurde von Fachleuten aus verschiedenen Managementbereichen erarbeitet und ist ein wichtiger Schritt zur Integration von Managementsystemen.

# 4 Aufbau und Einführung von Managementsystemen (MS) nach der Harmonized Structure (HS)

## 4.1 Aufbau eines Managementsystems

Aufbau und Einführung von Managementsystemen (MS) sind Führungsaufgaben, die sachorientierte Leitung und mitarbeiterorientierte Führung umfassen. Ein Managementsystem soll das Unternehmen durch die Beherrschung aller Prozesse befähigen, die Produkte und Dienstleistungen in Übereinstimmung mit den **Erfordernissen der Kunden** und den eigenen **Managementzielen** herzustellen.

Die DIN EN ISO 9000:2015 beschreibt ein Managementsystem wie folgt:

> ✓ Ein **Managementsystem** ist ein „System zum Festlegen von Politik und Zielen sowie zum Erreichen dieser Ziele".
>
> **Anmerkung:** Das Managementsystem einer Organisation kann verschiedene Managementsysteme einschließen, z. B. Managementsysteme für Arbeitssicherheit, Energie, Informationssicherheit, Finanzen oder Umwelt u. a. [Nor 21a] [Nor 15b].

Der Aufbau von Managementsystemen erfolgt unter Mitwirkung von Fachexperten und -expertinnen der Organisation. Ein qualifiziertes und motiviertes Team ist deshalb eine wesentliche Voraussetzung für den erfolgreichen Aufbau eines Managementsystems.

Für die **Motivation und Mitwirkung des Personals** sind folgende Maßnahmen notwendig:

- Ablauf und klare Zielsetzung bekannt geben
- Einbeziehung aller Mitarbeitenden
- Information über Methoden und Fortschritte
- Organisation der Kommunikation und der Informationsflüsse

- vertraut machen mit den relevanten Normen und Richtlinien
- Schulungen geplant durchführen
- Verbesserungsvorschläge der Mitarbeitenden aufgreifen

Beim Aufbau eines QM-Systems nach ISO 9001:2015 sind deren Mindestanforderungen [Nor 15d] so zu berücksichtigen, dass auch **weitere branchenspezifische Forderungsdokumente** wie beispielsweise Arbeitssicherheit [Nor 18b], Umwelt [Nor 15f], VDA 6.1 [VDA 10b], HACCP (Hazard Analysis Critical Control Points) [Web 01], Medizinprodukte [Nor 16c] usw. integriert werden können.

Managementsysteme sind hierarchisch aufgebaut (Bild 4.1). Mit einem in der Norm DIN EN ISO 9001 nicht verbindlich geforderten übergeordneten Management-Handbuch sollen mithilfe von dokumentierten Informationen (Verfahrensanweisungen (VA), dokumentierten Verfahren (DV) und Prozessbeschreibungen (PB)) die Abläufe/Tätigkeiten der einzelnen Struktureinheiten systematisch beschrieben werden. Dabei können unterschiedliche Systematisierungen genutzt werden (Bild 4.1).

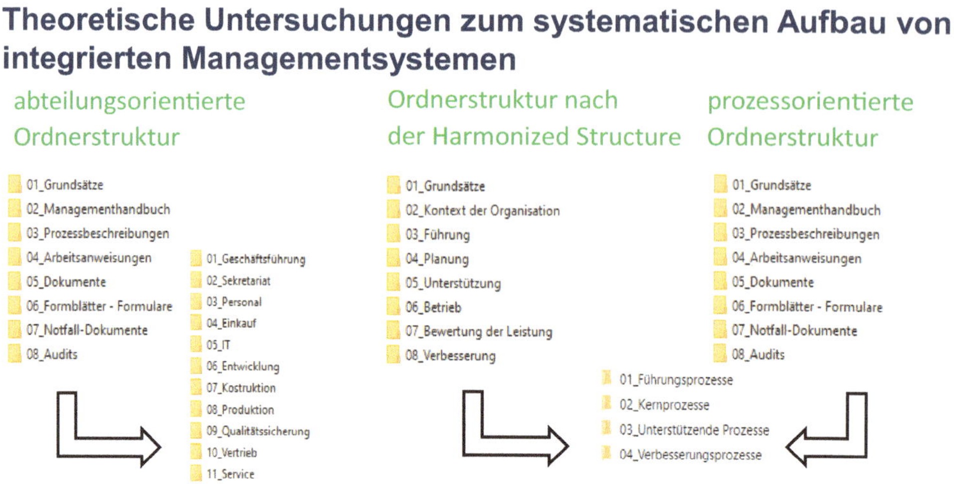


**Bild 4.1** Systematisierung von Managementsystemen – mögliche Ordnerstrukturen [Gre 22]

Die Dokumentation sichert die Transparenz und die einheitliche Form und Durchführung aller qualitätsrelevanten Tätigkeiten im Unternehmen. Da möglichst alle Mitarbeitenden auf allen Ebenen nach diesen Vorgaben arbeiten sollen, ist eine einfache und praxisgerechte, aber auch eine schlanke Gestaltung notwendig.

Aus der Umsetzung der internen und externen Anforderungen ergibt sich ein **organisationsspezifisches Managementsystem**. Die Aufbauorganisation des Managementsystems legt die Verantwortungen, Befugnisse und gegenseitigen Beziehungen von Personal, das qualitätsrelevante Tätigkeiten ausführt, fest.

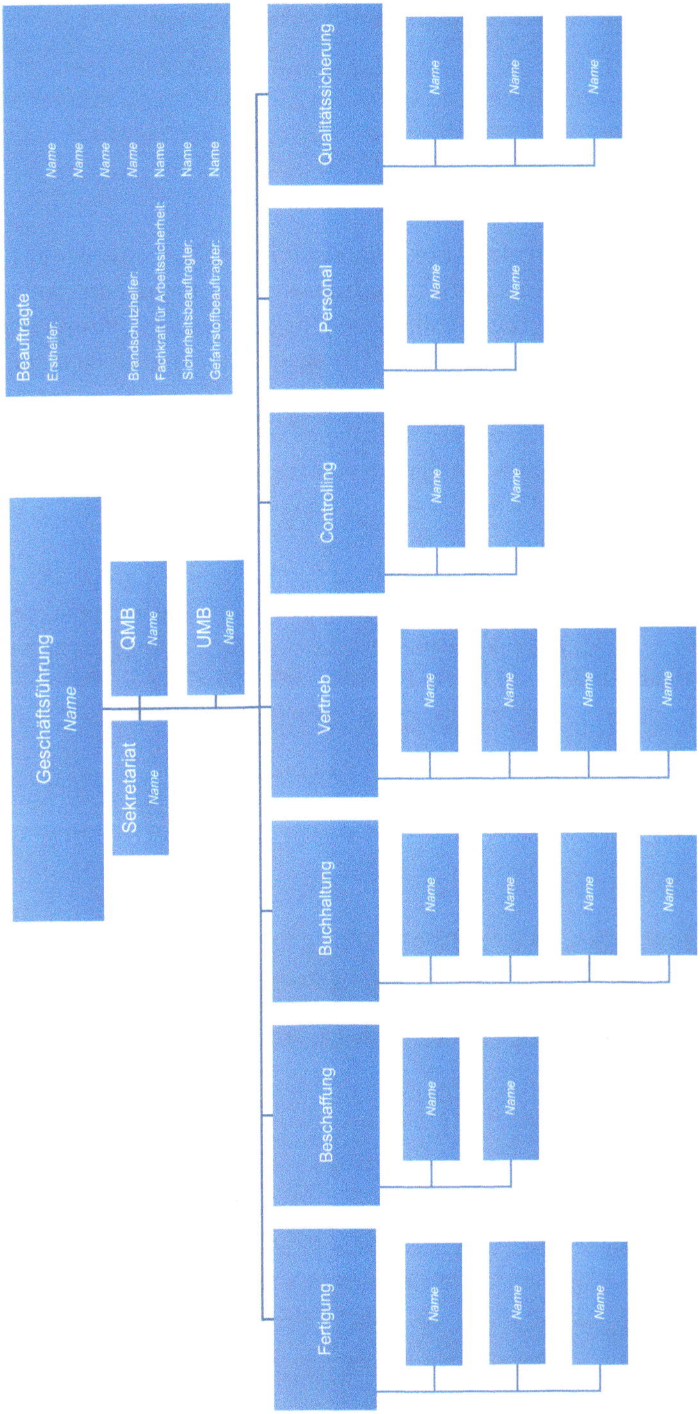


**Bild 4.2** Beispiel-Organigramm für eine funktionale Unternehmensorganisation

In [DGQ 00] sind mögliche **Organisationsformen** von Unternehmen enthalten:

- funktionale Organisation
- divisionale Organisation
- geschäftsfeldorientierte Organisation
- prozessoptimierte Organisation

Das **Organigramm** visualisiert die Struktur der Organisation mit Verantwortungsebenen und Weisungsbefugnissen (Bild 4.2). Das **Qualitätswesen** ist eine Funktionseinheit zur Aufrechterhaltung und Verbesserung des Managements sowie zur Prüfung und Überwachung der Qualitätsforderungen. Umfang und Struktur hängen von der Größe und Art der Organisation und der Spezifika der hergestellten Produkte ab.

Grundlage für den systematischen Aufbau eines Managementsystems ist die Identifizierung und Beschreibung der Hauptprozesse der Organisation. Dazu ist die Prozesslandkarte mit Führungsprozessen, Kernprozessen, Unterstützungsprozessen und Mess-, Analyse- und Verbesserungsprozessen sehr gut geeignet (Bild 4.3). Um eine möglichst übersichtliche und systematische Darstellung der Dokumente zu gewährleisten, kann zur Navigation beispielsweise auch eine Tabelle mit entsprechenden Verlinkungen angelegt werden, die in Management-, Kern- und Unterstützungsprozesse sowie in Verfahrensanweisungen/dokumentierte Informationen untergliedert wird.

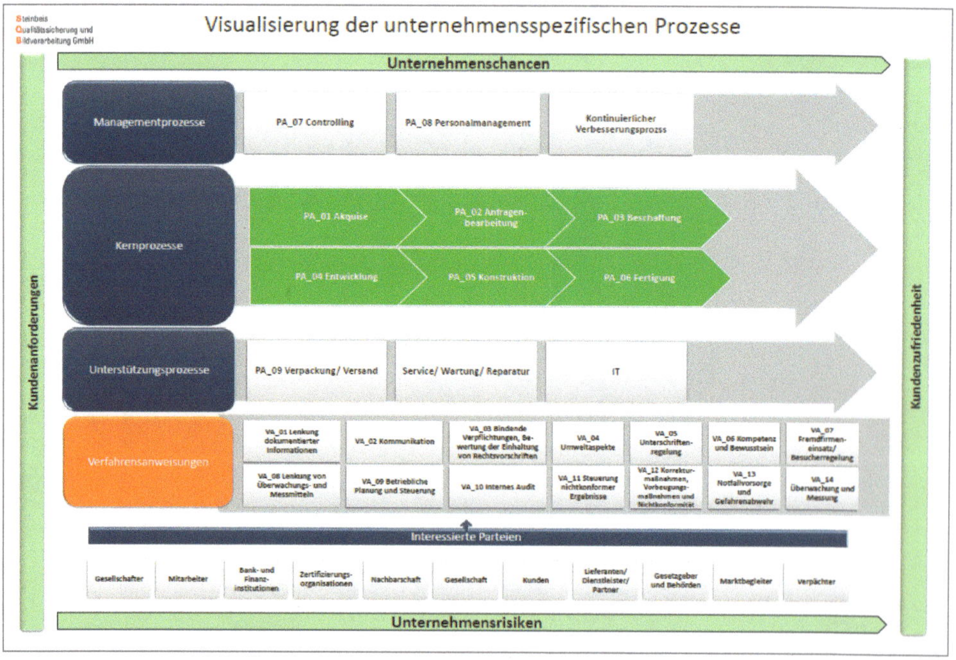


**Bild 4.3** Prozesslandkarte mit Gliederung der Prozesse und Verfahrensanweisungen in Managementprozesse, Kernprozesse, Unterstützungsprozesse und Verfahrensanweisungen

## 4.2 Einführung eines Managementsystems

Die Einführung eines Managementsystems in eine Organisation muss systematisch erfolgen. Die Vorgehensweise hängt ab von:

- Anzahl der beteiligten Mitarbeitenden
- Anzahl und Bedeutung der betroffenen Prozesse
- Ausmaß der Veränderung
- vorgesehenem Zeitrahmen des Projekts

Zur Einführung eines QM-Systems empfiehlt sich die Anwendung folgender **Methodik**:

a) **Beschluss der obersten Leitung**
   - Festlegung der Qualitätspolitik und Qualitätsziele
   - inhaltliche und terminliche Grobabstimmung
   - Information, Training und Schulung aller Mitarbeitenden
   - Bereitstellung der Mittel
   - Erstellung eines Organigramms der Organisation

b) **Bildung und Schulung einer Arbeitsgruppe**
   - Festlegung eines geeigneten Teams unter Leitung des Managementbeauftragten
   - Erarbeitung eines Projektplanes
   - Schulung/Qualifikation der Teammitglieder
   - Festlegung von Verantwortlichkeiten für die Erarbeitung und Prüfung der Management-Handbuchkapitel und der Prozess-, Verfahrens- und Arbeitsanweisungen

c) **Analyse der qualitätsrelevanten dokumentierten Informationen**
   - Analyse der relevanten Anforderungen (Normen, externe und interne Richtlinien, Gesetze und Kundenanforderungen)
   - Analyse der vorhandenen Festlegungen (Ablaufregelungen, Spezifikationen etc.)
   - Prüfung der qualitätsrelevanten Unterlagen und Klassifizierung in: unverändert anwendbar – Überarbeitung erforderlich – neu zu erstellen

d) **Erstellung einer Prozesslandkarte**
   - Identifizierung und Darstellung der wesentlichen Verfahren sowie der Kernprozesse, Führungsprozesse und Unterstützungsprozesse und deren Darstellung in einer Prozesslandkarte der Organisation
   - Festlegung der Abfolgen und Wechselwirkungen der qualitätsrelevanten Prozesse und Zuordnung der Prozesseigentümer

e) **Prozessgestaltung**
   - inhaltliche Erarbeitung und Gestaltung der Verfahren und Prozesse des Unternehmens

f) **Verfahrensanweisungen (VA) und Prozessbeschreibungen (PB)**
   - Erarbeiten der Verfahrens- und Prozessdokumentation mit Neuerarbeitung der nicht vorhandenen Unterlagen und Überarbeitung vorhandener Unterlagen
   - Abgleich der dokumentierten Informationen mit den betroffenen Bereichen
   - Dokumentation der einzelnen Ergebnisse in einer Änderungstabelle
   - Überarbeitung der VA und PB entsprechend der Änderungstabelle
   - Überprüfung durch die Teammitglieder
   - Integration der VA und der PB in das Managementsystem der Organisation

g) **Freigabe, Verteilung und Zugangsbefugnisse dokumentierter Informationen**
   - Verteiler definieren
   - Managementbeauftragter oder Verantwortlicher und Geschäftsführung bestätigen durch Unterschrift die Gültigkeit der Dokumente
   - Information und Training der Mitarbeitenden, Ausgabe des Management-Handbuches im Unternehmen nach Verteilerschlüssel, Zugriffsrechten, Freigabe bei einer Online-Dokumentation
   - Änderungsdienst organisieren

h) **Weiterentwicklung und Verbesserung**
   - Planung und Durchführung interner Audits, Festlegung von Korrekturmaßnahmen zum Aufbau von PDCA-Regelkreisen
   - Planung der zyklischen Beurteilung der Wirksamkeit des QM-Systems

Nach Einführung des Managementsystems ist dessen Wirksamkeit regelmäßig zu bewerten. Dabei ist zu prüfen, ob die getroffenen Festlegungen **geeignet sind**, interne und externe Anforderungen zu erfüllen [FQS 98], ob sie an den erforderlichen Stellen **bekannt sind** und **eingehalten werden**.

Der **Verbesserungsprozess** muss geplant, geleitet und gelenkt werden. Die Grundlagen dafür sind:

- Managementpolitik
- Managementziele
- Ergebnisse der internen und externen Audits und deren Auswertung
- Datenanalysen
- Korrektur- und Vorbeugungsmaßnahmen
- Managementbewertung

**Managementbewertungen** – Management Review – erlauben es, den Reifegrad des Geschäftsprozessmanagements einer Organisation festzustellen. Sie kristallisieren Verbesserungspotenziale heraus und legen die Basis für das Planen und Verfolgen von Reifegradzielen.

## 4.3 Dokumentation eines Managementsystems

Managementsysteme müssen dokumentiert werden. Das dokumentierte Managementsystem hat eine Innenwirkung und eine Außenwirkung für die Organisation.

**Innenwirkung:**

- Transparenz und Rationalisierung in Aufbau- und Ablauforganisation
- frühzeitiges Erkennen von Schwachstellen und deren Auswirkungen im Managementsystem
- Zuständigkeitszuweisungen
- richtige Zuordnung der Qualitätsprüfungen
- Wiederholbarkeit und Rückverfolgbarkeit
- Voraussetzung für die regelmäßige Beurteilung der Wirksamkeit und Angemessenheit des Managementsystems

**Außenwirkung:**

- Voraussetzung für die Anerkennung des Managementsystems nach einer Norm oder Vorschrift
- Vertrauensbildung gegenüber Kunden und externen Partnern
- Nachweis der Wahrnehmung der unternehmerischen Sorgfaltspflicht in Fragen der Produkt- und Umwelthaftung
- zusätzliches Mittel für Akquisition und Kundenpflege

Dokumentierte Informationen beispielsweise zum Qualitätsmanagement **müssen enthalten**:

- dokumentierte Aussagen zur Qualitätspolitik und zu Qualitätszielen
- dokumentierte Informationen und Prozesse, die normenseitig gefordert werden
- Dokumente, die die Organisation zur wirksamen Planung, Durchführung und Lenkung ihrer Prozesse benötigt
- normenseitig geforderte Qualitätsaufzeichnungen

- Ein QMH wird nach DIN EN ISO 9001:2015 nicht mehr zwingend gefordert. Aufgrund der Notwendigkeit, zukünftig verstärkt „Integrierte Managementsysteme" aufzubauen, ist ein Management-Handbuch trotzdem zu empfehlen.

Dokumentierte Informationen in Managementsystemen werden unterteilt in **Forderungsdokumente** und **Aufzeichnungen von Ergebnissen**. Sie können sich beispielsweise auf das Managementsystem, auf Prozesse oder auf Produkte beziehen (Bild 4.4).

| | dokumentierte Information/Qualitätsmanagementdokumente | |
|---|---|---|
| Beziehen sich auf: | **Anforderungen** (Spezifikationen) | **Aufzeichnungen** (Nachweise) |
| **System**<br>**Prozesse**<br>**Produkte/ Dienstleistungen** | • Qualitätsmanagementhandbuch<br>• Verfahrensanweisungen VA<br>• Prozessbeschreibungen PB<br>• Arbeits- und Prüfanweisungen<br>• Checklisten, Formblätter, Prozess- und Projektdokumente (Spezifikationen, Zeichnungen, Stücklisten, Rezepturen) | • Auditberichte<br>• Kalibrierdaten<br>• Ergebnisse der Lieferantenbewertung<br>• Fähigkeitsnachweise<br>• Prüfberichte, Prüfdaten |

**Bild 4.4** Beispiel für die Systematisierung von Qualitätsmanagementdokumenten

Ein Beispiel für ein typisches Qualitätsforderungsdokument ist ein Prüfplan. QM-Dokumente legen beispielsweise die qualitätsrelevanten Prozesse, Zuständigkeiten und Zielstellungen einer Organisation dar.

Es müssen alle relevanten Tätigkeiten im Unternehmen beschrieben werden sowie die Verantwortung für die Durchführung und Befugnisse dokumentiert und jedem zugänglich gemacht werden. Die nachweisbare Übersichtlichkeit über das Managementsystem und die richtigen Informationen zur rechten Zeit am rechten Ort müssen gesichert werden. Die Unternehmensleitung muss den **Umfang der dokumentierten Informationen** festlegen, der benötigt wird, um das Managementsystem aufzubauen, zu verwirklichen und aufrechtzuerhalten und um den wirksamen und effizienten Ablauf der Prozesse der Organisation zu unterstützen (Tabelle 4.1). Der Umfang der dokumentierten Informationen beispielsweise für ein Qualitätsmanagementsystem wird insbesondere bestimmt durch:

- Größe und Art der Organisation
- Komplexität der Prozesse
- Fähigkeit des Personals

**Tabelle 4.1** Dokumentierte Informationen nach Inhalten am Beispiel des Qualitätsmanagements [Nor 05] [Nor 15d]

| Dokumente | Erläuterung/Inhalt |
|---|---|
| Dokumentierte Information QM-Handbuch | Das QMH ist die komprimierte Darstellung der betrieblichen Prozesse, Zuständigkeiten und Qualitätskriterien des QM-Systems.<br>Es liefert nach innen und außen zusammenhängende Informationen über Inhalt und Aufbau des QM-Systems der Organisation. |
| Dokumentierte Information QM-Plan | Anwendung des QM-Systems auf ein Produkt, Projekt oder einen Vertrag |
| Dokumentierte Information Spezifikation | Dokument mit festgelegten Anforderungen |
| Dokumentierte Information Leitfaden | Anleitung mit Empfehlungen und Vorschlägen |
| Dokumentierte Informationen Prozessbeschreibungen, Verfahrensanweisungen, Arbeitsweisungen, Zeichnungen | Anleitung zur Beschreibung und zur Ausführung von Tätigkeiten, Prozessen, Produkten, Dienstleistungen |
| Dokumentierte Informationen | Nachweis über ausgeführte Tätigkeiten oder erreichte Ergebnisse, bspw. Auditberichte, Maßnahmenverfolgung |

Die Managementdokumentation hat eine hierarchisch aufgebaute Struktur (Bild 4.5).

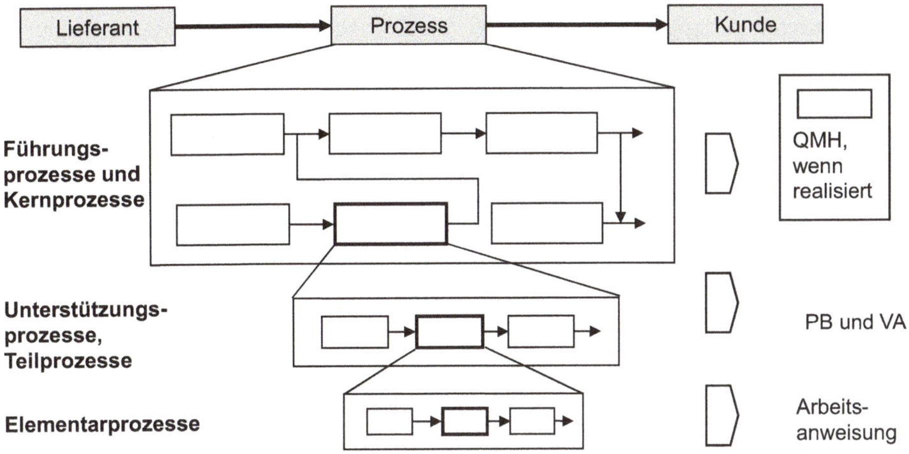


**Bild 4.5** Aufbau der QM-Dokumentation in unterschiedliche Ebenen

Die Managementdokumente und Ergebnisaufzeichnungen sind die Basis des Managementsystems und dessen fortlaufender Verbesserung. Daher muss geregelt sein, wie Dokumente und Ergebnisaufzeichnungen identifiziert, registriert, archiviert, gepflegt, geprüft, freigegeben und verteilt werden.

**Für QM-Dokumente fordert beispielsweise die Norm DIN EN ISO 9001:**

- Prüfung und Genehmigung von Dokumenten bezüglich ihrer Angemessenheit vor Herausgabe
- Bewertung, Aktualisierung, erneute Genehmigung nach Änderungen
- Kennzeichnung des aktuellen Überarbeitungsstatus
- Verfügbarkeit gültiger und zutreffender Dokumente an den Einsatzorten
- Gewährleistung von Lesbarkeit und Erkennbarkeit
- Verteilung und Kennzeichnung von Dokumenten externer Herkunft
- Verhinderung der Verwendung veralteter Dokumente durch geeignete zeitliche Verfügbarkeit, Kennzeichnung und Lenkung

### 4.3.1 Management-Handbuch

Die Organisation kann ein Management-Handbuch erstellen und aufrechterhalten, das Folgendes beinhaltet:

- Anwendungsbereich des Managementsystems
- Begründungen für jegliche Ausschlüsse von Anforderungen der zugrunde gelegten Norm
- für das Managementsystem erstellte dokumentierte Informationen und Prozesse oder Verweise darauf
- eine Beschreibung des Zusammenwirkens der Prozesse im Managementsystem

> ✓ Das **Management-Handbuch (MMH)** ist ein Dokument, in dem das Managementsystem einer Organisation festgelegt ist [Nor 08]. In der aktuellen DIN EN ISO 9001:2015 wird beispielsweise anstelle der Begriffe Qualitätsmanagement-Handbuch (QMH), Dokumentation, dokumentierte Verfahren und Aufzeichnungen der Oberbegriff **dokumentierte Information** festgelegt [Nor 15d].

In der aktuellen Norm DIN EN ISO 9001:2015 wird ein QMH nicht explizit gefordert. Trotzdem ist es zu empfehlen, eines zu erstellen, da es die wesentlichen Informationen und Normenanforderungen zum Aufbau eines QM-Systems in systematischer Form enthält. Außerdem können Informationen beispielsweise zur Vorstellung des

Unternehmens, zum Anwendungsbereich des Managementsystems, zur Unternehmenspolitik in Bezug auf Qualität, Umwelt und Arbeitssicherheit, Energie, Grundsatzerklärungen zur Arbeitssicherheit, zur Verantwortung und Befugnissen und zum Gesundheitsschutz sowie zum Unternehmensumfeld im Managementsystem am besten im MMH dargestellt werden. Bei Managementsystemen ohne Management-Handbuch können diese erforderlichen Inhalte auch nur als Ordner bzw. Dateien in das Managementsystem integriert werden. Häufig ist ein Umfang des MMH von max. 50 Seiten ausreichend. Hinsichtlich Detaillierung und Format können MMHs unterschiedlich sein, um sie an die Größe und Komplexität einer einzelnen Organisation anzupassen.

Das MMH sollte exakt nach der Harmonized Structure (HS), beispielsweise nach den Abschnitten der DIN EN ISO 9001 [Nor 15d] gegliedert werden (Abschnitt 2.2 und 2.3). Andere Gliederungen sind zulässig, verursachen aber einen deutlich erhöhten Aufwand bei der Prüfung auf Normenkonformität bspw. durch eine erforderliche Korrelationsmatrix beispielsweise zum Nachweis der Beachtung aller Anforderungen zum „Aufrechterhalten dokumentierter Informationen" der ISO 9001:2015 im MMH.

Zusätzlich sollte die Gliederung nach der DIN EN ISO 9001:2015 mit Folgendem ergänzt werden:

- *Deckblatt*
  - Firma, Titel
  - Versionsnummer
- *Benutzerhinweise*
  - Festlegungen für die Bearbeitung und den Änderungsdienst
  - Vorstellung der Unternehmensgeschichte
- *Inhaltsverzeichnis*
  - Liste der Abschnitte mit Freigabevermerk
  - Liste der Verfahrensanweisungen VA und Prozessbeschreibungen PB, Formulare und Checklisten (mit Änderungsstand)

Das QMH ist entsprechend der Prozessstruktur in Kernprozesse, Unterstützungsprozesse und Verfahrensanweisungen zu gliedern (Bild 4.3). VA und PB sowie Checklisten, Formulare und ggf. Arbeitsanweisungen sollten als Anlagen zum MMH realisiert werden. Damit gibt es die Möglichkeit, das MMH auch zu veröffentlichen bzw. zur Akquisition von Kunden nutzen zu können, ohne spezielles Know-how des Unternehmens zu veröffentlichen.

Im Downloadbereich zum Buch unter *plus.hanser-fachbuch.de* befindet sich ein vollständiges browsergestütztes MMH zur Ansicht.

### 4.3.2 Dokumentierte Informationen

Beispielsweise fordern die Normen DIN EN ISO 9001 [Nor 15d], DIN EN ISO 14001 [Nor 15f] und DIN ISO 45001 [Nor 18b] dokumentierte Informationen in Form von Verfahrensanweisungen (VA) und Prozessbeschreibungen (PB).

Wie immer im Umgang mit Normen ist es wichtig, die Begrifflichkeiten zu klären:

> „Wenn die Benennung **‚dokumentiertes Verfahren'** in dieser internationalen Norm DIN EN ISO 9001 verwendet wird, bedeutet dies, dass das jeweilige *Verfahren* festgelegt, dokumentiert, verwirklicht und aufrechterhalten wird" [Nor 15d].
>
> Anstelle des Begriffs dokumentiertes Verfahren **(DV)** wird in der Literatur und in bereits bestehenden Managementsystemen oft der Begriff **Verfahrensanweisung (VA)** verwendet.
>
> **Verfahren** ist die „festgelegte Art und Weise, eine Tätigkeit oder einen Prozess auszuführen" [Nor 15b, Nor 15d].
>
> **Prozess** ist definiert als ein „Satz von in Wechselbeziehung oder in Wechselwirkung stehenden Tätigkeiten, der Eingaben in Ergebnisse umwandelt" [Nor 15b].
>
> Eine **Prozessbeschreibung (PB)** ist die dokumentierte Information eines Prozesses.

Verfahren beschreiben das „Wie" und Prozesse beschreiben das „Was" einer durchzuführenden Maßnahme [Ado 14].

Ein weiterer Unterschied zwischen Verfahren und Prozessen ist, dass prinzipiell nur Prozesse messbar sind, da diese einen reellen und greifbaren Output generieren. Verfahren beschreiben lediglich die Art und Weise, *wie* ein Prozess aufzuführen ist, und sind daher in der Regel nicht messbar [Ado 14].

Dokumentierte Informationen in Form von VA, PB und AA sollen Abläufe durch detaillierte Festlegungen und Zuständigkeiten für Mitarbeitende beschreiben, nachvollziehbar machen und bereichsübergreifende Schnittstellen regeln. In ihnen ist festgelegt, was durch wen wann wo und wie realisiert werden muss. Insbesondere bei Personalwechseln helfen sie dabei Erfahrungen zu übertragen und Abläufe konstant zu halten. Ihre Gestaltung ist an keine spezifische Vorgabe gebunden und wird entsprechend den Bedürfnissen der Organisation gestaltet. Die Prozesse können in Form von Ablaufplänen klar und eindeutig dargestellt werden. Diese Form der Darstellung unterstützt zum einen die systematische Erstellung und zum anderen ihre einfache Anwendung. Wenn das MMH als Bestandteil des Managementsystems genutzt wird, ist darauf zu achten, dass durch eine geeignete Systematik eine eindeutige Zuordnung zum MMH gegeben ist.

Für die Erstellung und Pflege der Anweisungen sind die Prozesseigner (process owner) verantwortlich. Überarbeitungen führen sie in Abstimmung mit dem entsprechenden Verantwortlichen oder Managementbeauftragten aus. Zur eindeutigen Erkennbarkeit und Übersicht sollten diese Managementdokumente nach einer einheitlichen Systematik aufgebaut werden. Eine vereinheitlichte Form und Gliederung der dokumentierten Informationen beispielsweise als VA, PB und AA ist zu empfehlen und erhöht die Verständlichkeit und Akzeptanz. Die Identifikation der Management-Anweisungen kann über die Kopf- und Fußzeile mit Informationen zur Freigabe und zum Revisionsnachweis erfolgen. Die Kopf- und Fußzeile einer dokumentierten Information sollte standardisiert nur mit den unbedingt notwendigen Informationen dargestellt werden (Bild 4.6) [Gri 13].

| | | |
|---|---|---|
| LOGO | **Dokumentierte Verfahren**<br>DV_01 Lenkung von Dokumenten und Aufzeichnungen | Seite 5 von 9 |

**DV_01 Lenkung von Dokumenten und Aufzeichnungen**

1. Zweck/Ziel
2. Beschreibung
3. Zuständigkeiten
4. Mit geltende Dokumente

| | | |
|---|---|---|
| © Dokumentierte Verfahren der (Firmenbezeichnung)<br>(**Achtung! Ausgedruckte Exemplare unterliegen nicht dem Anderungsdienst und gelten nur am Tag des Ausdrucks: 04.06.2014)** | Version | 1.0 |
| | Datum | Datum der Version |

**Bild 4.6** Kopf- und Fußzeile eines dokumentierten Verfahrens [Gri 13]

Verfahren und Prozesse müssen der fortlaufenden Verbesserung unterliegen. Deshalb sind diese mithilfe des PDCA-Zyklus fortlaufend weiter zu entwickeln.

#### 4.3.2.1 Verfahrensanweisungen (VA)

Eine **Verfahrensanweisung (VA)** ist ein Dokument, welches aufzeigt, „wie" man Abläufe im Unternehmen durchzuführen hat und somit der Verfahrensoptimierung und natürlich auch der Standardisierung dient. Im Rahmen eines ISO-Managementsystems (z. B. DIN EN ISO 9001) sind VA zwingend erforderliche Dokumente.

Da Verfahrensanweisungen die Frage beantworten: „wie wird ein Verfahren durchgeführt?", ist es gebräuchlich, diese Anweisung als visuelle Darstellungen (Tabellen, Flussdiagramme, Struktogramme) oder auch in Textform darzustellen. Für die dokumentierte Information „Verfahrensanweisung" ist eine einheitliche Gliederung zweckmäßig (Tabelle 4.2) [Tho 09].

**Tabelle 4.2** Vorschlag zur Gliederung einer Verfahrensanweisung

| | | |
|---|---|---|
| 1. | Zweck/Ziel | Kurze Beschreibung der Zielstellung des DVs |
| 2. | Beschreibung | Aufzeigen wichtiger, relevanter Begriffe für ein einheitliches Verständnis |
| 3. | Zuständigkeiten | Aufzeigen der Verantwortlichkeit des DVs |
| 4. | Mitgeltende Dokumente | Aufzeigen aller für das DV wichtigen und notwendigen Unterlagen |

Eine typische Verfahrensanweisung ist für die Managementaufgabe „Lenkung von Dokumenten und Aufzeichnungen" in Anhang A 16.1 (siehe Kapitel 16) enthalten [Wol 14].

#### 4.3.2.2 Prozessbeschreibungen (PB)

Eine **Prozessbeschreibung (PB)** stellt eine ins Detail gehende Abfassung von Prozessschritten im Unternehmen oder in einzelnen Unternehmensbereichen dar. Damit wird beschrieben, ‚was' im Unternehmen abläuft. Sie legt eine systematische Vorgehensweise fest und beschreibt die zuständigen Personen sowie deren Kompetenzen und Aufgaben. Hierbei ist, wie schon erwähnt, die einfache und praxisgerechte Gestaltung einer der wichtigsten Aspekte [Ado 14].

Für den Aufbau einer PB gibt es keine standardisierte Form. Es ist allerdings wichtig, dass eine PB als Informations- und Instruktionsträger innerhalb eines Unternehmens möglichst einheitlich gegliedert ist (Tabelle 4.3) [Tho 09].

**Tabelle 4.3** Vorschlag zur Gliederung einer Prozessbeschreibung

| | | |
|---|---|---|
| 1. | Ziel und Zweck | Kurze Beschreibung der Zielstellung des Prozesses |
| 2. | Eingabe – Tätigkeit – Ausgabe | Grafische Darstellung der Prozesseingabe, -tätigkeit und -ausgabe |
| 3. | Beschreibung | Aufzeigen wichtiger, relevanter Begriffe für ein einheitliches Verständnis |
| 4. | Zuständigkeiten | Aufzeigen der Verantwortlichkeit des Prozesses |
| 5. | Kennzahl/Bewertung | Prozess mittels Kennzahl messbar gestalten |
| 6. | Mitgeltende Unterlagen | Aufzeigen aller für den Prozess wichtigen und notwendigen Unterlagen |

Unter Beachtung der jeweiligen Bedürfnisse des Unternehmens und der relevanten Zertifizierungsnormen können auch andere Gliederungen verwendet werden. VA und PB können rationell beispielsweise mit Flussdiagrammen beschrieben und visualisiert werden.

In Anhang A 16.2 ist ein Beispiel für die Prozessbeschreibung „Beschaffung“ enthalten (siehe Kapitel 16) [Ado 14] [Wol 14].

Für die IATF 16949:2016 (Automobilnorm) wird eine gegenüber DIN EN ISO 9001 [Nor 15d] erweiterte Gliederung notwendig (Tabelle 4.4) [Nor 16a].

**Tabelle 4.4** Vorschlag zur Gliederung einer Prozessbeschreibung gemäß IATF 16949 [Nor 16a]

| | |
|---|---|
| Zweck/Ziel | Kurze Beschreibung der Zielstellung des Prozesses |
| Prozess-Eingabe-Tätigkeit-Ausgabe | Grafische Darstellung der Prozesseingabe, -tätigkeit und -ausgabe |
| Geltungsbereich | Bereich, für den der Prozess Gültigkeit besitzt |
| Zuständigkeiten | Festlegung der Verantwortlichkeit für den Prozess |
| Prozess-Kennzahlen | Prozess messbar gestalten mittels Kennzahl |
| Begriffe, Abkürzungen | Aufzeigen wichtiger, relevanter Begriffe und Abkürzungen für ein einheitliches Verständnis |
| Mitgeltende Dokumente | Aufzeigen aller für den Prozess wichtigen und notwendigen Unterlagen |
| Änderungshistorie | Aufzeigen der Änderungen |
| Beschreibung | Stellt den tatsächlichen Prozessablauf dar, beispielsweise mithilfe eines Flussdiagramms |
| Turtlebetrachtung/Wissensspeicher | Stellt Zusammenhänge mit dem Prozess dar |
| Risikobetrachtung | Stellt Risiken und Gegenmaßnahmen dar |

Aus Gründen der Übersichtlichkeit ist es sinnvoll eine PB visualisiert darzustellen – je weniger Text, desto besser. Dazu können beispielsweise Flussdiagramme oder Struktogramme genutzt werden.

#### 4.3.2.3 Arbeitsanweisungen (AA) und Formulare (FB)

Arbeitsanweisungen und Formulare haben im Managementsystem eine besonders hohe Bedeutung. Durch die Nutzung und Akzeptanz wird das gesamte Managementsystem der Organisation tagtäglich „gelebt“ und umgesetzt.

☑ Eine **Arbeitsanweisung (AA)** enthält detaillierte Angaben wie z. B. spezielle Arbeitsaufgaben, die zur Herstellung von Teilen, Baugruppen oder Endprodukten erforderlich sind. Eine Arbeitsanweisung ist oftmals eine Ergänzung zu einem Arbeitsplan. Beispiele für Arbeitsanweisungen sind Konstruktionszeichnungen, Stichprobenanweisungen und Justiervorschriften [Web 68].

Ein **Formular (FB)** ist eine Komponente von Dialogsystemen in Dateiform. Das Gegenstück ist das Papierformular. Auf einem rechnergestützten Formular sind Dialogelemente wie Checkboxen, Radiobuttons oder Listenfelder platziert, in denen der Benutzer Eintragungen vornehmen kann. Besondere Bedeutung erhält das Formular im Zusammenhang mit verlinkten HTML-Dateien und Workflow-Managementsystemen (Kapitel 15) [Web 69].

AAs und FBs sind unternehmensspezifisch aufgebaut. Sie können aber auch im Format der Prozessbeschreibungen und Verfahrensanweisungen mit gleicher Kopf- und Fußzeile gestaltet werden. Damit sind sie auch eindeutig im Managementsystem zuordenbar. Zum sicheren Auffinden und zur benutzerfreundlichen Navigation sind Arbeitsanweisungen und Formulare im Managementsystem der Organisation systematisch nach Struktureinheiten (Prozesseigentümern), die diese Formulare verwenden, zu ordnen. Dazu können entsprechende Dateiordner der Abteilungen mit den Dateien für die entsprechenden Arbeitsanweisungen und Formulare aufgebaut werden. Eine solche Systematisierung sichert auch die ständige Pflege und Aktualisierung sowie die systematische Ablage von dokumentierten Informationen durch die Prozesseigner in der Organisation.

## 4.4 Integrierte Managementsysteme nach der Harmonized Structure

### 4.4.1 Gründe und Ziele für den Aufbau integrierter Managementsysteme

Unternehmen müssen sich den **Anforderungen verschiedener Managementsysteme** stellen. Dies betrifft beispielsweise Qualitäts-, Umwelt- und Arbeitsschutzmanagement. Darüber hinaus sind jedoch auch weitere Managementsysteme wie Hygienemanagement, Management der Anlagensicherheit, Datensicherheit, Notfallmanagement, Energiemanagement und andere unternehmensspezifische Systeme relevant. [Rei 22]

Der **isolierte Aufbau** dieser Managementsysteme in den Organisationen verursacht einen erheblichen administrativen und ökonomischen Aufwand. Die **Integration** von Managementsystemen erlaubt es, die **Anforderungen verschiedener Systeme bzw. Regelwerke** gleichzeitig und effizient zu erfüllen. Dazu kann sehr gut die **Harmonized Structure** der aktualisierten Normen genutzt werden.

### 4.4.2 Aufbau integrierter Managementsysteme und Vorgehensmodelle

Ein wirkungsvolles Managementsystem muss an die Gegebenheiten des Unternehmens angepasst und entsprechend zugeschnitten werden. Es ist bisher kein genormtes oder anderweitig standardisiertes Managementmodell bekannt, das auf den Aufbau eines integrierten Managementsystems ausgerichtet ist. Jedoch liegen den unterschiedlichen Managementsystemnormen häufig gleiche Prinzipien nach der **Harmonized Structure** zugrunde (Bild 2.5). Eine Vereinheitlichung der Normung unterschiedlicher Managementsysteme wird zunehmend mit der **Harmonized Structure** für unterschiedliche Managementsysteme angestrebt, beispielsweise für Qualitätsmanagement, Umweltmanagement und Arbeitssicherheit.

**Integriertes Managementsystem (IMS)** nennt man das gesamte übergreifende Managementsystem einer Organisation. Das integrierte Managementsystem schließt das Umweltmanagementsystem, Qualitätsmanagementsystem und andere Managementsysteme ein. Die vorhandenen Systeme werden synergetisch gebündelt und führen zu einer effizienteren Arbeitsweise der Organisation.

Ein integriertes Managementsystem nutzt Synergien und bündelt Ressourcen im Sinne schlanker Organisationsstrukturen und zur Steigerung der Wettbewerbsfähigkeit. Mit integrierten Managementsystemen sollen folgende **Zielstellungen** erreicht werden:

- Steigerung der Effizienz der Unternehmensorganisation (transparente Ablauf- und Aufbauorganisation)
- flexibles Managementsystem mit schlanker Prozessdokumentation
- Kosten- und Zeiteinsparung durch Vermeidung von Doppelarbeit und Redundanz
- umfassende Rechtssicherheit
- Minimierung des Produkthaftungsrisikos
- schnellere Akzeptanz und besseres Verständnis der Belegschaft für integrierte Managementsysteme
- Förderung der Selbstverantwortung
- Durchsetzung des hohen Qualitätsstandards in allen Bereichen des Unternehmens
- reduzierter Aufwand der Dokumentenprüfung
- Erhalt einer Basis für fortlaufende Verbesserung

Durch die „Zentralisierung" integrierter Managementsysteme kann aber auch eine Komplexität entstehen, die im Ergebnis eine schwierigere Pflege und Aufrechterhaltung zur Folge hat.

Für den Aufbau integrierter Managementsysteme kann

- das summarische Vorgehensmodell oder
- das adaptive Vorgehensmodell

angewendet werden.

Beim **summarischen Vorgehensmodell** wird ein vorhandenes Managementsystem als Grundlage genommen. Es eignet sich hierfür insbesondere ein Qualitätsmanagementsystem nach DIN EN ISO 9001 als Leitnorm, das nach der **Harmonized Structure** gegliedert ist. Dieses wird um weitere Managementaspekte aus anderen Managementsystemen wie Umweltmanagement, Management der Sicherheit und Gesundheit und anderen Systemen z. B. HACCP, GLP in Form von zusätzlichen Managementinformationen **erweitert** oder es werden **mehrere unterschiedliche Managementsysteme** nebeneinander aufgebaut und gepflegt. Die Pflege mehrerer unterschiedlicher Managementsysteme enthält viele **Redundanzen** (Doppelungen) und erfordert einen **hohen Aufwand**. Für die Implementierung eines oder mehrerer weiterer vollständiger Managementsysteme mit komplexen Dokumentationsanforderungen ist deshalb dieses Vorgehensmodell weniger geeignet.

Legt man ein **adaptives Vorgehensmodell** zugrunde, wird das Managementsystem so aufgebaut, dass alle spezifischen Aspekte der relevanten Managementsysteme in **einem integrierten Managementsystem** ohne Redundanzen berücksichtigt werden. Die Anwendung von integrierten Managementsystemen ermöglicht **ca. 50 % Aufwandseinsparungen** (Bild 4.7) [Ill 19].

Integrierte Managementsysteme lassen sich sehr gut als Intranetlösungen browsergestützt aufbauen (Bild 4.8). Günstig sind auch **integrierte Auditmanagementsysteme**, die in integrierte Managementsysteme eingefügt worden sind (Bild 4.9) [Web 45]. Auch bei der Auditierung von integrierten Managementsystemen sind damit erhebliche **Einsparungen von mehr als 50 %** nachgewiesen worden [Ill 19].

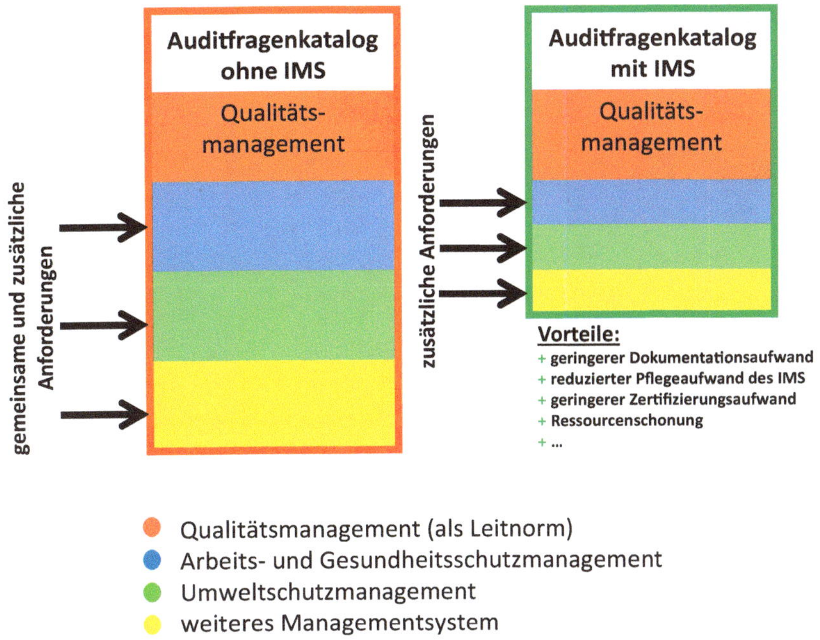


**Bild 4.7** Umfang der Anforderungen in Managementsystemen mit und ohne Integration [Ill 19]

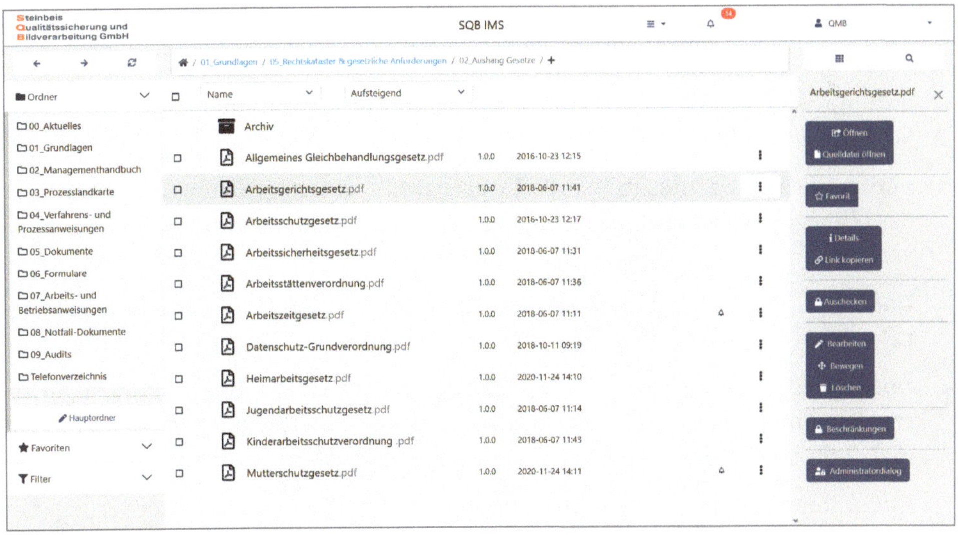


**Bild 4.8** Webbasiertes integriertes Managementsystem SQB IMS der Steinbeis Qualitätssicherung und Bildverarbeitung GmbH Ilmenau [Web 45]

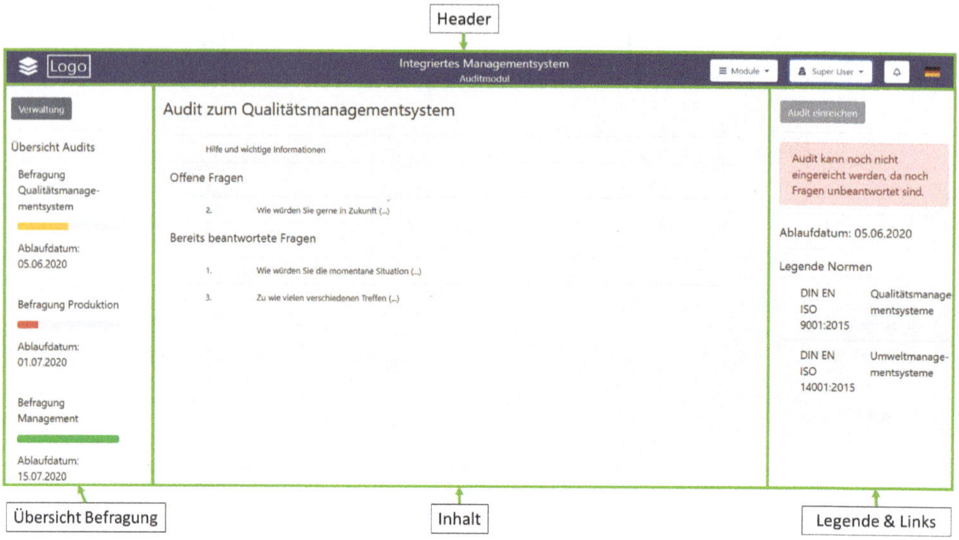


**Bild 4.9** Webbasiertes integriertes Auditmanagementsystem SQB AMS der Steinbeis Qualitätssicherung und Bildverarbeitung GmbH Ilmenau [Web 45]

Durch webbasierte integrierte Managementsysteme lassen sich bei der Pflege viele Routinearbeiten automatisieren [Web 87]:

- **automatische Versionierung:** bei Änderung eines Dokuments findet eine *automatische Versionierung* statt und das *Änderungsverzeichnis* wird automatisch aktualisiert
- **automatisierte Inhaltssuche:** Dokumente und Inhalte können schnell über eine *Volltextsuche* gefunden werden
- **automatisiertes Einlesen der Ordnerstruktur:** die bestehende Ordnerstruktur des Unternehmens wird inklusive aller Daten bei der Installation *automatisch eingelesen*
- **Datumsstempel:** Dokumente erhalten beim Öffnen einen aktuellen Datumsstempel
- **Dokumentenlenkung mit Benachrichtigungssystem:** Dokumente können an bestimmte Empfänger oder Empfängergruppen wie Abteilungen *per E-Mail gelenkt* und optional mit einer Rückmeldung durch den Empfänger bestätigt werden
- **Dokumentenmatrix:** Dokumente können beispielsweise nach Forderung der IATF in einer *Dokumentenmatrix automatisch verwaltet* werden (Bild 4.10)
- **Favoriten:** zur *schnellen Navigation* können allgemeine und *benutzerspezifische Favoriten* angelegt werden

- **Freigabeprozess:** für neue Versionen von Dokumenten kann ein *mehrstufiger Freigabeprozess* angelegt werden.
- **Rechteverwaltung:** Festlegung, welcher Mitarbeitende bestimmte Informationen und Dokumente lesen, ändern oder neu erstellen darf
- **Sprachen:** das IMS kann in *mehreren Sprachen* verwendet werden
- **webbasiert:** nach der einfachen Installation auf dem Unternehmensserver oder in der Cloud ist ein *einfacher Zugriff* auf das IMS von allen verknüpften Rechnern den Mitarbeitenden der Organisation/des Unternehmens möglich

Die IATF 16949 fordert beispielsweise, die gültigen aktuellen Dokumente in einer Dokumentenmatrix zu verwalten (Bild 4.10) [Nor 19].

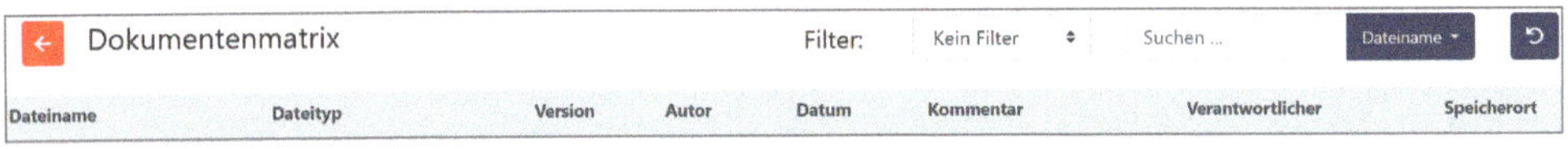


**Bild 4.10** Beispiel für eine Struktur einer nach IATF geforderten Dokumentenmatrix

Ein systematischer Aufbau und die Einführung von „schlanken" Managementsystemen erspart sehr viel Aufwand. Dazu ist ein durchdachtes und systematisches Konzept bei der Projektierung und Einführung von Managementsystemen unabdingbar (Bild 4.1).

# 5 Anforderungen an Qualitätsmanagementsysteme nach Leitnorm DIN EN ISO 9001 für integrierte Managementsysteme

Die DIN EN ISO 9001:2015 [Nor 15d] wurde im Jahr 2015 grundlegend überarbeitet und nach der Harmonized Structure (HS) aufgebaut (Kapitel 2, Bild 2.5). Diese Struktur ist für die Integration unterschiedlicher Managementsysteme geeignet, weil die entsprechenden Normen nach gleichen Gliederungen aufgebaut sind bzw. zukünftig aufgebaut werden (Abschnitt 2.2).

In der Norm DIN EN ISO 9001:2015 sind gemeinsame Benennungen sowie Basisdefinitionen für den Gebrauch in unterschiedlichen Managementsystemnormen mit Harmonized Structure erarbeitet worden. Der Begriff „dokumentierte Information" wurde als neuer Sammelbegriff der bisher bekannten „dokumentierten Verfahren" und „Aufzeichnungen" eingeführt.

Ein Qualitätsmanagement-Handbuch ist nicht mehr ausdrücklich gefordert.

Wenn bisher von „Produkten" gesprochen wurde, was den Begriff „Dienstleistungen" mit beinhaltet hat, wird in der neuen Norm ausdrücklich von „Produkten und Dienstleistungen" gesprochen, um die Bedeutung der Norm auch für den Dienstleistungssektor hervorzuheben.

Der Begriff „Lieferant" wurde ersetzt durch den Begriff „Anbieter".

Ein „Beauftragter der obersten Leitung" für das Qualitätsmanagementsystem ist nicht mehr explizit gefordert. Diese Aufgaben sind der obersten Leitung zugeordnet worden.

Für die Planung und Durchführung von Änderungen am Qualitätsmanagementsystem wurden neue Anforderungen formuliert.

Tätigkeiten nach der Lieferung des Produkts bzw. Erbringung der Dienstleistung wurden standardisiert.

**In Anhang A der Norm DIN EN ISO 9001 sind wesentliche „Grundsätze des Qualitätsmanagements" formuliert [Nor 15d].**

**In Anhang B der Norm DIN EN ISO 9001 ist eine Übersicht über die Normen der ISO-9000-Reihe und der ISO-10000-Reihe enthalten, die Organisationen bei der Einführung oder bei Verbesserungen ihrer Qualitätsmanagementsysteme, deren Prozesse oder deren Tätigkeiten unterstützen sollen [Nor 15d].**

Die DIN EN ISO-Normenfamilie 9000 ff. besteht aus vier Normen:

- ISO 9000 beschreibt Grundlagen für Qualitätsmanagementsysteme und die Begriffe des Qualitätsmanagements. Sie ist daher beim Aufbau und der Einführung eines QM-Systems relevant [Nor 15b].
- ISO 9001 legt die Anforderungen an ein Qualitätsmanagementsystem für den Fall fest, dass eine Organisation ihre Fähigkeit darlegen muss, Produkte bereitzustellen, die die Anforderungen der Kunden und die behördlichen Anforderungen erfüllen, und anstrebt, die Kundenzufriedenheit zu erhöhen [Nor 15d].
- ISO 9004 stellt einen Qualitätsmanagementansatz bereit, der auf den nachhaltigen Erfolg einer Organisation in einem komplexen, anspruchsvollen und sich ständig ändernden Umfeld gerichtet ist [Nor 18c].
- ISO 19011 stellt Anleitungen bereit, um die Wirksamkeit eingeführter Managementsysteme durch Audits festzustellen [Nor 18g].

Sind in Managementsystemen andere Aspekte zu beachten, wie beispielsweise Umwelt, Arbeitssicherheit, Energie, Informationssicherheit, akkreditierte Prüf- und Kalibrierlaboratorien, Medizintechnik oder Hygiene, sind andere Managementnormen zu beachten und anzuwenden (Kapitel 6 bis 11).

Im Folgenden sind wesentliche Anforderungen von ISO 9001:2015 – ab jetzt immer als DIN EN ISO 9001 bezeichnet – aufgeführt, ergänzt um Hinweise aus der Praxis für die Umsetzung der Anforderungen. Danach werden die wichtigsten Empfehlungen von ISO 9004 bezüglich des Lenkens und Leitens für den nachhaltigen Erfolg einer Organisation dargestellt.

**Ein sehr gutes digitales Trainingsmodul zum Kennenlernen der Norm DIN EN ISO 9001:2015 ist auch das Workflow Tool QM eSolution mit integrierter Wissensdatenbank [Hof 23].**

Da im Folgenden der Begriff Organisation ständig verwendet wird, soll hier zunächst die Bedeutung dieses Begriffs beschrieben werden.

**Organisation** ist eine Person oder eine Personengruppe, wie zum Beispiel Einzelunternehmer, Gesellschaft, Konzern, Firma, Unternehmen oder Behörde, die eigene Funktionen mit Verantwortlichkeiten, Befugnissen und Beziehungen hat, um ihre Ziele zu erreichen [Nor 15b].

## 5.1 Struktur und Anforderungen der ISO 9001

Die Abschnitte 0 bis 3 der DIN EN ISO 9001:2015 geben grundsätzliche Erläuterungen zur Norm und deren Anwendung.

### ISO-Kapitel 4 Kontext der Organisation

#### ISO-Abschnitt 4.1 Verstehen der Organisation und ihres Kontextes

**Anforderungen nach ISO 9001, Abschnitt 4.1**

Die Organisation muss externe und interne Themen bestimmen, die für ihren Zweck und ihre strategische Ausrichtung relevant sind und sich auf ihre Fähigkeit auswirken, die beabsichtigten Ergebnisse ihres QM-Systems zu erreichen.

Die Organisation **muss** Informationen über diese externen und internen Themen überwachen und überprüfen.

**Hinweise für die Umsetzung:**

Externe Themen können durch gesetzliche, technische, wettbewerbliche, marktbezogene, kulturelle, soziale oder wirtschaftliche Aspekte beeinflusst sein.

Interne Themen können sich aus den Werten, der Kultur, dem Wissen und der Leistung des Unternehmens ergeben.

#### ISO-Abschnitt 4.2 Verstehen der Erfordernisse und Erwartungen interessierter Parteien

**Anforderungen nach ISO 9001, Abschnitt 4.2**

Aufgrund ihrer (potenziellen) Auswirkung auf die Fähigkeit der Organisation zur beständigen Bereitstellung von Produkten und Dienstleistungen, die die Anforderungen der Kunden und die zutreffenden gesetzlichen und behördlichen Anforderungen erfüllen, **muss** die Organisation Folgendes bestimmen:

- die interessierten Parteien, die für ihr QM-System relevant sind
- die für ihr QM-System relevanten Anforderungen dieser Parteien

Darüber hinaus **muss** die Organisation die Informationen über diese interessierten Parteien und deren relevante Anforderungen überwachen und überprüfen.

**Hinweise für die Umsetzung:**

Beispiele: interessierte Partei und deren Anforderung

Mitarbeitende:

*Erwartungen:* pünktliches Gehalt; bereitgestellte Ausrüstung; definierte Aufgaben; Weiterbildung

*Erfordernisse:* Controlling; Stellenbeschreibung; Schulungsplan; Führungskultur

Lieferant:

*Erwartungen:* klare Anforderungen; störungsfreier Ablauf; pünktliche Zahlung; Rahmenverträge

*Erfordernisse:* Zeichnungen; Mengenangabe; Farbe; Material; Vertragsinhalte; Controlling

## ISO-Abschnitt 4.3 Festlegen des Anwendungsbereichs des Qualitätsmanagementsystems

**Anforderungen nach ISO 9001, Abschnitt 4.3**

Die Organisation **muss** die Grenzen und die Anwendbarkeit ihres QM-Systems bestimmen, um dessen Anwendungsbereich festzulegen.

Dabei muss Folgendes berücksichtigt werden:

- die im Normabschnitt 4.1 genannten internen und externen Themen
- die im Normabschnitt 4.2 genannten Anforderungen der relevanten interessierten Parteien
- die Produkte und Dienstleistungen der Organisation

Die Organisation muss alle Anforderungen der Norm anwenden, wenn sie innerhalb des festgelegten Anwendungsbereichs ihres QM-Systems anwendbar sind.

Der Anwendungsbereich des QM-Systems muss als dokumentierte Information verfügbar sein und aufrechterhalten werden. Der Anwendungsbereich muss die Arten der behandelten Produkte und Dienstleistungen angeben und eine Begründung für jede Anforderung der Norm liefern, die von der Organisation als nicht zutreffend hinsichtlich des Anwendungsbereichs ihres QM-Systems bestimmt wird.

**Hinweise für die Umsetzung:**

Ausschlüsse aus dem QM-System sind zu begründen.

## ISO-Abschnitt 4.4 Qualitätsmanagementsystem und dessen Prozesse

**Anforderungen nach ISO 9001, Abschnitt 4.4**

**Die Organisation muss** ein QM-System aufbauen, verwirklichen, aufrechterhalten und fortlaufend verbessern, einschließlich der benötigten Prozesse und ihrer Wechselwirkungen.

Die Organisation **muss** die Prozesse bestimmen, die für das QM-System benötigt werden, deren Anwendung innerhalb der Organisation festlegen und:

- die erforderlichen Eingaben und die erwarteten Ergebnisse dieser Prozesse bestimmen
- die Abfolge und Wechselwirkungen der Prozesse bestimmen

- Kriterien und Verfahren (inkl. Überwachung, Messung und Leistungsindikatoren) bestimmen und anwenden, die das wirksame Durchführen und Steuern der Prozesse sicherstellen
- notwendige Ressourcen bestimmen und deren Verfügbarkeit gewährleisten
- Verantwortlichkeiten und Befugnisse für diese Prozesse zuweisen
- die in Übereinstimmung mit den Anforderungen nach Normabschnitt 6.1 bestimmten Risiken und Chancen behandeln
- Prozesse bewerten und Änderungen einleiten, sodass die beabsichtigten Ergebnisse erzielt werden
- ausgegliederte Prozesse (etwa Lohnarbeiten) hinsichtlich Qualität überwachen
- Prozesse und das QM-System kontinuierlich verbessern
- dokumentierte Informationen aufrechterhalten

**Hinweise für die Umsetzung:**

Analyse aller für die Produktbereitstellung notwendigen Abläufe zusammen mit den Prozessbeteiligten

Festlegen und Abgrenzen der Prozesse nach folgenden, z. T. empirischen Regeln:

- Jeder Prozess muss einen In- und Output haben.
- Jeder Prozess muss einen Prozessverantwortlichen haben.
- Ein Prozess sollte keine verschachtelten oder tiefer gegliederten Schleifen haben, es ist dann besser, Unterprozesse zu definieren.

Das Prozessflussbild sollte lesbar sein und nicht mehr als eine DIN-A4-Seite umfassen. Ermittlung aller für die Produktbereitstellung bzw. Dienstleistungserbringung notwendigen Abläufe.

Das Strukturieren der Prozesse exakt nach Normgliederung ISO 9001 ist sehr nützlich und übersichtlich, Vorrang hat aber immer der Ablauf in der Organisation. Ein Unterscheiden in Managementprozesse, Kernprozesse, Unterstützungsprozesse sowie ausgelagerte Prozesse ist zu empfehlen.

**Die Beschreibung des Managementsystems erfolgt im Qualitätsmanagement-Handbuch bzw. als dokumentierte Information** mit den besonders wesentlichen Teilen Allgemeines, Zuständigkeiten, Organigramm, Prozesslandkarte, Prozess- und Verfahrensanweisungen, Dokumente, Formulare, Risiko- und Krisenmanagement, Änderungsverzeichnis, Audit, Archiv und Notfalldokumente. **Wenn in der ISO 9001 auch nicht ausdrücklich gefordert, ist die Benennung eines Beauftragten der obersten Leitung zu empfehlen.**

Beim Strukturieren der Prozesse und Verfahren ist immer der Ablauf in der Organisation maßgebend.

Prozessbeschreibungen sollen Folgendes beinhalten:

- Input, Tätigkeit, Output
- Leistungsindikator (Kennzahl)
- Verantwortlichkeiten
- Betrachtung von Risiko/Chance, ggf. Gegenmaßnahmen
- mitgeltende Unterlagen

Verfahrensanweisungen sollen Folgendes beinhalten:

- Input, Tätigkeit, Output
- Verantwortlichkeiten
- Betrachtung von Risiko/Chance, ggf. Gegenmaßnahmen
- mitgeltende Unterlagen

# ISO-Kapitel 5 Führung

## ISO-Abschnitt 5.1 Führung und Verpflichtung

### Allgemeines

**Anforderungen nach ISO 9001, Abschnitt 5.1.1**

Die oberste Leitung **muss** in Bezug auf das QM-System Führung und Verpflichtung zeigen, indem sie:

- die Rechenschaftspflicht für die Wirksamkeit des QM-Systems übernimmt
- sicherstellt, dass Qualitätspolitik und Qualitätsziele festgelegt werden, welche mit dem Kontext und der strategischen Ausrichtung der Organisation vereinbar sind
- sicherstellt, dass die Anforderungen an das QM-System in die Geschäftsprozesse integriert werden
- die Anwendung des prozessorientierten Ansatzes und das risikobasierte Denken fördert
- die Verfügbarkeit der Ressourcen sicherstellt
- die Bedeutung eines wirksamen Qualitätsmanagements sowie die Wichtigkeit der Erfüllung der Anforderungen vermittelt
- sicherstellt, dass das QM-System die geforderten Ergebnisse erzielt
- Personal einsetzt, anleitet und unterstützt, damit dieses zur Wirksamkeit des QM-Systems beiträgt
- Verbesserungen fördert
- andere Führungskräfte unterstützt, um deren Führungsrolle deutlich zu machen

**Hinweise für die Umsetzung:**

Der Nachweis kann bspw. erfolgen durch:

- Festsetzung im Qualitätsmanagement-Handbuch (unterschriebene Verpflichtungserklärung)
- entsprechend gestaltete Aushänge
- Führungsrichtlinien
- Vorgaben für das betriebliche Vorschlagswesen
- Arbeiten mit betriebs-/abteilungsbezogenen Zielen
- Vorlage von Protokollen
- Pläne

### Kundenorientierung

**Anforderungen nach ISO 9001, Abschnitt 5.1.2**

Die oberste Leitung muss bezüglich der Kundenorientierung Führung und Verpflichtung zeigen, indem sie sicherstellt, dass:

- die gesetzlichen, behördlichen Anforderungen und Anforderungen der Kunden bestimmt, verstanden und erfüllt werden
- die Risiken und Chancen, die die Konformität von den Erzeugnissen beeinflussen können, sowie die Fähigkeit zur Erhöhung der Kundenzufriedenheit bestimmt und berücksichtigt werden
- der Fokus auf die Verbesserung der Kundenzufriedenheit aufrechterhalten wird

**Hinweise für die Umsetzung:**

Die gesetzlichen und behördlichen Anforderungen sind in diversen Onlineportalen einsehbar. Kundenanforderungen können bspw. durch Angebote, Verträge, Qualitätssicherungsvereinbarungen, Ansprüche an Umwelt, Sicherheit etc. festgehalten werden. Die Erhöhung der Kundenzufriedenheit sollte immer das Wesentliche im Unternehmen sein.

## ISO-Abschnitt 5.2 Qualitätspolitik

### Festlegung der Qualitätspolitik

**Anforderungen nach ISO 9001, Abschnitt 5.2.1**

Die oberste Leitung **muss** eine Qualitätspolitik festlegen, umsetzen und aufrechterhalten, die:

- für den Zweck und Kontext der Organisation angemessen ist und die strategische Ausrichtung unterstützt
- einen Rahmen zum Festlegen von Qualitätszielen bietet
- eine Verpflichtung zur Erfüllung zutreffender Anforderungen und zur fortlaufenden Verbesserung des QM-Systems beinhaltet

**Hinweise für die Umsetzung:**

Die Qualitätspolitik sollte periodisch oder bei Änderungen hinsichtlich ihrer Angemessenheit überprüft werden, also dahingehend, ob sie die tatsächlichen Unternehmensziele und die Organisation reflektiert und ob sie geeignet ist, einen Rahmen für die Entwicklung der Organisation zu setzen.

Die Qualitätspolitik sollte auf der Vision der Organisation und den von den interessierten Parteien der Organisation vorgegebenen Inputs aufbauen.

### Bekanntmachung der Qualitätspolitik

**Anforderungen nach ISO 9001, Abschnitt 5.2.2**

Die Qualitätspolitik einer Organisation **muss**:

- als dokumentierte Information verfügbar sein und aufrechterhalten werden
- innerhalb der Organisation bekannt gemacht, verstanden und angewendet werden
- für relevante interessierte Parteien verfügbar sein, soweit angemessen

**Hinweise für die Umsetzung:**

Die Qualitätspolitik muss durch die Führung verbindlich und offiziell die Qualitätspolitik bekannt geben und kontinuierlich umsetzen. Das kann mithilfe von Betriebsversammlungen, Aushängen, monatlichen/quartalsweisen Auswertungen, Qualitätsreports und Plan-Ist-Vergleichen von Qualitätskennziffern erfolgen. Auch durch Schulungen und Trainingsmaßnahmen kann die Qualitätspolitik erläutert werden.

## ISO-Abschnitt 5.3 Rollen, Verantwortlichkeiten und Befugnisse in der Organisation

**Anforderungen nach ISO 9001, Abschnitt 5.3**

Die oberste Leitung **muss** sicherstellen, dass die Verantwortlichkeiten und Befugnisse für relevante Rollen zugewiesen und in der Organisation bekannt gemacht und verstanden werden.

Die oberste Leitung **muss** die Verantwortlichkeiten und Befugnisse zuweisen für:

- die Sicherstellung, dass das QM-System die Anforderung dieser Norm erfüllt
- die Sicherstellung, dass die Prozesse die beabsichtigten Ergebnisse liefern
- das Berichten über die Leistung und die Verbesserungsmöglichkeiten (siehe Normabschnitt 10.1) des QM-Systems insbesondere an die oberste Leitung
- die Sicherstellung der Förderung der Kundenorientierung innerhalb der gesamten Organisation
- die Sicherstellung, dass die Integrität des QM-Systems bei Änderungen erhalten bleibt

**Hinweise für die Umsetzung:**

Möglichkeiten der Festlegung sind Arbeitsverträge/Funktionspläne bzw. Zuständigkeitsmatrizen/-beschreibungen.

Möglichkeiten der Bekanntmachung sind Organigramme und Zuständigkeitsbeschreibungen.

# ISO-Kapitel 6 Planung

## ISO-Abschnitt 6.1 Maßnahmen zum Umgang mit Risiken und Chancen

**Anforderungen nach ISO 9001, Abschnitt 6.1**

Bei Planungen für das QM-System **müssen** die Themen und Anforderungen aus Normabschnitt 4.1 und 4.2 berücksichtigt sowie Chancen und Risiken bestimmt werden, die betrachtet werden **müssen**, um:

- sicherzustellen, dass das QM-System die beabsichtigten Ergebnisse erzielen kann
- erwünschte Auswirkungen zu verstärken und unerwünschte zu verhindern oder zu verringern
- Verbesserungen zu erreichen

Die Organisation **muss** Maßnahmen zum Umgang mit diesen Chancen und Risiken planen, etwa:

- wie die Maßnahmen in die Prozesse integriert und umgesetzt werden
- wie die Wirksamkeit dieser Maßnahmen bewertet wird

Maßnahmen zum Umgang mit Risiken und Chancen müssen proportional zu möglichen Auswirkungen auf die Konformität von Produkten und Dienstleistungen sein.

**Hinweise für die Umsetzung:**

Es ist zweckmäßig, die grundsätzlich auftretenden Risiken im Unternehmen zu analysieren. Solche Risiken können beispielsweise sein: Marktrisiko/Wettbewerb; Marktrisiko/Presse; IT-Systemausfall; Vertragsrisiko/technologische Lieferantenabhängigkeit; Personalrisiko; Betriebsrisiko Umweltvorfall; Unfälle; Betriebsrisiko Produktionsausfall.

## ISO-Abschnitt 6.2 Qualitätsziele und Planung zu deren Erreichung

**Anforderungen nach ISO 9001, Abschnitt 6.2**

Es **müssen** Qualitätsziele für relevante Funktionen, Ebenen und Prozesse festgelegt werden, die für das QM-System benötigt werden.

Die Qualitätsziele **müssen**:

- im Einklang mit der Qualitätspolitik stehen
- messbar sein
- anwendbare Anforderungen berücksichtigen
- für die Konformität von Produkten und Dienstleistungen sowie für die Steigerung der Kundenzufriedenheit relevant sein
- überwacht, vermittelt und aktualisiert werden

Die Organisation **muss** dokumentierte Informationen zu den Qualitätszielen aufrechterhalten.

Bei der Planung zum Erreichen der Qualitätsziele **muss** die Organisation bestimmen,

- was getan wird,
- welche Ressourcen benötigt werden,
- wer verantwortlich ist,
- wann es abgeschlossen wird und
- wie die Ergebnisse bewertet werden.

**Hinweise für die Umsetzung:**

Messbarkeit von Zielen kann auch die Vorgabe und Einhaltung von Terminen sein. Ziele sollten in einem überschaubaren Zeitraum erfüllbar sein. Die Ziele können bspw. in einer Tabellenform dargestellt werden.

Die SMART-Formel sollte bei der Formulierung von Zielen berücksichtigt werden (spezifisch – messbar – attraktiv – realistisch – terminiert).

## ISO-Abschnitt 6.3 Planung von Änderungen

**Anforderungen nach ISO 9001, Abschnitt 6.3**

Wenn Änderungen am QM-System notwendig sind, **müssen** die Änderungen auf geplante Art und Weise durchgeführt werden.

Dabei **muss** Folgendes berücksichtigt werden:

- der Zweck der Änderung und mögliche Konsequenzen
- die Integrität des QM-Systems
- die Verfügbarkeit der Ressourcen
- die Zuweisung von Verantwortlichkeiten und Befugnissen

**Hinweise für die Umsetzung:**

Zur Sicherstellung der Integrität des QM-Systems bei Änderungen hat sich bewährt, dass vom Prozessverantwortlichen ein begründeter Änderungsantrag eingereicht wird, der mit den betroffenen Funktionen abgestimmt ist, während vor Freigabe durch die Leitung die Passfähigkeit im System bzw. die Notwendigkeit von weiteren Änderungen von einem Verantwortlichen geprüft wird.

# ISO-Kapitel 7 Unterstützung

## ISO-Abschnitt 7.1 Ressourcen

### Allgemeines

**Anforderungen nach ISO 9001, Abschnitt 7.1.1**

Für den Aufbau, die Verwirklichung, Aufrechterhaltung und fortlaufende Verbesserung des QM-Systems **müssen** die erforderlichen Ressourcen bestimmt und bereitgestellt werden.

Dabei **muss** Folgendes berücksichtigt werden:

- die Fähigkeiten und Beschränkungen von Ressourcen
- Ressourcen, welche notwendigerweise von externen Anbietern zu beziehen sind

**Hinweise für die Umsetzung:**

Zu diesen Ressourcen gehören Mitarbeitende, Infrastruktur und Arbeitsumgebung. Weitere wichtige Ressourcen sind:

- Informationen
- Lieferanten und Partner
- natürliche Ressourcen
- finanzielle Ressourcen

### Personen

**Anforderungen nach ISO 9001, Abschnitt 7.1.2**

Es **müssen** Personen bestimmt und bereitgestellt werden, welche für die wirksame Umsetzung des QM-Systems und für das Betreiben und Lenken der Prozesse notwendig sind.

**Hinweise für die Umsetzung:**

Der klassische QM-Beauftragte ist so in der neuen ISO 9001 nicht mehr gefordert, allerdings sind die Zuständigkeiten klar zu definieren. Die Erfüllung der Produktanforderungen kann in direkter oder indirekter Weise durch Personal, das eine beliebige Tätigkeit innerhalb des QM-Systems ausführt, beeinflusst werden.

### Infrastruktur

**Anforderungen nach ISO 9001, Abschnitt 7.1.3**

Um die Konformität der Produkte und Dienstleistungen zu gewährleisten, **muss** die Infrastruktur, die für die Durchführung der Prozesse notwendig ist, bestimmt, bereitgestellt und instandgehalten werden.

**Hinweise für die Umsetzung:**

Zur Infrastruktur kann Folgendes zählen:

- Gebäude und zugehörige Gebäudetechnik
- technische Ausrüstung, Maschinen, Anlagen, einschließlich Hardware und Software
- Transporteinrichtungen
- Informations- und Kommunikationstechnik

### Prozessumgebung

**Anforderungen nach ISO 9001, Abschnitt 7.1.4**

Es **muss** die Umgebung bestimmt, bereitgestellt und aufrechterhalten werden, die für die Prozesse und zum Erreichen der Konformität von Produkten und Dienstleistungen benötigt wird.

**Hinweise für die Umsetzung:**

Arbeitsumgebung bezieht sich auf die Bedingungen, unter denen die Tätigkeiten ausgeführt werden. Das sind in erster Linie physikalische Faktoren (Temperatur, Feuchte, Beleuchtung, Lärm), aber auch Ordnung, Sauberkeit und Hygiene.

Eine geeignete Umgebung kann eine Kombination von menschlichen und physikalischen Faktoren sein, wie z. B.:

- soziale Faktoren
- psychologische Faktoren
- physikalische Faktoren

### Ressourcen zur Überwachung und Messung: Allgemeines

**Anforderungen nach ISO 9001, Abschnitt 7.1.5.1**

Um die Konformität von Produkten und Dienstleistungen nach festgelegten Anforderungen nachzuweisen, **muss** die Organisation die Ressourcen bestimmen und bereitstellen, die für die Sicherstellung gültiger und zuverlässiger Überwachungs- und Messergebnisse benötigt werden.

Es **muss** sichergestellt werden, dass die Ressourcen

- für die Überwachungs- und Messtätigkeit geeignet sind und
- aufrechterhalten werden, um die fortlaufende Eignung sicherzustellen.

Es **müssen** darüber hinaus dokumentierte Informationen aufbewahrt werden, welche als Nachweis für die Eignung der Ressourcen dienen.

**Hinweise für die Umsetzung:**

Zu diesen Ressourcen gehören Mitarbeitende, Infrastruktur und Arbeitsumgebung.

Weitere wichtige Ressourcen sind:

- Informationen
- Lieferanten und Partner
- natürliche Ressourcen
- finanzielle Ressourcen

## Ressourcen zur Überwachung und Messung: Messtechnische Rückführbarkeit

**Anforderungen nach ISO 9001, Abschnitt 7.1.5.2**

Wenn die Rückverfolgbarkeit der Messung eine Anforderung darstellt oder als wesentlicher Beitrag zur Schaffung von Vertrauen in die Gültigkeit der Messergebnisse angesehen wird, **muss** die Messausrüstung:

- in bestimmten Abständen oder vor jeder Anwendung verifiziert und kalibriert werden und
- auf internationale oder nationale Messstandards zurückzuführen sein (wenn es solche Normale nicht gibt, muss die Grundlage für die Kalibrierung und Verifizierung als dokumentierte Information aufbewahrt werden)
- gekennzeichnet werden, um den Status bestimmen zu können
- vor Einstellungsänderungen, Beschädigungen oder Verschlechterung, die den Kalbrierstatus und demzufolge die Messergebnisse ungültig machen würden, geschützt sein

Wenn festgestellt wird, dass die Messausrüstung für den vorgesehenen Einsatz untauglich war/ist, **muss** ermittelt werden, ob die Gültigkeit älterer Messergebnisse beeinträchtigt wurde. Geeignete Maßnahmen müssen hierzu, soweit erforderlich, eingeleitet werden.

**Hinweise für die Umsetzung:**

Wenn ein solcher Messstandard nicht vorliegt, **muss** die Grundlage für die Kalibrierung/Verifizierung als dokumentierte Information aufbewahrt werden.

## Wissen der Organisation

**Anforderungen nach ISO 9001, Abschnitt 7.1.6**

Es **muss** das Wissen bestimmt werden, das für die Prozessdurchführung und um die Konformität von Produkten und Dienstleistungen zu erreichen benötigt wird. Dieses Wissen **muss** aufrechterhalten und ausreichend vermittelt werden.

Beim Umgang mit sich ändernden Erfordernissen und Entwicklungstendenzen **muss** die Organisation ihr momentanes Wissen berücksichtigen und bestimmen, auf welche Weise das nötige Zusatzwissen und die erforderliche Aktualisierung erlangt und darauf zugegriffen werden kann.

**Hinweise für die Umsetzung:**

Das Wissen der Organisation kann auf Folgendem basieren:

- interne Quellen – z. B. geistiges Eigentum, Erfahrungsschatz, Lektionen aus Fehlern und erfolgreichen Projekten
- externe Quellen – z. B. Normen, Fachbücher, Konferenzen, Hochschulen, Wissenserwerb der Kunden oder externen Anbieter

## ISO-Abschnitt 7.2 Kompetenz

**Anforderungen nach ISO 9001, Abschnitt 7.2**

Die Organisation **muss**:

- für Personen, die unter ihrer Aufsicht Tätigkeiten verrichten, welche die Leistung und Wirksamkeit des QM-Systems beeinflussen, die erforderlichen Kompetenzen bestimmen
- sicherstellen, dass diese Personen auf Grundlage angemessener Ausbildung, Schulung und Erfahrung kompetent sind
- wenn erforderlich, Maßnahmen einleiten, um die benötigte Kompetenz zu erwerben, und die Wirksamkeit dieser Maßnahmen bewerten
- angemessen dokumentierte Informationen als Nachweis der Kompetenz aufbewahren

**Hinweise für die Umsetzung:**

Geeignete Maßnahmen können bspw. Schulungen, Mentoring, Versetzungen von gegenwärtig angestellten Personen oder Anstellung von kompetenten Personen sein.

## ISO-Abschnitt 7.3 Bewusstsein

**Anforderungen nach ISO 9001, Abschnitt 7.3**

Es **muss** sichergestellt werden, dass Personen, welche unter der Aufsicht der Organisation tätig sind, sich Folgendem bewusst sind:

- der Qualitätspolitik
- der Qualitätsziele
- ihres Beitrags zur Wirksamkeit des QM-Systems, einschließlich der Vorteile der verbesserten Leistung
- der Folgen einer Nichterfüllung der Anforderung des QM-Systems

**Hinweise für die Umsetzung:**

Das Bewusstsein lässt sich bspw. mittels Aushängen, Versammlungen, Schulungen erhöhen.

## ISO-Abschnitt 7.4 Kommunikation

**Anforderungen nach ISO 9001, Abschnitt 7.4**

Die Organisation **muss** die interne und externe Kommunikation in Bezug auf das QM-System bestimmen, einschließlich,

- worüber
- wann
- mit wem
- wie

kommuniziert wird und wer kommuniziert.

**Hinweise für die Umsetzung:**

Dies lässt sich bspw. in einer Tabellenform verbindlich festhalten.

## ISO-Abschnitt 7.5 Dokumentierte Information

### Allgemeines

**Anforderungen nach ISO 9001, Abschnitt 7.5.1**

Das QM-System **muss** Folgendes beinhalten:

- die von dieser Internationalen Norm geforderten dokumentierten Informationen
- dokumentierte Informationen, welche als notwendig für die Wirksamkeit des Managementsystems bestimmt wurden

**Hinweise für die Umsetzung:**

Der Umfang dokumentierter Informationen kann sich von Organisation zu Organisation unterscheiden aufgrund:

- der Größe und der Art ihrer Tätigkeiten, Prozesse, Produkte und Dienstleistungen
- der Komplexität ihrer Prozesse und deren Wechselwirkungen
- der Kompetenz der Personen

### Erstellen und Aktualisieren

**Anforderungen nach ISO 9001, Abschnitt 7.5.2**

Beim Erstellen und Aktualisieren dokumentierter Informationen **muss** die Organisation

- angemessene Kennzeichnung und Beschreibung,
- angemessenes Format und Medium sowie
- angemessene Überprüfung und Genehmigung in Hinblick auf Eignung und Angemessenheit

sicherstellen.

**Hinweise für die Umsetzung:**

Unter „Erstellen und Aktualisieren" versteht man die einheitliche und nachvollziehbare Erstellung, Genehmigung, Verteilung und, nach Ablauf der Gültigkeit, Einzug und Vernichtung von Dokumenten.

Hinweise, Erläuterungen und Beispiele zur Dokumentenlenkung, aber auch zu anderen Normabschnitten finden sich in den von ISO herausgegebenen und bei DIN veröffentlichten „Unterstützungsanleitungen" [Web 04].

Vom QM-System geforderte Dokumente, deren Lenkung nachzuweisen ist, sind:

- die von ISO 9001 geforderten Dokumente
- Dokumente, die von anderen Normen, Gesetzen oder Vorschriften gefordert werden, sofern sie die Erfüllung von Produktanforderungen betreffen
- von Kunden vorgegebene Dokumente und Lenkungsmethoden
- für das Funktionieren des QM-Systems notwendige Dokumente

## Lenkung dokumentierter Information

**Anforderungen nach ISO 9001, Abschnitt 7.5.3**

Die dokumentierte Information **muss** gelenkt werden, um sicherzustellen, dass sie:

- verfügbar und für die Verwendung geeignet ist, wo und wann sie benötigt wird
- angemessen geschützt wird

Zur Lenkung dokumentierter Information **müssen**, falls zutreffend, folgende Tätigkeiten berücksichtigt werden:

- Verteilung, Zugriff, Auffindung und Verwendung
- Ablage/Speicherung und Erhaltung, einschl. Erhaltung der Lesbarkeit
- Überwachung von Änderungen
- zeitliche Verfügbarkeit und Archivierung

Dokumentierte Informationen externer Herkunft, welche als notwendig bestimmt wurden, **müssen** angemessen gekennzeichnet und gelenkt werden.

Dokumentierte Information, die als Nachweis der Konformität aufbewahrt wird, **muss** vor unbeabsichtigten Änderungen geschützt werden.

**Hinweise für die Umsetzung:**

Zur Lenkung von Informationen ist eine benutzerfreundliche Bedienoberfläche empfehlenswert – Intranet, strukturierte Serverablage etc. Dokumentierte Informationen und deren Lenkung können vom Kunden oder durch rechtliche Vorschriften vorgegeben sein. Dokumentierte Informationen dürfen nicht geändert werden. Die Erhaltung der Lesbarkeit bei elektronischen Dokumenten kann das periodische Umkopieren bei geänderter Hard- und Software bedeuten. Wichtige Dokumente sollten regelmäßig in einem Updateprozess auf einem zweiten Speichermedium gesichert bzw. auch ggf. ausgedruckt werden. Archivierungsfristen sollten möglichst einheitlich gestaltet werden, um den Verwaltungsaufwand in Grenzen zu halten.

# ISO-Kapitel 8 Betrieb

## ISO-Abschnitt 8.1 Betriebliche Planung und Steuerung

**Anforderungen nach ISO 9001, Abschnitt 8.1**

Die Organisation **muss** die Prozesse zur Erfüllung der Anforderungen an die Bereitstellung von Produkten und Dienstleistungen und zur Durchführung der Maßnahmen aus Normabschnitt 6 planen, verwirklichen, steuern, indem sie:

- Anforderung an die Produkte und Dienstleistungen bestimmt
- Kriterien für die Prozesse und für die Annahme von Produkten und Dienstleistungen festlegt
- die benötigten Ressourcen bestimmt, um die Konformität mit den Produkt- und Dienstleistungsanforderungen zu erreichen
- die Steuerung der Prozesse in Übereinstimmung mit den Kriterien durchführt
- dokumentierte Information bestimmt und aufbewahrt, sodass darauf vertraut werden kann, dass die Prozesse wie geplant durchgeführt wurden, und um die Konformität von Produkten und Dienstleistungen mit den Anforderungen nachzuweisen

Das Ergebnis dieser Planung **muss** für die Betriebsabläufe geeignet sein.

Geplante Änderungen **müssen** überwacht werden sowie die Folgen unbeabsichtigter Änderungen beurteilt werden, und falls notwendig, Maßnahmen ergriffen werden, um negative Auswirkungen zu vermindern.

Darüber hinaus **muss** sichergestellt werden, dass ausgegliederte Prozesse in Übereinstimmung mit Normabschnitt 8.4 gesteuert werden.

**Hinweise für die Umsetzung:**

Beispiele zur Umsetzung:

- Projektmanagement
- Produktspezifikation (Lastenheft, Pflichtenheft)
- Reporting/Kennzahlen
- Datenbanken

## ISO-Abschnitt 8.2 Anforderung an Produkte und Dienstleistungen

### Kommunikation mit dem Kunden

**Anforderungen nach ISO 9001, Abschnitt 8.2.1**

Die Kommunikation mit dem Kunden **muss** Folgendes umfassen:

- Bereitstellung von Informationen über Produkte und Dienstleistungen
- Umgang mit Anfragen, Verträgen oder Aufträgen, einschließlich Änderungen
- Erhalt von Rückmeldungen durch Kunden zu Produkten und Dienstleistungen, einschließlich Kundenbeschwerden
- Handhabung oder Steuerung von Kundeneigentum
- Erstellung spezifischer Anforderungen für Notfallmaßnahmen, sofern zutreffend

**Hinweise für die Umsetzung:**

Es ist empfehlenswert, Vorgaben zur Kundenkommunikation zu definieren. Kundeneigentum ist zwingend eindeutig als solches zu kennzeichnen. Tätigkeiten nach der Lieferung ergeben sich beispielsweise aus Gewährleistungsbestimmungen, aus vertraglichen Pflichten wie Serviceleistungen oder durch ergänzende Dienstleistungen wie Rücknahme zur Wiederverwertung oder Entsorgung nach Nutzungsende.

### Bestimmen von Anforderungen in Bezug auf Produkte und Dienstleistungen

**Anforderungen nach ISO 9001, Abschnitt 8.2.2**

Bei der Bestimmung von Anforderungen an die Produkte und Dienstleistungen, die Kunden angeboten werden sollen, **muss** sichergestellt werden, dass:

- die Anforderungen an das Produkt und die Dienstleistungen sowie die Anforderung von der Organisation und behördliche bzw. gesetzliche Anforderungen festgelegt sind
- sie die Zusagen an die von ihr angebotenen Produkte und Dienstleistungen erfüllen kann

**Hinweise für die Umsetzung:**

Durch die Organisation festgelegte Anforderungen können beispielsweise bei der Produktentwicklung Verbesserungen zu Wettbewerbsprodukten betreffen oder auch Anforderungen an Zwischenprodukte (z. B. Bearbeitungsmaße).

### Überprüfung von Anforderungen in Bezug auf Produkte und Dienstleistungen

**Anforderungen nach ISO 9001, Abschnitt 8.2.3**

Es **muss** die Fähigkeit sichergestellt werden, die Anforderungen an die Produkte und Dienstleistungen, die Kunden angeboten werden, zu erfüllen. Bevor zugestimmt wird, dass die Produkte und Dienstleistungen dem Kunden angeboten werden, **muss** eine Überprüfung durchgeführt werden, die Folgendes betrifft:

- die vom Kunden festgelegten Anforderungen, einschließlich der Anforderung hinsichtlich der Lieferung und der Tätigkeiten nach der Lieferung
- die vom Kunden nicht angegebenen Anforderungen, die jedoch für den Gebrauch, soweit bekannt, notwendig sind
- von der Organisation festgelegte Anforderungen
- zutreffende gesetzliche und behördliche Anforderungen
- Anforderungen im Vertrag oder Auftrag, die sich von den zuvor angegebenen Anforderungen unterscheiden

Es **muss** sichergestellt werden, dass Unterschiede zwischen Anforderungen im Vertrag oder Auftrag und den zuvor angegebenen Anforderungen bestimmt und beseitigt werden. Die Kundenanforderungen **müssen** vor der Annahme von der Organisation bestätigt werden, wenn der Kunde keine dokumentierte Angabe über seine Anforderungen macht. Es **müssen** dokumentierte Informationen über die Ergebnisse der Überprüfung und über neue Anforderungen an die Produkte und Dienstleistungen, falls zutreffend, aufbewahrt werden.

**Hinweise für die Umsetzung:**

Die Anforderungen hinsichtlich der Machbarkeitsbewertung betreffen auch das Vermeiden von nicht realisierbaren Zusicherungen bezüglich der Produkteigenschaften oder die auftragsunabhängige Vorbereitung der Marktfreigabe durch Prüfung der Produktinformationen in Katalogen oder Werbematerial. Dieser Prozess ist eng mit dem Produktentwicklungsprozess verbunden. Die Prüfung der Fähigkeit zur Erfüllung der Produktanforderungen schließt auch die Verfügbarkeit der erforderlichen Ressourcen sowie die terminliche und ökonomische Machbarkeit ein. Gehen Leistungen oder Lieferungen des Kunden in die bereitzustellenden Produkte ein (Kundeneigentum, Know-how, Entwicklungsleistungen), sind diese bereits in dieser Phase zu klären.

### Änderungen von Anforderungen an Produkte und Dienstleistungen

**Anforderungen nach ISO 9001, Abschnitt 8.2.4**

Wenn Anforderungen an Produkte und Dienstleistungen Änderungen unterliegen, **muss** sichergestellt werden, dass dokumentierte Informationen berichtigt und die zuständigen Personen auf die geänderten Anforderungen hingewiesen werden.

**Hinweise für die Umsetzung:**

Änderungen sind zu dokumentieren und den entsprechenden Personen mitzuteilen. Dazu sollte eine entsprechende Verfahrensanweisung dienen.

## ISO-Abschnitt 8.3 Entwicklung von Produkten und Dienstleistungen

### Allgemeines

**Anforderungen nach ISO 9001, Abschnitt 8.3.1**

Es **muss** ein Entwicklungsprozess erarbeitet, umgesetzt und aufrechterhalten werden, der dafür geeignet ist, die anschließende Produktion oder Dienstleistungserbringung sicherzustellen.

**Hinweise für die Umsetzung:**

Die Planung der Entwicklungsabläufe „an sich" hängt vom Charakter und von der Komplexität der zu entwickelnden Produkte und Prozesse ab.

### Entwicklungsplanung

**Anforderungen nach ISO 9001, Abschnitt 8.3.2**

Bei der Bestimmung der Phasen und Steuerungsmaßnahmen für die Entwicklung **muss** Folgendes berücksichtigt werden:

- die Art, die Dauer und der Umfang der Entwicklungstätigkeit
- die erforderlichen Prozessphasen und geeignete Überprüfungen der Entwicklung
- die erforderlichen Tätigkeiten zur Entwicklungsverifizierung und -validierung
- die Verantwortlichkeiten und Befugnisse in Zusammenhang mit dem Entwicklungsprozess
- der interne und externe Ressourcenbedarf für die Entwicklung von Produkten und Dienstleistungen
- Steuerung von Schnittstellen zwischen Personen, die am Entwicklungsprozess beteiligt sind
- Kunden und Nutzer in den Entwicklungsprozess einbinden
- die Anforderungen an die anschließende Produktion oder Dienstleistungserbringung
- die Steuerungsebene, die von Kunden und anderen interessierten Parteien für den Entwicklungsprozess erwartet wird
- die benötigten dokumentierten Informationen, um zu bestätigen, dass die Anforderung an die Entwicklung erfüllt wurde

**Hinweise für die Umsetzung:**

In der Regel gehören die Bewertung der Lastenheftforderungen, das Entwicklungskonzept bzw. die Pflichtenhefterstellung, Entwürfe (Zeichnungen, Laborversuche), Erprobungen im Haus oder beim Kunden sowie die Herstellung/Bereitstellung unter endgültigen Realisierungsbedingungen zu den typischen Entwicklungsphasen. In jedem Fall sollte die Produkteinführungsphase interdisziplinär bearbeitet werden. Bewertung, Verifizierung und Validierung verfolgen unterschiedliche Zwecke. Sie können getrennt oder in jeglicher Kombination in einer für das Produkt oder die Organisation geeigneten Weise durchgeführt werden.

## Entwicklungseingaben

**Anforderungen nach ISO 9001, Abschnitt 8.3.3**

Die Organisation **muss** die wesentlichen Anforderungen für die jeweiligen Produkt- und Dienstleistungsarten bestimmen.

Dabei **muss** Folgendes beachtet werden:

- Funktions- und Leistungsanforderungen
- aus vergleichbaren Entwicklungstätigkeiten gewonnene Informationen
- gesetzliche und behördliche Anforderungen
- Normen oder Verfahrensregeln, zu denen sich die Organisation verpflichtet hat
- mögliche Konsequenzen aus Fehlern aufgrund der Art der Produkte und Dienstleistungen

Eingaben müssen angemessen, vollständig und eindeutig sein, Widersprüche müssen bereinigt werden.

Es **müssen** dokumentierte Informationen über die Entwicklungseingaben aufbewahrt werden.

**Hinweise für die Umsetzung:**

Für die Zusammenstellung der Produktanforderungen wird häufig der Begriff „Lastenheft“ verwendet. Nach Prüfung der Eingaben und Ergänzung um zeitliche Abläufe, Verantwortlichkeiten, Inhalte/Annahmekriterien für die einzelnen Entwicklungsphasen und Dokumentationsanforderungen spricht man vom „Pflichtenheft“.

Funktions- und Leistungsanforderungen an die Produkte können nicht isoliert betrachtet werden. Sie sind oft verbunden mit Anforderungen an die Verpackung/Konservierung, Zuverlässigkeit, Reparaturfähigkeit, Entsorgung/Wiederverwertung nach Nutzungsende und Kosten oder Anforderungen an die Herstellung wie Effektivität oder Prozessfähigkeit usw.

## Steuerungsmaßnahmen für die Entwicklung

**Anforderungen nach ISO 9001, Abschnitt 8.3.4**

Die Organisation **muss** Steuerungsmaßnahmen für den Entwicklungsprozess anwenden, um sicherzustellen, dass:

- die zu erzielenden Ergebnisse definiert sind
- Überprüfungen durchgeführt werden, um zu bewerten, ob die Ergebnisse der Entwicklung die Anforderungen erfüllen, und um die notwendigen Maßnahmen einzuleiten
- Verifizierungstätigkeiten durchgeführt werden, um sicherzustellen, dass die Entwicklungsergebnisse die Anforderungen erfüllen
- Validierungstätigkeiten durchgeführt werden, um sicherzustellen, dass die resultierenden Produkte und Dienstleistungen die Anforderungen erfüllen, die sich aus der vorgesehenen Anwendung oder dem beabsichtigten Gebrauch ergeben

- notwendige Maßnahmen zu Problemen eingeleitet werden, die während der Überprüfungen oder Verifizierungs- und Validierungstätigkeiten bestimmt wurden
- dokumentierte Informationen darüber aufbewahrt werden

**Hinweise für die Umsetzung:**

Die Steuerungsmaßnahmen für den Entwicklungsprozess können Aussagen zu Qualitätsrisiken, Kosten, Vorlaufzeiten, kritische Pfade oder anderes enthalten. Die Entwicklungsbewertung kann separat oder in Verbindung mit der Entwicklungsverifizierung bzw. -validierung erfolgen und aufgezeichnet werden. Die Verifizierung soll die Überprüfung miteinschließen, ob die Entwicklungseingaben zum jeweiligen Zeitpunkt noch aktuell und vollständig sind. Für die Validierung und das Freigabeverfahren können oft Kundenvorgaben bestehen.

## Entwicklungsergebnisse

**Anforderungen nach ISO 9001, Abschnitt 8.3.5**

Es muss sichergestellt werden, dass die Entwicklungsergebnisse:

- die Eingabeanforderungen erfüllen
- für die sich anschließenden Prozesse zur Bereitstellung von Produkten und Dienstleistungen geeignet sind
- Anforderungen an die Überwachung und Messung sowie Annahmekriterien enthalten bzw. auf sie verweisen
- die Eigenschaften von Produkten und Dienstleistungen festlegen, die für den vorgesehenen Zweck und für die Bereitstellung von Bedeutung sind

Dokumentierte Informationen zu Entwicklungsergebnissen sind aufzubewahren.

**Hinweise für die Umsetzung:**

Häufig von Kunden geforderte oder typischerweise benutzte dokumentierte Informationen für den Realisierungsprozess können sein:

- Produkt- und Prozess-FMEA
- Ergebnisse von Zuverlässigkeitsuntersuchungen
- Fehlervermeidungsstrategien
- Spezifikationen in Form von Zeichnungen oder Daten
- Prozesslayouts
- Arbeits- und Prüfanweisungen einschließlich Produkt- und/oder Prozessannahmekriterien

### Entwicklungsänderungen

**Anforderungen nach ISO 9001, Abschnitt 8.3.6**

Die Organisation **muss** Änderungen, die während oder nach der Entwicklung vorgenommen werden, in dem Umfang ermitteln, überprüfen und steuern, der sicherstellt, dass daraus keine nachteiligen Auswirkungen auf die Konformität mit den Anforderungen entsteht.

Zusätzlich **müssen** dokumentierte Informationen über

- die Entwicklungsänderungen,
- Ergebnisse von Überprüfungen und
- Befugnisse zur Änderung und zum Einleiten notwendiger Maßnahmen

aufbewahrt werden.

**Hinweise für die Umsetzung:**

„Entwicklungsänderung" meint nicht Änderungen im Laufe des Entwicklungsprozesses (Änderung der Aufgabenstellung oder iterative Annäherung an das endgültige Ergebnis), sondern Änderungen, die infolge bzw. in Umsetzung des Entwicklungsergebnisses vorzunehmen sind.

Typische Fragestellungen sind:

- Umgang mit bereits gefertigten, aber noch nicht ausgelieferten Erzeugnissen nach altem Design
- Änderungen in Prozessen und an Ausrüstungen (z. B. Prüfung von Werkzeugspezifikationen)
- Dokumentationsänderungen
- Vorhalten alter Versionen für Reparatur- bzw. Ersatzzwecke über einen festzulegenden Zeitraum (bspw. Software).

## ISO-Abschnitt 8.4 Steuerung von extern bereitgestellten Prozessen, Produkten und Dienstleistungen

### Allgemeines

**Anforderungen nach ISO 9001, Abschnitt 8.4.1**

Es **muss** sichergestellt werden, dass extern bereitgestellte Prozesse, Produkte und Dienstleistungen den Anforderungen entsprechen.

Dazu **müssen** Kontrollen bestimmt werden, die durchzuführen sind, wenn:

- Produkte und Dienstleistungen von externen Anbietern in die eigenen integriert werden sollen
- Produkte und Dienstleistung dem Kunden direkt durch externe Anbieter bereitgestellt werden
- ein Prozess oder Teilprozess von einem externen Anbieter bereitgestellt wird

Die Organisation **muss** Kriterien für die

- Beurteilung,
- Auswahl,
- Leistungsüberwachung und
- Neubeurteilung

externer Anbieter bestimmen und anwenden.

Die Organisation **muss** über diese Tätigkeiten und Maßnahmen dokumentierte Informationen aufbewahren.

**Hinweise für die Umsetzung:**

Mögliche Kontrollinstrumente sind beispielsweise:

- Eingangsprüfungen
- Qualitätssicherungsvereinbarungen
- Erhalt und Auswertung von Prüfzeugnissen, Konformitätsbescheinigungen oder statistischer Daten
- Bereitstellen von Arbeits- und Prüfmitteln oder Verfahrensspezifikationen (insbesondere bei ausgelagerten Prozessen)
- Bewertung der Produktionsstandorte/QM-Systeme der Lieferanten (Lieferantenaudit oder Zertifizierungsverfahren)
- neutrale Bewertung durch ein festgelegtes Prüflabor

Dazu kann auch die Zusammenarbeit mit Lieferanten gehören, um sie zu befähigen, die gestellten Anforderungen zu erfüllen. Anforderungen an Lieferanten können auch vom Kunden vorgegeben sein (z. B. Freigabe von Bezugsquellen).

## Art und Umfang der Kontrolle

**Anforderungen nach ISO 9001, Abschnitt 8.4.2**

Es **muss** sichergestellt werden, dass extern bereitgestellte Prozesse, Produkte oder Dienstleistungen die Fähigkeit der Organisation, ihren Kunden fortlaufend konforme Produkte und Dienstleistungen zu liefern, nicht nachteilig beeinflussen.

Die Prozesse der Organisation, die von einem externen Anbieter bereitgestellt werden, **müssen** durch das QM-System gelenkt werden. Es **müssen** sowohl die Art der Lenkung für externe Anbieter festlegt werden als auch die Art der Lenkung für die Ergebnisse, unter Berücksichtigung:

- der Auswirkungen der extern bereitgestellten Prozesse, Produkte oder Dienstleistungen auf die Fähigkeit, fortlaufend den Kundenanforderungen sowie den gesetzlichen und behördlichen Anforderungen zu genügen
- der Wirksamkeit der durch den externen Anbieter angewendeten Kontrollen

Die Organisation **muss** Tätigkeiten bestimmen, die sicherstellen, dass die extern bereitgestellten Prozesse, Produkte und Dienstleistungen die Anforderungen erfüllen.

**Hinweise für die Umsetzung:**

Die Art der Lenkungsmethoden ist vielfältig. Sie reichen von der einfachen Wareneingangskontrolle (Identität, Vollzähligkeit) über die Prüfung von Qualitätseigenschaften, das Abschließen von Qualitätssicherungsvereinbarungen, das Bereitstellen von Arbeits- und Prüfmitteln oder Verfahrensspezifikationen (insbesondere bei ausgelagerten Prozessen), das Anfordern von Lieferantenerklärungen oder das Mitliefern von Prüfergebnissen bis hin zur Durchführung von Lieferantenaudits.

## Informationen für externe Anbieter

**Anforderungen nach ISO 9001, Abschnitt 8.4.3**

Die Organisation **muss** die Eignung der Anforderungen vor deren Bekanntgabe gegenüber externen Anbietern sicherstellen.

Die Organisation **muss** den externen Anbietern die Anforderungen in Bezug auf Folgendes mitteilen:

- die bereitzustellenden Prozesse, Produkte und Dienstleistungen
- die Genehmigung von Produkten und Dienstleistungen, Methoden, Prozessen oder Ausrüstungen, oder Freigabe von Produkten und Dienstleistungen
- die Kompetenz für die Bereitstellung externer Produkte, Prozesse und Dienstleistungen
- das Zusammenwirken von externen Anbietern mit der Organisation
- die Steuerung und Überwachung der Leistung von externen Anbietern
- die Verifizierungs- oder Validierungstätigkeiten, die beim externen Anbieter durchgeführt werden sollen

**Hinweise für die Umsetzung:**

Bestellunterlagen müssen Informationen enthalten, die das zu beschaffende Produkt eindeutig beschreiben.

Vor Mitteilung an den Lieferanten ist die Angemessenheit der in den Beschaffungsdokumenten spezifizierten Anforderungen sicherzustellen.

## ISO-Abschnitt 8.5 Produktion und Dienstleistungserbringung

### Steuerung der Produktion und Dienstleistungserbringung

**Anforderungen nach ISO 9001, Abschnitt 8.5.1**

Die Organisation **muss** die Produktion und die Dienstleistungserbringung unter beherrschten Bedingungen umsetzen, welche folgende enthalten **müssen**:

- die Verfügbarkeit von dokumentierten Informationen, in denen Merkmale von Produkten und Dienstleistungen, die Tätigkeiten und die zu erzielenden Ergebnisse festgelegt sind
- die Verfügbarkeit und Anwendung von geeigneten Ressourcen zur Überwachung und Messung
- die Umsetzung von Überwachungs- und Messtätigkeiten
- die Nutzung einer geeigneten Infrastruktur und Umgebung für die Durchführung von Prozessen
- die Benennung von kompetenten Personen
- die regelmäßige Validierung der Fähigkeiten, geplante Ergebnisse eines Prozesses der Produktion oder Dienstleistungserbringung zu erreichen, wenn das Ergebnis nicht durch anschließende Überwachung oder Messung verifiziert werden kann
- die Umsetzung von Maßnahmen zur Verhinderung menschlicher Fehler
- die Umsetzung der Freigabe von Produkten und Dienstleistungen, Liefertätigkeiten und Tätigkeiten nach der Lieferung

**Hinweise für die Umsetzung:**

Die Planung der Produktions- und Dienstleistungserbringung sollte Reaktionspläne einschließen, die Maßnahmen für den Fall enthalten, dass die beherrschten Bedingungen nicht mehr vorliegen bzw. die Prozessfähigkeit nicht mehr gegeben ist (Notfallpläne).

Die Pläne für die Produktrealisierung haben traditionell oder branchenspezifisch verschiedene Bezeichnungen, z. B.:

- Arbeitsplan
- Fertigungsplan
- Laufkarte
- technologische Dokumentation
- Arbeitsgangliste
- Arbeitsplanstammkarte
- Produktionslenkungsplan
- Control Plan

Die Notwendigkeit von Arbeitsanweisungen hängt von der Kompetenz des Personals und der Art der Tätigkeit ab. Arbeits- (Prüf-)Anweisungen können auch in Form von Fotos oder Grenzmustern dargestellt werden.

## Kennzeichnung und Rückverfolgbarkeit

**Anforderungen nach ISO 9001, Abschnitt 8.5.2**

Die Organisation **muss**:

- geeignete Mittel anwenden, mit denen Ergebnisse gekennzeichnet werden, wenn sie für die Sicherstellung der Konformität von Produkten und Dienstleistungen notwendig sind
- während der gesamten Produktion und Dienstleistungserbringung den Status der Ergebnisse in Bezug auf die Überwachungs- und Messanforderungen kennzeichnen
- die eindeutige Kennzeichnung der Ergebnisse steuern, wenn die Rückverfolgbarkeit eine Anforderung darstellt
- dokumentierte Informationen aufbewahren

**Hinweise für die Umsetzung:**

Das Produkt muss an jeder Stelle des Realisierungsprozesses identifiziert werden können. Konfigurationsmanagement oder Umstempelung dient in einigen Branchen als Mittel für die Aufrechterhaltung der Rückverfolgbarkeit. Bei sehr kleinen Produkten muss die Rückverfolgbarkeit über die Kennzeichnung auf der Verpackung realisiert werden.

## Eigentum der Kunden oder externer Anbieter

**Anforderungen nach ISO 9001, Abschnitt 8.5.3**

Die Organisation **muss** mit dem Eigentum der Kunden oder externer Anbieter, das ihr zum Gebrauch oder zur Einbeziehung in die Produkt- und Dienstleistungen überlassen wurde, sorgfältig umgehen, es kennzeichnen, verifizieren, schützen und sichern.

Bei Verlust, Beschädigung oder anderweitig unbrauchbar befundenem Eigentum **muss** die Organisation dies dem Kunden oder externen Anbietern mitteilen und dokumentierte Informationen darüber aufbewahren.

**Hinweise für die Umsetzung:**

Kundeneigentum kann sein:

- materielle Produkte (z. B. Material, Komponenten, Werkzeuge, Prüfmittel)
- immaterielle Produkte (geistiges Eigentum, vertraulich übermittelte Informationen, Software)

Dies gilt auch, wenn Montagen oder Arbeiten an Ausrüstungen, PC- oder Kommunikationsnetzen usw. beim Kunden durchgeführt werden.

### Erhaltung

**Anforderungen nach ISO 9001, Abschnitt 8.5.4**

Die Organisation **muss** Ergebnisse während der Produktion und der Dienstleistungserbringung in dem Umfang erhalten, der notwendig ist, um die Konformität mit den Anforderungen sicherzustellen.

**Hinweise für die Umsetzung:**

Ziel des Prozesses ist es, die einmal realisierte Produktkonformität durch die nachfolgenden Prozesse nicht wieder zu beeinträchtigen. In Lagern sollte der Produktzustand in angemessenen, geplanten Abständen beurteilt werden (oft in Zusammenhang mit Inventuren). Dabei sollten veraltete Produkte in vergleichbarer Weise wie fehlerhafte Produkte behandelt werden. „First in – first out" kann als Lagerbestandssystem dazu nützlich sein.

### Tätigkeiten nach der Lieferung

**Anforderungen nach ISO 9001, Abschnitt 8.5.5**

Die Organisation **muss** die Anforderungen an die Tätigkeiten erfüllen, die nach der Auslieferung bzw. Erbringung erfolgen.

Bei der Ermittlung des Umfangs der erforderlichen Tätigkeiten nach der Lieferung **muss** Folgendes berücksichtigt werden:

- gesetzliche und behördliche Anforderungen
- mögliche unerwünschte Folgen in Verbindung mit den Produkten und Dienstleistungen
- die Art, Nutzung und beabsichtigte Lebensdauer der Produkte und Dienstleistungen
- Kundenanforderungen
- Rückmeldungen von Kunden

**Hinweise für die Umsetzung:**

Tätigkeiten nach der Lieferung ergeben sich beispielsweise aus Gewährleistungsbestimmungen, aus vertraglichen Pflichten wie Serviceleistungen oder durch ergänzende Dienstleistungen wie Rücknahme zur Wiederverwertung oder Entsorgung nach Nutzungsende.

### Überwachung von Änderungen

**Anforderungen nach ISO 9001, Abschnitt 8.5.6**

Die Organisation **muss** Änderungen in einem Umfang beurteilen und überwachen, der notwendig ist, um die Konformität mit den Anforderungen aufrechtzuerhalten.

Darüber hinaus **muss** die Organisation dokumentierte Informationen aufbewahren, in denen die Ergebnisse der Beurteilungen von Änderungen, die Person, die die Änderung genehmigt hat, sowie notwendige Tätigkeiten beschrieben werden.

**Hinweise für die Umsetzung:**

Änderungen sind zu dokumentieren und den entsprechenden Personen mitzuteilen. Wenn Anforderungen an Produkte und Dienstleistungen Änderungen unterliegen, **muss** sichergestellt werden, dass dokumentierte Informationen berichtigt und die zuständigen Personen auf die geänderten Anforderungen hingewiesen werden. Dazu sollte eine entsprechende Verfahrensanweisung dienen.

## ISO-Abschnitt 8.6 Freigabe von Produkten und Dienstleistungen

**Anforderungen nach ISO 9001, Abschnitt 8.6**

Die Organisation **muss** festgelegte Tätigkeiten an geeigneten Stellen des Ablaufs umsetzen, um zu verifizieren, dass die Anforderungen an das Produkt oder die Dienstleistung erfüllt worden sind.

Die Freigabe von Produkten und Dienstleistungen gegenüber dem Kunden darf erst nach zufriedenstellender Vollendung der festgelegten Tätigkeiten erfolgen, sofern nicht schon genehmigt.

Die Organisation **muss** dokumentierte Informationen über die Freigabe von Produkten und Dienstleistungen zur Lieferung an den Kunden aufbewahren.

**Hinweise für die Umsetzung:**

Die Freigabe von Produkten und Dienstleistungen sollte in einer Verfahrensbeschreibung verbindlich geregelt sein, bspw. für die Endprüfung. Die Verantwortung für die Freigabe muss geregelt sein.

## ISO-Abschnitt 8.7 Steuerung nichtkonformer Ergebnisse

**Anforderungen nach ISO 9001, Abschnitt 8.7**

Es **muss** sichergestellt werden, dass Ergebnisse, die die Anforderungen nicht erfüllen, gekennzeichnet und gesteuert werden, um deren unbeabsichtigten Gebrauch oder deren Auslieferung bzw. Erbringung zu verhindern. Die Organisation **muss** geeignete Maßnahmen, basierend auf der Art der Nichtkonformität und deren Auswirkung auf die Konformität von Produkten und Dienstleistungen, umsetzen. Die Organisation **muss** mit nichtkonformen Ergebnissen auf eine der folgenden Weisen umgehen:

- Korrektur/Nacharbeit
- Aussonderung, Sperrung, Rückgabe oder Aussetzung der Bereitstellung von Produkten und Dienstleistungen
- Benachrichtigung der Kunden
- Erhalten der Befugnis zur Annahme nach Sonderfreigabe

Die Konformität mit den Anforderungen **muss** nach Korrektur verifiziert werden. Die Organisation **muss** dokumentierte Informationen aufbewahren, die die Nichtkonformität, die eingeleiteten Maßnahmen und erhaltene Sonderfreigaben beschreiben und die Dienststelle festlegen, die die Entscheidung über die Maßnahme im Hinblick auf die Nichtkonformität trifft.

**Hinweise für die Umsetzung:**

- Identifikation der Ursachen der Nichtkonformität und Abstellen dieser Ursachen, um eine Wiederholung auszuschließen.
- Ein definierter Ablauf ist empfehlenswert. Dieser sollte auch die Befugnisse und den Ablauf festlegen, wenn aufgrund entstehender Fehler die Fertigung oder Auslieferung angehalten werden muss. In jeder Fertigungsschicht muss diesbezüglich befugtes Personal vorhanden oder unverzüglich erreichbar sein.
- Wenn der Prüfstatus nicht erkennbar ist, muss das Produkt bis zur Prüfung als fehlerhaft eingestuft werden.
- Insbesondere bei Just-in-time-Lieferungen ist diese Verfahrensweise mit dem Kunden abzustimmen.
- Sonderfreigaben sind eindeutig zu lenken. Das schließt die Information des betroffenen Personals und die Kennzeichnung des Postens/der Charge usw. mit Sonderfreigabe ein, wobei zeitliche oder sachliche Begrenzungen beachtet und verfolgt werden müssen.
- Bei Fehlerfeststellung nach Auslieferung kann die Produkthaftung von Bedeutung sein.

# ISO-Kapitel 9 Bewertung der Leistung

## ISO-Abschnitt 9.1 Überwachung, Messung, Analyse und Bewertung

### Allgemeines

**Anforderungen nach ISO 9001, Abschnitt 9.1.1**

Die Organisation **muss**:

- bestimmen, was überwacht und gemessen werden muss
- die Methoden zur Überwachung, Messung, Analyse und Bewertung bestimmen
- bestimmen, wann die Überwachung und Messung durchzuführen ist
- bestimmen, wann die Ergebnisse zu analysieren und zu bewerten sind
- die Leitung und die Wirksamkeit des QM-Systems bewerten
- geeignete dokumentierte Informationen als Nachweis der Ergebnisse aufbewahren

**Hinweise für die Umsetzung:**

Die Maßnahmen zur Überwachung, Messung, Analyse und Verbesserung sind besonders bedeutsam für den Prozess der fortlaufenden Verbesserung. Deshalb müssen alle Ergebnisse sorgfältig ausgewertet und, wenn erforderlich, Verbesserungsmaßnahmen eingeleitet und abgearbeitet werden.

### Kundenzufriedenheit

**Anforderungen nach ISO 9001, Abschnitt 9.1.2**

Die Organisation **muss** die Wahrnehmung des Kunden in dem Ausmaß überwachen, dass sie feststellen kann, ob die Kundenerwartungen erfüllt wurden. Dazu **müssen** die Methoden zum Einholen, Überwachen und Überprüfen dieser Informationen bestimmt werden.

**Hinweise für die Umsetzung:**

Kundenwahrnehmungen können ermittelt werden aus:

- Kundenzufriedenheitsermittlungen
- Kundendaten zur Produktqualität
- Umfragen unter Nutzern
- Analysen entgangener Geschäftsabschlüsse
- Anerkennungen
- Händlerberichten
- Garantieleistungsforderungen

Die notwendigen Regelungen betreffen sowohl die direkte Kommunikation mit dem Kunden (Befugnis, Ablauf) als auch die Kommunikation innerhalb der Organisation (einheitlicher Kenntnisstand und Auftritt gegenüber dem Kunden).

### Analyse und Bewertung

**Anforderungen nach ISO 9001, Abschnitt 9.1.3**

Die Organisation **muss** entsprechende Daten und Informationen, die sich aus der Überwachung und Messung ergeben, analysieren und beurteilen, um Folgendes zu beurteilen:

- die Konformität der Produkte und Dienstleistungen
- die Kundenzufriedenheit
- die Leistung und die Wirksamkeit des QM-Systems
- die wirksame Umsetzung von Plänen
- die Wirksamkeit von Maßnahmen zur Behandlung von Risiken und Chancen
- die Leistung externer Anbieter
- den Bedarf an Verbesserungen des QM-Systems

**Hinweise für die Umsetzung:**

Die Methoden zur Datenanalyse können statistische Verfahren umfassen. Die Analyse von Daten ist weiterhin erforderlich, um den Erfolg von Verbesserungsmaßnahmen/Prozessänderungen bewerten zu können. Die Analyse von Prozess- und Produktmerkmalen soll insbesondere deren Trends und die Möglichkeit für Vorbeugungs- und Verbesserungsmaßnahmen erfassen.

## ISO-Abschnitt 9.2 Internes Audit

**Anforderungen nach ISO 9001, Abschnitt 9.2**

Die Organisation **muss** in geplanten Abständen interne Audits durchführen, um Informationen darüber zu erhalten, ob das QM-System

- die Anforderungen der Organisation und dieser Norm erfüllt sowie
- wirksam verwirklicht und aufrechterhalten wird.

Die Organisation **muss**:

- ein oder mehrere Auditprogramme planen, aufbauen, verwirklichen und aufrechterhalten
- für jedes Audit die Auditkriterien sowie den Umfang festlegen
- Auditoren so auswählen und Audits so durchführen, dass die Objektivität und Unparteilichkeit des Auditprozesses sichergestellt ist
- sicherstellen, dass die Ergebnisse des Audits gegenüber der zuständigen Leitung berichtet werden
- geeignete Korrekturen und Korrekturmaßnahmen ohne ungerechtfertigte Verzögerungen umsetzen – Maßnahmenmanagement
- dokumentierte Informationen als Nachweis der Verwirklichung des Auditprogramms und der Ergebnisse des Audits aufbewahren

**Hinweise für die Umsetzung:**

Die Unabhängigkeit der Auditoren wird insofern gesichert, dass sie ihre eigene Tätigkeit nicht auditieren dürfen. Eine Anleitung für die Planung, Vorbereitung und Durchführung von Audits wird in ISO 19011 gegeben. Ein Audit ist keine Prüfung, sondern eine systematische Erfassung von Sachverhalten, die dann ausgewertet werden. In der Begriffsdefinition wird bewusst das „Bewerten" vermieden, man soll daher in Audits Prüfungssituationen vermeiden. Die Anforderungen an Auditoren sind ebenfalls in ISO 19011 festgelegt. Die Kenntnis der Qualitätsnormen und der Zusammenhänge des konkreten Managementsystems sind Grundvoraussetzungen für die Auditorentätigkeit auch bei internen Audits.

In Abhängigkeit von den festzulegenden Auditzielen gibt es eine Reihe von eingeführten Auditbezeichnungen wie System-, Prozess- oder Produktaudit. Weitere Auditarten sind:

- Compliance-Audits (Feststellung der Übereinstimmung mit Einhaltung der gesetzlichen oder behördlichen Vorgaben)
- Lieferantenaudit (wird beim Lieferanten durchgeführt)
- Selbstbewertung (auditierter Bereich füllt in der Regel Fragebogen aus)

## ISO-Abschnitt 9.3 Managementbewertung

### Allgemeines

**Anforderungen nach ISO 9001, Abschnitt 9.3.1**

Die oberste Leitung **muss** das QM-System der Organisation in geplanten Abständen bewerten, um die fortlaufende Eignung, Angemessenheit und Wirksamkeit sowie dessen Angleichung an die strategische Ausrichtung der Organisation sicherzustellen.

**Hinweise für die Umsetzung:**

Die Managementbewertung ist sinnvollerweise mit anderen Berichten zusammenzufassen (z. B. Abschluss Geschäftsjahr). Das hat den Vorteil, dass aktuelle Zahlen/Analysen vorliegen und die Managementbewertung Grundlage für die Planung von Zielen/Maßnahmen im Folgejahr ist.

### Eingaben für die Managementbewertung

**Anforderungen nach ISO 9001, Abschnitt 9.3.2**

Die Managementbewertung **muss** folgende Aspekte bei deren Planung und Durchführung behandeln:

- den Status von Maßnahmen vorheriger Managementbewertungen
- Veränderungen bei QM-Themen
- Informationen über die Leistung und Wirksamkeit des QM-Systems, einschließlich Entwicklung bei:
  - der Kundenzufriedenheit und Rückmeldungen von Parteien
  - dem Umfang, in dem Qualitätsziele erfüllt wurden
  - Prozessleistung und Konformität von Produkten und Dienstleistungen
  - Nichtkonformität und Korrekturmaßnahmen
  - Ergebnissen von Überwachungen und Messungen
  - Auditergebnissen; Leistung von externen Anbietern
- die Eignung von Ressourcen
- die Wirksamkeit von Maßnahmen zur Behandlung von Risiken und Chancen
- Möglichkeit zur Verbesserung

**Hinweise für die Umsetzung:**

Die Bewertung von qualitätsbezogenen Kosten (Prüf-, Fehler- und Fehlerverhütungskosten) ist in die Managementbewertung mit einzubeziehen. Rückmeldungen von Kunden können beispielsweise deren Informationen zur Lieferantenbewertung, Protokolle von Kundengesprächen oder Reklamationen/Qualitätshinweise sein.

### Ergebnisse der Managementbewertung

**Anforderungen nach ISO 9001, Abschnitt 9.3.3**

Die Ergebnisse der Managementbewertung **müssen** Entscheidungen und Maßnahmen zu

- Möglichkeiten der Verbesserung,
- Änderungsbedarf am QM-System sowie
- Bedarf an Ressourcen

enthalten.

Die Organisation **muss** dokumentierte Informationen als Nachweis der Ergebnisse der Managementbewertung aufbewahren.

**Hinweise für die Umsetzung:**

Die Lenkung bzw. Verfolgung der Maßnahmen muss geregelt sein. Vorteilhaft kann die Verknüpfung mit der Lenkung anderer QM-bezogener Maßnahmen sein (Audits, Verbesserungsprojekte usw.). Dazu ist ein Maßnahmenmanagement zu empfehlen.

## ISO-Kapitel 10 Verbesserung

### ISO-Abschnitt 10.1 Allgemeines

**Anforderungen nach ISO 9001, Abschnitt 10.1**

Die Organisation **muss** Möglichkeiten zur Verbesserung bestimmen und auswählen und die notwendigen Maßnahmen einleiten, um die Anforderung des Kunden zu erfüllen und die Kundenzufriedenheit zu erhöhen.

Diese **müssen** Folgendes umfassen:

- die Verbesserung von Produkten und Dienstleistungen, um Anforderungen zu erfüllen
- Korrigieren, Verhindern oder Verringern von unerwünschten Auswirkungen
- die Verbesserungen der Leistung und Wirksamkeit des QM-Systems

**Hinweise für die Umsetzung:**

Beispiele für die Verbesserung sind Korrekturen, Korrekturmaßnahmen, fortlaufende Verbesserung, Veränderungen, Innovationen und Neuorganisation.

## ISO-Abschnitt 10.2 Nichtkonformität und Korrekturmaßnahmen

**Anforderungen nach ISO 9001, Abschnitt 10.2**

Wenn eine Nichtkonformität auftritt, **muss** die Organisation:

- darauf reagieren:
  - Maßnahmen zur Überwachung und Korrektur ergreifen
  - ggf. mit den Folgen umgehen
- die Notwendigkeit von Maßnahmen zur Beseitigung der Ursachen von Nichtkonformitäten bewerten, damit diese nicht erneut auftreten, und zwar durch:
  - Analysieren
  - Bestimmen der Ursache
  - Bestimmen, ob vergleichbare Nichtkonformitäten bestehen oder auftreten könnten
- erforderliche Korrekturmaßnahmen einleiten
- die Wirksamkeit ergriffener Korrekturmaßnahmen überprüfen
- Risiken und Chancen, die während der Planung bestimmt wurden, aktualisieren
- sofern erforderlich, das QM-System ändern

Korrekturmaßnahmen müssen den Auswirkungen der aufgetretenen Nichtkonformitäten angemessen sein.

Die Organisation **muss** dokumentierte Informationen aufbewahren, als Nachweis für:

- die Art der Nichtkonformität sowie daraufhin getroffener Maßnahmen
- die Ergebnisse der Korrekturmaßnahmen

**Hinweise für die Umsetzung:**

Die klassischen Vorbeugungsmaßnahmen aus der vorhergehenden Norm gibt es nicht mehr, diese finden sich in Chancen und Risiken wieder. Hinweise zum Umgang mit Kundenbeschwerden und -reklamationen sind in der Norm ISO 10002 enthalten.

## ISO-Abschnitt 10.3 Fortlaufende Verbesserung

**Anforderungen nach ISO 9001, Abschnitt 10.3**

Die Organisation **muss**:

- die Eignung, Angemessenheit und die Wirksamkeit ihres QM-Systems fortlaufend verbessern
- die Ergebnisse von Analysen und Beurteilungen sowie die Ergebnisse der Managementbewertung berücksichtigen, um zu bestimmen, ob es Erfordernisse oder Chancen gibt, die als Teil der fortlaufenden Verbesserung behandelt werden müssen.

**Hinweise für die Umsetzung:**

Die klassische „ständige" Verbesserung aus der vorherigen Norm wurde durch den Begriff der „fortlaufenden" Verbesserung ersetzt.

## 5.2 Qualitätsmanagement – Qualität einer Organisation – Anleitung zum Erreichen eines nachhaltigen Erfolgs nach DIN EN ISO 9004

Ziel der DIN EN ISO 9004:2018 ist es, Möglichkeiten zur Verbesserung des Managementsystems aufzuzeigen. Die Realisierung der Anforderungen der DIN EN ISO 9001:2015 ist Pflicht. Die Norm DIN EN ISO 9004:2018 gibt Hinweise zur Leitung und Lenkung von Organisationen, die dazu beitragen sollen, dass die Organisation in einem komplexen, fordernden und sich ständig ändernden Umfeld nachhaltigen Erfolg erreicht [Nor 18c].

Im Unterschied zur Norm ISO 9001 enthält die Norm ISO 9004 keine Anforderungen, sondern Anleitungen zur Verbesserung, sodass diese Norm **nicht** für Zertifizierungszwecke oder zur Verwendung in behördlichen Anordnungen bzw. in Verträgen vorgesehen ist.

Die DIN EN ISO 9004 unterstützt jedoch die Selbstbewertung als ein wichtiges Werkzeug für die Bewertung des Reifegrads der Organisation, indem deren Leitung, die Strategie, das Managementsystem, Ressourcen und Prozesse in einem Prozessmodell beschrieben werden, um Bereiche der Stärken und Schwächen sowie Möglichkeiten für Verbesserungen und/oder Innovationen herauszufinden (Bild 5.1) [Nor 18c]. Die Grundstruktur der DIN EN ISO 9004:2018 mit Erläuterungen wird im Bild 5.1 beschrieben [Nor 18c].

Die DIN EN ISO ISO 9004 geht davon aus, dass der Erfolg einer Organisation durch ihre Fähigkeit erreicht wird, die Erfordernisse und Erwartungen ihrer Kunden und sonstiger interessierter Parteien langfristig und in ausgewogener Weise zu befriedigen. Der **nachhaltige Erfolg** kann durch das wirkungsvolle Leiten und Lenken der Organisation, durch Wachsamkeit im Hinblick auf das Umfeld der Organisation, durch das Lernen sowie durch die geeignete Umsetzung von Verbesserungen und/ oder Innovationen erreicht werden [Nor 18c].

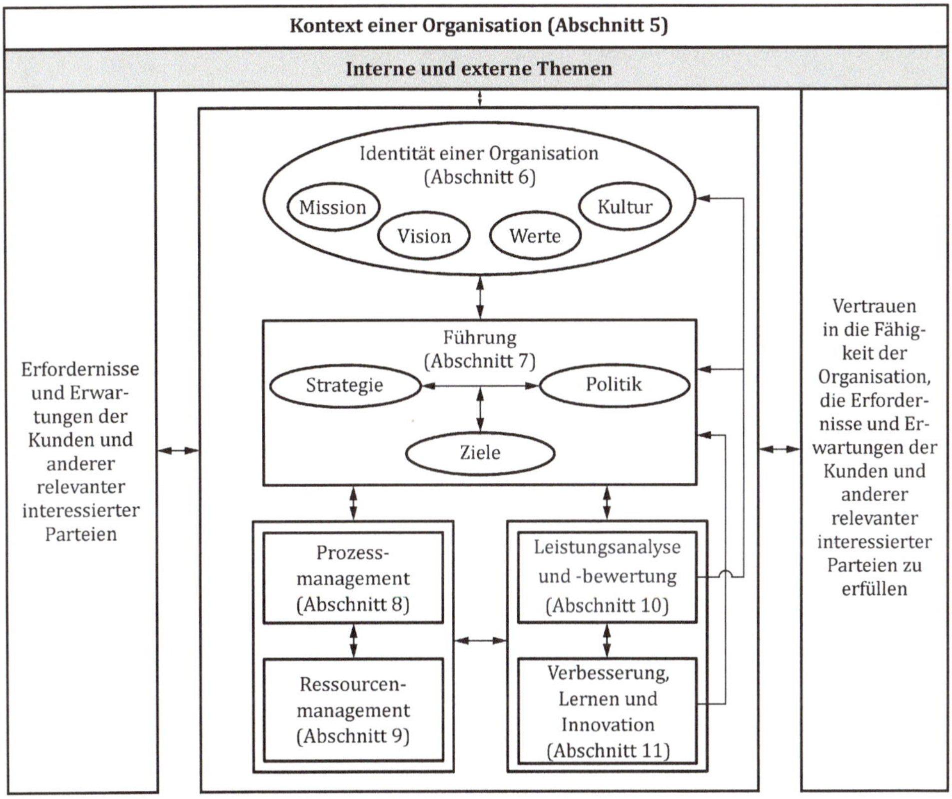


**Bild 5.1** Prozessmodell der ISO 9004 [Nor 18c]

Im Folgenden wird die **Gliederung der Norm DIN EN ISO 9004** mit Hinweisen zur praktischen Umsetzung beschrieben (Tabelle 5.1). Die ersten Gliederungspunkte Europäisches Vorwort, Vorwort, Einleitung, 1 Anwendungsbereich, 2 Normative Verweisungen und 3 Begriffe sind wie in allen Managementnormen standardisiert vorhanden.

**Tabelle 5.1** Inhaltliche Gliederung der DIN EN ISO 9004:2018 mit Hinweisen zur praktischen Umsetzung [Nor 18c]

| Gliederung ISO 9004:2018 | Hinweise |
|---|---|
| **4 Qualität einer Organisation und nachhaltiger Erfolg** | |
| 4.1 Qualität einer Organisation<br>4.2 Leiten zum nachhaltigen Erfolg einer Organisation | ▪ **langfristige Strategie** im Einklang mit kurz- und mittelfristigen Zielen verfolgen<br>▪ Formulierung und Erläuterung der **Qualitätsmanagementgrundsätze**<br>▪ Möglichkeiten, einen nachhaltigen Erfolg zu sichern<br>▪ Verweis auf **Managementprinzipien**<br>▪ Welche **Erfordernisse und Erwartungen** haben die Kunden und anderen **interessierten Parteien**, um nachhaltigen Erfolg zu erzielen und deren Zufriedenheit zu steigern?<br>▪ Besondere Schwerpunkte sind die **Kundenorientierung** und das **Beziehungsmanagement** |
| **5 Kontext einer Organisation** | |
| 5.1 Allgemeines<br>5.2 Relevante interessierte Parteien<br>5.3 Externe und interne Themen | ▪ Zusammenstellung **der relevanten interessierten Parteien** und deren typischen Erwartungen<br>▪ **Externe Themen** ermitteln und formulieren (Gesetze, Behörden, Verträge, Globalisierung, politische, soziale, wirtschaftliche und kulturelle Faktoren, Innovationen und natürliche Umgebung)<br>▪ **Interne Themen** ermitteln und formulieren (Größe der Organisation, Tätigkeiten und Prozesse, Arten der Produkte und Dienstleistungen, Ressourcen, Wissen der Organisation, Reifegrad, Innovationen)<br>▪ **Risiken** für den nachhaltigen Erfolg identifizieren, wenn Erfordernisse und Erwartungen nicht erfüllt werden<br>▪ **Prozesse** identifizieren, die besonders zu einem nachhaltigen Erfolg beitragen<br>▪ Festsetzung, Umsetzung und Aufrechterhaltung eines Prozesses zur **kontinuierlichen Überwachung/Überprüfung** externer und interner Themen |
| **6 Identität einer Organisation** | |
| 6.1 Allgemeines<br>6.2 Mission, Vision, Werte und Kultur | Um nachhaltigen Erfolg zu haben, sollte die Organisation<br>▪ eine **Mission** – Grund, warum die Organisation existiert –,<br>▪ eine **Vision** – was will die Organisation sein und wie will sie von interessierten Parteien gesehen werden? – sowie<br>▪ **Werte** haben – diese in Strategie und Politik formulieren, ständig aktuell halten, umsetzen und kommunizieren – und eine |

| Gliederung ISO 9004:2018 | Hinweise |
|---|---|
| **6 Identität einer Organisation** | |
| | ▪ **Unternehmenskultur** haben.<br>▪ Mission, Vision, Werte und Kultur müssen im Einklang mit der Politik und Strategie der Organisation stehen und bei Bedarf ständig entsprechend angepasst werden |
| **7 Führung** | |
| 7.1 Allgemeines<br>7.2 Politik und Strategie<br>7.3 Ziele<br>7.4 Kommunikation | ▪ Es sollte **ein Prozessansatz/eine Organisationsstruktur** gewählt werden, um das proaktive Lenken und Leiten der Prozesse zu ermöglichen und sicherzustellen, dass die Erfüllung von Auftrag und Zielen der Organisation wirksam und effizient umgesetzt werden<br>▪ Formulierung und Kommunikation der **Politik und Strategie** der Organisation und deren kontinuierliche Aktualisierung<br>▪ Formulierung der wesentlichen **Ziele der Organisation** und deren kontinuierliche Aktualisierung<br>▪ Schaffung einer **wirksamen internen und externen Kommunikation** |
| **8 Prozessmanagement** | |
| 8.1 Allgemeines<br>8.2 Bestimmung der Prozesse<br>8.3 Verantwortlichkeit und Befugnis für Prozesse<br>8.4 Management von Prozessen | Das sich ständig verändernde und unsichere Umfeld und die Leistung einer Organisation sollten durch **Prozesse überwacht/analysiert** werden, um<br>▪ alternative, konkurrierende oder neue **Produktangebote**,<br>▪ neue **interessierte Parteien**,<br>▪ neue **Märkte/Technologien**,<br>▪ **gesetzliche Änderungen** und<br>▪ mögliche Risiken<br>zu ermitteln<br>▪ **Identifikation** der wesentlichen Prozesse der Organisation<br>▪ Aufbau einer **Prozesslandschaft**/eines Prozessnetzwerks und Festlegung der Prozesseigentümer sowie deren Verantwortung und Befugnisse<br>▪ Beachtung und Beschreibung der **Wechselwirkungen** zwischen den Prozessen<br>▪ Formulierung von **Kenngrößen zur Messbarkeit** von Prozessen |

**Tabelle 5.1** Inhaltliche Gliederung der DIN EN ISO 9004:2018 mit Hinweisen zur praktischen Umsetzung [Nor 18c] *(Fortsetzung)*

| Gliederung ISO 9004:2018 | Hinweise |
|---|---|
| **9 Ressourcenmanagement** | |
| 9.1 Allgemeines<br>9.2 Personen<br>9.2.1 Allgemeines<br>9.2.2 Engagement von Personen<br>9.2.3 Befähigung und Motivierung von Personen<br>9.2.4 Kompetenz von Personen<br>9.3 Wissen der Organisation<br>9.4 Technologie<br>9.5 Infrastruktur und Arbeitsumgebung<br>9.5.1 Allgemeines<br>9.5.2 Infrastruktur<br>9.5.3 Arbeitsumgebung<br>9.6 Extern bereitgestellte Ressourcen<br>9.7 Natürliche Ressourcen | ▪ Die Organisation sollte für den nachhaltigen Erfolg die **notwendigen internen und externen Ressourcen ermitteln** und ihre Verfügbarkeit im Einklang mit der Strategie sicherstellen<br>▪ Die Organisation sollte **ressourcenbezogene Prozesse** einrichten, um deren wirksame und effiziente Nutzung sicherzustellen<br>▪ Die Organisation sollte die **Risiken bei einer möglichen Verknappung der Ressourcen** ermitteln und sicherstellen<br>▪ Die Organisation sollte den **Ressourceneinsatz optimieren**. Es sollte ständig nach neuen Ressourcen, Prozessen und Technologien gesucht werden<br>▪ **Finanzmittel und Liquidität** sollten kontinuierlich überwacht werden |
| **10 Analyse und Bewertung der Leistung einer Organisation** | |
| 10.1 Allgemeines<br>10.2 Leistungsindikatoren<br>10.3 Leistungsanalyse<br>10.4 Leistungsbewertung<br>10.5 Internes Audit<br>10.6 Selbstbewertungen<br>10.7 Überprüfungen | ▪ Die Organisation sollte einen **Prozess zur Erfassung, Analyse und ständigen Bewertung der Leistung** implementieren<br>▪ **Interne Audits und Verfahren zur Selbstbewertung** sollten angewendet werden<br>▪ Formulierung praktikabler **Leistungsindikatoren** für Prozesskenngrößen, Risikobewertungen von Prozessen, Produkten und Dienstleistungen<br>▪ Bewertung **externer Anbieter**<br>▪ Ermittlung von Informationen zur **Zufriedenheit der interessierten Parteien**<br>▪ Erarbeitung von **Schlüsselleistungskennzahlen KPI** (key performance indicator) für messbare Ziele, Trendbeobachtung, Verbesserungen, strategische Entscheidungen, relevante Prozesse und Verfahren<br>▪ Die KPI müssen mit der **Strategie und Zielen der Organisation** in Einklang stehen<br>▪ Methodik zur **Beurteilung der Wechselwirkung zwischen Führungstätigkeiten und Wirkung auf die Leistung der Organisation** – zum Beispiel Maßnahmenverfolgung |

| Gliederung ISO 9004:2018 | Hinweise |
|---|---|
| **10 Analyse und Bewertung der Leistung einer Organisation** | |
| | ■ **Methodik für den kontinuierlichen Leistungsvergleich** mit Zielwerten<br>■ Nutzung der Ergebnisse interner Audits zur **Messung des Grades der Konformität mit dem Managementsystem** und zur Analyse und Verbesserung der Organisation<br>■ **Selbstbewertungsverfahren** zur Bestimmung von Stärken und Schwächen der Organisation<br>■ **kontinuierliche Überprüfung** mithilfe von Leistungsvergleich, Analysen, Bewertungen, internen Audits und Selbstbewertungen durch die oberste Leitung und in geeigneten Führungsebenen |
| **11 Verbesserung, Lernen und Innovation** | |
| 11.1 Allgemeines<br>11.2 Verbesserung<br>11.3 Lernen<br>11.4 Innovation | ■ **Beobachtung von Veränderungen** der externen und internen Themen und der Erfordernisse und Erwartungen der interessierten Parteien<br>■ **Festlegung von Zielen zur Verbesserung** von Produkten, Prozessen, Dienstleistungen und zur Struktur des Managementsystems<br>■ Methodik zur Analyse und **Bewertung der Leistungen der Organisation**<br>■ **Formulierung von Lerninhalten** – Lernen und Innovationen auf allen Ebenen der lernenden Organisation |
| Der **Anhang** der DIN EN ISO 9004:2018 beinhaltet zur **Umsetzung der Norm hervorragende Hilfsmittel und Checklisten:**<br>**Anhang A Werkzeug zur Selbstbewertung**<br>**A.1 Allgemeines Modell** der Selbstbewertungselemente und -kriterien in Verbindung mit den Reifegraden<br>**A.2 Reifegradmodell** Kriterien für eine ausgereifte Organisation<br>**A.3 Selbstbewertung einzelner Elemente** für die Anwendung der Elemente der Norm durch Prozessverantwortliche und das Management auf allen Ebenen<br>**A.4 Anwendung der Selbstbewertungsinstrumente** mit ausführlichen Tabellen A.2 bis A.32 der Norm für die Bewertung des Reifegrads der einzelnen Elemente in den Unterabschnitten der Norm DIN EN ISO 9004:2018 mit Schlussfolgerungen/Ergebnissen/Kommentaren<br>**Literaturhinweise** | |

Die DIN EN ISO 9004:2018 „Qualitätsmanagement – Qualität einer Organisation – Anleitung zum Erreichen nachhaltigen Erfolgs“ nähert sich mit ihrer Gliederung und Terminologie inhaltlich der Harmonized Structure an und ist mit den Qualitätsmanagementgrundsätzen der DIN EN ISO 9001:2015 konsistent.

Sie ist ein **Werkzeug zur Selbstbewertung**, um zu überprüfen, in welchem Grad die Organisation die enthaltenen Konzepte eingeführt hat, und dient der fortlaufenden Verbesserung des Qualitätsmanagementsystems. Die DIN EN ISO 9004 ist eine Guidance (Empfehlung). [Nor 18c]

## 5.3 Risiko- und Krisenmanagement

Für jedes Unternehmen besteht eine gewisse Wahrscheinlichkeit von Risiken und somit von möglichen Krisen. Zudem hat sich das Krisenmanagement in den letzten Jahren als fester Bestandteil des Qualitätsmanagements etabliert [Len 12]. Vor allem die Fokussierung auf das Risikomanagement in der ISO 9001:2015 zeigt die zunehmende Relevanz dieser Thematik [Nor 15d]. Dabei steht das nutzbringende und gefahrlose Zusammenspiel von Mensch, Maschine und Umwelt im Vordergrund. Hierbei nehmen die Risiken, denen ein Unternehmen ausgesetzt ist, in den letzten Jahren immer mehr zu [Bun 11]. Grund dafür sind die sich kontinuierlich verändernden technologischen, wirtschaftlichen und vor allem globalen Bedingungen sowie der zunehmende Fokus der Medien und die öffentliche Aufarbeitung solcher Situationen.

Dementsprechend können auftretende Krisen und deren falsche Handhabung hohe wirtschaftliche Schäden für das Unternehmen/die Organisation bedeuten. Deshalb müssen Risiken nicht erst im Notfall beachtet werden, sondern es müssen präventiv entsprechende Vorkehrungen getroffen werden. Mittels Risikomanagement können eventuelle Probleme früher erkannt und Chancen sowie Nutzen abgeleitet werden, um ein Unternehmen/eine Organisation sicherer zu gestalten. Dadurch kann in Krisensituationen ein schnelles und effizientes Vorgehen ermöglicht werden, indem im Notfall die richtigen Handlungen **planmäßig** vollzogen werden. Mit der Integration eines Risikomanagementsystems in Managementsysteme können Risiken besser identifiziert, analysiert, entsprechend minimiert und Krisen bewältigt werden.

### 5.3.1 Ziele des Risiko- und Krisenmanagements

Ziel des Risiko- und Krisenmanagements ist nicht die komplette Vermeidung von möglichen Risiken, sondern die Schaffung von Handlungsspielräumen, um die Risiken und deren Folgen besser beherrschen zu können. Dabei müssen diese potenziellen Risiken bekannt sein sowie deren Wirkungszusammenhänge, um diesen effizient entgegenwirken zu können. Das Risiko- und Krisenmanagement soll das Potenzial an Gefährdungen verringern und den Bestand einer Organisation sichern [Höl 02]. Dies erfolgt durch eine gezielte Analyse aller auf das Unternehmen einwirkenden Risiken, dabei sollen diese regelmäßig bewertet und Maßnahmen zur Absicherung gegen diese Risiken getroffen werden. Die Folge ist eine höhere Transparenz im Unternehmen sowie die Straffung der Organisation. Zudem sind die Bewältigung von Krisen unter Berücksichtigung der Instandhaltung der Funktionsweise sowie eine schnelle Rückkehr zu einem normalen Ablauf von kritischen Prozessen von höchster Bedeutung [Bun 11]. Die oberste Priorität jedes Risiko- und Krisenmanagements ist der Schutz des Menschen, alles andere wird diesem nachgestellt. Des Weiteren folgt der Schutz von Sachen, Umwelt und Interessen [Brü 16].

### 5.3.2 Begriffe zum Risiko- und Krisenmanagement

Im Folgenden werden wesentliche Begriffe zum Risiko- und Krisenmanagement beschrieben:

- **Kontinuität:** Wiederherstellung der beeinträchtigten kritischen Betriebsfunktionen und der Wertschöpfungsprozesse [Ebe 13]. Das Kontinuitätsmanagement beabsichtigt, die durch einen Notfall oder eine Krise beeinträchtigten kritischen Betriebsfunktionen und Wertschöpfungsprozesse so schnell wie möglich wiederherzustellen und einen „Normalzustand" zu gewährleisten, um die Leistungsfähigkeit und Geschäftstätigkeit der Organisation zu sichern [Brü 08]. Dementsprechend müssen Prozesse geplant sein, um rasch die Normalsituation in der Organisation wiederherzustellen, insbesondere durch relevante Ersatzbeschaffungen. Dabei betrifft das Kontinuitätsmanagement die gesamte Organisation von betroffenen Mitarbeitenden, über beschädigte Anlagen und Infrastrukturen sowie resultierende Informationen. Der Übergang vom Risiko- und Krisenmanagement zum Kontinuitätsmanagement verläuft trotz verschiedener Ausführungen fließend [Rös 05].
- **Kontinuitätsmanagement:** Das Kontinuitätsmanagement ist das Resultat vorausgehender Planung und handelt von der schnellen Wiederherstellung der ursprünglichen Betriebsfunktionen, sodass ein weiterer Verlust verhindert wird und eine Organisation zurück zur Wertschöpfung geführt werden kann [Brü 08]. Wichtig für eine Organisation sollte sein, den möglichen Ausfall der Betriebsfunktionen so kurz wie möglich zu halten und auch weiterhin eine hohe Qualität zu gewährleisten. Zu den Maßnahmen des Kontinuitätsmanagements gehört unter anderem die Schaffung von Kapazitätsreserven wie Ressourcen oder Infrastrukturen, auf welche im Falle einer Krise ausgewichen werden kann, oder die Möglichkeit zur schnellen Ersatzbeschaffung. Einbezogen werden Mitarbeitende, Räumlichkeiten, Anlagen, Informationen, Rohstoffe, Energien sowie Lieferanten. Wichtig ist, mögliche alternative Maßnahmen vorausgehend zu planen und sicherzustellen, um diese nach einer Krise rasch und effizient nutzen zu können [Nor 18e]. Hinzu kommen die Evaluierung und Prüfung der Wirksamkeit vorher definierter Prozesse zur Krisenbewältigung. Außerdem sollten Anpassungen des Krisenplans

vorgenommen werden, um dementsprechend einen kontinuierlichen Verbesserungsprozess zu gewährleisten.

- **Krise:** Ausnahmesituation, welche vom Normalzustand abweicht, und ein Risikopotenzial ist vorhanden bzw. ein Schaden in der Einrichtung liegt bereits vor. Normale betriebliche Strukturen sind nicht mehr ausreichend. [Mei 05]
- **Krisenmanagement:** Trotz entsprechender Risikopräventionen durch technische und menschliche Maßnahmen bleibt ein Restrisiko vorhanden, welches zu Krisen führen kann, sogenannte Schadensrisiken [Brü 16]. Die Wechselwirkung zum Risikomanagement liegt in der Bewältigung von Krisen, welche mittels präventivem Risikomanagement nicht verhindert werden können [Bun 11]. Dazu gehören eine aktive Bewältigung sowie ein schnelles und planvolles Handeln innerhalb der Krisensituation. Dabei soll die Krisensituation in einen normalen Zustand zurückgeführt werden, indem die eingetretene Krise mittels koordinierter Tätigkeiten bewältigt wird. Hierbei sollte der Krisen- und der betroffene Produktionsbereich klar gekennzeichnet sein, um auf deren Auswirkungen einen besseren Einfluss nehmen zu können [Béd 09]. Hinzu kommen entsprechende Informationen an die Öffentlichkeit, die zuständigen Behörden sowie Versicherungen und Kunden. Dieser Vorgang ist unabdingbar, da die Kommunikation nach außen einen weiteren wesentlichen Punkt des Krisenmanagements darstellt [Kam 15].
- **Notfall:** plötzliches und unvorhergesehenes, auf eine Organisation begrenztes Schadensereignis mit folgenschweren Schäden [Brü 16]. Es kann zu einem außerordentlichen Zustand führen, bei dem ein eingeschränkter Einsatz oder sogar Ausfall betrieblicher Geschäftsprozesse vorliegt. Dazu müssen außerordentliche und zudem schnellstmögliche Maßnahmen ergriffen werden [Nor 18e]. Gefährdungen von Leben, Gesundheit und Umwelt können erhebliche Konsequenzen für eine Organisation und deren Kontinuität bedeuten [Béd 09]. Eine Krise kann durch einen Notfall ausgelöst werden, indem Notfälle falsch behandelt werden oder durch eine zunehmende und verschärfte Ausnahmesituation. Dabei ist der Übergang von Notfall zu Krise nur ein schmaler Grat und kann zum Teil fließend und kaum erkennbar vonstattengehen.
- **Notfallmanagement:** Das Notfallmanagement beschreibt den planmäßigen Umgang und die erforderlichen Maßnahmen bei eintretenden Notfällen sowie die daraus resultierenden Störungen und deren Bewältigung [Mac 99]. Dabei steht die Vermeidung/Minimierung von Personenschäden im Vordergrund. Dazu zählen die Schadensvermeidung, die Schadensminderung sowie die Schadensbeseitigung [Sch 14].
- **Risiko:** Kombination aus der Wahrscheinlichkeit des Eintretens eines gefährlichen Ereignisses und seiner Auswirkung [Ebe 13]

- **Risikomanagement:** Risikomanagement beschäftigt sich mit potenziellen Krisen, indem Prozesse, Verhaltensweisen und koordinierte Aktivitäten darauf ausgerichtet sind, eine Organisation bezüglich der Risiken zu steuern. Dabei beinhaltet es vor allem methodische Anwendungen von Grundsätzen, Verfahren und Tätigkeiten, um Risiken zu erkennen, zu analysieren und zu bewerten sowie zu überwachen und zu kontrollieren. Dementsprechend steht die gezielte Reduzierung bzw. Eliminierung von Risiken im Vordergrund [DGQ 07]. Durch das Verteilen und Abschwächen von Risiken und durch geeignete Techniken können Risiken besser beherrscht werden [Ebe 13]. Risikomanagement hat die Aufgabe, seine Objekte von möglichen Risikofaktoren fernzuhalten, indem diese identifiziert werden, bevor sie auftreten können. Entscheidend ist somit ein vorsorgliches und proaktives Risikomanagement [Gar 14].
- **Ursachen:** Es werden verschiedene Arten von potenziellen Ursachen unterschieden, die entsprechende Vorkehrungen benötigen, um bestmöglich behandelt zu werden. Auftretende Auslöser können technischen, natürlichen oder menschlichen Ursprungs sein (Bild 5.2). Zu den technischen Störungen zählen Ursachen, wie Kontaminationen beispielsweise mit Öl oder giftigen Stoffen, Systemfehler, Produktionsausfall, Explosionen oder Energieausfall, welche zu Beeinträchtigungen der Betriebsfunktion führen [Nor 18e]. Ebenso können Notfälle und Krisen natürlichen Ursprungs sein, welche von der Umwelt herbeigeführt werden können, wie Unwetter, Hochwasser, Stürme oder Erdbeben. Außerdem können Notfälle und Krisen durch menschliches Versagen verursacht werden, beispielsweise durch Feuer, einen IT-System- oder IT-Security-Fehler oder schwere Unfälle, bei denen Personen, aber auch Gefahrgut beteiligt sein können [Nor 18e].

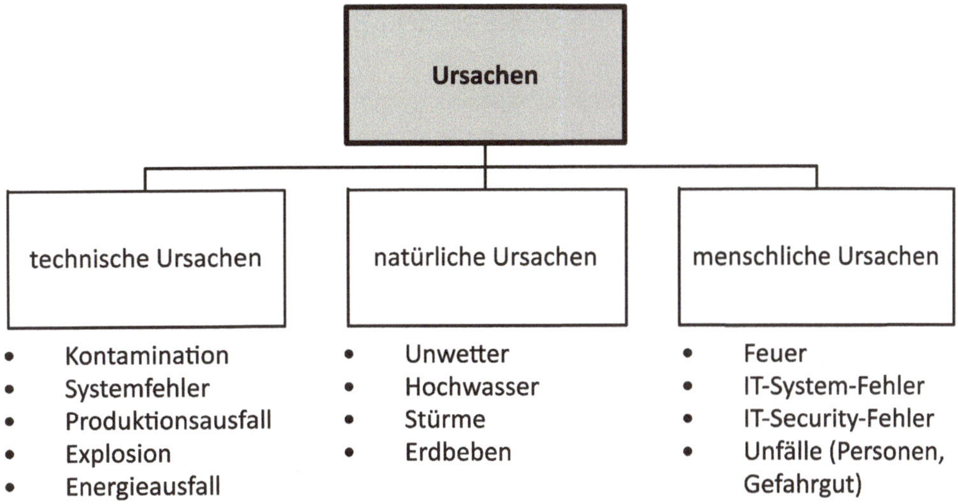


**Bild 5.2** Übersicht der Ursachen von Notfällen und Krisen [Nor 18e]

### 5.3.3 Ausgewählte Normen und Gesetze zum Risiko- und Krisenmanagement

#### DIN 14096:2014 – Brandschutzordnung

Die Brandschutzordnung befasst sich mit dem Verhalten von Personen im Brandfall sowie deren Maßnahmen zur Brandvermeidung. Sie ist in drei Teile gegliedert. Teil A befasst sich mit dem Verhalten im Brandfall, der für alle Personen geeignet ist und welcher die Flucht- und Rettungspläne enthält. Für Personen, welche sich in der Situation eines Brandfalls befinden, jedoch nicht zu der Organisation gehören, z. B. Besucher, ist Teil B vorgesehen. Der Teil C beschäftigt sich mit den Personen für besondere Aufgaben, wie zum Beispiel der Brandschutzbeauftragte oder die Brandschutzhelfer [Nor 14c]. Ein Brand und dessen Folgen bedeuten eine extreme Krise für eine Organisation, sodass dies auch ein Teil des Risiko- und Krisenmanagements sein muss. Aus diesem Grund müssen sich die Anforderungen der Brandschutzordnung in der Bewältigung der Krisensituation wiederfinden, z. B. die erfolgreiche Meldung eines Brands.

#### DIN EN ISO/IEC 27001:2024-01 Sicherheitsverfahren – Informationssysteme – Anforderungen

Unter Berücksichtigung von IT-Risiken gibt diese Norm Anforderungen für die Implementierung eines dokumentierten Informationssicherheitsmanagementsystems vor. Dazu werden zur Handhabung von Informationssicherheitsrisiken bestimmte Sicherheitsmechanismen vorgegeben. [Nor 24] Hinzu kommt die Analyse von Risiken im jeweiligen IT-Bereich. Inhaltlich vergleichbar ist diese Norm auf internationaler Ebene mit der BS 25999-2. Dabei handelt es sich um einen britischen Standard, welcher sich mit der Thematik „betriebliches Kontinuitätsmanagement“ ausführlich befasst.

Ziel eines Informationssicherheitsmanagementsystems ist der Schutz von vertraulichen Daten sowie die Unversehrtheit und die stetige Verfügbarkeit von Informationen [Nor 24]. Durch den Risikomanagementprozess werden entsprechend auftretende Risiken behandelt.

#### DIN ISO 31000 Risikomanagement – Leitlinien

Die DIN ISO 31000 beinhaltet internationale Standards und Grundsätze sowie Leitlinien und Prozesse zur Umsetzung des Risikomanagements. Somit kann diese Norm zur Unterstützung bei der Integration eines Risikomanagements genutzt werden. Dabei werden Risiken aller Art und deren Auswirkung auf eine Organisation berücksichtigt. Das Risikomanagement wird als Teil der Führungsaufgabe angesehen, indem Risiken gezielt gesteuert und beeinflusst werden. Hierbei wird der PDCA-Zyklus verfolgt, um einen stetigen Verbesserungsprozess innerhalb des Risikomanagementsystems zu erlangen. Zudem beinhaltet die Norm einen umfassenden Top-down-Ansatz, sodass Risiken auf allen Ebenen und Bereichen einer Organisation jeglicher Art (technische Risiken, finanzielle Risiken etc.) vermieden bzw. gelenkt werden können. [Hau 01]

Ziel dieser internationalen Norm ist die Vorgabe einer Richtlinie für das Risikomanagement sowie eine effiziente Handhabung von Risiken mittels entscheidungsorientierter Unternehmenssteuerung. Dazu sollten auch Kriterien zum Thema Sicherheit, Gesundheit und Umweltschutz hinsichtlich des Risikos hinterfragt und in den Prozess eingearbeitet werden. Zudem soll der Risikomanagementprozess an bereits vorhandene Managementsysteme angepasst (integriert) werden können. Ein weiteres Ziel ist die fortlaufende Verbesserung der Prozesse, auch durch die Integration einer Risikoberichterstattung. [Nor 18e]

### ONR 49000 – Risikomanagement für Organisationen und Systeme

Diese österreichischen Normen ONR 49000 ff. „Risikomanagement für Organisationen und Systeme" umfassen ein ausführliches Regelwerk zum Thema Risikomanagement [Nor 14d]. Mithilfe dieser Normen soll die praktische Umsetzung für Unternehmen und Organisationen erleichtert werden. Die Normen ONR 49000, 49001 sowie 49002 dienen als Grundlage zur praktischen Umsetzung des Risiko- und Krisenmanagements und helfen bei der Integration in ein gemeinsames Managementsystem. Hierbei wird auch das Krisenmanagement als wesentlicher Teil des Risikomanagements angesehen und deren Zusammenhang aufgezeigt. Bestandteile dieser Normenfamilie sind [Brü 08]:

- ONR 49000 – Begriffe und Grundlagen
- ONR 49001 – Risikomanagement
- ONR 49002-1 – Leitfaden zur Einbettung ins Managementsystem
- ONR 49002-2 – Leitfaden für Methoden der Risikobeurteilung
- ONR 49002-3 – Leitfaden für das Notfall-, Krisen- und Kontinuitätsmanagement
- ONR 49003 – Anforderungen an die Qualifikation des Risikomanagements

Es wird ein einheitliches Verständnis für die zu verwendenden Begrifflichkeiten bereitgestellt. Anschließend wird der organisatorische Rahmen des Risikomanagements aufgezeigt, wobei Planung, Umsetzung und Bewertung als Prozesse fungieren. Daraufhin werden die Einbettung in ein vorhandenes Managementsystem bzw. die Schaffung eines neuen Managementsystems aufgezeigt sowie die Beurteilung von Risiken. Kernnorm ist die ONR 49002 Teil 3, die eine ausführlichen Betrachtung des Notfall-, Krisen- und Kontinuitätsmanagement für Organisationen enthält. Trotz ausführlicher präventiver Maßnahmen können mögliche Restrisiken bestehen bleiben oder entstehen. Deshalb stellt das Notfall- und Krisenmanagement nach ONR ein System zur Verfügung, bei dem Abweichungen vom Normalzustand entsprechend zielgerichtet verarbeitet werden [Nor 14e].

### ITSicherhG:2021-05-07 Gesetz zur Erhöhung der Sicherheit informationstechnischer Systeme (IT-Sicherheitsgesetz 2.0)

Das IT-Sicherheitsgesetz hat das Ziel, die Sicherheit von Organisationen und Unternehmen, die entsprechende IT-Technik und die Sicherheit von Informationen zu verbessern und auf ein aktuelles Level zu heben. Weiterhin werden die Betreiber sicherheitsrelevanter Infrastrukturen verpflichtet, durch die Informationssicherheitskriterien Verfügbarkeit, Integrität, Vertraulichkeit und Authentizität die Sicherheit von IT-Anlagen zu gewährleisten. Dazu sollen Sicherheitsaudits, Prüfungen oder Zertifizierungen dienen. Im Bundesanzeiger wurde beispielsweise mit dem veröffentlichten IT-Sicherheitskatalog und Umsetzungsvorgaben für die Energiebranche (ISO 27019) ein Leitfaden vorgegeben. Weitere solcher Ableitungen von ISO 27001 werden für andere kritische Infrastrukturen erwartet.

### KonTraG – Gesetz zur Kontrolle und Transparenz im Unternehmensbereich

Das KonTraG ist ein Beweis dafür, dass Risiken nicht nur technischen Ursprungs sein müssen, und zeigt somit eine bereichsübergreifende Relevanz des Themas. Aufgrund von wirtschaftlich bedingten Unternehmenskrisen kam die Forderung nach mehr Kontrolle und Transparenz für Unternehmen auf. Dementsprechend sollte ein Kontrollsystem geschaffen werden, um frühzeitig gefährliche Entwicklungen von sog. bestandsgefährdenden Risiken aufzeigen zu können, z. B. Vermögen-, Finanz- und Ertragslage [Sto 05]. Mit der Einführung des KonTraG-Gesetzes am 01. 05. 1998 hat der Gesetzgeber die Unternehmen dazu verpflichtet, ein entsprechendes Risikomanagementsystem zu integrieren. Aus diesem Grund wird der Vorstand einer Aktiengesellschaft dazu verpflichtet, ein entsprechendes Risikomanagementsystem im Sinne des Unternehmens zu führen. Mittels Einführung eines Überwachungssystems, welches Risiken frühzeitig erkennen kann, soll der Fortbestand eines Unternehmens sichergestellt werden. Hinzu kommt der Lagebericht über die Risiken im Unternehmen zur besseren Beurteilung der Situation. [DGQ 07]

Inhalt dieses Systems ist die Messung von bestandsgefährdenden Risiken, dabei gibt es jedoch keine expliziten Vorgaben zum Aufbau einer solchen Anwendung [Wol 09]. Das Anliegen des Gesetzgebers war es, die Sensibilisierung der Unternehmen für das Thema Risikomanagement voranzubringen.

### StaRUG – Sanierungsgesetz

Das neue StaRUG gilt für mittelständische Unternehmen mit mehr als 100 Mitarbeitenden. Mit StaRUG-Verfahren haben Unternehmen eine weitere Möglichkeit, sich eigenverantwortlich zu sanieren und somit eine Insolvenz zu vermeiden. StaRUG bedeutet Stabilisierungs- und Restrukturierungsrahmen für Unternehmen [Web 70]. Das Gesetz setzt die Europäische Restrukturierungsrichtlinie in deutsches Recht um.

Das StaRUG ermöglicht im finanziellen Krisenmanagement eine Sanierung ohne Insolvenzverfahren. Kern von StaRUG ist die Umsetzung eines Sanierungskonzepts des

Schuldners und die Vermeidung eines Insolvenzverfahrens. Ziel ist eine Restrukturierung nach dem StaRUG-Verfahren mithilfe eines Restrukturierungsplans des Schuldners. Letztlich ist das Ziel eine Entschuldung des Unternehmens. Auch natürliche Personen, die unternehmerisch tätig sind, können sich mithilfe des StaRUG sanieren und so eine drohende Privatinsolvenz abwenden.

### 5.3.4 Umsetzung des Risiko- und Krisenmanagements

Für die Umsetzung eines Risiko- und Krisenmanagements sind eine ganze Reihe von Informationen und dokumentierten Verfahren für unterschiedliche Führungsebenen notwendig (Bild 5.3).

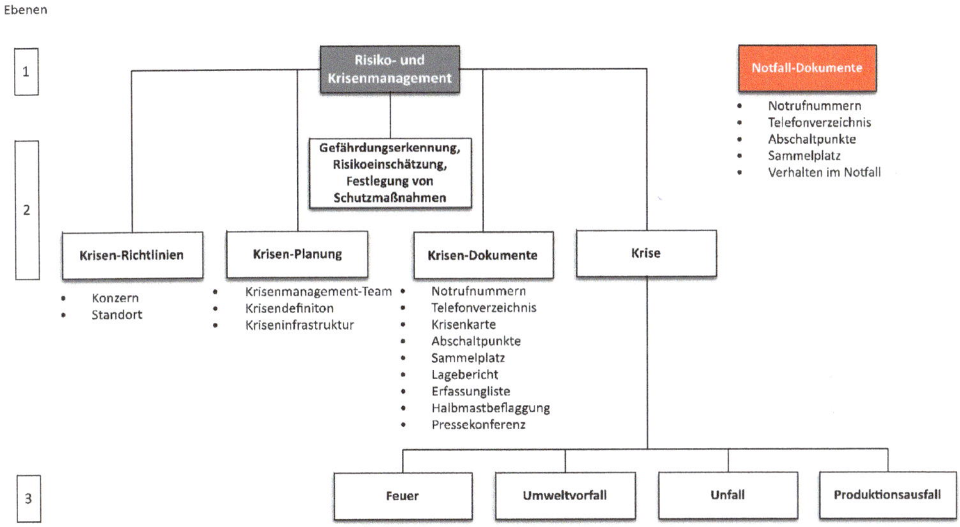


**Bild 5.3** Umsetzung eines Risiko- und Krisenmanagements [Kra 15]

Der Prozess des Risiko- und Krisenmanagements beginnt mit der Vorsorge für eine Organisation, eingeschlossen ist hierbei, dass auch alle Unterprozesse, bei denen zuerst die Risiken identifiziert werden, danach beurteilt und letztendlich bewältigt werden. Nachfolgend kommt es zur Fürsorge während einer Notfall- oder Krisensituation. Kern dieses Prozesses sind die Notfall- und Krisenvorbereitung, -bekämpfung und -nachbereitung. Zum Schluss folgt das Kontinuitätsmanagement mit der Rückführung zum Normalzustand und zu den daraus resultierenden Verbesserungen für das stetig anzupassende Risikomanagement.

Wichtig für die Etablierung eines Risiko- und Krisenmanagements ist die Schaffung eines Risikobewusstseins auf allen Ebenen einer Organisation [Bun 11]. Hinzu kommt die Formulierung von strategischen Zielen, die aufzeigen sollen, welche Ergebnisse und Verbesserungen erreicht werden sollen. Dazu gehören vor allem der Schutz der Personen und die Aufrechterhaltung der Funktionsfähigkeit in Krisensituationen, um wirtschaftliche Schäden abzuwenden und eventuelle Imageschäden abzuwenden. Für die Umsetzung des Risikomanagements in einer Organisation ist die Berücksichtigung in allen Prozessen und Verfahren der Organisation notwendig. Deshalb sind die entsprechenden Risiken und Chancen bei allen dokumentierten Informationen (Prozess- und Verfahrensbeschreibungen, Abschnitt 4.3) zu berücksichtigen und zu beschreiben (Bild 5.4 und Bild 5.5).

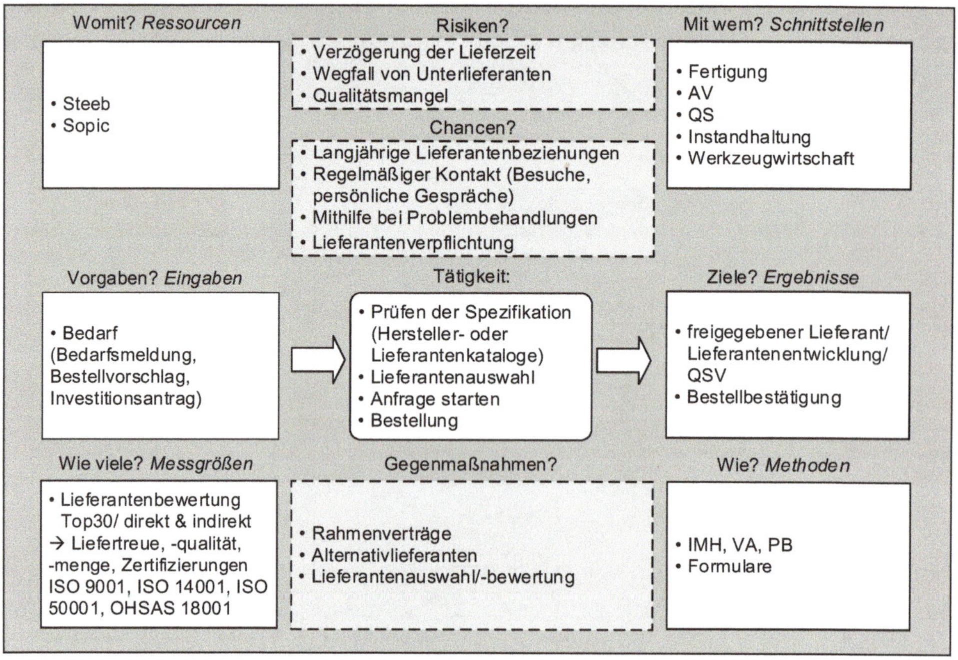


**Bild 5.4** Risiken und Chancen am Beispiel einer Prozessbeschreibung „Beschaffung“ [Kra 15]

## 5.3.5 Risikomanagement

### Risikoidentifizierung

Ziel der Risikoidentifizierung ist es, maßgebliche Risiken aufzudecken, welche die Prozess- und Produktziele beeinträchtigen könnten [DGQ 07]. Risiken treten nicht mit konstanter Wahrscheinlichkeit auf, sondern können sich durch Eintreten neuer Situationen innerhalb einer Organisation verändern. Deshalb muss eine Risikoidentifizierung kontinuierlich durchgeführt werden und Teil der alltäglichen Arbeitsorganisation sein [DGQ 07].

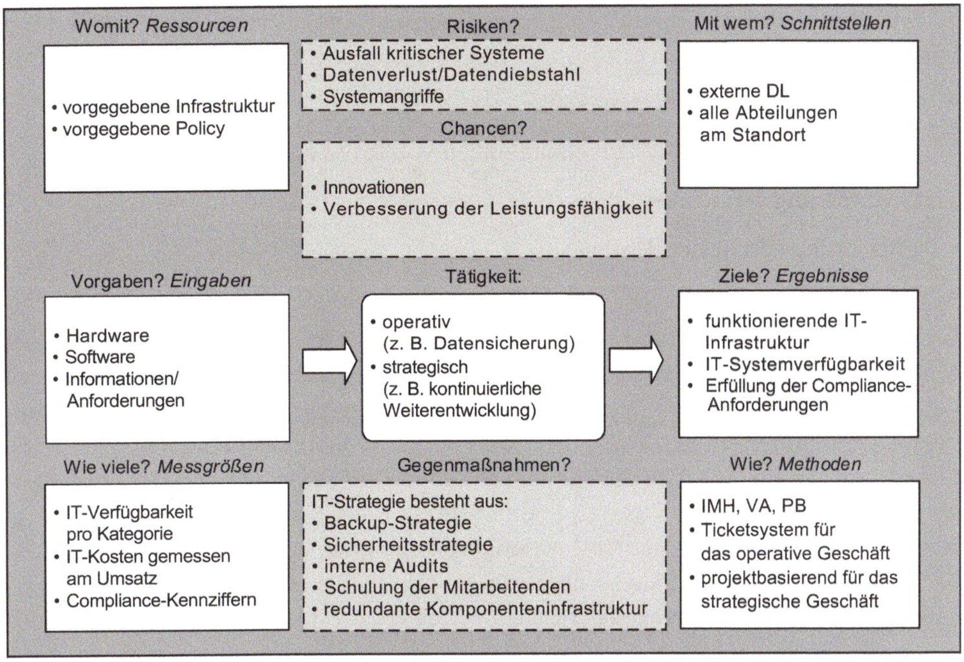


**Bild 5.5** Risikomanagement am Beispiel einer Prozessbeschreibung „Informationstechnik und Datenfluss – IT“ [Kra 15]

## Risikobeurteilung

Die Risikobeurteilung beschreibt die systematische Anwendung bereits erlangter Informationen aus der Risikoidentifizierung, sodass die Ursachen von Risiken analysiert werden und besser einzuschätzen sind. Diese setzt sich zusammen aus Risikoanalyse und Risikobewertung [DGQ 07].

Die Risikoanalyse bestimmt die Eintrittswahrscheinlichkeiten des Auftretens eines Risikos und deren mutmaßliche Auswirkungen auf die Organisation und deren angestrebte Ziele. Zudem werden mögliche, schwerwiegende Folgen, die durch das Zusammenwirken einzelner Risiken auftreten können, analysiert. Diese Untersuchung kann beispielsweise qualitativ und quantitativ in Form einer Risikomatrix durchgeführt werden [DGQ 07]. Anschließend erfolgt die Bewertung der Risiken dahingehend, ob ein Risiko entsprechend zu tolerieren ist oder weitere Maßnahmen zur Steuerung und Bewältigung des Risikos vorgenommen werden sollen. Diese Toleranz muss eine Organisation im Voraus festlegen, um bei Überschreitungen der Schwelle handeln zu können.

## Risikobewältigung

Die Hauptaufgabe des Risikomanagements liegt in der Bewältigung der Risiken. Dementsprechend werden die bereits analysierten und beurteilten Risiken durch gezielte Maßnahmen aktiv gesteuert und bewältigt [DGQ 07]. Hierbei lassen sich verschiedene Prozesse der Bewältigung je nach Art des Risikos und Strategie der Organisation unterscheiden. Dazu zählen:

- vollständige Vermeidung von Risiken
- Minderung der Eintrittswahrscheinlichkeit von Risiken
- Überwälzung von Risiken
- Tolerierung von Restrisiken
- Risikobewältigung

Die **Risikovermeidung** tritt nur in Kraft, wenn andere Methoden ein zu hohes Gefahrenpotenzial offenlassen würden. Hierbei werden Maßnahmen umgesetzt, bei denen keine Gefährdung entsteht. Jedoch ist eine vollständige Vermeidung von Risiken unmöglich, da immer ein Restrisiko (Restwahrscheinlichkeit) bestehen bleibt [Bun 11]. Restrisiken, welche plötzlich und unvorhergesehen auftreten, können trotz präventiver Maßnahmen entstehen und zu Krisen führen. Diese werden im Notfall- und Krisenmanagementprozess effizient bewältigt. Letztendlich steht jede Organisation in der Pflicht, ihre Risiken stetig zu überwachen und zu überprüfen sowie die Evaluierung der angewendeten Prozesse durchzuführen [Bun 11].

#### Risikominderung

Eine Risikominderung trägt dazu bei, dass ein mögliches Risiko mit einer geringeren Wahrscheinlichkeit eintritt und im Falle eines Auftretens ein geringerer Schadensumfang entsteht [Rei 00].

#### Risikoüberwälzung

Eine Risikoüberwälzung verteilt die Risiken mittels Versicherungen oder Vertragsbedingungen auf andere Organisationen, z. B. Lieferanten [Bun 11].

## 5.3.6 Notfall- und Krisenmanagement

### 5.3.6.1 Organisation des Notfall- und Krisenmanagements

#### Führungsgrundsätze und strategische Ziele des Notfall- und Krisenmanagements

Verantwortlich für die Vorbereitung sowie die Bewältigung von Notfall- und Krisensituationen ist die oberste Führung einer Organisation [Nor 18e]. Zu beachten ist, dass derartige Situationen jederzeit auftreten können, sodass personenungebundene Verantwortlichkeiten und flexible Alarmprozesse bestehen müssen [Nor 18e]. Entsprechend identifizierte und analysierte Notfall- und Krisensituationen sollten in die Planung einbezogen und eingeübt werden, sodass eine effizientere Abhandlung im Krisenfall unter Zeitdruck vonstattengehen kann [Nor 18e].

### Aufgaben des Notfall- und Krisenmanagements

Bei größeren Organisationen kann zwischen Notfall- und Krisenmanagement unterschieden werden, womit in Abhängigkeit von der Situation festgelegte Prozesse stattfinden [Nor 18e]. Zu den Aufgaben des **Notfall- und Krisenmanagements** zählen:

- Alarmierung des Notfalls
- Ergreifung von Sofortmaßnahmen (Räumung, Evakuierung, Schadensbekämpfung und Schadensbegrenzung)
- Situationsbeurteilung und Beschaffung von Informationen
- Verbindung zu Einsatzkräften und Behörden
- falls erforderlich: Krisenalarm → Krisenteam
- Krisenkommunikation intern/extern
- Situationsbewertung
- organisationsweite Maßnahmen zur Schadensbekämpfung, -begrenzung
- organisationsweite Krisenkommunikation intern/extern
- kurzfristige Sicherstellung von Informationen für Beteiligte (Mitarbeitende, Kunden und Öffentlichkeit)
- Überführung zum Kontinuitätsmanagement

### Krisenteam

Das Krisenteam, auch Krisenstab genannt, ist die zentrale und organisatorische Anlaufstelle im Verlauf einer Krise. Dabei handelt es sich um einen Personenkreis mit Verantwortlichen aus verschiedenen Bereichen einer Organisation [Nor 18e].

Das Krisenteam setzt sich anfangs aus Krisenleitung bzw. Leitung des Krisenteams, einem Verantwortlichen für die Koordination sowie einem Verantwortlichen für die Kommunikation zusammen [Nor 18e].

Die Krisenkommunikation ist eine wichtige Aufgabe des Krisenteams (Bild 5.6). Deshalb muss das Krisenteam im ständigen Austausch mit Krisenleitung, Geschäftsleitung, weiteren Fachbereichen, den Medien, externen Experten sowie Einsatzkräften und Behörden sein. Dabei verläuft der Informationsfluss in beide Richtungen – es werden sowohl Informationen eingeholt als auch weitergegeben. Wichtig für die Dokumentation ist die Erfassung aktueller Kontaktdaten aller Mitglieder des Krisenteams, um im Falle einer Krise eine schnellstmögliche Kommunikation aller Verantwortlichen zu gewährleisten. Eine klare Aufgabenteilung innerhalb des Krisenteams ist zu realisieren, um Konflikte zu vermeiden sowie eine rasche Auflösung der Krisensituation zu garantieren. Die handelnden Personen sollten über ein geschultes Wissen hinsichtlich der gegebenen Situation verfügen [Brü 16]. Zudem muss festgelegt werden, in welchen Situationen ein Krisenteam eingesetzt wird und wie dieses alarmiert werden kann. Dabei wird unabhängig vom Ereignis immer der gleiche Personenkreis alarmiert [Nor 18e]. Eine Alarmierung des Krisenteams erfolgt über entsprechende und vorher festgelegte Medien, wie Telefon, Intranet, Alarm, interner Funk etc. Dabei muss ein möglicher Ausfall entsprechender Alarmierungswege im Krisenfall berücksichtigt werden [Nor 18e]. Aufgaben des Krisenteams sind die Beurteilung der Lage, um entsprechende Sofortmaßnahmen ergreifen zu können, der Austausch mit relevanten Behörden (Feuerwehr, Polizei, Notarzt etc.), Maßnahmen zur Schadensminimierung sowie die Bereitstellung von entsprechenden Ressourcen. Außerdem bildet es die Zentrale aller Informationen und nimmt eine Kommunikationsfunktion ein, um diese an die richtigen Stellen weiterleiten zu können (Mitarbeitende, Angehörige, Behörden, Öffentlichkeit, Medien etc.). Zudem kann ein Krisenteam nur erfolgreich arbeiten, wenn regelmäßig entsprechende Situationen unter Einbezug aller Teilnehmenden trainiert und kontinuierlich verbessert werden [Nor 18e].

#### Kriseninfrastruktur

Für das Notfall- und Krisenmanagement müssen Räumlichkeiten, ein sog. Krisenraum, zur Verfügung stehen, um ein effizientes Organisieren gewährleisten zu können [Bun 11]. Dieser dient als Sammelpunkt und Schaltzentrale im Falle einer Krise oder eines Notfalls. Die Größe und Ausstattung dieses Krisenraums richten sich nach der Größe der Organisation. Zudem stehen Kommunikationsmittel und relevante Dokumente sowie dokumentierte Informationen (Prozessbeschreibungen, Karten, Adressen, Checklisten etc.) zur Verfügung [Nor 18e].

Hinzu kommt eine Ausstattung der Räumlichkeiten mit Kommunikationsmitteln wie Telefon, Fax, Internet sowie Kurierdienst, sodass auch bei einem Infrastrukturausfall auf Alternativen zurückgegriffen werden kann. Im Falle einer Krise am vorhergesehenen Sammelort muss ein Alternativstandort vorher definiert sein [Nor 18e].

#### Krisenarten

Krisen haben verschiedene Ursachen. Dabei ist die Art der Krise davon abhängig, wie mit dieser umgangen werden muss und welche Maßnahmen dazu getroffen werden müssen. Dementsprechend ist es wichtig, alle potenziellen Krisen zu definieren sowie deren Bewältigung aufzuzeigen, da in der Krisensituation schnell und effizient reagiert werden muss.

### 5.3.6.2 Prozesse des Notfall- und Krisenmanagements

Zur Bewältigung von Notfällen und Krisen müssen mehrere vorher festgelegte und beschriebene Prozesse abgearbeitet werden, die durch die verantwortlichen Personen (Krisenteam) vorzunehmen sind. Jeder Notfall- und Krisenmanagementprozess beginnt mit der Alarmierung und wird mit der Rückführung zum Normalzustand beendet (Bild 5.6).

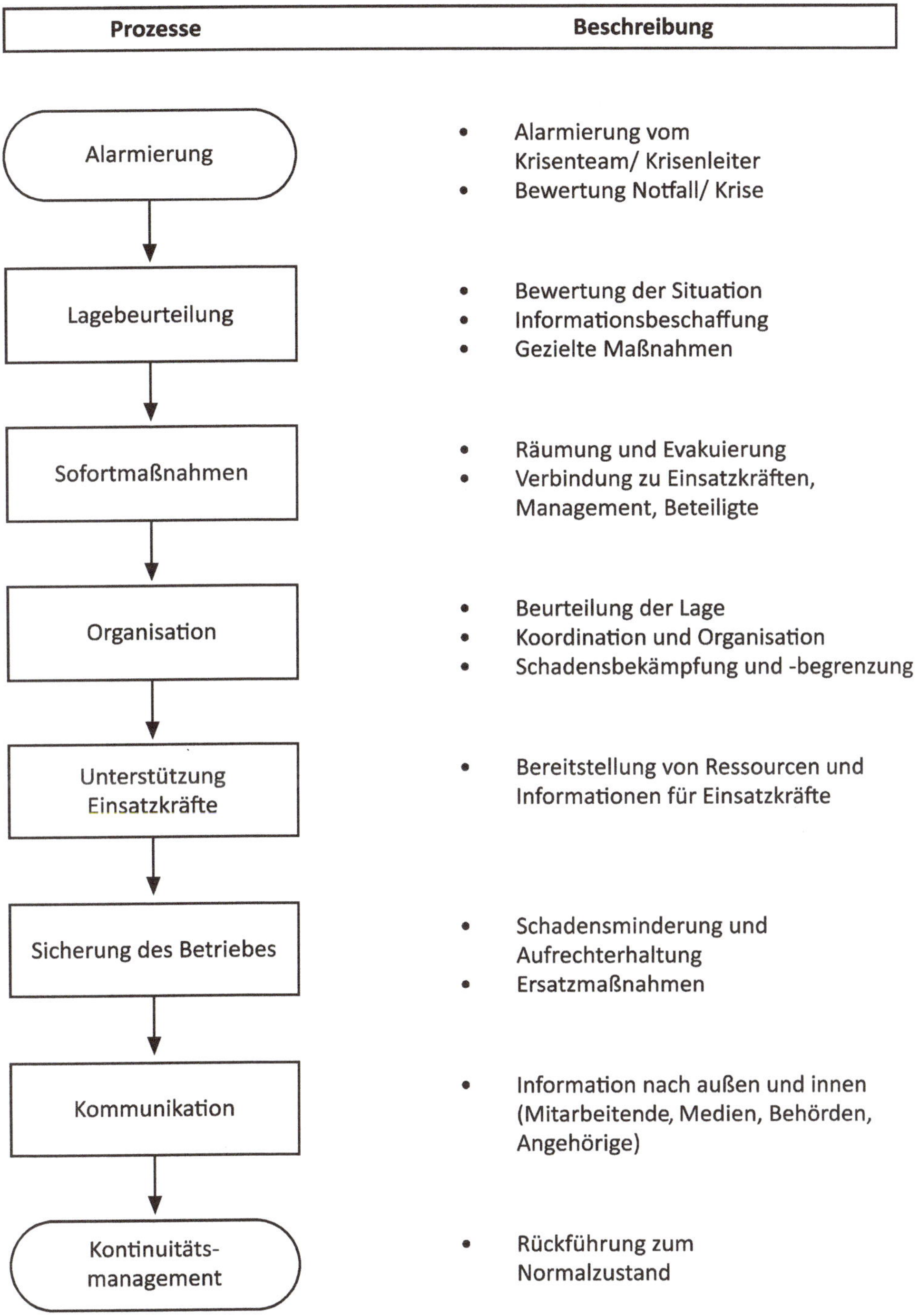


**Bild 5.6** Prozesse des Notfall- und Krisenmanagements [Nor 18e]

### Alarmierung

Bei einem Notfall muss zunächst das zuständige Krisenteam informiert werden. Dabei muss jeder Mitarbeitende in der Lage sein, zu jeder Zeit, sowohl betriebsintern als auch -extern, diesen Alarm entsprechend auszulösen und an die richtige Position weiterleiten zu können. Hierzu muss die Leitung des Krisenteams als erste Person kontaktiert werden. Diese leitet entsprechende weitere Maßnahmen ein. Anschließend beurteilt die Krisenleitung anhand von vorher definierten Merkmalen, ob es sich um einen Notfall oder eine Krise handelt. Davon abhängig werden weitere Maßnahmen eingeleitet [Nor 18e].

### Lagebeurteilung

Die erste Aufgabe des Krisenteams ist es, die vorliegende Situation so schnell wie möglich zu bewerten, um gezielte Maßnahmen einleiten zu können. Deshalb müssen folgende Informationen ermittelt werden [Bun 11]:

- Was ist passiert? (Ursache, Ausmaß, aktueller Stand?)
- Wer ist beteiligt? (Personen, wie viele?)
- Welche Produktion/Dienstleistung ist betroffen und in welchem Ausmaß?
- Mit welchen Folgen ist zu rechnen?
- Was wurde bereits getan?

### Sofortmaßnahmen

Bei den Sofortmaßnahmen handelt es sich um notwendige und zeitnahe Eingriffe. Dazu zählen vor allem die Räumung und Evakuierung von betroffenen Bereichen. Wichtig ist auch die Kontaktaufnahme mit den zuständigen Behörden, wie Feuerwehr, Polizei, Notarzt sowie zum Management und den beteiligten Personen. Falls nötig, sollte das Krisenteam mit Spezialisten und verantwortlichen Personen erweitert werden. Besonders relevant ist die Sicherstellung der Krisenkommunikation nach innen und außen [Nor 18e].

### Organisation

Entsprechend der Beurteilung der Lage können Aufgaben sowie konkrete Aktionen durch das Krisenteam koordiniert werden. Die wichtigsten Bestandteile sind die Schadensbekämpfung, Schadensbegrenzung sowie die Kommunikation. Dazu zählen vor allem die Räumung und Evakuierung der betroffenen Bereiche [Nor 18e].

Aus diesem Grund müssen vorab mögliche Ziele und Handlungsspielräume definiert werden. Im Fall einer in der Notsituation schnell zu treffenden Entscheidung unter Abwesenheit der Führungsgremien müssen die Kompetenzen ebenfalls klar verteilt sein, um das Treffen wichtiger Entscheidungen sicherzustellen, z. B. durch die Leitung des Krisenteams. Es müssen, wenn notwendig, bestimmte Bereiche abgeschaltet werden. Dazu sind Dokumente zu den Abschaltpunkten vorzuhalten. Hinzu kommt die Betreuung von betroffenen Personen sowie die interne und externe Krisenkommunikation [Nor 18e].

#### Unterstützung der Einsatzkräfte

Eintreffende Einsatzkräfte wie Polizei, Feuerwehr, Notarzt etc. müssen gegebenenfalls unterstützt werden. Dazu sollten entsprechende Ressourcen zur Verfügung gestellt werden und eine Räumung des betroffenen Bereichs zur optimalen Bearbeitung der Gefahrensituation vorgenommen werden. Die kontinuierliche Verarbeitung aller zur Krise notwendigen Informationen ist sicherzustellen [Nor 18e].

#### Sicherung des Betriebs

Um den Schaden im Fall einer Krise so gering wie möglich zu halten, sollten Maßnahmen zur Schadensminderung vorgenommen werden, beispielsweise durch Reparaturen sowie Einleitung von Ersatzmaßnahmen, welche bereits vorher definiert sein müssen [Nor 18e].

#### Kommunikation

Die Krisenkommunikation beinhaltet die Kommunikation im Krisenfall innerhalb einer Organisation und gegenüber der Öffentlichkeit [Bun 11]. Die interne Kommunikation befasst sich mit den Interaktionen zwischen Krisenthemen und betroffenen Mitarbeitenden sowie deren Pflicht der erforderlichen Informationsbeschaffung, um mögliche Spekulationen auszuräumen und weiterhin geordnet arbeiten zu können [Béd 09].

Die externe Kommunikation soll Behörden, Bevölkerung, Medien und Angehörige mit entsprechenden Informationen versorgen. Dementsprechend muss der Umgang mit den Medien strategisch ausgerichtet sein und vor allem zeitnah, zuverlässig und eindeutig sein. Die Einberufung einer Pressekonferenz und die Stellungnahme eines Pressevertreters können ebenso zu einer erfolgreichen Krisenkommunikation führen, hierfür sollten Pressemitteilungen schnellstens zur Verfügung gestellt werden [Nor 18e].

### 5.3.6.3 Dokumentation des Notfall- und Krisenmanagements

Die beschriebenen Leitfäden und Prozesse zum Notfall-, Krisen- und Kontinuitätsmanagement müssen in der Organisation dokumentiert werden. Dabei bietet das integrierte Managementsystem oder ein eigenständiges Risikomanagementsystem eine geeignete Plattform. Relevante Dokumente müssen in einer Krisensituation schnell und übersichtlich für die verantwortlichen Personen und das Krisenteam zur Verfügung stehen, um so situationsbedingt eingesetzt werden zu können (Bild 5.7).

**/ 08_Notfall-Dokumente /**

| | | |
|---|---|---|
| .. | 01_Verhalten_im_Notfall.pdf | 02_Notrufnummern_Intern.pdf |
| 03_Notrufnummern_Extern.pdf | 04_Telefonverzeichnis.pdf | 05_Abschaltpunkte.pdf |
| 06_Sammelplatz.pdf | | |

**/ 09_Risiko-_und_Krisenmanagement / Krisen-Dokumente /**

| | | |
|---|---|---|
| .. | 01_Notrufnummern_Intern.pdf | 02_Notrufnummern_Extern.pdf |
| 03_Telefonverzeichnis.pdf | 04_Krisenkarte.pdf | 05_Abschaltpunkte.pdf |
| 06_Sammelplatz.pdf | 07_Lagebericht.pdf | 08_Erfassungsliste.pdf |
| 09_Halbmastbeflaggung.pdf | 10_Pressekonferenz.pdf | 11_Dokumentenübersicht.pdf |
| 12_Bearbeiten | | |

**Bild 5.7** Dokumente/Dateien/Struktur für das Notfall- und Krisenmanagement einer Organisation [Kra 15]

Die Inhalte der Krisendokumente sind zum einen die internen und externen Notrufnummern. Die internen Notrufnummern ermöglichen die Erreichbarkeit der Mitglieder aus dem Krisenmanagementteam, der Ersthelfer, des Brandschutzdiensts sowie der Havariedienst-Schlosserei und -Elektrik. Diese können mithilfe von Sammelruf oder Kurzwahl erreicht werden. Die externen Notrufnummern umfassen u. a. Feuerwehr, Polizei, Rettungsdienst sowie weitere wichtige Leitstellen. Das darauffolgende Telefonverzeichnis muss alle Mitarbeitenden mit Abteilungen und Telefonnummern beinhalten.

Ein weiteres wichtiges Dokument im Krisenfall ist die Krisenkarte. Diese muss im Besitz jedes Mitglieds des Krisenmanagementteams sein. Hierbei sind nochmals die Kontaktdaten der anderen Mitglieder enthalten, um schnellen Kontakt untereinander aufbauen zu können. Zudem sind die besprochenen Notfallzentralen mit Lage festgehalten und die wichtigsten Schritte des Mobilisierungsplans, um im Fall einer Krise schnell und entsprechend der Vorgaben handeln zu können.

Dokumentierte Informationen zu den Abschaltpunkten in Gebäuden, z. B. für den Gasanschluss, Wasseranschluss und die Elektroversorgung, müssen vorhanden sein, sodass diese Informationen für externe Notfallkräfte schnell einsehbar sind und in einer Notsituation sofort reagiert werden kann. Der Lageplan des Sammelplatzes kennzeichnet den Stellplatz, der für eine Evakuierung vorgesehen ist, sodass alle Mitarbeitenden geschlossen gezählt werden können und eine Übersicht der personellen Situation im Krisenfall geschaffen werden kann.

Der folgende Lagebericht dient als Krisenprotokoll, um sämtliche relevanten Informationen zusammenzutragen, damit im Nachhinein z. B. die Art der Krise, Anzahl der verletzten Personen sowie Art der Maßnahme rekonstruiert werden können. Dieser Bericht dient auch dazu, evtl. Verbesserungen, welche während der Krise ersichtlich wurden, später realisieren zu können.

In der Erfassungsliste werden alle Mitarbeitenden während einer Evakuierung aufgenommen, damit der personelle Zustand der jeweiligen Abteilungen aufgezeigt werden kann. Im Fall eines tragischen Unfalls beschreibt das Dokument die korrekte Ausführung der Halbmastbeflaggung.

Eine Pressekonferenz sollte nach einer Krise einberufen werden – auch hierfür dient ein Dokument als Checkliste, um alle nötigen Schritte einzuleiten.

Eine Übersicht zu allen Dokumenten des Risiko- und Krisenmanagements mit Dateinamen, verantwortlichen Personen, Datum der Erstellung, der nächsten Prüfung und wo sich die Dokumente befinden ist stets auf einem aktuellen Stand zu halten. Unterschieden wird dabei zwischen dem integrierten Management-Handbuch, in welchem alle Dokumente vorhanden sind, und dem Krisenordner, welcher alle Informationen während einer Krise beinhaltet, sowie dem Aushang mit den ausgewählten Dokumenten, welche für alle Mitarbeitenden an dem betreffenden Ort ersichtlich sein müssen.

Die Notfall- und Krisendokumente müssen für jeden Mitarbeitenden im integrierten Managementsystem zugänglich sein.

Prozess- und Verfahrensanweisungen für Feuer, Umweltvorfall, Produktionsausfall und Unfall müssen vorhanden sein (Bild 5.8).

Grundsätzlich ist eine Integration des Risiko- und Krisenmanagements in das Integrierte Managementsystem einer Organisation anzustreben. Damit können die Synergien mit den anderen Aspekten (Qualität, Umwelt, Arbeitssicherheit, Energie usw.) genutzt werden.

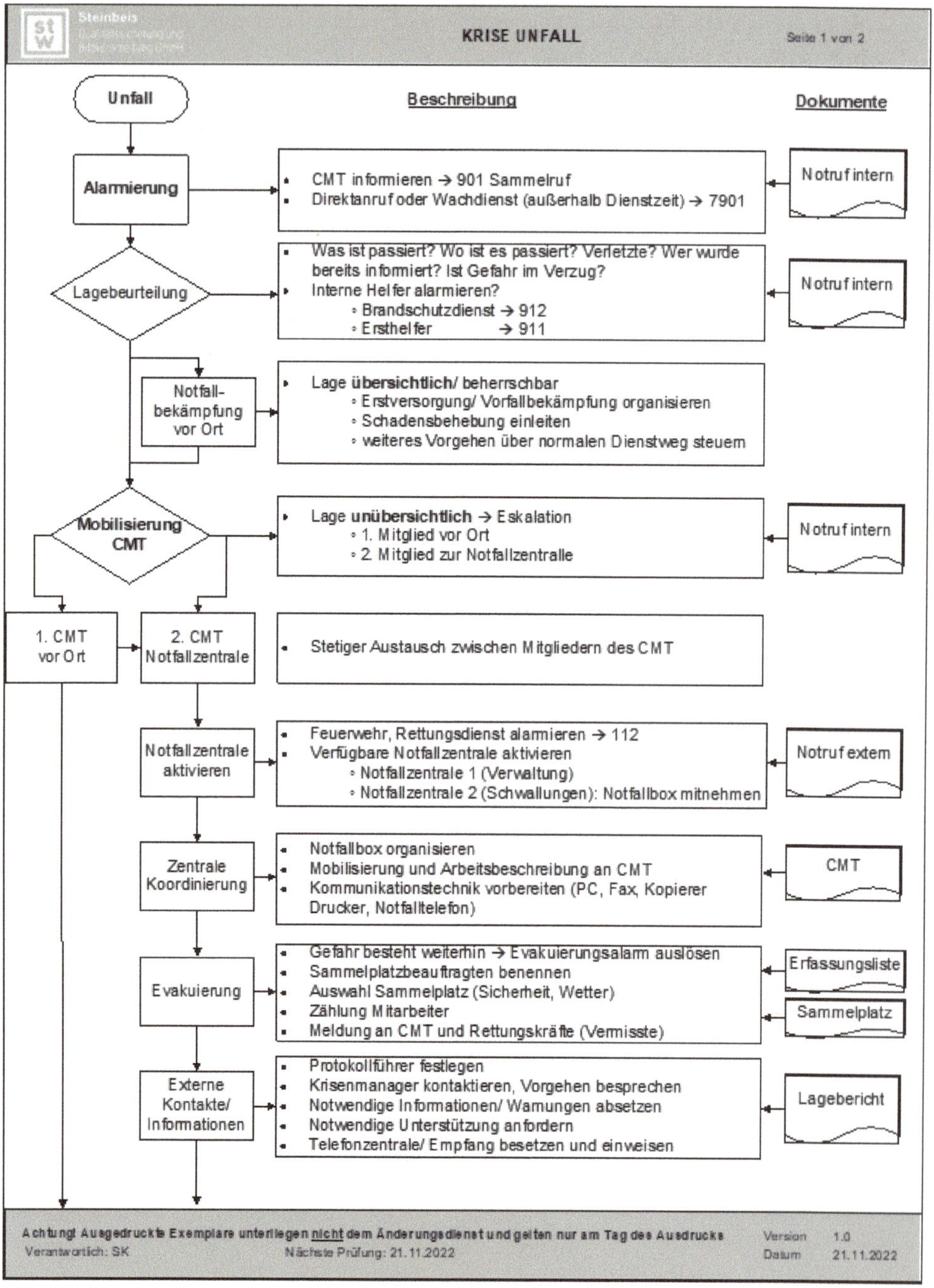


**Bild 5.8** Beispiel Auszug aus Prozessbeschreibung „Unfall" [Kra 15]

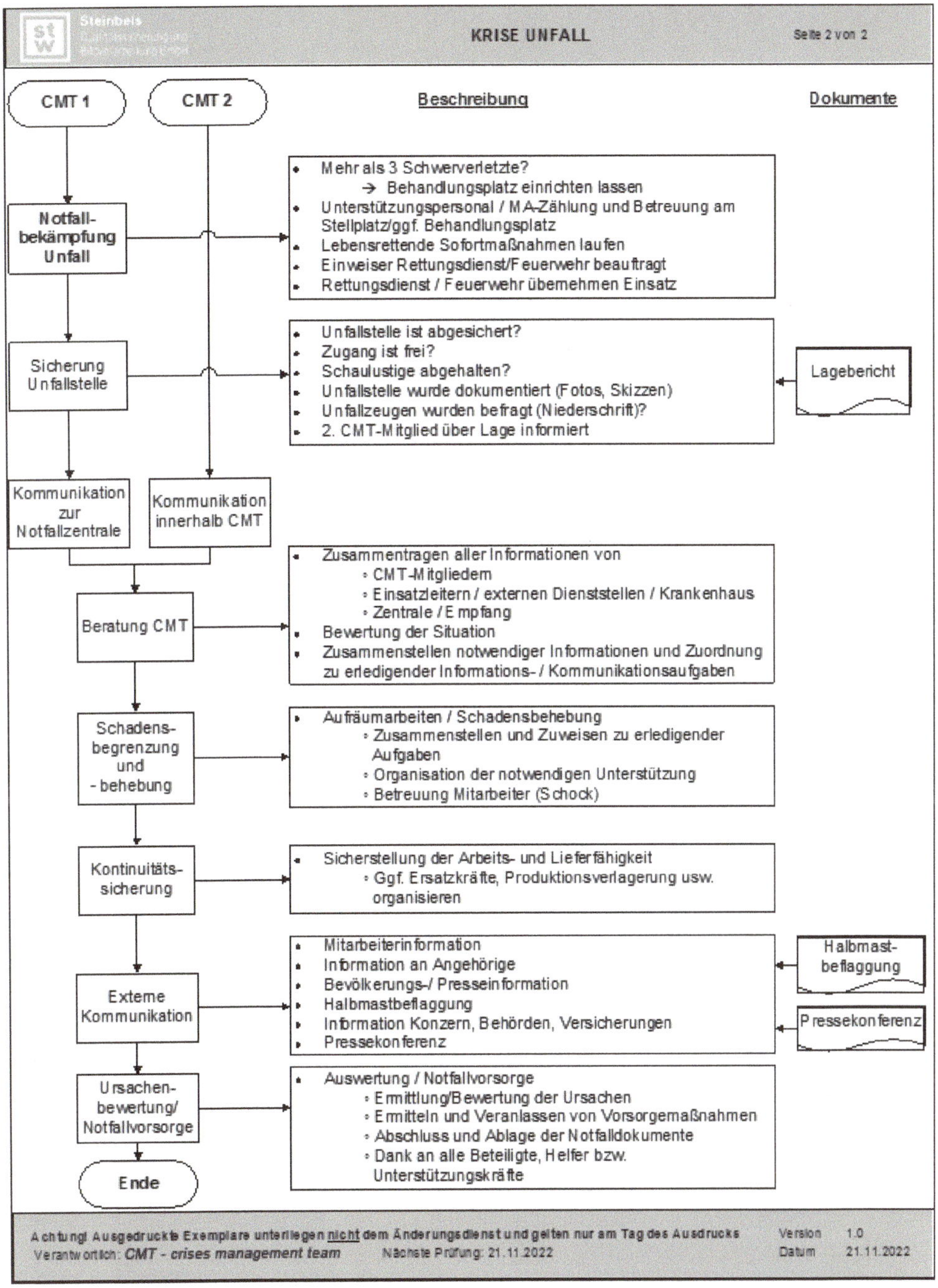


**Bild 5.8** Beispiel Auszug aus Prozessbeschreibung „Unfall" [Kra 15] *(Fortsetzung)*

# 6 Anforderungen an Managementsysteme für Sicherheit und Gesundheit bei der Arbeit (SGA-MS)

## 6.1 Aufgaben und Ziele eines SGA-MS nach DIN EN ISO 45001

✓ **Management für Sicherheit und Gesundheit bei der Arbeit (SGA-MS)** beinhaltet ein Managementsystem oder Teil eines Managementsystems, das oder der zum Erreichen der Arbeits- und Gesundheitspolitik angewandt wird. Ein SGA-MS hat das Ziel, Verletzung und/oder Krankheit von Beschäftigten zu vermeiden und sichere und gesunde Arbeitsplätze bereitzustellen. [Tei 18]

**„Die Einführung eines Managementsystems für Sicherheit und Gesundheit bei der Arbeit (SGA-MS) soll eine Organisation in die Lage versetzen, sichere und gesundheitsgerechte Arbeitsplätze bereitzustellen, arbeitsbedingte Verletzungen und Erkrankungen zu vermeiden und ihre SGA-Leistung fortlaufend zu verbessern." [Nor 18b]**

Im Kapitel 4 werden der Aufbau und die Einführung von Managementsystemen ausführlich beschrieben. Dabei werden im Abschnitt 4.1 Systematisierungsvorschläge für die Struktur (Bild 4.1), das Organigramm (Bild 4.2) und die Prozesslandkarte (Bild 4.3) und in den Abschnitten 4.3.1 bis 4.3.5 das QM-Handbuch, dokumentierte Informationen, Verfahrensanweisungen, Prozessbeschreibungen und Arbeitsanweisungen/Formulare behandelt.

Für die Integration des Arbeits- und Gesundheitsschutzmanagements in integrierte Managementsysteme (Abschnitt 4.4) werden deshalb in diesem Abschnitt nur die notwendigen zusätzlichen dokumentierten Informationen zum Aufbau eines Arbeits- und Gesundheitsschutzmanagementsystems mitgeteilt.

Für die sichere Realisierung des Gesundheits- und Arbeitsschutzes in einer Organisation/in einem Unternehmen ist der Aufbau eines SGA-MS erforderlich. Es umfasst die Organisation aller Bereiche des Arbeitsschutzes und der Arbeitssicherheit sowie den Gesundheitsschutz in Arbeitsstätten von Organisationen.

Die wesentlichen Aufgaben des Arbeitsschutzmanagements in einer Organisation sind [Sen 19]:

- Formulierung der Arbeitsschutzpolitik und -ziele
- Umsetzung des Arbeitsschutzes als Führungsaufgabe der Organisation
- Beteiligung aller Mitarbeitenden der Organisation und ggf. externer Partner
- Einordung/Einbeziehung des Arbeitsschutzes in ein Managementsystem
- Bereitstellung von Ressourcen
- Einbeziehung des Arbeitsschutzes in die Kommunikation der Organisation
- Beschreibung und Organisation des Arbeitsschutzes in Prozess- und Verfahrensbeschreibungen sowie Arbeitsanweisungen
- Ermittlung und Bewertung des Stands zum Arbeitsschutz in der Organisation
- Formulierung von Verbesserungsmaßnahmen zum Arbeitsschutz
- Maßnahmenverfolgung zur sicheren Umsetzung von Verbesserungen (fortlaufende Verbesserung)

Aufgaben, Ziele und Maßnahmen des Arbeitsschutzmanagements sind in einigen Bereichen übereinstimmend mit denen des Umweltmanagements, wobei es beim Arbeitsschutz prinzipiell um den Schutz des Lebens und der Gesundheit der Mitarbeitenden und aller im Auftrag des Unternehmens tätigen Personen geht. Zunehmend gewinnen auch Gesundheitsvorsorge und Gesundheitsförderung an Bedeutung (Bild 6.1).

**Bild 6.1** Präventive Aspekte des Arbeitsschutzes [Web 81]

Entsprechend der Maßnahmenhierarchie besteht die Aufgabe, vorhandene Gefahren durch die Auswahl von Schutzmaßnahmen nach der STOP-Rangfolge zu beseitigen:

- S – Substitution
- T – technische Schutzmaßnahmen
- O – organisatorische Schutzmaßnahmen
- P – persönliche Schutzmaßnahmen

Ist das nicht möglich, sollten technisch-organisatorische Maßnahmen zum Schutz vor diesen Gefahren ergriffen werden (Schutzvorrichtungen, Anweisungen, Schulungen). Letztendlich sind Maßnahmen für den unmittelbaren Schutz der Person durchzusetzen, beispielsweise durch persönliche Schutzausrüstung (Bild 6.2).

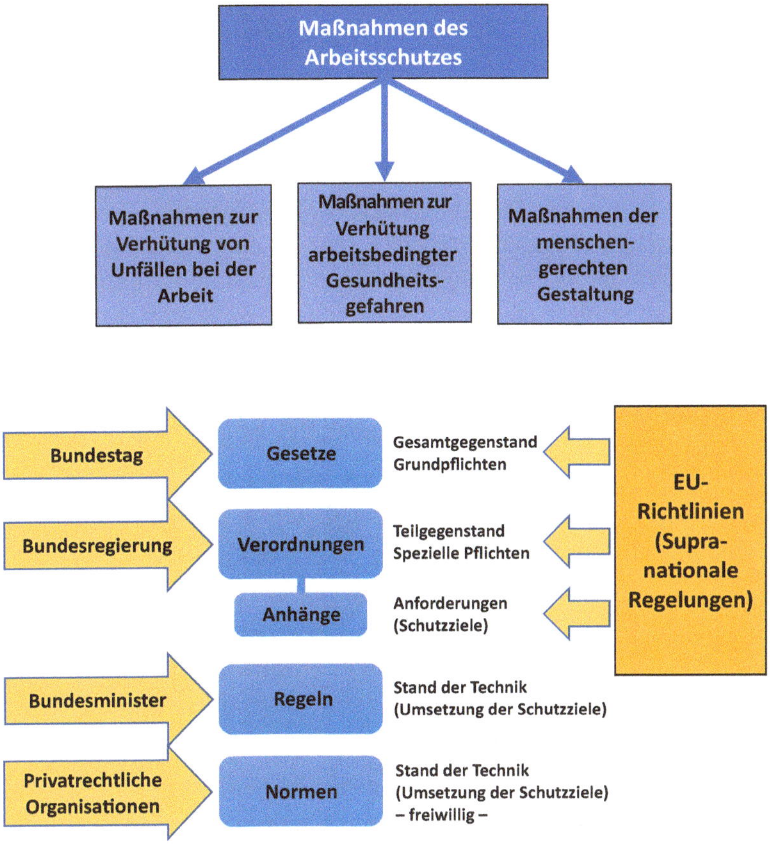


**Bild 6.2** Präventive und legislative Maßnahmen des Arbeitsschutzes [Web 81]

**Qualitative und quantitative Ziele eines Arbeitsschutzmanagementsystems [Sen 19]**

- Senkung der Unfallzahlen durch Systematisierung aller arbeitssicherheits- und gesundheitsschutzrelevanten Tätigkeiten
- Gewinnung von Rechtssicherheit durch konsequente Einhaltung aller relevanten rechtlichen Vorschriften
- Erhöhung der Identifikation und Motivation der Mitarbeitenden durch Einbindung aller Führungskräfte und Mitarbeitenden in die Prozesse des Arbeits- und Gesundheitsschutzes
- Stärkung des Images und der Wettbewerbsfähigkeit durch nachgewiesene verbesserte Arbeitsschutzleistungen

## 6.2 Begriffe zum Arbeits- und Gesundheitsschutz

Für die Verständigung im Arbeits- und Gesundheitsschutzmanagement sind **einheitliche Begriffe** wichtig:

- **Arbeitsplatz:** Ort, der sich in der Zuständigkeit der Organisation befindet, den eine Person aus beruflichen Gründen aufsuchen oder an dem sie sich aufhalten muss. Die Verantwortung der Organisation für den Arbeitsplatz im Rahmen des Arbeits- und Gesundheitsschutzmanagementsystems (A&GS) ist von ihrem Maß an Kontrolle über den Arbeitsplatz abhängig [Tei 18].
- **Arbeits- und Gesundheitsschutzchancen:** Umstand oder Reihe von Umständen, die zur Verbesserung der A&GS-Leistung führen können [Tei 18].
- **Arbeits- und Gesundheitsschutzleistung:** Leistung bezogen auf die Wirksamkeit bei der Vermeidung von Verletzung und/oder Krankheit von Beschäftigten sowie auf die Bereitstellung eines sicheren und gesunden Arbeitsplatzes [Tei 18].
- **Arbeits- und Gesundheitsschutzrisiko:** Kombination aus der Wahrscheinlichkeit des Eintretens eines arbeitsbezogenen gefährlichen Ereignisses oder einer Exposition dazu und der Schwere der Verletzung und/oder Krankheit, die durch das Ereignis oder die Exposition hervorgerufen werden kann [Tei 18].
- **Arbeits- und Gesundheitsschutzziel:** Ziel, das von der Organisation festgelegt wird, um spezifische Ergebnisse in Einklang mit der A&GS-Politik zu erreichen [Tei 18].
- **Ausgliedern:** Eine Vereinbarung treffen, bei der einer externe Organisation einen Teil der Funktion oder eines Prozesses einer Organisation wahrnimmt bzw. durchführt. Eine externe Organisation befindet sich außerhalb des Anwendungsbereichs des Managementsystems, obwohl die ausgegliederte Funktion oder der aus-

gegliederte Prozess innerhalb des Anwendungsbereichs liegt. Ein ausgegliederter Prozess wird als freiwillige, verbindliche Rechtsvereinbarung betrachtet, bei der eine externe Organisation einen Teil der Funktionen oder Prozesse der Organisation durchführt, die nicht von der Organisation selbst durchgeführt werden. [Tei 18]

- **Beschäftigter:** Person, die in Zuständigkeit der Organisation Arbeit oder arbeitsbezogene Tätigkeiten ausführt. Personen leisten Arbeit oder arbeitsbezogene Tätigkeiten im Rahmen unterschiedlicher Vereinbarungen: zum Beispiel bezahlt oder unbezahlt, regelmäßig oder vorübergehend, zeitweilig oder saisonal, gelegentlich oder auf Teilzeitbasis. Der Begriff Beschäftigte schließt die oberste Leitung sowie leitendes und nichtleitendes Personal ein. Die Arbeit oder die arbeitsbezogenen Tätigkeiten, die in der Zuständigkeit der Organisation ausgeführt werden, dürfen durch die bei der Organisation angestellten Beschäftigten oder andere Personen, einschließlich Beschäftigter von externen Anbietern, Auftragsnehmern, Einzelpersonen und Leihbeschäftigten, ausgeführt werden. [Tei 18]
- **Beteiligung:** Einbeziehung in die Entscheidungsfindung. Die Beteiligung umfasst das Einberufen von Arbeitsschutzgremien unter Einbeziehung der Vertreter der Beschäftigten, falls vorhanden [Tei 18].
- **Gefährdung:** Gefahren können Quellen, die potenziell Schäden hervorrufen, sowie gefährliche Situationen und Umstände, die potenziell zu Verletzung oder Krankheit führen, umfassen [Tei 18].
- **Gesetzliche Vorschriften und sonstige Anforderungen:** Rechtliche Verpflichtungen, die eine Organisation einhalten muss, und andere Anforderungen, die eine Organisation erfüllen muss oder zu deren Erfüllung sie sich entschließt. Relevant sind hier gesetzliche Vorschriften und sonstige Anforderungen, die für das A&GS-Managementsystem nötig sind. Sie dürfen die Festlegungen aus Tarifverträgen umfassen und auch jene, welche die Personen festlegen, die in Übereinstimmung mit Gesetzen, Vorschriften und gemeinsamen Vereinbarungen sowie in der Praxis als Vertreter der Beschäftigten fungieren. [Tei 18]
- **Konsultation:** Ansichten einholen, bevor eine Entscheidung getroffen wird. Die Konsultation umfasst das Einberufen von Arbeitsschutzgremien unter Einbeziehung der Vertreter der Beschäftigten, falls vorhanden [Tei 18].
- **Verfahren:** Festgelegte Art und Weise, eine Tätigkeit oder einen Prozess auszuführen. Die Verfahren können dokumentiert sein oder nicht [Tei 18].
- **Verletzung und/oder Krankheit:** Nachteilige Auswirkung auf den körperlichen, geistigen oder kognitiven Zustand einer Person. Diese nachteiligen Auswirkungen schließen arbeitsbedingte Krankheit, Erkrankungen oder den Tod ein [Tei 18].

- **Vorfall:** Vorkommnisse, die außerhalb oder innerhalb des Arbeitsablaufs auftreten und zur Verletzung und/oder Krankheit führen (könnten). Ein Vorfall, bei dem sich Menschen verletzen oder durch den sie krank werden, wird mitunter als „Unfall" bezeichnet. Ein Vorfall, der keine Verletzung und/oder Krankheit zur Folge hat, bei dem jedoch die Möglichkeit dazu besteht, darf als „Beinahe-Unfall" gelten. [Tei 18]

## 6.3 Anforderungen eines SGA-MS nach DIN EN ISO 45001

Die **Managementnorm DIN EN ISO 45001:2023** ist nach der **Harmonized Structure** aufgebaut [Nor 18b]. Das sichert eine gute Kompatibilität der Anforderungen des Arbeitsschutzmanagements mit der Leitnorm DIN EN ISO 9001, die ebenfalls nach der **Harmonized Structure** gegliedert ist. Dieser Aspekt **erleichtert wesentlich die Einführung und Zertifizierung von Integrierten Managementsystemen**. Damit ist die Nutzung von sehr umfangreichen Synergien beispielsweise bei Audits und bei der Zertifizierung möglich (Kapitel 13 und 14).

Die DIN EN ISO 45001 ist keine Arbeitsschutznorm. Sie soll keine konkreten Arbeitsschutzanforderungen regeln, wie sie etwa aus der Gesetzgebung oder den Vorschriften der Unfallversicherungsträger bekannt sind. [Mar 18] [Gra 16]

**Die DIN EN ISO 45001 ist eine Managementnorm zum Aufbau eines Systems in der Organisation/im Unternehmen, um den Arbeits- und Gesundheitsschutz zu organisieren und zu managen.**

**Eine Organisation/ein Unternehmen ist für die Gesundheit und Sicherheit ihrer Beschäftigten und anderer Personen in ihrer Zuständigkeit verantwortlich, die in ihrem Auftrag eine Tätigkeit verrichten, einschließlich Förderung und Schutz ihrer körperlichen und geistigen Gesundheit.**

Die Einführung eines Arbeitsschutzmanagementsystems (SGA-MS) kann es einer Organisation/einem Unternehmen ermöglichen, ihre Leistungen bezüglich der Gesundheit und Arbeitssicherheit zu verbessern sowie ihre Risiken zu beherrschen.

Die Umsetzung eines SGA-MS ist eine strategische und operative Entscheidung einer Organisation. Der Erfolg des SGA-MS ist abhängig von der Führung, Verpflichtung und Beteiligung sämtlicher Ebenen und Funktionen der Organisation. Der Nachweis der erfolgreichen Umsetzung dieser internationalen Norm kann von einer Organisation dazu verwendet werden, Beschäftigten und anderen interessierten Parteien zu versichern, dass ein wirksames Arbeits- und Gesundheitsschutzmanagementsystem vorhanden ist. [Sen 19]

Die Grundlage des in der DIN EN ISO 45001 angewendeten Arbeits- und Gesundheitsschutzmanagementsystems beruht auf dem PDCA-Konzept (Abschnitt 1.6), das Führung, Verpflichtung und die Beteiligung von Beschäftigten und, sofern vorhanden, deren Vertreter aus allen Ebenen und Funktionsbereichen der Organisation erfordert. Das PDCA-Modell ist ein iterativer Prozess, der von Organisationen verwendet wird, um eine fortlaufende Verbesserung zu erreichen.

**Die DIN EN ISO 45001 legt Anforderungen an das Arbeitsschutzmanagementsystem fest, mit Leitlinien zur Anwendung, um eine Organisation in die Lage zu versetzen, sichere und gesunde Arbeitsbedingungen für die Vermeidung von Arbeitsunfällen und arbeitsbedingte Erkrankungen bereitzustellen und um die Leistung ihres Arbeits- und Gesundheitsschutzmanagementsystems proaktiv zu verbessern.** Das schließt die Entwicklung und Umsetzung einer Politik für den Arbeits- und Gesundheitsschutz und die entsprechenden Managementsystemziele ein, die den relevanten gesetzlichen Vorschriften und sonstigen Anforderungen Rechnung tragen, denen die Organisation unterliegt.

Der Nutzen einer Implementierung eines SGA-MS kann wie folgt zusammengefasst werden [Sen 19]:

- Die Norm bietet Führungskräften einen systematischen Ansatz zur Bewertung von Risiken und Chancen im Arbeitsschutz, zur Überwachung und Überprüfung der Sicherheitsleistung und zur Festlegung von Zielen für die fortlaufende Verbesserung.
- Die Umsetzung ist eine Demonstration und Verpflichtung der Führungskräfte gegenüber internen und externen Interessengruppen (interessierten Parteien), die darauf abzielen, die Arbeitnehmer vor Unfällen einschließlich kurz- und langfristiger gesundheitlicher Auswirkungen zu schützen. Diese Verpflichtung gibt auch die Gewissheit, dass das Management die mit dem Unternehmen verbundenen Arbeitsschutzrisiken kontrolliert.
- Die Anwendung der Arbeitsschutznorm fördert die Beteiligung der Arbeitnehmer bei der Identifizierung von Gefahren, der Beseitigung oder der Verringerung von Risiken durch die Implementierung von Kontrollen, die mit anderen Geschäftsprozessen integriert sind. Dieser Ansatz kann die Sicherheitskultur verbessern, Risiken minimieren und bewährte Verfahren einbetten, was zu einer höheren Produktivität führt.
- Zusätzlich zu den internen Prozesskontrollen hat die Norm DIN EN ISO 45001 Anforderungen zur Beurteilung der Beschaffung von Produkten und Dienstleistungen festgelegt, die Einfluss auf die Arbeitssicherheit haben können. Solche Kontrollen ermöglichen es, dass sowohl das Arbeitsschutzrisiko reduziert wird als auch eine positive Sicherheitskultur gefördert wird, um das Unternehmen zu schützen.
- Die Norm bietet eine Struktur zur Überwachung und Überprüfung von Compliance-Verpflichtungen, um sicherzustellen, dass das Unternehmen einschließlich seiner Produkte und Dienstleistungen rechtskonform ist.

- Sowohl interne als auch externe Auditprogramme gewährleisten die Überprüfung und Wirksamkeit des SGA-MS einschließlich der Prozesse. Das Programm fördert die Kommunikation und Beteiligung der Arbeitnehmer durch die Identifizierung von Lücken, die zu einer fortlaufenden Verbesserung führen. [Nor 18b]
- Arbeitnehmer spielen eine aktive Rolle in Arbeitsschutzangelegenheiten und können ein positives Unternehmensimage als sicherer Arbeitsplatz zur Folge haben. Ergebnis sind hohe Mitarbeiterbindung, Motivation und höherer Produktivität.
- Die Umsetzung der Norm ist auch ein Zeichen dafür, dass das Unternehmen einen internationalen Standard-Benchmark erreicht hat, welcher sich positiv auf bestehende und potenzielle Kunden bei der Erfüllung ihrer eigenen sozialen Verantwortung auswirken kann [Ali 18].
- Die Implementierung der DIN EN ISO 45001 hat auch direkte Auswirkungen auf die Gesellschaft. Angesichts der zunehmenden Zahl international anerkannter Arbeitsschutzsysteme, die in den Betrieben umgesetzt werden, wird zukünftig die Zahl der Unfälle und Zwischenfälle und damit die Zahl der Störungen der betrieblichen Abläufe sinken. Folglich gibt es weniger Notfallbehandlungen am Arbeitsplatz oder im Krankenhaus und damit eine geringere Zahl langfristig betreuungsbedürftiger Personen, die aufgrund eines Arbeitsunfalls arbeitsunfähig geworden sind. [BSI 18]
- Die Abschnitte 0 bis 3 der DIN EN ISO 45001 geben grundsätzliche Erläuterungen zur Norm und deren Anwendung.
- Im Folgenden sind **wesentliche Anforderungen der DIN ISO 45001:2023** beschrieben, ergänzt um Hinweise aus der Praxis für die Umsetzung der Anforderungen.

## ISO-Kapitel 4 Kontext der Organisation

### ISO-Abschnitt 4.1 Verstehen der Organisation und ihres Kontextes

**Anforderungen nach DIN EN ISO 45001, Abschnitt 4.1**

Die Aufgabe der Organisation liegt darin, sowohl externe als auch interne Themen zu bestimmen, die für ihren Zweck von Bedeutung sind und sich auf ihre Fähigkeit auswirken können, die geplanten Ergebnisse ihres SGA-Managementsystems zu erreichen.

**Leitfrage:** Wurden interne und externe Themen, die das SGA-Management beeinflussen, bestimmt? [Wei 18]

Für Unternehmen, welche die ISO 9001:2015 bereits implementiert haben, sind die beiden Kapitel schon bekannt und idealerweise im Managementsystem integriert.

Neu und wichtig, speziell für Arbeit, Gesundheit und Sicherheit (AG&S), ist die Bestimmung von relevanten externen und internen Interessensgruppen und die Bestimmung von deren Erfordernissen und Erwartungen [Nor18b] [Nor 07a].

## ISO-Abschnitt 4.2 Verstehen der Erfordernisse und Erwartungen von Beschäftigten und anderen interessierten Parteien

**Anforderungen nach DIN EN ISO 45001, Abschnitt 4.2**

Die Organisation muss festlegen, wer neben den Mitarbeitenden noch als interessierte Parteien relevant für ihr SGA-Managementsystem sind. Zudem gilt es, die relevanten Anforderungen und Erwartungen der Mitarbeitenden und anderer interessierter Parteien zu identifizieren. Darüber hinaus ist zu klären, welche dieser Anforderungen und Erwartungen rechtliche Verpflichtungen oder potenzielle Anforderungen darstellen.

**Leitfrage:** Wurden die Vorstellungen und Ansprüche von externen und internen interessierten Parteien festgelegt und Regularien im Sinne von rechtlichen Verpflichtungen und anderen Anforderungen bestimmt? [Wei 18]

Für Unternehmen, welche die ISO 9001: 2015 bereits implementiert haben, sind die beiden Kapitel schon bekannt und idealerweise im Managementsystem integriert.

Neu und wichtig, speziell für das AG&S, ist die Bestimmung von relevanten externen und internen Interessensgruppen und die Bestimmung von deren Erfordernissen und Erwartungen [Nor 07a] [Nor 18b].

## ISO-Abschnitt 4.3 Festlegen des Anwendungsbereichs des SGA-Managementsystems

**Anforderungen nach DIN EN ISO 45001, Abschnitt 4.3**

Die Grenzen und die Anwendbarkeit ihres SGA-Managementsystems müssen die Organisation bestimmen, um den Umfang seiner Anwendungen festzulegen. Dabei sind externe und interne Themen, Anforderungen sowie arbeitsbezogene Tätigkeiten zu berücksichtigen. Das System sollte alle relevanten Tätigkeiten, Produkte und Dienstleistungen einschließen, die unter der Verantwortlichkeit der Organisation stehen und sich auf ihre Leistung auswirken können. Es ist erforderlich, dass der festgelegte Einsatzbereich als dokumentierte Information vorliegt.

**Leitfrage:** Hat die Organisation den Anwendungsbereich definiert und dokumentiert, indem Grenzen, interne Aspekte, externe Anforderungen, interessierte Parteien und Regularien beachtet wurden? [Wei 18]

### ISO-Abschnitt 4.4 SGA – Managementsystem

**Anforderungen nach DIN EN ISO 45001, Abschnitt 4.4**

Die Organisation ist verpflichtet, gemäß den Vorgaben dieses Dokuments ein SGA-Managementsystem zu etablieren, umzusetzen, aufrechtzuerhalten und kontinuierlich zu verbessern, einschließlich der erforderlichen Prozesse und ihrer Interaktionen.

**Leitfrage:** Wurde das SGA- Management aufgebaut und sind die Prozesse und ihre Abhängigkeiten im SGA-Management dargestellt? [Wei 18]

Um die beabsichtigten Ergebnisse erreichen zu können, müssen Unternehmen ihr integriertes SGA-Managementsystem aufbauen, verwirklichen, aufrechterhalten und fortlaufend verbessern, einschließlich der erforderlichen Prozesse und ihrer Wechselwirkungen. [Tei 18]

## ISO-Kapitel 5 Führung und Beteiligung der Beschäftigten

### ISO-Abschnitt 5.1 Führung und Verpflichtung

**Anforderungen nach DIN EN ISO 45001, Abschnitt 5.1**

Die Führungsebene ist im Zusammenhang mit dem SGA-Managementsystem verantwortlich für die Lenkung und Verpflichtungen. Sie muss sicherstellen, dass arbeitsbezogene Verletzungen und Erkrankungen verhindert sowie sichere Arbeitsplätze bereitgestellt werden. Die SGA-Politik und -Ziele sollten mit der strategischen Ausrichtung der Organisation übereinstimmen und in die Geschäftsprozesse integriert werden. Zudem müssen erforderliche Ressourcen bereitgestellt werden, um das SGA-Managementsystem effektiv umzusetzen.

Die oberste Leitung sollte eine Kultur fördern, die die beabsichtigten Ergebnisse des SGA-Managementsystems unterstützt und Beschäftigte ermutigt, Vorfälle, Gefahren und Chancen zu melden. Es ist auch entscheidend, Verfahren zur Beratung und Einbindung der Mitarbeitenden festzulegen und umzusetzen sowie beim Aufbau und der Funktionsweise von SGA-Gremien behilflich zu sein.

**Leitfragen:**

- Zeigt die oberste Leitung Verantwortung für SGA, SGA-MS, die Beschäftigten, Prozesse, Ressourcen und die Gremienbildung?
- Stehen ausreichend Ressourcen für das SGA-MS zur Verfügung? [Wei 18, S. 59]

In Abschnitt 5.1 des Anhangs 1 der Norm werden die erhöhten Anforderungen an die Führungsebene aufgezeigt. Führungspersonen sollen zum einen die Beteiligung und Einsichtnahme von Beschäftigten auf das SGA-Managementsystem fördern und zum anderen mehr Verantwortung übernehmen [Nor 07a] [Nor 18b].

## ISO-Abschnitt 5.2 SGA-Politik

**Anforderungen nach DIN EN ISO 45001, Abschnitt 5.2**

Die Führungsebene liegt in der Verantwortung, eine SGA-Politik festzulegen, umzusetzen und aufrechtzuerhalten, die sicherstellt, dass gute Arbeitsbedingungen gewährleistet sind, um arbeitsbedingte Verletzungen und Krankheiten zu verhindern.

Diese Politik sollte an die spezifischen SGA-Risiken und -Chancen der Organisation angepasst sein und eine fortlaufende Verbesserung des SGA-Managementsystems sowie die Einbeziehung der Beschäftigten und ihrer Vertreter beinhalten. Es ist erforderlich, dass die SGA-Politik schriftlich festgehalten, innerhalb des Unternehmens verbreitet und für relevante Interessengruppen zugänglich ist.

**Leitfrage:** Ist eine SGA-Politik definiert, wird diese verstanden und in Handeln umgesetzt und, falls notwendig, geändert? [Wei 18]

Die oberste Leitung muss innerhalb des festgelegten Anwendungsbereichs des Managementsystems eine Politik festlegen, verwirklichen und aufrechterhalten, die Ziele zum AG&S enthält [Tei 18].

Außerdem muss sichergestellt werden, dass die Organisation sichere und gesundheitsgerechte Arbeitsbedingungen zur Verfügung stellt, um Verletzungen zu vermeiden (siehe auch Abschnitte 5.1 und 7.3).

## ISO-Abschnitt 5.3 Rollen, Verantwortlichkeiten und Befugnisse in der Organisation

**Anforderungen nach DIN EN ISO 45001, Abschnitt 5.3**

Die Führungsebene muss sicherstellen, dass klare Rollen und Verantwortlichkeiten im SGA-Managementsystem definiert und auf allen Ebenen der Organisation bekannt gemacht werden. Alle Mitarbeitenden sind verpflichtet, die Verantwortung für die Belange des SGA-Managementsystems in ihrem jeweiligen Aufgabenbereich zu tragen. Die Führungsebene ist dafür zuständig sicherzustellen, dass das SGA-Managementsystem den Anforderungen entspricht und regelmäßig über die Leistung des Systems berichtet wird.

**Leitfragen:**

- Welche Verantwortlichkeiten und Befugnisse hat die oberste Leitung für relevante Rollen im SGA-MS zugewiesen, bekannt gemacht und dokumentiert?
- Übernehmen Beschäftigte aller Ebenen je nach Zuweisung Verantwortung für Beschäftigte und Themen im SGA MA? [Wei 18]

Dieser Abschnitt informiert über die Aufgaben der Verantwortlichen in der Organisation für die Entwicklung des integrierten Managementsystems und für die strategische Planung. Hierbei müssen die Führungskräfte die genauen Verantwortlichkeiten und Befugnisse (zum Beispiel: Aufgaben, Kontrollbereich, Informationspflicht oder Grenzen) definieren.

## ISO-Abschnitt 5.4 Konsultation und Beteiligung der Beschäftigten

**Anforderungen nach DIN EN ISO 45001, Abschnitt 5.4**

Die Organisation muss Mechanismen schaffen, um sicherzustellen, dass Mitarbeitende aller relevanten Ebenen und Funktionsbereiche sowie gegebenenfalls Vertreter der Beschäftigten aktiv in die Entwicklung, Planung, Umsetzung und Bewertung des SGA-Managementsystems eingebunden werden. Dazu gehört die Bereitstellung von Werkzeugen, Zeit, Schulungen und Ressourcen für die Einbindung und Beratung, den Zugang zu klaren Informationen über das System, die Identifizierung und Beseitigung von Barrieren für die Teilnahme sowie die Fokussierung auf die Integration von Mitarbeitenden ohne Führungsposition in verschiedenen Bereichen.

**Leitfragen:**

- Ist ein Prozess zur Konsultation und Beteiligung der Beschäftigten definiert?
- Stehen Ressourcen zur Verfügung und werden von den Beschäftigten zu allen wesentlichen Aspekten des SGA-MS (Politik, Ziele, Rollen und Erfüllung rechtlicher Verpflichtungen, Ermittlung und Bewertung von Risiken, Maßnahmen zur Risikominimierung usw.) Ansichten eingeholt oder werden die Beschäftigten vor der Entscheidungsfindung einbezogen?
- Stehen Ressourcen (Instrumente, Zeit) zur Verfügung, ist Zugang zu Information gegeben und werden Barrieren auf ein Höchstmaß beschränkt? [Wei 18]

Normabschnitt 5.4 „Konsultation und Beteiligung der Beschäftigten" wurde erheblich verstärkt, um die Beteiligung der Arbeitnehmer, ihr Engagement sowie ihre Kommunikation zu erfassen und zu fördern. Die Beteiligung von nichtleitenden Mitarbeitenden am Arbeits- und Gesundheitsschutz wird erhöht. So werden diese bei Vorfalluntersuchungen, Risikobewertungen, Kontroll- und Überwachungstätigkeiten und der internen Auditierung mit einbezogen [Nor 07a] [Norb18b].

„Es ist bekannt, dass die Beschäftigten ihren Arbeitsplatz, ihr Arbeitssystem und damit die SGA-Risiken und Chancen am besten kennen und passende Hinweise und Vorschläge zur Reduzierung von SGA-Risiken und zur Erhöhung von SGA-Chancen geben können." [Wei 18]

# ISO-Kapitel 6 Planung

## ISO-Abschnitt 6.1 Maßnahmen zum Umgang mit Risiken und Chancen

### Allgemeines

**Anforderungen nach DIN EN ISO 45001, Abschnitt 6.1.1**

Bei der Entwicklung des SGA-Managementsystems muss die Organisation die relevanten Aspekte des Kontexts, die Anforderungen der beteiligten Parteien und den Anwendungsbereich des Systems beachten. Es ist wichtig, Risiken und Chancen zu erkennen, um sicherzustellen, dass das System seine Ziele erreichen kann, unerwünschte Folgen zu verhindern oder zu minimieren und kontinuierliche Verbesserungen zu erzielen.

Bei der Planung müssen die Gefährdungen, SGA-Risiken und -chancen, rechtlichen Verpflichtungen sowie andere Risiken und Möglichkeiten berücksichtigt werden. Von Bedeutung ist, dass Risiken und Chancen im Zusammenhang mit geplanten Änderungen zu bewerten sind, bevor diese umgesetzt werden. Damit sichergestellt ist, dass die Maßnahmen zur Bewältigung von Risiken und Chancen ordnungsgemäß umgesetzt werden können, ist es erforderlich, die dokumentierten Informationen über diese Aspekte aufrechtzuerhalten.

**Leitfrage:** Hat die Organisation bei der Gestaltung des SGA-MS und bei Änderungen (Struktur, Prozesse, Material oder Regularien) die Umgebungsbedingungen berücksichtigt? [Wei 18]

Maßnahmen zum Umgang mit Chancen und Risiken, welche in der Klausel 6.1 erfasst sind, wurden durch die Umstellung ebenfalls erheblich verschärft. Die Identifizierung, die Dokumentation und der Umgang mit Chancen und Risiken werden in diesem Abschnitt genauer definiert. Erstmalig wird auch die gesonderte Betrachtung von Chancen gefordert. Ebenfalls sollen die verantwortlichen Personen besser auf Notfallsituationen reagieren können, zudem soll eine größere Transparenz mit rechtlichen Verpflichtungen geschaffen werden [Nor 07a] [Nor 18b].

## Ermittlungen von Gefährdungen

**Anforderungen nach DIN EN ISO 45001, Abschnitt 6.1.2.1**

Um Risiken frühzeitig zu erkennen und angemessen zu handhaben, muss die Organisation fortlaufende vorausschauende Verfahren einführen, um Gefährdungen zu identifizieren und zu beseitigen. Bei der Gestaltung dieser Verfahren sollten verschiedene Aspekte berücksichtigt werden, darunter die Arbeitsorganisation, soziale Faktoren, alltägliche und nicht alltägliche Tätigkeiten und Situationen, vergangene Ereignisse, die von Bedeutung sind, potenzielle Notfallsituationen, Personen im Arbeitsumfeld sowie andere relevante Themen.

Von Bedeutung ist auch, dass tatsächliche oder vorgeschlagene Änderungen in der Organisation und im SGA-Managementsystem sowie Veränderungen im Wissen über Gefährdungen zu berücksichtigen sind.

**Leitfrage:** Wird ein Prozess für das fortlaufende, proaktive und reaktive Ermitteln und Bewerten von SGA-Risiken und SGA-Chancen definiert, umgesetzt, weiterentwickelt und in die Geschäftsprozesse integriert? [Wei 18]

Gefährdungen im gesamten Arbeitssystem sind proaktiv zu identifizieren. Bei der Identifizierung müssen soziale, psychische, physische und physikalische Faktoren beachtet werden. Die Ermittlung der Gefährdung muss bereits vor der Inbetriebnahme, besser schon bei der Gestaltung des Arbeitsplatzes, der Arbeitsmittel und der Arbeitsorganisation, umgesetzt werden.

## Bewertung von SGA-Risiken und andere Risiken für das SGA-Managementsystem

**Anforderungen nach DIN EN ISO 45001, Abschnitt 6.1.2.2**

Um sicherzustellen, dass das SGA-Risikomanagement effektiv ist, muss die Organisation Prozesse etablieren, um Risiken zu bewerten und zu überwachen. Dies beinhaltet die Evaluierung von Gefährdungen sowie anderen Risiken im Zusammenhang mit dem SGA-Management. Es ist wichtig, klare Methoden und Kriterien für die Risikobewertung festzulegen, um sicherzustellen, dass sie aktiv angewendet werden und dokumentierte Informationen darüber aufbewahrt werden.

**Leitfrage:** Wird ein Prozess für das fortlaufende, insbesondere proaktive Bewerten von SGA-Risiken und anderen Risiken für das SGA-MS definiert, umgesetzt und weiterentwickelt? [Wei 18]

Die Notwendigkeit der Bewertung von Risiken ergibt sich bereits aus Rechtsvorschriften (z. B. ArbSchG).

### Bewertung von SGA-Chancen und anderen Chancen für das SGA-Managementsystem

**Anforderungen nach DIN EN ISO 45001, Abschnitt 6.1.2.3**

Um die Leistung des SGA zu verbessern, muss die Organisation Verfahren etablieren, um Chancen zu identifizieren und zu bewerten. Dazu gehört die Anpassung der Arbeitsabläufe, -struktur und -umgebung an die Mitarbeitenden sowie die Minimierung von Gefahren und Risiken im SGA-System. Außerdem sollten auch andere Möglichkeiten zur Verbesserung des SGA-Managementsystems erschlossen werden.

**Leitfrage:** Wird ein Prozess für das Bewerten von SGA-Chancen und anderen Chancen für das SGA-MS definiert, umgesetzt und weiterentwickelt, insbesondere bei Veränderungen? [Wei 18]

Damit die SGA-Leistung verbessert werden kann, muss die Organisation einen Prozess definieren, umsetzen und ggf. weiterentwickeln, um Chancen identifizieren und bewerten zu können.

Hierfür eignet sich beispielsweise die Probability and Impact Matrix.

### Bestimmungen rechtlicher Verpflichtungen und anderer Anforderungen

**Anforderungen nach DIN EN ISO 45001, Abschnitt 6.1.3**

Die Organisation muss klare Verfahren einführen, um die aktuellen gesetzlichen Bedingungen und anderen Anforderungen in Bezug auf Gefährdung, SGA-Risiken und das SGA-Managementsystem zu erkennen und darauf zuzugreifen. Es ist ebenso wichtig sicherzustellen, dass während das SGA-Managementsystem entwickelt, implementiert, aufrechterhalten und verbessert wird, diese Vorschriften berücksichtigt werden. Die Organisation muss dokumentierte Informationen über diese gesetzlichen Bedingungen und Anforderungen pflegen und sicherstellen, dass sie regelmäßig aktualisiert werden, um etwaige Änderungen widerzuspiegeln.

**Leitfrage:** Gibt es einen Prozess bezüglich der Bestimmung, Umsetzung und Kommunikation rechtlicher Vorschriften und andere Anforderungen? [Wei 18]

„In Deutschland gilt der duale Arbeitsschutz. Das heißt, sowohl der Staat als auch die Unfallversicherungsträger (aufgrund des Subsidiaritätsprinzips) kümmern sich um die Sicherheit und Gesundheit bei der Arbeit (SGA) und haben gesetzlich geregelte Aufgaben“ [Wei 18].

### Planung von Maßnahmen

**Anforderungen nach DIN EN ISO 45001, Abschnitt 6.1.4**

Bei der Planung müssen Maßnahmen definiert werden, um Risiken und Chancen zu managen, gesetzliche Verpflichtungen zu erfüllen und auf Notfälle vorbereitet zu sein. Es ist wichtig zu analysieren, wie diese Maßnahmen in die Prozesse des SGA-Managementsystems oder andere betriebliche Prozesse integriert und überprüft werden. Die Organisation sollte bei der Planung ihrer Maßnahmen die Hierarchie dieser Methoden und die Resultate des SGA-Managementsystems in Betracht ziehen, ebenso wie bewährte Praktiken, technologische Optionen und finanzielle Gesichtspunkte berücksichtigen.

**Leitfrage:** Hat die Organisation Maßnahmen geplant, um die SGA-Leistung und das SGA-MS zu verbessern? [Wei 18]

Sind die Chancen und Risiken identifiziert und bewertet, müssen die Planung und die Umsetzung von Maßnahmen erfolgen. Hierbei gilt es, die Gesetze und Regularien (insbesondere der SGA) zu berücksichtigen, für die ebenfalls Maßnahmen geplant und umgesetzt werden müssen.

## ISO-Abschnitt 6.2 SGA-Ziele und Planung zu deren Erreichung

### SGA-Ziele

**Anforderungen nach DIN EN ISO 45001, Abschnitt 6.2.1**

Um die Effektivität des SGA-Managementsystems und dessen Leistung kontinuierlich zu verbessern, muss die Organisation klare Ziele für relevante Funktionen und Ebenen festlegen. Diese Ziele müssen mit der SGA-Politik übereinstimmen, messbar sein und verschiedene Aspekte berücksichtigen. Beispielsweise sind anwendbare Anforderungen, Risiko- und Chancenbewertung sowie Mitarbeiterkonsultationen zu beachten. Es ist wichtig, dass die Ziele überwacht, kommuniziert und bei Bedarf aktualisiert werden.

**Leitfrage:** Hat die Organisation SGA-Ziele festgelegt? [Wei 18]

Die Festlegung von Zielen ist für das AG&MS von essenzieller Bedeutung. Der PDCA-Zyklus (Buchkapitel 1) bezieht sich hierbei sowohl bei „PLAN" als auch bei „CHECK" auf diese Ziele. Ziele sollten dabei smart (spezifisch, messbar, attraktiv, realistisch und terminiert) formuliert werden [Brü 16].

Wichtig ist, dass die Führungsebene bei der Zielsetzung interne und externe Experten sowie die Beschäftigten mit einbezieht. Außerdem müssen die rechtlichen Verpflichtungen und deren Anforderungen sowie die Risiken und Chancen für die Organisation des AG&S berücksichtigt werden.

### Planung zur Erreichung der SGA-Ziele

**Anforderungen nach DIN EN ISO 45001, Abschnitt 6.2.2**

Um die SGA-Ziele umzusetzen, muss die Organisation festlegen, welche Maßnahmen ergriffen werden, welche Ressourcen benötigt werden, wer die Verantwortung trägt, wann die Maßnahmen abgeschlossen sein sollen und wie die Ergebnisse bewertet werden. Es ist wichtig, dass die Schritte zur Erreichung der SGA-Ziele in die Arbeitsprozesse der Organisation integriert werden. Außerdem muss die Organisation dokumentierte Informationen zu den SGA-Zielen und Plänen zur Zielerreichung aufbewahren und pflegen.

**Leitfrage:** Hat die Organisation geplant, wie diese Ziele erreicht werden, und genügend Ressourcen zum Erreichen der Ziele bereitgestellt? [Wei 18]

In diesem Abschnitt wird der Zusammenhang zwischen einer sorgfältigen Planung und der Zielerreichung der AG&S-Ziele verdeutlicht. Kapazitäten, Ressourcen und Verantwortlichkeiten müssen im Vorfeld definiert und zur Verfügung gestellt werden, damit die Zielerreichung gelingt.

## ISO-Kapitel 7 Unterstützung

### ISO-Abschnitt 7.1 Ressourcen

**Anforderungen nach DIN EN ISO 45001, Abschnitt 7.1**

Um das SGA-Managementsystem aufzubauen, umzusetzen, aufrechtzuerhalten und kontinuierlich zu verbessern, muss die Organisation sicherstellen, dass die notwendigen Ressourcen identifiziert und bereitgestellt werden.

**Leitfrage:** Welche Ressourcen sind für das SGA-MS notwendig und bereitzustellen? [Wei 18]

Im Vorfeld muss geklärt werden, welche Ressourcen für den Aufbau, die anschließende Umsetzung, die Aufrechterhaltung und die fortlaufende Verbesserung des Managementsystems notwendig sind. Neben der Bereitstellung von finanziellen und materiellen Mitteln, müssen die erforderlichen Ressourcen, Zeit, Infrastruktur, Kompetenz und Bewusstsein für alle betroffenen Personen sowie die Kommunikation nach innen und außen geregelt sein.

## ISO-Abschnitt 7.2 Kompetenz

**Anforderungen nach DIN EN ISO 45001, Abschnitt 7.2**

Es ist wichtig, dass die Organisation sicherstellt, dass ihre Mitarbeitenden die erforderlichen Kompetenzen besitzen, um die SGA-Leistung zu beeinflussen. Dazu gehören angemessene Ausbildung, Schulung und Erfahrung, einschließlich der Fähigkeit, Gefahren zu erkennen. Falls notwendig, sollten Schritte ergriffen werden, um die notwendige Kompetenz zu erlangen und aufrechtzuerhalten. Zudem ist wichtig, geeignete dokumentierte Nachweise der Kompetenz aufzubewahren.

**Leitfrage:** Haben alle Beschäftigten die notwendigen Kompetenzen, um die SGA-Leistung zu erreichen? [Wei 18]

## ISO-Abschnitt 7.3 Bewusstsein

**Anforderungen nach DIN EN ISO 45001, Abschnitt 7.3**

Es ist wichtig, dass den Mitarbeitenden bewusst ist, welche Bedeutung die SGA-Politik und -Ziele haben und wie ihr Beitrag zur Effektivität des SGA-Managementsystems sowie zu den Vorteilen einer gesteigerten SGA-Leistung aussieht. Sie sollten ebenso über die Konsequenzen informiert werden, wenn die Anforderungen des Systems nicht erfüllt werden. Mitarbeitende sollten auch über wichtige Vorfälle, Untersuchungsergebnisse, Gefährdungen, Risiken und Maßnahmen informiert sein. Außerdem müssen sie wissen, dass sie sich aus gefährlichen Arbeitssituationen zurückziehen müssen und dabei vor unzulässigen Konsequenzen geschützt sind.

**Leitfrage:** Haben Beschäftigte das Bewusstsein, sich sicher, gesund und managementsystemkonform zu verhalten? [Wei 18]

Normabschnitt 7.3 beschreibt das Bewusstsein jedes Mitarbeitenden, sich sicher und gesund, unter Beachtung von sicherheits- und gesundheitstechnischen Aspekten, zu verhalten. Dabei müssen die betroffenen Personen über ihr Handeln, Nicht- oder Fehlverhalten und dessen Auswirkungen auf die Umwelt und auf sich selbst im Klaren sein.

Dazu müssen den Beschäftigten die SGA-Politik, -Ziele, -Risiken, -Chancen und die damit verbundenen Maßnahmen bekannt sein.

## ISO-Abschnitt 7.4 Kommunikation

### Allgemeines

**Anforderungen nach DIN EN ISO 45001, Abschnitt 7.4.1**

Es ist erforderlich, dass die Organisation Verfahren für die interne und externe Kommunikation im Zusammenhang mit dem SGA-Managementsystem entwickelt, implementiert und aufrechterhält. Dies beinhaltet die Festlegung von Themen, Zeitpunkten, Kommunikationspartnern und Methoden der Kommunikation. Dabei sollten Diversitätsaspekte wie Geschlecht, Sprache, Kultur und Fähigkeiten berücksichtigt werden. Externe Interessengruppen sollten in die Gestaltung der Kommunikationsprozesse einbezogen werden.

Von Bedeutung ist auch, dass die Organisation sicherstellt, dass ihre Kommunikation den gesetzlichen Vorgaben entspricht und mit den im SGA-Managementsystem generierten Informationen übereinstimmt. Zudem muss auf wichtige Rückmeldungen zum SGA-Managementsystem reagiert und dokumentierte Nachweise für die Kommunikation aufbewahrt werden.

**Leitfrage:** Wie ist der Kommunikationsprozess gestaltet, auch hinsichtlich interner und externer Kommunikation? [Wei 18]

Eine weitere neue Anforderung ist es, sicherzustellen, dass die Kommunikationsprozesse die Möglichkeit gewährleisten, dass Arbeitnehmer einen Beitrag zur Entwicklung der fortlaufenden Verbesserung leisten können. Die Klausel 7.4 „Kommunikation" fügt die Anforderung hinzu, zu prüfen, was und warum kommuniziert werden muss und ob die Kommunikation erfolgreich war. Außerdem muss geprüft werden, ob ein Verfahren für die externe Kommunikation definiert ist. [Nor 07a] [Nor 18b]

Bei Schulungen, Bewusstseinsbildung, Kompetenzvermittlung, Konsultation und Beteiligung von Beschäftigten, Risiken-, Vorfall- oder Nichtkonformitätsanalysen ist die Zwei-Wege-Kommunikation notwendig: Empfänger werden zu Sendern und umgekehrt. Hierbei ist es sehr wichtig, Informationen über die entsprechenden Themen und die jeweilige Zielgruppe einzuholen.

### Interne Kommunikation

**Anforderungen nach DIN EN ISO 45001, Abschnitt 7.4.2**

Es ist wichtig, dass die Organisation sicherstellt, dass sie relevante Informationen über das SGA-Managementsystem und eventuelle Änderungen angemessen zwischen den verschiedenen Ebenen und Funktionen kommuniziert. Ebenso von Bedeutung ist, dass die Kommunikationsprozesse es den Mitarbeitenden ermöglichen, aktiv zur fortlaufenden Verbesserung beizutragen.

### Externe Kommunikation

**Anforderungen nach DIN EN ISO 45001, Abschnitt 7.4.3**

Es ist wichtig, dass die Organisation relevante Informationen bezüglich des SGA-Managementsystems gemäß den festgelegten Kommunikationsprozessen nach außen kommuniziert und dabei ihre gesetzlichen Verpflichtungen sowie andere Anforderungen berücksichtigt.

## ISO-Abschnitt 7.5 Dokumentierte Information

### Allgemeines

**Anforderungen nach DIN EN ISO 45001, Abschnitt 7.5.1**

Die Organisation muss sicherstellen, dass alle erforderlichen dokumentierten Informationen im SGA-Managementsystem enthalten sind, sowie zusätzliche Dokumentationen, die für die Effektivität des Systems als notwendig erachtet werden.

**Leitfrage:** Werden die für das SGA-MS notwendigen dokumentierten Informationen gelenkt, geschützt und haben diese ein angemessenes Format? [Wei 18]

In Tabelle 6.1 sind die geforderten Dokumente der Norm DIN EN ISO 45001 enthalten. Die Formate und Medien für alle dokumentierten Informationen müssen von der Organisation festgelegt werden und mindestens folgende Aspekte berücksichtigen:

- Name des Dokuments
- Autor (freigegeben von und genehmigt von)
- Datum (freigegeben am)
- Revisionsstand

### Erstellen und Aktualisieren

**Anforderungen nach DIN EN ISO 45001, Abschnitt 7.5.2**

Die Organisation muss sicherstellen, dass dokumentierte Informationen angemessen gekennzeichnet und beschrieben sind. Um ihre Eignung zu gewährleisten, müssen sie das passende Format und Medium haben sowie einer Überprüfung und Genehmigung unterzogen werden.

### Lenkung dokumentierter Information

**Anforderungen nach DIN EN ISO 45001, Abschnitt 7.5.3**

Um die geforderte dokumentierte Information für das SGA-Managementsystem zu lenken, muss die Organisation sicherstellen, dass sie verfügbar ist, wenn benötigt und angemessen geschützt wird. Dazu zählen Schritte wie Verteilung, Zugriffskontrolle, Speicherung und Überwachung von Änderungen. Extern dokumentierte Informationen müssen, wenn sie für das System wichtig sind, auch gekennzeichnet und gelenkt werden.

# ISO-Kapitel 8 Betrieb

## ISO-Abschnitt 8.1 Betriebliche Planung und Steuerung

### Allgemeines

**Anforderungen nach DIN EN ISO 45001, Abschnitt 8.1.1**

Um die Vorgaben des SGA-Managementsystems zu erfüllen und die notwendigen Schritte gemäß Normabschnitt 6 umzusetzen, ist es wichtig, dass die Organisation die Prozesse plant, durchführt, steuert und aufrechterhält. Dies beinhaltet die Festlegung von Kriterien für die Prozesse, die Kontrolle entsprechend dieser Kriterien, die Aufrechterhaltung von dokumentierten Informationen und die Anpassung der Arbeit an die Mitarbeitenden. In Arbeitsumgebungen mit mehreren Vorgesetzten ist es wichtig, dass die Organisation mit anderen Organisationen zusammenarbeitet, um maßgebliche Teile des SGA-Managementsystems zu koordinieren.

**Leitfrage:** Gibt es Prozesse zur Umsetzung von Maßnahmen zur Beseitigung von Gefahren und Verringerung der SGA-Risiken? [Wei 18]

In dem Normabschnitt „Betriebliche Planung und Steuerung" werden zusätzliche Anforderungen an die operative Planung und Kontrolle gestellt. So sollen an Arbeitsplätzen mit mehreren Arbeitgebern das leitende Unternehmen die Koordination der relevanten Teile des Arbeitsschutzmanagementsystems mit den anderen Organisationen im Unternehmen abstimmen.

Hierbei empfiehlt C. Weigl, ein Lieferantenverzeichnis zu führen. In diesem können alle relevanten Daten gesammelt und für weitere Schritte gespeichert werden. Mithilfe eines Ergebnisprotokolls kann die Wirksamkeit der Koordination und Zusammenarbeit festgehalten werden [Wei 18].

Neben der Planung muss auch eine Steuerung der Prozesse und der definierten Aufgaben erfolgen.

Die Durchführung von Maßnahmen sowie deren Umsetzung und Kontrolle ist im Prozess „Gefährdungsbeurteilung und Beurteilung von Chancen" definiert. Des Weiteren werden die Maßnahmen im Maßnahmenplan verfolgt und in Bezug zu den SGA-Zielen gesetzt.

## Gefahren beseitigen und SGA-Risiken verringern

**Anforderungen nach DIN EN ISO 45001, Abschnitt 8.1.2**

Um Gefahren zu beseitigen und SGA-Risiken zu reduzieren, muss die Organisation Prozesse festlegen, umsetzen und aufrechterhalten. Dabei setzt die Organisation auf eine Abfolge von Maßnahmen, die das Entfernen von Gefahren umfasst, den Ersatz durch weniger riskanter Arbeitsprozesse oder -stoffe, die Implementierung technischer Veränderungen, administrative Schritte wie Schulungen und die Nutzung persönlicher Schutzausrüstung.

## Änderungsmanagement

**Anforderungen nach DIN EN ISO 45001, Abschnitt 8.1.3**

Um die SGA-Leistung zu beeinflussen, muss die Organisation Prozesse einführen, um geplante Änderungen zu implementieren und zu überwachen. Dies beinhaltet neue Produkte, Dienstleistungen und Arbeitsprozesse sowie Anpassungen an bestehenden Elementen wie Arbeitsplatzstandorten, Arbeitsumgebungen, Arbeitsorganisation, Arbeitsbedingungen, Arbeitsmitteln und Arbeitskräften. Außerdem sind Anpassungen an gesetzlichen Verpflichtungen, Wissens- und Informationsänderungen bezüglich Gefahren und SGA-Risiken sowie Fortschritte in Wissen und Technologie einzubeziehen.

Wichtig ist es, die Konsequenzen unbeabsichtigter Änderungen zu bewerten und geeignete Verfahren zu ergreifen, um negative Auswirkungen zu minimieren.

**Leitfrage:** Gibt es bei geplanten und unbeabsichtigten Änderungen Prozesse zur Planung und Umsetzung von Maßnahmen? [Wei18]

Veränderungen sind in der heutigen Arbeitswelt allgegenwärtig. „Der Wechsel allein ist das Beständige.“ [Sch 07]. Das erkannten bereits Philosophen in der Antike, dies gilt auch noch in der heutigen Zeit.

Diese Änderungen stellen Unternehmen immer wieder vor neue Herausforderungen, weil mit den Änderungen auch neue (SGA-)Risiken und (SGA-)Chancen entstehen. Diese können sich durch neue Arbeitsmittel, Arbeitsverfahren und/oder neue Materialien ergeben.

Folglich muss das SGA-Management fortlaufend neue Prozesse formulieren oder Prozesse anpassen, um diesen Veränderungen gerecht zu werden. Dabei ist es wichtig, dass Risiken und Chancen sofort erkannt werden, um potenzielle Schäden zu minimieren und Gewinne zu maximieren.

Das Änderungsmanagement fordert im Arbeits- und Gesundheitsmanagement Prozesse zur Umsetzung und Steuerung geplanter, vorübergehender und dauerhafter Änderungen.

## Beschaffung

- **Allgemeines**

**Anforderungen nach DIN EN ISO 45001, Abschnitt 8.1.4.1**

Um sicherzustellen, dass Produkte und Dienstleistungen den Anforderungen des SGA-Managementsystems entsprechen, muss die Organisation Prozesse zur Steuerung ihrer Beschaffung festlegen, implementieren und aufrechterhalten.

**Leitfrage:** Hat die Organisation einen Prozess zur Beschaffung (Produktion, Dienstleistungen und/oder Subunternehmer) festgelegt und sind Kriterien bezüglich SGA bei der Beschaffung bestimmt? [Wei 18]

In der Klausel 8.1.4 „Beschaffung" müssen im Rahmen des Einkaufsprozesses die Auswirkungen auf den Arbeitsschutz kontrolliert werden. Hierbei wird ein Prozess gefordert, welcher mit den Auftragnehmern abgestimmt ist, um Gefährdungen zu identifizieren, zu bewerten und die SGA-Risiken zu steuern [Nor 07a] [Nor 18b].

Dabei können verschiedene Einwirkungsmöglichkeiten unterschieden werden wie beispielsweise: [Wei 18]

- Dienstleistungen von Beratungsunternehmen (z. B. Umgestaltung von Prozessabläufen)
- Andere Arbeitgeber/Fremdfirmen, die zum Beispiel Maschinen reparieren oder reinigen
- Beschäftigung von Leiharbeitern auf ungewisse Zeit
- Besucher, welche Einfluss auf das bestehende System haben (z. B. ein Gabelstaplerfahrer fährt um eine Besuchergruppe herum)

- **Auftragnehmer**

**Anforderungen nach DIN EN ISO 45001, Abschnitt 8.1.4.2**

Um Gefahren und SGA-Risiken zu erkennen, muss die Organisation mit ihren Auftragnehmern zusammenarbeiten und deren Tätigkeiten koordinieren. Dies bezieht sich auf die Auswirkungen der Auftragnehmer auf die Organisation, die Auswirkungen der Organisation auf die Mitarbeitenden der Auftragnehmer sowie die Auswirkungen der Auftragnehmer auf andere Interessengruppen am Arbeitsplatz. Es muss sichergestellt werden, dass die Anforderungen des SGA-Managementsystems von den Auftragnehmern und deren Mitarbeitenden erfüllt werden. In den Beschaffungsprozessen der Organisation müssen Sicherheits- und Gesundheitskriterien für die Auswahl der Auftragnehmer festgelegt und angewendet werden.

- **Ausgliederung**

**Anforderungen nach DIN EN ISO 45001, Abschnitt 8.1.4.3**

Es ist erforderlich, dass die Organisation die Kontrolle über ausgelagerte Funktionen und Prozesse behält. Dabei müssen die Regelungen zur Auslagerung im Einklang mit den gesetzlichen Verpflichtungen, anderen Anforderungen und den angestrebten Zielen des SGA-Managementsystems stehen. Die Organisation muss im SGA-Managementsystem festlegen, wie diese Funktionen und Prozesse kontrolliert werden.

### ISO-Abschnitt 8.2 Notfallplanung und Reaktion

**Anforderungen nach DIN EN ISO 45001, Abschnitt 8.2**

Die Organisation muss angemessene Verfahren etablieren, um auf potenzielle Notfallsituationen vorbereitet zu sein um entsprechend reagieren zu können. Dies beinhaltet die Planung und Schulung für den Umgang mit Notfällen, regelmäßige Überprüfung und Übung der Reaktionsfähigkeit sowie Anpassung der Pläne bei Bedarf. Es muss darauf geachtet werden, dass alle Mitarbeitenden über ihre Pflichten und Verantwortlichkeiten informiert werden und auch Auftragnehmer, Besucher, Notfalldienste, Behörden und die Gemeinde einbezogen werden. Die Organisation muss dokumentierte Informationen zu den Verfahren und Notfallplänen aufrechterhalten und archivieren.

**Leitfrage:** Gibt es eine sinnvolle Verhaltensanweisung für die Vorbereitung und Reaktion auf mögliche Notfallsituationen? [Wei 18]

Es muss ein Prozess etabliert werden, durch den mögliche Notfallsituationen vorab ermittelt und Reaktionen der Organisation in Notfallsituationen festgelegt werden. Angestellte müssen informiert werden und in der Praxis regelmäßig Notfallsituationen üben.

## ISO-Kapitel 9 Bewertung der Leistung

### ISO-Abschnitt 9.1 Überwachung, Messung, Analyse und Leistungsbewertung

#### Allgemeines

**Anforderungen nach DIN EN ISO 45001, Abschnitt 9.1.1**

Um die Leistung zu bewerten und das SGA-Managementsystem effektiv zu führen, muss die Organisation Prozesse zur Überwachung, Messung, Analyse und Bewertung festlegen. Das umfasst, was überwacht und gemessen werden muss, die Methoden zur Sicherstellung gültiger Ergebnisse, die Kriterien zur Beurteilung der SGA-Leistung, den Zeitpunkt für die Durchführung von Überwachung und Messung sowie den Zeitpunkt für die Analyse, Bewertung und Kommunikation der Ergebnisse. Die Organisation muss darauf achten, dass Überwachungs- und Messgeräte angemessen kalibriert oder geprüft werden und ordnungsgemäß benutzt und gewartet werden.

Es ist wichtig, dass dokumentierte Informationen als Nachweis aufbewahrt werden, um die Ergebnisse der Überwachung, Messung, Analyse und Bewertung sowie die Wartung und Kalibrierung der Messgeräte nachzuweisen.

**Leitfrage:** Gibt es einen Prozess zur Überwachung, Messung und Bewertung der SGA-Leistungen? [Wei 18]

Damit das SGA-MS auf Funktion und Sinnhaftigkeit kontrolliert und überwacht werden kann, muss ein Prozess definiert werden, welcher prüft, ob die Ziele der Organisation fortlaufend erreicht werden können und ob die verwendeten Messmethoden geeignet sind [Wei 18].

Der Abschnitt 9.1 „Überwachung, Messung, Analyse und Leistungsbewertung" wurde verschärft. Hierbei muss genau bestimmt werden, was, wie, wann und womit überwacht wird. Wann die Ergebnisse der Überwachung und Messung analysiert und ausgewertet werden. Die Verantwortung hierfür muss ebenfalls definiert werden.

## Bewertung der Compliance

**Anforderungen nach DIN EN ISO 45001, Abschnitt 9.1.2**

Um die Einhaltung gesetzlicher Verpflichtungen und anderer Anforderungen zu bewerten, muss die Organisation Verfahren festlegen, umsetzen und aufrechterhalten. Dazu zählen die Festlegung der Häufigkeit und Methoden zur Bewertung der Compliance, die Bewertung der Compliance sowie das Ergreifen von Methoden bei Bedarf. Die Organisation muss ebenfalls über ein angemessenes Wissen und Verständnis ihres Compliance Status verfügen und dokumentierte Informationen zu den Ergebnissen der Compliance-Bewertung aufbewahren.

**Leitfrage:** Gibt es einen Prozess zur Bewertung der Einhaltung rechtlicher Verpflichtungen und anderen Anforderungen? [Wei 18]

Es muss ein Prozess zur Bewertung der Übereinstimmung rechtlicher Verpflichtungen und anderer Anforderungen festgelegt werden, damit die Rechtskonformität erreicht wird. In der Fachliteratur und Praxis fallen hierbei oft Begriffe wie „Compliance-Check" oder „Legal-Check".

## ISO-Abschnitt 9.2 Internes Audit

### Allgemeines

**Anforderungen nach DIN EN ISO 45001, Abschnitt 9.2.1**

Regelmäßige interne Audits sind erforderlich, um festzustellen, ob das SGA-Managementsystem der Organisation die Anforderungen an die SGA-Politik und -Ziele erfüllt und ob es wirksam umgesetzt und aufrechterhalten wird.

**Leitfrage:** Werden interne Audits geplant, durchgeführt und ausgewertet? [Wei 18]

Damit das SGA-MS die selbstgesetzten Ziele erreicht, Risiken und Vorfälle minimiert, Chancen nutzt und die Leistung des SGA-MS fortlaufend verbessern kann, müssen interne Audits in geregelten Abständen durchgeführt werden. Diese helfen dabei zu erkennen, ob Prozesse funktionieren, Rollen und Verantwortlichkeiten richtig verteilt und ob die weiteren Anforderungen der neuen DIN EN ISO 45001 eingehalten werden.

### Internes Auditprogramm

**Anforderungen nach DIN EN ISO 45001, Abschnitt 9.2.2**

Die Organisation muss sicherstellen, dass sie Auditprogramme plant, entwickelt, umsetzt und aufrechterhält. Dabei sind Häufigkeit, Verfahren, Verantwortlichkeiten und Berichterstattung zu berücksichtigen. Außerdem müssen für jedes Audit Kriterien und Umfang festgelegt werden. Es ist wichtig, dass die Auswahl der Auditoren und die Durchführung der Audits die Objektivität und Unparteilichkeit gewährleisten. Die Ergebnisse der Audits müssen den leitenden Personen mitgeteilt und Verfahren ergriffen werden, um Nichtkonformitäten zu behandeln und die SGA-Leistung zu verbessern. Dokumentierte Informationen müssen als Nachweis für das Auditprogramm archiviert werden.

**Leitfrage:** Werden Auditprogramme geplant und Auditkriterien festgelegt? [Wei 18]

„Sowohl interne Audits als auch externe Audits, die als Basis für eine Zertifizierung dienen können, sind notwendige Bestandteile eines funktionsfähigen Managementsystems. Sind Prozesse und grundlegende Managementregelungen im Unternehmen implementiert, dient das Audit als Werkzeug zur Aufrechterhaltung und fortlaufenden Verbesserung eines Managementsystems“ [Gie 16].

Im Gegensatz zu internen Audits können externe Audits auch von Kunden (Zweiparteienaudit) oder Zertifizierungsstellen (Zertifizierungsaudit) durchgeführt werden [Wei 18].

Außerdem bestehen unterschiedliche Arten von Audits [Gie 16]:

- Systemaudits (Beurteilung eines Gesamtsystems (SGA- MS) oder einzelner Elemente (z. B. Pflichtenübertragung der Führungskräfte im SGA)),
- Prozessaudits (Überprüfung des Prozesses Gefährdungsbeurteilung) und
- Produktaudits (Überprüfung der Merkmale eines Produkts, z. B. einer Checkliste zur Erfassung der rechtlichen Aspekte)

## ISO-Abschnitt 9.3 Managementbewertung

**Anforderungen nach DIN EN ISO 45001, Abschnitt 9.3**

Es liegt in der Verantwortung der obersten Führungsebene, regelmäßig das SGA-Managementsystem der Organisation zu überprüfen, um sicherzustellen, dass es weiterhin geeignet, angemessen und wirksam ist. Diese Überprüfung sollte verschiedene Kriterien abdecken, darunter die Umsetzung früherer Maßnahmen, Veränderungen in internen und externen Themen, die Erfüllung der SGA-Politik und -Ziele, die Leistung des SGA-Systems sowie die Bereitstellung angemessener Ressourcen.

Die Ergebnisse dieser Überprüfung sollten dazu führen, dass Verfahren zur fortlaufenden Verbesserung des Systems ergriffen, die notwendigen Ressourcen bereitgestellt und mögliche Auswirkungen auf die Organisation vorgenommen werden. Es ist wichtig, dass die Ergebnisse mit den Mitarbeitenden und ihren Vertretern geteilt und dokumentierte Informationen als Nachweis aufbewahrt werden.

**Leitfrage:** Wurde das SGA-MS bewertet und wurden die nach der Norm geforderten und wichtigsten Aspekte berücksichtigt? [Wei 18]

Zuerst müssen Intervalle (z. B. jährlich) zur Bewertung des SGA-MS festgelegt werden. Dabei hängt die Bewertung von verschiedenen Kriterien ab, wie beispielsweise die Berücksichtigung der internen und externen Themen der interessierten Parteien, die Einhaltung von rechtlichen Verpflichtungen, die Ermittlung, Bewertung und der Umgang mit Risiken und Chancen und die Zielerreichung.

Bei der SGA-Zielerreichung und Erfüllung der SGA-Leistungen werden auch Vorfälle (Arbeitsunfälle, AU-Tage, Beinahe-Unfälle, Beschwerden und Arbeitssituationen, welche die Gesundheit beeinträchtigen), Nichtkonformitäten und notwendige Korrekturmaßnahmen des SGA-MS beachtet. Es werden die vorherigen Managementbewertungen zum Vergleich verwendet und mit den zuvor festgesetzten Zielen verglichen. Außerdem fließen die Ergebnisse von internen und externen Audits in das Ergebnis mit ein.

## ISO-Kapitel 10 Verbesserung

### ISO-Abschnitt 10.1 Allgemeines

**Anforderungen nach DIN EN ISO 45001, Abschnitt 10.1**

Es liegt in der Verantwortung der Organisation, Wege zur Verbesserung zu identifizieren und erforderliche Verfahren zu ergreifen, um die angestrebten Ziele ihres SGA-Managementsystems zu erreichen.

### ISO-Abschnitt 10.2 Vorfall, Nichtkonformität und Korrekturmaßnahmen

**Anforderungen nach DIN EN ISO 45001, Abschnitt 10.2**

Es ist erforderlich, dass die Organisation Verfahren einführt, um Vorfälle und Nichtkonformitäten zu identifizieren und angemessen zu behandeln. Im Falle eines Vorfalls oder einer Nichtkonformität ist es wichtig, dass die Organisation zeitnah reagiert, Maßnahmen ergreift, um die Ursachen zu beseitigen, und die Wirksamkeit dieser Maßnahmen überprüft. Außerdem müssen alle relevanten Informationen dokumentiert und den betroffenen Mitarbeitenden sowie anderen interessierten Parteien zur Verfügung gestellt werden.

**Leitfrage:** Gibt es einen Prozess zur Handhabung von Vorfällen, Nichtkonformitäten, Verbesserungen und den darauffolgenden angemessenen (Korrektur-) Maßnahmen inklusive Dokumentation? [Wei 18]

Es soll ein Prozess etabliert werden, welcher die Handhabung von Vorfällen, Nichtkonformitäten einschließlich Berichterstattung, Untersuchung und Ergreifung von Maßnahmen umfasst. Dieser Prozess muss zwar standardisiert, aber zeitgleich auch so flexibel gestaltet werden, dass er sofort greifen kann, um direkt Maßnahmen zu definieren.

### ISO-Abschnitt 10.3 Fortlaufende Verbesserung

**Anforderungen nach DIN EN ISO 45001, Abschnitt 10.3**

Um die Leistung ihres SGA-Managementsystems kontinuierlich zu verbessern, muss die Organisation eine förderliche Kultur etablieren und die Mitarbeitenden aktiv in Verbesserungsprozesse einbinden. Es ist wichtig, relevante Fortschritte der fortlaufenden Verbesserung mit den Mitarbeitenden zu teilen und dokumentierte Informationen als Nachweis für diese Verbesserungen aufzubewahren.

**Leitfrage:** Gibt es einen Prozess zur fortlaufenden Verbesserung? [Wei 18]

Ebenfalls neu ist das Ziel einer fortlaufenden Verbesserung sowie die Förderung einer Kultur, die ein Arbeitsschutzmanagement unterstützt. Diese Aufforderung befindet sich in dem Normabschnitt 10.3 „Fortlaufende Verbesserung". Durch die fortlaufende Verbesserung wird der PDCA-Zyklus geschlossen.

Gegenüber der Leitnorm DIN EN ISO 9001:2015 werden im Folgenden die wesentlichen zusätzlichen Inhalte und Dokumentationen bezüglich eines Arbeits- und Gesundheitsschutzmanagementsystems nach DIN EN ISO 45001 [Nor 18b] genannt (Tabelle 6.1).

**Tabelle 6.1** Durch die DIN EN ISO 45001 geforderte dokumentierte, systembildende und nachzuweisende Informationen [Tei 18]

| Kapitel in der DIN EN ISO 45001 | Geforderte Dokumente/Prozesse |
|---|---|
| 4.3 | Anwendungsbereich des SGA-Managementsystems |
| 5.2 | SGA-Politik |
| 5.3 | Rollen, Verantwortlichkeiten und Befugnisse in der Organisation |
| 6.1.2 | (SGA-)Risiken und (SGA-)Chancen<br>Prozess zum Ermitteln von (SGA-)Risiken und (SGA-)Chancen<br>Bewertung von (SGA-)Risiken und (SGA-)Chancen |
| 6.1.3 | Informationen zu den für die Organisation geltenden rechtlichen Bestimmungen und anderen Anforderungen |
| 6.1.4 | Maßnahmenplanung zu (SGA-)Risiken und (SGA-)Chancen |
| 6.2 | SGA-Ziele und Planung, diese zu erreichen |
| 7.2 | Nachweise von Kompetenzen |
| 7.4 | Nachweise der Kommunikation |
| 8.1 | Information zur betrieblichen Planung und Steuerung |
| 8.2 | Information zur Notfallplanung und Reaktion |
| 9.1 | Überwachung, Messung, Analyse und Leistungsbewertung |
| 9.1.2 | Bewertung der Einhaltung von rechtlichen Verpflichtungen und anderen Anforderungen |
| 9.2 | Ergebnisse und Berichte interner Audits |
| 9.3 | Managementbewertung |
| 10.2 | Nachweise und Maßnahmen von Vorfällen, Nichtkonformitäten und Korrekturmaßnahmen |
| 10.3 | Fortlaufende Verbesserung des SGA-Managements |

## 6.4 Rechtsvorschriften für den Arbeits- und Gesundheitsschutz

**Der Arbeitsschutz, einschließlich der Erfüllung von Arbeitsschutzanforderungen, die in nationalen Gesetzen und Vorschriften enthalten sind, liegt in der Verantwortung des Arbeitgebers und ist seine Pflicht.**

Der Arbeits- und Gesundheitsschutz enthält sowohl rechtliche als auch behördliche Forderungen (Bild 6.3). Das Arbeitsschutzrecht lässt sich in den technischen und den sozialen Arbeitsschutz unterscheiden.

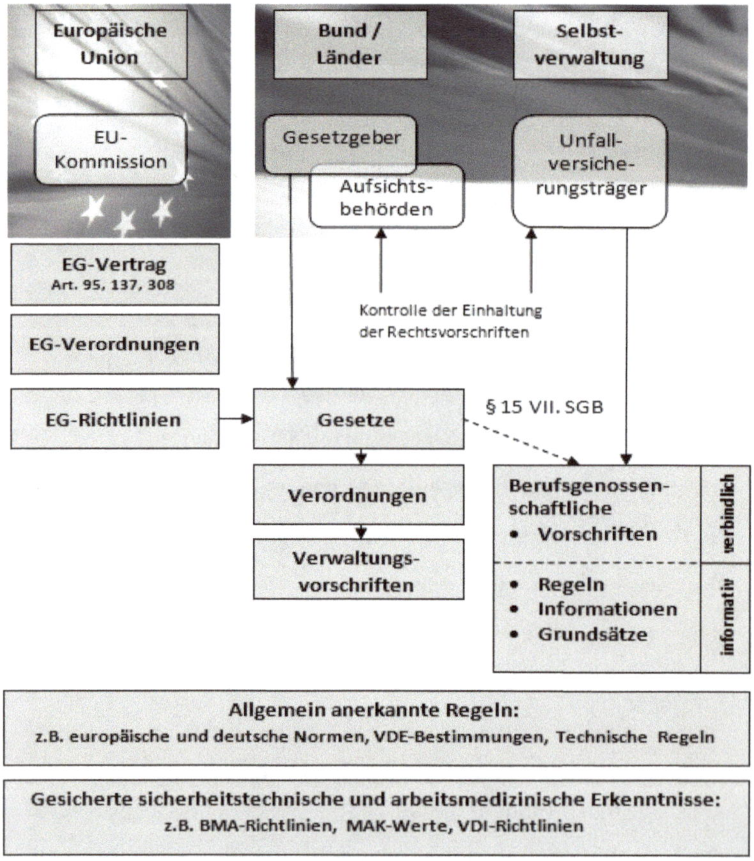


**Bild 6.3** System der gesetzlichen und behördlichen Regelungen im Arbeitsschutz [Sto 19]

Beispiele sind das Gefahrstoffgesetz, die Arbeitsstättenverordnung, die Vorschriften der Berufsgenossenschaften (BGV) zur Unfallverhütung bzw. die Sozialgesetzbücher (hier insbesondere SGB VII), das Mutterschutz- oder das Arbeitszeitgesetz.

**Arbeits- und Gesundheitsschutz haben eine herausragende ethische und auch wirtschaftliche Bedeutung.**

Im Jahr 2023 haben sich beispielsweise in Deutschland 785 164 meldepflichtige Arbeitsunfälle und 184 189 Unfälle auf Arbeitswegen ereignet [Web 15]. Im Jahr 2023 gab es 599 tödliche Arbeitsunfälle [Web 27].

**Wichtige Gesetze zum sozialen Arbeitsschutz sind aushang- bzw. auslegepflichtig.** Die Zuständigkeiten für Leit- und Einzelrichtlinien bzw. Gesetze und Durchführungsverordnungen liegen bei der EU bzw. bei der Bundesgesetzgebung, während Unfallverhütungsvorschriften im Bereich der gewerblichen Berufsgenossenschaften erarbeitet werden. Aufsichtsbehörden gibt es beim Bund (den Ministerien zugeordnet) und in den Ländern, wobei es länderspezifische Bezeichnungen wie Gewerbeaufsicht, Amt für Arbeitsschutz, Landesbetrieb für Arbeitsschutz und technischen Verbraucherschutz usw. gibt (Bild 6.3).

Die **Pflichten des Unternehmers**, aus denen sich die Aufgaben im Arbeitsschutz ableiten, ergeben sich im Wesentlichen aus zehn Rechtsvorschriften (Bild 6.4):

- Arbeitsschutzgesetz – ArbSchG, § 3, § 4
- Arbeitssicherheitsgesetz – AsiG, § 1
- BGV A1/DGUV, Grundsätze der Prävention, § 2(1)
- Sozialgesetzbuch VII, § 21 (1, 2)
- Bürgerliches Gesetzbuch, § 618
- Chemikaliengesetz – ChemG
- Gesetz über den Brandschutz, die Hilfeleistung und den Katastrophenschutz – BHKG
- Gefahrstoffverordnung – GefStoffV
- Arbeitsstättenverordnung – ArbStättV
- Brandschutzverordnung Teil A–C

Beispielsweise hat das **ASiG – Arbeitssicherheitsgesetz – Gesetz über Betriebsärzte, Sicherheitsingenieure und andere Fachkräfte für Arbeitssicherheit** grundlegende Bedeutung [ASI 13]. Ein Unternehmer hat Fachkräfte für Arbeitssicherheit (Sicherheitsingenieure, -techniker und -meister) schriftlich zu bestellen und ihnen die gesetzlich vorgeschriebenen Aufgaben zu übertragen. Der Unternehmer hat die Verantwortung, dass die von ihm bestellten Fachkräfte für Arbeitssicherheit ihre Aufgaben erfüllen. Entsprechende Ressourcen und Qualifikationen sind bereitzustellen.

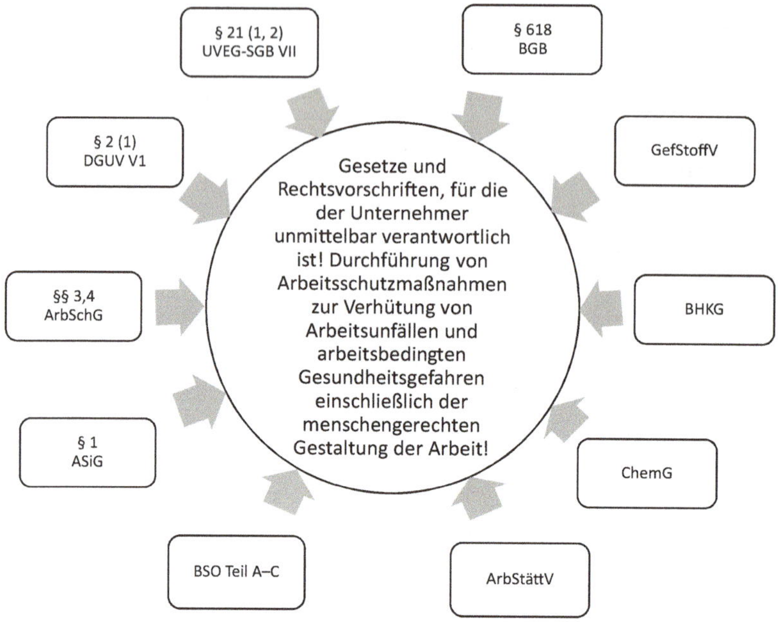


**Bild 6.4** Gesetze und Rechtsvorschriften zu den Pflichten des Unternehmers

Das Arbeitssicherheitsgesetz ist inhaltlich wie folgt strukturiert [ASI 13]:

- **Erster Abschnitt**

  § 1 Grundsatz, zum Arbeitsschutz und bei der Unfallverhütung muss der Arbeitgeber Betriebsärzte und Fachkräfte für Arbeitssicherheit bestellen.

- **Zweiter Abschnitt: Betriebsärzte**

  § 2 Bestellung von Betriebsärzten, § 3 Aufgaben der Betriebsärzte, § 4 Anforderungen an Betriebsärzte.

- **Dritter Abschnitt: Fachkräfte für Arbeitssicherheit**

  § 5 Bestellung von Fachkräften für Arbeitssicherheit, § 6 Aufgaben der Fachkräfte für Arbeitssicherheit, § 7 Anforderungen an Fachkräfte für Arbeitssicherheit

- **Vierter Abschnitt: Gemeinsame Vorschriften**

  § 8 Unabhängigkeit bei der Anwendung der Fachkunde, § 9 Zusammenarbeit mit dem Betriebsrat, § 10 Zusammenarbeit der Betriebsärzte und der Fachkräfte für Arbeitssicherheit, § 11 Arbeitsschutzausschuss, § 12 Behördliche Anordnungen, § 13 Auskunfts- und Besichtigungsrechte, § 14 Ermächtigung zum Erlass von Rechtsverordnungen, § 15 Ermächtigung zum Erlass von allgemeinen Verwaltungsvorschriften, § 16 Öffentliche Verwaltung, § 17 Nichtanwendung des Gesetzes, § 18 Ausnahmen, § 19 Überbetriebliche Dienste, § 20 Ordnungswidrigkeiten

Der Unternehmer (Arbeitgeber) hat der **Fachkraft für Arbeitssicherheit die gesetzlichen Aufgaben zu übertragen** oder diese Aufgaben eigenverantwortlich mit entsprechender eigener Qualifikation wahrzunehmen (§ 6 Aufgaben der Fachkräfte für Arbeitssicherheit) [ASI 13]. Das sind Aufgaben, die den Arbeitsschutz, die Unfallverhütung und die Arbeitssicherheit einschließlich der menschengerechten Gestaltung der Arbeit betreffen.

Diese Aufgaben sind [ASI 13]:

- die Planung, Ausführung und Unterhaltung von Betriebsanlagen und von sozialen und sanitären Einrichtungen
- die Beschaffung von technischen Arbeitsmitteln und die Einführung von Arbeitsverfahren und Arbeitsstoffen
- die Auswahl und Erprobung von Körperschutzmitteln
- die Gestaltung der Arbeitsplätze, des Arbeitsablaufs, der Arbeitsumgebung und sonstige Fragen der Ergonomie
- die Beurteilung der Arbeitsbedingungen
- die sicherheitstechnische Überprüfung von Betriebsanlagen und technischen Arbeitsmitteln insbesondere vor der Inbetriebnahme und von Arbeitsverfahren vor ihrer Einführung
- die Durchführung des Arbeitsschutzes und der Unfallverhütung zu beobachten und im Zusammenhang damit die Arbeitsstätten in regelmäßigen Abständen zu begehen und festgestellte Mängel dem Arbeitgeber oder der sonst für den Arbeitsschutz und die Unfallverhütung verantwortlichen Person mitzuteilen, Maßnahmen zur Beseitigung dieser Mängel vorzuschlagen und auf deren Durchführung hinzuwirken
- auf die Benutzung der Körperschutzmittel zu achten
- die Ursachen von Arbeitsunfällen zu untersuchen, die Untersuchungsergebnisse zu erfassen und auszuwerten und dem Arbeitgeber Maßnahmen zur Verhütung dieser Arbeitsunfälle vorzuschlagen
- darauf hinzuwirken, dass sich alle im Betrieb Beschäftigten den Anforderungen des Arbeitsschutzes und der Unfallverhütung entsprechend verhalten, insbesondere sie über die Unfall- und Gesundheitsgefahren, denen sie bei der Arbeit ausgesetzt sind, sowie über die Einrichtungen und Maßnahmen zur Abwendung dieser Gefahren zu belehren und bei der Schulung der Fachkräfte für Arbeitssicherheit mitzuwirken

**Die Unfallverhütungsvorschrift DGUV Vorschrift 2 – Betriebsärzte und Fachkräfte für Arbeitssicherheit** bestimmt die Maßnahmen, die der Unternehmer zur Erfüllung der sich aus dem Gesetz über Betriebsärzte, Sicherheitsingenieure und andere Fachkräfte für Arbeitssicherheit (Arbeitssicherheitsgesetz) ergebenden Pflichten zu treffen hat [Web 82].

Es gibt eine Reihe von relevanten Rechtsvorschriften, die in den Verantwortungs- und Aufgabenbereich des Beauftragten für den Arbeits- und Gesundheitsschutz einer Organisation fallen (Tabelle 6.2) [Deu 10].

**Tabelle 6.2** Rechtsvorschriften im Arbeits- und Gesundheitsschutz [Tei 18] [Sen 19]

| Rechtsvorschrift (Bereiche) | Vom ... (Datum) | Anforderung in Stichworten | Ort und Art der Ablage |
|---|---|---|---|
| **1. Kompendien** | | | |
| Druckschriften-verzeichnis – Gesamtregelwerk | März 2018 | Enthält Unfallverhütungsvorschriften, Richtlinien, Sicherheitsregeln, Merkblätter, Merkhefte, Grundsätze, Broschüren, Aushänge, Aufkleber, Vordrucke und Verzeichnisse der Deutschen Gesetzlichen Unfallversicherung (DGUV) | |
| Unfallverhütungsvorschrift (UVV) | Juli 2004 | Grundsätze der Prävention, GUV-V A1 | *http://publikationen.dguv.de/dguv/pdf/10002/v-a1.pdf* |
| Unfallverhütungsvorschrift (UVV) | November 2017 | DGUV Information 204-006: Anleitung zur Ersten Hilfe | *http://publikationen.dguv.de/dguv/pdf/10002/204-006.pdf* |
| **2. Gefahrenstoffe** | | | |
| ChemG Chemikaliengesetz Gesetz zum Schutz vor gefährlichen Stoffen | 28. August 2013, zuletzt geändert am 16. November 2023 | „§ 1: Zweck des Gesetzes ist es, den Menschen und die Umwelt vor schädlichen Einwirkungen gefährlicher Stoffe und Gemische zu schützen, insbesondere sie erkennbar zu machen, sie abzuwenden und ihrem Entstehen vorzubeugen." Wichtig sind die Kategorisierung gefährlicher Stoffe (§ 3a), die Einstufungs-, Kennzeichnungs- und Verpackungspflichten (§§ 13 und 14) sowie die Maßnahmen zum Schutz von Beschäftigten (§ 19). Regelungen zu giftigen Tieren und Pflanzen finden sich in § 18. | ChemG – Gesetz zum Schutz vor gefährlichen Stoffen 1 *(gesetze-im-internet.de)* |
| GefStoffV Gefahrstoff-verordnung Verordnung zum Schutz vor Gefahrstoffen | 26. November 2010, zuletzt geändert am 21. Juli 2021 | „§ 1: (1) Ziel dieser Verordnung ist es, den Menschen und die Umwelt vor stoffbedingten Schädigungen zu schützen ..." Außerdem gilt sie für das Inverkehrbringen von Stoffen, Gemischen und Erzeugnissen (§ 1). Die Verordnung enthält Angaben über Gefahrenklassen (§ 3) sowie Kennzeichnungs- und Informationspflichten (§§ 4 und 5). Im Abschnitt 4 werden Schutzmaßnahmen geregelt, u. a. die Unterweisung von Beschäftigten (§ 14) und die Zusammenarbeit verschiedener Firmen (§ 15). Es schreibt Herstellungs- und Verwertungsbeschränkungen (§ 16) fest, so darf u. a. der | GefStoffV – nichtamtliches Inhaltsverzeichnis *(gesetze-im-internet.de)* |

| Rechtsvorschrift (Bereiche) | Vom ... (Datum) | Anforderung in Stichworten | Ort und Art der Ablage |
|---|---|---|---|
| **2. Gefahrenstoffe** | | | |
| | | Arbeitgeber Arbeit mit besonders gefährlichen Stoffen nicht in Heimarbeit ausführen lassen. Besondere Vorschriften für bestimmte Gefahrenstoffe und Tätigkeiten finden sich in Anhang I. Darunter sind besondere Regelungen zu Brand- und Explosionsgefährdungen, partikelförmigen Gefahrenstoffen, zur Schädlingsbekämpfung, zu Begasungen und Ammoniumnitrat gelistet. | |
| **3. Vorschriften zu Arbeitssicherheit und Gesundheitsschutz** | | | |
| ASiG Arbeitssicherheitsgesetz Gesetz über Betriebsärzte, Sicherheitsingenieure und andere Fachkräfte für Arbeitssicherheit | 12. Dezember 1973, zuletzt geändert am 20. April 2013 | § 1: „Der Arbeitgeber hat nach Maßgabe dieses Gesetzes Betriebsärzte und Fachkräfte für Arbeitssicherheit zu bestellen. Diese sollen ihn beim Arbeitsschutz und bei der Unfallverhütung unterstützen. Damit soll erreicht werden, dass 1. die dem Arbeitsschutz und der Unfallverhütung dienenden Vorschriften den besonderen Betriebsverhältnissen entsprechend angewandt werden, 2. gesicherte arbeitsmedizinische und sicherheitstechnische Erkenntnisse zur Verbesserung des Arbeitsschutzes und der Unfallverhütung verwirklicht werden können, 3. die dem Arbeitsschutz und der Unfallverhütung dienenden Maßnahmen einen möglichst hohen Wirkungsgrad erreichen."<br>§ 11: „Soweit in einer sonstigen Rechtsvorschrift nichts anderes bestimmt ist, hat der Arbeitgeber in Betrieben mit mehr als zwanzig Beschäftigten einen Arbeitsschutzausschuss zu bilden; bei der Feststellung der Zahl der Beschäftigten sind Teilzeitbeschäftigte mit einer regelmäßigen wöchentlichen Arbeitszeit von nicht mehr als 20 Stunden mit 0,5 und nicht mehr als 30 Stunden mit 0,75 zu berücksichtigen. Dieser Ausschuss setzt sich zusammen aus: dem Arbeitgeber oder einem von ihm Beauftragten, zwei vom Betriebsrat bestimmten Betriebsratsmitgliedern, Betriebsärzten, Fachkräften für Arbeitssicherheit. Der Arbeitsschutzausschuss hat die Aufgabe, Anliegen des Arbeitsschutzes und der Unfallverhütung zu beraten. Der Arbeitsschutzausschuss tritt mindestens einmal vierteljährlich zusammen." | ASiG – nichtamtliches Inhaltsverzeichnis *(gesetze-im-internet.de)* |

**Tabelle 6.2** Rechtsvorschriften im Arbeits- und Gesundheitsschutz [Tei 18] [Sen 19] *(Fortsetzung)*

| Rechtsvorschrift (Bereiche) | Vom … (Datum) | Anforderung in Stichworten | Ort und Art der Ablage |
|---|---|---|---|
| **3. Vorschriften zu Arbeitssicherheit und Gesundheitsschutz** | | | |
| BetrSichV Betriebssicherheitsverordnung Verordnung über Sicherheit und Gesundheitsschutz bei der Verwendung von Arbeitsmitteln | 3. Februar 2015, zuletzt geändert am 27. Juli 2021 | Diese Verordnung gilt für die Bereitstellung von Arbeitsmitteln durch Arbeitgeber sowie für die Benutzung von Arbeitsmitteln durch Beschäftigte bei der Arbeit. (§ 1) Der Arbeitgeber hat laut § 10 sicherzustellen, dass die Arbeitsmittel, deren Sicherheit von den Montagebedingungen abhängt, nach der Montage und vor der ersten Inbetriebnahme sowie nach jeder Montage auf einer neuen Baustelle oder an einem neuen Standort geprüft werden. Die Prüfung hat den Zweck, sich von der ordnungsgemäßen Montage und der sicheren Funktion dieser Arbeitsmittel zu überzeugen. Die Prüfung darf nur von hierzu befähigten Personen durchgeführt werden. Unterliegen Arbeitsmittel Schäden verursachenden Einflüssen, die zu gefährlichen Situationen führen können, hat der Arbeitgeber die Arbeitsmittel entsprechend den nach § 3 Abs. 3 ermittelten Fristen durch hierzu befähigte Personen überprüfen und erforderlichenfalls erproben zu lassen. Der Arbeitgeber hat Arbeitsmittel einer außerordentlichen Überprüfung durch hierzu befähigte Personen unverzüglich zu unterziehen, wenn außergewöhnliche Ereignisse stattgefunden haben, die schädigende Auswirkungen auf die Sicherheit des Arbeitsmittels haben können. Außergewöhnliche Ereignisse im Sinne des Satzes 2 können insbesondere Unfälle, Veränderungen an den Arbeitsmitteln, längere Zeiträume der Nichtbenutzung der Arbeitsmittel oder Naturereignisse sein. Die Maßnahmen nach den Sätzen 1 und 2 sind mit dem Ziel durchzuführen, Schäden rechtzeitig zu entdecken und zu beheben sowie die Einhaltung des sicheren Betriebs zu gewährleisten. | BetrSichV – nichtamtliches Inhaltsverzeichnis *(gesetze-im-internet.de)* |

| Rechtsvorschrift (Bereiche) | Vom ... (Datum) | Anforderung in Stichworten | Ort und Art der Ablage |
|---|---|---|---|
| **3. Vorschriften zu Arbeitssicherheit und Gesundheitsschutz** | | | |
| ArbSchG Arbeitsschutzgesetz Gesetz über die Durchführung von Maßnahmen zur Verbesserung der Sicherheit und des Gesundheitszustands der Beschäftigten bei der Arbeit | 7. August 1996, zuletzt geändert am 31. Mai 2023 | § 1: „(1) Dieses Gesetz dient dazu, Sicherheit und Gesundheitsschutz der Beschäftigten bei der Arbeit durch Maßnahmen des Arbeitsschutzes zu sichern und zu verbessern. Es gilt in allen Tätigkeitsbereichen [...]."<br>§ 3: „(1) Der Arbeitgeber ist verpflichtet, die erforderlichen Maßnahmen des Arbeitsschutzes unter Berücksichtigung der Umstände zu treffen, die Sicherheit und Gesundheit der Beschäftigten bei der Arbeit beeinflussen. Er hat die Maßnahmen auf ihre Wirksamkeit zu überprüfen und erforderlichenfalls sich ändernden Gegebenheiten anzupassen. Dabei hat er eine Verbesserung von Sicherheit und Gesundheitsschutz der Beschäftigten anzustreben."<br>§ 5: „Der Arbeitgeber hat durch eine Beurteilung der für die Beschäftigten mit ihrer Arbeit verbundenen Gefährdung zu ermitteln, welche Maßnahmen des Arbeitsschutzes erforderlich sind. (3) Eine Gefährdung kann sich insbesondere ergeben durch 1. die Gestaltung und die Einrichtung der Arbeitsstätte und des Arbeitsplatzes, 2. physikalische, chemische und biologische Einwirkungen, 3. die Gestaltung, die Auswahl und den Einsatz von Arbeitsmitteln, insbesondere von Arbeitsstoffen, Maschinen, Geräten und Anlagen sowie den Umgang damit, 4. die Gestaltung von Arbeits- und Fertigungsverfahren, Arbeitsabläufen und Arbeitszeit und deren Zusammenwirken, 5. unzureichende Qualifikation und Unterweisung der Beschäftigten, 6. psychische Belastungen bei der Arbeit." | ArbSchG – nichtamtliches Inhaltsverzeichnis *(gesetze-im-internet.de)* |

**Tabelle 6.2** Rechtsvorschriften im Arbeits- und Gesundheitsschutz [Tei 18] [Sen 19] *(Fortsetzung)*

| Rechtsvorschrift (Bereiche) | Vom ... (Datum) | Anforderung in Stichworten | Ort und Art der Ablage |
|---|---|---|---|
| **3. Vorschriften zu Arbeitssicherheit und Gesundheitsschutz** | | | |
| ArbstättV Arbeitsstättenverordnung Verordnung über Arbeitsstätten | 12. August 2004, zuletzt geändert am 27. März 2024 | § 1: „(1) Diese Verordnung dient der Sicherheit und dem Schutz der Gesundheit der Beschäftigten beim Einrichten und Betreiben von Arbeitsstätten." Als Arbeitsstätten gelten neben Arbeitsräumen oder anderen Orten in Gebäuden auch Orte im Freien auf dem Gelände eines Betriebs und Orte auf Baustellen (§ 2). Bei der Beurteilung der Arbeitsbedingungen hat der Arbeitgeber festzustellen, ob die Beschäftigten Gefährdungen ausgesetzt sind oder ausgesetzt sein können. Bei der Gefährdungsbeurteilung hat er die physischen und psychischen Belastungen sowie bei Bildschirmarbeitsplätzen insbesondere die Belastungen der Augen der Beschäftigten zu berücksichtigen.<br>§ 3. „(1) ... Beim Einrichten und Betreiben der Arbeitsstätten hat der Arbeitgeber die Maßnahmen nach § 3 Absatz 1 durchzuführen und dabei den Stand der Technik, Arbeitsmedizin und Hygiene, die ergonomischen Anforderungen sowie insbesondere die vom Bundesministerium für Arbeit und Soziales nach § 7 Absatz 4 bekannt gemachten Regeln und Erkenntnisse zu berücksichtigen." Weiter hat er die Sicherheitseinrichtungen, insbesondere Sicherheitsbeleuchtung, Brandmelde- und Feuerlöscheinrichtungen, Signalanlagen, Notaggregate und Notschalter sowie raumlufttechnische Anlagen instand zu halten und dafür zu sorgen, dass Verkehrswege, Fluchtwege und Notausgänge ständig freigehalten werden. Außerdem sind Mittel und Einrichtungen zur Ersten Hilfe zur Verfügung zu stellen (§ 4). Es bestehen zudem Regelungen zum Nichtraucherschutz (§ 5) und zur Unterweisung von Beschäftigten (§ 6). Konkrete Anforderungen und Maßnahmen sind im Anhang der ArbStättV gelistet. Es bestehen u. a. Anforderungen an Abmessungen von Räumen, Raumtemperatur, Lüftung, Lärm und Maßnahmen zur Gestaltung von Bildschirmarbeitsplätzen. | ArbStättV – Verordnung über Arbeitsstätten *(gesetze-im-internet.de)* |

| Rechtsvorschrift (Bereiche) | Vom ... (Datum) | Anforderung in Stichworten | Ort und Art der Ablage |
|---|---|---|---|
| **3. Vorschriften zu Arbeitssicherheit und Gesundheitsschutz** | | | |
| BHKG<br>Gesetz über den Brandschutz, die Hilfeleistung und den Katastrophenschutz | 17. Dezember 2015 | Ziel dieses Gesetzes ist es, zum Schutz der Bevölkerung vorbeugende und abwehrende Maßnahmen zu gewährleisten. Dies betrifft Brandgefahren (Brandschutz), Unglücksfälle oder solche öffentlichen Notstände, die durch Naturereignisse, Explosionen oder ähnliche Vorkommnisse verursacht werden (Hilfeleistung) und Großeinsatzlagen und Katastrophen (Katastrophenschutz). Eine Großeinsatzlage ist ein Geschehen, in dem Leben oder Gesundheit zahlreicher Menschen, Tiere oder erhebliche Sachwerte gefährdet sind und aufgrund eines erheblichen Koordinierungsbedarfs eine rückwärtige Unterstützung der Einsatzkräfte erforderlich ist, die von einer kreisangehörigen Gemeinde nicht mehr gewährleistet werden kann. Eine Katastrophe ist ein Schadensereignis, welches das Leben, die Gesundheit oder die lebensnotwendige Versorgung zahlreicher Menschen, Tiere, natürliche Lebensgrundlagen oder erhebliche Sachwerte in so ungewöhnlichem Ausmaß gefährdet oder wesentlich beeinträchtigt, dass der sich hieraus ergebenden Gefährdung der öffentlichen Sicherheit nur wirksam begegnet werden kann, wenn die zuständigen Behörden und Dienststellen, Organisationen und eingesetzten Kräfte unter einer einheitlichen Gesamtleitung der zuständigen Katastrophenschutzbehörde zusammenwirken. | SGV-Inhalt: Gesetz über den Brandschutz, die Hilfeleistung und den Katastrophenschutz (BHKG) \| *recht.nrw.de* |

**Tabelle 6.2** Rechtsvorschriften im Arbeits- und Gesundheitsschutz [Tei 18] [Sen 19] *(Fortsetzung)*

| Rechtsvorschrift (Bereiche) | Vom ... (Datum) | Anforderung in Stichworten | Ort und Art der Ablage |
|---|---|---|---|
| **3. Vorschriften zu Arbeitssicherheit und Gesundheitsschutz** | | | |
| Umwelt-alarm-Richtlinie Grundsätze zum Umgang mit Schadens- oder Gefahrenfällen im Bereich des Umweltschutzes | 9. September 2008, zuletzt geändert am 30. Oktober 2008 | Die Umweltalarm-Richtlinie trifft fachliche Regelungen zur Entgegennahme und Weiterleitung von Meldungen über Schadens- oder Gefahrenfälle im Bereich des Umweltschutzes sowie zur Einsatzbereitschaft von Umweltschutzbehörden in Schadens- oder Gefahrenfällen. Ziel ist es, in solchen Fällen eine schnelle Reaktion der Umweltschutzbehörden, sachgerechte Maßnahmen zur Eindämmung der Umweltgefahren, die Untersuchung und Sachverhaltsaufklärung und die rechtzeitige Information aller betroffenen Stellen sowie der Bevölkerung sicherzustellen. Die Umweltalarm-Richtlinie gibt den Rahmen für die von den Umweltschutzbehörden aufzustellenden Umweltalarmpläne vor. Zweck dieser Alarmpläne ist die Regelung einer schnellen Information von Behörden und Betroffenen bei Unfällen, Betriebsstörungen und sonstigen Ereignissen, bei denen umweltgefährdende Stoffe freigesetzt werden und eine akute Gefahr für Menschen, Tiere, Pflanzen, Boden, Wasser, Atmosphäre und sonstiger Sachgüter besteht oder bestehen könnte. Weiterhin werden die verschiedenen Zuständigkeiten, die Vernetzung der einzelnen Ordnungsbehörden und die Umweltalarmpläne in diesem Gesetz geregelt. | umwelt-online-Demo: Umwelt-alarm-Richtlinie – Grundsätze zum Umgang mit Schadens- oder Gefahrenfällen im Bereich des Umweltschutzes – Nordrhein-Westfalen |
| BGV A1/DGUV Vorschrift 1 Grundsätze der Prävention | November 2013 | Die DGUV Vorschrift 1 beschreibt die Unfallverhütungsvorschriften für Unternehmer und Versicherte. Das zweite Kapitel widmet sich u. a. den Grundpflichten des Unternehmers, der Beurteilung der Arbeitsbedingungen, der Dokumentation und Auskunftspflichten, der Unterweisung der Versicherten, der Vergabe von Aufträgen, der Zusammenarbeit mehrerer Unternehmen sowie den gefährlichen Arbeiten. Das dritte Kapitel betrifft die Pflichten der Versicherten. Das vierte Kapitel regelt die Organisation des betrieblichen Arbeitsschutzes. | 2909 *(dguv.de)* |

| Rechtsvorschrift (Bereiche) | Vom ... (Datum) | Anforderung in Stichworten | Ort und Art der Ablage |
|---|---|---|---|
| **3. Vorschriften zu Arbeitssicherheit und Gesundheitsschutz** | | | |
| DGUV Vorschrift 2 Betriebsärzte und Fachkräfte zur Arbeitssicherheit | Januar 2012 | Diese Unfallverhütungsvorschrift bestimmt die Maßnahmen, die der Unternehmer zur Erfüllung der sich aus dem Gesetz über Betriebsärzte, Sicherheitsingenieure und andere Fachkräfte für Arbeitssicherheit (Arbeitssicherheitsgesetz) ergebenden Pflichten zu treffen hat. | Betriebsärzte und Fachkräfte für Arbeitssicherheit \| DGUV-Publikationen |
| BGV A3/DGUV Vorschrift 3 Elektrische Anlagen und Betriebsmittel | Januar 1997 | Nach der DGUV Vorschrift 3 hat der Unternehmer dafür zu sorgen, dass elektrische Anlagen und Betriebsmittel nur von einer Elektrofachkraft errichtet, geändert und instandgehalten werden. Der Unternehmer hat dafür zu sorgen, dass die elektrischen Anlagen und Betriebsmittel in bestimmten Zeitabständen geprüft werden. | Elektrische Anlagen und Betriebsmittel \| DGUV-Publikationen |
| BGV A8/DGUV Vorschrift 9 Sicherheits- und Gesundheitsschutzkennzeichnung am Arbeitsplatz | April 2016 | Diese Unfallverhütungsvorschrift gilt für die Sicherheits- und Gesundheitsschutzkennzeichnung am Arbeitsplatz. Die Bestimmungen des Abschnitts III (Kennzeichnung) richten sich an den Unternehmer. Es werden Sachverhalte wie Einsatzbedingungen, Unterrichtung, Unterweisung und Auswahl der geeigneten Kennzeichnungsart geregelt. Die Anlage 1 enthält Grundsätze für die Gestaltung von Sicherheitszeichen. In der Anlage 2 sind sämtliche Sicherheitszeichen und Sicherheitsaussagen dargestellt. | Sicherheits- und Gesundheitsschutzkennzeichnung \| DGUV Informationen \| Regelwerk \| DGUV-Publikationen |
| ASR A1.3 Sicherheits- und Gesundheitsschutzkennzeichnung | 28. Februar 2013, zuletzt geändert am 30. Juni 2017 | Diese Technische Regel für Arbeitsstätten (ASR) konkretisiert die Anforderungen für die Sicherheits- und Gesundheitsschutzkennzeichnung in Arbeitsstätten. Nach § 3a der ArbStättV sind Sicherheits- und Gesundheitsschutzkennzeichnungen dann einzusetzen, wenn die Risiken für Sicherheit und Gesundheit anders nicht zu vermeiden oder ausreichend zu minimieren sind. Diese ASR konkretisiert auch die Gestaltung von Flucht- und Rettungsplänen gemäß § 4 Abs. 4 ArbStättV. | BAuA – Regelwerk – ASR A1.3 Sicherheits- und Gesundheitsschutzkennzeichnung – Bundesanstalt für Arbeitsschutz und Arbeitsmedizin |
| DGUV Information 208-016 | August 2022 | DGUV Information 208-016: Handlungsanleitung für den Umgang mit Leitern und Tritten | Die Verwendung von Leitern und Tritten \| DGUV-Publikationen |

**Tabelle 6.2** Rechtsvorschriften im Arbeits- und Gesundheitsschutz [Tei 18] [Sen 19] *(Fortsetzung)*

| Rechtsvorschrift (Bereiche) | Vom ... (Datum) | Anforderung in Stichworten | Ort und Art der Ablage |
|---|---|---|---|
| **3. Vorschriften zu Arbeitssicherheit und Gesundheitsschutz** | | | |
| DGUV Information 215-410 | Juli 2019 | DGUV Information 215-410: Bildschirm- und Büroarbeitsplätze | Bildschirm- und Büroarbeitsplätze – Leitfaden für die Gestaltung \| DGUV-Publikationen |
| DGUV Information 215-211 | Juli 2022 | DGUV Information 215-211: Tageslicht am Arbeitsplatz – leistungsfördernd und gesund | Tageslicht am Arbeitsplatz und Sichtverbindung nach außen \| DGUV-Publikationen |

## 6.5 Normen für den Arbeits- und Gesundheitsschutz

**DIN EN ISO 45001 „Managementsysteme für Sicherheit und Gesundheit bei der Arbeit – Anforderungen mit Anleitung zur Anwendung" [Nor 18b]**

Mit der Norm DIN EN ISO 45001 „Managementsysteme für Sicherheit und Gesundheit bei der Arbeit – Anforderungen mit Anleitung zur Anwendung" vom Dezember 2023 wurde erstmals eine weltweit gültige Norm für Arbeitsschutzmanagementsysteme verbindlich [Nor 18b].

Ziel dieser Norm DIN EN ISO 45001 ist es, die Risiken des Arbeits- und Gesundheitsschutzes mit denen der Arbeits- und Gesundheitsschutzpolitik und deren Zielen zu vereinen und entsprechend zu steuern. Die Anforderungen zur Norm DIN EN ISO 45001 werden im Abschnitt 6.3 behandelt.

Die Notfallvorsorge und Gefahrenabwehr beim Arbeits- und Gesundheitsschutz stellen ebenso wie beim Umweltschutz einen wichtigen Faktor dar. Die Notfallvorsorge und Gefahrenabwehr gibt vor, wie Notfallsituationen ermittelt werden und deren Auswirkungen so gering wie möglich gehalten oder möglichst vermieden werden können. [Nor 18b]

### Spezifikation zur freiwilligen Einführung, Anwendung und Weiterentwicklung von Arbeitsschutzmanagementsystemen in LASI-Veröffentlichungen [Web 80]

Vom Länderausschuss für Arbeitsschutz und Sicherheitstechnik (LASI) wurden die Spezifikationen zur freiwilligen Einführung, Anwendung und Weiterentwicklung von Arbeitsschutzmanagementsystemen (LASI-Veröffentlichung 58, „Beratung der Länder zu und Umgang der Länder mit Arbeitsschutz-Managementsystemen") als Anforderungen festgelegt [Web 80]. Der Organisation wird mit der LASI-Veröffentlichung 58 eine inhaltlich vollständige und praxisnahe Anleitung zur freiwilligen Einführung, Anwendung und Weiterentwicklung von Arbeitsschutzmanagementsystemen gegeben.

### Länderspezifisches Occupational Health- and Risk-Managementsystem – OHRIS

Das länderspezifische Occupational Health- and Risk-Managementsystem – OHRIS bietet ein Gesamtkonzept zum Arbeitsschutzmanagement und zur Anlagensicherheit und enthält weiterhin Handlungsanleitungen für kleine und mittlere Unternehmen (KMU), Beispiele und Dokumentenvorschläge für ein integriertes Managementsystem sowie Anleitungen für das interne Audit. Zusätzlich werden Auditchecklisten bereitgestellt, die neben einem systembezogenen Teil sehr ausführliche Fragen für ein Compliance-Audit zum Nachweis der Übereinstimmung mit rechtlichen Forderungen im technischen und sozialen Arbeitsschutz enthalten [Bay 18]:

- Band 1: Occupational Health- and Risk-Managementsystem – Grundlagen und Systemelemente
- Band 2: Occupational Health- and Risk-Managementsystem – System- und Compliance-Audit
- Band 3: Occupational Health- and Risk-Managementsystem – Dokumentation und Handbuch zum Managementsystem
- Band 4: Occupational Health- and Risk-Managementsystem – Handlungsanleitung für kleine und mittlere Unternehmen

In Bayern und Sachsen erhalten Unternehmen, die ein SGA-MS auf der Grundlage von OHRIS eingeführt haben, auf Wunsch und nach einer erfolgreichen Prüfung der Wirksamkeit des SGA-MS durch die Gewerbeaufsicht das Ergebnis schriftlich bestätigt. Das Unternehmen wird dann in ein Standortregister aufgenommen.

### Weitere Arbeitsschutzmanagementleitfäden

Weitere Arbeitsschutzmanagementleitfäden wurden als branchenspezifische Konzepte ausgearbeitet, wie beispielsweise:

- Wegweiser Sicherheit und Gesundheitsschutz (Berufsgenossenschaft der chemischen Industrie)

- Arbeitsschutzmanagement-Systemkonzept und Lösung für eine praxisnahe Implementierung in Kraftwerken (Technische Vereinigung der Großkraftwerksbetreiber – VGB)
- SGA-MS – Konzept der BGFE (Berufsgenossenschaft der Feinmechanik und Elektrotechnik)
- Managementanforderungen der BGW zum Arbeitsschutz (MAAS-BGW) Integration von Sicherheit und Gesundheit in ein Qualitätsmanagementsystem nach DIN EN ISO 9001:2015 [BGW 10]
- Gütesiegel „Sicher mit System" (Metall-Berufsgenossenschaften)

Für welches Managementkonzept sich eine Organisation entscheidet, hängt von unterschiedlichen Anforderungen ab:

- Kundenforderungen
- vorhandene Managementsysteme
- Betriebsgröße einschließlich Anzahl und Sitz der Standorte
- betriebsspezifische Besonderheiten

Die Anforderungen der verschiedenen Leitfäden unterscheiden sich nicht wesentlich. Grundsätzlich fordern alle die Regelung folgender Aspekte [Sen 19]:

1. **Politik**

   Aufstellung einer Arbeitsschutzpolitik, Festlegung von Arbeitsschutzzielen.

2. **Organisation**

   Regelung von Zuständigkeiten und Verantwortung, Bereitstellung von Ressourcen, Organisation der Mitwirkung, Klärung der Rechte und Pflichten der Beschäftigten, Qualifikation und Schulung, Dokumentation, Organisation von Kommunikation und Zusammenarbeit.

3. **Planung und Umsetzung**

   Erstmalige Prüfung (Ist-Analyse), Ermittlung von rechtlichen und sonstigen Verpflichtungen, Ermittlung von Abläufen und Prozessen, Beurteilung von Gefährdungen, Maßnahmen zur Vermeidung oder Minimierung von Gefährdungen, Regelungen für Betriebsstörungen und Notfälle, Organisation des Beschaffungswesens, Regelungen für die Zusammenarbeit mit Fremdfirmen, Organisation der arbeitsmedizinischen Vorsorge, Gesundheitsförderung und Änderungsmanagement.

4. **Messung und Bewertung**

   Leistungsüberwachung und Messung, interne Audits, Bewertung durch die oberste Leitung, Verbesserungsmaßnahmen, Vorbeugungs- und Korrekturmaßnahmen, fortlaufende Verbesserung.

## 6.6 Umsetzung der Normenanforderungen zum Arbeits- und Gesundheitsschutz im Unternehmen

### 6.6.1 Risikobasiertes Denken und interne Kommunikation

**Ein wesentlicher Bestandteil der Arbeit des Managements ist die Minderung von Risiken in der Organisation/im Unternehmen.**

**Risikobasiertes Denken ist ein zentraler Grundsatz der DIN EN ISO 45001.**

Risikobasiertes Denken verlangt vom Managementteam, dass es die Fragen, die die Arbeitssicherheitsaspekte einer Organisation/eines Unternehmens betreffen, kontinuierlich bewertet und sicherstellt, dass angemessene Ziele, Ressourcen und Kontrollen vorhanden sind.

Risikobasiertes Denken befähigt Unternehmen, dynamische Veränderungen an ihren Zielen und Schwerpunkten vorzunehmen und gleichzeitig sicherzustellen, dass Ressourcen zur Verfügung stehen, um Veränderungen und unvorhergesehene Umstände zu beherrschen.

In Bezug auf Arbeitssicherheit erstreckt sich das risikobasierte Denken auch auf Bereiche außerhalb des Unternehmens, die die Sicherheit im eigenen Unternehmen beeinflussen können, beispielsweise die Beschaffung von Produkten und Dienstleistungen (einschließlich Auftragnehmer) und die Auswirkungen der gelieferten Produkte und Dienstleistungen.

Das Unternehmen muss eine Methodik für risikobasiertes Denken unter Berücksichtigung von Compliance-Verpflichtungen und der Beteiligung der Arbeitnehmer festlegen. Für betriebliche Aspekte definiert die Norm DIN EN ISO 45001 klar die Hierarchie der Kontrolle zur Gefahrenerkennung und Risikominderung unter Einbeziehung der Arbeitnehmer. Diese Methodik verlangt von der Organisation/vom Unternehmen, die mit Gefahren verbundenen Risiken auf ein möglichst geringes Maß zu reduzieren [Ali 18].

Relevante Informationen zum das SGA-Managementsystem und Änderungen müssen bedarfsgerecht zwischen den verschiedenen Ebenen und Funktionen kommuniziert werden (Tabelle 6.3). Eine systematisch organisierte Kommunikation zwischen den Mitarbeitenden trägt aktiv zur fortlaufenden Verbesserung bei. [Sen 19]

**Tabelle 6.3** Organisation der internen Kommunikation zwischen den verschiedenen Ebenen und Funktionsbereichen in der Organisation/im Unternehmen

| Beratung/ Mittel | Verantw. | Ziel | Input | Termin | Dauer | Teilnehmende |
|---|---|---|---|---|---|---|
| Management-Meeting | G | Lenkung und Kontrolle der Firmenaktivitäten aktuelle Reklamationen/Qualitätsprobleme, Auswertung Kennzahlen | alle Teilnehmenden RQ | monatlich | 1 Tag | G, P, K, KEA, T, RK, RQ, HR |
| Termin-/ Wochenplanung | G | Termine, Besucherbetreuung, Aktivitäten abstimmen | alle Teilnehmenden | wöchentlich | ½ Std. | G, P, K, RQ, RK, KEA, T, HR, GS |
| Produktionsbesprechung | P | Information zur Geschäftsentwicklung aktuelle Produktionsprobleme | P | wöchentlich | 1 Std. | G, P, PGL, PGS |
| SGM | CDZP | Projektaktivitäten Tooling systems | RK | 4x jährlich | 1 Tag | RK |
| CGZ – Management Meeting | CDZ | R&D-Projekte | RK | 4x jährlich | 1 Tag | RK |
| Patent Meeting Machine Integration | SMS | Patentrecherche | RK | 4x jährlich | 1 Tag | RK |

## 6.6.2 Erfassung interessierter Parteien

Die Norm DIN EN ISO 45001 fordert die Identifikation und Dokumentation der Anforderungen der beteiligten interessierten Parteien und eine sichere Kommunikation zwischen den betreffenden Struktureinheiten der Organisation. Der Kasten „Ermittlung und Dokumentation der interessierten Parteien“ fasst die zentralen Aspekte zusammen und kann dementsprechend als Checkliste genutzt werden. [Tei 18]

**Ermittlung und Dokumentation der interessierten Parteien [Tei 18]**

**Gesellschafter**

- Rentabilität und Wirtschaftlichkeit
- Zukunftsorientierung
- Gewinnung Marktanteile
- Kundenorientierung und -zufriedenheit
- Nachhaltigkeit
- Einhaltung gesetzlicher sowie interner Vorgaben/Ziele
- Compliance
- Arbeitsschutz und Sicherheit
- risikobasiertes und chancenorientiertes Handeln

**Mitarbeitende**

- qualifikationsgerechtes Tätigkeitsfeld
- gesundes Betriebsklima
- leistungsgerechtes und faires Einkommen
- persönliche Weiterentwicklung und -bildung
- sicherer Arbeitsplatz (z. B. bei wirtschaftlichen und politischen Veränderungen)
- körperliche und seelische Unversehrtheit durch bestmöglichen Arbeits- und Gesundheitsschutz
- Schutz vor möglichen Infektionen durch Pandemien (betriebliches Hygienekonzept)

**Bank- und Finanzinstitutionen**

- Einhaltung der gesetzlichen Vorgaben (steuerrechtlich)
- Rentabilität
- wirtschaftliches Wachstum
- Stabilität/Wettbewerbsfähigkeit

**Zertifizierungsorganisationen**

- lückenlose Umsetzung der normativen Anforderungen
- fairer, offener Umgang
- fortlaufende Verbesserung
- langfristige Kooperation

**Nachbarschaft**

- gute bilaterale Beziehung
- gute Öffentlichkeitsarbeit/Beteiligung an sozialen Projekten
- Einhaltung der gesetzlichen und behördlichen Vorgaben (Lärm, Umwelt)
- Notfall- und Gefahrenabwehr bei Unfällen mit möglichen Umweltfolgen

**Gesellschaft**

- verantwortungsbewusster Umgang mit Menschen, Umwelt und Ressourcen
- Entwicklung zukunftsorientierter Technologien und Beteiligung an globalen Zukunftsprojekten
- Erhalt/Schaffung von Arbeitsplätzen

**Kunden**

- qualitativ hochwertige Produkte und Services
- angemessene Lieferzeit
- Einhaltung der vereinbarten Lieferzeiten (Lieferbereitschaft)
- faires Preis-Leistungs-Verhältnis
- verantwortungsbewusster Umgang mit dem Menschen, Umwelt und Ressourcen (Zertifizierungen, Recycling-Wertschöpfungskette)
- Einhaltung der gesetzlichen und behördlichen Vorgaben
- zertifiziertes Qualitätsmanagementsystem
- Selbstverpflichtung zum Umweltmanagementsystem

**Lieferanten/Dienstleister/Partner**

- partnerschaftliche Zusammenarbeit
- faires Preis-Leistungs-Verhältnis
- wirtschaftliche Stabilität
- Pflege der Lieferantenportale

**Gesetzgeber und Behörden**

- Einhaltung der gesetzlichen und behördlichen Vorgaben
- Sicherstellung, permanente Aktualisierung und Umsetzung eines betrieblichen Hygieneschutzkonzepts

**Marktbegleiter**

- fairer Wettbewerb

Interne interessierte Parteien können Führungskräfte, Beschäftigte, Vertreter der Beschäftigten oder Experten sein. Zu den externen interessierten Parteien werden Aktionäre, Gläubiger, Wettbewerber, Kapitalgeber, Kunden, Anwohner, die Gesellschaft, Lieferanten, der Staat oder die Berufsgenossenschaften gezählt [Wei 18].

### 6.6.3 Notfall- und Krisenmanagement

Im Abschnitt 5.9 wird das Risiko- und Krisenmanagement mit Zielen, Begriffen, ausgewählten Normen und Hinweisen zur Umsetzung und zur Dokumentation sowie zu den Prozessen für das Notfall- und Krisenmanagement ausführlich beschrieben.

In Arbeitsschutzmanagementsystemen (SGA-MS) müssen auch für den Notfall entsprechende Abläufe erarbeitet und dokumentiert werden. Dazu kann beispielweise eine Verfahrensanweisung zur Notfallvorsorge und Gefahrenabwehr erarbeitet werden (Anhang A 16.3, siehe Kapitel 16).

Zur Risikobeurteilung und Notfallplanung kann eine Checkliste, die der Fachkraft für Arbeitssicherheit Anhaltspunkte für die Planung und Behandlung von Notfallsituationen gibt, genutzt werden (Tabelle 6.4). Dadurch werden alle relevanten Punkte geklärt und die Gefahr, etwas zu übersehen oder nicht zu berücksichtigen, wird minimiert. [Tei 18]

**Tabelle 6.4** Risikobeurteilung und Notfallplanung [Tei 18]

| **Rechtsverweise: KrWG, BetrSichV, BImSchG, BImSchV, WHG, GefStoffV**<br>**Diese Checkliste gibt Ihnen Anhaltspunkte, wie Sie Risiken beurteilen und durch eine Notfallplanung mögliche Schäden vermeiden können.** | | | | | |
|---|---|---|---|---|---|
| Erstellt durch:<br>Erfasster/begangener Bereich:<br>Datum: | | | | | |
| **Prüfpunkt** | **Ja** | **Nicht relevant** | **Nicht bekannt** | **Nein/zum Teil** | **Erforderliche Maßnahmen** |
| **Risikobeurteilung** | | | | | |
| Wenn nein, sind diese Risiken in der Maßnahmenplanung berücksichtigt worden? | ☐ | ☐ | ☐ | ☐ | |
| Gibt es eine Maßnahmenplanung zur Vermeidung dieser Risiken? | ☐ | ☐ | ☐ | ☐ | |
| **Gefährdungsbeurteilungen auswerten** | | | | | |
| Gibt es technische oder organisatorische Maßnahmen, die diese Gefährdungen beseitigen? | ☐ | ☐ | ☐ | ☐ | |
| Wenn ja, werden diese bei der Planung bzw. Umsetzung des A&GS-Managements berücksichtigt? | ☐ | ☐ | ☐ | ☐ | |
| Werden diese Maßnahmen in der Maßnahmenplanung verfolgt? | ☐ | ☐ | ☐ | ☐ | |
| **Notfallplanung** | | | | | |
| Lassen sich Risiken oder Gefährdungen nicht vermeiden? | ☐ | ☐ | ☐ | ☐ | |
| Sind diese Risiken im Unternehmen bekannt? | ☐ | ☐ | ☐ | ☐ | |

**Tabelle 6.4** Risikobeurteilung und Notfallplanung [Tei 18] *(Fortsetzung)*

| **Rechtsverweise: KrWG, BetrSichV, BImSchG, BImSchV, WHG, GefStoffV**<br>**Diese Checkliste gibt Ihnen Anhaltspunkte, wie Sie Risiken beurteilen und durch eine Notfallplanung mögliche Schäden vermeiden können.** | | | | | |
|---|---|---|---|---|---|
| **Prüfpunkt** | **Ja** | **Nicht relevant** | **Nicht bekannt** | **Nein/zum Teil** | **Erforderliche Maßnahmen** |
| **Notfallplanung** | | | | | |
| Gibt es Notfallpläne oder Betriebsordnungen, die das Verhalten bei Unfällen regeln? | ☐ | ☐ | ☐ | ☐ | |
| **Notfallübungen** | | | | | |
| Werden Notfallübungen zur Vorbeugung durchgeführt? | ☐ | ☐ | ☐ | ☐ | |
| Werden diese Notfallübungen zur Vorbeugung beurteilt und ausgewertet? | ☐ | ☐ | ☐ | ☐ | |
| **Ursachenermittlung** | | | | | |
| Gab es Notfälle und wurden diese dokumentiert? | ☐ | ☐ | ☐ | ☐ | |
| Wurden die Ursachen dieser Notfälle ermittelt? | ☐ | ☐ | ☐ | ☐ | |
| Wird diesen Notfällen in Zukunft durch technische Maßnahmen vorgebeugt? | ☐ | ☐ | ☐ | ☐ | |
| Wird diesen Notfällen in Zukunft durch organisatorische Maßnahmen vorgebeugt? | ☐ | ☐ | ☐ | ☐ | |
| Sind die Notfallpläne aktuell (müssen nicht überarbeitet/verbessert werden)? | ☐ | ☐ | ☐ | ☐ | |

| Rechtsverweise: KrWG, BetrSichV, BImSchG, BImSchV, WHG, GefStoffV<br>Diese Checkliste gibt Ihnen Anhaltspunkte, wie Sie Risiken beurteilen und durch eine Notfallplanung mögliche Schäden vermeiden können. | | | | | |
|---|---|---|---|---|---|
| **Prüfpunkt** | **Ja** | **Nicht relevant** | **Nicht bekannt** | **Nein/zum Teil** | **Erforder-liche Maß-nahmen** |
| **Ursachenermittlung** | | | | | |
| Sind die notwendigen Maßnahmen im Maßnahmenplan zur Systembewertung dokumentiert? | ☐ | ☐ | ☐ | ☐ | |
| **Zusätzliche betriebsspezifische Prüfpunkte** | | | | | |
| | ☐ | ☐ | ☐ | ☐ | |
| | ☐ | ☐ | ☐ | ☐ | |

## 6.6.4 Risk Management planen

Die Planung des präventiven Risk Managements muss auf mögliche Risiken und Chancen ausgerichtet sein. Bei der Planung des SGA-Managementsystems (SGA-MS) muss die Organisation die Anforderungen der interessierten Parteien und den Anwendungsbereich des SGA-MS berücksichtigen sowie die Risiken und Chancen bestimmen, die betrachtet werden müssen, um

- unerwünschte Auswirkungen von Risiken zu verhindern oder zu verringern und
- eine fortlaufende Verbesserung zu erreichen.

Bei der Bestimmung der Risiken und Chancen für das SGA-MS müssen folgende Faktoren beachtet werden:

- Gefährdungen
- SGA-Risiken und andere Risiken
- SGA-Chancen und andere Möglichkeiten
- rechtliche Verpflichtungen und andere Anforderungen

**Die Organisation muss** bei ihren Planungsprozessen die Risiken und Chancen ermitteln und bewerten. In Verbindung mit Änderungen in der Organisation, deren Prozessen oder dem SGA-MS müssen mögliche relevante Risiken neu bestimmt werden. Im Fall geplanter Änderungen, die dauerhaft oder vorübergehend sein können, muss eine Bewertung vor Umsetzung der Änderung durchgeführt werden. [Sen 19]

**Die Organisation muss** dokumentierte Information aufrechterhalten zu:

- Risiken und Chancen
- den Prozessen und den Maßnahmen zur Ermittlung und Behandlung von Risiken und Chancen, um darauf vertrauen zu können, dass diese Prozesse wie geplant durchgeführt werden

**Die Organisation muss** bei der Gestaltung des SGA-MS und bei Änderungen (Struktur, Prozesse, Material oder Regularien) die Umgebungsbedingungen berücksichtigen. [Wei 18]

Die verantwortlichen Personen müssen auf Notfallsituationen reagieren können und es muss für die Mitarbeitenden Transparenz zu rechtlichen Verpflichtungen geschaffen werden [Nor 07a] [Nor 18b].

Wichtig ist es, zu allen Vorgängen **ausreichende personelle und finanzielle Ressourcen** zur Verfügung zu stellen. Im SGA-MS sind **klare Rollenverteilungen und Verantwortlichkeiten**, nicht nur für die Fachkraft für Arbeitssicherheit, festzulegen. Die oberste Leitung muss auch die verfügbaren Mittel zur Behebung von Risiken planen und zur Verfügung stellen. Häufig nimmt die Risikobeseitigung deutlich mehr Zeit und personelle Ressourcen in Anspruch als das Risk Management. Dazu sind jedoch **Budget-, Zeit- und Ressourcenpläne** erforderlich und zu planen. [Wei 16]

## 6.6.5 Risiken identifizieren und kategorisieren

**Für die Identifikation von Risiken und Chancen ist eine Probability-Impact-Matrix (Wahrscheinlichkeit-Ausmaß-Matrix) geeignet** (Tabelle 6.6). Mithilfe der Wahrscheinlichkeit-Ausmaß-Matrix können die verantwortlichen Fachkräfte für Arbeitssicherheit die entsprechenden Risiko- bzw. Chancen-Level bestimmen. Die Matrix definiert zuerst die Auftretenswahrscheinlichkeit und kategorisiert diese in eine von fünf Stufen. Anschließend wird der Wirkungsgrad der Risiken und Chancen definiert. Hierbei helfen konkrete Beispiele dem Verantwortlichen, die Risiken und Chancen richtig einzuordnen. Aufgrund der hohen Bedeutung von Personenschäden sollte in einer separaten Tabelle die Kategorisierung für Personenschäden durchgeführt werden (Tabelle 6.5). Bei der Risikobewertung nach dieser Methode (Tabelle 6.5) ist die Zuhilfenahme eines Sicherheitsexperten zwingend erforderlich. Eine weitere, meist ungenutzte Quelle für die Identifikation von Projektrisiken sind historische Daten und Erfahrungen aus ähnlichen Projekten. Gerade kunden- und produktspezifische Risiken, die in Projekten eingetreten sind und erfolgreich bewältigt wurden, können für Folgeprojekte wichtige Informationen enthalten. Eine effektive Kommunikation und Dokumentation über den bisherigen Umgang mit Risiken bietet auch Möglichkeiten zur Gestaltung eines risikospezifischen Wissensmanagements.

**Tabelle 6.5** Risikobewertung bei möglichen Personenschäden

| **E: Eintrittswahrscheinlichkeit** | **Bewertungsfaktor** |
|---|---|
| Äußerst selten | 1 |
| Selten | 2 |
| Oft | 3 |
| Häufig | 4 |
| Sehr häufig | 5 |
| **S: Schadensausmaß** | **Bewertungsfaktor** |
| Leichte Verletzung | 1 |
| Verletzung ohne bleibende gesundheitliche Beeinträchtigung | 2 |
| Verletzung mit bleibender gesundheitlicher Beeinträchtigung, jedoch geringer Auswirkung auf die Lebensqualität | 3 |
| Verletzung mit bleibender gesundheitlicher Beeinträchtigung und erheblicher Auswirkung auf die Lebensqualität | 4 |
| Tödliche Verletzung | 5 |

Im Fall von besonders arbeitssicherheitskritischen Projekten kann eine Bedrohung unter keinen Umständen akzeptiert werden. Deshalb kann nach einer erfolgreichen Identifizierung der Chancen und Risiken beispielsweise eine Probability-Impact-Matrix (P-I-Matrix) mit einer einheitlichen Skalierung angewendet werden. Ein Beispiel für eine Matrizenstruktur einer P-I-Matrix ist in Bild 6.5 dargestellt. Dabei hat eine gemeinsame Definition von Probability- und Impact-Skalen mit Zuordnung einheitlicher Werte eine besondere Bedeutung. [Sen 19]

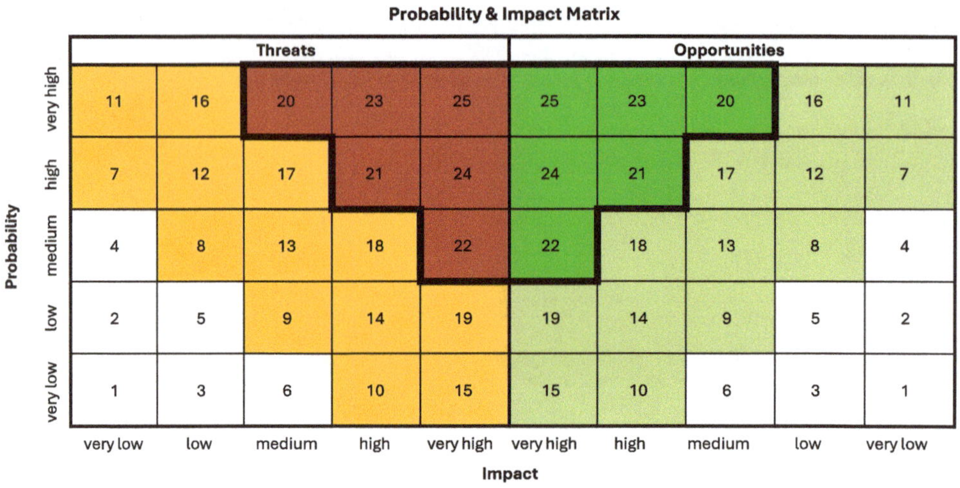


**Bild 6.5** Probability-Impact-Matrix für besonders kritische Risiken und deren Priorisierung

Die P-I-Matrix ist ein wertvolles Instrument des Projektmanagements zur Bewertung und Priorisierung von Risiken. Die Struktur einer P-I-Matrix besteht aus folgenden Komponenten:

- **Rasterstruktur:** Die Risikomatrix besteht in der Regel aus einem Raster oder einer Matrix, in der die Risiken auf der Grundlage ihrer Auftretenswahrscheinlichkeit und ihrer Auswirkungen dargestellt werden.
- **Auftretenswahrscheinlichkeit:** Wahrscheinlichkeit oder Häufigkeit, mit der ein Risikoereignis eintreten könnte. Die Wahrscheinlichkeit kann beispielsweise in die Stufen niedrig, mittel oder hoch eingeteilt werden.
- **Auswirkung:** Bezeichnet die Folgen oder den Schweregrad eines Risikoereignisses, wenn es eintritt. Die Auswirkungen können ebenfalls in die Stufen niedrig, mittel oder hoch eingeteilt werden.
- **Aufzeichnung der Risiken:** Jedes identifizierte Risiko wird bewertet und dann auf der Grundlage seiner geschätzten Wahrscheinlichkeit und Auswirkung in die Matrix eingeordnet. Diese Positionierung hilft dem Projektmanagement und Fachkräften für Arbeitssicherheit bei der Visualisierung und der effektiven Priorisierung von Risiken.

Nach der Bewertung von Risiken können Vorsorgemaßnahmen mit folgenden Zielen definiert werden [Sen 19]:

- Vermeidung der Ursachen von Störungen und ungewollten Ereignissen
- Reduzierung des Schadensausmaßes

- Reduzierung der Eintrittswahrscheinlichkeit
- Erhöhung der Entdeckungswahrscheinlichkeit (rechtzeitige Möglichkeit der Schadensvermeidung oder -begrenzung)

Weiterhin können folgende Maßnahmen festgelegt werden:

- technische Maßnahmen
- Ersatz von gefährlichen Verfahren und Stoffen
- Automatisierung (Prozesse ohne menschliche Arbeitskraft)
- Absperren von Gefahrenstellen
- organisatorische Maßnahmen
- Änderung der Arbeitsorganisation (z. B. kleinere Arbeitsbereiche, Rotation der Beschäftigten)
- Arbeitszeitgestaltung
- personenbezogene Maßnahmen
- persönliche Schutzausrüstung
- Hinweise (Schilder, Anweisungen, Warnsignale)
- Schulung, Unterweisung der Beschäftigten

Das Festlegen von Maßnahmen muss durch die verantwortliche Leitung unter Mitwirkung des Fachpersonals (der Arbeitsgruppe) und unter Berücksichtigung bereits im Vorfeld getroffener Festlegungen erfolgen. Die DIN EN ISO 45001 fordert explizit auch eine Ermittlung, Bewertung und Umsetzung von Chancen.

Durch die Implementierung der DIN EN ISO 45001 muss auch der Beschaffungsprozess neu geregelt werden. Es müssen Arbeitsschutzkontrollen eingeführt werden, welche sich auf den Einkauf von Waren und Materialien, auch bei ausgegliederten Prozessen, konzentrieren. [Nor 18b]

### 6.6.6 Quantitative Beurteilung von Chancen und Risiken

Für eine genauere Priorisierung der bereits qualitativ bewerteten Risiken ist der Prozess „Quantitative Risk Analysis" im Risk Management ein weiterer Weg, um Risiken exakter zu charakterisieren und zu priorisieren. Die quantitative Beurteilung von Risiken dient, neben der Priorisierung, der finanziellen Beurteilung von Risiken und ihrer Bewältigungsmaßnahmen. Des Weiteren ist die quantitative Beurteilung von Risiken ein zusätzliches nutzbringendes Instrument zur projektübergreifenden Steuerung des Einsatzes von Ressourcen, Zeit und Budgetmitteln.

Im Prozess „Quantitative Beurteilung von Risiken“ kann wie folgt vorgegangen werden:

*Definition eines Schwellenwerts:* Der Aufwand für die Analyse von Risiken muss im Verhältnis zu ihrem Nutzen stehen. Eine Quantifizierung aller Risiken ist aufgrund ihrer großen Anzahl und Intransparenz nicht zielführend. Aus diesen Gründen wird empfohlen, Risiken erst ab einem Risk Level von 20 quantitativ zu analysieren und dies als Schwellenwert im Risk Management zu definieren (Tabelle 6.6).

Für die *Ermittlung und Skalierung der Wahrscheinlichkeit* (Risk Level) eignet sich eine Wahrscheinlichkeit-Skalierungs-Matrix (Tabelle 6.6). In Sonderfällen, in denen eine quantitative Risikoanalyse nur schwer zu realisieren bzw. nicht nutzbringend ist, können sich das Projektmanagement oder die Sicherheitsfachkräfte dagegen entscheiden. In diesem Fall müssen sie ihre Entscheidung einer Risk List dokumentieren. Demgegenüber liegt es grundsätzlich in der persönlichen Freiheit des Projektmanagements und der Fachkräfte für Arbeitssicherheit, Chancen und Risiken auch unterhalb eines Risk Levels von 20 quantitativ zu bewerten. [Wei 16]

**Tabelle 6.6** Wahrscheinlichkeit-Skalierungs-Matrix mit Eintrittswahrscheinlichkeit und FMEA-Klassifikation [Wei 16]

| Wahrscheinlichkeitsskalierung | Allgemein | Wahrscheinlichkeit | FMEA-Klassifikation |
|---|---|---|---|
| Sehr hoch | Das Eintreten des Ereignisses ist fast sicher | ≥ 80 % or 0,9 | 9, 10 |
| Hoch | Das Eintreten des Ereignisses ist sehr wahrscheinlich | ≥ 60 % or 0,7 | 7, 8 |
| Mittel | Das Eintreten des Ereignisses ist ebenso wahrscheinlich wie das Nicht-Ereignis | ≥ 40 % or 0,5 | 4, 5, 6 |
| Niedrig | Der Eintritt des Ereignisses ist unwahrscheinlich | ≥ 20 % or 0,3 | 2, 3 |
| Sehr niedrig | Der Eintritt des Ereignisses ist nahezu unmöglich (kann ausgeschlossen werden) | ≤ 20 % or 0,1 | 1 |

Für die Ermittlung der Wahrscheinlichkeit-Skalierung kann eine Ausmaß-Skalierungs-Matrix angewendet werden (Tabelle 6.7) [Wei 16].

**Tabelle 6.7** Beispiel für eine Ausmaß-Skalierungs-Matrix zur Ermittlung der Wahrscheinlichkeit-Skalierung [Wei 16]

| Ausmaßskalierung | Körperverletzung |
|---|---|
| Sehr hoch | Physikalische Verletzungen mit Todesfolge oder schwerster Invalidität (Pflegeschäden); mehr als ein Tod oder verbleibende Gesundheitsschäden; schwere Verletzungen von Fahrer/Fahrerin, Beifahrer/Beifahrerin oder anderen Verkehrsteilnehmenden |
| Hoch | Schwerwiegende und verbleibende Gesundheitsschäden; Einzelfall Tod oder verbleibende Gesundheitsschäden; schwere Verletzungen von Fahrer/Fahrerin, Beifahrer/Beifahrerin oder anderen Verkehrsteilnehmenden |
| Mittel | Leichter verbleibender Gesundheitsfehler; die Lebensqualität ist leicht beeinträchtigt; leichte Verletzungen von Fahrer/Fahrerin, Beifahrer/Beifahrerin oder anderen Verkehrsteilnehmenden |
| Niedrig | Körperliche, aber heilbare Verletzungen; geringe Gesundheitsgefährdung der betroffenen Personen |
| Sehr niedrig | Sehr leichte Verletzungen mit schneller vollständiger Genesung |
| **Das höchste Einzelrating bestimmt die Kategorisierung des Wirkungsrisikos (bezogen auf ein einzelnes Risiko).<br>Das Thema Personenschäden und Sicherheit muss mit besonderer Sorgfalt bewertet werden und es ist zwingend erforderlich, einen Sicherheitsexperten hinzuzuziehen.** | |

### 6.6.7 Ermittlungen von Gefährdungen und Erarbeitung von Gefährdungsbeurteilungen

Für die Umsetzung der Normenanforderungen zum Arbeits- und Gesundheitsschutz in einer Organisation/im Unternehmen sind umfangreiche Maßnahmen zu planen und zu realisieren. **Neben der Ermittlung von rechtlichen und sonstigen Verpflichtungen und der Ermittlung von Abläufen und Prozessen des Arbeitsschutzmanagements sind die vorausschauende und retrospektive Beurteilung von Gefährdungen sowie Maßnahmen zur Vermeidung oder Minimierung von Gefährdungen ein wesentlicher Prozess im Arbeitsschutzmanagement.** [Web 81] Dazu sind kontinuierlich Gefährdungsanalysen und -ermittlungen durchzuführen (Bild 6.6).

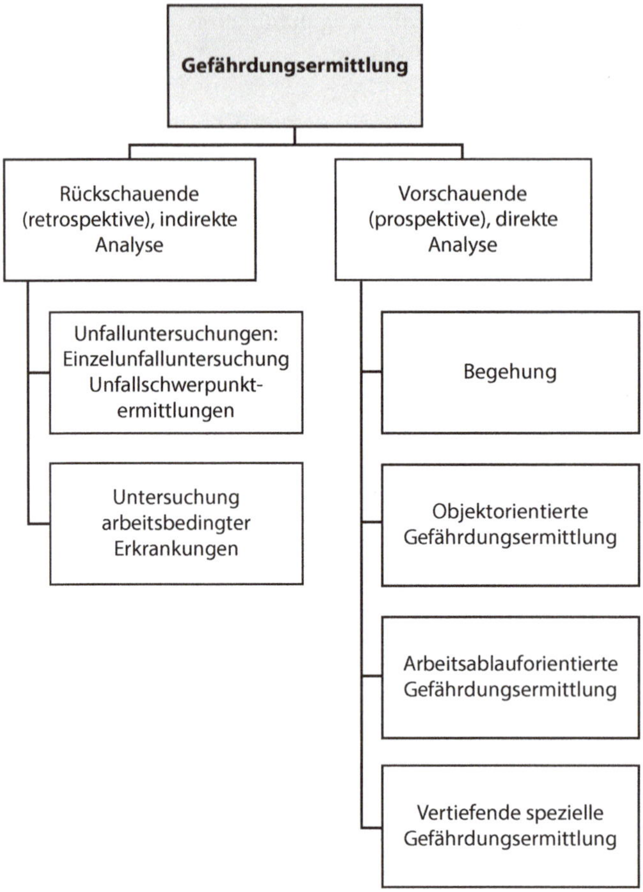


**Bild 6.6** Vorgehensweise zur Ermittlung von Gefährdungen – Gefährdungsanalysen [Web 81]

Ein zentrales Element des Arbeits- und Gesundheitsschutzes stellt die Gefährdungsbeurteilung dar. Eine Gefährdungsbeurteilung durchzuführen, ist vor allem eine Aufgabe der jeweiligen Führungskraft. Sie kennt die betrieblichen Arbeitsabläufe, die Gefährdungsfaktoren und die bisher getroffenen Schutzmaßnahmen.

**Für die Durchführung einer Gefährdungsbeurteilung eignet sich eine Checkliste, die der Sicherheitsfachkraft bei der Durchführung der Gefährdungsbeurteilung helfen soll** (Tabelle 6.8). [Sen 19]

**Tabelle 6.8** Beispiel für eine Checkliste zur Beurteilung einer Gefährdung [Tei 18]

| Nr. | Prüfpunkt | ja | nein | n. z. | Bemerkung |
|---|---|---|---|---|---|
| 1 | Führen Vorgesetzte, Fachkräfte für Arbeitssicherheit, Betriebsräte und Fachkräfte für Arbeitssicherheit regelmäßig Betriebsbegehungen durch? | ☐ | ☐ | ☐ | |
| 2 | Sind auch organisatorische Regelungen in die Prüfung auf mögliche Gefährdungen einbezogen? | ☐ | ☐ | ☐ | |
| 3 | Wird bei Betriebsbegehungen ein besonderes Augenmerk auf die Arbeitsweise und das Verhalten der Mitarbeitenden gelegt? | ☐ | ☐ | ☐ | |
| 4 | Werden für die Begehungen Prüflisten entwickelt und angewendet? | ☐ | ☐ | ☐ | |
| 5 | Wird bei Betriebsbegehungen darauf geachtet, dass die erforderlichen Arbeitsschutzvorschriften eingehalten werden? | ☐ | ☐ | ☐ | |
| 6 | Werden die Mitarbeitenden darüber informiert, dass jeder beim Erkennen von Gefährdungen angesprochen ist? | ☐ | ☐ | ☐ | |
| 7 | Werden die Sicherheitsfachkräfte und Betriebsärzte beim Aufspüren von Betriebsgefahren von den Mitarbeitenden unterstützt? | ☐ | ☐ | ☐ | |
| 8 | Erfolgt eine vertrauensvolle Zusammenarbeit mit den Fachkräften für Arbeitssicherheit? | ☐ | ☐ | ☐ | |
| 9 | Werden die Mitarbeitenden ermutigt, eigene Feststellungen von Gefährdungen auf jeden Fall dem zuständigen Vorgesetzten mitzuteilen? | ☐ | ☐ | ☐ | |
| 10 | Werden vorhandene Erfahrungen der Mitarbeitenden zum Erkennen von Gefährdungen berücksichtigt und ausgewertet? | ☐ | ☐ | ☐ | |
| 11 | Machen Mitarbeitende Vorschläge zur Beseitigung erkannter Gefährdungen und werden diese auch geprüft, um eine Lösung zu finden? | ☐ | ☐ | ☐ | |
| 12 | Werden Kenntnisse der Mitarbeitenden in Arbeitssicherheit kontinuierlich verbessert, z. B. durch betriebliche Weiterbildung? | ☐ | ☐ | ☐ | |
| 13 | Erhalten die Mitarbeitenden auch Gelegenheit, an Seminaren und Lehrgängen in Arbeitssicherheit der BG teilzunehmen? | ☐ | ☐ | ☐ | |

**Tabelle 6.8** Beispiel für eine Checkliste zur Beurteilung einer Gefährdung [Tei 18] *(Fortsetzung)*

| Nr. | Prüfpunkt | ja | nein | n. z. | Bemerkung |
|---|---|---|---|---|---|
| 14 | Wird auch der Betriebsrat in die Suche nach möglichen Betriebsgefahren und bei Maßnahmen zu deren Beseitigung einbezogen? | ☐ | ☐ | ☐ | |
| 15 | Wird geprüft, ob erkannte Gefährdungen auch an anderen technischen Arbeitsmitteln und Betriebsanlagen auftreten können? | ☐ | ☐ | ☐ | |
| 16 | Werden die erforderlichen Schutzmaßnahmen festgelegt und mit den Mitarbeitenden besprochen? | ☐ | ☐ | ☐ | |
| 17 | Werden notwendige Maßnahmen zur Gefahrenabwehr mit den betroffenen Mitarbeitenden besprochen und festgelegt? | ☐ | ☐ | ☐ | |
| 18 | Werden in die Auswertung auch Beinahe-Unfälle und Schadensfälle einbezogen? | ☐ | ☐ | ☐ | |
| 19 | Werden Erkenntnisse aus eingetretenen Unfällen für die Analyse von Gefährdungen genutzt? | ☐ | ☐ | ☐ | |
| Bemerkungen: | | | | | |
| Datum, Unterschrift: | | | | | |

Formblätter mit Maßnahmen für Betriebsstörungen und für Notfälle sind ebenfalls beim Aufbau eines Arbeitsschutzmanagementsystems sehr hilfreich. Ein wichtiges Arbeitsmittel sind Formblätter zur **objektorientierten Ermittlung von Gefährdungen** mit entsprechenden Schutzzielen der Berufsgenossenschaften (Tabelle 6.9) [Web 82] [Ein 22].

**Tabelle 6.9** Beispiel für ein Formblatt zur objektorientierten Ermittlung von Gefährdungen mit entsprechenden Schutzzielen für Bildschirmarbeitsplätze, Branche Maschinenbau (Auszug) [Ein 22] [Web 82]

| Information | Ermittelte Gefährdungen (Beschreibung) | Schutzziele/Anforderungen aus dem Regelwerk (nicht vollständig) | Handlungsbedarf | | Risiko | | |
|---|---|---|---|---|---|---|---|
| | | | ja | nein | groß | mittel | klein |
| DGUV Information 215-410 BGHM-I 101 | Augenbeschwerden | Blendungen, Reflexionen und Spiegelungen durch matte Oberflächen vermeiden | | | | | |

| Information | Ermittelte Gefährdungen (Beschreibung) | Schutzziele/Anforderungen aus dem Regelwerk (nicht vollständig) | Handlungsbedarf | | Risiko | | |
|---|---|---|---|---|---|---|---|
| | | | ja | nein | groß | mittel | klein |
| | | Beleuchtungskörper parallel zum Fenster anbringen, vorzugsweise indirekte Beleuchtung | | | | | |
| | | Schutz gegen Sonneneinstrahlung durch senkrechte Textillamellen, auf Südseite zusätzlich horizontale Metalljalousien | | | | | |
| | | Aufstellen des Bildschirms so, dass Blickrichtung parallel zum Fenster | | | | | |
| | | positive (dunkle Zeichen auf hellem Grund) und kontrastreiche Bildschirmdarstellung | | | | | |
| | | Unterbrechen der Bildschirmarbeiten durch andere Tätigkeiten oder Pausen | | | | | |
| BGHM-I 101 | Erkrankungen oder Beschwerden des Muskel- und Skelettsystems | Bürostuhl mit fünf gebremsten Rollen, Sitzfläche oberschenkellang und höhenverstellbar, Rückenlehne min. bis Mitte Schulterblatt und höhenverstellbar | | | | | |
| | | Tischhöhe 74 ± 2 cm, wenn höhenverstellbar, dann min 65 – 85 cm | | | | | |
| | | Einstellen von Stuhl- und Tischhöhen oder Verwendung von Fußstütze so, dass Winkel zwischen Ober- und Unterschenkel sowie Ober- und Unterarm ca. 90° ist | | | | | |
| | | ggf. Verwendung einer Fußstütze für kleine Mitarbeitende | | | | | |
| | | Beinfreiheit (min. 85 cm breit) | | | | | |
| | | helle Tastatur, getrennt vom Bildschirm | | | | | |
| | | Auflagemöglichkeit für Handballen | | | | | |
| | | Bildschirm höhenverstellbar, leicht dreh- und neigbar ausgeführt | | | | | |

**Tabelle 6.9** Beispiel für ein Formblatt zur objektorientierten Ermittlung von Gefährdungen mit entsprechenden Schutzzielen für Bildschirmarbeitsplätze, Branche Maschinenbau (Auszug) [Ein 22] [Web 82] *(Fortsetzung)*

| Information | Ermittelte Gefährdungen (Beschreibung) | Schutzziele/Anforderungen aus dem Regelwerk (nicht vollständig) | Handlungsbedarf | | Risiko | | |
|---|---|---|---|---|---|---|---|
| | | | ja | nein | groß | mittel | klein |
| | | oberste Bildschirmzeile maximal in Augenhöhe | | | | | |
| | | Blickwinkel zwischen Schreibvorlage und Bildschirm gering halten (z. B. Benutzung eines Vorlagenhalters) | | | | | |
| | | dynamisches Sitzen (häufige Veränderungen der Sitzposition) | | | | | |
| | | häufiges und längeres Sitzen durch andere Tätigkeiten unterbrechen | | | | | |
| | | | | | | | |
| DGUV Information 211-005 | o. g. und ggf. weitere Gefährdungen | Unterweisen der Mitarbeitenden über körpergerechte Sitzposition und Vermeidung von Augenbelastungen | | | | | |
| | | arbeitsmedizinische Vorsorge für Bildschirmarbeit anbieten | | | | | |
| | | | | | | | |

Nach der Ermittlung von Gefährdungen ist die Dokumentation der Gefährdungsbeurteilungen erforderlich (Bild 6.7).

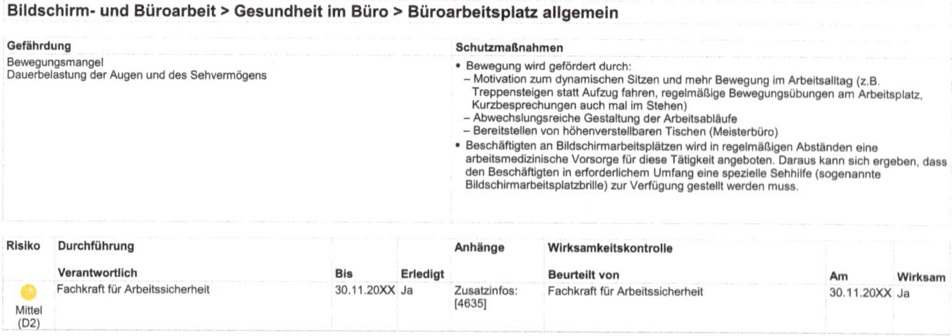

**Bildschirm- und Büroarbeit > Gesundheit im Büro > Büroarbeitsplatz allgemein**

| Gefährdung | Schutzmaßnahmen |
|---|---|
| Bewegungsmangel<br>Dauerbelastung der Augen und des Sehvermögens | • Bewegung wird gefördert durch:<br>– Motivation zum dynamischen Sitzen und mehr Bewegung im Arbeitsalltag (z.B. Treppensteigen statt Aufzug fahren, regelmäßige Bewegungsübungen am Arbeitsplatz, Kurzbesprechungen auch mal im Stehen)<br>– Abwechslungsreiche Gestaltung der Arbeitsabläufe<br>– Bereitstellen von höhenverstellbaren Tischen (Meisterbüro)<br>• Beschäftigten an Bildschirmarbeitsplätzen wird in regelmäßigen Abständen eine arbeitsmedizinische Vorsorge für diese Tätigkeit angeboten. Daraus kann sich ergeben, dass den Beschäftigten in erforderlichem Umfang eine spezielle Sehhilfe (sogenannte Bildschirmarbeitsplatzbrille) zur Verfügung gestellt werden muss. |

| Risiko | Durchführung | | | Anhänge | Wirksamkeitskontrolle | | |
|---|---|---|---|---|---|---|---|
| | Verantwortlich | Bis | Erledigt | | Beurteilt von | Am | Wirksam |
| Mittel (D2) | Fachkraft für Arbeitssicherheit | 30.11.20XX | Ja | Zusatzinfos: [4635] | Fachkraft für Arbeitssicherheit | 30.11.20XX | Ja |

**Bild 6.7** Beispiel für die Dokumentation einer Gefährdungsbeurteilung Bildschirmarbeitsplatz

Für die Dokumentation von Gefährdungsbeurteilungen eignen sich auch Formblätter (Bild 6.8).

Unternehmen ____________

Arbeitsbereich ____________ Tätigkeit ____________ Datum ____________

| Nr. | Arbeitsbedingungen, z. B. Arbeitsumgebung, Arbeitsmittel | Gefährdung/ Belastung | Risikobewertung | Schutzmaßnahme | Durchführung der Maßnahme | Wirksamkeitskontrolle* |
|---|---|---|---|---|---|---|
| | | | | ... | Verantwortliche/r ____________<br>Bis: ____________<br>Maßnahme durchgeführt?<br>Ja Nein | Beurteilende/r ____________<br>Am: ____________<br>Maßnahme wirksam?<br>Ja Nein |
| | | | | ... | Verantwortliche/r ____________<br>Bis: ____________<br>Maßnahme durchgeführt?<br>Ja Nein | Beurteilende/r ____________<br>Am: ____________<br>Maßnahme wirksam?<br>Ja Nein |
| | | | | ... | Verantwortliche/r ____________<br>Bis: ____________<br>Maßnahme durchgeführt?<br>Ja Nein | Beurteilende/r ____________<br>Am: ____________<br>Maßnahme wirksam?<br>Ja Nein |

* Die Schritte 2 bis 6 der Gefährdungsbeurteilung werden wiederholt, bis die Wirksamkeit der Maßnahme festgestellt wird.

Das Risiko ist gering
→ keine Maßnahmen erforderlich, prüfen, ob Verbesserung möglich ist

Das Risiko ist vorhanden
→ Maßnahmen zur Minderung des Risikos sind erforderlich

Das Risiko ist hoch
→ Maßnahmen zur Minderung des Risikos sind unverzüglich durchzuführen

**Bild 6.8** Beispiel für ein Formblatt zur Dokumentation einer Gefährdungsbeurteilung

Als Ergebnis von erarbeiteten Gefährdungsbeurteilungen sind dann am Arbeitsplatz Betriebsanweisungen gut sichtbar auszuhängen (Bild 6.9) [Web 64].

LOGO

Betriebsanweisung
Satiniermaschine Eibenstock
ESM 1310

Erstellt: 05.01.20XX
S. Meier

**Gefahren für Mensch und Umwelt**

Gefahren bestehen aus dem beim Arbeiten entstehenden Staub in der Atemluft
Augen- und Körperverletzungen durch Abtragen von Materialien beim Satinieren
Erfassen der Haare, Kleidung, Schmuck usw.
Fußverletzungen durch herabfallende Werkstücke
Handverletzungen durch scharfkantige Oberflächen und den Materialabtrag
Verbrennen an heißen Schleifflächen
Der beim Arbeiten entstehende Lärmpegel kann das Gehör schädigen
Getroffenwerden durch wegfliegende Teile
Rückschlag der Maschine beim Verkanten
Brandgefahr durch Funken
Stromschlag bei Beschädigung der elektrischen Stromzuführung (Kabel)

**Schutzmaßnahmen und Verhaltensregeln**

Benutzung nur durch unterwiesene Personen
Brennbare Materialien aus dem Arbeitsbereich entfernen oder abdecken
Für Brandschutz sorgen, Feuerlöscher bereithalten
Gehörschutz, Schutzbrille, Staubschutzmaske, Schutzschuhe benutzen
Lüften des Arbeitsraums
Flugbahn der Partikel freiräumen
Benachbarte Arbeitsplätze und Verkehrswege durch Stellwände abtrennen
Enganliegende Kleidung tragen, Ketten und Uhren ablegen
Bei langen Haaren Haarnetz tragen
Maschine beidhändig führen, „vom Körper wegarbeiten"
Keine Handschuhe beim Satinieren verwenden
Schutzvorrichtungen nicht entfernen
Nur für das jeweilige Gerät zugelassene Satiniermittel verwenden
Werkstück ausreichend sichern
Nach Beenden der Arbeit Netzstecker ziehen

**Verhalten bei Störungen und im Gefahrenfall**

Arbeiten einstellen, Gerät sofort ausschalten, Satinierrad stillsetzen bzw. Netzstecker ziehen
Mängel und Schäden dem/der Vorgesetzten melden
Geeignete Löschmittel: mit Wassersprühstrahl, Löschpulver, Schaum oder Kohlendioxid löschen

**Erste Hilfe**

Ruhe bewahren, Unfallstelle sichern, Gerät stromlos schalten
Notruf absetzen (schwere Verletzungen), Ersthelfer informieren
Erste Hilfe leisten
Rettungsteam einweisen (schwere Verletzungen)

**Bild 6.9** Betriebsanweisung am Beispiel Satiniermaschine

Unfall melden / Erste-Hilfe-Leistungen immer im Verbandbuch eintragen
NOTRUF 112

**Instandhaltung, Entsorgung**

Betriebsanleitung/Bedienungsanleitung des Herstellers beachten
Vor jeder Inbetriebnahme Vorhandensein und Funktion der Sicherheits- und Schutzeinrichtungen überprüfen
Wartungsarbeiten entsprechend den Vorgaben des Herstellers
Instandsetzung nur durch Fachfirma oder hierzu beauftragter Person
Satinierräder auf Beschädigungen überprüfen und evtl. auswechseln
Satiniermaschine regelmäßig prüfen lassen

**Bild 6.9** Betriebsanweisung am Beispiel Satiniermaschine *(Fortsetzung)*

Weitere sehr relevante Mittel für den Arbeitsschutz sind Rechtskataster und aushangpflichtige Gesetze, die für die Organisation gelten (Bild 6.10) [Web 28].

| **Rechtskataster** | | | **Nummer:** ohne | **Rev.:** 1 |
|---|---|---|---|---|
| **Gesetze** | | | **Geltungsbereich:** | |
| **Ersteller:** Hr. Greiner | **Bereich:** Betriebsleitung | **Freigegeben:** Geschäftsführung | **Freigabedatum:** 27.03.20XX | **Seite:** Seite 1 von 9 |

- ***Technische Regeln (ASR, TRBS, TRGS usw.) siehe Katasterteil Technische Regeln***
- ***Berufsgenossenschaftliches Vorschriften- und Regelwerk siehe Katasterteil BGVR***

| Thema | Kat | Nr. | Nr. vom | Nr. geändert | Name | Ziel/Regelungsinhalt | Aktivitäten |
|---|---|---|---|---|---|---|---|
| Abfall | EU | **RL 2008/98/EG** | 22.11.08 | 19.12.14 | EG-Richtlinie über Abfälle | Vermeidung schädlicher Auswirkungen von Abfällen, bessere Ressourcennutzung Grundsätze und Definitionen | Beachtung der Grundsätze bei der Festlegung der Managementpolitik und der Ableitung von Umweltzielen/-maßnahmen |
| Abfall | EU | RL 75/439/EWG | | | Altöl Richtlinie | | |
| Abfall | EU | **Entsch. 2000/532/EG** | 06.09.00 | 05.01.15 | EG-Entscheidung über ein Abfallverzeichnis (EAK), | Katalogisierung/Zuordnung von Abfall, Schlüsselnummern | Beachtung der Zuordnung von Abfällen, Schlüsselnummern in den Abfalldokumenten |
| Abfall | EU | **RL 94/62/EG** | 20.12.94 | 08.02.13 | RL über Verpackungen und Verpackungsabfälle | Rangfolge Vermeiden/Wiederverwerten von Verpackungen, Einrichten/Nutzen von Rücknahmesystemen, Kennzeichnung, Information, Anforderungen | Beachtung der Anforderungen bei der Konzeption / Auswahl von Verpackungen für Produkte<br>Umgang mit erhaltenen Verpackungen (Wiederverwendung, Mülltrennung) |
| Abfall | Bund | **KrWG** | 24.02.12 | 22.05.13 | Kreislaufwirtschaftsgesetz | Vermeidung/Verwertung von Abfällen<br>Überlassungspflichten / Beauftragung Dritter<br>Produktverantwortung / Rücknahmepflichten<br>Überwachungs- und Auskunftspflichtpflicht<br>gefährliche Abfälle / Nachweispflicht<br>Bestellung Abfallbeauftragter / Aufgaben | Abfallhierarchie / Trennung/Nachweis<br>Bei Poduktentwicklung Verwertung nach Lebensende beachten<br>Abfallwege überwachen, Nachweispflichten einhalten<br>Abfallbeauftragten bestellen |
| Abfall | Bund | **ElektroG** | 16.03.05 | 20.09.13 | Elektro-/Elektrogerätegesetz | Reduzierung der zu beseitigenden Abfallmenge aus Elektronikgeräten, Herstellerpflichten<br>Gilt für. Informations-/ Kommunikationstechnik, Beleuchtungskörper, ortsveränderliche elektrische Arbeitsmittel, Kontrollinstrumente | § 9 Getrennte Sammlung Elektronik-/ Elektroschrott |
| Abfall | Bund | **NachwV** | 20.10.06 | 05.12.13 | Nachweisverordnung<br>4. „Elektronische Nachweisführung" ab 1.4.2010 in Kraft | Festlegung der Nachweispflichten vor, während und nach der Entsorgung | §3: Für gefährliche Abfälle Entsorgungswege planen und zulassen (= Entsorgungsnachweis), für nicht gefährliche auf Behördenanordnung,<br>§10ff: Begleit- und Übernahmescheinverfahren<br>§17ff.Elektronisches Nachweisverfahren einführen (Behördenanordnung) |
| Abfall | Bund | **VerpackV** | | | Verpackungsverordnung | Rücknahmepflichten für Verpackungen / Trans- | Orientierung auf wiederverwendbare Transport- und |

**Achtung! Ausgedruckte Exemplare unterliegen nicht dem Änderungsdienst und gelten nur am Tag des Ausdrucks!**

**Bild 6.10** Beispiel für ein Rechtskataster

Gefahrstoffkataster und Sicherheitsdatenblätter für in der Organisation verwendete und zu beschaffende Gefahrstoffe sind bereitzustellen und ständig zu pflegen [Web 83].

Gefahrstoffe, die in der Organisation verwendet werden, sind zu kennzeichnen (Piktogramme, Anhang A 16.4, siehe Kapitel 16) und entsprechend zu lagern [Web 84].

Besondere Vorsicht und Sorgfalt ist beim Umgang mit **Kategorien der Gefahrenklasse Akute Toxizität oral zu beachten** (Anhang A 16.5) [Web 74].

Für den betrieblichen Gesundheits- und Arbeitsschutz ist die umfassende Information aller Beteiligten umzusetzen und einzuhalten. Dazu sind wichtige Informationen gut sichtbar auszuhängen.

### 6.6.8 Aushangpflichtige Informationen und Hinweisschilder

Für den Gesundheits- und Arbeitsschutz sind im Unternehmen Aushänge und Hinweisschilder an gut sichtbaren Stellen anzubringen (Auswahl):

- Erste Hilfe [Web 32]
- Brandschutzordnung, Teil A – „Verhalten im Brandfall" [Web 33]
- Flucht- und Rettungsplan [Web 34]
- Rettungswegbeschilderung [Web 34]
- Sammelplatz [Web 34]
- Feuerlöscher – Standorte [Web 54]
- Verbandkasten – Standorte [Web 56]
- Betriebsanweisungen an den Maschinen [Web 64]
- Kennzeichnung von Gefahrstoffen und toxischen Stoffen (Piktogramme, Anhang A 16.4 und A 16.5, siehe Kapitel 16) [Web 74] [Web 84] [Web 101]
- Kennzeichnung von Gefahrenbereichen (Lärm, Helmpflicht, Schutzschuhe) [Web 102]

### 6.6.9 Neue Prozesse und Änderung/Erweiterung vorhandener Prozesse

**Die Ermittlung und Bewertung von Risiken und Chancen (Abschnitt 6.6.1) muss auch bei neuen und veränderten Prozessen erneut erfolgen.**

Beispielsweise kann in einem integrierten Management-Handbuch (IMH) Folgendes beschrieben werden:

Chancen und Risiken werden fortlaufend ermittelt, beispielsweise bei internen Audits, Managementbewertungen oder Arbeitsbesprechungen. Geschäftsübergreifend (Risk Map) und prozessbezogen (Prozessbeschreibungen) sind diese dokumentiert. Ausgehend von der Bewertung der Risiken werden Maßnahmen abgeleitet und überwacht, um unnötige Risiken zu vermeiden und potenzielle Schäden zu minimieren.

Für eine systematische Vorgehensweise bei neuen Prozessen bzw. geänderten Prozessen und den damit verbundenen Arbeits- und Gesundheitsschutzrisiken kann man beispielsweise folgende Kategorien festlegen:

- Ermittlung von neuen oder geänderten Produkten, Dienstleistungen und Prozessen
- Änderungen der gesetzlichen und sonstigen Anforderungen
- Änderungen des Wissens oder der Informationen über Gefahren und die damit verbundenen Sicherheits- und Gesundheitsrisiken
- Entwicklungen in Wissen und Technologie

Im Änderungsmanagement sind folgende Randbedingungen zu beachten:

- Empfangen und Aufzeichnen von Informationen über Änderungen
- Identifizierung von Gefahren oder Chancen und Chancenneubewertung
- erkannte Gefährdungen, die von außen auf die Arbeitsstätte einwirken und die Gesundheit und Sicherheit derjenigen Personen, die sich am Arbeitsplatz im Wirkungskreis der Organisation befinden, nachteilig beeinflussen können. Das betrifft die Erstbeurteilung neuer bzw. die ständige Beurteilung bestehender Arbeitsplätze, Verfahren und Prozesse, Anlagen und Maschinen und der eingesetzten Arbeits- und Hilfsstoffe (Gefährdungsbeurteilung).
- Gefährdungen, die in der Nähe der Arbeitsplätze durch Tätigkeiten unter Kontrolle der Organisation entstehen (Vorfälle, Unfälle, Beinahe-Vor- bzw. -Unfälle, Berufskrankheiten)
- Infrastruktur, Einrichtungen und Materialien am Arbeitsplatz, die von der Organisation oder anderen Beteiligten bereitgestellt wurden – Ordnung am Arbeitsplatz
- Fragen der Ergonomie an allen Arbeitsplätzen und der Überwachung und positiven Beeinflussung physikalisch-technischer Faktoren wie Lärm, Hitze-/Temperaturschwankungen, Lichtverhältnisse und Hygiene/Sauberkeit sind Gegenstand der regelmäßigen Beratungen, Inspektionen und Maßnahmen der Arbeitsschutzgruppen, ggf. unter Teilnahme des Betriebsarztes
- Veränderungen der Arbeitsorganisation, Tätigkeitsabläufe oder Materialien
- Änderungen des integrierten Managementsystems einschließlich zeitweiliger Änderungen und deren Einfluss auf betriebliche Abläufe, Prozesse und Aktivitäten
- alle anwendbaren, rechtlichen aktuellen Verpflichtungen in Bezug auf die Risikoeinschätzung und Verwirklichung der notwendigen Schutzmaßnahmen (Wiederholungsprüfungen bei veränderter gesetzlicher Grundlage; Vorliegen neuer Erkenntnisse zu den Randbedingungen, z. B. zum technischen Fortschritt)

- die Gestaltung von Arbeitsstätten, Prozessen, Installationen, Maschinen und Einrichtungen, Betriebsanweisungen und Arbeitsorganisationen, einschließlich deren Anpassung an menschliche Fähigkeiten

Nach der Identifikation neuer oder geänderter Prozesse muss erneut eine Risikobewertung durchgeführt werden (Tabelle 6.5).

# 7 Anforderungen an Umweltmanagementsysteme (UMS)

## 7.1 Aufgaben und Ziele

Die Bedeutung des Umweltmanagements hat in den letzten Jahren stark an Bedeutung gewonnen. Nicht nur im Hinblick auf die gesetzlichen Auflagen und Grenzwerte sollte die Organisation ein Interesse daran haben, ein geeignetes Umweltmanagementsystem (UMS) aufzubauen. Umweltschutz spielt auch in der öffentlichen Wahrnehmung eine immer größere Rolle. Das Umweltmanagement beinhaltet den gesamten Produktlebenszyklus (Bild 7.1).

Der Aufbau und die ständige Arbeit mit einem Umweltmanagementsystem (UMS) haben die Ziele, geplante Umweltkenngrößen zu erreichen, gesetzliche Anforderungen einzuhalten, Kosten zu senken, das Image des Unternehmens zu verbessern und langfristig nachhaltiges Wirtschaften zu fördern.

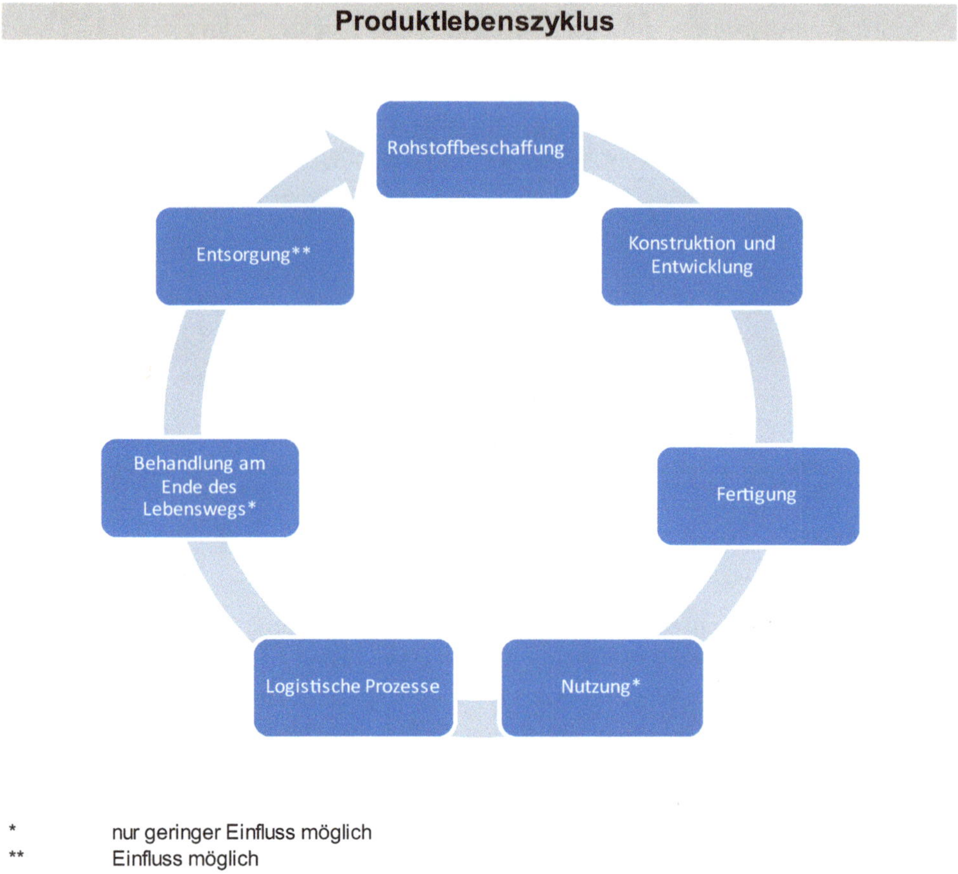


**Bild 7.1** Produktlebenszyklus für das Umweltmanagement

Ein UMS soll **Umweltauswirkungen minimieren**, gesetzliche Anforderungen erfüllen und Nachhaltigkeit fördern. Beispielsweise können das sein:

- **Analyse und Bewertung von Umweltaspekten:** Das UMS unterstützt bei der Analyse der Umweltaspekte, die durch den Herstellungsprozess, Produkte und Dienstleistungen des Unternehmens entstehen. Umweltaspekte werden hinsichtlich ihrer potenziellen Auswirkungen auf die Umwelt bewertet.
- **gesetzliche Anforderungen:** Das UMS soll sicherstellen, dass das Unternehmen alle relevanten Umweltgesetze, -verordnungen und -vorschriften einhält. Dies umfasst nationale Gesetze und internationale Standards und Abkommen.
- **Kommunikation:** Ein relevantes Ziel des UMS ist es, transparent über die Umweltleistung des Unternehmens zu kommunizieren, sowohl intern als auch extern gegenüber Stakeholdern beispielsweise Kunden, Lieferanten, Behörden und die Öffentlichkeit.

- **fortlaufende Verbesserung:** Ein wesentliches Ziel eines UMS ist die fortlaufende Verbesserung der Umweltleistung des Unternehmens. Dies beinhaltet die Überwachung, Überprüfung und Anpassung von Verfahren und Prozessen, um umweltfreundlichere Alternativen zu fördern und den Ressourcenverbrauch sowie die Umweltbelastungen zu reduzieren.
- **Risikomanagement:** Das UMS unterstützt die Analyse und das Management von Umweltrisiken, die sich aus den Geschäftsaktivitäten ergeben können. Dies umfasst auch die Vorbereitung auf mögliche Notfälle (Notfallmanagement) und die Minimierung von Schadstofffreisetzungen.
- **Schulung und Bewusstsein:** Durch das UMS werden Schulungen und Sensibilisierungsmaßnahmen für Mitarbeitende durchgeführt, um das Umweltbewusstsein und die Fähigkeiten des Personals im Umgang mit Umweltfragen zu verbessern.
- **Umweltziele und Umweltprogramm:** In einem UMS müssen spezifische Umweltziele festgelegt werden, die die Organisation erreichen möchte. Diese Ziele müssen messbar, erreichbar und relevant sein. Es sind Umweltprogramme zu entwickeln, um diese Ziele zu erreichen.

## 7.2 Begriffe zum Umweltmanagement

**Zur Verständigung des beteiligten Managements und der Mitarbeitenden sind einheitliche Begriffe notwendig.** Deshalb werden im Folgenden ausgewählte Begriffe zum Umweltmanagement vorgestellt:

- **Abfall** umfasst alle beweglichen Sachen, derer sich sein Besitzer entledigen will. Im Sinne des Kreislaufwirtschaftsgesetzes ist Abfall nur noch der nicht als Sekundärrohstoff verwertbare Rückstand [Web 105].
- **Emission** ist die von einer Anlage ausgehende Luft- und Wasserverunreinigung durch Geräusche, Erschütterungen, Licht, Wärme, Strahlen und ähnliche Erscheinungen [Web 106].
- **Fortlaufende Verbesserungen** der Umweltleistung ist ein Prozess, bei der die Organisation Möglichkeiten zur Verbesserung bestimmt und notwendige Maßnahmen verwirklicht, um die beabsichtigten Ergebnisse ihres UMS zu erreichen [Nor 15f].
- **Umwelt** ist die Umgebung, in der eine Organisation tätig ist, einschließlich Luft, Wasser, Boden, natürliche Ressourcen, Flora, Fauna, Menschen und deren wechselseitigen Beziehungen [Nor 15f].
- **Umweltaspekt** ist derjenige Bestandteil der Tätigkeiten, Produkte oder Dienstleistungen einer Organisation, der in Wechselwirkung mit der Umwelt treten kann [Nor 15f].

- **Umweltauswirkung** ist jede positive oder negative Veränderung der Umwelt, die ganz oder teilweise aufgrund der Tätigkeiten, Produkte oder Dienstleistungen einer Organisation eintritt [Nor 15f].
- **Umweltleistung** sind die messbaren Ergebnisse des Managements einer Organisation hinsichtlich der sie betreffenden Umweltaspekte [Nor 15f].
- **Umweltpolitik** beinhaltet Absichten und Ausrichtung einer Organisation in Bezug auf die Umweltleistung, wie von der obersten Leitung formell ausgedrückt [Nor 15f].
- **Umweltziele** umfassen die von einer Organisation in Übereinstimmung mit der Umweltpolitik festgelegten zu erreichenden Ergebnisse [Nor 15f].
- **Umweltzustand** ist der Status oder das Merkmal der Umwelt, wie es zu einem gegebenen Zeitpunkt bestimmt wurde [Nor 15f].
- **Verhindern von Umweltbelastungen** umfasst die Nutzung von Prozessen, Tätigkeiten, Techniken, Materialien, Produkten, Dienstleistungen oder Energie, um (getrennt oder in Kombination) die Entstehung, Emission oder Freisetzung jeglicher Art von umweltbelastendem Stoff oder Abfall zu vermeiden, zu reduzieren oder zu überwachen, mit dem Ziel, nachteilige Umweltauswirkungen zu verringern [Nor 15f].

## 7.3 Anforderungen an ein UMS nach DIN EN ISO 14001

Die Internationale Organisation für Normung (ISO) veröffentlichte erstmals 1996 eine Umweltmanagementnorm. In den folgenden Jahren wurde diese immer wieder aktualisiert und weiterentwickelt. Eine grundlegende Überarbeitung der DIN EN ISO 14001 fand 2015 statt [Nor 15f].

Um eine einheitliche Gestaltung unterschiedlicher Managementsysteme zu erreichen, wie zum Beispiel für die Qualität die Struktur der Leitnorm DIN EN ISO 9001, fand mit der 2015 veröffentlichten Normenausgabe eine grundlegende Änderung der Struktur und von Teilen des Inhalts statt. Es wurde die sogenannte Harmonized Structure eingeführt, die zum Aufbau und zur Vereinheitlichung unterschiedlicher Managementsysteme beitragen soll.

Nach DIN EN ISO 14001:2015 ist das **Umweltmanagementsystem (UMS)** ein „Teil des Managementsystems, der dazu dient, Umweltaspekte zu handhaben, bindende Verpflichtungen zu erfüllen und mit Risiken und Chancen umzugehen". Die Umwelt ist definiert als „Umgebung, in der eine Organisation tätig ist, einschließlich Luft, Wasser, Boden, natürliche Ressourcen, Flora, Fauna, Menschen und deren wechselseitige Beziehungen". [Nor 15f]

Für den Aufbau und die Integration des Umweltmanagements in integrierte Managementsysteme (Kapitel 4) werden deshalb nur die notwendigen zusätzlichen dokumentierten Informationen zum Aufbau eines UMS behandelt.

Dies bezieht sich dabei vom Inneren einer Organisation bis hin zum lokalen, regionalen und globalen System. Unter anderem gibt die Norm Auskunft über die Umweltpolitik, Planung und Umsetzung des Umweltmanagements sowie den Umgang mit Ressourcen. [Nor 15f]

**Die Anforderungen der DIN EN ISO 14001:2015 sind im Folgenden tabellarisch beschrieben. Zu jeder Anforderung werden Hinweise für die praktische Umsetzung gegeben. [Gre 18]**

Die Kapitel 1 bis 3 der DIN EN ISO 14001:2015 enthalten grundsätzliche Erläuterungen zur Norm und deren Anwendung [Nor 15f].

## ISO-Kapitel 4 Kontext der Organisation

### ISO-Abschnitt 4.1 Verstehen der Organisation und ihres Kontextes

**Anforderungen nach DIN EN ISO 14001, Abschnitt 4.1**

Die Organisation muss sowohl externe sowie interne Aspekte identifizieren, die für ihre Ziele von Bedeutung sind und sich auf ihre Leistungsfähigkeit auswirken, um die angestrebten Ergebnisse des Umweltmanagementsystems zu erreichen. Diese Themen müssen Umweltbedingungen umfassen, die die Organisation betreffen oder beeinträchtigen können.

**Hinweise für die Umsetzung:**

Externe Themen können durch gesetzliche, technische, wettbewerbliche, marktbezogene, kulturelle, soziale oder wirtschaftliche Aspekte beeinflusst sein.

Interne Themen können sich aus den Werten, dem Wissen und der Leistung des Unternehmens ergeben.

Äußere Begebenheiten, die Einfluss auf die Organisation haben und welche die Organisation beeinflussen können, müssen beachtet werden.

### ISO-Abschnitt 4.2 Verstehen der Erfordernisse und Erwartungen interessierter Parteien

**Anforderungen nach DIN EN ISO 14001, Abschnitt 4.2**

Die Organisation soll die relevanten Interessengruppen für ihr Umweltmanagementsystem identifizieren. Anschließend müssen die Bedürfnisse und Erwartungen dieser Interessengruppen ermittelt werden, um festzustellen, welche davon für die Organisation verbindliche Verpflichtungen darstellen.

**Hinweise für die Umsetzung:**

Beispiele für die interessierte Partei und deren Anforderungen

*Mitarbeitende:*

Erwartungen: bereitgestellte Ausrüstung; definierte Aufgaben; Weiterbildung

Erfordernisse: Stellenbeschreibung; Schulungsplan; Führungskultur; Sensibilisierung für die Themen

*Lieferant:*

Erwartungen: klare Anforderungen; Einhaltung der Umweltauflagen; umweltgerechte Entsorgung; Rahmenverträge

Erfordernisse: Zeichnungen; Angaben zu Schadstoffen; Mengenangabe; Material; Vertragsinhalte

*Gesetzgeber:*

Erwartungen: Einhaltung der rechtlichen Vorschriften, umweltgerechte Entsorgung, Vermeidung von Umweltschäden

Erfordernisse: dokumentierte Informationen; Zertifizierung

## ISO-Abschnitt 4.3 Festlegen des Anwendungsbereichs des Umweltmanagementsystems

☑ **Anforderungen nach DIN EN ISO 14001, Abschnitt 4.3**

Die Organisation muss die Grenzen und den Anwendungsbereich ihres Umweltmanagementsystems bestimmen, um sicherzustellen, dass es effektiv angewendet wird. Dabei sind externe und interne Themen, bindende Verpflichtungen, Organisationsstrukturen, Aktivitäten, Produkte und Dienstleistungen sowie die Fähigkeit zur Steuerung und Einflussnahme zu berücksichtigen.

Nach Festlegung des Anwendungsbereichs sind alle relevanten Aktivitäten in das Umweltmanagementsystem zu integrieren. Diese Informationen müssen dokumentiert und für interessierte Parteien zugänglich sein.

**Hinweise für die Umsetzung:**

Ausschlüsse aus dem Umweltmanagementsystems sind zu begründen.

Eine dokumentierte Information muss erfolgen und zur Verfügung gestellt werden.

## ISO-Abschnitt 4.4 Umweltmanagementsystem

☑ **Anforderungen nach DIN EN ISO 14001, Abschnitt 4.4**

Um ihre beabsichtigten Ziele zu erreichen, darunter die Verbesserung ihrer Umweltleistung, muss die Organisation gemäß den Vorgaben dieser Norm ein Umweltmanagementsystem entwickeln, umsetzen, aufrechterhalten und kontinuierlich verbessern. Es sind die erforderlichen Prozesse und deren Wechselwirkungen zu berücksichtigen. Das Wissen aus Abschnitt 4.1 und 4.2 der Norm sollte von der Organisation einbezogen werden, wenn sie das Umweltmanagementsystem aufbaut und aufrechterhält.

**Hinweise für die Umsetzung:**

Die Organisation muss ein Umweltmanagementsystem aufbauen und verwirklichen.

Dieses System muss, auf Grundlage der bestimmten relevanten internen und externen Themen und der relevanten Parteien, eine fortlaufende Verbesserung erfahren.

Es ist zu empfehlen einen Umweltmanagementbeauftragten, welcher das Umweltmanagementsystem betreut, zu benennen.

## ISO-Kapitel 5 Führung

### ISO-Abschnitt 5.1 Führung und Verpflichtung

**Anforderungen nach DIN EN ISO 14001, Abschnitt 5.1**

Für die Führung und Verpflichtung in Bezug auf das Umweltmanagementsystem ist die oberste Leitung verantwortlich. Dies beinhaltet die Übernahme der Verantwortung für die Wirksamkeit des Systems, die Festlegung von Umweltpolitik und -zielen im Einklang mit der strategischen Ausrichtung der Organisation, die Integration der Systemanforderungen in die Geschäftsprozesse, die Bereitstellung erforderlicher Ressourcen, die Kommunikation der Bedeutung eines effektiven Umweltmanagements, die Sicherstellung der Zielerreichung, die Anleitung und Unterstützung des Personals, die Förderung kontinuierlicher Verbesserungen sowie die Unterstützung anderer Führungskräfte bei ihrer Rolle im Umweltmanagement.

**Hinweise für die Umsetzung:**

Der Nachweis kann bspw. erfolgen durch:

- Dokumentation (unterschriebene Verpflichtungserklärung)
- Zertifizierung
- Aushänge und Informationsmaterial für Mitarbeitende
- Führungsrichtlinien
- Budgetplanung
- Arbeiten mit betriebs-/abteilungsbezogenen Zielen
- Vorlage von Protokollen
- Pläne

Unter Geschäft versteht man die Tätigkeiten, die für den Zweck der Organisation bzw. deren Existenz entscheidend sind.

## ISO-Abschnitt 5.2 Umweltpolitik

**Anforderungen nach DIN EN ISO 14001, Abschnitt 5.2**

Die oberste Leitung muss im definierten Anwendungsbereich ihres Umweltmanagementsystems eine angemessene Umweltpolitik festlegen, umsetzen und aufrechterhalten. Diese Politik sollte den Zweck und Kontext der Organisation berücksichtigen, einschließlich ihrer Aktivitäten, Produkte und Umweltauswirkungen. Sie sollte einen Rahmen für die Festlegung von Umweltzielen bieten, Verpflichtungen zum Umweltschutz und zur Einhaltung gesetzlicher Vorgaben enthalten sowie die fortlaufende Verbesserung des Umweltmanagementsystems, zur Steigerung der Umweltleistung, fördern.

Die Umweltpolitik muss in schriftlicher Form festgehalten und innerhalb der Organisation bekanntgemacht werden sowie für alle wichtigen Parteien zugänglich sein.

**Hinweise für die Umsetzung:**

Die Umweltpolitik muss periodisch oder bei Änderungen hinsichtlich ihrer Angemessenheit überprüft werden. Dabei ist es bedeutend, dass sie angemessen für die Organisation ist (je nach dem Bereich der Organisation).

Des Weiteren muss die Umweltpolitik Verpflichtungen, wie nachhaltige Ressourcenverwendung sowie Schutz der Biodiversität und Ökosysteme, zur Verminderung von Umweltbelastungen enthalten. Die fortlaufende Verbesserung des Umweltmanagements ist ein weiterer bedeutender Aspekt.

Die Umweltpolitik sollte auf der Vision und dem Leitbild der Organisation und dem von den interessierten Parteien der Organisation vorgegebenen Input aufbauen.

Die Organisation muss durch die Führung verbindlich und offiziell die Umweltpolitik bekannt geben und umsetzen. Das kann mithilfe von Betriebsversammlungen, Aushängen, monatlichen/quartalsweisen Auswertungen und Umweltreports erfolgen. Auch durch Schulungen und Trainingsmaßnahmen kann die Umweltpolitik erläutert werden.

## ISO-Abschnitt 5.3 Rollen, Verantwortlichkeiten und Befugnisse in der Organisation

**Anforderungen nach DIN EN ISO 14001, Abschnitt 5.3**

Die oberste Führungsebene ist dafür verantwortlich, sicherzustellen, dass klare Zuständigkeiten und Befugnisse für relevante Positionen festgelegt und innerhalb der Organisation kommuniziert werden. Es liegt in der Verantwortung der obersten Leitung, die Einhaltung der Anforderungen dieser Norm durch das Umweltmanagementsystem zu gewährleisten sowie über die Leistung des Umweltmanagementsystems, einschließlich der Umweltleistung, an die Geschäftsleitung zu berichten.

**Hinweise für die Umsetzung:**

Die Festlegung ist mithilfe von Verträgen/Funktionsplänen bzw. Zuständigkeitsmatrizen/-beschreibungen möglich.

Sicherstellen bedeutet, dass die Durchführungsverantwortlichkeit delegiert werden kann, nicht aber die Rechenschaftspflicht.

Möglichkeiten der Bekanntmachung innerhalb der Organisation sind Organigramme und Zuständigkeitsbeschreibungen.

## ISO-Kapitel 6 Planung

### ISO-Abschnitt 6.1 Maßnahmen zum Umgang mit Risiken und Chancen

#### Allgemeines

**Anforderungen nach DIN EN ISO 14001, Abschnitt 6.1.1**

Die erforderlichen Prozesse müssen von der Organisation entwickelt werden, um die Anforderungen der Abschnitte 6.1.1 bis 6.1.4 der Norm zu erfüllen. Bei der Planung des Umweltmanagementsystems müssen die relevanten Themen und Anforderungen berücksichtigt werden, einschließlich des Anwendungsbereichs des Systems. Wichtig ist es, Risiken und Chancen in Bezug auf Umweltaspekte, Verpflichtungen und andere relevante Themen zu identifizieren, um sicherzustellen, dass das System seine Ziele erreichen kann. Unerwünschte Auswirkungen müssen vermieden bzw. reduziert werden, um kontinuierliche Verbesserungen zu erzielen.

Die Organisation muss auch potenzielle Notfallsituationen innerhalb des Anwendungsbereichs des Umweltmanagementsystems identifizieren, insbesondere solche mit Umweltauswirkungen. Es ist wichtig, dokumentierte Informationen über Risiken, Chancen und erforderliche Prozesse gemäß den Standards aufrechtzuerhalten, um sicherzustellen, dass sie ordnungsgemäß umgesetzt werden können.

**Hinweise für die Umsetzung:**

Es ist zweckmäßig, die grundsätzlich auftretenden Risiken im Unternehmen zu analysieren. Solche Risiken können beispielsweise sein: Umweltvorfälle, Unfälle, IT-Systemausfälle und Stromausfälle.

Die Risiken und Chancen muss die Organisation beim Aufbau von Prozessen beachten. Des Weiteren müssen die in Normabschnitt 4.1 und 4.2 bestimmten relevanten Themen und Parteien berücksichtigt werden.

Eine Überprüfung des Umweltmanagementsystems hinsichtlich der beabsichtigten Ergebnisse muss erfolgen. Unerwartete Auswirkungen, wie externe Umwelteinwirkungen, müssen berücksichtigt werden.

## Umweltaspekte

**Anforderungen nach DIN EN ISO 14001, Abschnitt 6.1.2**

Im definierten Anwendungsbereich des Umweltmanagementsystems muss die Organisation die Umweltaspekte ihrer Aktivitäten, Produkte und Dienstleistungen identifizieren, die sie kontrollieren oder beeinflussen kann, sowie die damit verbundenen Umweltauswirkungen entlang des Lebenszyklus berücksichtigen. Die Organisation muss Veränderungen wie geplante Entwicklungen oder neue Aktivitäten sowie unvorhergesehene Zustände und mögliche Notfallsituationen berücksichtigen.

Unter Verwendung festgelegter Kriterien müssen diejenigen Aspekte bestimmt werden, die eine signifikante Umweltauswirkung haben oder haben könnten. Diese müssen angemessen zwischen den verschiedenen Ebenen und Funktionsbereichen der Organisation kommuniziert werden. Dokumentierte Informationen über ihre Umweltaspekte sowie deren Kriterien zur Bestimmung und die daraus resultierenden Umweltauswirkungen müssen aufrechterhalten werden.

**Hinweise für die Umsetzung:**

Die Organisation muss die Umweltpolitik auf ihre Tätigkeiten, Produkte und Dienstleistungen ausrichten. Auf Änderungen (wie beispielsweise technische Entwicklungen und veränderte Produktpolitik) muss die Organisation reagieren.

Es können sich aus bedeutenden Umweltaspekten Risiken und Chancen ergeben. Diese sind entweder mit nachteiligen Umweltauswirkungen (Bedrohungen) oder vorteilhaften Umweltauswirkungen (Chancen) verbunden.

## Bindende Verpflichtungen

**Anforderungen nach DIN EN ISO 14001, Abschnitt 6.1.3**

Es muss sichergestellt werden, dass die Organisation ihre Umweltaspekte und relevante bindende Verpflichtungen identifiziert und darauf zugreifen kann. Außerdem muss sie bestimmen, wie diese Verpflichtungen auf die Organisation zutreffen, und diese entsprechend in den Aufbau, die Umsetzung, die Aufrechterhaltung und die fortlaufende Verbesserung ihres Umweltmanagementsystems einbeziehen. Die Organisation muss ebenfalls dokumentierte Informationen über ihre bindenden Verpflichtungen aufrechterhalten.

**Hinweise für die Umsetzung:**

Bindende Verpflichtungen können sowohl Vereinbarungen aller Art mit Kunden und Lieferanten sowie Branchenstandards oder geltende Rechtsvorschriften (Vereinbarungen mit kommunalen Gruppen, Behörden etc.) sein.

Bindende Verpflichtungen können zu Risiken und Chancen für die Organisation führen.

Nichterfüllung von bindenden Verpflichtungen kann dem Ansehen des Unternehmens schaden oder Kosten (beispielsweise durch rechtliche Schritte und Schadensersatzforderungen) nach sich ziehen.

### Planung von Maßnahmen

**Anforderungen nach DIN EN ISO 14001, Abschnitt 6.1.4**

Die Organisation muss Maßnahmen planen, um mit ihren Umweltaspekten, bindenden Verpflichtungen sowie den identifizierten Risiken und Chancen gemäß Normabschnitt 6.1.1 umzugehen. Es ist wichtig zu überlegen, wie diese Maßnahmen in die Abläufe des Umweltmanagementsystems oder andere Geschäftsprozesse integriert und umgesetzt werden können sowie wie die Effektivität dieser Maßnahmen gemäß Abschnitt 9.1 der Norm bewertet wird. Bei der Planung dieser Maßnahmen muss die Organisation ihre technologischen Möglichkeiten sowie finanziellen, betrieblichen und geschäftlichen Anforderungen berücksichtigen.

**Hinweise für die Umsetzung:**

Die Organisation muss Vorkehrungen im Umgang mit Umweltaspekten, bindenden Verpflichtungen und Risiken und Chancen treffen und diese in ihre Prozesse integrieren und verwirklichen.

## ISO-Abschnitt 6.2 Umweltziele und Planung zu deren Erreichung

### Umweltziele

**Anforderungen nach DIN EN ISO 14001, Abschnitt 6.2.1**

Die Organisation muss Umweltziele für relevante Funktionsbereiche und Ebenen festlegen, die den bedeutenden Umweltaspekten und den bindenden Verpflichtungen der Organisation entsprechen und Risiken sowie Chancen berücksichtigen. Diese Ziele müssen mit der Umweltpolitik übereinstimmen, messbar sein, überwacht, kommuniziert und bei Bedarf aktualisiert werden. Es ist erforderlich, dokumentierte Informationen zu den Umweltzielen aufrechtzuerhalten.

**Hinweise für die Umsetzung:**

Messbarkeit von Zielen kann auch die Vorgabe und Einhaltung von Terminen sein. Ziele sollten in einem überschaubaren Zeitraum erfüllbar sein. Die Ziele können beispielsweise in einer Tabellenform dargestellt werden.

Dabei kann die SMART-Formel berücksichtigt werden (spezifisch – messbar – attraktiv/akzeptierend – realistisch – terminiert).

### Planung von Maßnahmen zur Erreichung der Umweltziele

**Anforderungen nach DIN EN ISO 14001, Abschnitt 6.2.2**

Zur Erreichung ihrer Umweltziele muss die Organisation bei der Planung festlegen, welche Maßnahmen ergriffen und welche Ressourcen benötigt werden, wer für die Umsetzung verantwortlich ist, wann die Maßnahmen abgeschlossen sein sollen und wie die Ergebnisse bewertet werden. Es ist wichtig, Kennzahlen zu verwenden, um den Fortschritt bei der Erreichung der messbaren Umweltziele zu überwachen. Die Organisation muss auch berücksichtigen, wie diese Maßnahmen in ihre Geschäftsprozesse integriert werden können.

**Hinweise für die Umsetzung:**

Die Organisation muss einen Verantwortlichen bestimmen. Dieser sollte eine Ressourcenplanung vornehmen.

# ISO-Kapitel 7 Unterstützung

## ISO-Abschnitt 7.1 Ressourcen

**Anforderungen nach DIN EN ISO 14001, Abschnitt 7.1**

Es liegt in der Verantwortung der Organisation, die notwendigen Ressourcen für den Aufbau, die Umsetzung, die Aufrechterhaltung und die fortlaufende Verbesserung ihres Umweltmanagementsystems zu identifizieren und bereitzustellen.

**Hinweise für die Umsetzung:**

Ressourcen sind die Gesamtheit aller Produktionsfaktoren (Arbeit, Kapital, Umwelt und Boden). Hierzu gehören Mitarbeitende, Infrastruktur und Arbeitsumgebung. Weitere wichtige Ressourcen sind:

- Informationen
- Lieferanten und Partner
- natürliche Ressourcen
- finanzielle Ressourcen
- technologische Ressourcen

## ISO-Abschnitt 7.2 Kompetenz

**Anforderungen nach DIN EN ISO 14001, Abschnitt 7.2**

Die Organisation ist verpflichtet, die erforderliche Kompetenz für Personen festzulegen, die Tätigkeiten ausführen, die sich auf die Umweltleistung der Organisation auswirken. Es muss sichergestellt werden, dass diese Personen über angemessene Ausbildung, Schulung oder Erfahrung verfügen. Außerdem muss der Schulungsbedarf im Zusammenhang mit den Umweltaspekten und dem Umweltmanagementsystem ermittelt werden. Bei Bedarf sollten Maßnahmen ergriffen werden, um die erforderliche Kompetenz zu erlangen und die Wirksamkeit dieser Maßnahmen zu bewerten.

**Hinweise für die Umsetzung:**

Geeignete Maßnahmen können beispielsweise Schulungen, Mentoring, Versetzungen von gegenwärtig angestellten Personen oder Anstellungen von kompetenten Personen sein.

## ISO-Abschnitt 7.3 Bewusstsein

**Anforderungen nach DIN EN ISO 14001, Abschnitt 7.3**

Die Organisation muss sicherzustellen, dass Personen, die unter ihrer Aufsicht arbeiten, sich der Umweltpolitik bewusst sind. Ebenso müssen sie über die bedeutenden Umweltaspekte und deren Auswirkungen informiert sein. Es ist darüber hinaus wichtig, dass sie ihren Beitrag zur Effektivität des Umweltmanagementsystems verstehen und die Konsequenzen einer Missachtung der Anforderungen des Systems kennen, einschließlich der Folgen für die Missachtung der bindenden Verpflichtungen der Organisation.

**Hinweise für die Umsetzung:**

Das Bewusstsein lässt sich beispielsweise mithilfe von Aushängen, Versammlungen, Informationstafeln und Schulungen erhöhen.

## ISO-Abschnitt 7.4 Kommunikation

### Allgemeines

**Anforderungen nach DIN EN ISO 14001, Abschnitt 7.4.1**

Die Organisation ist verantwortlich, die erforderlichen Prozesse für die interne und externe Kommunikation bezüglich des Umweltmanagementsystems zu etablieren, umzusetzen und aufrechtzuerhalten. Dies beinhaltet die Festlegung von Themen, Zeitpunkten, Kommunikationspartnern und -methoden. Bei der Entwicklung ihrer Kommunikationsprozesse muss die Organisation ihre vertraglichen Verpflichtungen berücksichtigen und sicherstellen, dass die umweltbezogenen Informationen konsistent sind und mit den im Umweltmanagementsystem erzeugten Daten übereinstimmen. Auf relevante Aussagen zu ihrem Umweltmanagementsystem sollte die Organisation angemessen reagieren und dokumentierte Informationen als Nachweis für ihre Kommunikation aufbewahren, soweit dies erforderlich ist.

**Hinweise für die Umsetzung:**

Dies lässt sich beispielsweise in einer Tabellenform verbindlich festhalten.

### Interne Kommunikation

**Anforderungen nach DIN EN ISO 14001, Abschnitt 7.4.2**

Es ist erforderlich, dass die Organisation relevante Umweltmanagementinformationen intern zwischen den verschiedenen Ebenen und Abteilungen kommuniziert, einschließlich eventueller Änderungen am Umweltmanagementsystem. Auch muss sichergestellt werden, dass die Kommunikationsprozesse der Organisation den Mitarbeitenden Möglichkeiten bieten, zur fortlaufenden Verbesserung beizutragen.

**Hinweise für die Umsetzung:**

Die interne Kommunikation kann beispielsweise durch Bekanntmachungen und Veröffentlichung im Intranet erfolgen.

Durch eine Prämie für Verbesserungsvorschläge können Mitarbeitende motiviert werden, nützliche Ideen einzureichen. Die eingereichten Verbesserungsvorschläge müssen ausgewertet und ggf. umgesetzt werden.

### Externe Kommunikation

**Anforderungen nach DIN EN ISO 14001, Abschnitt 7.4.3**

Es ist notwendig, dass die Organisation externe Informationen in Bezug auf das Umweltmanagementsystem gemäß den festgelegten Kommunikationsprozessen und den vertraglichen Verpflichtungen kommuniziert

**Hinweise für die Umsetzung:**

Die externe Kommunikation kann beispielsweise durch öffentliche Bekanntmachungen erfolgen.

## ISO-Abschnitt 7.5 Dokumentierte Information

### Allgemeines

**Anforderungen nach DIN EN ISO 14001, Abschnitt 7.5.1**

Das Umweltmanagementsystem der Organisation muss sowohl die dokumentierte Information gemäß den Anforderungen dieser Norm als auch die von der Organisation als erforderlich für die Wirksamkeit des Systems festgelegte dokumentierte Information enthalten.

**Hinweise für die Umsetzung:**

Der Umfang dokumentierter Informationen kann sich von Organisation zu Organisation unterscheiden aufgrund:

- der Größe und der Art ihrer Tätigkeiten, Prozesse, Produkte und Dienstleistungen
- der Komplexität ihrer Prozesse und deren Wechselwirkungen
- der Kompetenz der Personen

## Erstellen und Aktualisieren

**Anforderungen nach DIN EN ISO 14001, Abschnitt 7.5.2**

Bei der Erstellung und Aktualisierung von dokumentierter Information ist es wichtig, dass die Organisation sicherstellt, dass die Kennzeichnungen und Beschreibungen angemessen sind (z. B. Titel, Datum, Autor oder Referenznummer). Ebenso muss sichergestellt werden, dass geeignete Formate (z. B. Sprache, Softwareversion, Grafiken) und Medien (z. B. Papier, elektronisch) sowie angemessene Überprüfungen und Genehmigungen hinsichtlich Eignung und Adäquatheit vorhanden sind.

**Hinweise für die Umsetzung:**

Unter „Erstellen und Aktualisieren" versteht man die einheitliche und nachvollziehbare Erstellung, Genehmigung, Verteilung und, nach Ablauf der Gültigkeit, Einzug und Vernichtung von Dokumenten.

Vom Umweltmanagementsystem geforderte Dokumente, deren Lenkung nachzuweisen ist, sind:

- die von DIN EN ISO 14001 geforderten Dokumente
- Dokumente, die von anderen Normen, Gesetzen oder Vorschriften gefordert werden, sofern sie die Erfüllung von Umweltanforderungen betreffen
- für das Funktionieren des Umweltmanagementsystems notwendige Dokumente

## Lenkung dokumentierter Information

**Anforderungen nach DIN EN ISO 14001, Abschnitt 7.5.3**

Die Organisation muss sicherstellen, dass die erforderliche und von dieser Norm geforderte Information verfügbar und geeignet für den Einsatz ist, wenn sie benötigt wird. Diese Informationen müssen angemessen geschützt werden, um Vertraulichkeit, ordnungsgemäße Nutzung und Integrität zu gewährleisten.

Zur Lenkung dieser Informationen sind Aktivitäten wie Verteilung, Zugriff, Auffindung, Speicherung, Erhaltung der Lesbarkeit, Überwachung von Änderungen, zeitliche Verfügbarkeit und Entsorgung zu berücksichtigen. Extern dokumentierte Informationen müssen gekennzeichnet und gesteuert werden, wenn sie für die Planung und den Betrieb des Umweltmanagementsystems erforderlich sind.

**Hinweise für die Umsetzung:**

Zugriff kann eine Entscheidung voraussetzen, mit der die Erlaubnis erteilt wird, dokumentierte Information lediglich zu lesen, oder die Erlaubnis bzw. Befugnis zum Lesen und Ändern dokumentierter Information.

Zur Lenkung von Informationen ist eine benutzerfreundliche Bedienoberfläche empfehlenswert – Intranet, strukturierte Serverablage etc. Dokumentierte Informationen und deren Lenkung können vom Kunden oder durch rechtliche Vorschriften vorgegeben sein. Dokumentierte Informationen dürfen nur von dem festgelegten verantwortlichen Personenkreis geändert werden.

Die Erhaltung der Lesbarkeit bei elektronischen Dokumenten kann das periodische Umkopieren bei geänderter Hard- und Software bedeuten. Wichtige Dokumente müssen regelmäßig auf weiteren Speichermedien (beispielsweise auf externen Festplatten) gesichert bzw. auch ggf. ausgedruckt werden.

Archivierungsfristen sollten möglichst einheitlich gestaltet werden, um den Verwaltungsaufwand in Grenzen zu halten und gesetzliche Vorschriften einzuhalten.

## ISO-Kapitel 8 Betrieb

### ISO-Abschnitt 8.1 Betriebliche Planung und Steuerung

✓ **Anforderungen nach DIN EN ISO 14001, Abschnitt 8.1**

Die Organisation ist verpflichtet, sicherzustellen, dass ihre Prozesse zur Erfüllung der Umweltmanagementsystemanforderungen und zur Umsetzung der identifizierten Maßnahmen gemäß den betrieblichen Kriterien aufgebaut, umgesetzt, gesteuert und aufrechterhalten werden. Geplante Änderungen müssen überwacht und die Folgen unbeabsichtigter Änderungen bewertet werden, um negative Auswirkungen zu minimieren. Verlagerte Prozesse müssen kontrolliert oder beeinflusst werden, wobei Art und Umfang dieser Kontrolle innerhalb des Umweltmanagementsystems festgelegt sein müssen.

Angemessene Steuerungsmaßnahmen muss die Organisation implementieren, um sicherzustellen, dass Umweltanforderungen während des gesamten Lebenszyklus von Produkten oder Dienstleistungen berücksichtigt werden. Außerdem müssen Umweltanforderungen für die Beschaffung festgelegt, diese an externe Anbieter kommuniziert und Informationen über mögliche Umweltauswirkungen bereitgestellt werden.

Es ist wichtig, dass dokumentierte Informationen aufrechtgehalten und sichergestellt werden, damit Prozesse wie geplant durchgeführt werden können.

**Hinweise für die Umsetzung:**

Steuerung kann Verfahren und technische Maßnahmen umfassen. Sie kann einer Hierarchie folgend (z. B. Beseitigung, Substitution, administrativ) verwirklicht und einzeln oder in Kombination genutzt werden.

Beispiele zur Umsetzung des Abschnitts:

- Projektmanagement
- Reporting/Kennzahlen
- Datenbanken

### ISO-Abschnitt 8.2 Notfallvorsorge und Gefahrenabwehr

**Anforderungen nach DIN EN ISO 14001, Abschnitt 8.2**

Die Organisation muss Prozesse etablieren, um auf potenzielle Notfallsituationen gemäß den in Normabschnitt 6.1.1 identifizierten Anforderungen vorbereitet zu sein. Dies beinhaltet die Planung von Maßnahmen zur Verhinderung oder Minderung von nachteiligen Umweltauswirkungen in Notfällen, die Reaktion auf eingetretene Notfallsituationen und das Ergreifen angemessener Maßnahmen zur Verhinderung oder Minderung der Folgen von Notfällen. Es ist wichtig, regelmäßig die geplanten Maßnahmen zu testen, Prozesse zu überprüfen und anzupassen sowie relevante Informationen und Schulungen zur Notfallvorsorge bereitzustellen. Die Organisation muss ausreichend dokumentierte Informationen aufrechterhalten, um sicherzustellen, dass die Prozesse wie geplant durchgeführt wurden.

**Hinweise für die Umsetzung:**

Grundsätzlich muss die Organisation auf Notfallsituationen vorbereitet sein und auf diese schnellstmöglich reagieren können. Ein wichtiger Punkt hierbei ist außerdem die Gefahrenabwehr, d. h., Notfallsituationen müssen durch präventive Maßnahmen vermieden werden.

Diese Gefahrenabwehrmaßnahmen müssen regelmäßig überprüft und, soweit praktisch umsetzbar, getestet werden.

Beispiele für Gefahrenabwehrmaßnahmen:

- Brandübung mit der örtlichen Feuerwehr
- Durchführen einer Evakuierungsübung
- Verhalten bei Auslaufen von gefährlichen Materialien
- Verhalten bei Kontaminierung von Wasser

Die Erkenntnisse der Übungen müssen zur Verbesserung der Prozesse aufgearbeitet und umgesetzt werden.

## ISO-Kapitel 9 Bewertung der Leistung

### ISO-Abschnitt 9.1 Überwachung, Messung, Analyse und Bewertung

#### Allgemeines

**Anforderungen nach DIN EN ISO 14001, Abschnitt 9.1.1**

Die Organisation muss kontinuierlich ihre Umweltleistung überwachen, messen, analysieren und bewerten. Es ist wichtig zu definieren, welche Aspekte überwacht und gemessen werden müssen und welche entsprechenden Methoden festzulegen sind, um valide Ergebnisse zu gewährleisten. Zudem sind Kriterien zur Bewertung der Umweltleistung und angemessene Kennzahlen zu bestimmen. Die regelmäßige Durchführung von Überwachungen und Messungen sowie die Analyse und Bewertung der Ergebnisse sind ebenfalls von Bedeutung. Die Verwendung kalibrierter oder geprüfter Überwachungs- und Messgeräte sowie deren angemessene Wartung sind sicherzustellen.

Die Organisation muss ihre Umweltleistung und die Effektivität des Umweltmanagementsystems bewerten und relevante Informationen intern und extern kommunizieren. Außerdem müssen dokumentierte Informationen als Nachweis aufbewahrt werden.

**Hinweise für die Umsetzung:**

Die Organisation muss einen Zeitplan für die Messungen aufstellen und diesen umfassend dokumentieren.

Alle Ergebnisse sollten sorgfältig ausgewertet und, wenn erforderlich, Verbesserungsmaßnahmen ausgearbeitet und eingeführt werden. Zur regelmäßigen Kalibrierung und Überprüfung der Überwachungs- und Messgeräte ist es notwendig, dass ein Instandhaltungsplan erstellt wird. Dazu können die erforderlichen Überwachungs- und Messgeräte auch in das Prüfmittelüberwachungs- und -verwaltungssystem mit einbezogen werden.

### Bewertung der Einhaltung von Verpflichtungen

**Anforderungen nach DIN EN ISO 14001, Abschnitt 9.1.2**

Die Organisation muss sicherstellen, dass sie die Prozesse zur Bewertung der Erfüllung ihrer verbindlichen Verpflichtungen etabliert, umsetzt und aufrechterhält. Dabei ist festzulegen, wie oft die Einhaltung der Verpflichtungen bewertet wird und, wenn erforderlich, welche entsprechenden Maßnahmen zu ergreifen sind. Zudem ist wichtig, Wissen und Verständnis über den Status der Einhaltung der Verpflichtungen aufrechtzuerhalten. Es ist notwendig, dokumentierte Informationen als Nachweis zu archivieren.

**Hinweise für die Umsetzung:**

Hier sind die bindenden Verpflichtungen aus Normabschnitt 4.2 gemeint.

Die Organisation muss bestimmen, wie oft die Einhaltung dieser Verpflichtungen bewertet wird. Hierfür muss ein Zeitplan aufgestellt werden. Die daraus hervorgehenden Ergebnisse sind zu dokumentieren und falls notwendig müssen Maßnahmen herausgearbeitet und umgesetzt werden.

Für die Organisation geltende rechtliche Verpflichtungen müssen regelmäßig überprüft und aktualisiert werden, da es zu Änderungen von Rechtsvorschriften kommen kann.

Zur Aufrechterhaltung von Kenntnissen und Verständnissen müssen Verantwortlichkeiten festgelegt und Mitarbeitende geschult werden.

## ISO-Abschnitt 9.2 Internes Audit

### Allgemeines

**Anforderungen nach DIN EN ISO 14001, Abschnitt 9.2.1**

Die Organisation muss regelmäßig interne Audits durchführen, um Informationen darüber zu erhalten, ob das Umweltmanagementsystem die Anforderungen an ihr Umweltmanagementsystem sowie dieser Norm erfüllen und ob es wirksam umgesetzt und aufrechterhalten wird.

**Hinweise für die Umsetzung:**

Nach DIN EN ISO 19011 ist ein Audit ein systematischer, unabhängiger und dokumentierter Prozess zur Erlangung von Auditnachweisen. Das Audit dient der objektiven Beurteilung und prüft, ob vereinbarte Kriterien erfüllt werden [Nor 18g].

### Internes Auditprogramm

**Anforderungen nach DIN EN ISO 14001, Abschnitt 9.2.2**

Es ist erforderlich, dass die Organisation interne Auditprogramme entwickelt, umsetzt und aufrechterhält. Aspekte wie Häufigkeit, Methoden, Verantwortlichkeiten, Planungsanforderungen und Berichterstattung sind dabei zu berücksichtigen. Bei der Planung des internen Auditprogramms muss die Organisation die Umweltauswirkungen der Prozesse, relevante Änderungen und frühere Auditergebnisse berücksichtigen.

Des Weiteren ist es erforderlich, dass die Organisation für jedes Audit klare Kriterien und den Umfang festlegt, unabhängige und neutrale Auditoren auswählt und sicherstellt, dass die Ergebnisse angemessen an das Management übermittelt werden. Es ist wichtig, dokumentierte Informationen als Nachweis für die Umsetzung des Auditprogramms und die Auditergebnisse aufzubewahren.

**Hinweise für die Umsetzung:**

Die Unabhängigkeit der Auditoren wird insofern gesichert, dass sie ihre eigene Tätigkeit nicht auditieren dürfen. Eine Anleitung für die Planung, Vorbereitung und Durchführung von Audits wird in der DIN EN ISO 19011 gegeben. [Nor 18g]

Ein Audit ist keine Prüfung, sondern eine systematische Erfassung von Sachverhalten, die dann ausgewertet werden. Die Anforderungen an Auditoren sind ebenfalls in DIN EN ISO 19011 festgelegt. Die Kenntnis der Umweltnormen und der Zusammenhänge des konkreten Managementsystems sind Grundvoraussetzungen für die Auditorentätigkeit, auch bei internen Audits.

Für das interne Umweltaudit wird vom Unternehmen selbst oder durch eine kompetente externe Person die Übereinstimmung des Umweltmanagementsystems mit den geforderten Anforderungen überprüft und bewertet.

## ISO-Abschnitt 9.3 Managementbewertung

**Anforderungen nach DIN EN ISO 14001, Abschnitt 9.3**

Die oberste Führungsebene ist verantwortlich für die regelmäßige Bewertung des Umweltmanagementsystems der Organisation, um sicherzustellen, dass es weiterhin geeignet, angemessen und wirksam ist. Bei der Managementbewertung müssen verschiedene Aspekte berücksichtigt werden, darunter der Status früherer Maßnahmen, Veränderungen in internen und externen Themen, Anforderungen von Interessengruppen, Umweltaspekte, Risiken und Chancen, Erfüllungsgrad der Umweltziele, Umweltleistung der Organisation sowie Ressourcen.

Die Ergebnisse der Managementbewertung müssen Schlussfolgerungen zur Eignung des Systems, Entscheidungen zur fortlaufenden Verbesserung, Änderungsbedarf am System, Maßnahmen bei Nichterreichung von Zielen und Möglichkeiten zur Integration mit anderen Prozessen enthalten. Es ist Pflicht, dass dokumentierte Informationen aufbewahrt werden.

**Hinweise für die Umsetzung:**

Die Umweltmanagementsystembewertung ist sinnvollerweise mit anderen Berichten zusammenzufassen (z. B. Abschluss Geschäftsjahr). Das hat den Vorteil, dass aktuelle Zahlen/Analysen vorliegen und die Managementbewertung Grundlage für die Planung von Zielen/Maßnahmen im Folgejahr ist.

Die Lenkung bzw. Verfolgung der Maßnahmen muss geregelt sein. Hierzu ist ein Maßnahmenmanagement zu empfehlen.

# ISO-Kapitel 10 Verbesserung

## ISO-Abschnitt 10.1 Allgemeines

**Anforderungen nach DIN EN ISO 14001, Abschnitt 10.1**

Die Organisation ist verantwortlich, potenzielle Verbesserungsmöglichkeiten zu identifizieren und erforderliche Maßnahmen umzusetzen, um die angestrebten Ziele ihres Umweltmanagementsystems zu erreichen.

**Hinweise für die Umsetzung:**

Beispiele für Verbesserung sind Korrekturen, Korrekturmaßnahmen, fortlaufende Verbesserungen, Veränderungen, Innovationen und Neuorganisation.

## ISO-Abschnitt 10.2 Nichtkonformität und Korrekturmaßnahmen

**Anforderungen nach DIN EN ISO 14001, Abschnitt 10.2**

Beim Auftreten einer Nichtkonformität ist es erforderlich, dass die Organisation angemessen reagiert. Dies beinhaltet die Umsetzung von Maßnahmen zur Überwachung und Korrektur, den Umgang mit den Folgen der Nichtkonformität sowie die Bewertung der Ursachen, um Wiederholungen zu vermeiden. Die Wirksamkeit der Korrekturmaßnahmen muss überprüft und bei Bedarf müssen Anpassungen am Umweltmanagement vorgenommen werden.

Alle durchgeführten Maßnahmen müssen angemessen sein und die Auswirkungen der Nichtkonformitäten berücksichtigen. Die Organisation muss dokumentierte Informationen aufbewahren, die Art der Nichtkonformität sowie alle getroffenen Maßnahmen und Ergebnisse der Korrekturmaßnahmen festhalten.

**Hinweise für die Umsetzung:**

Die Organisation muss durch geeignete Korrektur- und Vorbeugemaßnahmen auf Nichtkonformitäten reagieren. Die Organisation muss Maßnahmen zur Minderung von Umweltauswirkungen treffen.

Des Weiteren muss eine Ursachenanalyse durchgeführt und Maßnahmen ergriffen werden, um ein weiteres Auftreten zu vermeiden (Vorbeugungsmaßnahmen). Die Wirksamkeit der ergriffenen Korrektur- und Vorbeugemaßnahmen muss überprüft werden.

Die Art der Nichtkonformität, getroffene Korrektur- und Vorbeugemaßnahmen sowie deren Ergebnisse müssen dokumentiert werden.

## ISO-Abschnitt 10.3 Fortlaufende Verbesserung

**Anforderungen nach DIN EN ISO 14001, Abschnitt 10.3**

Die Organisation muss kontinuierlich an der Verbesserung der Eignung, Angemessenheit und Wirksamkeit ihres Umweltmanagementsystems arbeiten, um die Umweltleistung zu steigern.

**Hinweise für die Umsetzung:**

Die Organisation muss ihre Maßnahmen und Prozesse des Umweltmanagementsystems fortlaufend verbessern (PDCA-Zyklus).

Anhang A der DIN EN ISO 14001:2015 behandelt die Anwendung der Norm [Nor 15f]. Hierbei wird im Anhang A3 der Norm auf die Unterschiede der Begrifflichkeiten der neuen Norm im Vergleich zur Vorgängerversion eingegangen.

Anhang B der DIN EN ISO 14001:2015 beinhaltet eine Tabelle, die die Übereinstimmungen zwischen der DIN EN ISO 14001:2015 und der DIN EN ISO 14001:2004 zeigt [Nor 15f].

## 7.4 Anforderungen an Umweltmanagementsysteme nach EMAS III

> Das **E**co **M**anagement and **A**udit **S**cheme – kurz EMAS – ist eine von der Europäischen Union entwickelte Verordnung. Diese Verordnung befasst sich mit nachhaltigem Umweltmanagement und ist auf Unternehmen ausgerichtet, die diesen Bereich weiter verbessern wollen.

Das erste Konzept erschien als Verordnung (EWG) Nr. 1836/93 über die freiwillige Beteiligung gewerblicher Unternehmen an einem Gemeinschaftssystem für das Umweltmanagement und die Umweltbetriebsprüfung im Jahr 1993. Im Jahr 2001 erschien die Verordnung (EG) Nr. 761/2001 des Europäischen Parlaments und des Rates über die freiwillige Beteiligung von Organisationen an einem Gemeinschaftssystem für das Umweltmanagement und die Umweltbetriebsprüfung (EMAS). Diese Verordnung wird auch als EMAS II bezeichnet [EUR 01]. Im Jahr 2009 trat eine weitere Aktualisierung in Kraft. Die Verordnung (EG) Nr. 1221/2009 des Europäischen Parlaments und des Rates über die freiwillige Teilnahme von Organisationen an einem Gemeinschaftssystem für Umweltmanagement und Umweltbetriebsprüfung stellt die aktuellste Version – auch EMAS III genannt – dar [EMA 10].

EMAS beschreibt einen kontinuierlichen Verbesserungsprozess, der sich auf das Umweltmanagement bezieht. Dabei sollen alle Parteien – neben der Organisation zum Beispiel auch die Arbeitnehmer und die Gesellschaft – mit einbezogen werden. Die EMAS verpflichtet die Organisation, in regelmäßigen Abständen Umwelterklärungen zu erstellen und diese öffentlich zugänglich zu machen.

Um eine EMAS-Zertifizierung zu erhalten, muss eine Beurteilung der Organisation von unabhängigen, staatlich zugelassenen Umweltgutachtern erfolgen. Dabei erfolgt eine Überprüfung, ob

- Umweltpolitik,
- UMS,
- Umweltbetriebsprüfungsverfahren der Organisation und deren Durchführung und
- fortlaufende Verbesserung

den Anforderungen der Verordnung entsprechen.

Speziell wird die Einhaltung aller Vorschriften der Verordnung wie der geltenden gemeinschaftlichen, nationalen, regionalen und lokalen Umweltvorschriften, der fortlaufenden Verbesserung der Umweltleistung sowie die Richtigkeit und Glaubwürdigkeit der Daten und Informationen aus der Umwelterklärung und den zu validierenden Umweltinformationen überprüft [EMA 10].

Bei erfolgreicher Validierung und Registrierung ist die Organisation berechtigt, das EMAS-Logo zu verwenden (Bild 7.2). Eine Überwachung der Qualität von EMAS findet durch die Mitgliedstaaten der Europäischen Union statt [Web 72].

**Bild 7.2**
EMAS-Logo

In Deutschland sind insgesamt 1112 EMAS-Organisationen mit 2547 Standorten vorhanden (Stand September 2024, *emas.de*). Die mit Abstand meisten Organisationen kommen aus dem verarbeitenden Gewerbe. [Web 73]

### 7.4.1 Inhalt der EMAS III

EMAS III ist eine Verordnung und enthält nicht wie die DIN EN ISO 14001 klar formulierte Anforderungen an ein UMS entsprechend der Harmonized Structure. Besondere Aufgaben von EMAS III sind Umweltpolitik, fortlaufende Verbesserung, Erarbeitung einer Umweltpolitik und Umwelterklärung und deren Veröffentlichung, Umweltprogramm/Umweltziele, Umweltbetriebsprüfung und Registrierung des Unternehmens in einem Standortregister durch eine zuständige Stelle. Die Aufgaben, Anforderungen und Aufsicht zugelassener Umweltgutachter ist in EMAS III detailliert geregelt. Die Bedingungen für die Begutachtung und Validierung für ein nachhaltiges Umweltmanagement werden in der EMAS III geregelt.

Tabelle 7.1 enthält die Kapitel und Artikel der Verordnung EMAS III vom 25. November 2009 über die freiwillige Teilnahme von Organisationen an einem Gemeinschaftssystem für Umweltmanagement und Umweltbetriebsprüfung [EMA 10].

**Tabelle 7.1** Kapitel und Artikel der Verordnung EMAS III

| Artikel | Titel |
|---|---|
| **I. Allgemeine Bestimmungen** | |
| 1 | Zielsetzung |
| 2 | Begriffsbestimmungen |
| **II. Registrierung von Organisationen** | |
| 3 | Bestimmung der zuständigen Stelle |
| 4 | Vorbereitung der Registrierung |
| 5 | Registrierungsantrag |
| **III. Verpflichtungen registrierter Organisationen** | |
| 6 | Verlängerung der EMAS-Registrierung |
| 7 | Ausnahmeregelung für kleine Organisationen |
| 8 | Wesentliche Änderungen |
| 9 | Interne Umweltbetriebsprüfung |
| 10 | Verwendung des EMAS-Logos |
| **IV. Vorschriften für die zuständigen Stellen** | |
| 11 | Benennung und Aufgaben der zuständigen Stellen |
| 12 | Verpflichtungen im Zusammenhang mit dem Registrierungsverfahren |
| 13 | Registrierung von Organisationen |
| 14 | Verlängerung der EMAS-Registrierung |
| 15 | Aussetzung oder Streichung der Registrierung von Organisationen |
| 16 | Forum der zuständigen Stellen |
| 17 | Bewertung der zuständigen Stellen durch Fachkollegen |
| **V. Umweltgutachter** | |
| 18 | Aufgaben der Umweltgutachter |
| 19 | Häufigkeit der Begutachtungen |
| 20 | Anforderungen an Umweltgutachter |
| 21 | Zusätzliche Vorschriften für Umweltgutachter, die als natürliche Personen eigenständig Begutachtungen und Validierungen durchführen |
| 22 | Zusätzliche Vorschriften für Umweltgutachter, die Gutachtertätigkeiten in Drittländern durchführen |
| 23 | Aufsicht über Umweltgutachter |

| Artikel | Titel |
|---|---|
| **V. Umweltgutachter** | |
| 24 | Zusätzliche Vorschriften für die Aufsicht über Umweltgutachter, die Gutachtertätigkeiten in einem anderen Mitgliedstaat als dem Akkreditierungs- oder Zulassungsmitgliedstaat durchführen |
| 25 | Bedingungen für die Begutachtung und Validierung |
| 26 | Begutachtung und Validierung von kleinen Organisationen |
| 27 | Bedingungen für Begutachtungen und Validierungen in Drittländern |
| **VI. Akkreditierungs- und Zulassungsstellen** | |
| 28 | Verfahren der Akkreditierung und Erteilung von Zulassungen |
| 29 | Aussetzung und Entzug der Akkreditierung oder Zulassung |
| 30 | Forum der Akkreditierungs- und Zulassungsstellen |
| 31 | Bewertung der Akkreditierungs- und Zulassungsstellen durch Fachkollegen |
| **VII. Vorschriften für die Mitgliedstaaten** | |
| 32 | Unterstützung der Organisationen bei der Einhaltung von Umweltvorschriften |
| 33 | Werbeprogramm für EMAS |
| 34 | Information |
| 35 | Werbemaßnahmen |
| 36 | Förderung der Teilnahme von kleinen Organisationen |
| 37 | Clusterkonzept und schrittweises Vorgehen |
| 38 | EMAS und andere Strategien und Instrumente der Gemeinschaft |
| 39 | Gebühren |
| 40 | Nichteinhaltung von Vorschriften |
| 41 | Information und Berichterstattung an die Kommission |
| **VIII. Vorschriften für die Kommission** | |
| 42 | Information |
| 43 | Zusammenarbeit und Koordinierung |
| 44 | Einbindung von EMAS in andere Umweltstrategien und -instrumente der Gemeinschaft |
| 45 | Beziehungen zu anderen UMS |
| 46 | Ausarbeitung von Referenzdokumenten und Anleitungen |
| 47 | Berichterstattung |

**Tabelle 7.1** Kapitel und Artikel der Verordnung EMAS III *(Fortsetzung)*

| Artikel | Titel |
|---|---|
| **IX. Schlussbestimmungen** | |
| 48 | Änderung der Anhänge |
| 49 | Ausschussverfahren |
| 50 | Überarbeitung |
| 51 | Aufhebung und Übergangsbestimmungen |
| 52 | Inkrafttreten |

### 7.4.2 Gemeinsamkeiten und Unterschiede von DIN EN ISO 14001:2015 und EMAS III

Die größte Gemeinsamkeit von DIN EN ISO 14001 und EMAS III ist, dass sich beide auf das Umweltmanagement von Organisationen beziehen. Die Norm DIN EN ISO 14001 und die Verordnung EMAS III sollen ein gutes und nachhaltiges Umweltmanagement unterstützen und den Rahmen für Anforderungen zum Umweltmanagement schaffen [Nor 18d] [EMA 10].

Bei einem Vergleich der Norm und der Verordnung überwiegen allerdings die Unterschiede.

Die Norm DIN EN ISO 14001 wurde von der Internationalen Organisation für Normung entwickelt und wird von ihr fortlaufend aktualisiert. Die Verordnung EMAS wurde von der Europäischen Union entwickelt und ebenfalls fortlaufend aktualisiert. Während die DIN EN ISO 14001 von Anfang an weltweit anerkannt wurde, ist die EMAS erst mit ihrer Novellierung im Jahr 2009 auch außerhalb der EU anwendbar [EMA 10].

Während bei der EMAS die EU-Mitgliedsstaaten und EWR-Länder mit ihren Rechtsgrundlagen die Basis bilden, steht die DIN EN ISO 14001 unter keiner Rechtsgrundlage. Sie wird privatrechtlich als international gültige Norm verstanden. Weitere Unterschiede bestehen bei der Einhaltung gesetzlicher Vorgaben. Bei der EMAS ist es notwendig, gesetzliche Vorgaben einzuhalten. Dabei muss die Organisation regelmäßig die Einhaltung bewerten und dokumentierte Informationen darüber aufbewahren. Eine Überprüfung findet mittels Audits durch zugelassene Umweltgutachter statt. Bei der DIN EN ISO 14001 ist es ebenfalls erforderlich, die gesetzlichen Anforderungen einzuhalten. Eine Überprüfung erfolgt durch Audits akkreditierter Zertifizierungsorganisationen [EMA 10] [Nor 15f] [Web 74].

Weitere Unterschiede gibt es im Bereich der öffentlichen Kommunikation. Die EMAS verlangt einen offenen Dialog mit der Öffentlichkeit. Hierzu müssen besondere Dokumente, wie die Umwelterklärung und die Umweltpolitik, öffentlich zugänglich gemacht werden. Offenheit, Transparenz und regelmäßige Bereitstellung von Umweltinformationen sind für die EMAS Schlüsselfaktoren, durch die sie sich von anderen Systemen abhebt. Bei der DIN EN ISO 14001 steht der öffentliche Dialog nicht im Fokus. Die meisten Dokumente müssen nicht öffentlich zugänglich gemacht werden. Jedoch müssen Informationen für interessierte Parteien zur Verfügung stehen und die Kommunikationsprozesse der Organisation müssen entsprechend der geforderten bindenden Verpflichtungen festgelegt werden. Somit ist nur bedingt die Einbeziehung der Öffentlichkeit erforderlich [EMA 10] [Nor 15f].

## 7.5 Umweltbezogene Rechtsvorschriften

Es existieren eine große Anzahl an Vorschriften, die dem Umweltmanagement zugeordnet werden. Nachfolgend sind Übersichten über rechtliche bzw. behördliche Forderungen im Umweltschutz dargestellt [Sto 19]. Sie lassen die Komplexität der Rechtsvorschriften auf diesem Gebiet erkennen, was insbesondere kleineren Unternehmen Schwierigkeiten bei der Ermittlung für sie zutreffender Vorschriften bereitet.

Zur Erreichung einer höheren Transparenz erfolgt durch Bund und Länder unter anderem eine Deregulierung der Rechtsvorschriften mit dem Ziel, die Zahl der Vorschriften, die sich auf gleiche Sachverhalte beziehen, zu reduzieren. Andererseits ist es bis heute nicht gelungen, eine einheitliche Umweltgesetzgebung zu erreichen (Bild 7.3).

| | | |
|---|---|---|
| Geltungsbereich und Verbindlichkeiten der EU-Regelungen | EU-Verordnung | • ist unmittelbar in allen Mitgliedsstaaten der EU allgemein geltend<br>• ist in all ihren Teilen verbindlich<br>• hat gegenüber dem nationalen Recht Vorrang |
| | EU-Richtlinie | • gilt nicht unmittelbar in den Mitgliedsstaaten, sondern muss innerhalb einer Frist im nationalen Recht umgesetzt werden<br>• ist verbindlich hinsichtlich der Ziele |
| | EU-Empfehlung | • ist mittelbar für jeden bezeichneten EU-Mitgliedsstaat<br>• ist für jeden bezeichneten EU-Mitgliedsstaat verbindlich in allen Teilen<br>• ist nicht verbindlich für nicht bezeichnete EU-Mitgliedsstaaten |
| | EU-Stellungnahme | • ist nicht verbindlich |
| Nationales Recht | Grundgesetz | • hat rechtliche Grundordnung im Staat |
| | Gesetz | • enthält jeden Willensakt der verfassungsmäßigen Gesetzgebungsorgane |
| | Rechtsverordnung | • wird von der vollziehenden Gewalt aufgrund einer Ermächtigung erlassen |
| | Satzung | • ist vom Verwaltungsträger erlassene öffentlich-rechtliche Regelung seiner Angelegenheit |
| | Verwaltungsvorschrift | • ist keine Rechtsnorm<br>• ist verwaltungsintern |

**Bild 7.3** Vorschriftenhierarchie für das Umweltrecht [Sch 98]

**Übergeordnete Umweltgesetze**

| | |
|---|---|
| BNatSchG | Gesetz über Naturschutz und Landespflege (Bundes-Naturschutzgesetz) |
| UmweltHG | Umwelthaftungsgesetz |
| UVPG | Gesetz über die Prüfung der Umweltverträglichkeit (Umweltverträglichkeitsprüfungsgesetz) |

Ab dem 01.08.2023 ist die Mantelverordnung in Kraft getreten. Diese enthält Neuregelungen zur Ersatzbaustoffverordnung, eine Neufassung der Bundes-Bodenschutz- und Altlastenverordnung, TA Luft sowie Änderungen der Deponie- und Gewerbeabfallverordnung [Web 100].

Die meisten Gesetze und Vorschriften zum Schutz der Umwelt sind dem Umweltverwaltungsrecht zuzuordnen. Daneben gibt es weitere Vorschriften im Bereich des Umweltprivatrechts (Haftung) und des Umweltstrafrechts (Straftaten gegen die Umwelt).

Die Gesetzgebung ist in der Bundesrepublik Deutschland zwischen Bund und Ländern aufgeteilt, wobei die Gesetzgebungskompetenz der Länder insbesondere die Bereiche Wasser- und Naturschutzrecht betrifft.

Die wichtigsten Rechtsvorschriften aus dem Umweltbereich in den Bereichen Wasser, Abfall, Luft und Boden sind in Bild 7.4 zusammengefasst.

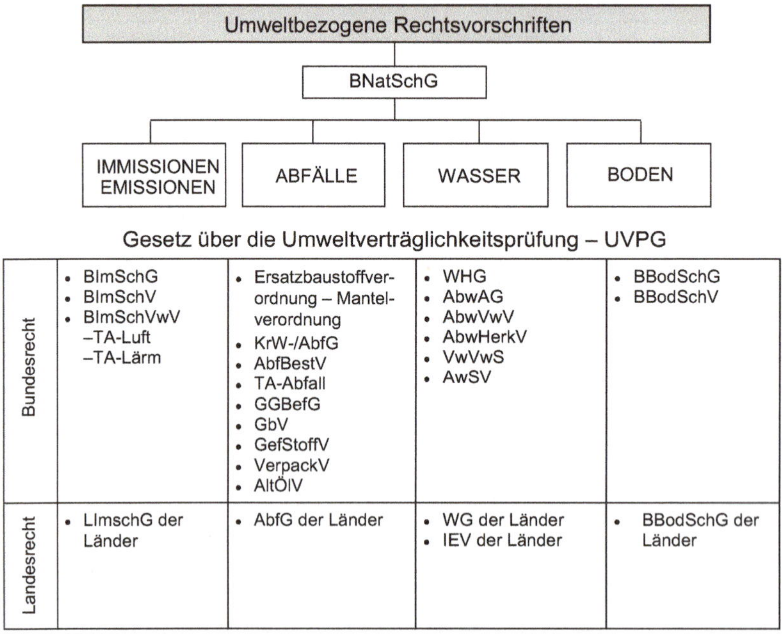


**Bild 7.4** Umweltbezogene Rechtsvorschriften [Sto 19]

**Für den Bereich Luft:**

| | |
|---|---|
| BImSchG | Gesetz zum Schutz vor schädlichen Umwelteinwirkungen durch Luftverunreinigung (Bundes-Immissionsschutzgesetz) |
| BImSchV | Bundes-Immissionsschutzverordnung |
| BImSchVwV | Bundes-Immissionsschutz-Verwaltungsvorschrift |
| TA-Luft | Technische Anleitung zur Reinhaltung der Luft |
| TA-Lärm | Technische Anleitung zum Schutz vor Lärm |
| LImschG | Landes-Immissionsschutzgesetz |

**Für den Bereich Abfall:**

| | |
|---|---|
| Ersatzbaustoff-verordnung – Mantelverord-nung | Verordnung zur Einführung einer Ersatzbaustoffverordnung, zur Neufassung der Bundes-Bodenschutz- und Altlasten-verordnung und zur Änderung der Deponieverordnung und der Gewerbeabfallverordnung |
| KrW-/AbfG | Gesetz zur Förderung der Kreislaufwirtschaft und Sicherung der umweltverträglichen Beseitigung von Abfällen (Kreislaufwirtschafts- und Abfallgesetz) |
| AbfBestV | Abfallbestimmungs-Verordnung |
| TA-Abfall | Verwaltungsvorschrift zum Kreislaufwirtschafts- und Abfallgesetz |
| GGBefG | Gesetz über die Beförderung gefährlicher Güter (Gefahrgutgesetz) |
| GbV | Gefahrgutbeauftragten-Verordnung |
| GefStoffV | Verordnung zum Schutz vor Gefahrstoffen (Gefahrstoffverordnung) |
| VerpackG | Gesetz über das Inverkehrbringen, die Rücknahme und die hochwertige Verwertung von Verpackungen (Verpackungsgesetz) |
| AltölV | Altöl-Verordnung |
| AbfG | Abfallgesetz der Land Bundesländer |

**Für den Bereich Wasser:**

| | |
|---|---|
| WHG | Gesetz zur Ordnung des Wasserhaushalts (Wasserhaushaltsgesetz) |
| AbwAG | Gesetz über Abgaben für das Einleiten von Abwässern in Gewässer (Abwasserabgabengesetz) |
| AbwV | Verordnung über Anforderungen an das Einleiten von Abwasser in Gewässer (Abwasserverordnung) |
| AbwHerkV | Verordnung über die Herkunftsbereiche von Wasser (Abwasserherkunftsverordnung) |
| VwVwS | Verwaltungsvorschrift wassergefährdende Stoffe |
| AwSV | Verordnung über Anlagen zum Umgang mit wassergefährdenden Stoffen |
| WG | Wassergesetze der Bundesländer |
| IEV | Verordnung des Bundesministers für Land- und Forstwirtschaft betreffend Abwassereinleitungen in wasserrechtlich bewilligte Kanalisationen (Indirekteinleiterverordnung) |

**Für den Bereich Boden:**

| | |
|---|---|
| BBodSchG | Bundes-Bodenschutzgesetz |
| BBodSchV | Bundes-Bodenschutz- und Altlastenverordnung |

Aufgrund der sehr umfangreichen und branchenspezifischen Rechtsvorschriften ist eine wesentliche Anforderung für ein UMS der **Aufbau und die ständige Pflege eines Rechtskatasters**, in dem die für die Organisation relevanten Rechtsvorschriften enthalten sein müssen (Bild 6.10). Dazu ist besonders das Portal der UWS Umweltmanagement GmbH zu empfehlen [Web 19a]: *https://www.umwelt-online.de*

## 7.6 Normen für das Umweltmanagement

Zum **Aufbau von Umweltmanagementsystemen ist die wichtigste Norm die DIN EN ISO 14001.**

Als weitere Normen zum Umweltmanagement sind zu nennen (Auswahl):

- **DIN EN ISO 14001:2015-11:** Umweltmanagementsysteme – Anforderungen mit Anleitung zur Anwendung

- **DIN EN ISO 14002-1:2020-12:** Umweltmanagementsysteme – Leitlinien für die Nutzung von ISO 14001 zur Behandlung von Umweltaspekten und -zuständen innerhalb eines Umweltthemengebiets – Teil 1: Allgemeines
- **DIN EN ISO 14004:2016-08:** Umweltmanagementsysteme – Allgemeine Leitlinien zur Verwirklichung
- **DIN EN ISO 14015:2022-10:** Umweltmanagement – Umweltbezogene Due-Diligence-Bewertung
- **ISO 14020:2022-12:** Umweltaussagen für Produkte und deren Programme – Grundsätze und allgemeine Anforderungen
- **DIN EN ISO 14021:2021-10:** Umweltkennzeichnungen und -deklarationen – Umweltbezogene Anbietererklärungen (Umweltkennzeichnung Typ II)
- **DIN EN ISO 14024:2018-06:** Umweltkennzeichnungen und -deklarationen – Umweltkennzeichnung Typ I – Grundsätze und Verfahren
- **DIN EN ISO 14025:2011-10:** Umweltkennzeichnungen und -deklarationen – Typ III Umweltdeklarationen – Grundsätze und Verfahren
- **DIN EN ISO 14031:2021-09:** Umweltmanagement – Umweltleistungsbewertung – Leitlinien
- **DIN EN ISO 14040:2021-02:** Umweltmanagement – Ökobilanz – Grundsätze und Rahmenbedingungen
- **DIN EN ISO 14044:2021-02:** Umweltmanagement – Ökobilanz – Anforderungen und Anleitungen
- **DIN EN ISO 14050:2021-04:** Umweltmanagement – Begriffe
- **DIN EN ISO 14063:2021-03:** Umweltmanagement – Umweltkommunikation – Leitlinien und Beispiele

Die **ISO-59000-Normenfamilie** ist eine internationale Normenreihe, die einheitliche Leitlinien für die **Circular Economy** in Organisationen/Unternehmen schaffen soll.

Mit der **ISO-59000-Normenfamilie** werden erste Schritte gegangen, um die lineare Wirtschaft in **Richtung einer Circular Economy** zu verändern. Für den europäischen Wirtschaftsraum entsprechen die Festlegungen in den ISO-Normen nicht an allen Stellen den europäischen Anforderungen. Deshalb werden für die Anwendung der ISO 59004 und ISO 59010 im europäischen Wirtschaftsraum in den **Arbeitsgruppen des CEN/TC 473 „Circular Economy“** ergänzende Dokumente erarbeitet.

**Ziel ist es, Rohstoffe möglichst lange in möglichst hoher Qualität in einer Kreislaufwirtschaft zu erhalten und zu nutzen.**

Die **ISO-59000-Normenfamilie soll aus mehreren Normen** bestehen. Bereits veröffentlicht sind ISO 59004, ISO 59010, ISO 59020 und ISO/TR 59032:

- ISO 59004: Vokabular, Prinzipien und Orientierung zur Realisierung der Circular Economy
- ISO 59010: Leitfaden für den Übergang von Geschäftsmodellen und Wertschöpfungsnetzwerken
- ISO 59020: Messung und Bewertung der zirkulären Leistung
- ISO/TR 59032:2024-05: Circular Economy – Überprüfung bestehender Wertschöpfungsnetzwerke

In Bearbeitung befinden sich die ISO 59040 und ISO 59014:

- ISO 59040: Datenblatt zur Produktzirkularität
- ISO 59014: Nachhaltigkeit und Nachverfolgbarkeit der Verwertung von Sekundärmaterialien

## 7.7 Umsetzung der Normenanforderungen zum Umweltmanagement im Unternehmen

Nachfolgend sind einige Beispiele zum Umweltmanagement aufgeführt, die in einer konkreten Unternehmenssituation von Bedeutung sein können.

In Kapitel 4 werden der Aufbau und die Einführung von Managementsystemen ausführlich beschrieben. Dabei werden im Abschnitt 4.1 Systematisierungsvorschläge für die Struktur – (Bild 4.1), das Organigramm – (Bild 4.2) und die Prozesslandkarte – (Bild 4.3) und in den Abschnitten 4.3.1 bis 4.3.5 das QM-Handbuch, dokumentierte Informationen, Verfahrensanweisungen, Prozessbeschreibungen und Arbeitsanweisungen/Formulare behandelt.

Deshalb werden in diesem Abschnitt nur die umweltspezifischen Inhalte für den Aufbau und die Einführung eines UMS behandelt.

Der Aufbau und die Umsetzung eines UMS bringen neben dem Schutz der Umwelt weitere Vorteile für das Unternehmen. Diese sind beispielsweise:

- Kosteneinsparung durch transparente innerbetriebliche Abläufe
- Stärkung der Marktposition und Imagesteigerung als umweltbewusstes Unternehmen
- Früherkennung von Umweltproblemen und Risikominimierung bei umweltrelevanten Prozessen

- Rechts- und Nachweissicherheit bezüglich der Einhaltung von Rechtsvorschriften
- Vertrauensbildung und Akzeptanz gegenüber Kunden, Behörden, Versicherungen und der Öffentlichkeit
- umweltorientierte Organisations- und Mitarbeiterführung
- Verbesserung der Arbeitssicherheit
- Steigerung der Mitarbeitermotivation
- effektivere Ressourcennutzung
- Kostenersparnisse bei Abfall, Material, Wasser, Energie- und Stoffströmen
- Begrenzung der Umweltauswirkungen im bestimmungsgemäßen bzw. gestörten Betrieb

## 7.7.1 Vier Phasen zur Umsetzung eines Umweltmanagementsystems

Der Aufbau des betrieblichen UMS kann nach der EMAS III-Verordnung oder nach der DIN EN ISO 14000 erfolgen. Beide sind ähnlich aufgebaut und verfolgen das Ziel, die schädlichen Umwelteinflüsse der unerwünschten Abfallprodukte von Unternehmen kontinuierlich zu verringern.

Die Vorgehensweise nach EMAS III bei dem Aufbau und der Aufrechterhaltung des Umweltmanagements ist in Bild 7.5 enthalten.

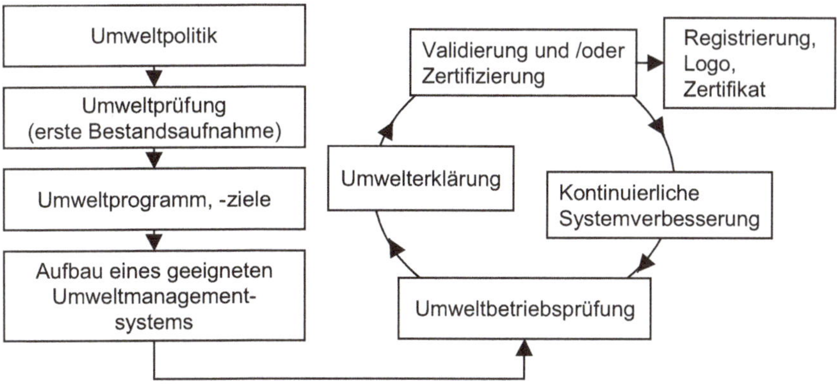


**Bild 7.5** Aufbau und Aufrechterhaltung von UMS nach EMAS [EMA 10]

Die Verwirklichung des UMS umfasst fünf Phasen:

#### 7.7.1.1 Phase 1: Festlegung einer angemessenen Umweltpolitik

In einer Grundsatzerklärung wird die Position der Geschäftsleitung zum Umweltschutz dargestellt und die Verpflichtung zur Einhaltung aller Vorschriften und Richtlinien des Umweltschutzes festgeschrieben. Die Umweltpolitik muss von der obersten Leitung der Organisation festgelegt werden. Somit verpflichtet sich die Geschäftsführung zur fortlaufenden Verbesserung des Umweltschutzes und zur Verhütung von Umweltbelastungen sowie zur Einhaltung der relevanten Umweltgesetze, -vorschriften und anderer unternehmenseigener Forderungen [EMA 10] [Nor 15f].

Die Umweltpolitik dient auch der Motivation der Mitarbeitenden für die Aufgaben des Umweltmanagements. Sie muss auf Art, Umfang und Umweltauswirkung der von der Organisation ausgeführten Tätigkeiten, Produkte oder Dienstleistungen abgestimmt sein. Die Geschäftsführung hat in jedem Fall die Pflicht, die Umweltpolitik allen Mitarbeitenden, Arbeitnehmern und interessierten Parteien bekannt zu machen [EMA 10] [Nor 15f]. Nach DIN EN ISO 14001 muss die Umweltpolitik zusätzlich für die Öffentlichkeit zugänglich sein. Ein Beispiel für die Formulierung der Umweltpolitik eines Unternehmens enthält Tabelle 7.2 [Web 107].

**Tabelle 7.2** Beispiel für die Formulierung der Umweltpolitik eines Unternehmens [Web 107]

| **Umweltpolitik** |
|---|
| **Seit mehr als 100 Jahren fertigen wir innovative und hochwertige Möbel auf Grundlage von vier Leitmotiven.** |
| **Sicherheit und Qualität** |
| Die Sicherheit unserer Kunden steht bei der Entwicklung von Möbeln an erster Stelle. Deshalb ist es für uns besonders wichtig, neueste Standards und Normen in das Design und die Funktion unserer Produkte zu integrieren. Ein erfahrenes Team mit hochmotivierten Mitarbeitenden, neuester Technik und laufender Kontrolle in der Fertigung garantiert beste Qualität. |
| **Umwelt** |
| Zur Vermeidung von Umweltbelastungen bilden umweltschonende Rohstoffe die Basis für unsere langlebigen Produkte. Wir achten auf kurze Beschaffungswege, da nur Holz aus heimischen Wäldern zum Einsatz kommt. Unter Einhaltung von rechtlichen Verpflichtungen und Anforderungen ist die gesamte Fertigung ökologisch ausgerichtet. Der Einsatz wertbeständiger, schadstoffarmer Materialien sowie die Wiederverwertung von Restmaterialien werden in allen Fertigungsprozessen berücksichtigt. |
| Wir verpflichten uns zum Schutz der Umwelt und zur fortlaufenden Verbesserung des UMS, um die Umweltleistung zu optimieren. |

| **Nachhaltigkeit** |
|---|
| Neben dem Wissen, dass der von uns eingesetzte Rohstoff Holz nachwächst, bieten unsere Möbel flexible Lösungen für eine langfristige Nutzung. Fortlaufende Verbesserungen und Optimierungen der Fertigungsprozesse sind unser tägliches Bestreben. Zeitloses Design, hochwertige Materialien und erstklassige Verarbeitung garantieren eine hohe Lebensdauer und langwährende Freude am Produkt. Das verstehen wir unter praktizierter Nachhaltigkeit. |
| **Design** |
| Unsere Markenmöbel sind Spitzenerzeugnisse der Holzverarbeitung, geschaffen für den anspruchsvollen Kunden. Mit innovativen Konzepten und klaren, modernen Formen schaffen wir einen Raum zum Wohnen, der Geborgenheit mit funktionalen Lösungen und attraktivem Design vereint. |

Um das Umweltmanagement planen zu können, müssen zunächst die Randbedingungen ermittelt werden. Dazu gehören:

- Identifizierung der Umweltaspekte, die aus früheren, derzeitigen oder geplanten Tätigkeiten herrühren, um daraus die wesentlichen Umweltauswirkungen zu ermitteln
- Identifizierung der rechtlich bindenden Verpflichtungen und anderen Anforderungen, zu denen sich die Organisation verpflichtet

Aus diesen Randbedingungen und der formulierten Umweltpolitik sind im nächsten Schritt angemessene umweltbezogene Zielsetzungen und Einzelziele abzuleiten und Umweltprogramme festzulegen. [EMA 10]

In EMAS III [EMA 10] und DIN EN ISO 14001 [Nor 15f] sind Beispiele für direkte und indirekte Umweltaspekte aufgeführt. Wenn die Organisation noch kein Umweltsystem eingeführt hat, muss sie möglichst alle Umweltaspekte ermitteln, die bei normalen Betriebsbedingungen, bei und nach abweichenden Betriebsbedingungen sowie bei Anfahr- und Abschaltbedingungen, in Notfallsituationen oder bei Unfällen auftreten können. Insbesondere sind frühere Notfallsituationen und Unfälle auszuwerten.

Des Weiteren sind die bereits praktizierten Umweltmanagementpraktiken und -verfahren zu überprüfen und zu bewerten, auch die Umweltmanagementpraktiken, die mit Beschaffungsaktivitäten oder Auftragsvergabe verbunden sind (Nachweisverfahren Abfall, Gefahrstoffmanagement, Zusammenarbeit mit Fremdfirmen usw.). Eine wichtige Informationsquelle sind auch erteilte Standort- oder Betriebsgenehmigungen, die ggf. Auflagen oder Berichtsnotwendigkeiten enthalten.

Bei der Ermittlung der Ist-Situation kann eine Zusammenstellung der Energie- und Stoffbilanzen/Ressourcenkataster (Tabelle 7.3) hilfreich sein. Diese bildet auch oft die Grundlage für eine sich anschließende Ökobilanz (LCA) oder ist auch Grundlage für die Erstellung von EPDs (Environmental product documentation). EPDs werden voraussichtlich demnächst EU-seitig verpflichtend für neue Produkte gefordert.

**Tabelle 7.3** Beispiel Ressourcenkataster und Input-Output-Analyse

| **INPUT** | | |
|---|---|---|
| **Energieverbrauch** | **Vorjahr** | **Jahr** |
| Strom | 5.000 MW | 5.500 MW |
| Erdgas | 3.000 MW | 3.200 MW |
| **Nutzung natürlicher Ressourcen** | | |
| Wasser | 11.690.000 l | 12.000.000 l |
| Luft | $35.000\ m^3$ | $37.000\ m^3$ |
| Grundstücksfläche | $10.300\ m^2$ | $10.300\ m^2$ |
| Grundfläche Gebäude | $9.600\ m^2$ | $9.600\ m^2$ |
| **Verbrauch an Rohstoffen** | | |
| Öle und Fette | 1.380 l | 1.537 l |
| Säuren und Laugen | 18 l | 20 l |
| Sonstige chemische Betriebsstoffe | 6 l | 6 l |
| Fe-Metalle | 52.000 kg | 60.000 kg |
| Holz | 20 780 kg | 23 000 kg |
| Papier/Pappe | 1.120 kg | 1.300 kg |
| Verpackungsmaterialien | 2.006 kg | 2.400 kg |
| **OUTPUT** | | |
| Gefertigte Erzeugnisse | 340.000 Stück | 390.000 Stück |
| **Emissionen in Atmosphäre** | | |
| $CO_2$ | $110\ m^3$ | $110\ m^3$ |
| $NO_x$ | $350\ m^3$ | $350\ m^3$ |
| **Abwässer** | | |
| Einleitung in die Kanalisation | 11.690.000 l | 12.000.000 l |
| **Abfälle** | | |
| Abfälle zur Verwertung | 14,6 t | 15,9 t |
| Hausmüllähnlich | 1.356 kg | 1.534 kg |

Weiterhin können umweltrelevante Prozesse erfasst und eine Gefährdungsanalyse durchgeführt werden (Bild 7.6, Bild 7.7 und Bild 7.8). Die Vorgehensweise zur Ermittlung von Gefährdungen – die Gefährdungsanalyse – ist im Abschnitt 6.6.7, Bild 6.6 und in Tabelle 6.9 detailliert enthalten [Web 81].

In der **umweltbezogenen Zielsetzung** müssen die ermittelten Umweltaspekte berücksichtigt und ständig aktualisiert werden. Die Ziele sollen realisierbar, terminiert und so formuliert sein, dass der Erfüllungsgrad überprüft werden kann. Es kann zwischen Zielen zur Einhaltung gesetzlicher Forderungen und Zielen im Hinblick auf eine fortlaufende Verbesserung der Umweltleistung der Organisation unterschieden werden.

| | | | | | |
|---|---|---|---|---|---|
| | Prozesskataster.doc | Erstell- bzw. Revisionsdatum: | | Freigabe-datum: 01.08.XX | Das ausgedruckte Dokument unterliegt nicht dem Änderungsdienst. Es ist nur am Tage des Druckdatums gültig! Gedruckt am: 19.04.09 |
| | Offene Information IK 1 | bearbeitet durch: | | genehmigt: S | |
| Gefährdungsanalyse | | Prozesskataster | | | Seite: 1 von 1 |

| Lfd. Nr. | Prozess / Gruppe | Maschinen / Anlage | Überwachung[1] | Standort / Arbeitsplatz | Anzahl Mitarbeiter im Prozess | Gefährdungsanalyse/ Umweltrelevanzbewertung | | Restgefährdung Ja/nein | Mitgeltende Dokumente (Betriebsanweisungen) | |
|---|---|---|---|---|---|---|---|---|---|---|
| | | | | | | Checkliste Nr | Revisionsdatum | | Dokument | Revisionsdatum |
| 1 | 2 | 3 | 4 | 5 | 6 | 7 | 8 | 9 | 10 | 11 |
| 17 | Montieren, Konservieren, Verpacken | Handarbeitsmittel | 0 | | | GA 17 | 02/20XX | n | BA17 | 03/20XX |
| 18 | Kontrolle | Meßmaschine ZMC550 | 2 | Kontrolle | 2 | GA 18 | 05/20XX | n | | |
| | | Meßmaschine Prismo | 2 | Kontrolle | 2 | | | n | | |
| | | Meßmaschine Johannson | 2 | PG U | 4 | | | n | | |
| 19 | Warenannahme/Versand | | | | | GA 19 | 02/20XX | n | | |
| 20 | Innerbetrieblicher Transport | Gabelstapler | 1 | | | GA 20/001 | 02/20XX | n | BA 20/001 | 02/20XX |
| | | Flurförderzeuge | 1 | | | GA 20/002 | 02/20XX | | BA 20/002 | 02/20XX |
| | | Paletten | 2 | | | GA 20/003 | 02/20XX | | BA 20/003 | 02/20XX |
| 21 | Lagerung von wassergefährdenden und Gefahr-Stoffen | | | | | GA 21/001<br>URB 21/001 | 02/20XX<br>04/20XX | n | BA 21/001 | 04/20XX |
| 22 | Lagerung von Material, Montageteilen und Werkzeugen | 4 x Shuttle | 1 | PG T | 3 | GA 22 | 02/20XX | n | | |
| | | 3 x Paternoster | 1 | PG T/WW | 4 | | | n | | |
| | | Langgutlager UNITOWER | 1 | Zuschnitt | 2 | | | n | | |
| 23 | Instandhaltung v. Maschinen und Anlagen | | | | | GA 23 | | n | | |

[1] 0 = keine
1 = gesetzliche Gründe
2 = betriebliche Gründe

**Bild 7.6** Ausgewählte umweltrelevante Prozesse mit Gefährdungsanalyse

| Prozess | Bedingung | Umweltaspekt Gefährdung durch | Medium B=Boden W=Wasser L=Luft | Betriebszustand n=normal a=abnormal k=kontrolliert u=unkontrolliert | Menge | gesetzliche Vorgaben | Gefährdung | Kontrolle | Häufigkeit | Bewertungszahl | Signifikanzklasse |
|---|---|---|---|---|---|---|---|---|---|---|---|
| Öllager | Lagerung | Leckagen | B,W | a;k | < 0,2 $m^3$ | WHG | 2 | 3 | 2 | 12 | 1 |
| | Umfüllen | Tropfverluste | B,W | a;k | < 0,05$m^3$ | WHG | 2 | 1 | 5 | 10 | 1 |
| | Transport | Tropfverluste | B,W | a;u | < 0,05 $m^3$ | WHG | 2 | 1 | 3 | 6 | 1 |

**Bild 7.7** Formularkopf für die Umweltrelevanzbewertung

Nr.

**Bewertungsbogen der Umweltrelevanz von Tätigkeiten / Verfahren / Anlagen** URB / 001

| | | | | | | |
|---|---|---|---|---|---|---|
| Tätigkeit: Lagerung von Ölen | | zuständig für Betrieb: | SPI | Anlage | BImSchG | WHG |
| Verfahren: | | zuständig für Wartung: | SPI | anzeigepflichtig: | ☐ | ☒ |
| Anlage/Typ: | Inventar Nr. | Standort: | | genehmigungsbed.: | ☐ | ☐ |

| **Ressourcenverbrauch** | | Menge | Signifikanz[1] | Maßnahmen |
|---|---|---|---|---|
| Wasser | ☐ | | | |
| Elektroenergie | ☐ | | | |
| Druckluft | ☐ | | | |
| Techn. Gase | ☐ | | | |
| | ☐ | | | |

| **Arbeitsstoffe** | | Menge | Schutzstufe | Signifikanz | Maßnahmen |
|---|---|---|---|---|---|
| Hydrauliköl | ☒ | 3900 l/a | | | |
| Gleitbahnöl | ☒ | 1200 l/a | | | |
| | ☐ | | | | |

| **Emissionen** | | Menge | Signifikanz | Maßnahmen |
|---|---|---|---|---|
| Luft | ☐ | | | |
| Abwasser nach Aufbereitung | ☐ | | | |
| Abfall zur Verwertung | ☐ | | | |
| zur Beseitigung | ☐ | | | |
| Wärme | ☐ | | | |
| Lärm | ☐ | | | |
| Geruch | ☐ | | | |
| Staub | ☐ | | | |

**Prüfberichte** Liegen Prüfberichte ☐ oder ☐ Bauartzulassungen vor? nein ☐ (wenn ja, bitte Kopie beifügen!) Nächster Prüftermin: ____

| **Bewertung der Prozesssicherheit bezüglich der Umweltauswirkungen** | | | | | | | |
|---|---|---|---|---|---|---|---|
| Beeinträchtigung der Umwelt (Normalbetrieb) 3 = hoch 2 = mittel 1 = niedrig | 1 | Beeinträchtigung der Umwelt (gestörter Betrieb) 3 = hoch 2 = mittel 1 = niedrig | 1 | Beeinträchtigung der Umwelt (Reparatur / Wartung) 3 = hoch 2 = mittel 1 = niedrig | 1 | Beeinträchtigung der Umwelt (Havarie) 3 = hoch 2 = mittel 1 = niedrig | 2 |

Bemerkungen: tatsächl. Menge: 1000 - 1600 l (max. Lagermenge).
Stoffe: Addinol HLP10, HLPD22, HLPD46, HLPD68, Esso Mobil DTE 24; Addinol XG68, XG220, CLP68, CLP100, CLP150, CLP220, Esso Mobil DTE Oil Medium, Mobil Velocite Oil No. 10

Name Erfasser: Datum:

[1] Siehe Kriterien zur Prozesseinstufung (Checkliste 1 zu Handbuch-Abschnitt 4.0)

**Bild 7.8** Beispiel einer Umweltrelevanzbewertung

Nach EMAS III sind Aussagen zu folgenden Themen zu treffen:

- Beurteilung, Kontrolle und Verringerung der Umweltauswirkungen auf die verschiedenen Umweltbereiche – Kernindikatoren für die Umweltleistung
- Produktplanung (Design, Verpackung, Transport, Verwertung und Entsorgung)
- Energiemanagement, Energieeinsparung und Auswahl der Energiequellen
- Bewirtschaftung, Einsparung, Auswahl und Transport von Rohstoffen
- Vermeidung, Recycling, Wiederverwertung, Transport und Entsorgung von Abfällen
- Bewertung, Kontrolle und Verringerung der Lärmbelästigung innerhalb und außerhalb der Organisation
- betrieblicher Umweltschutz und Praktiken bei Auftragnehmern, Unterauftragnehmern und Lieferanten
- Verhütung von Störfällen und Schadensbegrenzung
- Information und Ausbildung des Personals in Bezug auf ökologische Fragen
- Information der Öffentlichkeit über ökologische Fragestellungen in Zusammenhang mit den Tätigkeiten der Organisation

Nach der Zielfestlegung sind die Ziele allen Mitarbeitenden in geeigneter Weise, z. B. durch Aushänge oder Rundschreiben, bekannt zu geben. Die Erfüllung der Ziele ist durch Stellen mit Kontrollfunktion, beispielsweise die Unternehmensleitung, ständig zu überprüfen. Ein Prämiensystem als Anreiz für die Mitarbeitenden oder die jeweilige Abteilung kann motivierend wirken. Mit den betroffenen Mitarbeitenden ist ständig Rücksprache zu halten, um Fragen direkt zu beantworten [EMA 10] [Nor 15f].

In Tabelle 7.4 sind Beispiele für Umweltziele eines Unternehmens dargestellt.

**Tabelle 7.4** Beispiele für Umweltziele eines Unternehmens

| Nr. | Ziel | Quantifizierung | Zeitvorgabe | Verantwortung |
|---|---|---|---|---|
| 1 | Senkung der Anzahl der Gefahrstoffe | um 10 % | 12/2024 | [SI], [FE] |
| 2 | Sicherheit bei der Lagerung von Gefahrstoffen verbessern, zum Beispiel Beschaffung Gefahrstoffschrank und Gefahrstoffauffangwannen | um 20 % | 06/2025 | [SI], [WE] |
| 3 | Senkung der Verpackungsabfälle | um 20 % | 12/2025 | [EK], [FP] |
| 4 | Senkung des Wasserverbrauchs | um 10 % | 12/2025 | [WE], [FP] |
| 5 | Senkung des Energieverbrauchs | um 5 % | 12/2024 | [WE], [FP] |
| 6 | Erhöhung der Umweltverträglichkeit der Verpackungen | | 06/2026 | [EK], [V] |
| 7 | Senkung des Schallpegels im betrieblichen Umfeld | auf < 70 dB | 06/2025 | [WE] |

Das **Umweltprogramm** (Maßnahmenkatalog) in der EMAS dient der Umsetzung der Umweltziele. Es beinhaltet die Zuweisung der Zuständigkeiten zur Umsetzung der Maßnahmen in jedem Aufgabenbereich und die Festlegung von Umsetzungsfristen. Es werden dabei auch Vorgaben berücksichtigt, die im Zusammenhang mit neuen Entwicklungen und/oder neuen Erzeugnissen, Dienstleistungen oder Verfahren stehen.

Eine Aktualisierung erfolgt im Anschluss an eine **Umweltbetriebsprüfung** entsprechend der EMAS III, da mit dieser Prüfung Verbesserungspotenziale und auch Abweichungen aufgezeigt werden. Die einzelnen Maßnahmen werden nach Abstimmung mit dem jeweiligen Durchführungsverantwortlichen und sonstigen betroffenen Stellen definiert. Die Festlegung der Priorität und der Umsetzungsfristen erfolgt durch die Unternehmensleitung nach Beratung mit dem **Umweltschutzbeauftragten** (EMAS III) bzw. Umweltmanagementbeauftragten (DIN EN ISO 14001). Die Unternehmensleitung sorgt für die Bereitstellung der für die Umsetzung des Maßnahmenkatalogs erforderlichen Mittel/Ressourcen (Personal, Finanzmittel). Die Ausführung einzelner Maßnahmen wird insbesondere im Zuge der innerbetrieblichen Maßnahmenverfolgung realisiert und kontrolliert.

Die Umsetzung des Umweltprogramms wird im Rahmen der Umweltbetriebsprüfung nach EMAS III überwacht. Der Auditbericht zur Umweltbetriebsprüfung dokumentiert den Ist-Zustand. Bei Abweichungen vom Soll-Zustand werden die Gründe hierfür ermittelt und Korrekturmaßnahmen festgelegt, die im Rahmen eines überarbeiteten Umweltprogramms umgesetzt werden. [EMA 10]

Ein Beispiel für einen Maßnahmenkatalog zum Umweltmanagement eines Unternehmens enthält Tabelle 7.5.

**Tabelle 7.5** Beispiel für einen Maßnahmenkatalog für das Umweltmanagement (Auszug)

| Ziel | Ursache | Maßnahme |
|---|---|---|
| Implementierung eines Umweltmanagementsystems nach DIN EN ISO 14001:2015 | durch hohen Krankheitsstand verzögert sich Fertigstellung der Managementdokumentation<br>durch Personalmangel mussten Schulungen der Mitarbeitenden verschoben werden | personelle Ressourcen für Umsetzung erhöhen<br>Schulungen der Mitarbeitenden planen<br>Ziel in nächstes Jahr übernehmen |
| Reduzierung von Kundenretouren | Mängel in der Endkontrolle (QS)<br>keine geeigneten Maßnahmen aus den Reklamationsauswertungen des Vorjahrs abgeleitet | Einführung einer verbesserten Endkontrolle als QS |
| Reduzierung des Transportaufwandes | Zusammenfassen zu Großaufträgen nicht möglich<br>Bestellungen erfolgen in kleineren Losgrößen, lassen sich nicht zusammenfassen<br>verändertes Kaufverhalten von End-, Großkunden und Händlern | Großkunden und Händler dazu anhalten, ihre Aufträge zu bündeln<br>Konzentration auf Großkunden und Händler mit Großaufträgen |

Die Umsetzung des UMS nach DIN EN ISO 14001 wird im Rahmen interner Audits realisiert. Es empfiehlt sich, zwischen organisatorischen und technischen Maßnahmen zu unterscheiden. Organisatorische Maßnahmen beinhalten die Klärung persönlicher Verantwortlichkeiten in der Unternehmensleitung, die Verbesserung der Ablauf- und Aufbauorganisation und die Entwicklung von Schulungsmöglichkeiten. Technische Maßnahmen beinhalten die Verbesserung bestehender Produkte, Produktionsverfahren und Anlagen hinsichtlich der Umweltgesichtspunkte.

#### 7.7.1.2 Phase 2: Implementierung und Durchführung

Der erste Schritt bei der Implementierung bzw. Durchführung eines UMS ist die klare Festlegung von **Organisationsstruktur** und **Verantwortlichkeiten**. Die oberste Leitung muss alle dafür benötigten Mittel sowie erforderliches Personal, spezielle Fähigkeiten, Technologien, Finanzmittel bereitstellen. Das schließt beispielsweise die Benennung eines (oder – in Abhängigkeit von der Größe und Struktur der Organisation – mehrerer) Beauftragten der obersten Leitung für das UMS ein.

Der Umweltmanagementbeauftrage (UMB) bzw. der/die Beauftragte(n) hat (haben) sicherzustellen, dass das UMS in Übereinstimmung mit DIN EN ISO 14001 bzw. EMAS III eingeführt, verwirklicht und aufrechterhalten wird, und dass der obersten Leitung über die Leistung des UMS und mögliche Verbesserungen zum Zwecke der Bewertung der Wirksamkeit des UMS berichtet wird. Diese Beauftragten-Funktion berührt nicht die von Gesetzes wegen zu bestellenden Funktionen, kann aber in kleinen und mittleren Organisationen in Personalunion ausgeführt werden.

Eine nächste wichtige Aufgabe ist die Vermittlung bzw. Sicherstellung des **Bewusstseins** und der notwendigen **Kenntnisse**, die für die Ausführung der Aufgaben unter dem Aspekt des Umweltschutzes erforderlich sind. Alle Mitarbeitenden und die im Auftrag der Organisation tätigen Personen müssen sich der Umweltauswirkungen der durch sie ausgeführten Tätigkeiten bewusst sein. Notwendige Schulungen müssen ermittelt und veranlasst werden. Weiterhin ist eine offene interne und externe **Kommunikation** unabdingbar für die Umsetzung der Umweltpolitik und der daraus abgeleiteten Ziele und damit für die Verwirklichung und fortlaufende Verbesserung des UMS.

Nach DIN EN ISO 14001 hat die **Dokumentation** des UMS die geforderten dokumentierten Informationen und die durch die Organisation als notwendig für die Wirksamkeit des UMS bestimmten Informationen zu enthalten [Nor 15f]:

- Geltungsbereich des UMS
- Umweltpolitik, Planung der Umweltziele und Maßnahmen zur Umsetzung
- Beschreibung der Hauptelemente des UMS und ihrer Wechselwirkungen sowie Verweise auf zugehörige Dokumente. Das sind beispielsweise eine formulierte Umweltpolitik, Dokumente zur Umweltplanung einschließlich Umweltzielen, entsprechende Verfahrens- und Prozessbeschreibungen, Prozesskataster und Formulare
- weitere dokumentierte Informationen, die normseitig gefordert (z. B. dokumentierte Informationen zu Audits bzw. zur Managementbewertung) oder von der Organisation als notwendig erachtet werden, um die Planung, Durchführung oder Kontrolle der umweltbezogenen Prozesse in effektiver Weise sicherzustellen
- Dokumente/Informationen über Umweltaspekte, Verfahren, Prozessinformationen, Organisationspläne, interne oder externe Normen, Notfallpläne, Aufzeichnungen von Kontrollen oder Messungen

Diese Dokumente können in andere in der Organisation bestehende Systeme integriert werden, d. h. ein UMS-Handbuch wird nicht zwingend gefordert.

Umfang und Lenkung der Umweltdokumentation sollten angemessen gestaltet werden und sind abhängig von der Größe und Art der Organisation und der Vielschichtigkeit ihrer Prozesse. Es geht es im Wesentlichen darum, Belange des Umweltschutzes in den Prozessen, die diese Belange beeinflussen oder enthalten, für den „Normalfall" zu regeln und Verbesserungen zu initiieren sowie für den nicht normalen Fall, das heißt bei An- und Abfahrvorgängen, bei Instandhaltungs- und Wartungsarbeiten oder bei bzw. nach Störungen, Regelungen zu treffen, sofern ohne diese neuen Abläufe das Einhalten von Umwelt- und Arbeitsschutz problematisch ist.

Nachfolgend sind dazu einige Beispiele und grundsätzliche Prämissen aufgeführt:

- **umweltverträgliche Gestaltung von Erzeugnissen**

  Die Entwicklungsabteilung ist zuständig für die umweltverträgliche Gestaltung von Erzeugnissen. Sie muss alle Phasen im Erzeugnislebenszyklus berücksichtigen. Werkstoffe sollten so gewählt sein, dass sie umweltverträglich (nicht wassergefährdend, kein Gefahrstoff) und wiederverwertbar sind sowie eine hohe Lebenserwartung haben. Erzeugnisse sollen recyclinggerecht gestaltet sein (demontagefreundlich). Produkte sollen umweltgerecht zu fertigen sein (Vermeidung von energieintensiven Fertigungsverfahren).

- **Verpackung**

  Der Einsatz von Verpackungen ist, wenn möglich, zu vermeiden. Es sind Mehrwegverpackungen oder verwertbare Einwegverpackungen zu verwenden. Ferner sind bevorzugt Verpackungen aus der Kreislaufwirtschaft und von nachwachsenden Rohstoffen zu verwenden. Verpackungen sind hinsichtlich des Materialtyps zu kennzeichnen.

- **Beschaffung**

  Die für die Beschaffung zuständigen Stellen haben zu prüfen, ob die eingekauften Waren und Dienstleistungen umweltverträglich hergestellt wurden und nicht selbst umweltgefährdend sind. Es sind nach Möglichkeit nur solche Hersteller zu wählen, bei denen ein UMS nach der EMAS III-Verordnung oder DIN EN ISO 14001 vorliegt.

- **Umgang mit gefährlichen Stoffen**

  Der Einsatz von Gefahrstoffen ist möglichst zu vermeiden und deren Vielfalt auf ein notwendiges Maß zu beschränken. Hier besteht ein Substitutionsgebot. Die Bevorratung von Gefahrstoffen ist auf einem niedrigen Niveau zu halten. Die vom Gefahrstoff ausgehenden Gefahren sind erkennbar zu machen und abzuwenden. Auf die Einhaltung von Schutzmaßnahmen ist zu achten. Die ordnungsgemäße Entsorgung der Gefahrstoffe ist sicherzustellen. In Anhang A 16.4 und A 16.5 (siehe Kapitel 16) werden Piktogramme zu Gefahrstoffen und Gefahrenklassen behandelt. In Zusammenhang mit internationalen Aktivitäten (Strategic Approach to International Chemical Management – SAICM) werden seit 2006 im europäischen Wirtschaftsgebiet die Chemikalien neu erfasst und bewertet (REACH-Verordnung). In diesem Zusammenhang haben alle Organisationen die Pflicht, die hergestellten, aber auch die verwendeten Stoffe zu erfassen und ihren Verwendungszweck anzugeben. So wird zum Beispiel im Anhang II der Verordnung (EG) Nr. 1907/2006 gefordert, dass „das Sicherheitsdatenblatt von einer sachkundigen Person zu erstellen ist, die die besonderen Erfordernisse der Verwender, soweit diese bekannt sind, berücksichtigt. Wer Stoffe und Gemische in Verkehr bringt, hat sicherzustellen, dass die sachkundigen Personen entsprechende und zu aktualisierende Schulungen erhalten haben".

- **Transporte**

  Der Erzeuger gefährlicher Abfälle bleibt daran Eigentümer bis zur endgültigen Verwertung oder Entsorgung. Ab dem 01. Januar 2022 wurde die elektronische Übermittlung des Gefahrstoffbegleitscheins (E-GGB) verpflichtend eingeführt (Bild 7.9). Trotzdem ist in der Praxis die Mitführung einer Papierkopie (sogenannte „Schwarz-Weiß-Kopie") durch den Beförderer üblich geworden.

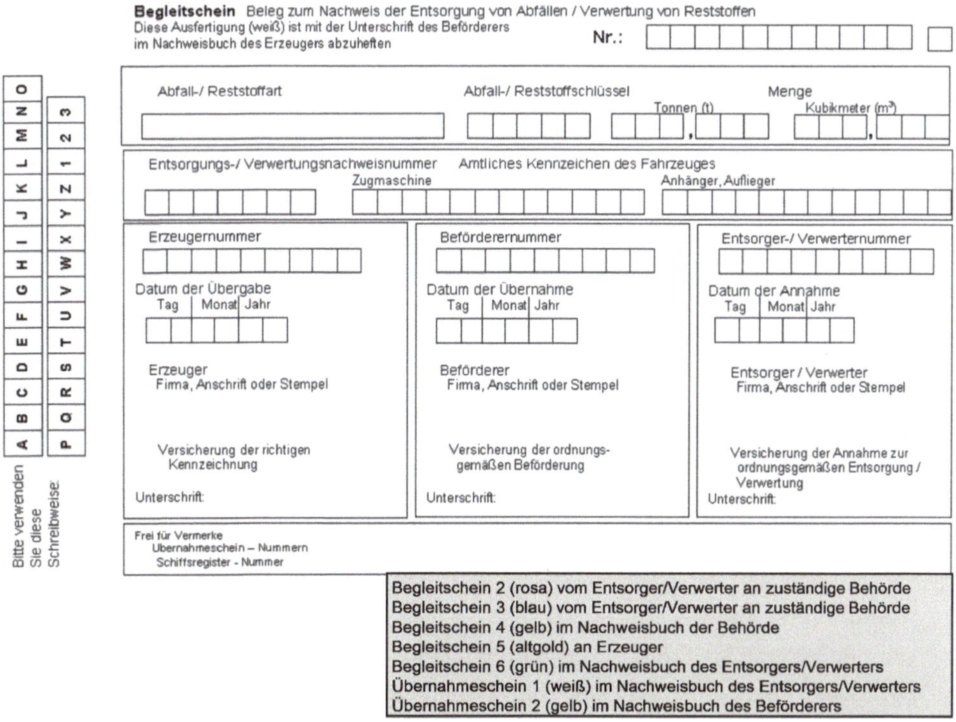

**Begleitschein** Beleg zum Nachweis der Entsorgung von Abfällen / Verwertung von Reststoffen
Diese Ausfertigung (weiß) ist mit der Unterschrift des Beförderers im Nachweisbuch des Erzeugers abzuheften
Nr.:

A B C D E F G H I J K L M N O
P Q R S T U V W X Y Z 1 2 3
Bitte verwenden Sie diese Schreibweise:

Abfall-/ Reststoffart
Abfall-/ Reststoffschlüssel
Menge
Tonnen (t)
Kubikmeter (m³)

Entsorgungs-/ Verwertungsnachweisnummer
Amtliches Kennzeichen des Fahrzeuges
Zugmaschine
Anhänger, Auflieger

Erzeugernummer
Datum der Übergabe
Tag | Monat | Jahr
Erzeuger
Firma, Anschrift oder Stempel
Versicherung der richtigen Kennzeichnung
Unterschrift:

Beförderernummer
Datum der Übernahme
Tag | Monat | Jahr
Beförderer
Firma, Anschrift oder Stempel
Versicherung der ordnungsgemäßen Beförderung
Unterschrift:

Entsorger-/ Verwerternummer
Datum der Annahme
Tag | Monat | Jahr
Entsorger / Verwerter
Firma, Anschrift oder Stempel
Versicherung der Annahme zur ordnungsgemäßen Entsorgung / Verwertung
Unterschrift:

Frei für Vermerke
Übernahmeschein – Nummern
Schiffsregister - Nummer

Begleitschein 2 (rosa) vom Entsorger/Verwerter an zuständige Behörde
Begleitschein 3 (blau) vom Entsorger/Verwerter an zuständige Behörde
Begleitschein 4 (gelb) im Nachweisbuch der Behörde
Begleitschein 5 (altgold) an Erzeuger
Begleitschein 6 (grün) im Nachweisbuch des Entsorgers/Verwerters
Übernahmeschein 1 (weiß) im Nachweisbuch des Entsorgers/Verwerters
Übernahmeschein 2 (gelb) im Nachweisbuch des Beförderers

**Bild 7.9** Begleitschein zum Nachweis der Entsorgung von Abfällen/Verwertung von Reststoffen

Im Kreislaufwirtschafts- und Abfallgesetz ist die Notwendigkeit der Bestellung von Abfallbeauftragten geregelt.

Im Gefahrgutbeförderungsgesetz sind Regelungen zum Transport gefährlicher Güter mit den jeweiligen Verkehrsmitteln getroffen; ebenso die Notwendigkeit der Bestellung von Gefahrgutbeauftragten.

Allgemein trägt der Versender von Gütern Mitverantwortung für die Ladungssicherung auf Lkw. Diese Verantwortung kann nicht alleinig auf die Spediteure übertragen werden.

- **umweltrelevante Prozesse**

  Als umweltrelevant werden Gewässer, Abfallaufkommen, Prozesse zur Ver- und Entsorgung, Laboratorien, Lager von Gefahrstoffen und Abfällen, Fertigungsverfahren mit umweltrelevanter Auswirkung auf die Atmosphäre sowie mit hohem Ressourcenverbrauch und physikalischer Einwirkung auf die Umgebung oder Störanfälligkeit betrachtet. Solche Prozesse sind zu überwachen und Maßnahmen zu deren Verbesserung zu entwickeln.

- **Fremdfirmenkontrolle**

  Die im Unternehmen tätigen Fremdfirmen sind auf geltende innerbetriebliche Regelungen hinzuweisen. Die Tätigkeit der Fremdfirmen ist von der beauftragenden Stelle zu überwachen. Sollten Risiken bestehen, sind Maßnahmen zu ihrer Verringerung festzulegen. Bezüglich des Arbeitsschutzes gibt es im Arbeitsschutzgesetz Vorgaben über das Zusammenarbeiten mehrerer Arbeitgeber an einem Arbeitsplatz.

- **Nutzung von Ressourcen**

  Der Verbrauch von Ressourcen (Energieträger, Wasser, Grundstücksfläche) ist zu erfassen, um den sparsamen Umgang mit ihnen zu dokumentieren. Für die Reduzierung des Ressourcenverbrauchs werden Ziele und entsprechende Maßnahmen im Umweltprogramm definiert.

- **Erhebung von Umweltkosten**

  Umweltkosten sind die im Unternehmen im Kalenderjahr entstandenen umweltbezogenen Kosten, beispielsweise Abfallentsorgung, Boden- und Gewässerschutz, Lärmbekämpfung, Luftreinhaltung, Bodensanierung, Landschaftspflege, Störfallvorsorge, Öffentlichkeitsarbeit und Schulungsmaßnahmen. Solche Kosten sollten erfasst und den entsprechenden Abteilungen mitgeteilt werden, um auch daran die Umweltleistung bewerten zu können und Verbesserungen einzuleiten.

- **Kundenbetreuung**

  Die zuständigen Stellen im Unternehmen beraten den Kunden hinsichtlich Transport, Lagerung, Instandhaltung, Handhabung und Entsorgung der Erzeugnisse.

- **Schulung und Personalwesen**

  Mitarbeitende sollten möglichst in regelmäßigen Abständen geschult werden. Die Schulungsaktivitäten erstrecken sich auf alle Ebenen eines Unternehmens. Die geforderten Qualifikationen sind entsprechend den unterschiedlichen Forderungen zu vermitteln und zu trainieren. Der Schulungsbedarf für unterschiedliche Mitarbeitergruppen ist systematisch zu ermitteln und zu realisieren. Schulungs- und Trainingsaktivitäten sind zu dokumentieren.

- **Notfallmanagement**

  Störungen bzw. Störfälle nach BImSchV sind unvorhergesehene Abweichungen des geplanten Betriebszustands, die zu einer Gefährdung oder wesentlichen Belästigung der Mitarbeitenden oder der sonstigen Umwelt führen. Das Notfallmanagement der Organisation stellt sicher, dass Störungen bzw. Störfälle möglichst verhindert werden oder, wenn dies nicht gelingt, dass die Auswirkungen von Störfällen gering bleiben, beispielsweise Brandschutzeinrichtungen, Ausbildung von Mitarbeitenden zu Ersthelfern, Löschwasserauffangeinrichtung [EMA 10]. Im Abschnitt 5.3 werden die Vorgehensweise zum Risiko- und Krisenmanagement sowie zum Notfallmanagement beschrieben.

#### 7.7.1.3 Phase 3: Überprüfung

In dieser Phase des UMS sind

- Leistungskennzahlen zu überwachen und zu messen,
- die Einhaltung der Rechtsvorschriften zu bewerten,
- Abweichungen zu erfassen und daraus Korrektur- und Vorbeugemaßnahmen abzuleiten und durchzusetzen,
- die angefertigten dokumentierten Informationen zu lenken und zu analysieren sowie
- interne Audits durchzuführen.

Während aller Arbeitsabläufe und Tätigkeiten muss eine ständige Überwachung und Messung erfolgen. Nur so kann eine Optimierung der Ablauflenkung realisiert werden. Es müssen dokumentierte Informationen über Veränderungen, Schulung und Ergebnisse von Umweltaudits gemacht werden, die Messgeräte regelmäßig kalibriert und gewartet und die Erfüllung der relevanten Rechtsvorschriften ordnungsgemäß bewertet werden.

Für die Überwachung der Einhaltung rechtlicher und anderer Anforderungen, zu denen sich die Organisation verpflichtet hat, sollte ein Verfahren festgelegt werden, das der Leitung der Organisation eine ausreichende Sicherheit über die Einhaltung gibt.

Grundlage für die Durchführung der internen Audits ist die DIN EN ISO 19011 [Nor 18g] (siehe Kapitel 13).

Im **Auditprogramm** sind Häufigkeit, Anwendungsbereich, Methoden und Verantwortlichkeiten der regelmäßigen Auditierung des UMS festgesetzt.

Ziel ist es, festzustellen, ob das eingeführte UMS die geplanten Anforderungen erfüllt, ordnungsgemäß implementiert wurde und aufrechterhalten wird [Nor 15f].

Die **Umweltbetriebsprüfung** nach EMAS ist die Methode zur Prüfung der Übereinstimmung der Anforderungen mit der Umweltpolitik, den Umweltzielen und dem Umweltprogramm der Organisation [EMA 10].

Zur Durchführung der Umweltbetriebsprüfung nach EMAS wird nach Abstimmung mit der Unternehmensleitung das Auditteam zusammengestellt. Die **Umweltgutachter/Auditoren** müssen Zuverlässigkeit und Sachkunde im Bereich Umweltschutz, Umwelttechnik, Umweltrecht, Umgang mit Gefahrstoffen und Katastrophenschutz nachweisen können. Die Auditleitung stimmt mit dem Umweltschutzbeauftragten und den Umweltgutachtern/Auditoren den Prüfplan/Auditplan ab.

Der Prüfplan/Auditplan beinhaltet:

- Interviews mit der standortverantwortlichen Leitung, mit den Führungskräften sowie mit ausgewählten Mitarbeitenden
- Besichtigung umweltrelevanter Verfahren/Anlagen
- Überprüfung von dokumentierten Informationen vor Ort
- Teambesprechungen zur Abstimmung der Auditoren untereinander
- Einführungs- und Abschlussgespräch mit Beteiligung aller Führungskräfte
- Spielregeln bei der Durchführung des Umweltaudits

Nach der Durchführung des Audits wird der **Auditbericht** erarbeitet. Dieser enthält allgemeine Angaben zur Durchführung des Audits, Angaben zum Umfang des Audits, Fragebogen mit Bewertung der Feststellungen, eine Liste mit Hinweisen und Vorschlägen zur Verbesserung des betrieblichen Umweltschutzes [EMA 10].

#### 7.7.1.4 Phase 4: Bewertung durch die oberste Leitung

Eine regelmäßige Bewertung der Wirksamkeit des UMS durch die oberste Leitung soll sicherstellen, dass es weiterhin geeignet, angemessen und wirksam ist. Folgen dieser Bewertung können Änderungen in der Umweltpolitik, den umweltbezogenen Zielsetzungen oder anderen Elementen des UMS sein. Diese Bewertung muss dokumentiert werden. [Nor 15f]

Nach dem Durchlaufen der beschriebenen Phasen kann sich die Organisation ihre Umwelterklärung nach EMAS III validieren bzw. das Managementsystem nach DIN EN ISO 14001 zertifizieren lassen bzw. sie realisiert weiter die fortlaufende Verbesserung des UMS der Organisation (Bild 7.10).

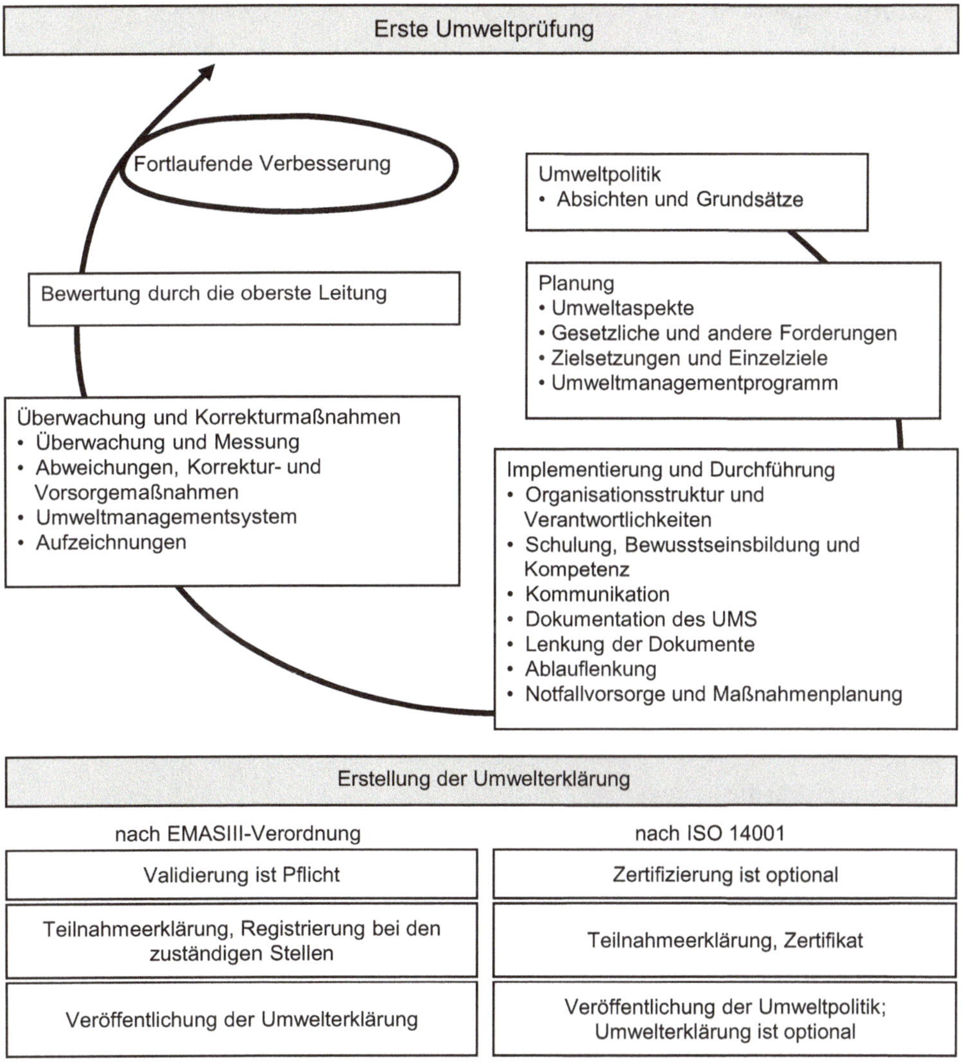


**Bild 7.10** Phasen eines UMS nach EMAS-III-Verordnung und DIN EN ISO 14001

### 7.7.2 Beispiele zum Umweltmanagement

Nachfolgend sind einige Beispiele zur Umsetzung des Umweltmanagements aufgeführt, die in konkreten Unternehmenssituationen von Bedeutung sein können.

#### Wassermanagement

Als „Wassermanagement“ bezeichnet man alle Maßnahmen innerhalb des Umweltmanagements zur Wassereinsparung, Wasserbewirtschaftung und zum Schutz des Wassers vor Schadstoffen. Wenn anwendbar, sollte Folgendes geregelt werden [Gla 95]:

- Wasserversorgung (Reduzierung des Frischwasserverbrauchs)
- Messeinrichtung für zuverlässige Frisch- und Abwasserbilanz
- Überwachung der Wasserqualität (regelmäßige Probeanalysen)
- Abwasserentsorgung (chemische oder biologische Abwasseraufbereitung)
- Belastung der Oberflächengewässer
- Beeinträchtigung des Grundwassers (ausreichend Auffangraum)

#### Abfallmanagement

Das „Abfallmanagement“ arbeitet nach dem Grundsatz Vermeiden, Verwerten, Entsorgen und umfasst [Gla 95]:

- Analyse der anfallenden Restmassen mit zugehörigen Mengen
- Entstehungsanalyse des Abfalls
- Sonderabfälle
- System zur Reduzierung
- Erarbeitung eines Abfallwirtschaftskonzepts (Sammlung, Sortierung, Transport, Lagerung, Aufbereitung, Verwertung, Entsorgung)
- Umgang mit gefährlichen Stoffen
- Entsorgung von Abfällen

#### Boden- und Grundwassermanagement

Die Systeme zur Grundwasserüberwachung werden unabhängig vom Wassermanagement betrachtet. Boden- und Grundwasserschutz stehen im direkten Zusammenhang und umfassen [Gla 95]:

- regelmäßige Analysen des Grundwassers durch unabhängige Gutachter (Zusammensetzung und Grundwasserstand)

- Beeinträchtigungen des Grundwassers
- Sanierungsprojekte für Boden und Grundwasser
- Bodenbelastungen
- Altlasten
- Deponierung
- Sicherung von Landschaftselementen

### Luftmanagement

Für die Luftemissionen müssen nachfolgende Faktoren untersucht werden [Gla 95]:

- Art und Menge der an die Luft abgegebenen Schadstoffe ($CO_x$-Belastung, $NO_x$-Belastung) (Tabelle 7.6)
- Staubbelastung
- Staubarten am Arbeitsplatz
- Immissionsschutzgrenzwerte für die Umwelt und am Arbeitsplatz
- Geruchsbelastung
- Einrichtungen und Maßnahmen zur Verhinderung (Immissionsschutzmaßnahmen)
- Für die Umsetzung des Luftmanagements eignen sich beispielsweise Abluftkataster für Anlagen und Grenzwerte für Emissionen (Tabelle 7.6 und Tabelle 7.7).

**Tabelle 7.6** Beispiel für ein Abluftkataster (Emissionen) eines Unternehmens

| | |
|---|---|
| Anlagenbezeichnung | Feuerungsanlage für Erdgas |
| Inventarnummer | 4711 708 |
| Standort/Gebäude | G 3 |
| Betrieb der Anlage (Abt.) | WOG |
| Schutzmaßnahmen | Leckwarnsonde |
| Wartung | WOW |
| Wartungsturnus | 52 Wochen |
| Anlagenbeschreibung | Feuerungsanlage für den Einsatz von gasförmigen Brennstoffen mit einer Feuerungswärmeleistung von 95 MW |

**Tabelle 7.7** Beispiel für Grenzwerte im Abluftkataster (Emissionen) eines Unternehmens

| Schadstoff | Gasförmiger Brennstoff Messung [mg/m³] | Grenzwert laut 13. BImSchV [mg/m³] |
|---|---|---|
| Staub | 3,34 | 5 |
| $SO_2$ | 30,5 | 35 |
| CO | 78,1 | 100 |
| $NO_x$ | 86,3 | 100 |

## Lärmmanagement

Der Lärmschutz unterteilt sich in zwei Bereiche [Gla 95]:

- Lärmbelastungen
  - (intern) auf das Personal und zugehöriger Lärmschutz (ab 85 dB muss Gehörschutz getragen werden)
  - (extern) auf die Anlieger und Lärmschutz
- Lärmmanagement

Für das Lärmmanagement eignet sich ein Lärmkataster auf der Basis des Layouts der Betriebsstätten. Bild 7.11 zeigt ein Beispiel eines Lärmkatasters.

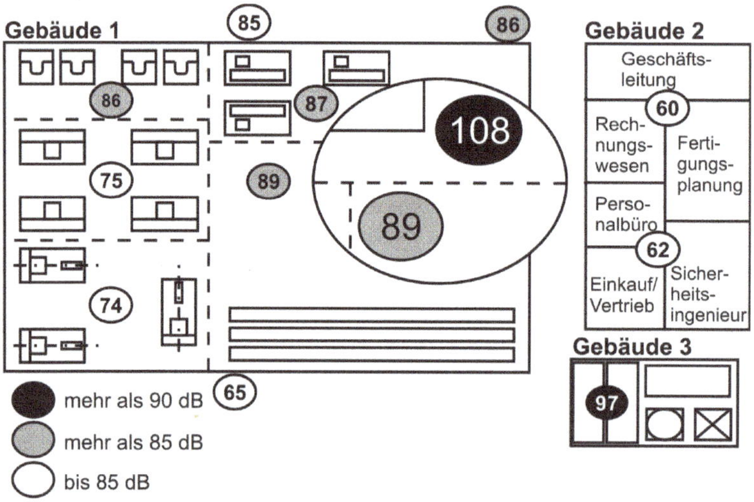


**Bild 7.11** Lärmkataster für die Grundrisse von zwei Gebäuden mit Grenzwerten nach 15. BImSchV

| | |
|---|---|
| **Interne Grenzwerte (nach TA Lärm)** | > 85 dB Gehörschutz zur Verfügung stellen<br>> 90 dB Gehörschutz muss getragen werden |
| **Externe Grenzwerte (nach TA Lärm)** | Standort → Industriegebiet<br>Tagwert: 70 dB; Nachtwert: 70 dB |
| **Primäre Lärmschutzmaßnahmen** | Maßnahmen zur Vermeidung des Entstehens von Schall (15. BImSchV) |
| **Sekundäre Lärmschutzmaßnahmen** | Maßnahmen zur Verminderung der Schallausbreitung (VDI-Richtlinie 2571, 2720 und 2719) |
| **Tertiäre Lärmschutzmaßnahmen** | persönliche Schutzmaßnahmen |

### Sonstige örtliche Umwelt- und Gemeinschaftsbelange

Weitere Problemfelder, die innerhalb des Umweltmanagements betrachtet werden sollten, sind:

- Beeinträchtigung des Landschaftsbilds
- Erschütterungen

### Unfall- und Risikomanagement

Der Arbeits- und Gesundheitsschutz (Kapitel 6) hat in vielen Bereichen Berührungspunkte mit dem Umweltschutz/Umweltmanagement, weshalb es sich empfiehlt, folgende Aspekte in das Umweltmanagement mit einzubeziehen [Gla 95]:

- Aufdecken von Gefahrenstellen, Gesundheitsschädigungen und -beeinträchtigungen, Schwachstellen
- Quantifizierung des Risikos und Feststellung des größten Risikos
- Ursachenanalyse
- Maßnahmen zur Unfallvermeidung und Risikominimierung (Schutzausrüstungen, Veränderung von Risikowegen)
- ausführliche Sicherheitsanweisungen

### Formulierung von Chancen und Risiken in Managementsystemen

In Managementprozessen bestehen Chancen und Risiken für den reibungslosen Ablauf des gesamten Reproduktionsprozesses. Solche Chancen und Risiken sind häufig nicht bewusst und werden nur unterschwellig wahrgenommen. Deshalb ist ein neuer Ansatz im Umweltmanagement nach DIN EN ISO 14001 die Formulierung von Chancen und Risiken und deren ständige Aktualisierung (Tabelle 7.8).

**Tabelle 7.8** Ausgewählte Beispiele für Chancen und Risiken im Reproduktionsprozess einer Organisation [Wed 19]

| Prozess | Risiko | Risikoeinschätzung | | | Gegenmaß-nahme(n) | Wirk-sam? | Chance | Einge-schätzt durch |
|---|---|---|---|---|---|---|---|---|
| | | klein | mittel | groß | | | | |
| Arbeits-vorberei-tung | fehlerhafte Planung (zeitlich) | | × | | Vieraugenprinzip | | Optimie-rung des Produkti-onsflusses | GL |
| | Materialdis-position (fehlerhaft) | | × | | Vieraugenprinzip | | | |
| | falsche Los-größen | | × | | Überprüfung durch die Geschäftsleitung | | | |
| | fehlerhafte Stückliste | | × | | Vieraugenprinzip | | | |
| | fehlerhafte Arbeits-pläne | | × | | Vieraugenprinzip | | | |
| Projekt-manage-ment | fehlerhafte/ falsche Beurteilung des Projekt-gegen-stands | | | × | genaue Analyse/ Recherche | | positiver Nutzen für das Unter-nehmen | GL |
| | Projekt-dauer zu lang | | | × | Zeitplan definie-ren und kontrol-lieren | | | |
| Konstruk-tion & Ent-wicklung | Fehlkonst-ruktion | | × | | Simulation im 3D-Planer, Vier-augenprinzip | | Innovatives modernes Produkt-sortiment | GL |
| | falsche Marktana-lyse/Ent-wicklung am Markt vorbei | | | × | Marktrecherche/ Zusammenarbeit mit dem Kunden | | | |

| Prozess | Risiko | Risikoeinschätzung | | | Gegenmaßnahme(n) | Wirksam? | Chance | Eingeschätzt durch |
|---|---|---|---|---|---|---|---|---|
| | | klein | mittel | groß | | | | |
| Einkauf | fehlerhafte Bestellmengen | | × | | Kontrolle durch GL bei größerem Warenwert | | Senkung Produktionskosten | GL |
| | zu hoher Einkaufspreis | | × | | bessere Preisrecherche/Verträge mit Lieferanten | | zeitliche Optimierung des Produktionsflusses | |
| | falsches Teil/falsche Komponente | | × | | Vieraugenprinzip | | | |
| | Lieferantenausfall | | × | | nach Möglichkeit Ersatzlieferant | | | |
| Produktion | Maschinenausfall | | | × | vorbeugende Instandhaltung | | höherer Output | GL |
| | Mitarbeiterausfall | | × | | Mitarbeiterrotation | | besserer Cashflow | |
| | Stromausfall | × | | | keine Maßnahme möglich (Notstromaggregat nicht wirtschaftlich) | | durch eine stabile Stromversorgung kann eine hohe Kundenzufriedenheit erreicht werden | |

# 8 Anforderungen an Energiemanagementsysteme (EnMS)

## 8.1 Aufgaben und Ziele

Bereits im Jahr 2009 erschien mit der EN 16001:2009 die erste europaweit gültige Norm für EnMS, die die vorher länderspezifisch gültigen Normen ablöste. Auf Grundlage der EN 16001:2009 wurde mit der DIN EN ISO 50001:2011 die erste weltweit gültige Norm für EnMS entwickelt, die im Jahr 2018 zuletzt überarbeitet wurde [Nor 18d]. Energiemanagement kann als folgerichtige Erweiterung des Umweltmanagements verstanden werden. Der Verein Deutscher Ingenieure e. V. definiert das Energiemanagement folgendermaßen: „Energiemanagement ist die vorausschauende, organisierte und systematische Koordinierung von Beschaffung, Wandlung, Verteilung und Nutzung von Energie zur Deckung der Anforderungen unter Berücksichtigung ökologischer und ökonomischer Zielsetzungen" [VDI 18]. Grundlegendes Ziel der DIN EN ISO 50001:2018 ist es, es Unternehmen durch eine standardisierte Vorgehensweise zu ermöglichen, innerbetriebliche Prozesse und Systeme mithilfe der Kenngröße energiebezogene Leistung (ebL) fortlaufend zu verbessern [Nor 18d]. Die Norm ist ein Leitfaden zur systematischen Implementierung eines EnMS in allen Unternehmensbereichen und über alle Ebenen der Organisationsstruktur hinweg. EnMS sind Werkzeuge zur fortlaufenden Verbesserung von Energieeffizienz, Energieeinsatz und Energieverbrauch durch Aufdecken von Verbesserungspotenzialen und Umsetzung von Verbesserungsmaßnahmen. Eine Studie des Fraunhofer-Instituts für System- und Innovationsforschung zeigt, dass große Einsparungspotenziale vorhanden sind. Diese ergab, dass im Produktionsbereich in Industrieunternehmen durchschnittlich circa 15 % Energie eingespart werden können [Sch 09].

Neben den wirtschaftlichen Vorteilen durch Kosteneinsparungen können Organisationen einen aktiven Beitrag zum Umweltschutz leisten. Das offene Interesse und der nachweisliche Beitrag einer Organisation durch ein gültiges Zertifikat zum Umweltschutz verbessern das Unternehmensimage nachhaltig. Neben einem wirksamen EnMS sind rentable technische Verbesserungen zur Verringerung des Energieverbrauchs sehr effizient. So können beispielsweise Sensoren für eine Abschaltung der Beleuchtung oder der Druckluft bei Nichtnutzung, LED-Beleuchtungen, effizientere Antriebe sowie Gebäudeisolierungen und Neuanschaffungen/Ersatz energieineffizienter Maschinen und Anlagen Energieeinsparungen realisieren (Bild 8.1) [Mat 17].

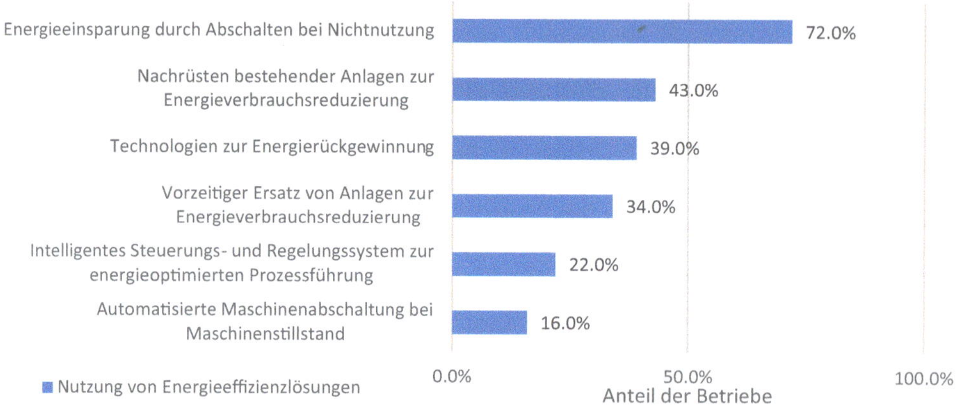


**Bild 8.1** Häufigkeiten der Nutzung von Energieeffizienzlösungen [Mat 17]

Der nachhaltige Umgang mit Ressourcen und der Klimawandel sind herausragende aktuelle Themen in Politik und Wirtschaft. Das zur Neige gehen fossiler Brennstoffe, Verschmutzung und Überfischung der Meere, Wasserknappheit und das Schmelzen der Polkappen durch die Klimaerwärmung sind nur wenige Beispiele. Die globale Biokapazität, die Menge an natürlichen Ressourcen bzw. Abfällen und Emissionen, die das Ökosystem der Erde jährlich erneuern bzw. aufnehmen kann, ist limitiert, sodass die Erde übernutzt wird. So gehen fossile Brennstoffe wie Erdöl oder Erdgas zur Neige und Regenwälder werden zerstört. [BRU 22]

**Mit dem Europäischen Green Deal wollen die 27 EU-Mitgliedstaaten bis 2050 klimaneutral werden.** In einem ersten Schritt sollen die Treibhausgasemissionen bis 2030 um mindestens 55 % gegenüber dem Stand von 1990 sinken. Um dieses Ziel zu erreichen, müssen Wirtschaft und Gesellschaft in vielen Bereichen neu ausgerichtet werden [Web 53]:

- **Endenergieverbrauch:** Der jährliche Endenergieverbrauch der 27 EU-Staaten ist seit 2005 um rund 13 % zurückgegangen. Im EU-Durchschnitt sank der Energieverbrauch der privaten Haushalte und der Industrie zwischen 2005 und 2020 um 7 % bzw. 16 %, im Verkehr sank er im gleichen Zeitraum um 11 %.
- **Erneuerbare Energien:** Erhöhung des Anteils erneuerbarer Energien in der EU bis 2030 auf 40 %. Im Jahr 2020 wurden EU-weit 22 % des Bruttoendenergieverbrauchs aus erneuerbaren Quellen gedeckt.

- **Primärenergieverbrauch:** Der jährliche Primärenergieverbrauch der EU sank zwischen 2005 und 2020 von 1,5 Milliarden auf 1,2 Milliarden Tonnen Rohöleinheiten. Das entsprach einem Minus von rund 17 %. In Deutschland ging der Jahresverbrauch im gleichen Zeitraum um rund 18 % zurück.
- **Solarstrom:** Bis zum Jahr 2030 möchte die EU-Kommission die EU-weit installierte Photovoltaikleistung auf insgesamt 600 Gigawatt vervierfachen. 2020 lag die Stromerzeugungskapazität durch Photovoltaik in der EU bei 136 Gigawatt. Deutschland hatte hieran mit 53,7 Gigawatt bzw. 40 % den mit Abstand höchsten Anteil.
- **Treibhausgasemissionen:** Die in Kohlendioxidäquivalente umgerechneten Gesamtemissionen (ohne Kohlendioxidemissionen aus Landnutzung, Landnutzungsänderung und Forstwirtschaft) sanken bis 2023 um rund 577 Mio. t oder 46,1 %. Für das Jahr 2023 wurden Gesamtemissionen in Höhe von 674 Mio. t berichtet. Die Emissionen sinken um 10,1 % gegenüber dem Jahr 2022. [BUMB 22]

Mit diesen Zielen des europäischen Green Deal soll das im Pariser Abkommen festgelegte Ziel, den Temperaturanstieg durch die Klimaerwärmung bis 2050 bei 1,5 °C zu halten, eingehalten werden [EUK 22].

Deshalb sind die Hauptaufgaben für Politik und Wirtschaft der kommenden Jahre, die Themengebiete des energiepolitischen Spannungsdreiecks – Wirtschaftlichkeit, Versorgungssicherheit und Umweltschutz – im Gleichgewicht zu halten [Sch 14a].

Energiemanagementsysteme (EnMS) unterstützen Unternehmen und Organisationen bei der effizienten Nutzung von Energie.

Ein **Energiemanagementsystem (EnMS)** ist die „Gesamtheit miteinander zusammenhängender oder interagierender Elemente zur Einführung einer Energiepolitik und strategischer Energieziele sowie Prozesse und Verfahren zur Erreichung dieser strategischen Ziele" [Nor 18d].

Vorteile bei der Einführung eines EnMS sind:

- Reduzierung von Energiekosten durch verringerten Energieverbrauch
- Profitieren von Steuerentlastungen
- aktiver Umweltschutz
- Verbesserung des Unternehmensimages
- Rechtskonformität
- nachhaltiges Wirtschaften

Sowohl aus politischer als auch wirtschaftlicher Sicht sind funktionierende EnMS von zentraler Bedeutung. Ein großer Anteil der Unternehmen in Deutschland haben noch kein EnMS integriert [Arp 23].

Die Ziele eines Energiemanagementsystems im Allgemeinen sind es, die Energiekosten zu reduzieren, die Produktion energetisch zu optimieren und Emissionen zu mindern. Aus unternehmerischer Perspektive steht dabei die Steigerung der Wirtschaftlichkeit und Wettbewerbsfähigkeit im Vordergrund. Aufbauend auf dem **Energiecontrolling**, welches dem Erfassen der energiebezogenen Daten dient, bietet ein **Energiemanagementsystem** einen organisatorischen Rahmen. Unter dem Dach einer einheitlichen **Energiepolitik** sowie strategischer und operativer Energieziele werden die Energieleistungskennzahlen (EnPIs) in ihrer Gesamtheit erfasst und bewertet. Der Aufbau eines Energiemanagementsystems nach der Norm DIN EN ISO 50001 bietet einen systematischen Ansatz zur kontinuierlichen energetischen Verbesserung einer Organisation. [Nor 18d]

**Ziel des Energiemanagements** (EnMS) ist die Verbesserung der energiebezogenen Leistungen, welche die Steigerung der Energieeffizienz, die Senkung des Energieverbrauchs und die optimale Gestaltung des Energieeinsatzes beinhaltet [Nor 18d]. Durch zielgerichtete Energieeinsparungen haben Energiemanagementsysteme einen wesentlichen Einfluss auf nachhaltiges und ökologisches Handeln im Unternehmen.

Die Aufgaben und Ziele eines Energiemanagementsystems sind:

- **Einhaltung gesetzlicher Vorschriften**

  Sicherstellung der Einhaltung aller relevanten Gesetze und Vorschriften im Bereich Energie und Umwelt
- **Energiemanagementdokumentation**
  - Dokumentation aller relevanten Prozesse, Maßnahmen und Ergebnisse im Energiemanagement
  - Erstellung von Berichten für interne und externe Stakeholder
- **Energiemonitoring und -messung**
  - Installation und Betrieb von Mess- und Überwachungssystemen zur kontinuierlichen Erfassung des Energieverbrauchs
  - Analyse der Energiedaten zur Identifikation von Trends und Abweichungen
- **Energiepolitik und -strategie entwickeln**
  - Definition von Leitlinien und Zielen für den Energieeinsatz
  - Integration der Energiepolitik in die Gesamtstrategie des Unternehmens
- **Energieplanung**
  - Erfassung und Analyse des Energieverbrauchs
  - Identifikation von Energieeinsparpotenzialen
  - Erstellung eines Energieplans mit konkreten Maßnahmen zur Reduktion des Energieverbrauchs

- **Erhöhung der Energieeffizienz**

  Verbesserung der energetischen Leistung des Unternehmens durch kontinuierliche Optimierung der Betriebsabläufe
- **fortlaufende Verbesserung**
  - regelmäßige Überprüfung und Bewertung der Energiemanagementprozesse
  - Anpassung und Optimierung der Maßnahmen basierend auf den gesammelten Daten und Erfahrungen
- **Kostensenkung**

  Verringerung der Energiekosten durch Einsparungen und effizientere Nutzung von Energiequellen
- **Mitarbeiterschulung und -beteiligung**
  - Schulung der Mitarbeitenden in energieeffizientem Verhalten und in der Nutzung von Energiemanagementtools
  - Förderung einer Kultur des bewussten Umgangs mit Energie im Unternehmen
- **Reduzierung des Energieverbrauchs**

  Minimierung des Energieeinsatzes durch effizientere Prozesse und Technologien
- **Risiko- und Ressourcenmanagement**
  - Verringerung der Abhängigkeit von Energiepreisschwankungen und Versorgungsengpässen
  - effektives Management der verfügbaren Energieressourcen
- **Umsetzung von Energieeffizienzmaßnahmen**
  - Planung und Durchführung konkreter Maßnahmen zur Verbesserung der Energieeffizienz
  - Investitionen in energieeffiziente Technologien und Prozesse
- **Umweltschutz**
  - Reduktion der $CO_2$-Emissionen und anderer Umweltbelastungen durch effizienteren Energieeinsatz
  - Unterstützung von Nachhaltigkeitszielen und Corporate Social Responsibility (CSR)
- **Wettbewerbsvorteil**
  - Schaffung eines Wettbewerbsvorteils durch niedrigere Energiekosten und eine positive Umweltbilanz
  - Verbesserung des Unternehmensimage und der Marktposition durch nachhaltiges Wirtschaften
  - Vorteil gegenüber Wettbewerbern durch den Nachweis des Zertifikats nach DIN EN ISO 50001 bei Lieferantenselbstauskünften

## 8.2 Begriffe zum Energiemanagement

Einheitliche und richtige Begriffe sind für die Verständigung aller Beteiligten unerlässlich:

- **Grenze:** physikalische oder organisatorische Abgrenzungen, z. B. ein Prozess, eine Gruppe von Prozessen, ein Standort, mehrere Standorte unter der Kontrolle einer Organisation oder eine gesamte Organisation. Die Organisation legt die Grenze(n) ihres EnMS fest. [Nor 18d]
- **interessierte Partei:** Anspruchsgruppe, Person oder Organisation, die eine Entscheidung oder Tätigkeit beeinflussen kann, davon beeinflusst sein kann oder sich davon beeinflusst fühlen kann [Nor 18d].
- **oberste Leitung (oL):** Person oder Personengruppe, die eine Organisation auf der obersten Ebene führt und steuert [Nor 18d].
- **Organisation:** Person oder Personengruppe, die eigene Funktionen mit Verantwortlichkeiten, Befugnissen und Beziehungen hat, um ihre Ziele zu erreichen [Nor 18d].

Im Zuge der Überarbeitung der DIN EN ISO 50001:2011 wurden einige neue Begriffe des Energiemanagements, wie beispielsweise EnPI-Wert, statischer Faktor, relevante Variable, Normalisierung und Verbesserung der energiebezogenen Leistung in die DIN EN ISO 50001:2018 aufgenommen [Nor 18d] [Nor 11]. Im Folgenden werden wesentliche Begriffe zur Verständigung im Energiemanagement erläutert:

- **energetische Ausgangsbasis (EnB):** quantitative Referenzpunkte als Basis für einen Vergleich der energiebezogenen Leistung [Nor 18d]. Eine Organisation sollte Veränderungen der energiebezogenen Leistung zwischen dem Bezugszeitraum und dem Berichtszeitraum vergleichen. Die EnB wird einfach zur Bestimmung der EnPI-Werte für den Bezugszeitraum verwendet. [Nor 16d]
- **energetische Bewertung (eB):** Analyse des Energieeinsatzes, Energieverbrauchs und der Energieeffizienz, basierend auf Daten und anderen Informationen, die zur Identifizierung des wesentlichen Energieeinsatzes und zu Möglichkeiten zur Verbesserung der energiebezogenen Leistung führt [Nor 18d].
- **Energie:** Elektrizität, Brennstoffe, Dampf, Wärme, Druckluft und vergleichbare Medien. Für die Zwecke dieses Dokuments bezieht sich der Begriff Energie auf verschiedene Arten von Energie, einschließlich erneuerbarer Energien, die käuflich erworben, gespeichert, aufbereitet, in einer Einrichtung oder einem Prozess verwendet oder zurückgewonnen werden können. [Nor 18d]
- **energiebezogene Leistung (ebL):** messbares Ergebnis bezüglich Energieeffizienz, Energieeinsatz und Energieverbrauch. Die ebL kann an den Zielen und Ener-

giezielen der Organisation sowie an anderen energiebezogenen Leistungsanforderungen gemessen werden. [Nor 18d]

- **Energieeffizienz:** Verhältnis oder eine andere quantitative Beziehung zwischen einer erzielten Leistung bzw. einem Ertrag an Dienstleistungen, Gütern, Waren oder Energie und der eingesetzten Energie. Zum Beispiel Effizienz einer Umwandlung (benötigte Energie pro verbrauchte Energie). [Nor 18d]
- **Energieeinsatz:** Anwendung von Energie. Dies können sein: Lüftung, Beleuchtung, Heizung, Kühlung, Transport, Datenspeicherung, Produktionsprozess. [Nor 18d]
- **Energieleistungskennzahl (EnPI):** Maß oder Einheit der energiebezogenen Leistung, wie von der Organisation festgelegt. In Abhängigkeit der Art der Tätigkeiten, die gemessen werden, können EnPIs durch eine einfache Metrik, ein Verhältnis oder ein Modell ausgedrückt werden. [Nor 18d] EnPIs sollten relevante Informationen zur energiebezogenen Leistung bereitstellen, um es verschiedenen Benutzern innerhalb einer Organisation zu ermöglichen, ihre ebL zu verstehen und Maßnahmen zu ergreifen, diese zu verbessern. [Nor 16d]
- **Energiemanagementsystem (EnMS):** Managementsystem zur Festlegung einer Energiepolitik, von Zielen, Energiezielen, Aktionsplänen und Prozessen zum Erreichen der Ziele und Energieziele [Nor 18d].
- **Energiemanagementteam:** eine oder mehrere Personen mit der Verantwortlichkeit und Befugnis für die wirksame Umsetzung eines Energiemanagementsystems sowie für die Erzielung von Verbesserung der energiebezogenen Leistung. Größe und Art einer Organisation sowie der verfügbaren Ressourcen werden bei der Bestimmung der Größe eines Energiemanagementteams Rechnung getragen. Eine einzelne Person kann die Rolle des Teams ausfüllen. [Nor 18d]
- **Energiepolitik:** Aussage der Organisation zu übergeordneten Absichten, Ausrichtungen und Verpflichtungen hinsichtlich ihrer energiebezogenen Leistung, wie von der obersten Leitung formell ausgedrückt [Nor 18d].
- **Normalisierung:** Modifizierung von Daten zur Berücksichtigung von Änderungen, um den Vergleich der energiebezogenen Leistung unter gleichwertigen Bedingungen zu ermöglichen [Nor 18d].
- **relevante Variable:** quantifizierbarer Faktor, der die ebL wesentlich beeinflusst und sich routinemäßig ändert. Kriterien dafür, was als wesentlich anzusehen ist, werden von der Organisation festgelegt. Beispiele sind die Wetterbedingungen, die Betriebsbedingungen (Innenraumtemperatur, Lichtstärke), Arbeitsstunden oder die Produktionsmenge. [Nor 18d]
- **statischer Faktor:** identifizierter Faktor, der die ebL wesentlich beeinflusst und sich nicht routinemäßig ändert. Kriterien dafür, was als wesentlich anzusehen ist, werden von der Organisation festgelegt. Beispiele sind die Größe der Einrichtung,

die Auslegung der installierten Ausrüstung, die Anzahl der wöchentlichen Schichten oder die Produktpalette. [Nor 18d]

- **Verbesserung der energiebezogenen Leistung:** Verbesserung der messbaren Ergebnisse der Energieeffizienz oder des Energieverbrauchs, bezogen auf den Energieeinsatz, im Vergleich mit der energetischen Ausgangsbasis [Nor 18d].
- **Wert der Energieleistungskennzahl (EnPI-Wert):** Quantifizierung der EnPI zu einem bestimmten Zeitpunkt oder über einen bestimmten Zeitraum [Nor 18d].
- **wesentlicher Energieeinsatz (Significant Energy Use – SEU):** Energieeinsatz, der wesentlichen Anteil am Energieverbrauch hat und/oder erhebliches Potenzial für eine Verbesserung der energiebezogenen Leistung bietet. SEUs können Anlagen/Standorte, Systeme, Prozesse oder Einrichtungen sein. [Nor 18d]

Die von der Norm DIN EN ISO 50001 vorgegebenen Anforderungen bilden einen Leitfaden zur Implementierung eines Energiemanagementsystems hinsichtlich der Meilensteine Einführung, Verwirklichung, Aufrechterhaltung und Verbesserung.

## 8.3 Anforderungen eines EnMS nach DIN EN ISO 50001

Die aktuelle Norm DIN EN ISO 50001:2018 [Nor 18d] wurde im Jahr 2018 veröffentlicht.

Die DIN EN ISO 50001:2018 ist nach der Harmonized Structure aufgebaut. Diese Struktur ist für die Integration unterschiedlicher Managementsysteme geeignet, weil die entsprechenden Normen nach gleichen Gliederungen aufgebaut sind bzw. zukünftig aufgebaut werden (nach ISO-Direktiven festgelegte Grundstruktur für Managementsystemnormen – Harmonized Structure). Bild 2.5 zeigt die Gliederung der Harmonized Structure, die dem PDCA-Zyklus folgt (Abschnitt 2.3).

Die Abschnitte 0 bis 3 der DIN EN ISO 50001 (bestehend aus Anwendungsbereich, Normative Verweisung und Begriffe) geben grundsätzliche Erläuterungen zur Norm und deren Anwendung.

Im Folgenden werden die wesentlichen Anforderungen (Abschnitte 4 bis 10 der Norm – Kontext der Organisation, Führung, Planung, Unterstützung, Betrieb, Bewertung der Leistung, Verbesserung) beschrieben, ergänzt um Hinweise für die praktische Umsetzung der Anforderungen. Die Norm DIN EN ISO 50001:2018 wird ab jetzt immer als DIN EN ISO 50001 bezeichnet.

# ISO-Kapitel 4 Kontext der Organisation

## ISO-Abschnitt 4.1 Verstehen der Organisation und ihres Kontextes

**Anforderungen nach DIN EN ISO 50001, Abschnitt 4.1**

Relevante externe und interne Themen müssen ermittelt werden, um die Ziele/Ergebnisse des Energiemanagementsystems (EnMS) zu erreichen und die ebL zu verbessern. [Nor 18d]

**Hinweise zur Umsetzung:**

Externe und interne Themen, die eine Relevanz für die Verbesserung der ebL aufweisen, müssen dargelegt werden. Ziel ist die Entwicklung eines konzeptionellen Grundverständnisses für das Umfeld der Organisation und wie sich Problematiken auf die ebL auswirken. [Wed 19]

Externe Themen können rechtliche, politische, wirtschaftliche, geologische, soziale oder geopolitische Aspekte wie die Entwicklung der Energiekosten oder auch Normanforderungen sein [Nor 18d]. Interne Themen können sich u. a. auf die Unternehmensstrategie, die Personalkapazitäten, die Produktpalette oder die Unternehmenskultur beziehen [Tei 18].

## ISO-Abschnitt 4.2 Verstehen der Erfordernisse und Erwartungen interessierter Parteien

**Anforderungen nach DIN EN ISO 50001, Abschnitt 4.2**

Die Organisation muss die relevanten Interessengruppen für das Energiemanagement identifizieren. Anschließend sollten die Bedürfnisse und Erwartungen dieser Interessengruppen ermittelt werden, um festzustellen, welche davon für die Organisation verbindliche Verpflichtungen darstellen.

Die Organisation muss die interessierten Parteien identifizieren, die für die energiebezogene ebL und das EnMS relevant sind. Weiterhin müssen die relevanten Anforderungen der interessierenden Parteien analysiert und im EnMS implementiert werden. Es muss gewährleistet werden, dass ein Zugang zu den geltenden rechtlichen Anforderungen und anderen Anforderungen bezüglich ihrer Energieeffizienz, ihres Energieeinsatzes und Energieverbrauchs vorhanden ist. Für die kontinuierliche Anwendung des EnMS in der Organisation muss geklärt werden, wie diese Anforderungen auf ihre Energieeffizienz, ihren Energieeinsatz und Energieverbrauch anzuwenden sind. Die rechtlichen und anderen Anforderungen müssen in festgelegten Zeitintervallen regelmäßig überprüft werden. [Nor 18d]

**Hinweise zur Umsetzung:**

Interessierte Parteien bezüglich des EnMS und dessen Anforderungen müssen bekannt und dokumentiert sein. Aktuelle rechtliche Anforderungen müssen verfügbar sein und regelmäßig auf ihre Aktualität geprüft werden.

Interessierte Parteien können z. B. sein:

- Eigentümer, die nach einem positiven Firmenimage streben
- Kunden, die sich nachhaltige Produkte wünschen
- Mitarbeitende, die Fortbildungsmaßnahmen fordern
- der Gesetzgeber, der eine Einhaltung der Vorschriften fordert [Wed 19]

## ISO-Abschnitt 4.3 Festlegen des Anwendungsbereichs des Energiemanagementsystems

**Anforderungen nach DIN EN ISO 50001, Abschnitt 4.3**

Die Organisation muss die Grenzen und den Anwendungsbereich ihres Umweltmanagementsystems bestimmen, um sicherzustellen, dass es effektiv angewendet wird. Dabei sind externe und interne Themen, bindende Verpflichtungen, Organisationsstrukturen, Aktivitäten, Produkte und Dienstleistungen sowie die Fähigkeit zur Steuerung und Einflussnahme zu berücksichtigen.

Nach Festlegung des Anwendungsbereichs sind alle relevanten Aktivitäten in das EnMS zu integrieren. Diese Informationen müssen dokumentiert und für interessierte Parteien zugänglich sein. [Nor 18d]

**Hinweise zur Umsetzung:**

Es muss sichergestellt werden, dass die Organisation berechtigt ist, den Anwendungsbereich zu lenken. Somit wird gewährleistet, dass die Verbesserung der ebL und des EnMS nachhaltig beeinflussen kann [Egg 19]. Außerdem müssen alle Energiequellen im Anwendungsbereich des EnMS berücksichtigt werden. Durch Festlegen der Grenzen kann der Energieeinsatz den Energieverbrauchern innerhalb der Grenzen zugeordnet werden [Lie 18]. Ausschlüsse aus dem EnMS sind zu begründen.

## ISO-Abschnitt 4.4 Energiemanagementsystem

**Anforderungen nach DIN EN ISO 50001, Abschnitt 4.4**

Um ihre beabsichtigten Ziele zu erreichen, darunter die Verbesserung ihrer ebL, muss die Organisation gemäß den Vorgaben dieser Norm ein EnMS entwickeln, umsetzen, aufrechterhalten und kontinuierlich verbessern. Es sind die erforderlichen Prozesse und deren Wechselwirkungen zu berücksichtigen. Das Wissen aus Abschnitt 4.1 und 4.2 der Norm muss von der Organisation einbezogen werden, wenn sie das EnMS aufbaut und aufrechterhält. [Nor 18d]

**Hinweise zur Umsetzung:**

Das EnMS muss analog der Normanforderungen sowie Erfordernisse und Erwartungen der Interessensgruppen aufgebaut und umgesetzt werden. Das EnMS mit seinen Prozessen und deren wechselseitigen Beziehungen muss fortlaufend verbessert werden. Die Organisation ist bei der Art und Weise der Umsetzung der Anforderungen frei. [Tei 18] Es ist zu empfehlen, einen Energiemanagementbeauftragten, welcher das EnMS betreut, zu benennen.

# ISO-Kapitel 5 Führung

## ISO-Abschnitt 5.1 Führung und Verpflichtung

**Anforderungen nach DIN EN ISO 50001, Abschnitt 5.1**

„Die oL muss in Bezug auf die fortlaufende Verbesserung ihrer energiebezogenen Leistung und der Wirksamkeit des EnMS die Führung und Verpflichtung übernehmen. Die oL muss den Anwendungsbereich des EnMS und die EnMS-Grenzen, die Energiepolitik (siehe Norm 5.2) und die strategischen Energieziele (siehe Norm 6.2) festlegen. Die oL muss die Anforderungen des EnMS in die Geschäftsprozesse der Organisation integrieren, die Aktionspläne genehmigen und umsetzen sowie die für das EnMS erforderlichen Ressourcen zur Verfügung stellen. Die oL muss die Bedeutung eines wirksamen Energiemanagements sowie die Erfüllung der Anforderungen des EnMS vermitteln. Das EnMS muss die beabsichtigten Ergebnisse erreichen. Die oL muss die fortlaufende Verbesserung der energiebezogenen Leistung und des EnMS fördern, die Bildung eines Energiemanagementteams sicherstellen, die Personen anleiten und unterstützen, damit diese zur Wirksamkeit des EnMS und zur Verbesserung der energiebezogenen Leistung beitragen können. Andere relevante Führungskräfte müssen unterstützt werden, um deren Führungsrolle in deren jeweiligen Verantwortungsbereichen deutlich zu machen. Die EnPI(s) und die ebL müssen in geeigneter Weise dargestellt und innerhalb des Anwendungsbereichs und der Grenzen des EnMS Prozesse festgelegt und umgesetzt werden, um Veränderungen, die sich auf das EnMS und die ebL auswirken, zu bestimmen und zu behandeln. [Nor 18d]

**Hinweise zur Umsetzung:**

Aufgabe der obersten Leitung (oL) ist die Delegierung, Kontrolle und Erfüllung der o. g. Punkte. Für die Erledigung der operativen Aufgaben ist das Energiemanagementteam (kann auch aus einer Person bestehen, sollte aber der Größe der Organisation entsprechen) zuständig. Jedoch liegt die Verantwortung und Rechenschaftspflicht in den Händen der oL. Um Managementziele zu erreichen, ist es von Vorteil, Aufgaben und Verantwortlichkeiten klar zu definieren und für den Zweck angemessene Ressourcen bereitzustellen. [Tei 18] Die oL muss persönliches Engagement für Themen des EnMS aufzeigen. Energieteams und Energieverantwortliche, die nicht die nötigen Befugnisse und Ressourcen bekommen, haben nur mäßigen Erfolg [Ree 16]. Eine Unterstützung von Personen, die von der oL mit Aufgaben beauftragt werden, oder von Führungskräften, die der oL hierarchisch untergeordnet sind, bspw. durch Bekanntmachungen im Unternehmen, empfiehlt sich ebenfalls. Ein Erfüllungsnachweis kann bspw. durch Zertifizierung, dokumentierte Informationen oder Führungsrichtlinien erfolgen [Lin 18].

## ISO-Abschnitt 5.2 Energiepolitik

**Anforderungen nach DIN EN ISO 50001, Abschnitt 5.2**

Die oL ist verantwortlich für die Festlegung der Energiepolitik der Organisation. Die Energiepolitik muss angemessen sein, die Festlegung und Überprüfung von Energiezielen ermöglichen, die Verfügbarkeit von Informationen und erforderlichen Ressourcen zum Erreichen von Zielen und Energiezielen sicherstellen. Weiterhin sind die Erfüllung geltender rechtlicher Anforderungen und anderer Anforderungen im Zusammenhang mit Energieeffizienz, Energieeinsatz und Energieverbrauch zu beachten, die fortlaufenden Verbesserungen der energiebezogenen Leistung und des EnMS zu unterstützen, die Beschaffung von energieeffizienten Produkten und Dienstleistungen zu fördern. Weiterhin sind auslegungsbezogene Tätigkeiten zu unterstützen, die die Verbesserung der energiebezogenen Leistung zur Folge haben.

Die Energiepolitik muss dokumentiert und verfügbar sein, innerhalb der Organisation veröffentlicht werden, für die interessierten Parteien bekannt sein und regelmäßig überprüft und bei Bedarf aktualisiert werden. [Nor 18d]

**Hinweise zur Umsetzung:**

Die Energiepolitik ist die Basis für die Einführung eines EnMS und gibt strategische Ziele sowie die Ausrichtung der Organisation vor. Die oL muss bei der Entstehung der Energiepolitik aktiv mitwirken. Wünsche und Erwartungen der interessierten Parteien (siehe Abschnitt 4.2 der ISO 50001:2018) sollten berücksichtigt werden [Lie 18]. Weiterhin sollten das Unternehmensleitbild und die Vision bei der Entwicklung mit einbezogen werden [Lin 18]. Aktivitäten, die die ebL, Prozesse oder Beschaffung verbessern, sollten durch die Energiepolitik unterstützt werden. Die Energiepolitik sollte leicht verständlich sein, sodass Mitarbeitende sie ohne Probleme auf ihren Arbeitsbereich anwenden können. Außerdem muss sie in der Organisation bekannt gemacht werden und die Mitarbeitenden sollten in Bezug auf die Politik sensibilisiert werden (z. B. Schulungen, Aushänge, Firmenversammlungen, Rundmails [Lin 18]).

## ISO-Abschnitt 5.3 Rollen, Verantwortlichkeiten und Befugnisse in der Organisation

**Anforderungen nach DIN EN ISO 50001, Abschnitt 5.3**

Die oL muss die Verantwortlichkeiten und Befugnisse für relevante Rollen festlegen und innerhalb der Organisation veröffentlichen.

Die oL muss dem Energiemanagementteam die Verantwortlichkeit und Befugnis für das EnMS übertragen. Das EnMS muss eingeführt, verwirklicht, aufrechterhalten und fortlaufend verbessert werden. Es soll die Anforderungen dieser Norm erfüllen und das Umsetzen von Aktionsplänen zur fortlaufenden Verbesserung der energiebezogenen Leistung realisieren.

Es müssen Berichte an die oL über die Leistung des EnMS und die Verbesserung der energiebezogenen Leistung in festgelegten Zeitabständen erfolgen. Kriterien und Verfahren, die für das Sicherstellen einer wirksamen Funktion und Steuerung des EnMS erforderlich sind, müssen festgelegt werden. [Nor 18d]

**Hinweise zur Umsetzung:**

Die Umsetzung der Themen kann an Mitarbeitende delegiert werden, jedoch liegt die Rechenschaftspflicht immer bei der oL. Sie hat dafür Sorge zu tragen, dass Aufgaben klar definiert sind und Personen, die Aufgaben hinsichtlich des EnMS übernehmen, befugt sind (z. B. Datenbankzugriff, Berechtigungen) die ihnen zugeteilten Aufgaben zu erledigen. Außerdem müssen verantwortliche Personen bekannt gemacht werden (z. B. Organigramme). Um Anregungen aus allen Teilen der Organisation einzuholen, empfiehlt es sich, das Energiemanagementteam aus Mitarbeitenden aller energierelevanten Abteilungen und Bereichen zusammenzustellen. [Lie 18]

## ISO-Kapitel 6 Planung

### ISO-Abschnitt 6.1 Maßnahmen zum Umgang mit Risiken und Chancen

☑ **Anforderungen nach DIN EN ISO 50001, Abschnitt 6.1**

Die Planung für das EnMS muss die genannten Themen und Anforderungen berücksichtigen sowie die Tätigkeiten und Prozesse der Organisation enthalten, die sich auf die ebL auswirken. Die Energiepolitik und die Maßnahmen müssen gewährleisten, dass eine fortlaufende Verbesserung der energiebezogenen Leistung erreicht werden kann.

Risiken und Chancen müssen analysiert werden, damit das EnMS die beabsichtigten Ergebnisse erreichen kann. Hauptziel ist die Verbesserung der energiebezogenen Leistung. Unerwünschte Auswirkungen bei der Energieeinsparung sollen ausgeschlossen und eine fortlaufende Verbesserung des EnMS und der energiebezogenen Leistung muss gewährleistet werden.

Deshalb muss die Organisation Maßnahmen zum Umgang mit diesen Risiken und Chancen planen. Die Organisation muss entsprechende Maßnahmen in die Prozesse des EnMS integrieren und umsetzen. Die Wirksamkeit dieser Maßnahmen ist regelmäßig zu bewerten. [Nor 18d]

**Hinweise zur Umsetzung:**

Die DIN EN ISO 50001:2018 nimmt durch die Revision das risikobasierte Denken neu auf. Input für die Planung der Risiken und Chancen sind interne und externe Einflüsse (Kontext der Organisation), Erfordernisse und Erwartungen interessierter Parteien sowie bestehende Prozesse der Organisation. Im Zuge der eBL werden alle Energiequellen differenziert aufgenommen und analysiert, um die größten Energiekonsumenten zu identifizieren [Tei 18]. Im Folgenden können Risiken und Chancen abgeleitet und Maßnahmen für potenzielle Probleme bereits im Vorfeld geplant werden. Dabei sollten die Themen nach ihrer Wichtigkeit geordnet und abgearbeitet werden [Lie 18].

Risiken im EnMS können beispielsweise sein:

- Beschädigung von Maschinen aufgrund eines Stromausfalls
- Fehlerhafte Messgeräte
- Nichtkonformität mit rechtlichen Anforderungen

Beispiele Chancen im EnMS:

- Modernisierung der Gebäudetechnik
- Investition in energieeffizientere Maschinen und Anlagen
- Verringerung der $CO_2$-Emissionen und Imagesteigerung

## ISO-Abschnitt 6.2 Ziele, Energieziele und Planung zu deren Erreichung

**Anforderungen nach DIN EN ISO 50001, Abschnitt 6.2**

Die Organisation muss Energieziele sowie Ziele für relevante Funktionen und Ebenen festlegen. Die Ziele und die Energieziele müssen im Einklang mit der Energiepolitik stehen (siehe Norm 5.2), messbar sein (sofern machbar), den anwendbaren Anforderungen Rechnung tragen, SEUs berücksichtigen (siehe Norm 6.3). Chancen (siehe Norm 6.3) zur Verbesserung der energiebezogenen Leistung sollen Maßnahmen beinhalten, damit diese überwacht, in der Organisation vermittelt und kontinuierlich aktualisiert werden. In der Organisation müssen dokumentierte Informationen (siehe Norm 7.5) zu den Energiezielen erarbeitet und aufbewahrt werden.

Für die Planung zum Erreichen der Energieziele müssen Aktionspläne festgelegt und realisiert werden. Die Inhalte dieser Aktionspläne sind Maßnahmen zur Realisierung, zur Bereitstellung der erforderlichen Ressourcen, zu den Verantwortlichkeiten, zur Überprüfung der termingerechten Realisierung der entsprechenden Aktion, zur Bewertung der Ergebnisse und Verifizierung der Bewertungsverfahren (siehe Norm 9.1).

Die Maßnahmen zum Erreichen der Energieziele müssen in die Geschäftsprozesse der Organisation integriert werden. Die Organisation muss dokumentierte Information zu Aktionsplänen erarbeiten und aufbewahren (siehe Norm 7.5). [Nor 18d]

**Hinweise zur Umsetzung:**

Ziele dienen zur Umsetzung der Unternehmenspolitik in Maßnahmen. Diese sollten immer anspruchsvoll sein, jedoch im Rahmen des Erreichbaren liegen. Sie sollten immer messbar sein und können dabei quantitativer oder qualitativer Natur sein. Durch z. B. interne Umfragen können Zahlenwerte als Vergleichsmittel für qualitative Ziele generiert werden. [Tei 18] Es empfiehlt sich, dass Ziele immer SMART (spezifisch – messbar – attraktiv – realistisch – terminiert) definiert werden. [Lin 18] Beispielsweise kann ein quantitatives Energieziel sein: Verbesserung ebL um 2 % bis Zeitpunkt 2025. Ein qualitatives Energieziel kann der Kulturwandel oder die Verbesserung des Verhaltens der Mitarbeitenden hinsichtlich Energiethemen sein.

## ISO-Abschnitt 6.3 Energetische Bewertung

**Anforderungen nach DIN EN ISO 50001, Abschnitt 6.3**

In der Organisation muss eine energetische Bewertung geplant und durchgeführt werden.

Dazu muss die Organisation den Energieeinsatz und -verbrauch auf der Grundlage von Messungen und anderen Daten analysieren. Die aktuellen Energiearten müssen ermittelt werden (siehe Norm 3.5.1). Frühere und aktuelle Energieeinsätze und -verbräuche müssen bewertet werden.

Bei der Analyse identifizierter SEUs (siehe Norm 3.5.6) sind für jeden SEU ...

- die relevanten Variablen zu bestimmen,
- die aktuelle ebL zu bestimmen,
- die Personen zu ermitteln, die unter ihrer Aufsicht Tätigkeiten verrichten und die auf die SEUs Einfluss haben oder nehmen.

Die Chancen zur Verbesserung der energiebezogenen Leistung müssen bestimmt und priorisiert werden.

Die künftigen Energieeinsätze und Energieverbräuche sind abzuschätzen. Die energetische Bewertung muss in festgelegten Zeitabständen sowie auch in Folge größerer Änderungen bei Anlagen/Standorten, Einrichtungen, Systemen oder Energie nutzenden Prozessen aktualisiert werden. Die Organisation muss die Verfahren und Kriterien, die bei der Ausführung der energetischen Bewertung verwendet werden, als dokumentierte Information (siehe Norm 7.5) aufrechterhalten und dokumentierte Information zu den Ergebnissen aufbewahren. [Nor 18d]

**Hinweise zur Umsetzung:**

Dieser Abschnitt steht für die Ermittlung des Ist-Zustands der ebL. Die Erfassungsmethodik kann organisations-, prozess-, oder energiequellenorientiert erfolgen, je nachdem, was am sinnvollsten für die Organisation ist [Tei 18] Die Norm empfiehlt folgendes Vorgehen [Nor 18d]:

- Identifizierung der SEUs
- Identifizierung der relevanten Variablen, gegenwärtigen ebL und verantwortlichen Mitarbeitenden
- Auflistung der Themen entsprechend der Reihenfolge ihrer Wichtigkeit

Eine Methode zur Bewertung der Bedeutung von Energieaspekten ist in Tabelle 8.1 enthalten [Hei 15]. Zusätzlich zum Anteil der SEUs am Energieverbrauch werden vier weitere Kriterien (Alter des Verbrauchers, Stand der Technik, Anschlussleistung sowie Auslastung) untersucht, um den potenziellen Einfluss auf die ebL zu bestimmen. Diese Kriterien werden separat bewertet und ihre Wichtigkeit wird in Form von prozentualen Werten angegeben. Die prozentualen Werte der einzelnen Kriterien geben eine Aussage über die Wichtigkeit der Ausprägung bezüglich des Verbesserungspotenzials des Energieverbrauchers. Eine Addition der vier Kriterien liefert eine Gesamtrelevanz, welche in eine von drei Klassen eingeteilt werden kann:

- Klasse A: > 75 % (großer Einfluss)
- Klasse B: > 50 % (mittlerer Einfluss)
- Klasse C: < 50 % (geringer Einfluss)

Während für Themen der Klasse A und B Reduzierungsmaßnahmen und Ziele definiert werden müssen, können Themen der Klasse C aufgrund des geringen Einflusses vernachlässigt werden. [Hei 15]

SEUs können z. B. Anlagen/Standorte (z. B. Lager, Fertigungsstätten, Büros), Systeme (z. B. Beleuchtungssysteme), Einrichtung (z. B. Motoren, Heizkessel) oder Prozesse mit wesentlichem Energieeinsatz sein. Bei der Aufnahme von SEUs sollten relevante Variablen, die sich positiv oder negativ auf den Verbrauch auswirken können, mit aufgenommen werden.

Relevante Variablen sind z. B. Arbeitsstunden, Wetterbedingungen, Sonneneinstrahlung oder die Betriebszeit von Gebäuden.

**Tabelle 8.1** Methode zur energetischen Bewertung [Hei 15]

| Kriterium Alter des Verbrauchers | | Kriterium Stand der Technik | | Kriterium Anschlussleistung | | Kriterium Auslastung | |
|---|---|---|---|---|---|---|---|
| A: 0 – 2 Jahre | 5 % | A: gering | 5 % | A: gering bis 10 kVA | 5 % | A: gering (< 50 %) | 10 % |
| B: 2 – 5 Jahre | 10 % | B: mittel | 10 % | B: mittel 10 – 20 kVA | 10 % | B: mittel (50 – 75 %) | 20 % |
| C: 5 – 10 Jahre | 15 % | C: hoch | 15 % | C: hoch 20 – 30 kVA | 15 % | C: hoch (75 – 100 %) | 30 % |
| D: 10 – 15 Jahre | 20 % | | | D: sehr hoch > 30 kVA | 20 % | | |
| E: älter als 15 Jahre | 25 % | | | E: höchste >> 50 kVA | | | |

## ISO-Abschnitt 6.4 Energieleistungskennzahlen

**Anforderungen nach DIN EN ISO 50001, Abschnitt 6.4**

Es müssen Energieleistungskennzahlen (EnPIs) bestimmt werden, die für die Messung und Überwachung energiebezogener Leistung geeignet sind und es der Organisation ermöglichen, eine Verbesserung der energiebezogenen Leistung nachzuweisen.

Verfahren zur Ermittlung und Aktualisierung der EnPI(s) müssen als dokumentierte Information aufrechterhalten werden (siehe Norm 7.5). Relevante Variablen, die sich wesentlich auf die ebL auswirken, müssen bei der Festlegung geeigneter EnPIs berücksichtigt werden.

Die EnPI-Werte müssen überprüft und mit ihren entsprechenden EnBs verglichen werden. Die Organisation muss dokumentierte Information (siehe Norm 7.5) zu den EnPI-Werten aufbewahren. [Nor 18d]

**Hinweise zur Umsetzung:**

EnPI-Werte sind ein „Maß oder Einheit der energiebezogenen Leistung" und dienen dem Vergleich der ebL bevor und nachdem Aktionspläne oder Maßnahmen zur Verbesserung der ebL verwirklicht wurden. Diese können als „einfache Metrik, ein Verhältnis oder ein Modell" beschrieben werden. [Nor 18d] Durch eine zeitliche Aneinanderreihung von EnPIs können Trends erkannt, die Einhaltung gesetzlicher Vorgaben überwacht oder Effekte quantifiziert werden, die durch Maßnahmen aus Aktionsplänen entstehen. Somit können Aussagen über die Energieeffizienz eines betrachteten Bereichs getroffen werden, wie z. B. der Energieeinsatz für eine bestimmte Produktionsmenge. Für EnPI-Werte müssen EnPI-Grenzen festgelegt werden, um Energieflüsse zu quantifizieren. Die Grenzen für verschiedene EnPI-Werte können sich dabei überschneiden. Je nachdem, was mit der EnPI dargestellt werden soll, können Prozesse oder Einrichtungen mehrfach aufgenommen werden. EnPI-Grenzen können folgendermaßen bestimmt werden [Wed 19]:

- **prozess- oder einrichtungsbezogen:** physische Abgrenzung einer Einrichtung beispielsweise Ausrüstung zur Dampfproduktion
- **systembezogen:** physische Abgrenzung um Gruppen von sich gegenseitig beeinflussenden Prozessen
- **organisatorisch:** EnPI-Grenze um Einrichtungen und Prozesse inklusive der dazugehörigen Mitarbeitenden

EnPIs können z. B. als das Verhältnis des Strom- oder Gasverbrauchs zur Produktionsmenge, Mitarbeiterzahl oder Gebäudefläche beschrieben werden. [Rei 17] [Nor 17g] Um Energieflüsse innerhalb und über die EnPI-Grenzen aufzuzeigen, empfiehlt es sich, ein Energieflussdiagramm (z. B. Sankey-Diagramm) für die einzelnen Energiearten anzufertigen. Dort können auch Zählerorte mit aufgenommen werden. Die Bewertung der Verbesserung der ebL erfolgt anhand eines Vergleichs der EnB (6.5) mit dem EnPI-Wert. Daher muss für jeden EnPI-Wert auch eine EnB vorliegen. Ebenfalls wird empfohlen, für alle EnPIs Energieziele zu formulieren [Nor 17g].

Sollten relevante Variablen Einfluss auf die ebL nehmen, muss die Organisation EnPIs und EnB normalisieren, um eine Vergleichbarkeit von Messungen, die nicht zur gleichen Zeit durchgeführt wurden, zu ermöglichen. Eine Änderung der relevanten Variablen muss eine Anpassung der EnPIs nach sich ziehen [Ree 16].

## ISO-Abschnitt 6.5 Energetische Ausgangsbasis

**Anforderungen nach DIN EN ISO 50001, Abschnitt 6.5**

EnB bzw. EnBs müssen durch die Organisation unter Verwendung der Informationen aus der (den) energetischen Bewertung(en) (siehe Norm 6.3) festgelegt werden.

Wenn es Hinweise gibt, dass relevante Variablen sich wesentlich auf die ebL auswirken, muss sie eine Normalisierung des EnPI-Werts bzw. der EnPI-Werte und der entsprechenden EnB(s) vornehmen.

Die EnB(s) muss (müssen) angepasst werden, damit folgende Randbedingungen beachtet werden:

- Die EnPI(s) beschreibt (beschreiben) nicht länger die ebL der Organisation.
- Es haben sich größere Veränderungen bei den statischen Faktoren ergeben.
- Die Übereinstimmung mit einem im Voraus bestimmten Verfahren soll vorhanden sein.

Die Organisation muss Informationen zur bzw. zu den EnB(s), zu Daten relevanter Variablen und zu Modifikationen der EnB(s) als dokumentierte Information aufbewahren (siehe Norm 7.5). [Nor 18d]

**Hinweise zur Umsetzung:**

Die EnB ist die Grundlage für den Vergleich des Energieverbrauchs im Bezugsjahr mit darauffolgenden Jahren und muss für jede EnPI gebildet werden. Der Betrachtungszeitraum muss ausreichend groß sein und sollte sich über zwölf Monate erstrecken. So können durch Jahreszeiten hervorgerufene Schwankungen verrechnet werden, um sicherzustellen, dass die Bedingungen an verschiedenen Vergleichspunkten gleich sind. [Lie 18] [Nor 17g]

Die EnB muss normalisiert werden, wenn Variablen (z. B. Außentemperatur, Produktionsstückzahl) das Ergebnis beeinflussen. Eine Normalisierung erfolgt durch eine Datenmodifizierung, um Ergebnisse vergleichbar darzustellen. Auch bei wesentlichen Änderungen von Prozessen und statischen Faktoren (z. B. Beleuchtung fensterloser Räume, Schichtdauer) setzt die Norm eine Anpassung der EnB voraus, um eine weitere Vergleichbarkeit der Bezugsgrößen zu gewährleisten. [Wed 19]

Dabei ist ebenfalls zwischen statischen Faktoren und relevanten Variablen zu unterscheiden. Haben Maschinen ein ständig wechselndes Produktniveau und Produktmix, weist das auf eine relevante Variable hin. Für Maschinen, die immer gleiche Produkte und Stückzahlen produzieren, können hingegen statische Faktoren gebildet werden. Statische Faktoren für eine Maschine können z. B. für Produkt A und B festgelegt worden sein. Der statische Faktor bezieht sich dann auf die Produktart. Wird Produkt C neu eingeführt, muss der statische Faktor für das neue Produkt angepasst werden. [Nor 17g]

## ISO-Abschnitt 6.6 Planung der Energiedatensammlung

**Anforderungen nach DIN EN ISO 50001, Abschnitt 6.6**

Es muss sichergestellt werden, dass die Hauptmerkmale der Tätigkeiten der Organisation, die sich auf die ebL auswirken, identifiziert und in geplanten Zeitabständen gemessen, überwacht und analysiert werden (siehe Norm 9.1). Es muss ein Plan für die Energiedatensammlung festgelegt und umsetzt werden, der für ihre Größe, ihre Komplexität, ihre Ressourcen und ihre Mess- und Überwachungsausrüstung angemessen ist. Für die Überwachung der Hauptmerkmale müssen die erforderlichen Daten festgelegt werden. Weiterhin muss festgelegt werden, wie und mit welcher Häufigkeit die Daten gesammelt und aufbewahrt werden müssen.

Die zu sammelnden Messwerte und Daten sowie die aufzubewahrende dokumentierte Information (siehe Norm 7.5) müssen

- die relevanten Variablen bezüglich SEUs,
- den Energieverbrauch bezüglich SEUs und der Organisation,
- betriebliche Kriterien bezüglich SEUs,
- statische Faktoren, falls zutreffend, und
- in Aktionsplänen festgelegte Daten

beinhalten.

Die Struktur der Energiedatensammlung muss in festgelegten Zeitabständen überprüft und aktualisiert werden. Es muss sichergestellt werden, dass die zur Messung von Hauptmerkmalen verwendeten Messgeräte Daten bereitstellen, die genau und wiederholbar sind. Die Organisation muss dokumentierte Informationen (siehe Norm 7.5) zur Messung und Überwachung und zu anderen Mitteln für die Feststellung von Genauigkeit und Wiederholbarkeit aufbewahren. [Nor 18d]

**Hinweise zur Umsetzung:**

Zur Überwachung und fortlaufenden Verbesserung der ebL dienen Energiedaten aller Art. Diese Daten sind in regelmäßig Zyklen aufzunehmen, sodass auf deren Basis energetische Bewertungen durchgeführt werden können. Welche Daten, wie oft, durch wen und mit welcher Methodik aufgenommen werden, muss geplant und dokumentiert werden. [Wed 19]

# ISO-Kapitel 7 Unterstützung

## ISO-Abschnitt 7.1 Ressourcen

**Anforderungen nach DIN EN ISO 50001, Abschnitt 7.1**

Die erforderlichen Ressourcen für den Aufbau, die Verwirklichung, die Aufrechterhaltung des EnMS und die fortlaufende Verbesserung der energiebezogenen Leistung müssen vorhanden sein [Nor 18d].

**Hinweise zur Umsetzung:**

Die Bereitstellung der nötigen Ressourcen für die Umsetzung des EnMS ist wichtig für eine erfolgreiche Umsetzung. Eine gewissenhafte Vorabplanung ist zu empfehlen. Ressourcen können z. B. kompetentes und geschultes Personal hinsichtlich EnMS, Finanzmittel, natürliche Ressourcen oder die betriebliche Infrastruktur sein. [Wed 19]

## ISO-Abschnitt 7.2 Kompetenz

**Anforderungen nach DIN EN ISO 50001, Abschnitt 7.2**

Das Personal der Organisation muss

- für die Tätigkeiten, welche die energiebezogene Leistung und das EnMS der Organisation beeinflussen, die erforderliche Kompetenz bestimmen,
- für das erforderliche Personal eine angemessene Ausbildung, Schulung, Fertigkeiten oder Erfahrung gewährleisten,
- sicherstellen, dass das Personal die benötigte Kompetenz erwirbt und die Wirksamkeit der getroffenen Maßnahmen bewerten kann,
- angemessene dokumentierte Information (siehe Norm 7.5) als Nachweis der Kompetenz aufbewahren. [Nor 18d]

**Hinweise zur Umsetzung:**

Es liegt in der Verantwortung der Organisation, zu bestimmen, welche Kompetenzen für die Umsetzung von Aufgaben nötig sind und dass Mitarbeitende über Kompetenzen verfügen, um diese Aufgaben zu erfüllen. Mögliche Maßnahmen sind die Einstellung bereits geschulten Personals oder Schulungen für bestehende Mitarbeitende durchzuführen. Themen für Schulungen können z. B. Energiegesetze, Energievorschriften, Energieverbrauch oder Ressourcenschonung sein. [Tei 18]

## ISO-Abschnitt 7.3 Bewusstsein

**Anforderungen nach DIN EN ISO 50001, Abschnitt 7.3**

Personal, das unter Aufsicht der Organisation Tätigkeiten verrichtet, muss

- die Energiepolitik (siehe Norm 5.2) kennen,
- zur Wirksamkeit des EnMS, einschließlich des Erreichens von Zielen und Energiezielen (siehe Norm 6.2) und der Vorteile einer verbesserten energiebezogenen Leistung beitragen können,
- den Einfluss seiner Tätigkeiten oder seines Verhaltens hinsichtlich der energiebezogenen Leistung kennen und
- sich der Folgen einer Nichterfüllung der Anforderungen des EnMS bewusst sein. [Nor 18d]

**Hinweise zur Umsetzung:**

Die Norm schreibt vor, dass jeder einzelne Mitarbeitende sich dem Einfluss seines Handelns auf die ebL und den damit verbundenen potenziellen Vorteilen bewusstwerden muss. Eine Steigerung des Bewusstseins lässt sich z. B. durch Schulungen, Versammlungen, Informationstafeln oder Aushänge durchführen [Lin 18]. Das „Aufzwingen" von Verhalten kann sich negativ auf Mitarbeitende auswirken. Motivierte Mitarbeitende verhalten sich aus freien Stücken energiebewusster. Zum Beispiel könnte eine Aufführung der finanziellen Einsparpotenziale durch geringeren Energieverbrauch eine Motivation sein. [Lie 18]

## ISO-Abschnitt 7.4 Kommunikation

**Anforderungen nach DIN EN ISO 50001, Abschnitt 7.4**

Für die interne und externe Kommunikation der Organisation muss zum EnMS festgelegt werden,

- worüber kommuniziert wird,
- wann kommuniziert wird,
- mit wem kommuniziert wird,
- wie kommuniziert wird,
- wer kommuniziert.

Bei der Festlegung des Kommunikationsprozesses muss die Organisation sicherstellen, dass die vermittelte Information mit der innerhalb des EnMS erzeugten Information übereinstimmt und richtig ist. Die Organisation muss einen Prozess einführen und umsetzen, der es ermöglicht, Kommentare oder Verbesserungsvorschläge zum EnMS und zur energiebezogenen Leistung zu erarbeiten. Die Organisation muss ermöglichen, dokumentierte Information (siehe Norm 7.5) zu Verbesserungsvorschlägen aufzubewahren. [Nor 18d]

**Hinweise zur Umsetzung:**

Der Abschnitt 7.4 fordert, dass alle Mitarbeitenden in den Prozess der fortlaufenden Verbesserung integriert werden, indem sie Ideen zur Verbesserung der ebL oder des EnMS einbringen können. Informationen müssen stets richtig und aktuell sein sowie an die relevanten Personen weitergereicht werden. Externe Kommunikation kann Energieberater, Steuerbehörden, Energieversorger, Kunden, Lieferanten oder die Öffentlichkeit (unternehmenseigene Webseite) betreffen. [Wed 19]

## ISO-Abschnitt 7.5 Dokumentierte Information

### Allgemeines

**Anforderungen nach DIN EN ISO 50001, Abschnitt 7.5.1**

Das EnMS der Organisation muss Folgendes beinhalten:

- die von dieser Norm geforderte dokumentierte Information
- alle erforderlichen dokumentierten Informationen, die für die Wirksamkeit des EnMS und den Nachweis der Verbesserung der energiebezogenen Leistung notwendig sind [Nor 18d]

**Hinweise zur Umsetzung:**

Der Umfang dokumentierter Information für ein EnMS kann sich von Organisation zu Organisation unterscheiden, und zwar aufgrund

- der Unternehmensgröße und der Art der Tätigkeiten, Prozesse, Produkte und Dienstleistungen,
- der Komplexität ihrer Prozesse und deren Wechselwirkungen,
- der Kompetenz der Personen. [Nor 18d]

### Erstellen und Aktualisieren

**Anforderungen nach DIN EN ISO 50001, Abschnitt 7.5.2**

Zur Erstellung und Aktualisierung dokumentierter Informationen muss die Organisation:

- eine angemessene Kennzeichnung und Beschreibung (z. B. Titel, Datum, Autor oder Referenznummer) einführen und aufrechterhalten
- ein angemessenes Format (z. B. Sprache, Softwareversion, Grafiken) und Medium (z. B. Papier, elektronisch) einführen und aufrechterhalten
- eine angemessene Überprüfung und Genehmigung im Hinblick auf Eignung und Angemessenheit sicherstellen [Nor 18d]

**Hinweise zur Umsetzung:**

Die dokumentierte Information beschreibt die wesentlichen Elemente des EnMS, wie Prozesse, Abläufe, Methodiken und Nachweise aller Art [Nor 18d].

### Lenkung dokumentierter Information

**Anforderungen nach DIN EN ISO 50001, Abschnitt 7.5.3**

Die Organisation muss sicherstellen, dass die erforderliche und von dieser Norm geforderte Information verfügbar und geeignet für den Einsatz ist, wenn sie benötigt wird. Diese Informationen müssen angemessen geschützt werden, um Vertraulichkeit, ordnungsgemäße Nutzung und Integrität zu gewährleisten.

Zur Lenkung dieser Informationen sind Aktivitäten wie Verteilung, Zugriff, Auffindung, Speicherung, Erhaltung der Lesbarkeit, Überwachung von Änderungen, zeitliche Verfügbarkeit und Entsorgung zu berücksichtigen. Extern dokumentierte Informationen müssen gekennzeichnet und gesteuert werden, wenn sie für die Planung und den Betrieb des EnMS erforderlich sind. [Nor 18d]

**Hinweise zur Umsetzung:**

Ein umfangreiches Dokumentenmanagement gewährleistet, dass Know-how und Prozesswissen des EnMS jederzeit abrufbar sind und nicht verloren gehen. Außerdem sind die Dokumente essenziell für interne und externe Audits. [Ree 16] Mitarbeitenden kann auch nur eine Leseberechtigung erteilt werden, sodass dokumentierte Information nicht durch Unbefugte geändert werden kann. Folgende Punkte müssen ebenfalls beachtet werden [Wed 19]:

- Datensicherung auf externen Speichermedien
- Nutzerfreundliches User Interface (strukturierte Ordnerstruktur, Intranet)
- Rückverfolgbarkeit von Änderungen

## ISO-Kapitel 8 Betrieb

### ISO-Abschnitt 8.1 Betriebliche Planung und Steuerung

**Anforderungen nach DIN EN ISO 50001, Abschnitt 8.1**

Im Zusammenhang mit den SEUs stehende Prozesse muss die Organisation planen, verwirklichen und steuern (siehe Norm 6.2 und 6.3). Kriterien für die Prozesse müssen festgelegt werden, einschließlich des wirksamen Betriebs und der Instandhaltung ihrer Anlagen/Standorte, Einrichtungen, Systeme und Energie nutzenden Prozesse, um Abweichungen von der vorgesehenen energiebezogenen Leistung zu vermeiden:

- Person(en), die unter Aufsicht der Organisation Tätigkeiten verrichten, müssen die Kriterien bekannt sein (siehe Norm 7.4).
- Die Steuerung der Prozesse muss in Übereinstimmung mit den Kriterien durchführt werden, einschließlich Betrieb und Instandhaltung von Anlagen/Standorten, Einrichtungen, Systemen und Energie.
- Dokumentierte Informationen (siehe Norm 7.5) müssen im notwendigen Umfang vorhanden sein, sodass die Prozesse wie geplant durchgeführt werden können.

Bei geplanten Änderungen müssen diese überwacht und die Folgen von unbeabsichtigten Änderungen bewertet werden, um negative Auswirkungen zu minimieren. Extern verlagerte Prozesse müssen kontrolliert oder beeinflusst werden, wobei Art und Umfang dieser Kontrolle innerhalb des EnMS festgelegt sein müssen. Es muss sichergestellt werden, dass ausgegliederte SEUs bzw. mit SEUs im Zusammenhang stehende Prozesse gesteuert werden (siehe Norm 8.3).

Dokumentierte Informationen müssen aktuell aufrechterhalten werden und sicherstellen, dass Prozesse wie geplant durchgeführt werden können. [Nor 18d]

**Hinweise zur Umsetzung:**

In diesem Abschnitt wird beschrieben, wie die in Abschnitt 6.2 festgelegten, laufenden und geplanten Maßnahmen, Ziele und Energieziele zu lenken sind. Dabei sollen insbesondere die Aktivitäten und Prozesse der Energieverbraucher (z. B. Einrichtungen, Anlagen, Prozesse, Systeme), die den größten Einfluss auf die ebL haben, so konfiguriert werden, dass sie möglichst energieeffizient sind. Kriterien für einen wirksamen Betrieb und die Instandhaltung müssen definiert werden und an relevante Personen weitergegeben werden, sodass diese eingehalten werden können. [Lin 18] [Ree 16]

## ISO-Abschnitt 8.2 Auslegung

**Anforderungen nach DIN EN ISO 50001, Abschnitt 8.2**

Es müssen Möglichkeiten zur Verbesserung der energiebezogenen Leistung und die betriebliche Steuerung bei der Auslegung neuer, veränderter oder renovierter Anlagen/Standorte, Einrichtungen, Systeme und Energie nutzender Prozesse berücksichtigt werden, wenn sie einen wesentlichen Einfluss auf ihre ebL über die geplante oder erwartete Nutzungsdauer haben können. Die Ergebnisse der Untersuchungen bzgl. der energiebezogenen Leistung müssen in die Spezifikation, Auslegung und Beschaffungstätigkeiten mit einbezogen werden. Die Organisation muss dokumentierte Information (siehe Norm 7.5) zu Auslegungstätigkeiten, die mit der energiebezogenen Leistung im Zusammenhang stehen, aufbewahren. [Nor 18d]

**Hinweise zur Umsetzung:**

Neuanschaffungen, Neubauten, Renovierungen oder großflächige Prozessveränderungen schaffen großes Optimierungspotenzial hinsichtlich ebL. Außerdem sollte immer die Möglichkeit der Nutzung neuer Technologien oder umweltfreundlicher Energiearten (z. B. erneuerbare Energien) in Erwägung gezogen werden [Nor 18d].

### ISO-Abschnitt 8.3 Beschaffung

**Anforderungen nach DIN EN ISO 50001, Abschnitt 8.3**

Wenn ein wesentlicher Einfluss auf die ebL der Organisation erwartet wird, müssen bei der Beschaffung von Energie nutzenden Produkten, Einrichtungen und Dienstleistungen Kriterien für die Bewertung der energiebezogenen Leistung für geplante oder erwartete Nutzungsdauer festgelegt und umsetzt werden.

Beim Einkauf von Energie nutzenden Produkten, Einrichtungen und Dienstleistungen, die eine Auswirkung auf die SEUs haben, müssen die Lieferanten darüber informiert werden, dass die energiebezogene ebL ein wesentliches Bewertungskriterium für die Entscheidung zur Beschaffung ist. Die Organisation muss Spezifikationen festlegen und vermitteln, damit bei der Beschaffung die ebL durch beschaffte Einrichtungen und Dienstleistungen nicht negativ beeinflusst wird. [Nor 18d]

**Hinweise zur Umsetzung:**

Besonders neue Gebäude, Maschinen und sonstige Einrichtungen können einen großen Einfluss auf die ebL haben. Daher muss bei der Beschaffung die Energieeffizienz immer eine tragende Rolle spielen. Angaben über den Energieverbrauch sollten von den Lieferanten immer eingeholt werden. Zum Beispiel können so Kostenvergleiche über Lebensdauer durchgeführt werden. Teurere, aber energieeffizientere Maschinen könnten über die Lebensdauer kostengünstiger sein, wodurch sich auch ein wirtschaftlicher Vorteil ergibt. [Lie 18] Potenziellen Lieferanten ist bei der Angebotseinholung mitzuteilen, dass die Energieeffizienz der Produkte eine entscheidende Rolle bei der Lieferantenauswahl spielt. Mögliche Entscheidungskriterien sind z. B. Energiequalität, Zuverlässigkeit, Verfügbarkeit, Kostenstruktur, Umweltauswirkung und alternative Energiearten [Nor 18d].

## ISO-Kapitel 9 Bewertung der Leistung

### ISO-Abschnitt 9.1 Überwachung, Messung, Analyse und Bewertung der energiebezogenen Leistung und des EnMS

#### Allgemeines

**Anforderungen nach DIN EN ISO 50001, Abschnitt 9.1.1**

In der Organisation müssen die ebL und das EnMS ermittelt werden. Dazu muss Folgendes festgelegt werden:

- Was muss überwacht und gemessen werden? Das betrifft mindestens die folgenden Hauptmerkmale:
  - die Wirksamkeit der Aktionspläne zur Erreichung von Zielen und Energiezielen
  - die EnPI(s)

  - der Betrieb der SEUs
  - der tatsächliche Energieverbrauch muss gegenüber dem erwarteten Energieverbrauch bewertet werden
- die Methoden zur Überwachung, Messung, Analyse und Bewertung müssen sicherstellen, dass nur gültige Ergebnisse in die Bewertung eingehen
- wann die Überwachungen und Messungen in der Organisation durchzuführen sind
- in welchen Intervallen die Ergebnisse der Überwachungen und Messungen zu analysieren und zu bewerten sind

Die ebL und die Wirksamkeit des EnMS (siehe Norm 6.6) müssen durch die Organisation bewertet werden. Die Verbesserung der energiebezogenen Leistung ist durch Vergleichen der EnPI-Werte (siehe Norm 6.4) mit den entsprechenden EnBs (siehe Norm 6.5) zu bewerten.

Wesentliche Abweichungen in der energiebezogenen Leistung müssen untersucht und entsprechende Maßnahmen eingeleitet werden. Dokumentierte Information zu den Ergebnissen der Untersuchungen und den eingeleiteten Maßnahmen müssen aufbewahrt werden (siehe Norm 7.5). Die Organisation muss angemessene dokumentierte Information zu den Ergebnissen der Überwachung und Messungen aufbewahren (siehe Norm 7.5). [Nor 18d]

**Hinweise zur Umsetzung:**

Die Leistung des EnMS muss in regelmäßigen Abständen kontrolliert werden, um seine Sinnhaftigkeit und Funktionalität zu überprüfen. Dies kann z. B. durch eine Verbesserung der ebL nachgewiesen werden. Dabei muss definiert werden, welche Kontrollen, wann, wie und mit welcher Methode durchgeführt werden. Um aussagekräftige Vergleichskennzahlen zu erhalten, ist eine Normalisierung der erhobenen Daten notwendig. [Wed 19] Das erfordert eine „Modifizierung von Daten zur Berücksichtigung von Änderungen, um den Vergleich der energiebezogenen Leistung unter gleichwertigen Bedingungen zu ermöglichen" [Nor 18d]. Kennzahlen sollten zu den Aktivitäten passen und sorgfältig ausgewählt werden. Solche Kennzahlen können sein [Lie 18]:

- Energieverbrauch je produzierter Menge
- Energieverbrauch je genutzter Fläche
- Energieverbrauch je Zeiteinheit

Wesentliche Abweichungen sind genau zu untersuchen und geeignete Maßnahmen sind in die Wege zu leiten. Um den Energieverbrauch verschiedener Einrichtungen oder Anlagen durchgängig zu messen, empfiehlt es sich, z. B. Stromzähler zu installieren. Durch eine Untersuchung des Energieverbrauchs können Erkenntnisse über Energieverbraucher gewonnen werden. So kann z. B. beantwortet werden, warum Energieverbräuche im Laufe des Jahres schwanken oder warum Energieverbräuche bei gleichbleibender Produktion größer werden. [Lie 18]

### Bewertung der Einhaltung rechtlicher Anforderungen und anderer Anforderungen

**Anforderungen nach DIN EN ISO 50001, Abschnitt 9.1.2**

In geplanten Zeitintervallen muss die Organisation die Einhaltung rechtlicher und anderer Anforderungen (siehe Norm 4.2) bezüglich der Energieeffizienz, des Energieeinsatzes, des Energieverbrauchs und des EnMS bewerten. Die Organisation muss dokumentierte Information (siehe Norm 7.5) zu den Ergebnissen der Bewertung der Einhaltung und den formulierten Maßnahmen aufbewahren. [Nor 18d]

**Hinweise zur Umsetzung:**

Dieser Abschnitt bezieht sich auf den Abschnitt 4.2 der Norm. Die Compliance ist einzuhalten, indem Rechtsvorschriften und andere Anforderungen in regelmäßigen, geplanten und dokumentierten Abständen auf ihre Aktualität geprüft werden. [Wed 19]

## ISO-Abschnitt 9.2 Internes Audit

**Anforderungen nach DIN EN ISO 50001, Abschnitt 9.2**

Es müssen in geplanten Abständen interne EnMS-Audits durchgeführt werden, um folgende Informationen zu erhalten:

- das EnMS verbessert tatsächlich die ebL
- Übereinstimmung mit
  - den Anforderungen der Organisation an das EnMS
  - der festgelegten Energiepolitik (siehe Norm 5.2)
  - den festgelegten Energiezielen (siehe Norm 6.2)
  - den Anforderungen dieses Dokuments
- dass das EnMS wirksam verwirklicht und aufrechterhalten wird

Die Organisation muss folgende Aktivitäten steuern:

- Auditprogramme planen, einführen, verwirklichen und aufrechterhalten, einschließlich der Häufigkeit von Audits, Methoden, Verantwortlichkeiten, Anforderungen an die Planung sowie Berichterstattung. Die Bedeutung der betroffenen Prozesse muss beachtet werden und die Ergebnisse vorheriger Audits müssen berücksichtigt werden.
- Für jedes Audit sind die Auditkriterien (Auditfragenkatalog) sowie der Umfang festzulegen.
- Audits sind so durchzuführen, dass die Objektivität und die Unparteilichkeit des Auditprozesses gesichert sind. Das gilt auch für die Auswahl der Auditoren.
- Die Ergebnisse der Audits müssen an die zuständige Leitung berichtet werden.
- Es sind geeignete Maßnahmen nach den Normenpunkten 10.1 und 10.2 zu formulieren.
- Dokumentierte Informationen (siehe Norm 7.5) müssen als Nachweis der Verwirklichung der Auditprogramme und der Ergebnisse der Audits aufbewahrt werden. [Nor 18d]

**Hinweise zur Umsetzung:**

Interne Audits sind Managementwerkzeuge und dienen der Erfassung und Analyse von Sachverhalten, um zu beurteilen, inwieweit Organisationen Auditkriterien und Normanforderungen erfüllen. Innerbetriebliche Abläufe können bewertet werden, um zu Erkenntnissen über die Qualität zu gelangen, um gegebenenfalls Verbesserungsmaßnahmen einzuleiten und zu überwachen. [Sch 15] Das genaue Vorgehen bei Audits sowie das Anforderungsprofil von Auditoren werden in der DIN EN ISO 19011 und in Kapitel 13 dieses Buchs beschrieben. Der (die) durchführende Auditor(in) kann sowohl eine interne als auch eine externe Person sein. Dabei wird Neutralität gefordert. Diese kann belegt werden, indem aufgezeigt wird, dass der Auditor unabhängig von der zu untersuchenden Einheit ist [Nor 18d]. Der Auditor muss sowohl fachliche und soziale Kompetenzen aufweisen als auch das zu betrachtende EnMS sowie das zugehörige IMS kennen [Rei 17].

## ISO-Abschnitt 9.3 Managementbewertung

**Anforderungen nach DIN EN ISO 50001, Abschnitt 9.3**

Das EnMS der Organisation muss in geplanten Zeitintervallen bewertet werden, um dessen fortdauernde Eignung, Angemessenheit, Wirksamkeit und Übereinstimmung mit der strategischen Ausrichtung der Organisation zu gewährleisten.

Dabei sind folgende Schwerpunkte zu beachten:

- wie die Maßnahmen aus vorherigen Managementbewertungen umgesetzt wurden
- mögliche Veränderungen bei externen und internen Themen und damit verbundenen Risiken und Chancen, die in das EnMS eingearbeitet werden müssen
- Bereitstellung von Informationen zur Leistung des EnMS, einschließlich:
  - Nichtkonformitäten und Korrekturmaßnahmen
  - Ergebnisse von Überwachungen und Messungen
  - Auditergebnisse
  - Ergebnisse der Bewertung der Einhaltung rechtlicher Anforderungen und anderer Anforderungen
- Möglichkeiten zur fortlaufenden Verbesserung
- Notwendigkeit, die Energiepolitik zu aktualisieren/anzupassen
- Berücksichtigung der Eingangsgrößen für die Managementbewertung bezüglich der energiebezogenen Leistung:
  - Bewertung, wie die Energieziele erreicht wurden
  - die ebL und die Verbesserung der energiebezogenen Leistung auf Grundlage von Überwachungs- und Messergebnissen, einschließlich der EnPI(s)
  - den Erfüllungsgrad der Aktionspläne

Ergebnisse der Managementbewertung müssen zu Entscheidungen und Möglichkeiten der fortlaufenden Verbesserung des EnMS führen:

- Maßnahmen zur Verbesserung der energiebezogenen Leistung
- Aktualisierung der Energiepolitik
- der EnPI(s) oder EnB(s)
- Verbesserung der Energieziele, Aktionspläne oder anderer Elemente des EnMS und der bei Nichterreichen von Zielen zu ergreifenden Maßnahmen
- Möglichkeiten zur Verbesserung der Integration des Energiemanagements in Geschäftsprozesse
- Bereitstellung von Ressourcen
- Verbesserung von Kompetenz, Bewusstsein und Kommunikation beim Personal

Die Organisation muss dokumentierte Information als Nachweis der Ergebnisse der Managementbewertungen aufbewahren. [Nor 18d]

**Hinweise zur Umsetzung:**

Die Managementbewertung ist eine regelmäßige Kontrolle und Bewertung des EnMS hinsichtlich seiner Eignung und Wirksamkeit. Die Bewertung muss nicht auf einmal stattfinden, sondern kann z. B. über mehrere Managementsitzungen verteilt oder gemeinsam mit anderen Akteuren des IMS erfolgen. Die Norm fordert hier explizit Entscheidungen hinsichtlich Themen der fortlaufenden Verbesserung sowie zu Bereichen des EnMS, die einer Anpassung bedürfen. Die Managementbewertung ist der Übergang von „Act“ auf „Plan“ im PDCA-Zyklus. Dabei müssen folgende Themen begutachtet und gegebenenfalls Maßnahmen eingeführt werden [Lie 18]:

- Kontext der Organisation
- aktueller Stand der Risiken & Chancen
- Energiepolitik
- rechtliche Konformität
- Energiebericht
- Energiesparziele
- Energiesparplan
- aktueller Stand der Maßnahmen zur fortlaufenden Verbesserung

## ISO-Kapitel 10 Verbesserung

### ISO-Abschnitt 10.1 Nichtkonformität und Korrekturmaßnahmen

✓ **Anforderungen nach DIN EN ISO 50001, Abschnitt 10.1**

Bei Feststellung von Nichtkonformität muss die Organisation darauf reagieren und, soweit zutreffend:

- Maßnahmen zur Überwachung und zur Korrektur formulieren und durchführen

- Notwendige Maßnahmen zur Beseitigung der Ursache(n) von Nichtkonformitäten bewerten, damit diese nicht erneut oder an anderer Stelle auftreten können
- Überprüfung der Nichtkonformität
- Ermittlung der Ursachen der Nichtkonformität
- Untersuchen, ob ähnliche Nichtkonformitäten bestehen oder eventuell auftreten können. Es müssen dann erforderliche Maßnahme eingeleitet werden und die Wirksamkeit der Korrekturmaßnahme überprüft werden. Wenn erforderlich, müssen Änderungen am EnMS durchgeführt werden. [Nor 18d]

Die Korrekturmaßnahmen müssen angemessen sein. Die Organisation muss dokumentierte Information zur Art der Nichtkonformitäten sowie ergriffene Folgemaßnahmen und der Ergebnisse der Korrekturmaßnahme aufbewahren. [Nor 18d]

**Hinweise zur Umsetzung:**

Nichtkonformität, also die „Nichterfüllung von Anforderungen" [Nor 18d], kann auftreten, wenn rechtliche oder normative Anforderungen nicht erfüllt werden. Um das Auftreten von Nichtkonformität möglichst schnell zu beseitigen, müssen Prozesse zum Umgang mit Nichtkonformitätsvorfällen definiert werden. Außerdem sind Ursachenanalysen durchzuführen, um zu erkennen, ob Gefahr erneuter Nichtkonformitäten besteht und gegebenenfalls Vorbeugungsmaßnahmen eingeleitet werden können. Das Umsetzen von Korrektur- und Verbesserungsmaßnahmen erhöht die Effizienz des EnMS und ist grundlegend für die fortlaufende Verbesserung von Managementsystemen [Lie 18]. Besonders bei internen und externen Audits, Rundgängen oder Verbesserungsvorschlägen durch das Personal können Nichtkonformitäten oder korrekturbedürftige Bereiche aufgedeckt werden. [Wed 19]

## ISO-Abschnitt 10.2 Fortlaufende Verbesserung

**Anforderungen nach DIN EN ISO 50001, Abschnitt 10.2**

Die Eignung, Angemessenheit und Wirksamkeit des EnMS müssen fortlaufend verbessert werden. Weiterhin muss die fortlaufende Verbesserung der energiebezogenen Leistung nachgewiesen werden. [Nor 18d]

**Hinweise zur Umsetzung:**

Der Nachweis der Verbesserung der ebL ist das zentrale Ziel der DIN EN ISO 50001:2018. Das kann z. B. durch einen verringerten Energieverbrauch innerhalb der Grenzen des EnMS oder durch das Erreichen von Energiezielen erfolgen. Beispiele für eine Optimierung der ebL sind [Nor 16d]:

- Verringerung des Gesamtenergieverbrauchs nach einem bestimmten Zeitintervall, während das Stückzahlniveau gleich bleibt
- Der Gesamtenergieverbrauch steigt durch Erhöhung der Produktion, jedoch sinkt der EnPI-Wert für die genutzte Energie pro Einheit

Die Energieeffizienz alternder Einrichtungen kann über die Zeit abnehmen.

## 8.4 Rechtsvorschriften zum Energiemanagement

Aufgrund der globalen Erderwärmung erfolgen im Bereich der Rechtsvorschriften zum Energiemanagement ständig Aktualisierungen und Anpassungen.

Zum Energiemanagement und zur Energieeinsparung sowie zum Einsatz erneuerbarer Energien gibt es eine Reihe von Gesetzen (Auswahl):

- **Energiesteuergesetz (EnergieStG)** vom 15. Juli 2006 (BGBl. I S. 1534; 2008 I S. 660, 1007), das zuletzt durch Artikel 1 des Gesetzes vom 24. Mai 2022 (BGBl. I S. 810) geändert worden ist, *https://www.gesetze-im-internet.de/energiestg/EnergieStG.pdf*, Stand: 09. 12. 2022
- **Energieverbrauchsrelevante-Produkte-Gesetz (EVPG)** vom 27. Februar 2008 (BGBl. I S. 258), das zuletzt durch Artikel 260 der Verordnung vom 19. Juni 2020 (BGBl. I S. 1328) geändert worden ist, *http://www.gesetze-im-internet.de/ebpg/EVPG.pdf*, Stand:14. 12. 2022
- **Erneuerbare-Energien-Gesetz (EEG)** vom 21. Juli 2014 (BGBl. I S. 1066), das zuletzt durch Artikel 8 des Gesetzes vom 8. Oktober 2022 (BGBl. I S. 1726) geändert worden ist, *https://www.gesetze-im-internet.de/eeg_2014/EEG_2023.pdf*, Stand: 10. 12. 2022

  Durch die Einführung des Erneuerbare-Energien-Gesetzes (EEG) wird die Einspeisung von Strom aus erneuerbaren Energiequellen in das Stromnetz gefördert, indem Erzeugern erneuerbarer Energien feste Einspeisevergütungen garantiert werden. Das Gesetz ist das zentrale Element für die Steuerung des Ausbaus der erneuerbaren Energien und die damit verbundene Renovierung der Energieversorgung in Deutschland. Im Hinblick auf den Klima- und Umweltschutz soll eine nachhaltige Energieversorgung gewährleistet werden, um den Verbrauch fossiler Brennstoffe zu reduzieren. [UWB 22] Darüber hinaus soll die Entwicklung neuer Technologien vorangetrieben sowie finanzielle Anreize durch verringerte Kosten für erneuerbare Energien geschaffen werden.
- **Gebäudeenergiegesetz (GEG)** vom 8. August 2020 (BGBl. I S. 1728), das durch Artikel 18a des Gesetzes vom 20. Juli 2022 (BGBl. I S. 1237) geändert worden ist, *https://www.gesetze-im-internet.de/geg*, Stand 17. 12. 2022
- **Gesetz über Energiedienstleistungen und andere Energieeffizienzmaßnahmen (EDL-G)** vom 4. November 2010 (BGBl. I S. 1483), das zuletzt durch Artikel 5 des Gesetzes vom 8. August 2020 (BGBl. I S. 1728) geändert worden ist, *https://www.gesetze-im-internet.de/edl-g/EDL-G.pdf*, Stand: 03. 12. 2022
- **Kraft-Wärme-Kopplungsgesetz (KWK-G)** vom 21. Dezember 2015 (BGBl. I S. 2498), das zuletzt durch Artikel 17 des Gesetzes vom 20. Juli 2022 (BGBl. I S. 1237) geändert worden ist,

- **Kurzfristenergieversorgungssicherungsmaßnahmenverordnung (EnSikuMaV)** vom 26. August 2022 (BGBl. I S. 1446), die durch Artikel 1 der Verordnung vom 29. September 2022 (BAnz AT 30. 09. 2022 V2) geändert worden ist, EnSikuMaV – Verordnung zur Sicherung der Energieversorgung über kurzfristig wirksame Maßnahmen (gesetze-im-internet.de), Stand: 17. 12. 2022
- **KWKG 2023** – Gesetz für die Erhaltung, die Modernisierung und den Ausbau der Kraft-Wärme-Kopplung (gesetze-im-internet.de), Stand: 17. 12. 2022
- **Spitzenausgleich-Effizienzsystemverordnung (SpaEfV)** vom 31. Juli 2013 (BGBl. I S. 2858), die zuletzt durch Artikel 205 der Verordnung vom 19. Juni 2020 (BGBl. I S. 1328) geändert worden ist, *https://www.gesetze-im-internet.de/spaefv/SpaEfV.pdf*, Stand: 17. 12. 2022
- **Stromsteuergesetz (StromStG)** vom 24. März 1999 (BGBl. I S. 378; 2000 I S. 147), das zuletzt durch Artikel 6 des Gesetzes vom 30. März 2021 (BGBl. I S. 607) geändert worden ist, *https://www.gesetze-im-internet.de/stromstg/StromStG.pdf*, Stand 17. 12. 2022

## 8.5 Normen für das Energiemanagement

Die Aufgabe der Normung ist es, Vertrauen zu schaffen, um den nationalen und internationalen Handel zu erleichtern. Normen sorgen in der Gesellschaft und Wirtschaft für Kompatibilität, Qualität, Kostenreduzierung, Innovation, Sicherheit und Umweltschutz.

Für Energiemanagementsysteme sind folgende relevante Normen zu nennen:

- **DIN EN ISO 50001:** Energiemanagementsysteme. Anforderungen mit Anleitung zur Anwendung [Nor 18d]
- **DIN EN ISO 50001/A1:2024-05 – Entwurf:** Energiemanagementsysteme – Anforderungen mit Anleitung zur Anwendung – Änderung 1: Ergänzungen zu klimabezogenen Maßnahmen
- **ISO 50001 AMD 1:2024-02:** Energiemanagementsysteme – Anforderungen mit Anleitung zur Anwendung – Änderung 1: Ergänzungen zu klimabezogenen Maßnahmen
- **DIN ISO 50003:2022-05:** Energiemanagementsysteme – Anforderungen an Stellen, die Energiemanagementsysteme auditieren und zertifizieren
- **ISO 50003:2021-05:** Energiemanagementsysteme – Anforderungen an Stellen, die Energiemanagementsysteme auditieren und zertifizieren
- **ISO 50004:2020-06:** Energiemanagementsysteme – Anleitung zur Einführung, Aufrechterhaltung und Verbesserung eines Energiemanagementsystems nach ISO 50001

- **DIN ISO 50004:2021-11:** Energiemanagementsysteme – Anleitung zur Einführung, Aufrechterhaltung und Verbesserung eines Energiemanagementsystems nach ISO 50001
- **ISO 50005:2021-09:** Energiemanagementsysteme – Leitfaden für eine phasenweise Umsetzung
- **DIN EN ISO 50005:2022-09:** Energiemanagementsysteme – Leitfaden für eine phasenweise Umsetzung
- **DIN ISO 50006:2017-04:** Energiemanagementsysteme – Messung der energiebezogenen Leistung unter Nutzung von energetischen Ausgangsbasen (EnB) und Energieleistungskennzahlen (EnPI) – Allgemeine Grundsätze und Leitlinien
- **ISO 50006:2023-05:** Energiemanagementsysteme – Bewertung der Energieleistung anhand von Energieleistungskennzahlen und energetischen Ausgangsbasen
- **DIN ISO 50006:2024-07 – Entwurf:** Energiemanagementsysteme – Bewertung der Energieleistung anhand von Energieleistungskennzahlen und energetischen Ausgangsbasen
- **ISO 50009:2021-03:** Energiemanagementsysteme – Anleitung für Organisationen, die ein gemeinsames Energiemanagementsystem einführen
- **ISO 50015:2014-12:** Energiemanagementsysteme – Messung und Verifizierung der energiebezogenen Leistung von Organisationen – Allgemeine Grundsätze und Leitlinien
- **DIN ISO 50015:2018-04:** Energiemanagementsysteme – Messung und Verifizierung der energiebezogenen Leistung von Organisationen – Allgemeine Grundsätze und Leitlinien
- **DIN EN 16231:2012-11:** Energieeffizienz-Benchmarking-Methodik
- **VDI 4662:2015-02:** Bildung, Implementierung und Nutzung von Energiekennwerten

## 8.6 Umsetzung der Normenanforderungen zum Energiemanagement im Unternehmen

In Kapitel 4 werden der Aufbau und die Einführung von Managementsystemen ausführlich beschrieben. Dabei werden im Abschnitt 4.1 Systematisierungsvorschläge für die Struktur (Bild 4.1), das Organigramm (Bild 4.2) und die Prozesslandkarte (Bild 4.3) und in den Abschnitten 4.3.1 bis 4.3.5 das QM-Handbuch, dokumentierte Informationen, Verfahrensanweisungen, Prozessbeschreibungen und Arbeitsanweisungen/Formulare behandelt.

Für die Integration des Energiemanagements in integrierte Managementsysteme (Abschnitt 4.4) werden in diesem Abschnitt nur die notwendigen zusätzlich dokumentierten Informationen zum Aufbau eines Energiemanagementsystems mitgeteilt.

In Abschnitt 4.3 ist die Vorgehensweise für dokumentierte Informationen detailliert am Beispiel des Qualitätsmanagements beschrieben. Eine große Anzahl von Anforderungen in Managementsystemen, wie u. a. die Einführung eines Verfahrens zur Lenkung von Dokumenten, werden häufig durch die bereits bestehenden dokumentierten Informationen in einem integrierten Managementsystem erfüllt. Messbar ist das beispielsweise bei der Anzahl der Auditfragen (Bild 8.2).

**Bild 8.2** Überschneidungen bei den Auditfragen zur DIN EN ISO 9001 und zur DIN EN ISO 50001 [Wed 19]

Im Folgenden werden deshalb nur die wesentlichen zusätzlichen Inhalte und Dokumentationen bezüglich eines Energiemanagementsystems nach DIN EN ISO 50001 [Nor 18d] dargestellt und erläutert.

### 8.6.1 Energieplanungsprozess

Die Dokumentation des der Energieplanung zugrunde liegenden Prozesses ist eine der wesentlichen Forderungen aus der DIN EN ISO 50001 [Nor 18d].

Die DIN EN ISO 50001 liefert den Rahmen bezüglich des Energieeinsatzes und der Energieverbräuche im Unternehmen durch:

- Messung und Analyse
- dokumentierte Informationen
- Auslegungs- und Beschaffungspraxis für Einrichtungen, Geräte und Maschinen
- Prozesse und Personal
- Systeme zur fortlaufenden Verbesserung

Allerdings schreibt die Norm DIN EN ISO 50001 keine spezifischen Leistungskriterien hinsichtlich der Energie vor und lässt den Unternehmen damit die Freiheit, alle relevanten Variablen, welche sich auf die energetische Leistung auswirken, einzubeziehen [Nor 18d]. Damit ist die DIN EN ISO 50001 auf die unterschiedlichsten Organisationsformen, -größen und -spezifika anwendbar. Als Organisation gilt jede „Gesellschaft, Körperschaft, Betrieb, Unternehmen, Behörde oder Institution oder Teil oder Kombination davon, eingetragen oder nicht, öffentlich oder privat, mit eigenen Funktionen und eigener Verwaltung, welche die Befugnisse zur Lenkung und Überwachung ihres Energieeinsatzes und Energieverbrauchs hat“ [Nor 18d].

Die DIN EN ISO 50001 fordert eine fortlaufende Verbesserung des Energiemanagementsystems und basiert in ihrer Grundstruktur auf dem Plan-Do-Check-Act-Zyklus (PDCA). Das für die Norm verwendete Modell ist in Bild 8.3 schematisch dargestellt. Input dieses Kreislaufs sind die energetische Ausgangsbasis, die daraus ermittelten Verbesserungspotenziale und deren dokumentierte Information. Das Ergebnis (Output) sind die Maßnahmen zur Energieeinsparung sowie die sich daraus ergebenden Einsparungen bei den Energiekosten.

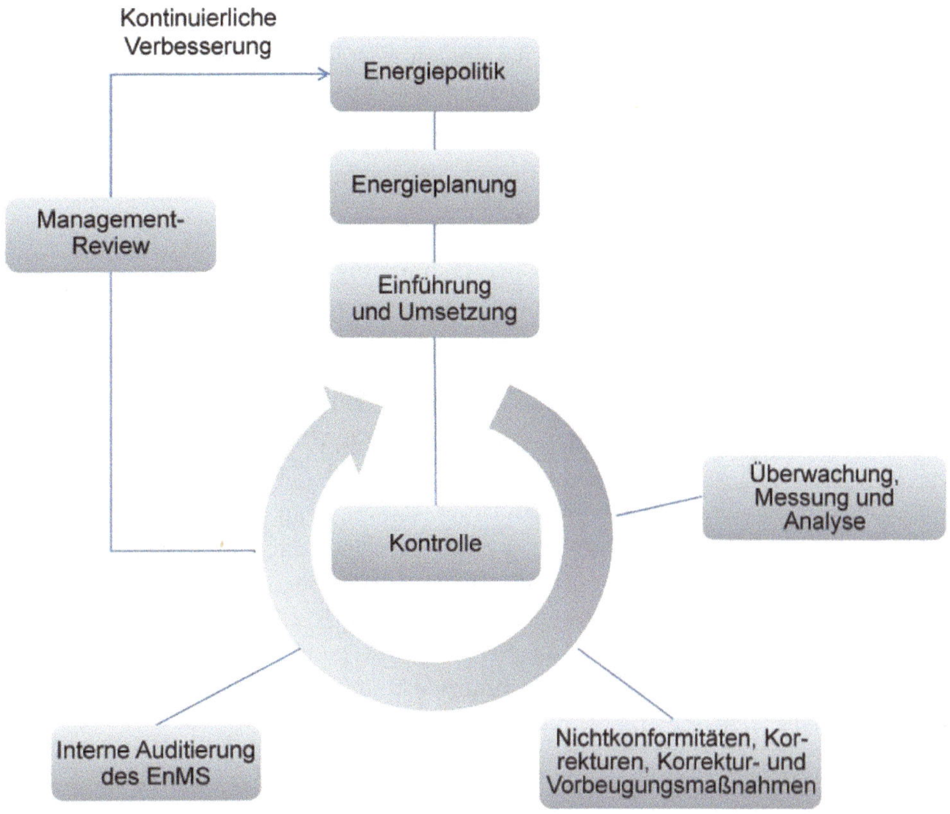


**Bild 8.3** Fortlaufender Verbesserungsprozess im Energiemanagement [Nor 11]

Bei der Umsetzung wird der Organisation die Flexibilität gelassen, den Grad, Umfang und zeitlichen Rahmen des kontinuierlichen Verbesserungsprozesses (KVP) des Energiemanagements selbst zu bestimmen. Damit werden weder zeitliche noch ökonomische Anforderungen an die Einführung, Umsetzung und Aufrechterhaltung des Energiemanagementsystems gestellt. Weiterhin bietet das Konzept der Anwendungsbereiche einen flexiblen Rahmen bei der Festlegung der in das Energiemanagementsystem einzubeziehenden Inhalte. [Nor 18d] So wird auch kleinen Unternehmen die Möglichkeit zur Implementierung der DIN EN ISO 50001 gegeben.

### 8.6.2 Verantwortliche Personen

Wie auch in anderen Managementsystemen ist es im Energiemanagement notwendig, dass die oL einen **Energiemanagementbeauftragten (EMB)** bestimmt. Dieser kann aus dem Unternehmen selbst stammen oder extern rekrutiert werden [TÜV 13].

Wesentliche Aufgaben des EMB sind [Nor 18d]:

- Sicherstellung einer mit der internationalen Norm übereinstimmenden Einführung, Verwirklichung, Aufrechterhaltung und fortlaufenden Verbesserung des Energiemanagements
- Verantwortung für alle zentralen Themen des Energiemanagements
- Berichterstattung gegenüber dem Management
- Verantwortung für die wirksame Übereinstimmung der strategischen und operativen Ziele des Energiemanagementprogramms und der Energiepolitik
- Verantwortung für die wirksame Umsetzung der Energieziele
- Förderung des Bewusstseins für die Energiepolitik und die strategischen Energieziele unter den Mitarbeitenden und über alle Ebenen der Organisation

Für die Umsetzung des Energiemanagements ist eine Zusammenarbeit aller Unternehmensbereiche notwendig. In großen Organisationen empfiehlt die Norm deshalb zur Unterstützung des EMB die Bildung eines Energiemanagementteams. Das Energiemanagementteam umfasst „eine oder mehrere Personen, die für die wirksame Einführung des Energiemanagementsystems sowie für die Erzielung von Verbesserungen der energiebezogenen Leistung verantwortlich sind“. [Nor 18d] Die Größe des Teams wird durch die Organisation bestimmt und sollte Personen aus allen energierelevanten Bereichen der Organisation enthalten.

## 8.6.3 Dokumentation

Für die Form der dokumentierten Informationen werden in der DIN EN ISO 50001 keine Anforderungen definiert. Die Informationen über die Kernelemente des Energiemanagementsystems und deren Zusammenspiel können in schriftlicher elektronischer oder sonstiger Form erstellt werden. In der Praxis haben sich gemäß den Erfahrungen im Umgang mit den Normen DIN EN ISO 9001 und DIN EN ISO 14001 bestimmte Dokumentationsformen bewährt (siehe Abschnitt 4.3). Sinnvoll ist eine innerbetriebliche Umsetzung in Gestalt eines Management-Handbuchs und entsprechender dokumentierter Informationen in Form von detaillierten Verfahrens- und Prozessbeschreibungen (siehe Kapitel 4).

Das Management-Handbuch enthält eine allgemeine Beschreibung der energierelevanten Aktivitäten und kann deshalb als „Aushängeschild“ für externe Anspruchsgruppen genutzt werden. Im Gegensatz dazu dienen die detaillierten Verfahrens- und Prozessbeschreibungen nur dem internen Gebrauch. Die mitgeltenden Unterlagen umfassen alle zusätzlichen Dokumentationen (Tabelle 8.2).

**Tabelle 8.2** Durch die DIN EN ISO 50001:2018 geforderte dokumentierte Informationen [Wed 19]

| Normabschnitt | Dokumentenbezeichnung | Systembildend | Nachweisdokument |
|---|---|---|---|
| 4.3 | Anwendungsbereich des Energiemanagementsystems | X | |
| 5.2 | Energiepolitik | X | |
| 6.2 | Ziele und Energieziele | | X |
| 6.2 | Aktionspläne | | X |
| 6.3 | Methoden und Verfahren zur energetischen Bewertung | X | |
| 6.3 | Ergebnisse der energetischen Bewertung | | X |
| 6.4 | Methode zur Bestimmung der Energieleistungskennzahlen (EnPIs) | X | |
| 6.4 | Werte für Energieleistungskennzahlen (EnPIs) | | X |
| 6.5 | Daten über die energetische Ausgangsbasis, Modifikationen der energetischen Ausgangsbasis und relevante Variablen | | X |

**Tabelle 8.2** Durch die DIN EN ISO 50001:2018 geforderte dokumentierte Informationen [Wed 19] *(Fortsetzung)*

| Normabschnitt | Dokumentenbezeichnung | Systembildend | Nachweisdokument |
|---|---|---|---|
| 6.6 | Plan zur Energiedatensammlung | X | |
| 6.6 | Daten über relevante Variablen, Energieverbräuche, betriebliche Kriterien und statische Faktoren der SEUs sowie Daten aus Aktionsplänen | | X |
| 6.6 | Daten zu den Überwachungen von Messungen und der Überwachung der Wiederholbarkeit von Messungen | | X |
| 7.2 | Nachweise von Kompetenzen | | X |
| 7.4 | Erwägungen, Mitarbeitervorschläge zu Verbesserungen der Leistung aufzubewahren | | X |
| 7.5 | Dokumentierte Information, die von der Organisation als notwendig deklariert wurde | X | |
| 7.5 | Notwendige dokumentierte Information externer Herkunft | X | |
| 8.1 | Informationen zur betrieblichen Planung und Steuerung | X | |
| 8.1 | Prozessbeschreibungen, sodass vertraut werden kann, dass Prozesse den Vorgaben entsprechend durchgeführt werden | | X |
| 8.2 | Informationen über Auslegungsaktivitäten | | X |
| 9.1 | Daten zu Untersuchungen der energiebezogenen Leistung und entsprechende Maßnahmenpläne im Fall von Abweichungen | | X |

| Normabschnitt | Dokumentenbezeichnung | Systembildend | Nachweisdokument |
|---|---|---|---|
| 9.1 | Mess- und Überwachungsergebnisse | | X |
| 9.1 | Ergebnisse zur Bewertung der Einhaltung rechtlicher Vorschriften | | X |
| 9.2 | Nachweise über interne Audits | | X |
| 9.3 | Nachweise über Managementbewertungen | | X |
| 10.1 | Daten über aufgetretene Nichtkonformitäten und Maßnahmen | | X |

### 8.6.4 Energiemanagement als Bestandteil eines integrierten Managementsystems

Integrierte Managementsysteme (IMS) verbinden die Vorteile der einzelnen Systeme und ermöglichen eine Nutzung von Synergieeffekten (Kapitel 4).

> ☑ Für die **Integration des Energiemanagements** in betrieblich integrierte Managementsysteme ist die internationale Norm DIN EN ISO 50001 die Grundlage [Nor 18d].

Bei der Integration des Energiemanagements in ein integriertes Managementsystem müssen die vorhandenen Verfahrensanweisungen, Prozessbeschreibungen und Abschnitte des MMH entsprechend der Normanforderungen der DIN EN ISO 50001 präzisiert bzw. ergänzt werden.

Die für das Energiemanagement zertifizierungsspezifischen Anforderungen der einzelnen Normabschnitte der DIN EN ISO 50001 müssen bei der Integration in Managementsysteme ergänzend eingefügt werden (Bild 8.4).

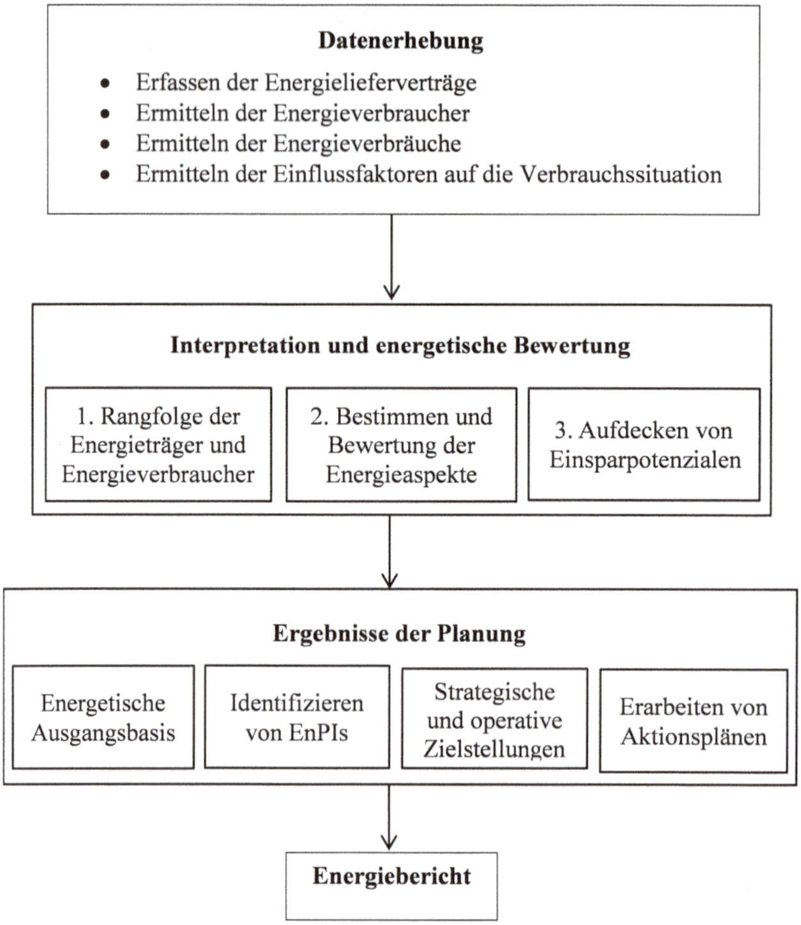


**Bild 8.4** Energieplanungsprozess und zertifizierungsspezifische Kriterien [Hei 15]

Zu den wesentlichen Inhalten beim Energiemanagement gehören die Datenerhebung und das Erfassen der Energieträger über die Energielieferverträge. In der anschließenden Energieeinsatzerfassung wird der Energieeinsatz eruiert und so ein Überblick über die Verbraucher erstellt (Bild 8.5).

| Lfd_Nr | Bezeichnung des Verbrauchers | Bereich/ Anlage | Energie-träger | Verantwortung | Watung und Instandhaltung | Messung (Individuell/ im Verbund/ keine) |
|---|---|---|---|---|---|---|

**Bild 8.5** Tabellenkopf zur Energieeinsatzerfassung

Die Ermittlung der Energieverbräuche erfolgt kontinuierlich oder punktuell und ist sowohl abhängig von den vorhandenen Messsystemen als auch von der Fähigkeit, die gesammelten Daten zu verarbeiten. Darüber hinaus müssen Faktoren ermittelt werden, die wesentlichen Einfluss auf die Verbrauchssituation haben. Beispiele für den Aufbau von Dokumentationsunterlagen zur Energieverbrauchsmessung, für strategische Energieziele, für eine Energieverbrauchsmessung, für einen Aktionsplan und für die Ergebniskontrolle sind in Bild 8.6 bis Bild 8.9 dargestellt.

| Monat | Gesamt-verbrauch [kWh] | Monatsrechnung [Euro] | Anteil Bereich1/Anlage 1 | | Anteil Bereich2/Anlage 2 | | Anteil Bereich3/Anlage 3 | |
|---|---|---|---|---|---|---|---|---|
| | | | [kWh] | [%] | [kWh] | [%] | [kWh] | [%] |

**Bild 8.6** Tabellenkopf zur Energieverbrauchsmessung

Aufbauend auf der **Energieverbrauchsmessung** erfolgen im zweiten Schritt der **Energieplanung** die Interpretation der Daten und die energetische Bewertung der Verbraucher. Die Energieverbraucher werden nach ihrer Relevanz in Bezug auf das Verbesserungspotenzial bewertet, anhand derer eine Rangfolge der Energieverbraucher gebildet wird. Dazu sind entsprechende Kriterien zur Relevanzbewertung zu definieren. Die so aufgedeckten **Energiesparpotenziale** bilden die Grundlage für den dritten Schritt der **Energieplanung**. Um die Energieaspekte quantifizierbar, reproduzierbar und vergleichbar zu machen und die gemessenen Größen in ein aussagekräftiges Verhältnis zu bringen, werden EnPIs definiert. Für die energetische Ausgangsbasis werden die EnPIs einer bestimmten Zeitperiode festgelegt. Diese dienen für zukünftige Perioden zum Vergleich und zur Bewertung der Veränderung der energiebezogenen Leistung. Passend zur **Energiepolitik** des Unternehmens und unter Beachtung der **Energieaspekte** sowie der damit zusammenhängenden EnPIs werden von der Unternehmensführung strategische und operative **Energieziele** formuliert (Bild 8.7).

| Aspekt/ Energieträger | Ziel | Programm | Begründung | Verantwort-licher | Termin | Überprüft am/durch: |
|---|---|---|---|---|---|---|

**Bild 8.7** Tabellenkopf für strategische Energieziele

Um die Energieaspekte quantifizierbar, reproduzierbar und vergleichbar zu machen und die gemessenen Größen in ein aussagekräftiges Verhältnis zu bringen, werden EnPIs (Abschnitt 8.6.6) definiert. Für die energetische Ausgangsbasis werden die EnPIs einer bestimmten Zeitperiode festgelegt. Diese dienen für zukünftige Perioden zum Vergleich und zur Bewertung der Veränderung der energiebezogenen Leistung. Die zur Umsetzung dieser Ziele erforderlichen Maßnahmen werden anschließend in sog. **Aktionsplänen** zusammengefasst (Bild 8.8).

| Lfd Nr. | Maßnahmen | Beschreibung | Investitions-summe [Euro] | Energieform | Einsparung [Euro] | Amortisation |
|---|---|---|---|---|---|---|

**Bild 8.8** Tabellenkopf für einen Aktionsplan

Zur Lenkung aller Maßnahmen zum Energiemanagement ist eine Ergebniskontrolle erforderlich (Bild 8.9).

| Projektschritt/ Ziel | Maßnahme | Termin | Verantwortlich-keit | Erledigt | Überprüft mit folgender Methode |
|---|---|---|---|---|---|

**Bild 8.9** Tabellenkopf zur Ergebniskontrolle

Die Ergebnisse der energetischen Planung werden abschließend für die Geschäftsführung und die Mitarbeitenden in einem **Energiebericht** einmal jährlich zusammengefasst. Der Energiebericht enthält folgende Angaben:

- Anwendungsbereich des Energiemanagementsystems
- Energiekosten
- Energieverbrauch in den einzelnen Unternehmensbereichen
- Energieflussdiagramm
- Energieleistungskennzahlen (EnPIs)
- Energieziele
- Zielerreichung
- Optimierungsmaßnahmen

Der jährliche Energiebericht ist Ausgangspunkt für die **Energiepolitik** des Unternehmens. Unter Beachtung der **Energieaspekte** sowie der damit zusammenhängenden EnPIs werden von der Unternehmensführung strategische und jährliche **Energieziele** formuliert.

## 8.6.5 Methode zur energetischen Bewertung

Die **energetische Bewertung** ist einer der wesentlichen Faktoren zur Verbesserung der energiebezogenen Leistung des Unternehmens. Zu diesem Zweck fordert die Norm die Einführung und Dokumentation einer entsprechenden Methodik. Neben dem Anteil am Energieverbrauch werden für die Bewertung der Energieaspekte vier Kriterien eingeführt. Durch die Einstufung des Alters des Verbrauchers, des Stands der Technik, der Anschlussleistung und der Auslastung wird die Relevanz des Verbrauchers bezüglich potenzieller Einsparmaßnahmen bewertet. Die **Bewertungsmethodik** ist in Tabelle 8.3 enthalten [Hei 15]. Die prozentualen Werte in Tabelle 8.3 geben an, welchen Einfluss die jeweiligen Ausprägungen eines Kriteriums auf das Verbesserungspotenzial des bewerteten Energieverbrauchers haben. Je nach Einordnung des jeweiligen Verbrauchers ergeben die vier Kriterien eine Summe aus den prozentualen Werten. Aus dieser Summe kann auf die Relevanz des Energieaspekts (EA) für die Beeinflussung der energiebezogenen Leistung geschlossen werden. Je nach Relevanz werden die Energieaspekte in die drei Kategorien A, B und C eingeordnet:

- bedeutender EA > 75 % (A)
- mittlerer EA > 50 % (B)
- nicht relevanter EA < 50 % (C)

**Tabelle 8.3** Methode zur energetischen Bewertung – eB und zur Identifizierung von Significant Energy Use – SEUs [Hei 15]

| Alter des Verbrauchers | | Stand der Technik (Verbesserungs-potenzial) | | Anschlussleistung | | Auslastung | |
|---|---|---|---|---|---|---|---|
| A: 0 – 2 Jahre | 5 % | A: gering | 5 % | A: gering bis 10 kVA | 5 % | A: gering (< 50 %) | 10 % |
| B: 2 – 5 Jahre | 10 % | B: mittel | 10 % | B: mittel 10 – 20 kVA | 10 % | B: mittel (50 – 75 %) | 20 % |
| C: 5 – 10 Jahre | 15 % | C: hoch | 15 % | C: hoch 20 – 30 kVA | 15 % | C: hoch (75 – 100 %) | 30 % |
| D: 10 – 15 Jahre | 20 % | | | D: sehr hoch > 30 kVA | 20 % | | |
| E: älter als 15 Jahre | 25 % | | | E: höchste ≫ 50 kVA | 30 % | | |

Für Energieaspekte, die in die Gruppen A oder B fallen (wesentliche Energieaspekte), werden Maßnahmen und Ziele für die Verbesserung der energiebezogenen Leistung ausgearbeitet und festgelegt. Aspekte der Gruppe C werden aufgrund ihrer geringen Relevanz für das Verbesserungspotenzial nicht weiter betrachtet. **Energiemanagementsysteme müssen zertifiziert** werden oder können auch zur Selbstverpflichtung der Organisation erklärt werden.

Die Internationale Norm DIN ISO 50003:2022 Energiemanagementsysteme – Anforderungen an Stellen, die Energiemanagementsysteme auditieren und zertifizieren, befasst sich mit Audits von Energiemanagementsystemen [Nor 22e]. Die Norm DIN ISO 50003:2022-05 enthält die zusätzlichen Anforderungen, die für die Planung des Auditprozesses, des Erstzertifizierungsaudits, die Durchführung des Vor-Ort-Audits, die Kompetenz des Auditors, die Dauer von **Energiemanagementsystem-Audits** und die Stichprobenprüfungen an mehreren Standorten erforderlich sind [Nor 22e]. In Kapitel 4 der Norm DIN ISO 50003:2022-05 [Nor 22e] werden die Eigenschaften der

Auditierung von Energiemanagementsystemen, in Kapitel 5 der Norm die Anforderungen an den Prozess der Auditierung von Energiemanagementsystemen und in Kapitel 6 der Norm die Kompetenzanforderungen an das am Zertifizierungsprozess des Energiemanagementsystems beteiligten Personals beschrieben.

### 8.6.6 Auswahl der Energieleistungskennzahlen und der energetischen Ausgangsbasis

Energieleistungskennzahlen (EnPIs) müssen auf der Grundlage normierter Kenngrößen festgelegt werden (Tabelle 8.4). Dadurch ergibt sich ein guter Gesamtüberblick über den Energieverbrauch bezogen auf die Wertschöpfung der Organisation/des Standorts.

**Tabelle 8.4** Beispiele für Energieleistungskennzahlen (EnPIs) mit organisationsrelevanten Bezugsgrößen

| Kennzahl | Beschreibung | Einheit |
|---|---|---|
| Gasverbrauch alle Mitarbeitende | Gas [kWh]/Anwesenheitsstunden [h] | kWh/h |
| Gasverbrauch pro Umsatz | Gas [kWh]/Umsatz [€] | kWh/€ |
| Stromverbrauch produktive Mitarbeitende | Strom [kWh]/Arbeitsstunde [h] | kWh/h |
| Stromverbrauch je Umsatz | Strom [kWh]/Umsatz [€] | kWh/€ |

Verbesserungspotenziale auf der Basis von EnPIs können bspw. durch eine Strukturierung für kleinere Bereiche, also system- oder einrichtungsbezogen, erschlossen werden. Dazu können EnPIs für einzelne Maschinen oder Fertigungslinien nützlich sein. Dadurch können Erkenntnisse über den Energieverbrauch in kleineren Struktureinheiten gewonnen werden. Wichtig ist, dass die EnPI-Grenzen sinnvoll definiert werden, um den zu bewertenden Bereich klar abzugrenzen. Bei der Festlegung von EnPIs müssen folgende Aspekte beachtet werden [Nor 17g]: verantwortliche Personen, Einfachheit der Eingrenzung der EnPI-Grenzen durch Messung von Energie und relevanten Variablen, EnMS-Grenze und SEUs (Significant Energy Use).

Für die Energieplanung und Analyse ist eine Methode zur energetischen Bewertung und Identifizierung von SEUs zu entwickeln. Damit kann der Energieverbrauch am Gesamtenergieverbrauch des Energieträgers überwacht werden (Tabelle 8.5).

**Tabelle 8.5** Energetische Bewertung von Energieverbrauchern und Identifizierung wesentlicher Energieverbraucher (Significant Energy Use – SEUs) [Wed 19]

| Energieverbrauch am Gesamtenergieverbrauch des Energieträgers | + | Einflussmöglichkeit | + | Veränderung des Verbrauchs gegenüber dem Vorjahreswert | Summe |
|---|---|---|---|---|---|
| 40 %<br>Verbrauch > 5 % | | 40 %<br>Groß | | 20 %<br>> 2 % | 50 % |
| 30 %<br>Verbrauch > 2 % | | 20 %<br>Mittel | | 10 %<br>+/– 2 % | |
| 20 %<br>Verbrauch > 1 % | | 5 %<br>Niedrig | | 5 %<br>< 2 % | |
| 10 %<br>Verbrauch < 1 % | | | | | |

Der Analyse und Bewertung der Energieaspekte liegen die drei Faktoren Energieverbrauch, Möglichkeit der Einflussnahme durch Optimierungen und Veränderung des Energieverbrauchs gegenüber dem Vorjahreswert zugrunde.

Hilfreich für das Verständnis der Energieflüsse über die EnPI-Grenzen sind visualisierte Energieflussdiagramme. Mit der Visualisierung der Energieflüsse entsteht Transparenz innerhalb der Organisation insbesondere für Energieeinsparpotenziale. Alle Energieflüsse an den definierten EnPI-Grenzen müssen mithilfe von Energiemesspunkten mit „M“ gekennzeichnet und gemessen werden (Bild 8.10).

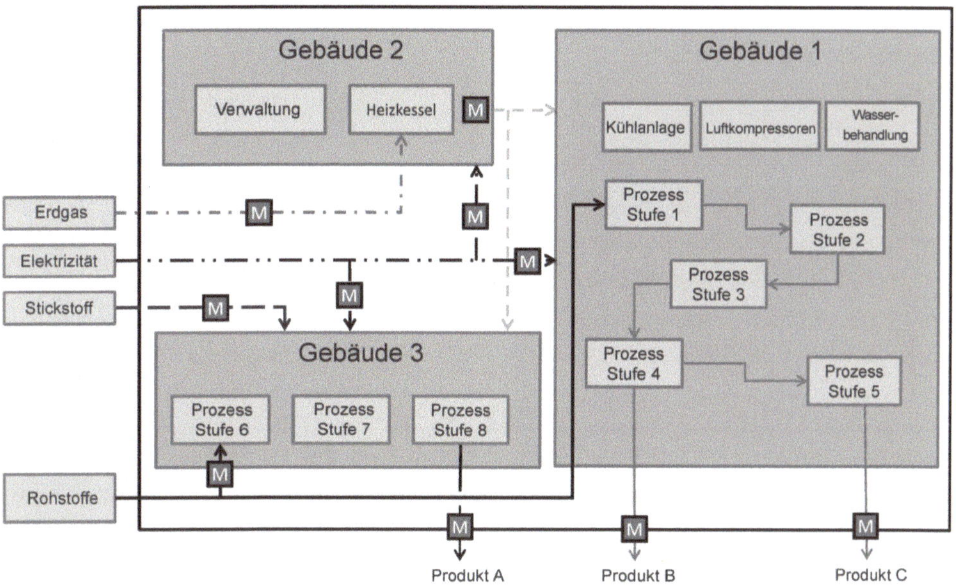


**Bild 8.10** Struktureinheiten und EnPI-Grenzen von Prozessen [Nor 17g] [Wed 19]

### 8.6.7 Risiko- und Chancenanalyse

Zur Identifikation von Chancen und Risiken bei internen und externen Themen und Anforderungen der interessierten Parteien können die EnPIs im EnMS sehr gut genutzt und in Klassen eingeteilt werden. Eine weitere beispielhafte Methode für die Einteilung und Bewertung von Risiken und Chancen kann durch Nutzung von Gewichtszahlen erfolgen. Dazu können bspw. für die Risikobewertung folgende Kriterien genutzt werden:

- Eintrittswahrscheinlichkeit
- mögliches Schadensausmaß
- strategische Bedeutung

Mit diesen drei Kriterien in Verbindung mit einer organisationsspezifischen Bewertungsskala können Chancen und Risiken quantifiziert werden. Jedes der genannten Kriterien kann bspw. in drei Stufen eingeteilt werden: 1 = geringe(s) Risiko/Chance; 2 = mittlere(s) Risiko/Chance; 3 = große(s) Risiko/Chance. Anschließend werden die Faktoren miteinander multipliziert und man erhält ähnlich der Risikoprioritätszahl in einer FMEA [Lin 24] eine Gesamtbewertung des Risikos oder der Chance.

Das Ergebnis der Gesamtbewertung kann wiederum bspw. in drei Klassen eingeteilt werden:

**Klassifizierung der Risiken:**

- Klasse 1 (1 bis 9): geringes Risiko
- Klasse 2 (10 bis 18): mittleres Risiko
- Klasse 3 (19 bis 27): hohes Risiko

**Klassifizierung der Chancen:**

- Klasse 1 (1 bis 9): geringe Chance
- Klasse 2 (10 bis 18): mittlere Chance
- Klasse 3 (19 bis 27): große Chance

Solche Bewertungsmethoden ermöglichen eine sehr transparente Identifikation von Chancen und Risiken in EnMS und mithilfe von EnPIs.

EnMS bieten einen systematischen Ansatz, um Schwachstellen im Energieverbrauch aufzudecken und diese durch geeignete Maßnahmen zu optimieren. Energiekosten und -verbräuche können direkt ihren Verbrauchern zugeordnet werden, wodurch Transparenz hinsichtlich der Energieflüsse entsteht. Innerhalb der ersten fünf Jahre nach der Einführung eines EnMS können bis zu 30 % der Energiekosten eingespart werden. Ein Drittel dieser Kosten kann dabei bereits durch investitionsarme Maßnahmen wie Bewusstseinserweiterung der Mitarbeitenden hinsichtlich Energieeffizienz oder optimierten Anlagenbetrieb eingespart werden. [Gei 15] Auf Basis von umfassenden Energiedaten können in Verbindung mit Erfahrungswerten Chancen und Risiken identifiziert werden (Tabelle 8.6).

**Tabelle 8.6** Ausgewählte Beispiele für Chancen und Risiken im Reproduktionsprozess einer Organisation [Wed 19]

| Prozess | Risiko | Risikoeinschätzung | | | Gegenmaßnahme(n) | Wirksam? | Chance | eingeschätzt durch |
|---|---|---|---|---|---|---|---|---|
| | | klein | mittel | groß | | | | |
| Arbeitsvorbereitung | fehlerhafte Planung (zeitlich) | | × | | Vieraugenprinzip | | Optimierung des Produktionsflusses | GL |
| | Materialdisposition (fehlerhaft) | | × | | Vieraugenprinzip | | | |
| | falsche Losgrößen | | × | | Überprüfung durch die Geschäftsleitung | | | |
| | fehlerhafte Stückliste | | × | | Vieraugenprinzip | | | |
| | fehlerhafte Arbeitspläne | | × | | Vieraugenprinzip | | | |
| Projektmanagement | fehlerhafte/ falsche Beurteilung des Projektgegenstands | | | × | genaue Analyse/ Recherche | | positiver Nutzen für das Unternehmen | GL |
| | Projektdauer zu lang | | | × | Zeitplan definieren und kontrollieren | | | |
| Konstruktion & Entwicklung | Fehlkonstruktion | | × | | Simulation im 3D-Planer, Vieraugenprinzip | | Innovatives modernes Produktsortiment | GL |
| | falsche Marktanalyse/Entwicklung am Markt vorbei | | | × | Marktrecherche/ Zusammenarbeit mit dem Kunden | | | |

**Tabelle 8.6** Ausgewählte Beispiele für Chancen und Risiken im Reproduktionsprozess einer Organisation [Wed 19] *(Fortsetzung)*

| Prozess | Risiko | Risikoeinschätzung | | | Gegenmaßnahme(n) | Wirksam? | Chance | eingeschätzt durch |
|---|---|---|---|---|---|---|---|---|
| | | **klein** | **mittel** | **groß** | | | | |
| Einkauf | fehlerhafte Bestellmengen | | × | | Kontrolle durch GL bei größerem Warenwert | | Senkung Produktionskosten | GL |
| | zu hoher Einkaufspreis | | × | | bessere Preisrecherche/Verträge mit Lieferanten | | zeitliche Optimierung des Produktionsflusses | |
| | falsches Teil/ Komponente | | × | | Vieraugenprinzip | | | |
| | Lieferantenausfall | | × | | nach Möglichkeit Ersatzlieferant | | | |
| Produktion | Maschinenausfall | | | × | vorbeugende Instandhaltung | | höherer Output | GL |
| | Mitarbeiterausfall | | × | | Mitarbeiterrotation | | besserer Cashflow | |
| | Stromausfall | × | | | keine Maßnahme möglich (Notstromaggregat nicht wirtschaftlich) | | hohe Kundenzufriedenheit | |

# 9 Anforderungen an Informationssicherheits-managementsysteme (ISMS)

## 9.1 Aufgaben und Ziele

Organisationen/Unternehmen sind global über das Internet vernetzt und sammeln, verarbeiten, speichern und übermitteln riesige Datenmengen. Dabei wird es zunehmend immer komplizierter, die Sicherheit dieser Daten zu realisieren. Deshalb werden weltweit Normen, Gesetze und Verordnungen zur Informationssicherheit erlassen und Maßnahmen zur Informationssicherheit eingeleitet [Nor 24] [Nor 22d] [Nor 17h]. Das Mittel für Organisationen/Unternehmen für die Sicherheit von Daten ist ein Information Security Management System (ISMS).

Ein **Information Security Management System – ISMS** ist ein „systematisches Modell für die Einführung, die Umsetzung, den Betrieb, die Überwachung, die Überprüfung, die Pflege und die Verbesserung der Informationssicherheit einer Organisation, um Geschäftsziele zu erreichen" [Nor 17h]. Ein Informationssicherheits-Managementsystem (ISMS) beinhaltet die Implementierung einer Methode zur systematischen Identifikation und Behandlung von Informationssicherheitsrisiken.

In Kapitel 4 werden der Aufbau und die Einführung von Managementsystemen ausführlich beschrieben. Dabei werden im Abschnitt 4.1 Systematisierungsvorschläge für die Struktur (Bild 4.1), das Organigramm (Bild 4.2) und die Prozesslandkarte (Bild 4.3) und in den Abschnitten 4.3.1 bis 4.3.4 das QM-Handbuch, dokumentierte Informationen, Verfahrensanweisungen, Prozessbeschreibungen und Arbeitsanweisungen/Formulare behandelt.

Für die Integration des Informationssicherheitsmanagements in integrierte Managementsysteme werden deshalb in diesem Kapitel nur die notwendigen zusätzlichen dokumentierten Informationen zum Aufbau eines ISMS mitgeteilt.

Ein ISMS sollte prozessorientiert aufgebaut sein und die Umsetzung muss in allen Bereichen und Ebenen der Organisation erfolgen. Die Unternehmensführung ist für ein wirksames ISMS verantwortlich. Die Ausarbeitung der Details und die Umsetzung können an andere Führungskräfte oder Mitarbeitende übertragen werden, z. B. an IT- und Datenschutzbeauftragte.

Ein **ISMS nach DIN EN ISO/IEC 27001** soll einen extern anerkannten Schutz für Informationen und Daten einer Organisation/eines Unternehmens sicherstellen und das Vertrauen in das zertifizierte Unternehmen erhöhen. Weiterhin soll ein ISMS die Verfügbarkeit von Informationen sichern und die Ermittlung von Schwachstellen ermöglichen.

Die DIN EN ISO/IEC 27001 ist Teil der ISO/IEC-2700x-Normenfamilie. Wichtige Bestandteile dieser Standardfamilie sind die Normen ISO 27001 „Zertifizierungsanforderungen“ und ISO 27003 „Entwicklung und Implementierung des ISMS“.

Mit einem ISMS sollen Datenmissbrauch und sogenannte Informationssicherheitsvorfälle minimiert werden. Ein Datenmissbrauch kann enorme Folgen und finanzielle Schäden für die betroffene Organisation/das Unternehmen haben.

Daraus ergeben sich folgende grundsätzlichen Fragen:

- Wie können Informationen geschützt werden?
- Welche Informationen sind zu schützen?
- Vor welchen Risiken sind diese Informationen zu schützen?

Mit der Normenfamilie DIN ISO/IEC 27000 ff. werden mit einem Vorgehensmodell für Informationssicherheits-Managementsysteme (ISMS) Antworten auf diese Fragen gegeben, um Informationen vor Risiken zu schützen [Nor 24] [Nor 17h]. Die DIN EN ISO/IEC 27001 [Nor 24] enthält Begriffe und ein strukturiertes Rahmenwerk mit Empfehlungen sowie branchen- und maßnahmenspezifischen Anleitungen zum Aufbau eines ISMS.

Informationswerte wie Vermögen, Finanzinformationen, geistige Eigentumsrechte, Details zu Beschäftigten, Know-how von Unternehmen und der von Kunden oder Dritten anvertrauten Informationen müssen vor Risiken geschützt werden [Nor 24].

Zu den besonderen Risiken zählen bspw. Schwachstellen, Hackerangriffe, Fehler, Naturereignisse (z. B. Überschwemmungen oder Feuer) und Sicherheitsbedrohungen auf Informationssysteme und Netzwerke wie z. B. Denial-of-Service-Angriffe (Nichtfunktion der Informationsinfrastruktur) [Nor 24].

## 9.2 Begriffe zum Informationssicherheitsmanagement

In diesem Abschnitt werden ausgewählte Begriffe der Informationssicherheit definiert, die zum einheitlichen Verständnis in integrierten Managementsystemen erforderlich sind:

- **Authentizität** ist die „Eigenschaft, dass eine Entität das ist, was sie angibt zu sein“ [Nor 17h].
- **Dokument** ist als (irgendeine) Information zusammen mit dem Medium zu verstehen, auf dem sie gespeichert ist [Bre 22].
- **Ereignis** ist das „Auftreten oder die Veränderung einer bestimmten Menge von Umständen“ [Nor 17h].
- **Informationen** sind Werte, die von entscheidender Wichtigkeit für den Geschäftsbetrieb einer Organisation sind. Informationen können in Form von verschiedenen Medien vorliegen: geschrieben, gedruckt, als Film usw., und auf unterschiedlichen Wegen übermittelt werden, z. B. per Post, per Funk, elektronisch usw. [Bre 22]
- **Informationssicherheit** ist die „Aufrechterhaltung der Vertraulichkeit, Integrität und Verfügbarkeit von Informationen“ [Nor 17h].
- **Informationssicherheitsereignis** bezeichnet ein „erkanntes Auftreten eines Zustands eines Systems, Dienstes oder Netzwerks, der eine mögliche Verletzung der Informationssicherheitspolitik oder die Unwirksamkeit von Maßnahmen oder eine vorher nicht bekannte Situation, die sicherheitsrelevant sein kann, anzeigt“ [Nor 17h].
- **Informationssicherheitsvorfall** bezeichnet ein „einzelnes ungewolltes oder unerwartetes Informationssicherheitsereignis oder eine Reihe solcher Ereignisse, die eine erhebliche Wahrscheinlichkeit besitzen, Geschäftstätigkeiten zu gefährden und Informationssicherheit zu bedrohen“ [Nor 17h].
- **Integrität** beschreibt die „Eigenschaft der Richtigkeit und Vollständigkeit“ [Nor 17h].
- **Konformität** ist die „Erfüllung einer Anforderung“ [Nor 17h].
- **Managementsystem** bezeichnet einen „Satz zusammenhängender und sich gegenseitig beeinflussender Elemente einer Organisation, um Politiken, Ziele und Prozesse zum Erreichen dieser Ziele festzulegen“ [Nor 17h].
- **Nichtabstreitbarkeit** ist die „Fähigkeit, das Eintreten eines behaupteten Ereignisses oder einer behaupteten Handlung samt ihren ursächlichen Entitäten nachzuweisen“ [Nor 17h].
- **Oberste Leitung** bezeichnet eine „Person oder Personengruppe, die eine Organisation auf der obersten Ebene führt und steuert“ [Nor 17h].

- **Verfügbarkeit** bezeichnet die „Eigenschaft zugänglich und nutzbar zu sein, wenn eine befugte Entität Bedarf hat“ [Nor 17h].
- **Verlässlichkeit** ist die „Eigenschaft der Übereinstimmung zwischen beabsichtigtem Verhalten und den Ergebnissen“ [Nor 17h].
- **Vertraulichkeit** beschreibt die „Eigenschaft, dass Information unbefugten Personen, Entitäten oder Prozessen nicht verfügbar gemacht oder offengelegt wird“ [Nor 17h].
- **Zurechenbarkeit** „realisiert die Verantwortlichkeit einer Entität für ihre Aktionen und Entscheidungen“ [Bre 22].

## 9.3 Anforderungen an Informationssicherheits-Managementsysteme für Informationssicherheit, Cybersicherheit und Datenschutz nach DIN EN ISO/IEC 27001

### ISO-Kapitel 4 Kontext der Organisation

#### ISO-Abschnitt 4.1 Verstehen der Organisation und ihres Kontextes

**Anforderungen nach DIN ISO 27001, Abschnitt 4.1**

Externe und interne Themen, welche für den Zweck relevant sind und sich auf die Fähigkeit auswirken, die beabsichtigten Ergebnisse des ISMS zu erreichen, müssen bestimmt werden. [Nor 24]

ANMERKUNGEN Die Bestimmung dieser externen und internen Themen bezieht sich auf die Festlegung des externen und internen Kontexts des Unternehmens, wie in der Norm ISO 31000:2018, 5.4.1, beschrieben. [Nor 24]

**Hinweise für die Umsetzung:**

Externe Themen werden bspw. durch gesetzliche, politische, kulturelle, technische, wettbewerbliche, marktbezogene, soziale, ökonomische, regionale und internationale sowie wirtschaftliche Aspekte beeinflusst. Interne Themen ergeben sich aus der Unternehmenskultur, bestehenden Prozessen sowie dem Wissen und der Leistung des Unternehmens. Die Ausrichtung des ISMS muss nach den Organisationszielen realisiert werden.

Die ISO 31000 ist die Norm zum Risikomanagement, welche die zu berücksichtigenden Themen näher ausführt, ohne einen Anspruch auf Vollständigkeit zu erheben. Hierbei muss bei der Integrität z. B. auf vorhandene Organisations- und Führungsstrukturen sowie auf die reale Umsetzbarkeit der Prozesse und Richtlinien geachtet werden. [Bre 22]

## ISO-Abschnitt 4.2 Verstehen der Erfordernisse und Erwartungen interessierter Parteien

**Anforderungen nach DIN ISO 27001, Abschnitt 4.2**

Es muss Folgendes bestimmt werden:

- Interessierte, für das IMSMS relevante Parteien
- relevante Anforderungen der interessierten Parteien
- Welche dieser Anforderungen müssen durch das ISMS behandelt werden? [Nor 24]

ANMERKUNG Die Anforderungen der interessierten Parteien können gesetzliche und regulatorische Vorgaben sowie vertragliche Verpflichtungen beinhalten. [Nor 24]

**Hinweise für die Umsetzung:**

Nachfolgend sind einige Beispiele zu interessierten Parteien und deren Anforderungen und Erwartungen aufgelistet:

*Mitarbeitende:*

- *Erwartungen:* Informationssicherheit; Einhaltung des Datenschutzes; bereitgestellte Ausrüstung; definierte Aufgaben; Weiterbildung
- *Erfordernisse:* ISMS (z. B. Risikomanagement, Maßnahmenregelung); Controlling; Stellenbeschreibung; Schulungsplan; Informationsveranstaltungen; Fortbildungsprogramme; Führungskultur; Sensibilisierung für Thema, Festlegen von Zuständigkeiten

*Lieferant:*

- *Erwartungen:* klare Anforderungen; störungsfreier Ablauf; Einhaltung der Informationssicherheitsauflagen; Rahmenverträge
- *Erfordernisse:* Vertragsinhalte; dokumentierte Informationen der Abläufe über die Organisationsgrenzen hinaus

*Gesetzgeber:*

- *Erwartungen:* Ermittlung und Einhaltung der rechtlichen Vorschriften, wie z. B. IT-Sicherheitsgesetz; Datenschutzgesetz und länderspezifische Vorgaben für multinationale Organisationen
- *Erfordernisse:* dokumentierte Informationen und Zertifizierung

## ISO-Abschnitt 4.3 Festlegen des Anwendungsbereichs des Informationssicherheits-Managementsystems

**Anforderungen nach DIN ISO 27001, Abschnitt 4.3**

Es müssen zur Festlegung des Anwendungsbereichs die Grenzen und die Anwendbarkeit des ISMS bestimmt werden.

Es muss bei der Festlegung des Anwendungsbereichs Folgendes berücksichtigt werden:

- die unter 4.1 genannten externen und internen Themen
- die unter 4.2 genannten Anforderungen
- Schnittstellen und Abhängigkeiten zwischen selbst und von anderen durchgeführten Tätigkeiten
- Der Anwendungsbereich muss dokumentiert werden. [Nor 24]

**Hinweise für die Umsetzung:**

Die Grenzen des Anwendungsbereichs sind festzulegen, aus denen sich im weiteren Verlauf die Verantwortlichkeiten, Maßnahmenziele und auch Maßnahmen ergeben. Dieser kann sowohl die gesamte Organisation als auch bspw. nur einzelne Abteilungen der Organisation beinhalten. Zu beachten ist, dass der Anwendungsbereich in sich geschlossen sein muss und diese Einschränkung nicht die Wirksamkeit des ISMS gefährdet. Änderungen des Anwendungsbereichs (bspw. Erweiterung, Ausdehnung, Verkleinerung, Refokussierung) sind im Laufe der Zeit möglich. [Bre 22]

Ausschlüsse aus dem ISMS sind zu begründen und müssen als dokumentierte Information verfügbar sein und aufrechterhalten werden.

## ISO-Abschnitt 4.4 Informationssicherheits-Managementsystem

**Anforderungen nach DIN ISO 27001, Abschnitt 4.4**

Es muss entsprechend den Anforderungen dieser Norm ein ISMS aufgebaut, verwirklicht, aufrechterhalten und fortlaufend verbessert werden. Dabei müssen auch die benötigten Prozesse und ihre Wechselwirkungen beachtet werden. [Nor 24]

**Hinweise für die Umsetzung:**

Die Organisation ist verpflichtet, ein ISMS aufzubauen, zu verwirklichen und aufrechtzuerhalten.

Auf Grundlage der bestimmten relevanten internen und externen Themen sowie der relevanten Parteien muss das ISMS eine fortlaufende Verbesserung erfahren. [Gre 22]

Die DIN EN ISO/IEC 27001 sieht keine Rollenvergabe bei der Übertragung von Verantwortlichkeiten vor. Es ist ratsam, zum Aufbau, zur Verwirklichung, Aufrechterhaltung und fortlaufenden Verbesserung einen Informationssicherheitsbeauftragten (ISB) zu benennen.

# ISO-Kapitel 5 Führung

## ISO-Abschnitt 5.1 Führung und Verpflichtung

**Anforderungen nach DIN ISO 27001, Abschnitt 5.1**

In Bezug auf das ISMS muss die oberste Leitung Führung und Verpflichtung zeigen, indem sichergestellt wird:

- dass die Informationssicherheitspolitik und die Informationssicherheitsziele definiert und mit der strategischen Ausrichtung vereinbar sind
- dass die Anforderungen des ISMS in die Prozesse der Organisation integriert werden
- dass die für das ISMS erforderlichen Ressourcen zur Verfügung stehen
- dass die Relevanz eines wirksamen Informationssicherheitsmanagements sowie die Bedeutung der Erfüllung der Anforderungen des ISMS vermittelt werden
- dass das ISMS die geplanten Ergebnisse erzielt
- dass Personen angeleitet und unterstützt werden, damit diese zur Wirksamkeit des ISMS beitragen können
- dass fortlaufende Verbesserungen gefördert werden und
- andere relevante Rollen unterstützt werden, um deren Führung in ihren jeweiligen Verantwortungsbereichen deutlich zu machen. [Nor 24]

**Hinweise für die Umsetzung:**

Die oberste Leitung ist verpflichtet, die erfolgreiche Umsetzung dieser Aktivitäten sicherzustellen. Die Verantwortung für den Aufbau und Betrieb eines ISMS darf somit nicht an einzelne Fachabteilungen oder eine Person delegiert werden. Neben dieser Verantwortung erhält die Organisationsleitung auch die tragende Rolle der Kommunikation und der fortlaufenden Verbesserung. [Bre 22]

Der Nachweis zur Führung und Verpflichtung kann bspw. durch Dokumentation (unterschriebene Verpflichtungserklärung), Zertifizierung, Aushänge und Informationsmaterial für Mitarbeitende, Führungsrichtlinien, Budgetplanung, Arbeiten mit betriebs-/abteilungsbezogenen Zielen, Vorlage von Protokollen und Plänen erfolgen.

## ISO-Abschnitt 5.2 Politik

**Anforderungen nach DIN ISO 27001, Abschnitt 5.2**

Es muss von der obersten Leitung eine Informationssicherheitspolitik festgelegt werden, welche:

- angemessen für den Zweck der Organisation ist
- Informationssicherheitsziele beinhaltet oder den Rahmen zum Festlegen von Informationssicherheitszielen bietet
- eine Verpflichtung zur Erfüllung zutreffender Anforderungen mit Bezug zur Informationssicherheit enthält
- eine Verpflichtung zur fortlaufenden Verbesserung des ISMS enthält

Die Informationssicherheitspolitik muss:

- dokumentiert werden
- in der Organisation bekanntgemacht werden
- für interessierte Parteien verfügbar sein [Nor 24]

**Hinweise für die Umsetzung:**

Das Grundgerüst für die Informationssicherheitspolitik ergibt sich aus der Vision der Organisation und den vorgegebenen Inputs ihrer interessierten Parteien. Die Informationssicherheitspolitik ist in regelmäßigen Abständen oder bei Änderungen hinsichtlich ihrer Angemessenheit zu überprüfen. Diese sollten die tatsächlichen Unternehmensziele der Organisation reflektieren und einen Rahmen für die Entwicklung der Organisation schaffen.

Die Informationssicherheitspolitik muss als dokumentierte Information verfügbar sein. Diese ist für alle im Anwendungsbereich des ISMS tätigen Personen verbindlich. Die Organisationsleitung trägt die Verantwortung, dass deren Inhalt leicht verständlich formuliert und an alle direkt oder indirekt Betroffenen aktiv kommuniziert wird. [Bre 22]

### ISO-Abschnitt 5.3 Rollen, Verantwortlichkeiten und Befugnisse in der Organisation

**Anforderungen nach DIN ISO 27001, Abschnitt 5.3**

Es müssen Verantwortlichkeiten und Befugnisse für Rollen mit Bezug zur Informationssicherheit zugewiesen werden und diese innerhalb der Organisation bekanntgemacht werden.

Es müssen durch die oberste Leitung Verantwortlichkeit und Befugnis zugewiesen werden für:

- das Sicherstellen, dass das ISMS die Anforderungen dieser Norm erfüllt
- das Berichten an die oberste Leitung über die Leistung des ISMS [Nor 24]

**Hinweise für die Umsetzung:**

Zuweisungen von Verantwortlichkeiten und Befugnissen sind mithilfe von Arbeitsverträgen, Funktionsplänen, Zuständigkeitsmatrizen oder Tätigkeitsbeschreibungen möglich.

Bekanntmachungen werden mithilfe von Organigrammen und Zuständigkeitsbeschreibungen innerhalb der Organisation realisiert.

# ISO-Kapitel 6 Planung

## ISO-Abschnitt 6.1 Maßnahmen zum Umgang mit Risiken und Chancen

### Allgemeines

**Anforderungen nach DIN ISO 27001, Abschnitt 6.1.1**

Bei der Planung für das ISMS müssen die definierten internen und externen Themen und die Anforderungen der interessierten Parteien berücksichtigt werden. Die Risiken und Chancen, welche behandelt werden müssen, müssen bestimmt werden, damit:

- sichergestellt wird, dass das ISMS seine beabsichtigten Ergebnisse erzielen kann
- unerwünschte Auswirkungen verhindert oder verringert werden
- fortlaufende Verbesserung erreicht wird

Dabei muss Folgendes geplant werden:

- Maßnahmen zum Umgang mit diesen Risiken und Chancen
- wie die Maßnahmen in die ISMS-Prozesse integriert und dort umgesetzt werden
- wie die Wirksamkeit dieser Maßnahmen bewertet wird. [Nor 24]

**Hinweise für die Umsetzung:**

Risiken, die grundsätzlich im Unternehmen auftreten können, wie bspw. Informationssicherheitsvorfälle, Unfälle, IT-Systemausfälle, Stromausfälle, Datenverlust, Schadsoftware, technische Schwachstellen, Verlust, Beschädigung, Diebstahl, unbefugte Benutzung, unbefugter Zutritt/Zugang zu Systemen und Daten sowie Offenlegung-Veränderung-Entfernung und Zerstörung von Informationen/Datenträgern sollten in der Organisation analysiert werden. Bei der Prozessdefinition muss die Organisation sowohl die Chancen als auch die Risiken beachten. Die in Normabschnitt 4.1 und 4.2 bestimmten relevanten Themen und Parteien müssen ebenfalls berücksichtigt werden.

Ein Beispiel für Chancen könnte ein „professioneller und systematischer Umgang mit allen Aspekten der Informationssicherheit durch Anwendung der Prozesse und Methoden, die das ISMS bereitstellt" sein [Bre 22].

Maßnahmen im Umgang mit Risiken und Chancen sind im Anhang A.1 der DIN EN ISO/IEC 27001 in Form von Referenzmaßnahmen und -zielen enthalten.

## Informationssicherheitsrisikobeurteilung

**Anforderungen nach DIN ISO 27001, Abschnitt 6.1.2**

Es muss ein Prozess zur Informationssicherheitsrisikobeurteilung festgelegt und angewendet werden, der Folgendes enthält:

- Informationssicherheitsrisikokriterien (Festlegung und Aufrechterhalten)
- Kriterien zur Risikoakzeptanz
- Kriterien für die Durchführung von Informationssicherheitsrisikobeurteilungen
- Sicherstellung, dass eine wiederholte Informationssicherheitsrisikobeurteilung zu konsistenten, gültigen und vergleichbaren Ergebnissen führt
- Identifizierte Informationssicherheitsrisiken
- Ermittelte Risiken im Zusammenhang mit dem Verlust der Vertraulichkeit, Integrität und Verfügbarkeit von Informationen innerhalb des Anwendungsbereichs des ISMS
- Identifizierung der Risikoeigentümer
- Analyse der Informationssicherheitsrisiken
- Abschätzung der möglichen Folgen bei Eintritt der identifizierten Risiken
- Abschätzung der realistischen Eintrittswahrscheinlichkeiten der identifizierten Risiken
- Bestimmung des Risikoniveaus
- Bewertung der Informationssicherheitsrisiken
- Vergleich der Ergebnisse der Risikoanalyse mit den festgelegten Risikokriterien
- Priorisierung der analysierten Risiken für die Risikobehandlung

Der Informationssicherheitsrisikobeurteilungsprozess muss dokumentiert werden. [Nor 24]

**Hinweise für die Umsetzung:**

Die normativen Anforderungen (Abschnitte 4.1 und 4.2 der Norm) beinhalten den Kontext der Risikobeurteilung. Zu ihnen gehören die Kriterien zur Risikoakzeptanz. Diese legen fest, unter welchen Bedingungen ein identifiziertes Risiko grundsätzlich akzeptiert werden darf. Das Risikoniveau (bspw. unbedeutendes Risiko, minderes Risiko, signifikantes Risiko, erhebliches Risiko, kritisches Risiko) wird aus den Kriterien zur Risikobeurteilung definiert. Deren Faktoren werden wiederum in der Risikoanalyse zugrunde gelegt. Die normativen Anforderungen enthalten typische Aktivitäten in der Phase der Risikobeurteilung (Risiko identifizieren, Risiko analysieren und Risiko bewerten). [Bre 22]

### Informationssicherheitsrisikobehandlung

**Anforderungen nach DIN ISO 27001, Abschnitt 6.1.3**

Es muss ein Prozess für die Informationssicherheitsrisikobehandlung festgelegt und angewendet werden, damit:

- angemessene Optionen für die Informationssicherheitsrisikobehandlung unter Berücksichtigung der Ergebnisse der Risikobeurteilung ausgewählt werden
- alle Maßnahmen, die zur Umsetzung der gewählten Optionen für die Informationssicherheitsrisikobehandlung erforderlich sind, festgelegt werden

ANMERKUNG Anhang A.1 der Norm enthält eine Liste von möglichen Informationssicherheitsmaßnahmen.

ANMERKUNG Die in Anhang A.1 der Norm aufgeführten Informationssicherheitsmaßnahmen sind nicht komplett und können bei Bedarf durch zusätzliche Informationssicherheitsmaßnahmen ergänzt werden.

Eine Erklärung zur Anwendbarkeit der zusätzlichen Informationssicherheitsmaßnahmen kann erstellt werden, welche die folgenden Punkte enthält:

- die erforderlichen Maßnahmen
- Gründe für deren Einbeziehung
- ob die erforderlichen Maßnahmen umgesetzt sind oder nicht sowie
- Gründe für die Nichteinbeziehung von Maßnahmen aus Anhang A.1 der Norm

Es kann ein Plan für die Informationssicherheitsrisikobehandlung formuliert werden.

Bei den Risikoeigentümern kann eine Genehmigung des Plans für die Informationssicherheitsrisikobehandlung sowie ihre Akzeptanz der Informationssicherheitsrestrisiken eingeholt werden.

Informationen über den Informationssicherheitsrisikobehandlungsprozess müssen dokumentiert werden [Nor 24]

ANMERKUNG Der in dieser Norm genannte Prozess für die Informationssicherheitsrisikobeurteilung und -behandlung steht im Einklang mit den Grundsätzen und allgemeinen Leitlinien in ISO 31000 [Nor 24]

**Hinweise für die Umsetzung:**

Die Erklärung zur Anwendbarkeit und der Risikobehandlungsplan sind wichtige Ergebnisse der Risikobehandlung.

Die Erklärung zur Anwendbarkeit ist eine Art Checkliste mit Referenzmaßnahmen, welche sich im Anhang A.1 der Norm befindet. Die Anwendung einer dieser Maßnahmen ergibt sich bspw. aus der Identifikation von Risiken, aus Richtlinien oder weil gesetzliche, behördliche oder vertragliche Anforderungen an ihre Anwendung bestehen. Ein Ausschluss von Maßnahmen kann mit guter Begründung ebenfalls gerechtfertigt sein.

Der Risikobehandlungsplan sollte in zusammenfassender, chronologischer Form erstellt werden. Er sollte Folgendes beinhalten:

- alle zur Risikobehandlung eingeplanten Maßnahmen
- Risiken zur entsprechenden Maßnahme
- Termin zur Maßnahmenumsetzung
- aktueller Umsetzungsstatus
- Verantwortliche für die Umsetzung
- Risikoeigentümer
- Akzeptanzentscheidungen zu Risiken und Restrisiken [Bre 22]

## ISO-Abschnitt 6.2 Informationssicherheitsziele und Planung zu deren Erreichung

**Anforderungen nach DIN ISO 27001, Abschnitt 6.2**

Es müssen Informationssicherheitsziele für relevante Funktionen und Ebenen festgelegt werden.

Die Informationssicherheitsziele müssen:

- im Einklang mit der Informationssicherheitspolitik stehen
- wenn möglich messbar sein
- anwendbare Informationssicherheitsanforderungen sowie die Ergebnisse der Risikobeurteilung und Risikobehandlung berücksichtigen
- überwacht werden
- vermittelt werden
- soweit erforderlich, aktualisiert werden
- dokumentiert werden

Bei der Planung, wie die Informationssicherheitsziele erreicht werden, muss bestimmt werden:

- was getan wird
- wer verantwortlich ist
- welche Ressourcen erforderlich sind
- wann es abgeschlossen wird
- wie die Ergebnisse bewertet werden [Nor 24]

**Hinweise für die Umsetzung:**

Es ist empfehlenswert, die Informationssicherheitsziele auf Basis der identifizierten Chancen festzulegen. Weitere Ziele können sich aus dem Kontext der Organisation oder auch aus identifizierten Schutzbedarfen und Risiken ergeben [Bre 22].

Grundsätzlich sollten die Ziele nach der SMART-Formel (spezifisch - messbar - attraktiv - realistisch - terminiert) erfüllbar sein. Zur Darstellung ist es ratsam, diese in einer Tabellenform darzustellen.

### ISO-Abschnitt 6.3 Planung von Änderungen

**Anforderungen nach DIN ISO 27001, Abschnitt 6.3**

Wenn eine Notwendigkeit zu Änderungen am ISMS besteht, müssen diese in geplanter Weise durchgeführt werden. [Nor 24]

**Hinweise für die Umsetzung:**

Damit diese Änderungen in dem ISMS verankert sind, müssen im Vorfeld Ressourcen, Kapazitäten und Verantwortlichkeiten definiert und zur Verfügung gestellt werden, damit die Änderungen wie geplant umgesetzt werden können.

## ISO-Kapitel 7 Unterstützung

### ISO-Abschnitt 7.1 Ressourcen

**Anforderungen nach DIN ISO 27001, Abschnitt 7.1**

Die erforderlichen Ressourcen für den Aufbau, die Verwirklichung, die Aufrechterhaltung und die fortlaufende Verbesserung des ISMS müssen bestimmt und bereitgestellt werden. [Nor 24]

**Hinweise für die Umsetzung:**

Die Organisation wird verpflichtet, eine dauerhafte Sicherstellung von erforderlichen Ressourcen für das ISMS zu gewährleisten [Bre 22].

Unter Ressourcen ist die Gesamtheit aller Produktionsfaktoren, wie z. B. Arbeit, Kapital, Umwelt, Boden, Mitarbeitenden, Infrastruktur, Arbeitsumgebung, Informationen, Lieferanten und Partner sowie natürliche-, finanzielle- und technologische Ressourcen zu verstehen.

### ISO-Abschnitt 7.2 Kompetenz

**Anforderungen nach DIN ISO 27001, Abschnitt 7.2**

Es müssen:

- für die mitarbeitenden Personen, die unter Aufsicht der Organisation Tätigkeiten verrichten, welche die Informationssicherheitsleistung beeinflussen, die erforderliche Kompetenz bestimmt werden
- die Kompetenz dieser Personen durch angemessene Ausbildung, Schulung oder Erfahrung sichergestellt werden
- ggf. Maßnahmen eingeleitet werden, um die benötigte Kompetenz zu erwerben sowie die Wirksamkeit der getroffenen Maßnahmen bewertet werden
- Dokumente als Nachweis der Kompetenz aufbewahrt werden [Nor 24]

ANMERKUNG Geeignete Maßnahmen können bspw. sein: Schulung, Mentoring oder Versetzung von gegenwärtig angestellten Personen oder Anstellung oder Beauftragung kompetenter Personen. [Nor 24]

**Hinweise für die Umsetzung:**

Die Organisation ist dafür verantwortlich, „dass Personen - insbesondere die, die für Aspekte der Informationssicherheit Verantwortung übernehmen sollen - kompetent für die Durchführung der entsprechenden Aufgaben sind" [Bre 22].

## ISO-Abschnitt 7.3 Bewusstsein

**Anforderungen nach DIN ISO 27001, Abschnitt 7.3**

Mitarbeitende und Personen, die unter Aufsicht der Organisation Tätigkeiten verrichten, müssen Kenntnisse über Folgendes besitzen:

- Informationssicherheitspolitik
- den Beitrag zur Wirksamkeit des ISMS, einschließlich der Vorteile einer verbesserten Informationssicherheitsleistung
- die Folgen einer Nichterfüllung der Anforderungen des ISMS [Nor 24]

**Hinweise für die Umsetzung:**

„Alle Beschäftigten der Organisation und, wenn relevant, Auftragnehmer, bekommen ein angemessenes Bewusstsein durch Ausbildung und Schulung sowie regelmäßige Aktualisierungen zu den Richtlinien und Verfahren der Organisation, die für ihr berufliches Arbeitsgebiet relevant sind" [Nor 24].

Bewusstsein lässt sich weiterhin durch Veröffentlichungen, Aushänge, Versammlungen und Informationsveranstaltungen schaffen.

## ISO-Abschnitt 7.4 Kommunikation

**Anforderungen nach DIN ISO 27001, Abschnitt 7.4**

Es müssen die Erfordernisse einer internen und externen Kommunikation in Bezug auf das ISMS bestimmt werden. Dies beinhaltet:

- worüber wird kommuniziert
- wann wird kommuniziert
- mit wem wird kommuniziert
- wie wird kommuniziert [Nor 24]

**Hinweise für die Umsetzung:**

Eine gute interne und externe Kommunikation trägt einen entscheidenden Beitrag zur Erfüllung der Organisationsziele bei. Dadurch müssen Themen, die das ISMS umfassen, geplant und gesteuert werden.

Zur besseren Übersicht empfiehlt es sich, diese in Tabellenform verbindlich festzuhalten.

## ISO-Abschnitt 7.5 Dokumentierte Information

### Allgemeines

**Anforderungen nach DIN ISO 27001, Abschnitt 7.5.1**

Das ISMS muss Folgendes beinhalten:

- die von dieser Norm geforderten Dokumente
- Dokumente, welche als notwendig für die Wirksamkeit des Managementsystems erachtet werden [Nor 24]

ANMERKUNG Der Umfang der dokumentierten Informationen für ein ISMS kann sich von Organisation zu Organisation unterscheiden, und zwar aufgrund:

- der Größe und der Art der Tätigkeiten, Prozesse, Produkte und Dienstleistungen
- der Komplexität der Prozesse und deren Wechselwirkungen
- der Kompetenz der Personen [Nor 24]

**Hinweise für die Umsetzung:**

Zu den von der Norm geforderten Informationen, die zu dokumentieren sind, zählen bspw. [Bre 22]:

- die ISMS-Richtlinie
- der Anwendungsbereich des ISMS
- eine Beschreibung des Prozesses zur Risikoeinschätzung
- die Erklärung zur Anwendbarkeit der Maßnahmen aus Anhang A.1 der Norm
- ein Risikobehandlungsplan
- dokumentierte Informationen zu Managementbewertungen und Audits
- weitere Beschreibungen bzw. Festlegungen von Richtlinien, Prozessen, Verfahren und Maßnahmen im ISMS sowie weitere dokumentierte Informationen (u. a. zu Sicherheitsvorfällen) und
- deren Beziehungen zueinander.

### Erstellen und Aktualisieren

**Anforderungen nach DIN ISO 27001, Abschnitt 7.5.2**

Beim Erstellen und Aktualisieren von Dokumenten muss Folgendes sichergestellt werden:

- angemessene Kennzeichnung und Beschreibung (bspw. Titel, Datum, Autor oder Referenznummer)
- angemessenes Format (bspw. Sprache, Softwareversion, Grafiken) und Medium (bspw. Papier, elektronisches Medium)
- angemessene Überprüfung und Genehmigung im Hinblick auf Eignung und Angemessenheit. [Nor 24]

**Hinweise für die Umsetzung:**

Unter Erstellen und Aktualisieren versteht man die einheitliche und nachvollziehbare Erstellung, Genehmigung, Verteilung und, nach Ablauf der Gültigkeit, Einzug und Vernichtung von Dokumenten.

Vom ISMS geforderte Dokumente sind:

- die von DIN EN ISO/IEC 27001 geforderten Dokumente
- Dokumente, die von anderen Normen, Gesetzen oder Vorschriften gefordert werden, sofern sie die Erfüllung von Informationssicherheitsanforderungen betreffen
- von Kunden vorgegebene Dokumente und Lenkungsmethoden

für das Funktionieren des ISMS notwendige Dokumente

## Steuerung dokumentierter Information

**Anforderungen nach DIN ISO 27001, Abschnitt 7.5.3**

Die erforderlichen und geforderten Dokumente müssen gelenkt werden, um sicherzustellen, dass sie:

- verfügbar und für die Verwendung geeignet sind
- angemessen geschützt werden (bspw. vor Verlust der Vertraulichkeit, unsachgemäßem Gebrauch oder Verlust der Integrität)

Zur Steuerung der dokumentierten Informationen müssen, falls zutreffend, folgende Tätigkeiten berücksichtigt werden:

- Verteilung, Zugriff, Auffindung und Verwendung
- Ablage/Speicherung und Erhaltung, einschließlich Erhaltung der Lesbarkeit
- Überwachung von Änderungen (z. B. Versionskontrolle) und
- zeitliche Verfügbarkeit und Archivierung

Dokumente von externer Herkunft, die notwendig für die Planung und den Betrieb des ISMS sind, müssen angemessen gekennzeichnet und gesteuert werden. [Nor 24]

**Hinweise für die Umsetzung:**

Dokumentenlenkung beinhaltet formale Grundsätze und Verfahrensweisen zum Umgang mit Dokumenten, welche möglichst einheitlich auf alle Arten von Dokumenten angewendet werden sollten [Bre 22].

Empfehlenswert ist es, eine benutzerfreundliche Oberfläche, wie z. B. Intranet, strukturierte Serverablagen und Ähnliches zu nutzen. Vorgaben hierzu können sowohl vom Kunden als auch rechtlich gegeben sein. Zu beachten ist, dass die dokumentierten Informationen nicht geändert werden dürfen. Bei den für die Organisation wichtigen Dokumenten empfiehlt es sich, in regelmäßigen Abständen Sicherheitskopien auf einem zweiten Speichermedium (externe Festplatten, CDs usw.) zu erstellen. Um den entstehenden Verwaltungsaufwand in Grenzen zu halten, sollten einheitliche Archivierungsfristen definiert werden.

## ISO-Kapitel 8 Betrieb

### ISO-Abschnitt 8.1 Betriebliche Planung und Steuerung

**Anforderungen nach DIN ISO 27001, Abschnitt 8.1**

Es müssen die erforderlichen Prozesse zur Erfüllung der Anforderungen und zur Durchführung der in Normkapitel 6 bestimmten Maßnahmen geplant, verwirklicht und gesteuert werden, indem festgelegt wird:

- Kriterien für die Prozesse
- Steuerung und Verwirklichung der Prozesse in Übereinstimmung mit den festgelegten Kriterien
- Sicherstellung der geplanten Durchführung der Prozesse und verfügbaren Dokumente
- Steuerung geplanter Änderungen. Die Folgen unbeabsichtigter Änderungen müssen überprüft und, falls notwendig, müssen Maßnahmen zur Verminderung negativer Auswirkungen realisiert werden
- Sicherstellung, dass relevante extern bereitgestellte Prozesse, Produkte oder Dienstleistungen gesteuert werden [Nor 24]

**Hinweise für die Umsetzung:**

Die geplanten betrieblichen Prozesse müssen definiert, umgesetzt, betrieben, überwacht und verbessert werden. Es gilt festzulegen, wie die definierten Sicherheitsziele (mithilfe von Plänen und Verfahren) erreicht werden und deren Umsetzung angemessen zu dokumentieren ist. Beispielsweise sind die Auswirkungen auf das ISMS bei geplanten und ungeplanten Änderungen zu beurteilen und angemessen zu behandeln. Auch Prozesse, Produkte und Dienstleistungen von ausgegliederten Partnerunternehmen und Fremdfirmen gilt es entsprechend zu steuern. [Bre 22]

Beim Steuern kann es sich um technische Maßnahmen und Verfahren handeln, die einer Hierarchie folgend (z. B. Beseitigung, Substitution, administrativ) verwirklicht und einzeln oder in Kombination genutzt werden.

Die Umsetzung kann bspw. durch Projektmanagement, Reporting/Kennzahlen und Datenbanken erfolgen.

### ISO-Abschnitt 8.2 Informationssicherheitsrisikobeurteilung

**Anforderungen nach DIN ISO 27001, Abschnitt 8.2**

In geplanten Abständen oder bei erheblichen Änderungen müssen Informationssicherheitsrisikobeurteilungen vorgenommen werden.

Die Ergebnisse der Informationssicherheitsrisikobeurteilungen müssen dokumentiert werden. [Nor 24]

**Hinweise für die Umsetzung:**

Die Informationssicherheitsrisikobeurteilung, als eine der Grundlagen des ISMS, muss aufgrund der festgelegten Kriterien zur Bewertung von Risiken und zur Risikoakzeptanz überprüft, ggf. aktualisiert und dokumentiert werden [Bre 22].

### ISO-Abschnitt 8.3 Informationssicherheitsrisikobehandlung

**Anforderungen nach DIN ISO 27001, Abschnitt 8.3**

Der Plan für die Informationssicherheitsrisikobehandlung muss umgesetzt werden. Die Ergebnisse der Informationssicherheitsrisikobehandlung müssen dokumentiert werden. [Nor 24]

**Hinweise für die Umsetzung:**

Zur Informationssicherheitsrisikobehandlung wurde in der Norm unter 6.1 ein Prozess definiert, den es entsprechend anzuwenden, zu dokumentieren und aufzubewahren gilt [Bre 22].

## ISO-Kapitel 9 Bewertung der Leistung

### ISO-Abschnitt 9.1 Überwachung, Messung, Analyse und Bewertung

**Anforderungen nach DIN ISO 27001, Abschnitt 9.1**

Es muss bestimmt werden:

- was überwacht und gemessen werden muss, einschließlich der Informationssicherheitsprozesse und Maßnahmen
- die Methoden zur Überwachung, Messung, Analyse und Bewertung
- wann Überwachung und Messung durchzuführen sind
- wer überwachen und messen muss
- wann die Ergebnisse der Überwachung und Messung zu analysieren und zu bewerten sind
- wer diese Ergebnisse analysieren und bewerten muss. Nachweise hierzu müssen dokumentiert werden
- die Informationssicherheitsleistung sowie die Wirksamkeit des ISMS müssen bewertet werden [Nor 24]

**Hinweise für die Umsetzung:**

Die Maßnahmen aus den allgemeingehaltenen Anforderungen an Überwachung, Messung, Analyse und Verbesserung stellen eine entscheidende Rolle zur fortlaufenden Verbesserung und Weiterentwicklung des ISMS dar. Die entstandenen Ergebnisse sind sorgfältig auszuwerten und ggf. sind Verbesserungsmaßnahmen einzuleiten und abzuarbeiten.

Die Überwachung kann bspw. mittels kontinuierlicher Überwachung, Auditprogrammen sowie Managementbewertung (Management Review) umgesetzt werden. Im Hinblick auf ein ISMS sollte besonderes Augenmerk auf den Umgang mit Schwachstellen aus Systemen oder Statistiken zu Sicherheits-Awareness – oder sicherheitsspezifische Weiterbildungsmaßnahmen der Mitarbeitenden gelegt werden. [Bre 22]

## ISO-Abschnitt 9.2 Internes Audit

### Allgemeines

**Anforderungen nach DIN ISO 27001, Abschnitt 9.2.1**

Es müssen in geplanten Abständen interne Audits zum ISMS durchgeführt werden. Dabei muss die Erfüllung der eigenen Anforderungen an das ISMS sowie der Anforderungen dieser Norm überprüft werden. Außerdem muss eine Überprüfung auf wirksame Verwirklichung sowie Aufrechterhaltung durchgeführt werden. [Nor 24]

**Hinweise für die Umsetzung:**

Audits (intern sowie extern) dienen grundsätzlich zum Nachweis der Konformität. Sie stellen ein systematisches Erfassen und Auswerten von Sachverhalten dar. Die DIN EN ISO 19011 dient als hilfreiches Regelwerk zur Planung, Vorbereitung und Durchführung.

### Internes Auditprogramm

**Anforderungen nach DIN ISO 27001, Abschnitt 9.2.2**

Es müssen ein oder mehrere Auditprogramme erstellt und umgesetzt werden. Diese müssen die Häufigkeit der Audits, die Methoden, die Verantwortlichkeiten sowie die Anforderungen an die Planung und Berichterstattung enthalten.

Bei der Erstellung der Auditprogramme sind die Bedeutung der betroffenen Prozesse sowie die Ergebnisse vorheriger Audits zu berücksichtigen.

Es müssen für jedes Audit die Auditkriterien sowie der Umfang festlegt, durch geeignete Auditoren die Objektivität sowie Unparteilichkeit des Auditprozesses sichergestellt und die Ergebnisse der Audits der zuständigen Leitung berichtet werden.

Die Nachweise der Umsetzung des Auditprogramms und der Auditergebnisse müssen dokumentiert werden. [Nor 24]

**Hinweise für die Umsetzung:**

Die beim internen Audit geforderte Unabhängigkeit der Auditoren kann entweder durch externe Auditoren oder vom zu auditierenden Bereich unabhängige Auditoren der Organisation erreicht werden. Grundvoraussetzung für die Auditoren-Tätigkeit ist die Kenntnis der Informationssicherheitsnorm und der Zusammenhänge des konkreten Managementsystems.

Ein internes Audit teilt sich üblicherweise in die folgenden vier Phasen auf [Bre 22]:

- Dokumentenaudit (Überprüfung der für das ISMS notwendigen dokumentierten Informationen usw.)
- Beobachtung und Interview der Mitarbeitenden während ihrer täglichen Arbeit
- Zusammenfassung in Form eines Auditnachweises
- Erstellung eines Auditberichts oder Auditprotokolls (Ergebnisse, Vorschläge zur Behebung von Defiziten des ISMS) [Bre 22]

## ISO-Abschnitt 9.3 Managementbewertung

### Allgemeines

**Anforderungen nach DIN ISO 27001, Abschnitt 9.3.1**

Das ISMS muss durch die oberste Leitung in geplanten Abständen bewertet werden. Dabei müssen die Eignung, Angemessenheit und Wirksamkeit des ISMS sichergestellt werden. [Nor 24]

**Hinweise für die Umsetzung:**

Die Managementbewertung (Management Review) konkretisiert die Verantwortung der obersten Leitung zur fortlaufenden Verbesserung. Die Bewertung sollte in Form einer Prüfung der Konformität (inwiefern die „geplanten und umgesetzten Maßnahmen zur Sicherung und Erhöhung der Informationssicherheit sowie zur Behandlung von Risiken planmäßig umgesetzt werden"), der Effektivität (tatsächliche Eignung und Wirksamkeit) und der Effizienz (vertretbares Verhältnis zwischen den erzielten Ergebnissen und den entstandenen Kosten bzw. dem technischen, personellen und organisatorischen Aufwand) erfolgen. Geplante regelmäßige Abstände sind i. d. R. als mindestens einmal jährlich zu verstehen. [Bre 22]

### Eingaben für die Managementbewertung

**Anforderungen nach DIN ISO 27001, Abschnitt 9.3.2**

Die Managementbewertung muss Folgendes behandeln:

- den Status von Maßnahmen vorheriger Managementbewertungen
- Veränderungen bei externen und internen Themen, die das ISMS betreffen
- Veränderungen bei den Erfordernissen und Erwartungen von interessierten Parteien, die das ISMS betreffen

Rückmeldung über die Informationssicherheitsleistung, einschließlich Entwicklungen bei:

- Nichtkonformitäten und Korrekturmaßnahmen
- Ergebnissen von Überwachungen und Messungen
- Auditergebnissen
- Erreichung von Informationssicherheitszielen
- Rückmeldung von interessierten Parteien
- Ergebnissen der Risikobeurteilung und Status des Risikobehandlungsplans
- Möglichkeiten zur fortlaufenden Verbesserung [Nor 24]

**Hinweise für die Umsetzung:**

Die oberste Leitung hat bei der Prüfung weiterhin z. B. frühere Managementbewertungen, Nichtkonformitäten und Rückmeldungen interessierter Parteien mit einzubeziehen. In den Ergebnissen der Managementbewertung sollten Entscheidungen über Verbesserungs- und Änderungsmaßnahmen enthalten sein. [Bre 22]

### Ergebnisse der Managementbewertung

**Anforderungen nach DIN ISO 27001, Abschnitt 9.3.3**

Die Ergebnisse der Managementbewertung müssen Entscheidungen zu Möglichkeiten der fortlaufenden Verbesserung sowie jeglichen Änderungsbedarf am ISMS enthalten.

Nachweise der Ergebnisse von Managementbewertungen müssen dokumentiert werden. [Nor 24]

**Hinweise für die Umsetzung:**

Es ist sinnvoll, die Managementbewertung mit anderen aktuellen Geschäftsberichten wie z. B. dem Jahresabschluss zusammenzufassen. Hierdurch lassen sich aufgrund der Zahlen und Analysen die Maßnahmen und Ziele für das folgende Jahr konkreter und besser planen. Die Lenkung und Verfolgung der Maßnahmen sind entsprechend zu regeln. Ebenso kann es von Vorteil sein, ein Maßnahmenmanagement einzuführen und bspw. eine Verknüpfung der Lenkung mit anderen ISMS-bezogenen Maßnahmen (Verbesserungsprojekte, Audits, usw.) herzustellen.

## ISO-Kapitel 10 Verbesserung

### ISO-Abschnitt 10.1 Fortlaufende Verbesserung

**Anforderungen nach DIN ISO 27001, Abschnitt 10.1**

Die Eignung, Angemessenheit und Wirksamkeit des ISMS müssen fortlaufend verbessert werden [Nor 24].

**Hinweise für die Umsetzung:**

Die Kriterien zur fortlaufenden Verbesserung bilden die Eignung des ISMS, seine Angemessenheit und Wirksamkeit im Hinblick auf die identifizierten Risiken sowie der Erfüllungsgrad der Anforderungen und der vorgegebenen Informationssicherheitsziele [Bre 22].

### ISO-Abschnitt 10.2 Nichtkonformität und Korrekturmaßnahmen

**Anforderungen nach DIN ISO 27001, Abschnitt 10.2**

Beim Auftreten einer Nichtkonformität muss:

- darauf reagiert und, falls zutreffend, Maßnahmen zur Überwachung und zur Korrektur ergriffen werden
- eine Bewertung der Notwendigkeit von Maßnahmen zur Beseitigung der Ursachen von Nichtkonformitäten durchgeführt werden, damit diese nicht erneut oder an anderer Stelle auftreten. Dabei muss die Nichtkonformität überprüft, die Ursache bestimmt und eine Überprüfung auf vergleichbare Nichtkonformitäten durchgeführt werden

- jegliche erforderliche Maßnahme eingeleitet werden
- die Wirksamkeit jeglicher ergriffener Korrekturmaßnahme überprüft werden und sofern erforderlich, das ISMS geändert oder ergänzt werden
- Korrekturmaßnahmen entsprechend den Auswirkungen der aufgetretenen Nichtkonformitäten angemessen sein
- Art der Nichtkonformität sowie jeder daraufhin getroffenen Maßnahme und die Ergebnisse jeder Korrekturmaßnahme dokumentiert werden [Nor 24]

**Hinweise für die Umsetzung:**

Eine Nichtkonformität ist die Nichterfüllung einer Anforderung aus der DIN EN ISO/IEC 27001 bzw. gesetzlichen, regulatorischen oder organisationsinternen Vorgaben. Die Organisation muss auf Nichtkonformitäten reagieren und erforderliche Korrekturmaßnahmen ergreifen, um diese abzustellen. Diese müssen im angemessenen Verhältnis zu den Auswirkungen der Nichtkonformität stehen, auf ihre Wirksamkeit geprüft und dokumentiert werden. Weiterhin ist eine Ursachenanalyse durchzuführen, um ein erneutes Auftreten oder ähnliche Nichtkonformitäten in anderen Bereichen zu vermeiden. [Bre]

## 9.4 Rechtsvorschriften zum Informationssicherheitsmanagement

Die für die Informationssicherheit relevanten Gesetze und Verordnungen sind sehr umfangreich. Deshalb werden im Folgenden nur eine Auswahl genannt (gesetze-im-internet.de):

| | |
|---|---|
| AktG | Aktiengesetz § 91 Abs. 2 |
| AtG | Atomgesetz |
| BDSG | Bundesdatenschutzgesetz |
| BSIG | Gesetz über das Bundesamt für Sicherheit in der Informationstechnik |
| EnWG | Gesetz über die Elektrizitäts- und Gasversorgung (Energiewirtschaftsgesetz) |
| EU-DSGVO | Europäische Datenschutzgrundverordnung |
| GeschGehG | Gesetz zum Schutz von Geschäftsgeheimnissen |
| GG | Grundgesetz Artikel 2, 10 |
| GmbHG | GmbH Gesetz § 43 Abs. 1 |
| GoB | Grundsätze zur ordnungsmäßigen Führung und Aufbewahrung von Büchern, dokumentierten Informationen und Unterlagen in elektronischer Form sowie zum Datenzugriff |

| | |
|---|---|
| GoDV | Grundsätze für eine ordnungsmäßige Datenverarbeitung |
| HGB | Handelsgesetzbuch § 37a i. V. m. § 257 HGB bzw. §§ 145 - 147 AO, §§ 238 - 239, 257 - 261 |
| IT-SiG | IT-Sicherheitsgesetz 2.0 |
| KonTraG | Gesetz zur Kontrolle und Transparenz im Unternehmensbereich |
| MsbG | Gesetz für den Messstellenbetrieb und die Datenkommunikation in intelligenten Energienetzen – Messstellenbetriebsgesetz; Internet: MsbG – nichtamtliches Inhaltsverzeichnis *(gesetze-im-internet.de)* |
| NIS-Richtlinie | EU-Richtlinien zur Netzwerk- und Informationssicherheit |
| SÜG | Sicherheitsüberprüfungsgesetz |
| TKÜV | Telekommunikations-Überwachungsverordnung |
| TKG | Telekommunikationsgesetz |
| TMG | Telemediengesetz |
| UrhG | Urheberrechtsgesetz §§ 69a ff, § 106 |

Für den Aufbau von ISMS sind insbesondere folgende Gesetze von Bedeutung und werden etwas näher beschrieben:

### Gesetz über das Bundesamt für Sicherheit in der Informationstechnik – BSIG

Besonders hervorzuheben ist das BSI-Gesetz (BSIG) vom 14. August 2009 (BGBl. I S. 2821), das zuletzt durch Artikel 12 des Gesetzes vom 23. Juni 2021 (BGBl. I S. 1982) geändert worden ist.

Ein wichtiger gesetzlicher Auftrag für das BSI besteht in der Prüfung, Bewertung und Zulassung von informationstechnischen Systemen oder Komponenten, die für die Verarbeitung amtlich geheimgehaltener Informationen (Verschlusssachen) beim Bund oder Unternehmen eingesetzt werden sollen. Im BSIG ist dieser Auftrag in § 3 verortet.

*Internet: BSIG – Gesetz über das Bundesamt für Sicherheit in der Informationstechnik (gesetze-im-internet.de)*

### IT-Sicherheitsgesetz [BSI 21]

Nach diesem Gesetz werden Betreiber von sogenannten kritischen Infrastrukturen aus den Bereichen Energie, Informationstechnik, Transport und Verkehr, Gesundheit, Wasser, Ernährung sowie Finanz- und Versicherungswesen verpflichtet, angemessene organisatorische und technische Vorkehrungen zur Vermeidung von Störungen der Verfügbarkeit, Integrität, Authentizität und Vertraulichkeit von informationstechnischen Systemen, Komponenten oder Prozessen zu treffen. Der Betreiber hat dem Bundesamt für Sicherheit in der Informationstechnik (BSI) den Nachweis (durch Sicherheitsaudits, Prüfungen und/oder Zertifizierungen) mithilfe einer Aufstellung der durchgeführten Audits oder Zertifizierungen zu erbringen. Erhebliche IT-Sicherheitsvorfälle dieser Betreiber sind dem BSI, als Zentralstelle für IT-Sicherheit zu melden. [Bre 22] [BSI 21]

*Internet: https://www.bsi.bund.de/dok/6776456*

#### Verordnung zur Bestimmung Kritischer Infrastrukturen nach dem BSI-Gesetz (BSI-Kritisverordnung – BSI-KritisV)

Die KRITIS-Regulierung wurde 2023 mit dem IT-Sicherheitsgesetz 2.0 und der KRITIS-Verordnung deutlich erweitert. Die Regulierung in Europa wird durch EU NIS2 und RCE weiterentwickelt und in Deutschland mit KRITIS-Dachgesetz und IT-Sicherheitsgesetz 3.0 und neuen Rechtsverordnungen ab 2023 fortgeschrieben.

Der Stand der KRITIS-Regulierung wird damit in den nächsten Jahren deutlich erweitert – in der Breite mit (deutlich) mehr betroffenen Unternehmen, in der Tiefe mit spezifischen Maßnahmen für mehr Resilienz neben umfangreicher Cyber Security.

Für Organisationen und Unternehmen, die der kritischen Infrastruktur -KRITIS zuzuordnen sind, ist insbesondere das Zweite Gesetz zur Erhöhung der Sicherheit informationstechnischer Systeme (IT-Sicherheitsgesetz 2.0) vom 23. April 2021 – Neues IT-Sicherheitsgesetz für eine moderne Cyber-Sicherheit relevant.

*Internet: BMI – Homepage – Zweites Gesetz zur Erhöhung der Sicherheit informationstechnischer Systeme (bund.de)*

**Zur kritischen Infrastruktur gehören folgende Betreiber/Branchen/gesellschaftlichen Bereiche:**

- Ernährung
- Finanz- und Versicherungswesen
- Gesundheit
- IT und Telekommunikation
- Siedlungsabfallentsorgung
- Transport und Verkehr
- Wasser
- Unternehmen von besonderem öffentlichem Interesse – UBI

**Das IT-Sicherheitsgesetz 2.0** beinhaltet folgende zusätzliche Schwerpunkte:

- Detektion und Abwehr
- Cyber-Sicherheit in den Mobilfunknetzen

- Verbraucherschutz
- Sicherheit für Unternehmen
- nationale Behörde für Cybersicherheitszertifizierung

*Internet: BMI – Gesetzgebungs-Verfahren – Gesetz zur Umsetzung der Richtlinie (EU) 2016/1148 des Europäischen Parlaments und des Rates vom 6. Juli 2016 über Maßnahmen zur Gewährleistung eines hohen gemeinsamen Sicherheitsniveaus von Netz- und Informationssystemen in der Union (bund.de)*

Es ist geplant, die EU-Regulierung NIS 2 für die kritischen Sektoren in der EU zu novellieren. Deshalb werden in den kommenden Jahren auch Anpassungen der nationalen KRITIS-Regulierung in Deutschland erfolgen.

Das betrifft besonders Energie, Transport, Banken, Finanzmärkte, Gesundheit, Trinkwasser, Abwasser, Digitale Infrastruktur, ICT Service Management, Öffentliche Verwaltung und Raumfahrt.

Zukünftig werden weitere Bereiche in die KRITIS-Regulierung einbezogen: Post und Kurier, Abfallwirtschaft, Chemikalien, Ernährung, Industrie, Digitale Dienste und Forschung.

### Datenschutz-Grundverordnung – EU-DSGVO [AEU 16]

Die EU-DSGVO vereinheitlicht und regelt das Datenschutzrecht europaweit. Sie dient zum Schutz personenbezogener Daten von natürlichen Personen (dem Betroffenen) gegenüber demjenigen, der diese Daten verarbeitet (dem Verantwortlichen). Unter personenbezogenen Daten sind jene gemeint, mit denen sich eine natürliche Person identifizieren lässt, wie z. B. Name, Adresse, Geburtsdatum, E-Mail-Adresse und Telefonnummer. Unter Verarbeitung versteht diese Verordnung jede Art der Verwendung, wie z. B. Erheben, Erfassen, Organisieren, Ordnen, Speichern, Anpassen, Verändern, Ändern, Löschen, Vernichten, Übertragen und Versenden. Verantwortliche sind u. a. natürliche oder juristische Personen, Behörden, Einrichtungen oder andere Stellen. Diese sind verpflichtet, die personenbezogenen Daten ordnungsgemäß und rechtmäßig zu verarbeiten. Ausnahmen von dieser Verordnung gibt es z. B. bei einer Einwilligung der Person oder zur Erfüllung einer rechtlichen Verpflichtung. [AEU 16]

*Internet: Datenschutz-Grundverordnung (DSGVO) – Finaler Text der DSGVO inklusive Erwägungsgründe (dsgvo-gesetz.de)*

Die DSGVO fordert indirekt ein organisiertes Datenschutzmanagement. Eine Erleichterung zur Umsetzung der datenschutzrechtlichen Anforderungen bietet hierbei die Gegenüberstellung der Artikel der DSGVO mit den Abschnitten der Harmonized Structure der DIN EN ISO 9001 (Tabelle 9.1). [DGQ 19]

**Tabelle 9.1** Gegenüberstellung der Artikel der DSGVO und der Abschnitte der DIN EN ISO 9001 nach der Harmonized Structure (HS) [Ill 19]

| Art. | DSGVO | Abschnitt | ISO-HLS |
|---|---|---|---|
| **Art. 30** | Verzeichnis der Verarbeitungstätigkeiten | 4 | Kontext der Organisation |
| **Art. 5/29** | Verantwortlichen für die Datenverarbeitung | 5 | Führung |
| **Art. 25/25/32** | Technische und organisatorische Maßnahmen zum Datenschutz und zur Datensicherheit | 6 | Planung |
| **Art. 5/30** | Umfangreiche Dokumentationspflichten | 7 | Unterstützung |
| **Art. 15/21** | Rechte betroffener Personen | 8 | Betrieb |
| **Art. 33** | Datenschutzverstöße | 9 | Bewertung der Leistung |
| **Art. 24/32/39** | Überwachungsfunktion der Datenschutzbeauftragten | 10 | Verbesserung |

Eine Datenschutzerweiterung ist mit der ISO/IEC 27552 in Vorbereitung [Nor 18a] [DGQ 19].

### Sicherheitsüberprüfungsgesetz – SÜG

Die Grundlage für die Zulassungen bilden § 4 des Sicherheitsüberprüfungsgesetzes (SÜG) sowie die Allgemeine Verwaltungsvorschrift zum materiellen Geheimschutz – kurz Verschlusssachenanweisung (VSA). Sie enthalten die Grundsätze zum Schutz von Verschlusssachen und schreiben die Mitwirkung des BSI fest. Verschlusssachen können u. a. Produkte, Erkenntnisse oder Dokumente sein, die geheimhaltungsbedürftig sind. Die VSA regelt die Arbeit mit Verschlusssachen (VS) in Bundesbehörden und bundesunmittelbaren öffentlich-rechtlichen Einrichtungen. Das BSI prüft und erteilt Zulassungen von informationstechnischen Systemen auf Basis der § 51 und 52 der VSA.

*Internet: BSI – Grundlagen der Zulassung (bund.de)*

### Messstellenbetriebsgesetz – MsbG

Das „Gesetz für den Messstellenbetrieb und die Datenkommunikation in intelligenten Energienetzen" (Messstellenbetriebsgesetz – MsbG) ist seit September 2016 in Kraft. Das MsbG schafft verbindliche Rahmenbedingungen für den sicheren und datenschutzkonformen Einsatz von intelligenten Messsystemen in unterschiedlichen Einsatzbereichen (Smart Metering/Sub-Metering, Smart Grid, Smart Mobility, Smart Home/Smart Building und Smart Services).

Mit dem MsbG hat der Gesetzgeber dem BSI die Verantwortung für die Entwicklung von Anforderungen an vertrauenswürdige Produktkomponenten (SMGW mit integriertem Sicherheitsmodul), dessen sicheren IT-Betrieb (Administration) und die vertrauenswürdige Kommunikationsinfrastruktur (Smart-Metering-Public-Key-Infrastruktur) übertragen. Hierfür definiert das BSI technische Standards für intelligente Messsysteme in Form von Schutzprofilen (engl.: Protection Profiles, PP) und Technischen Richtlinien (TR). Diese dienen zur Gewährleistung von Datenschutz, Datensicherheit und Interoperabilität auf höchstem Niveau und stellen die Grundvoraussetzung für Vertrauen und Akzeptanz dar.

*Internet: MsbG – nichtamtliches Inhaltsverzeichnis (gesetze-im-internet.de) und Internet: BSI – Smart Metering GDEW MsbG (bund.de)*

### eIDAS-Verordnung

Ab dem 01. 07. 2016 können in allen 28 EU-Mitgliedsstaaten und im EWR Vertrauensdienste nach der Verordnung (EU) Nr. 910/2014 über elektronische Identifizierung und Vertrauensdienste für elektronische Transaktionen im Binnenmarkt und zur Aufhebung der Richtlinie 1999/93/EG, kurz eIDAS-Verordnung, angeboten werden. Neben einer Neuregelung elektronischer Signaturen zählen dazu auch Dienste rund um elektronische Siegel und Zeitstempel, Zustellung elektronischer Einschreiben und Webseiten-Zertifikate.

Die eIDAS-Verordnung enthält verbindliche europaweit geltende Regelungen in den Bereichen „Elektronische Identifizierung" und „Elektronische Vertrauensdienste". Mit der Verordnung werden einheitliche Rahmenbedingungen für die grenzüberschreitende Nutzung elektronischer Identifizierungsmittel und Vertrauensdienste geschaffen.

Als EU-Verordnung ist diese unmittelbar geltendes Recht in allen 28 EU-Mitgliedstaaten sowie im Europäischen Wirtschaftsraum.

Das BSI hat am Entstehungsprozess der eIDAS-Verordnung mitgewirkt und beteiligt sich mit seiner Fachkenntnis an der weiteren Ausgestaltung und technischen Umsetzung in allen Bereichen. Dazu vertritt es Deutschland in den entsprechenden Fachgremien der Europäischen Union, gestaltet grundlegende europäische Standards mit und unterstützt in Umsetzungsprojekten wie z. B. e-SENS.

*Internet: BSI – eIDAS-Verordnung (bund.de)*

### Cyber Security Act

Der europäische Rechtsakt zur Cyber-Sicherheit („Cyber Security Act") ist am 27. Juni 2019 in Kraft getreten. Kernelemente der Verordnung sind ein permanentes Mandat für die europäische Cyber-Sicherheitsagentur ENISA („European Union Agency for Cybersecurity") sowie die Einführung eines einheitlichen europäischen Zertifizierungsrahmens für IKT-Produkte, -Dienstleistungen und -Prozesse. Diese sollen gemäß definierter Sicherheitslevel in „niedrig", „mittel" und „hoch" nach unterschiedlichen Vorgaben zertifiziert werden.

Seit der Veröffentlichung des Verordnungsentwurfs im September 2017 hat das Bundesamt für Sicherheit in der Informationstechnik (BSI) die Verhandlungen und Beratungen in den ausarbeitenden Gremien intensiv begleitet. Dieser Einsatz hat dazu beigetragen, dass bereits bestehende und erfolgreiche Zertifizierungsrahmen in den Rechtsakt überführt werden können. Auch im Hochsicherheitsbereich behalten die Mitgliedsstaaten ihre wichtige Rolle in der Zertifizierung bei.

Insbesondere der Zertifizierungsrahmen (Titel III des Rechtsakts) verändert das Verfahren zur Entwicklung von Zertifizierungsschemata und die Zertifikatsvergabe in der Europäischen Union maßgeblich. Das BSI bringt sich intensiv in die durch den Rechtsakt neu geschaffenen Prozesse ein, unter anderem in der „European Cybersecurity Certification Group" (ECCG). Darüber hinaus besteht weiterhin eine enge Kooperation mit den europäischen Partnern in der Cyber-Sicherheitszertifizierung.

*Internet: BSI – Cyber Security Act (bund.de)*

### Verordnung über das Verfahren der Erteilung von Sicherheitszertifikaten und Anerkennungen durch das Bundesamt für Sicherheit in der Informationstechnik 1 – BSIZertV

Der Nachweis von Informationssicherheit durch ein BSI-Zertifikat oder eine -Anerkennung stellt für Unternehmen und Behörden sowie Hersteller von Produkten einen wichtigen Mehrwert dar. Die BSI-Zertifizierungs- und -Anerkennungsverordnung (BSIZertV) regelt das Verfahren zur Erteilung von Sicherheitszertifikaten und Anerkennungen durch das BSI gemäß § 9 des BSI-Gesetzes. Ein Zertifikat kann für informationstechnische Produkte oder Komponenten, informationstechnische Systeme und Schutzprofile erteilt werden. Auch einzelne Personen können sich zertifizieren lassen, ebenso IT-Sicherheitsdienstleister. Sachverständige Stellen können sich durch das BSI anerkennen lassen, wenn sie die Prüfkriterien erfüllen.

*Internet: BSI – BSI Zertifizierungs- und Anerkennungsverordnung (bund.de)*

### Gesetz zur Kontrolle und Transparenz im Unternehmensbereich – KonTraG

Es existieren mehrere Rechtsvorschriften, die hinsichtlich der Informationssicherheit eine unmittelbare Handlungs- und Haftungsverpflichtung der Geschäftsführung bzw. des Vorstands eines Unternehmens ergeben. Das Gesetz zur Kontrolle und Transparenz im Unternehmensbereich (KonTraG) ergänzt und ändert bspw. das Handelsgesetzbuch und das Aktiengesetz. Hierbei wird ein Risikomanagement für Kapitalgesellschaften (AGs und GmbHs) gefordert. Laut Aktiengesetz (§ 91 Abs. 2 und § 93 Abs. 2 AktG) haftet ein Vorstand persönlich, wenn er Entwicklungen, welche zukünftig ein Risiko für das Unternehmen darstellen könnten, nicht durch ein Risikomanagement überwacht und durch geeignete Maßnahmen vorbeugt. Diese Pflichten eines Vorstands gelten auch im Rahmen des Handelsgesetzbuchs. Es verpflichtet (nach § 322 Abs. 6 Satz 2 HGB) Abschlussprüfer, zu prüfen, „ob die Chancen und Risiken der zukünftigen Entwicklung zutreffend dargestellt sind".

*Internet: Bundesgesetzblatt (bgbl.de)*

Entsprechend GmbH-Gesetz (§ 43 Abs. 1 GmbHG) wird den Geschäftsführern einer GmbH „die Sorgfalt eines ordentlichen Geschäftsmannes" auferlegt. In weiteren Gesetzen wie z. B. Strafgesetzbuch, Telekommunikationsgesetz, Gesetz zur Nutzung von Telediensten, Urheberrecht und dem Mediendienste-Staatsvertrag entstehen für unterschiedliche Berufsgruppen weitere Verpflichtungen. Aus den Formulierungen der verschiedenen Gesetze ergeben sich für Unternehmen konkrete Verpflichtungen für die Gewährleistung eines angemessenen Informationssicherheitsniveaus. [BSI 12]

## 9.5 Normen für das Informationssicherheitsmanagement

Die **DIN EN ISO/IEC 27001** wurde im Jahre 2005 als ISO/IEC 27001:2005 erstmals ausgegeben. Erarbeitet wurde diese Norm vom Technischen Komitee ISO/IEC JTC1 Information Technology, Unterkomitee SC 27 IT Security Techniques. Nach Überarbeitungen seit 2008 ist die **DIN EN ISO/IEC 27001:2024-01** die gegenwärtig gültige Ausgabe [Nor 24]. Die Norm ISO/IEC 27001:2024 ist nach der Harmonized Structure gegliedert (Abschnitt 2.3, Bild 2.5). Im Vordergrund stehen die Identifikation, Bewertung und Steuerung von Risiken für die informationsverarbeitenden Prozesse. Die Sicherheit von vertraulichen Informationen wird dabei als bedeutendes strategisches Element hervorgehoben.

In der Kernnorm DIN EN ISO/IEC 27001:2024-01 Informationssicherheit, Cybersicherheit und Datenschutz – Informationssicherheitsmanagementsysteme – Anforderungen sind die Anforderungen für Einrichtung, Umsetzung, Aufrechterhaltung und fortlaufende Verbesserung eines dokumentierten Informationssicherheits-Managementsystems enthalten. Weiterhin werden Anforderungen für die Beurteilung und Behandlung von Informationssicherheitsrisiken der Organisation beschrieben.

**Die Norm DIN EN ISO 27001:**

- enthält Anforderungen und Zielsetzungen zur Informationssicherheit einschließlich Cybersicherheit
- enthält Hinweise zum kosteneffizienten Management von Sicherheitsrisiken
- enthält Informationen zur Sicherstellung der Konformität mit Gesetzen und Regularien

- dient als Prozessrahmen für die Implementierung und das Management von Maßnahmen zur Sicherstellung von spezifischen Zielen zur Informationssicherheit
- identifiziert und beschreibt bestehende und zusätzlich erforderliche Informationssicherheits-Managementprozesse
- definiert Informationssicherheits-Managementtätigkeiten
- dient der Beurteilung des Umsetzungsgrads für interne und externe Auditoren bei der Zertifizierung
- beinhaltet Anforderungen für die Beurteilung und Behandlung von Informationssicherheitsrisiken entsprechend den speziellen Anforderungen der Organisation
- dient als Prozessrahmen für die Implementierung und das Management von Maßnahmen zur Sicherstellung von spezifischen Zielen zur Informationssicherheit
- definiert Informationssicherheits-Managementprozesse
- definiert Informationssicherheits-Managementtätigkeiten
- enthält Hinweise zu internen und externen Audits zur Feststellung des Umsetzungsgrads von Richtlinien und Standards

**Die DIN EN ISO 27001 enthält im Anhang A.1 spezifische Kriterien (Controls) und Maßnahmen für die Behandlung von Informationssicherheitsrisiken.**

Die in Anhang A.1 aufgeführten Informationssicherheitsmaßnahmen sind aus der ISO/IEC27002:2022, Normabschnitt 5 bis Normabschnitt 8 abgeleitet, daran ausgerichtet und müssen im Kontext mit 6.1.3 Informationssicherheitsrisikobehandlung angewendet werden.

Die Organisation/das Unternehmen muss einen Prozess zur Behandlung von Informationssicherheitsrisiken mit folgenden Zielen/Inhalten festlegen:

- Auswahl geeigneter Methoden für die Behandlung von Informationssicherheitsrisiken unter Berücksichtigung der Ergebnisse der Risikobewertung
- einen Prozess implementieren, um die gewählten Methoden zur Risikobehandlung für die Informationssicherheit umzusetzen
- sichern, dass die unter 6.1.3b im Anhang A.1 der Norm benannten notwendigen Kriterien alle angewendet werden. Der Anhang A.1 der Norm enthält eine vollständige Liste möglicher Informationssicherheitskriterien. Bei Bedarf können zusätzliche organisationsspezifische Informationssicherheitsmaßnahmen aufgenommen werden
- eine Erklärung zur Anwendbarkeit erstellen, die die notwendigen Informationssicherheitsmaßnahmen (siehe 6.1.3b und 6.1.3c) und deren Begründung für ihre Anwendung enthält. Weiterhin, ob die erforderlichen Informationssicherheitsmaßnahmen durchgeführt werden oder nicht bzw. auch die Begründung für den

Ausschluss von im Anhang A.1 der Norm enthaltenen Informationssicherheitsmaßnahmen

- Erarbeitung eines Plans zur Behandlung von Informationssicherheitsrisiken
- Genehmigung eines Plans zur Behandlung der Informationssicherheitsrisiken und deren Restrisiken durch die oberste Leitung (Risikoeigner). Die Organisation muss dokumentierte Informationen über den Prozess der Behandlung von Informationssicherheitsrisiken aufbewahren. Der beschriebene Prozess zur Behandlung von Informationssicherheitsrisiken muss die Prinzipien und allgemeinen Richtlinien der ISO 31000 berücksichtigen [Nor 18e].

**Im Anhang A.1 der Norm ISO/IEC 27001:2024 sind Referenzmaßnahmenziele mit insgesamt 93 Maßnahmen enthalten. Der Anhang A.1 der Norm ISO/IEC 27001 enthält 37 organisatorische Maßnahmen, 8 personenbezogene Maßnahmen, 14 physische Maßnahmen, 34 technologische Maßnahmen.**

Referenzmaßnahmenziele sind beispielsweise: Informationssicherheitsrichtlinien, Organisation der Informationssicherheit, Personalsicherheit, Asset Management, Zugangskontrolle, physische und umfeldbezogene Sicherheit und operative Sicherheit. Die in den Referenzmaßnahmenzielen enthaltenen 93 Maßnahmen beinhalten Tools für ein effektives Risikomanagement. Dabei werden Cyberangriffe, Datenverlust und Datendiebstahl durch Hacker sowie Geschäftsstillstand durch Angriffe über das Web und/oder Datenmissbrauch berücksichtigt.

**Im Anhang A.1, Gliederungspunkte 5 bis 8 der ISO/IEC 27001:2024 sind beispielsweise Informationssicherheitsmaßnahmen mit folgenden Anforderungen formuliert:**

- Die Inhalte von Informationssicherheitsrichtlinien müssen die spezifischen Anforderungen der Organisation/des Unternehmens berücksichtigen.
- Aufbau einer Managementstruktur und Bestimmung der Informationssicherheitsrollen zur Umsetzung der Maßnahmen des ISMS. Erarbeitung von Sicherheitsrichtlinien für Mitarbeitende, die von außerhalb des Büros, bspw. Homeoffice, auf Informationen der Organisation/des Unternehmens zugreifen, diese verarbeiten und speichern.
- Alle beteiligten Parteien müssen über die Anforderungen und Pflichten zur Geheimhaltung von Informationen vor, während und nach ihrer Beschäftigung aktenkundig belehrt werden. Das kann bspw. im Arbeitsvertrag geregelt werden. Damit sollen die Interessen der Organisation/des Unternehmens wirksam geschützt werden. Dazu muss ein Prozess formuliert und implementiert werden, der diese Anforderungen an alle Parteien überwacht.
- Sicherheit der Assets im Unternehmen. Unter dem Begriff Asset versteht man Vermögen, Anlagevermögen oder Kapitalanlagen, aber auch Immobilien und Güter sowie Kompetenzen und Vermögensgegenstände.

- Es muss ein Prozess implementiert werden, der die Nutzung, die Einführung eines Klassifizierungsschemas, die Festlegung von Verfahren für den Umgang mit Assets und die sichere Entsorgung von Speichermedien garantiert. Informationen und Assets müssen identifiziert und klassifiziert werden. Eine Offenlegung/Veröffentlichung von als sensibel klassifizierten Informationen muss ausgeschlossen werden.
- Eindeutige Regelungen zum Zugang von Informationen und Verhinderung von unbefugten Zugriffen auf Informationen und Daten. Implementierung eines Prozesses zur Verpflichtung der beteiligten Personen zum Schutz von Authentifizierungsdaten wie bspw. PINs und Passwörtern.
- Erarbeitung einer Zugriffskontrollrichtlinie und Steuerung der Zugriffsrechte. Umgang mit geheimen Authentifizierungsinformationen und die Festlegung von Schreib- und Leserechten.
- Maßnahmen zur Verschlüsselung und zur Wahrung der Vertraulichkeit, Integrität und Authentizität wichtiger Informationen. Richtlinie zur Verwendung und zur Gültigkeitsdauer von kryptografischen Schlüsseln.
- Prävention und Verhinderung von unbefugten Zugriffen auf Informationen zur Vermeidung von Schäden für das Unternehmen. Verlust, Beschädigung oder Diebstahl von Informationen. Einrichtung eines physischen Sicherheitsbereichs, Sicherung der am Transport beteiligten Bereiche, regelmäßige Wartung der Informationstechnik und entsprechender Schutz der Technik beim Verlassen des Arbeitsplatzes.
- Sicherstellung der Integrität von Informationstechnik und operativen Systemen (Rechner und Server, Netzwerke), Schutz dieser vor Schadsoftware, Verhinderung von Datenverlusten, Wahrung der Konsistenz von Aktivitätsprotokollen, systematische Verringerung potenzieller technischer Risiken und Störungen. Implementierung eines Prozesses für Änderungen der organisatorischen Abläufe und die Nutzung von Anti-Malware-Software. Training und Schulung der Nutzer zum Einhalten der Richtlinie zur Datensicherung, zur Überwachung der installierten Software und zur regelmäßigen Risikobeurteilung.
- Richtlinie zur Sicherheit und Überwachung der internen und externen Informationsübermittlung über alle Kommunikationskanäle bspw. E-Mail, soziale Medien und interne Messaging-Plattformen.
- Die Informationssicherheit von Informationssystemen während der Nutzungsdauer muss gewährleistet werden. Bei der Aktualisierung oder der Einführung neuer Systeme hat die Informationssicherheit oberste Priorität. Es muss sichergestellt sein, dass nur befugtes Personal Zugang zu Testdaten hat. Schutz von Informationen, die über öffentliche Netzwerke weitergeleitet werden, um fehlerhafte Weiterleitungen, Änderungen oder eine unbefugte Offenlegung zu verhindern.

Einrichtung sicherer Entwicklungsbereiche und regelmäßige Überprüfung von Sicherheitseinrichtungen.

- Sicherstellen, dass durch Zugriffe von Lieferanten die Informationssicherheit gewährleistet ist.
- Potenzielle Risiken müssen ermittelt werden und die Lieferanten müssen regelmäßig überwacht und auditiert werden.
- Informationssicherheitsvorfälle müssen erkannt und ausgewertet werden. Erkannte Schwachstellen müssen zeitnah abgestellt werden. Für Informationssicherheitsvorfälle muss ein Verfahren implementiert werden und Beweise müssen gesichert werden.
- Sicherstellung einer kontinuierlichen Informationssicherheit und Durchführung aller Maßnahmen in Übereinstimmung mit den Kontinuitätsplänen der Organisation/des Unternehmens.
- Verstöße gegen die Anforderungen zur Informationssicherheit aus rechtlichen, gesetzlichen, behördlichen oder vertraglichen Gründen sind auszuschließen. Erarbeitung einer Richtlinie zu den Compliance-Anforderungen der Organisation/des Unternehmens. Gewährleistung des Schutzes sensibler Informationen und regelmäßige Überprüfung der Compliance von Informationssystemen. [Nor 24] [Web 75]

Es müssen **nicht** alle der 93 Informationssicherheitsmaßnahmen des Anhangs A.1 der DIN EN ISO/IEC 27001 umgesetzt werden. Es müssen jedoch zwingend die Gründe für die Nichteinbeziehung von Maßnahmen aus Anhang A.1 der Norm beschrieben werden. Jede Organisation/jedes Unternehmen muss seine spezifischen Maßnahmen ermitteln und umsetzen. Die Auswahl organisationsspezifischer Maßnahmen muss aufgrund der Risikobewertung und -behandlung erfolgen. Die ISO/IEC 27002:2022 enthält Standardmaßnahmen des Anhangs der ISO/IEC 27001 und beschreibt diese ausführlicher.

Von wesentlicher Bedeutung ist auch die Verwendung von Methoden und Werkzeugen, um mit Kommentaren, Nachverfolgung von Änderungen und Vermeidung unsicherer Programmiermethoden eine sichere Kodierung zu gewährleisten. [Web 103] [Web 104]

Die Norm DIN EN ISO/IEC 27001 ist mit den normativen Anforderungen zentraler Bestendteil der Normfamilie und wird durch Empfehlungen sowie branchen- und maßnahmenspezifische Leitfäden ergänzt.

Die in der Normenfamilie DIN EN ISO/IEC 27000 ff. enthaltenen Normen stehen alle zueinander in Beziehung [Nor 24].

In der DIN EN ISO/IEC 27000:2020 „Informationstechnik – Sicherheitsverfahren – Informationssicherheitsmanagementsysteme – Überblick und Terminologie“ sind die in den unterschiedlichen Normen verwendeten Begriffe enthalten (Bild 9.1). Die Normenfamilie DIN EN ISO/IEC 27000 ff. ist in unterschiedliche Abschnitte gegliedert bzw. anhand ihrer Rollen differenziert (Bild 9.1).

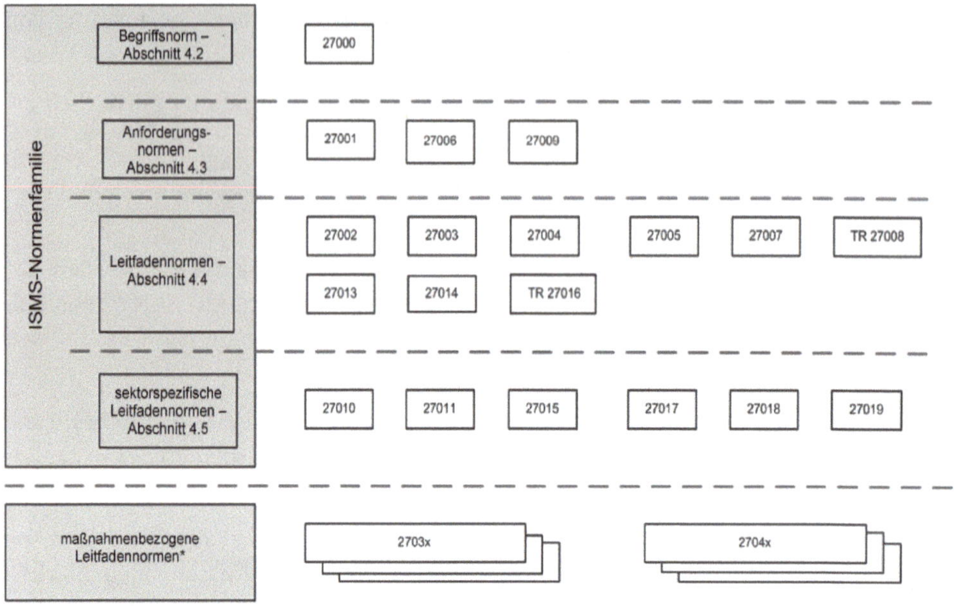


**Bild 9.1** Aufbau und Struktur der Normenfamilie ISO/IEC 27000 ff. [Nor 17h]

**Zu den Normen für das Informationssicherheitsmanagement gehören folgende Normen [Sch 17]:**

- DIN EN ISO/IEC 27000, Informationstechnik – Sicherheitsverfahren – Informationssicherheitsmanagementsysteme – Überblick und Terminologie
- DIN EN ISO 27001, Informationssicherheit, Cybersicherheit und Datenschutz – Informationssicherheitsmanagementsysteme – Anforderungen
- DIN EN ISO/IEC 27002, Informationssicherheit, Cybersicherheit und Schutz der Privatsphäre – Informationssicherheitsmaßnahmen
- ISO/IEC 27003, Information technology – Security techniques – Information security management system implementation guidance
- ISO/IEC 27004, Information technology – Security techniques – Information security management – Measurement
- ISO/IEC 27005, Information technology – Security techniques – Information security risk management
- ISO/IEC 27006, Information technology – Security techniques – Requirements for bodies providing audit and certification of information security management systems
- ISO/IEC 27007, Information technology – Security techniques – Guidelines for information security management systems auditing

- ISO/IEC TR 27008, Information technology – Security techniques – Guidelines for auditors on information security controls
- DIN ISO/IEC 27009, Informationssicherheit, Cybersicherheit und Datenschutz – Sektorspezifische Anwendung der ISO/IEC 27001 – Anforderungen
- ISO/IEC Guide 73:2009, Risk Management – Vocabulary
- ISO/IEC 27010, Information technology – Security techniques – Information security management guidelines for inter-sector and inter-organizational communications
- ISO/IEC 27011, Information technology – Security techniques – Information security management guidelines for telecommunications organizations based on ISO/IEC 27002
- ISO/IEC 20000-1:2011, Information technology – Service management – Part 1: Service management system requirements
- ISO/IEC 27013, Information technology – Security techniques – Guidance on the integrated implementation of ISO/IEC 27001 and ISO/IEC 20000-1
- ISO/IEC 27014, Information technology – Security techniques – Governance of information security
- ISO/IEC TR 27015, Information security management guidelines for financial services
- ISO/IEC TR 27016, Information technology – Security techniques – Information security management – Organizational economics
- ISO/IEC 27017, Information technology – Security techniques – Code of practice for information security controls based on ISO/IEC 27002 for cloud services
- ISO/IEC/IEEE 15939:2017, Systems and software engineering – Measurement process
- ISO/IEC 27018, Information technology – Security techniques – Code of practice for PII protection of personally identifiable information (PII) in public clouds acting as PII processors
- DIN EN ISO/IEC 27019:2020-08, Informationstechnik- Sicherheitsverfahren – Informationssicherheitsmaßnahmen für die Energieversorgung (ISO/IEC 27019:2017, korrigierte Fassung 2019-08)
- DIN EN ISO 27799, Medizinische Informatik – Informationssicherheitsmanagement im Gesundheitswesen bei Verwendung der ISO/IEC 27002
- ISO 27799:2008, Health informatics – Information security management in health using ISO/IEC 27002

**Für den Aufbau eines ISMS sind auch die vom Bundesamt für Sicherheit in der Informationstechnik herausgegebenen national gültigen Grundschutz-Standards sehr nützlich:**

- **Bundesamt für Sicherheit in der Informationstechnik – BSI-Standards**
- **BSI-IT-Grundschutz-Standards** sind ebenfalls eine sehr gute Hilfestellung beim Aufbau eines ISMS. Die vier BSI-Grundschutz-Standards helfen beim Gestalten, Einführen und Betreiben des Informationssicherheitsprozesses, indem sie bekannte und bewährte Sicherheitsmaßnahmen beschreiben und somit den Aufwand des Prozesses reduzieren. [Sch 17]
- **BSI-Standard 200-1:**

  Der BSI-Standard 200-1 (Managementsystem für Informationssicherheit) definiert parallel zur ISO/IEC 27001 generelle Anforderungen an ein ISMS.

  *Internet: BSI-Standard 200-1 (bund.de)*
- **BSI-Standard 200-2:**

  Analog zur ISO/IEC 27002 enthält der BSI-Standard 200-2 (IT-Grundschutz-Vorgehensweise) Empfehlungen zum Aufbau sowie Betrieb eines ISMS.

  *Internet: BSI-Standard 200-2 (bund.de)*
- **BSI-Standard 200-3:**

  Der BSI-Standard 200-3 (Risikoanalyse auf der Basis von IT-Grundschutz) beinhaltet Methoden zur Risikoanalyse.

  *Internet: BSI-Standard 200-3 (bund.de)*
- **BSI-Standard 100-4:**

  Beim BSI-Standard 100-4 (Notfallmanagement) handelt es sich um ein Regelwerk mit Methodiken zur Etablierung und Aufrechterhaltung eines behörden- und unternehmensweiten Notfallmanagements.

  *Internet: BSI-Standard 100-4 (bund.de)*
- **BSI-IT-Grundschutz-Kataloge:**

  Hierbei handelt es sich um Module wie z. B. Bausteinkataloge, Gefährdungskataloge, Maßnahmenkataloge und weitere Hilfsmittel, welche ergänzend zur ISO/IEC 27001 angewendet werden können.

  *Internet: Informationssicherheit mit System. Der IT-Grundschutz des BSI (bund.de)*
- **ISIS12-Handbuch und ISIS12-Katalog:**

  Der Bayrische IT-Sicherheitscluster e. V. bietet mit dem ISIS12-Handbuch ein Modell zum Einführen eines ISMS in zwölf Schritten. Zusammen mit dem ISIS12-Katalog (basierend auf dem BSI-Grundschutz und ISO/IEC 27001) wird hiermit kleinen und mittelständischen Unternehmen ein einfacher Handlungsrahmen (40 ISMS-

Bausteine und Maßnahmen) zur Implementierung des ISMS zur Verfügung gestellt. [Bre 22]

*Internet: ISIS12 2.0 Handbuch ab sofort zum Download verfügbar – IT-Sicherheitscluster e. V.*

Mit dem BSI-IT-Grundschutz Standard kann eine Informationssicherheitsrisikobeurteilung (IRSBU) mithilfe der Schadenshöhe, der Eintrittshäufigkeit und der Risikokategorie durchgeführt werden (Bild 9.2)

| Eintrittshäufigkeit / Beschreibung | |
|---|---|
| häufig | Ereignis tritt einmal im Jahr bis einmal pro Monat ein. |
| sehr häufig | Ereignis tritt mehrmals im Monat ein. |

*Tabelle 8: Kategorisierung von Eintrittshäufigkeiten*

| Schadenshöhe/Schadensauswirkungen | |
|---|---|
| vernachlässigbar | Die Schadensauswirkungen sind gering und können vernachlässigt werden. |
| begrenzt | Die Schadensauswirkungen sind begrenzt und überschaubar. |
| beträchtlich | Die Schadensauswirkungen können beträchtlich sein. |
| existenzbedrohend | Die Schadensauswirkungen können ein existenziell bedrohliches, katastrophales Ausmaß erreichen. |

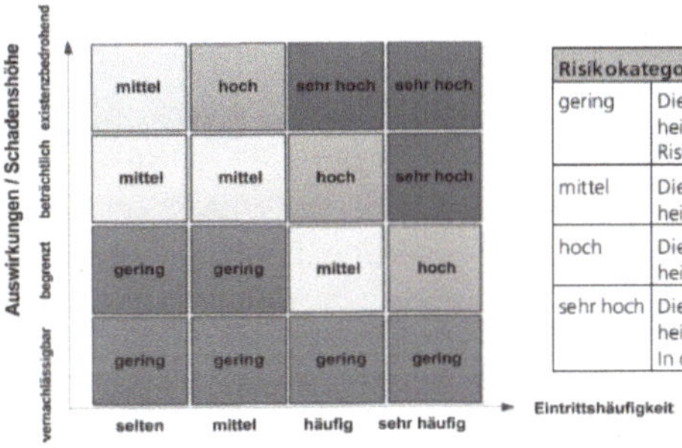


| Risikokategorien | |
|---|---|
| gering | Die bereits umgesetzten oder zumindest im Sicherheitskonzept vorgesehenen Sicherheitsmaßnahmen bieten einen ausreichenden Schutz. In der Praxis ist es üblich, geringe Risiken zu akzeptieren und die Gefährdung dennoch zu beobachten. |
| mittel | Die bereits umgesetzten oder zumindest im Sicherheitskonzept vorgesehenen Sicherheitsmaßnahmen reichen möglicherweise nicht aus. |
| hoch | Die bereits umgesetzten oder zumindest im Sicherheitskonzept vorgesehenen Sicherheitsmaßnahmen bieten keinen ausreichenden Schutz vor der jeweiligen Gefährdung. |
| sehr hoch | Die bereits umgesetzten oder zumindest im Sicherheitskonzept vorgesehenen Sicherheitsmaßnahmen bieten keinen ausreichenden Schutz vor der jeweiligen Gefährdung. In der Praxis werden sehr hohe Risiken selten akzeptiert. |

**Bild 9.2** Kriterien für eine Informationssicherheitsrisikobeurteilung (IRSBU)

## 9.6 Umsetzung der Normenanforderungen zum Informationssicherheitsmanagement im Unternehmen

Die Dokumentation von Richtlinien, Prozessen und Verfahren für das Informationssicherheitsmanagement ist die Basis für den Aufbau und die dokumentierten Informationen eines ISMS. Der systematische Aufbau und die Dokumentation sind von entscheidender Bedeutung. Die Lenkung der dokumentierten Informationen muss klar und eindeutig geregelt sein. Wichtig ist, dass die Abläufe und Schnittstellen für alle Beteiligten nachvollziehbar dokumentiert sind. Durch die dokumentierten Informationen des ISMS muss ein Mehrwert für die Nutzer entstehen und kein unverhältnismäßiger Mehraufwand. Aufzeichnungen und Dokumente müssen so bearbeitet werden, dass die Ergebnisse und Aktivitäten nachgewiesen werden können. [Bre 22]

Um ein ISMS nach allen Anforderungen, die sich aus der DIN EN ISO/IEC 27001 ergeben, optimal aufzubauen, umzusetzen und zu überwachen, ist die Verwendung eines Auditfragenkataloges hilfreich. Durch die Darstellung in Checklistenform ist es rationell möglich, die Konformität zu den normativen Anforderungen festzustellen. Außerdem ist die Verwendung eines Auditfragenkatalogs zur Vorbereitung, Durchführung und Auswertung von internen Audits vorteilhaft.

Ein Auditfragenkatalog kann mit Bezug zur Gliederung einer Managementnorm nach Harmonized Structure mit den Spalten Kapitelnummer, Kapitelname, Frage zu normativen Anforderungen, erfüllt und Nachweis der Anforderung aufgebaut werden (Kapitel 13, Bild 13.3) [Ill 19].

In der Tabelle 9.2 sind alle Mindestanforderungen und dokumentationspflichtige Informationen (DV) der DIN EN ISO/IEC 27001, geordnet nach Kapitelnummern der Harmonized Structure, zusammengefasst.

**Tabelle 9.2** Mindestanforderungen und dokumentationspflichtige Informationen der DIN EN ISO/IEC 27001 [Nor 24]

| Kap. Nr. | Mindestanforderung und dokumentationspflichtige Verfahren, Norm DIN EN ISO/IEC 27001:2024 [Nor 24] |
|---|---|
| 4.1 | Bestimmung externer und interner Themen |
| 4.2 | Bestimmung der interessierten Parteien und der Anforderungen |
| 4.3 | Festlegung und Dokumentation des Anwendungsbereichs des ISMS |
| 4.4 | Aufbau, Verwirklichung, Aufrechterhaltung, fortlaufende Verbesserung des ISMS |
| 5.1 | Festlegen der Informationssicherheitspolitik |
| | Integration der Anforderungen des ISMS in die Geschäftsprozesse |
| | Ressourcen für das ISMS stehen zur Verfügung |
| | Vermittlung der Bedeutung und Wichtigkeit des ISMS |
| | Prüfung der beabsichtigten Ergebnisse des ISMS |
| | Anleitung und Unterstützung von Personal zur Wirksamkeit des ISMS |
| | Förderung zur fortlaufenden Verbesserung |
| | Unterstützung von Führungskräften |
| 5.2 | Informationssicherheitspolitik beinhaltet die Forderungen der Normpunkte 5.2. a) bis d) |
| | Dokumentierte Informationen der Informationssicherheitspolitik |
| | Bekanntmachung der Informationssicherheitspolitik innerhalb der Organisation |
| | Verfügbarkeit der Informationssicherheitspolitik für interessierte Parteien |

| Kap. Nr. | Mindestanforderung und dokumentationspflichtige Verfahren, Norm DIN EN ISO/IEC 27001:2024 [Nor 24] |
|---|---|
| 5.3 | Zuweisung der Verantwortlichkeiten und Befugnisse für Rollen mit Bezug zur Informationssicherheit und Bekanntmachung innerhalb der Organisation |
| | Zuweisung der Verantwortlichkeiten und Befugnisse zur Kontrolle der Konformität des ISMS mit der Norm |
| | Zuweisung der Verantwortlichkeiten und Befugnisse zum Berichten der Leistungsfähigkeit des ISMS |
| 6.1.1 | Berücksichtigung von 4.1./4.2. sowie Betrachtung von Risiken und Chancen bei der Planung zur Prüfung der beabsichtigten Ergebnisse des ISMS |
| | Berücksichtigung von 4.1./4.2. sowie Betrachtung von Risiken und Chancen bei der Planung zur Verhinderung oder Verringerung von unerwünschten Auswirkungen des ISMS |
| | Berücksichtigung von 4.1./4.2. sowie Betrachtung von Risiken und Chancen bei der Planung zur fortlaufenden Verbesserung des ISMS |
| | Planung von Maßnahmen im Umgang mit Risiken und Chancen für das ISMS |
| | Planung zur Umsetzung und Integration der Maßnahmen in die ISMS-Prozesse |
| | Planung zur Bewertung der Wirksamkeit dieser Maßnahmen |
| 6.1.2 | Festlegen, Anwenden und Dokumentieren eines Prozesses zur Informationssicherheitsrisikobeurteilung (ISRBU) |
| | Festlegung und Aufrechterhaltung von Informationssicherheitsrisikokriterien zur Risikoakzeptanz |
| | Festlegung und Aufrechterhaltung von Informationssicherheitsrisikokriterien zur Durchführung von ISRBU |
| | Sicherstellung von konsistenten, gültigen und vergleichbaren Ergebnissen von wiederholten ISRBU |
| | Mithilfe des ISRBU-Prozesses Identifikation von Informationssicherheitsrisiken und Ermittlung von Risiken im Zusammenhang mit dem Verlust der Vertraulichkeit, Integrität und Verfügbarkeit von Informationen innerhalb des Anwendungsbereichs des ISMS |
| | Mithilfe des ISRBU-Prozesses Identifikation von Informationssicherheitsrisiken zur Ermittlung der Risikoeigentümer |
| | Mithilfe des ISRBU-Prozesses Analyse von Informationssicherheitsrisiken zur Abschätzung von möglichen Folgen bei Eintritt der nach 6.1.2.c) 1) identifizierten Risiken |
| | Mithilfe des ISRBU-Prozesses Analyse von Informationssicherheitsrisiken zur Abschätzung der realistischen Eintrittswahrscheinlichkeit der nach 6.1.2.c) 1) identifizierten Risiken |

**Tabelle 9.2** Mindestanforderungen und dokumentationspflichtige Informationen der DIN EN ISO/IEC 27001 [Nor 24] *(Fortsetzung)*

| Kap. Nr. | Mindestanforderung und dokumentationspflichtige Verfahren, Norm DIN EN ISO/IEC 27001:2024 [Nor 24] |
|---|---|
| | Mithilfe des ISRBU-Prozesses Analyse von Informationssicherheitsrisiken zur Bestimmung des Risikoniveaus |
| | Mithilfe des ISRBU-Prozesses Bewertung von Informationssicherheitsrisiken zum Vergleich der Ergebnisse der Risikoanalyse mit den nach 6.1.2.a) festgelegten Risikokriterien |
| | Mithilfe des ISRBU-Prozesses Bewertung von Informationssicherheitsrisiken zur Priorisierung der analysierten Risiken für die Risikobehandlung |
| 6.1.3 | Festlegen, Anwenden und Dokumentieren eines Prozesses zur Informationssicherheitsrisikobehandlung (ISRBH) |
| | Auswählen geeigneter Optionen zur ISRBH unter Berücksichtigung der Ergebnisse der ISRBU |
| | Festlegen von Maßnahmen, die zur Umsetzung der gewählte(n) Option(en) für die ISRBH erforderlich sind |
| | Vergleichen und Überprüfen der nach 6.1.3b) festgelegten Maßnahmen mit den in Anhang A.1 der Norm befindlichen Maßnahmen (es sind keine erforderlichen Maßnahmen auszulassen) |
| | Erstellung einer Erklärung zur Anwendbarkeit, welche die erforderlichen Maßnahmen, Gründe für deren Einbeziehung, Umsetzungsstatus sowie Gründe für die Nichteinbeziehung von Maßnahmen aus Anhang A.1 der Norm enthält |
| | Formulierung eines ISRBH-Plans |
| | Genehmigung des ISRBH-Plans von den Risikoeigentümern sowie Einholung der Akzeptanz von Informationssicherheitsrestrisiken |
| 6.2 | Festlegen und Dokumentieren von Informationssicherheitszielen für relevante Funktionen und Ebenen |
| | Erfüllung folgender Anforderungen an die Informationssicherheitsziele: stehen im Einklang mit der Informationssicherheitspolitik, sind (sofern machbar) messbar, berücksichtigen anwendbare Informationssicherheitsanforderungen sowie die Ergebnisse der ISRBU und ISRBH, werden überwacht und vermittelt, soweit erforderlich aktualisiert und als dokumentierte Information verfügbar sein |
| | Bestimmung, was getan wird, welche Ressourcen erforderlich sind, wer verantwortlich ist, wann es abgeschlossen wird und wie die Ergebnisse bewertet werden bei der Planung zum Erreichen der Informationssicherheitsziele |
| 6.3 | Ermittelte Änderungen, die am ISMS notwendig sind, müssen in geplanter Weise durchgeführt werden |

| Kap. Nr. | Mindestanforderung und dokumentationspflichtige Verfahren, Norm DIN EN ISO/IEC 27001:2024 [Nor 24] |
|---|---|
| 7.1 | Bestimmung und Bereitstellung der erforderlichen Ressourcen zum Aufbau, zur Verwirklichung, Aufrechterhaltung und fortlaufenden Verbesserung des ISMS |
| 7.2 | Bestimmung und Dokumentation der erforderlichen Kompetenz für Personen, die Tätigkeiten verrichten, welche die Informationssicherheitsleistung der Organisation beeinflussen |
| | Sicherstellung der Kompetenz dieser Personen auf Grundlage von angemessener Ausbildung, Schulung oder Erfahrung |
| | Einleitung von Maßnahmen (wenn erforderlich), um die benötigte Kompetenz zu erwerben und Bewertung der Wirksamkeit der getroffenen Maßnahmen |
| 7.3 | Bewusstsein der Informationssicherheitspolitik bei den Mitarbeitenden |
| | Bewusstsein der Wirksamkeit des Beitrags der Mitarbeitenden zum ISMS sowie der Vorteile einer verbesserten Informationssicherheitsleistung |
| | Bewusstsein der Folgen einer Nichterfüllung der Anforderungen des ISMS bei den Mitarbeitenden |
| 7.4 | Bestimmung der internen und externen Kommunikation in Bezug auf das ISMS, inkl. worüber, wann, mit wem und wie kommuniziert wird |
| 7.5.1 | Das ISMS beinhaltet die von der Norm geforderten dokumentierten Informationen |
| | Das ISMS beinhaltet dokumentierte Informationen, welche die Organisation als notwendig für die Wirksamkeit des ISMS bestimmt hat |
| 7.5.2 | Sicherstellung einer angemessenen Kennzeichnung und Beschreibung beim Erstellen und Aktualisieren von dokumentierten Informationen |
| | Sicherstellung eines angemessenen Formats beim Erstellen und Aktualisieren von dokumentierten Informationen |
| | Sicherstellen einer angemessenen Überprüfung und Genehmigung beim Erstellen und Aktualisieren von dokumentierten Informationen im Hinblick auf Eignung und Angemessenheit |
| 7.5.3 | Steuerung dokumentierter Informationen, die für das ISMS erforderlich und von der Norm gefordert sind |
| | Sicherstellung der Verfügbarkeit und Eignung der gesteuerten dokumentierten Informationen (wann und wo diese benötigt werden) |
| | Sicherstellung eines angemessenen Schutzes der gesteuerten dokumentierten Informationen |
| | Berücksichtigung von Verteilung/Zugriff/Auffindung/Verwendung, Ablage/Speicherung/Erhaltung/Erhaltung der Lesbarkeit, Überwachung von Änderungen und zeitliche Verfügbarkeit und Archivierung |

**Tabelle 9.2** Mindestanforderungen und dokumentationspflichtige Informationen der DIN EN ISO/IEC 27001 [Nor 24] *(Fortsetzung)*

| Kap. Nr. | Mindestanforderung und dokumentationspflichtige Verfahren, Norm DIN EN ISO/IEC 27001:2024 [Nor 24] |
|---|---|
| | Angemessene Kennzeichnung von dokumentierter Information externer Herkunft, die von der Organisation als notwendig für Planung und Betrieb des ISMS bestimmt wurde |
| 8.1 | Planung, Verwirklichung und Steuerung der Prozesse der Informationssicherheitsanforderungen sowie Durchführung der in Normabschnitt 6 bestimmten Maßnahmen |
| | Festlegung von Kriterien für die Prozesse sowie Verwirklichung der Steuerung der Prozesse in Übereinstimmung mit den Kriterien |
| | Zeitliche Verfügbarkeit der dokumentierten Information im notwendigen Umfang, sodass darauf vertraut werden kann, dass die Prozesse wie geplant umgesetzt werden |
| | Steuerung von geplanten Änderungen, Überprüfung von unbeabsichtigten Änderungen und falls notwendig Ergreifung von Maßnahmen zur Verminderung von negativen Auswirkungen |
| | Sicherstellung der Steuerung von ausgegliederten Prozessen, Produkten und Dienstleistungen |
| 8.2 | Durchführung und Dokumentation der Informationssicherheitsrisikobeurteilung (ISRBU) in geplanten Abständen oder bei Änderungen unter Berücksichtigung der in 6.1.2.a) festgelegten Kriterien |
| 8.3 | Umsetzung und dokumentierte Information eines Plans für die Informationssicherheitsrisikobehandlung (ISRBH) |
| 9.1 | Bewertung und dokumentierte Information der Informationssicherheitsleistung und der Wirksamkeit des ISMS |
| | Bestimmung, was gemessen werden muss, einschließlich der Informationssicherheitsprozesse |
| | Bestimmung der Methoden zur Überwachung, Messung, Bewertung und sofern zutreffend, Sicherstellung gültiger Ergebnisse |
| | Bestimmung, wann und wer überwachen muss |
| | Bestimmung, wann und wer die Ergebnisse der Überwachung und Messung analysiert und bewertet |
| 9.2.1 | Durchführung von internen Audits in geplanten Abständen zur Überprüfung der Konformität mit den Organisationsanforderungen sowie den Anforderungen der DIN EN ISO/IEC 27001 und Kontrolle der Verwirklichung und Aufrechterhaltung des ISMS |

| Kap. Nr. | Mindestanforderung und dokumentationspflichtige Verfahren, Norm DIN EN ISO/IEC 27001:2024 [Nor 24] |
|---|---|
| 9.2.2 | Durchführung des Auditprogramms und Dokumentation und Nachweis der im Audit gesammelten Informationen und der Ergebnisse |
| | Festlegung von Auditprogrammen, Auditoren, Auditkriterien/Umfang sowie Berichterstattung der Ergebnisse |
| 9.3.1 | Bewertung des Managementsystems in geplanten Abständen (Eignung, Angemessenheit und Wirksamkeit) |
| 9.3.2 | Behandlung folgender Aspekte: Status von Maßnahmen vorheriger Managementbewertungen, Veränderung interner und externer Themen bzgl. des ISMS, Veränderungen bei den Erfordernissen und Erwartungen von interessierten Parteien bzgl. des ISMS, Rückmeldung über die Informationssicherheitsleistung (einschließlich Entwicklungen bei Nichtkonformitäten/Korrekturmaßnahmen/Ergebnissen von Überwachungen und Messungen/Auditergebnissen/Erreichen von Informationssicherheitszielen), Rückmeldung interessierter Parteien, Ergebnisse ISRBU/Status des Plans zur ISRBH und Möglichkeiten zur fortlaufenden Verbesserung |
| 9.3.3 | Ergebnisse der Managementbewertung als dokumentierte Information und Nachweis |
| | Die Ergebnisse der Managementbewertung geben die Möglichkeit, Entscheidungen zur fortlaufenden Verbesserung sowie Änderungsbedarf am ISMS zu definieren |
| 10.1 | Fortlaufende Verbesserung des ISMS hinsichtlich dessen Eignung, Angemessenheit und Wirksamkeit |
| 10.2 | Ergreifung von Überwachungsmaßnahmen zur Korrektur von Nichtkonformitäten sowie Umgang mit deren Folgen |
| | Bewertung der Notwendigkeit von Maßnahmen zur Beseitigung von Nichtkonformitäten durch Überprüfung der Nichtkonformität, Bestimmung der Ursachen der Nichtkonformität und Bestimmung von vergleichbaren Nichtkonformitäten |
| | Einleitung von Maßnahmen bei Nichtkonformität |
| | Überprüfung der Wirksamkeit jeglicher ergriffener Korrekturmaßnahmen |
| | Ändern des ISMS (sofern erforderlich) |
| | Prüfung der Korrekturmaßnahmen auf Angemessenheit bzgl. der aufgetretenen Nichtkonformität |
| | Zeitliche Verfügbarkeit und Archivierung der dokumentierten Information als Nachweis der Maßnahmen zur Nichtkonformität sowie der Ergebnisse von Korrekturmaßnahmen |

**Wesentliche Vorteile der Integration eines ISMS in ein integriertes Managementsystem sind:**

- Alle Managementsysteme besitzen den gleichen Aufbau.
- Zügige und einfache Erweiterung/Umformulierung/Überarbeitung vorhandener Dokumente (z. B. IMH, Prozesslandkarte, dokumentierte Information (dokumentierte Information, DV, PB)).
- Neu zu erstellende ISMS-spezifische Dokumente bspw. zum Risikoprozess können mit gleicher Struktur (Maske) implementiert werden.
- Das vorhandene IMS wird kontinuierlich gepflegt und überwacht.
- Das existente IMS erfährt fortlaufend Verbesserung.
- Das vorhandene IMS ist bei den Mitarbeitenden, Kunden, Lieferanten usw. bekannt.
- Neue Managementprozesse können mit geringem Aufwand in bestehende Prozesse integriert werden.

Beim Implementieren des ISMS in ein integriertes Managementsystem empfiehlt sich die Zuhilfenahme des Anhangs A der DIN EN ISO/IEC 27001 oder der BSI-IT-Grundschutz-Standards. Beide Standards beschreiben eine prinzipielle Vorgehensweise, um ein ISMS mit geringem Arbeitsaufwand aufzubauen. Weiterhin werden bei dieser Methode konkrete Sicherheitsanforderungen und Sicherheitsmaßnahmen vorgeschlagen. Somit bieten die BSI-IT-Grundschutz-Standards ebenfalls eine hilfreiche Grundlage, ein ISMS aufzubauen und in ein IMS zu integrieren [BSI 17].

Im Folgenden werden einige Beispiele zu wesentlichen dokumentierten Informationen dargestellt.

Ein wichtiges Dokument ist die Informationssicherheitspolitik der Organisation (Bild 9.3).

**Für die Organisation ist es notwendig, Informationssicherheitsziele zu formulieren:**

- **Authentizität von Informationen**

  Informationen müssen den Nutzern in Echtheit zur Verfügung stehen.
- **Integrität von Informationen**

  Informationen müssen vor unberechtigten/unbefugten Veränderungen, Löschungen, Umordnungen, Kopien oder wiederholter Abspeicherung geschützt werden.
- **Schutz vor Cyberkriminalität und Cyberangriffen**
- **Verantwortlichkeit für Informationen**

  Für den Inhalt von Informationen müssen Verantwortung sowie Haftung übernommen werden.

- **Verbindlichkeit von Informationen**

  Die Informationsquelle und die Informationssenke müssen eindeutig zu identifizieren sein. Der Absender oder Empfänger von Informationen müssen eindeutig erkennbar sein.

- **Verfügbarkeit von Informationen**

  Damit sollen Sicherstellung der Zugänglichkeit und Nutzbarkeit von Informationen für die Nutzer erreicht werden.

- **Verlässlichkeit von Informationen**

  Es muss gesichert sein, dass die Lieferung von Informationen tatsächlich durch die gekennzeichnete Person erfolgt.

- **Vertraulichkeit von Informationen**

  Vertrauliche Informationen müssen vor unberechtigter Offenlegung geschützt werden.

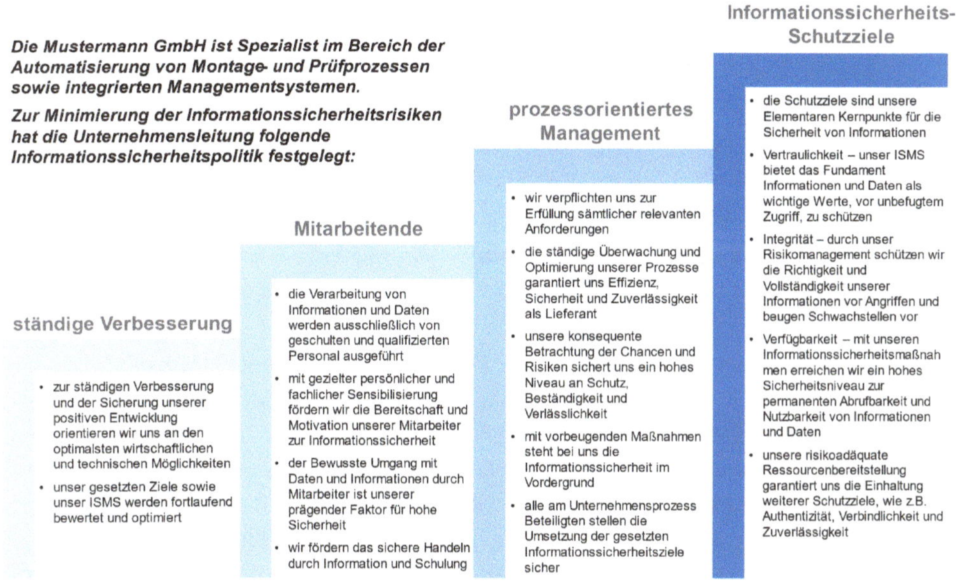


**Bild 9.3** Informationspolitik der Mustermann GmbH – Beispiel für Inhalt und Gestaltung einer Informationssicherheitspolitik

Weiterhin ist ein Sicherheitskonzept und ein Informationssicherheitsprozess zu erarbeiten, zu implementieren und umzusetzen (Bild 9.4 und Bild 9.5).

**P** | **Planung und Konzeption**
- Auswahl einer Methode zur Risikobewertung
- Klassifikation von Risiken bzw. Schäden
- Risikobewertung
- Entwicklung einer Strategie zur Behandlung von Risiken
- Auswahl von Sicherheitsmaßnahmen

**D** | **Umsetzung**
- Realisierungsplan für das Sicherheitskonzept
- Umsetzung der Sicherheitsmaßnahmen
- Überwachung und Steuerung der Umsetzung
- Aufbau der Notfallvorsorge und Behandlung von Sicherheitsvorfällen
- Schulung und Sensibilisierung

**C** | **Erfolgskontrolle und Überwachung**
- Detektion von Sicherheitsvorfällen im laufenden Betrieb
- Überprüfung der Einhaltung von Vorgaben
- Überprüfung der Eignung und Wirksamkeit von Sicherheitsmaßnahmen
- Überprüfung der Effizienz der Sicherheitsmaßnahmen
- Managementberichte

**A** | **Optimierung und Verbesserung**
- Beseitigung von Fehlern
- Verbesserung von Sicherheitsmaßnahmen

**Bild 9.4** Methode zur Umsetzung eines Sicherheitskonzepts [BSI 17]

Das Sicherheitskonzept kann entsprechend dem Deming'schen PDCA-Zyklus aufgebaut werden (Abschnitt 1.6).

Das Zusammenwirken des Sicherheitskonzepts mit dem Sicherheitsprozess muss schon während der Phase der Initiierung bis zur Verbesserung beachtet werden (Bild 9.5) [BSI 17].

Die BSI-Standard-Familie beschreibt ein Phasenmodell, das mit Hinweisen, Hintergrundinformationen und Beispielen während des Lebenszyklus der ISMS-Prozesse den Aufbau eines ISMS unterstützt [BSI 17]. Dabei werden die Rahmenbedingungen, welche durch die oberste Leitung in der ersten Phase festzulegen sind, beschrieben. In der zweiten Phase wird ein systematisches Vorgehensmodell als Leitlinie zur Informationssicherheit angegeben. Diese zweite Phase beinhaltet bspw. die angestrebten Sicherheitsziele und das Sicherheitsniveau. Bei der Erstellung der Sicherheitskonzeption muss bspw. der Anwendungsbereich festgelegt werden. Während dieser Phase des Sicherheitskonzepts muss auch die Informationssicherheitsrisikobeurteilung (IRSBU) als neue dokumentierte Information erstellt werden. Die dokumentierte Information zur Informationssicherheitsrisikobeurteilung (ISRBU) ist ein zentrales Dokument für ein ISMS.

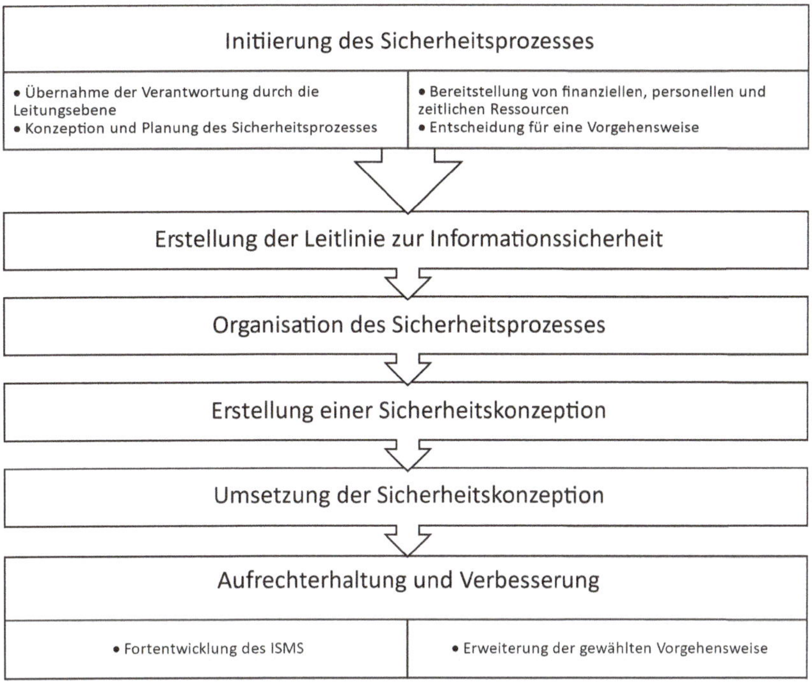


**Bild 9.5** Sicherheitsprozess und -konzept [BSI 17]

Die beiden letzten Phasen beschreiben die praktische Umsetzung des Sicherheitskonzepts sowie deren Aufrechterhaltung und Verbesserung (Bild 9.6).

Die Informationssicherheitsrisikobeurteilung (ISRBU) ist für die Organisation eine sehr schwierige, aber extrem wichtige Aufgabe und schafft die Grundlagen für die Informationssicherheit in der Organisation/im Unternehmen. [Web 59] Mit dem Prozess der ISRBU sollen, ähnlich wie bei einer FMEA, die Analyse der möglichen auftretenden Vorfälle analysiert werden und Maßnahmen zur Vermeidung geplant werden [Lin 24]. Darüber hinaus müssen auch die einzelnen Risiken bewertet und gewichtet werden, damit auch eine Klassifikation für die Schwere der möglichen Risiken erfolgen kann.

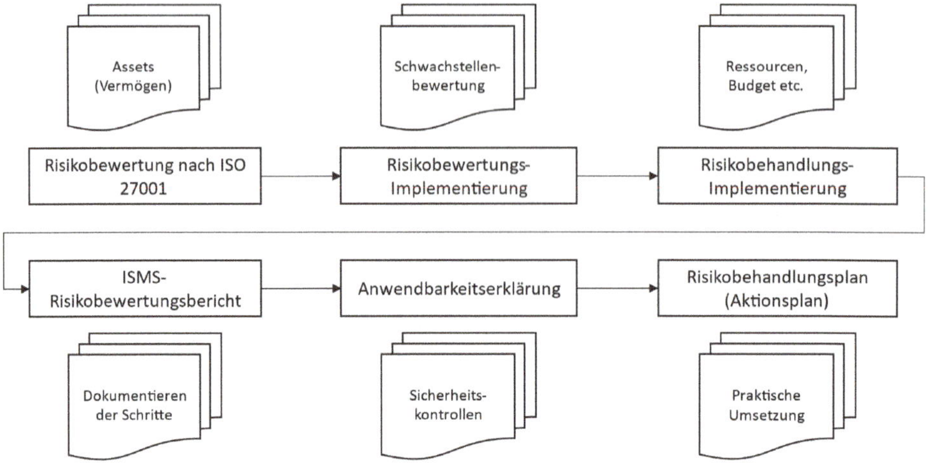


**Bild 9.6** Prozess Risikoeinschätzung Risikobehandlung nach ISO/IEC 27001 [Web 59]

**Abschließend werden die wesentlichen sechs Schritte als Methodik zur Erarbeitung der sehr komplexen Informationssicherheitsrisikobeurteilung (ISRBU) für ein ISMS beschrieben** (Bild 9.6):

1. **Risikobewertung**

   Die Risikoanalyse ist die Grundlage für alle daraus abzuleitenden Maßnahmen sowie deren Planung und gewichteten Bewertung. Einheitliche Regeln zur Durchführung des Risikomanagements müssen erarbeiten werden, mit denen in der gesamten Organisation/dem Unternehmen Risiken identifiziert und gewichtet werden. Zum Beispiel, ob eine qualitative oder eine quantitative Risikobewertung erfolgen soll, welche Bewertungsmaßstäbe verwendet werden und mit welcher Methode das betrachtete Risiko qualitativ und quantitativ bewertet wird. Die Analyse der Risiken beinhaltet die Einschätzung, die Bewertung und die Priorisierung aller Risiken in den Strukturen der Organisation/des Unternehmens und auch sich daraus ergebenden Chancen.

2. **Risikobewertungsimplementierung**

   Mithilfe des Risikomanagements sollen mögliche Schwachstellen in der Organisation/dem Unternehmen identifiziert werden. Bedrohungen und Schwachstellen müssen bezüglich ihrer Auswirkungen und ihrer Wahrscheinlichkeit für das Eintreten beurteilt werden. Auch Kombinationen mehrerer Bedrohungen und Schwachstellen müssen bewertet werden. Abschließend muss eine Einordnung in die verschiedenen Risikoklassen durchgeführt werden. Praktische Erfahrungen zeigen, dass nur ca. 30 % aller möglichen Risiken in der Organisation bekannt sind. Die verbleibenden 70 % noch nicht bekannter Risiken müssen mithilfe eines Prozesses zur Risikobehandlungsimplementierung möglichst erkannt und bewertet werden.

3. **Risikobehandlungsimplementierung**

   Die ermittelten Risiken beinhalten unterschiedlich schwere Risiken. Deshalb ist es geboten, sich zunächst auf die sogenannten „nicht annehmbaren Risiken“ mit den schwersten wirtschaftlichen Folgeschäden zu konzentrieren.

   Dabei kann jedes nicht annehmbare Risiko entsprechend Anhang A.1 der DIN EN ISO/IEC 27001 nach vier Sicherheitskontrollen behandelt/reduziert werden:

   - Risikoübertragung beispielsweise auf Versicherung durch Erwerb einer Versicherungspolice.
   - Risikovermeidung durch Nichtdurchführung der zu risikobehafteten Aktivitäten. Auch kann die Durchführung dieser potenziell gefährlichen Aktivitäten mit einer anderen Methode/Werkzeug neu geplant werden.
   - Akzeptanz des Risikos, wenn das Aufwand-Nutzen-Verhältnis zur Schadensbeseitigung nicht akzeptabel ist. Beispielsweise wenn die Kosten zur Reduzierung des Risikos höher wären als der Schaden selbst.
   - Durchführung von Untersuchungen, um auftretende Risiken mit möglichst geringen Investitionskosten zu reduzieren – Brainstorming [Lin 24].

4. **ISMS-Risikobewertungsbericht**

   Dokumentieren aller o. g. Schritte zur Informationssicherheitsrisikobeurteilung-ISRBU. Das ist für die Auditierung, Zertifizierung und auch für den kontinuierlichen Verbesserungsprozess relevant.

5. **Anwendbarkeitserklärung**

   Die Anwendbarkeitserklärung beschreibt das Sicherheitsprofil der Organisation/des Unternehmens. Mit den Ergebnissen der Risikobehandlung werden die aus ISO 27001, Anhang A.1 ausgewählten Sicherheitsthemen und damit verbundenen Maßnahmenziele in der Anwendungserklärung beschrieben. Bei einer Zertifizierung des ISMS kann die Anwendbarkeitserklärung als Leitfaden für interne und externe Audits verwendet werden.

6. **Risikobehandlungsplan (Aktionsplan)**

   Der Risikobehandlungsplan ist das Mittel für die praktische Umsetzung des ISMS. Er enthält die notwendigen Ressourcen, Verantwortlichkeiten und das zu planende Budget. Der Risikobehandlungsplan regelt die turnusmäßigen Kontrollen und die erforderlichen finanziellen Aufwendungen. Der Risikobehandlungsplan einschließlich der erforderlichen finanziellen Ressourcen muss durch die oberste Leitung genehmigt werden. [Web 76]

Mit dieser Methodik hat eine Organisation/ein Unternehmen einen Leitfaden für die Erarbeitung einer qualifizierten Informationssicherheitsbeurteilung (ISRBU) als wesentliche Grundlage für das ISMS.

# 10 Anforderungen an Informationssicherheits-Managementsysteme – TISAX Trusted Information Security Assessment Exchange nach VDA-ISA-Katalog 6.0

TISAX (Trusted Information Security Assessment Exchange) ist ein unternehmensübergreifendes Prüf- und Austauschverfahren für Informationssicherheit nach dem branchenspezifischen Standard VDA-ISA in der Automobilindustrie. Dieser wurde im Hinblick auf die Durchführung von Information Security Assessments (ISA) in der ENX Association entwickelt und durch den Verband der Automobilindustrie freigegeben und veröffentlicht. Die ENX Association steht als Repräsentant der europäischen Automobilindustrie hinter der TISAX. Grundlage des TISAX-Standards ist die DIN EN ISO/IEC 27001, auf welche auch häufig verwiesen wird. [Web 42]

Aber auch andere Branchen, die mit der Autoindustrie kommunizieren müssen, haben Interesse an einem TISAX-Label.

Die Informationssicherheitsmaßnahmen (einzelne Anforderungen) sind an die ISO/IEC 27001 angelehnt. Um die Anforderungen zu den Informationssicherheitsmaßnahmen zu erfüllen, müssen entsprechende Verfahrensanweisungen erarbeitet werden. Der TISAX – Trusted Information Security Assessment Exchange – ist Standard der deutschen Automobilindustrie für die Behandlung vertraulicher Informationen und Daten und den Prototypenschutz.

Die Anforderungen für TISAX-Bewertungen, der TISAX-Fragenkatalog, wird als Excel-Arbeitsmappe auf der Webseite der ENX Association zur Verfügung gestellt. Dieser Fragenkatalog dient als zentrales Instrument zur Durchführung der Sicherheitsbewertungen. Seit dem 01. April 2024 gilt der aktuelle VDA-ISA-Katalog in Version 6.0.2 als Kriterienkatalog mit den zusätzlichen Inhalten zu Informationssicherheit und Prototypenschutz:

*https://portal.enx.com/isa6-de.xlsx [Web 44]*

Zertifizierungen werden nach VDA Information Security Assessment (VDA-ISA) durchgeführt. Die Organisation für TISAX ist die ENX Association.

In einem nach TISAX zertifizierten Unternehmen (TISAX-Label) ist ein funktionierendes Informationssicherheits-Managementsystem (ISMS) und die Bestellung eines Informationssicherheitsbeauftragten (ISB) zwingend Voraussetzung.

Die ENX Association ist ein im Jahr 2000 unter Mitwirkung des VDA gegründeter Verein mit Sitz in Frankreich und Deutschland. Die Mitglieder umfassen führende Automobilhersteller und Zulieferer sowie Branchenverbände wie beispielsweise VW, BMW, Audi, Ford, Bosch, Continental und Renault. Die ENX Association bietet eine Plattform zum Informationsaustausch und für Kooperationen. Außerdem wirkt sie bei der Schaffung von Standards für den Schutz des geistigen Eigentums mit. [Web 42]

Ein Muster für eine Zertifizierungsurkunde „dekorativen Dokuments" (decorative TISAX assessment document) ist unter der Webseite:

*https://portal.enx.com/en-us/news/New-decorative-TISAX-assessment-document-now-available*

zu finden.

Die Standorte für TISAX-Zertifizierungen sind für registrierte Organisationen/Unternehmen auf der Online-Plattform TISAX-Exchange zu finden. OEM-Zulieferer für beispielsweise Mercedes Benz, Audi, BMW und Volkswagen müssen eine TISAX-Zertifizierung nachweisen.

TISAX-Audits müssen von Prüfstellen durchgeführt werden. Auditoren für TISAX müssen ihre Befähigung in einer Prüfung nachweisen.

## 10.1 Prüfziele und Kriterienkataloge

Die Struktur des TISAX-Fragenkatalogs ist speziell auf die Anforderungen der Automobilindustrie zugeschnitten und enthält drei Kriterienkataloge:

- Informationssicherheit
- Prototypenschutz
- Datenschutz

Jeder Kriterienkatalog enthält in jeweils einem eigenen Excel-Tabellenblatt spezifische Sicherheitsanforderungen. Welcher Kriterienkatalog für das Unternehmen relevant ist, hängt vom definierten Prüfziel ab (Tabelle 10.1). [Web 41]

**Tabelle 10.1** Übersicht über TISAX-Prüfziele und Kriterienkataloge ab VDA-ISA 6 [Web 41]

| Nr. | Prüfziel | Beschreibung | ISA-Kriterien-katalog(e) |
|---|---|---|---|
| 1. | Confidential | Umgang mit Informationen mit hohem Schutzbedarf im Rahmen der Vertraulichkeit (Zugriff auf vertrauliche Informationen) | Informations-sicherheit |
| 2. | Strictly confidential | Umgang mit Informationen von sehr hohem Schutzbedarf im Rahmen der Vertraulichkeit (Zugriff auf streng vertrauliche Informationen) | Informations-sicherheit |
| 3. | High availability | Umgang mit Informationen von hohem Schutzbedarf im Rahmen der Verfügbarkeit (hohe Verfügbarkeit der Informationen) | Informations-sicherheit |
| 4. | Very high availability | Umgang mit Informationen von sehr hohem Schutzbedarf im Rahmen der Verfügbarkeit (sehr hohe Verfügbarkeit der Informationen) | Informations-sicherheit |
| 5. | Proto parts | Schutz von Prototypenbauteilen und -komponenten | Prototypenschutz |
| 6. | Proto vehicles | Schutz von Prototypenfahrzeugen | Prototypenschutz |
| 7. | Test vehicles | Umgang mit Erprobungsfahrzeugen | Prototypenschutz |
| 8. | Proto events | Schutz von Prototypen während Veranstaltungen und Film- und Fotoshootings | Prototypenschutz |
| 9. | Data | Datenschutz gemäß Artikel 28 („Auftragsverarbeiter") der Datenschutz-Grundverordnung (DSGVO) | Informations-sicherheit Datenschutz |
| 10. | Special data | Datenschutz gemäß Artikel 28 („Auftragsverarbeiter") der Datenschutz-Grundverordnung (DSGVO) mit besonderen Kategorien personenbezogener Daten wie in Artikel 9 der Datenschutz-Grundverordnung (DSGVO) angegeben | Informations-sicherheit Datenschutz |

Der Kriterienkatalog Informationssicherheit deckt die zentralen Sicherheitsaspekte basierend auf der DIN EN ISO/IEC 27001 ab und verfolgt das Ziel, Vertraulichkeit, Integrität und Verfügbarkeit von Informationen zu gewährleisten. Der Kriterienkatalog Prototypenschutz enthält Anforderungen zur Sicherstellung, dass geeignete Maßnahmen für den Umgang mit Prototypen vorhanden sind, welche einen besonderen Schutz erfordern. Der Kriterienkatalog Datenschutz ist zusätzlich bei einer Auftragsverarbeitung im Sinne von Art. 28 der Allgemeinen Datenschutzgrundverordnung der EU zu bearbeiten. [Web 41]

Der TISAX-Fragenkatalog dient zum Self-Assessment (interne und externe Audits; Bild 10.1) für die Informationssicherheit in der Organisation/im Unternehmen. Der TISAX-Fragenkatalog stellt für jede Sicherheitsanforderung spezifische Kontrollfragen, deren Beantwortung auf die Erreichung bestimmter Sicherheitsziele ausgerichtet ist. Diese Ziele bieten den Unternehmen klare Richtlinien für die Umsetzung der geforderten Maßnahmen. Es gibt unterschiedliche Anforderungskategorien wie „muss" und „sollte" sowie zusätzliche Anforderungen für besonders hohe Schutzbedürfnisse. Muss-Anforderungen müssen vom Unternehmen zwingend erfüllt werden. Sollte-Anforderungen müssen ebenfalls zwingend erfüllt werden. Jedoch besteht die Möglichkeit, diese im begründeten Einzelfall auszuschließen. Die Begründung muss nachvollziehbar und dokumentiert sein. [Web 41] [Web 44]

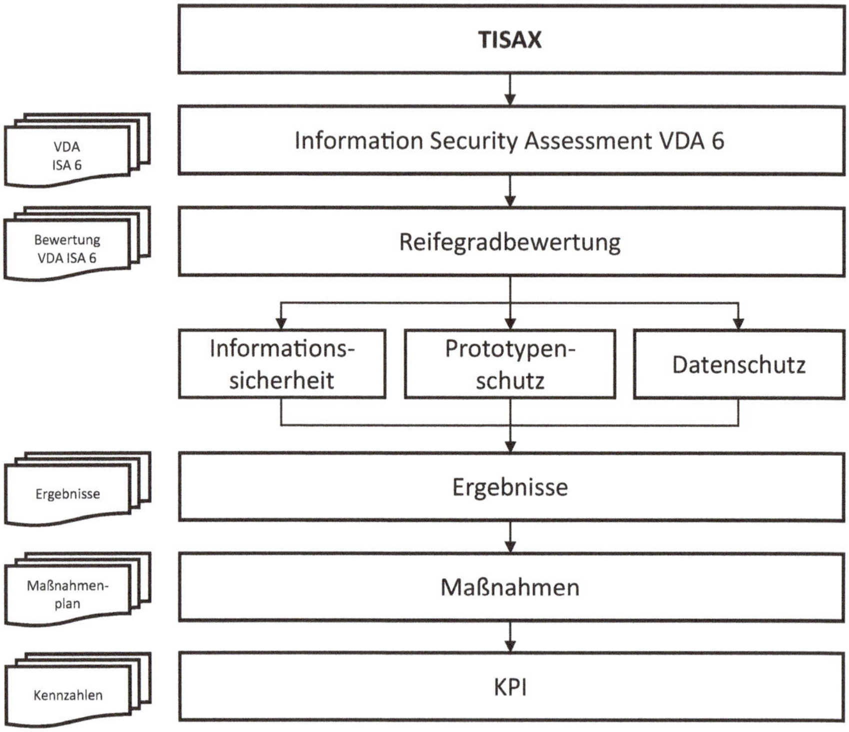


**Bild 10.1** Ablauf TISAX Assessment [Web 40]

Außerdem gibt es sogenannte TISAX-Label, die die Art der Freigabe und Klassifizierung der TISAX-Zertifizierung beinhalten. Es gibt zehn Label für die Kategorien „Grundmodul Information“ und die Zusatzmodule „Datenschutz“ und „Prototypenschutz“. Eine Zertifizierung nach TISAX ist sehr teuer.

TISAX-Zertifizierungen basieren auf den Anforderungen des VDA-ISA-Fragenkatalogs und beinhalten unterschiedliche Level. Der VDA-ISA-Katalog wird ständig weiterentwickelt bzw. erneuert. Die aktuelle Version kann man aus dem Internet herunterladen *(https://www.vda.de/de/themen/digitalisierung/daten/informationssicherheit)*.

## 10.2 Begriffe zum Informationsmanagement nach TISAX

Nachstehend die zentralen Begriffe rund um TISAX:

- **Business Continuity Management (BCM):** BCM dient dazu, sicherzustellen, dass die geschäftskritischen Prozesse in der Organisation in und nach einer Krisensituation funktionieren [Web 44].
- **Cloud/externe IT-Dienste:** Ein externer Dienst ist die Verarbeitung von Firmeninformationen außerhalb des Anwendungsbereichs des Audits (z. B. externes Hosting, Cloud-Dienst, Webdienste wie z. B. Anti-Virus-Dashboards im Internet, von externen Unternehmen bereitgestellte SIEM-Dienste).

  *Wichtig für das Ablehnen nicht relevanter Webdienste:*

  **Cloud-Dienst:** Ein Schaden kann sich direkt auf das Unternehmen auswirken [CIA, en: Confidentiality (Vertraulichkeit), Integrity (Integrität), Availability (Verfügbarkeit)]; Daten werden extern vertraulich/streng vertraulich verarbeitet (z. B. nicht durch Übersetzung einzelner Wörter). [Web 44]
- **Ereignis:** Erkanntes Auftreten eines IT-System-, -Dienst- oder Netzwerkzustands, der auf eine mögliche Verletzung der Informationssicherheit, -richtlinie oder auf ein Versagen von Maßnahmen hindeutet oder eine zuvor unbekannte Situation, die sicherheitsrelevant sein kann [Web 44].
- **Geheimhaltungsvereinbarung (GHV):** Geheimhaltungsvereinbarungen dienen dem rechtlichen Schutz von Informationen einer Organisation, insbesondere wenn diese über die Organisationsgrenzen hinaus ausgetauscht werden [Web 44].
- **generisches Arbeitsprodukt (GWP, en: Generic work product):** beliebiges Arbeitsergebnis, welches sich aus der Ausführung eines Prozesses ergibt [Web 44]
- **IAM-Technologie:** Identitäts- und Zugriffsverwaltungstechnologie (IAM- oder IdAM-Technologie) ist ein Rahmen von Technologien zur Sicherstellung, dass die richtigen Anwender (die Teil des mit einem Unternehmen verbundenen Ökosystems oder des Ökosystems innerhalb eines Unternehmens sind) angemessenen

Zugang zu Technologieressourcen haben. Identitäts- und Zugriffsverwaltungssysteme identifizieren, authentifizieren und steuern nicht nur den Zugang für Einzelne, die IT-Ressourcen nutzen, sondern auch die Hardware und Anwendungen, auf die Mitarbeitende zugreifen müssen. [Web 44]

- **Informationseigentümer/Informationsverantwortlicher/Datenverantwortlicher:** Person oder Organisationsstelle, welche Daten erstellt oder zur Nutzung bereitstellt und Auskunft über deren Schutzbedarf geben kann [Web 44].
- **Informationssicherheitsmanagementsystem (ISMS):** Das ISMS ist ein Steuerungsinstrument für die Organisationsleitung, mit dem diese sicherstellt, dass Informationssicherheit nicht nur das Ergebnis von Zufällen und individuellem Engagement, sondern von nachhaltigem Management ist [Web 44].
- **Informationssicherheitsrisiken:** Risiken, die bei der Erstellung und der Verarbeitung von Informationen vorhanden sind. Diese beruhen auf möglichen Ereignissen, die sich negativ auf die Erreichung der Schutzziele der Informationssicherheit auswirken. [Web 44]
- **Informationssicherheitsrisikomanagement (ISRM):** Das Informationssicherheits-Risikomanagement ist für das frühzeitige Erkennen, Bewerten und Behandeln von Risiken zur Erreichung der Schutzziele der Informationssicherheit erforderlich. Es befähigt die Organisation, angemessene Maßnahmen zum Schutz ihrer Informationswerte unter Abwägung der damit verbundenen Chancen und Risiken zu etablieren. [Web 44]
- **Informationsträger (Supporting Asset):** (Elektronische und physische) Informationsträger werden zur Speicherung, Verarbeitung und zum Transport von Informationswerten eingesetzt [Web 44].
- **Informationswert (Information Asset):** Informationswert (Information Asset) [Web 44].
- **IT-Dienst:** Ein IT-Dienst bezeichnet eine Software, die auf einem oder dem Zusammenspiel von mehreren IT-Systemen läuft und einen bestimmten Geschäftsbedarf abdeckt [Web 44].
- **IT-System:** Jede Art von Systemen, die zur elektronischen Informationsverarbeitung genutzt werden [Web 44].
- **Klassifizierung von Informationen:** Der Wert der Information für die Organisation wird auf der Grundlage der relevanten Schutzziele der Informationssicherheit (Vertraulichkeit, Integrität und Verfügbarkeit) ermittelt. Auf dieser Grundlage werden die Informationen in das Klassifizierungsschema eingeordnet. Dies ermöglicht der Organisation die Umsetzung angemessener Schutzmaßnahmen. [Web 44]
- **kritische IT-Systeme:** Kritische IT-Systeme sind unverzichtbar, um kritische IT-Dienste zu betreiben [Web 44].

- **kritischer IT-Dienst:** Kritische IT-Dienste sind für das Geschäft oder die Organisation unverzichtbar. Wenn ein derartiger Dienst versagt oder unterbrochen wird, werden Geschäftsabläufe schwer beeinträchtigt [Web 44].
- **Netzwerkdienst:** Ein Netzwerkdienst ist ein von einem IT-System bereitgestellter Dienst, der von anderen IT-Systemen genutzt wird, um über ein Datennetzwerk mit dem System zu kommunizieren [Web 44].
- **personenbezogene Daten:** Der Begriff personenbezogene Daten wird für alle Informationen verwendet, die sich auf eine identifizierte oder identifizierbare natürliche Person beziehen; als identifizierbar wird eine natürliche Person angesehen, die direkt oder indirekt, insbesondere mittels Zuordnung zu einer Kennung wie z. B. zu einem Namen, zu einer Kennnummer, zu Standortdaten, zu einer Online-Kennung oder zu einem oder mehreren besonderen Merkmalen identifiziert werden kann, die Ausdruck der physischen, physiologischen, genetischen, psychologischen, wirtschaftlichen, kulturellen oder sozialen Identität dieser natürlichen Person sind. [Web 44]
- **Prozessattribute (PA):** messbare Kenngröße für eine Prozessfähigkeit, die auf jeden Prozess anwendbar ist [Web 44]
- **Prüfscope, Geltungsbereich:** Legt fest, was während der Prüfung bewertet wird und was nicht („außerhalb des Anwendungsbereichs"). Der Prüfscope ist mit dem Geltungsbereich des bewerteten Managementsystems verbunden. Bei ISO-Zertifizierungen ist der Prüfscope stets identisch mit dem Geltungsbereich des Managementsystems. Bei TISAX-Prüfungen kann der Prüfscope als Teilmenge des Geltungsbereichs des Managementsystems definiert werden, solange alle erforderlichen Komponenten des Managementsystems vom Prüfscope abgedeckt werden. [Web 44]
- **schutzbedürftiger Prototyp:** Prototypenschutz schützt physische Prototypen, die als schutzbedürftig eingestuft werden. Prototypen schließen Fahrzeuge, Komponenten und Bauteile ein. Der Eigentümer des geistigen Eigentums für den Prototyp wird als Eigentümer des Prototyps angesehen. Die Inbetriebnahme-Abteilung des Eigentümers ist für die Klassifizierung des Schutzbedarfs eines Prototyps verantwortlich. Bei Prototypen, die mit hohem oder sehr hohem Schutzbedarf eingestuft sind, müssen die Mindestanforderungen an den Prototypschutz angewendet werden. [Web 44]
- **Schutzziele:** Vertraulichkeit (C), Integrität (I), Verfügbarkeit (A) [Web 44]
- **Sicherheitszonen:** Sicherheitszonen beziehen sich meist auf eine geschachtelte Anordnung von durch Barrieren und Zutrittsmechanismen gekapselten Bereichen. Sie dienen dem physischen Schutz von Informationswerten. Je sensibler die zu verarbeitenden Informationswerte sind, desto mehr Schutzmaßnahmen sind erforderlich. [Web 44]

- **Software:** Software ist ein Oberbegriff, der verwendet wird, um auf Anwendungen, Skripte und Programme Bezug zu nehmen, die auf einem IT-System laufen [Web 44].
- **Strategie/Leitlinie:** Sammelbegriff für unternehmensinterne Vorgaben [Web 44].
- **vereinfachte Gruppenprüfung (SGA, en: Simplified Group Assessment):** Vereinfachte Methode, um sehr große Organisationen mit einem hohen Reifegrad zu prüfen. Ein Beispiel ist eine vereinfachte Gruppenprüfung nach TISAX, die eine Möglichkeit für TISAX-Prüfungen eines Prüfscope mit einer großen Anzahl von Standorten darstellt. [Web 44]
- **Vorfall:** Einzelnes unerwünschtes oder unerwartetes Informationssicherheitsereignis oder eine Reihe unerwünschter oder unerwarteter Informationssicherheitsereignisse, bei dem/denen eine beträchtliche Wahrscheinlichkeit besteht, dass es/sie Geschäftsabläufe beeinträchtigt/beeinträchtigen und die Informationssicherheit bedroht/bedrohen [Web 44].

## 10.3 Assessment-Levels

Bei TISAX-Zertifizierungen werden drei Level unterschieden (Tabelle 10.2):

- AL1 (normal)
- AL2 (hoch)
- AL3 (sehr hoch)

Das Level AL1 bedeutet nur ein Self Assessment. Für die unterschiedlichen Level (Schutzbedarfe) gelten unterschiedlich strenge Auditkriterien. Daher werden mit höherem Schutzbedarf auch höhere Anforderungen an die Konformitätsprüfung gestellt (Tabelle 10.2 und Tabelle 10.3). [Web 41]

**Tabelle 10.2** Anwendbarkeit von Prüfmethoden auf unterschiedliche Assessment-Level [Web 41]

| Prüfmethode | Assessment-Level 1 (AL 1) | Assessment-Level 2 (AL 2) | Assessment-Level 3 (AL 3) |
|---|---|---|---|
| Selbsteinschätzung | Ja | Ja | Ja |
| Nachweise | Nein | Plausibilitätsprüfung | Eingehende Prüfung |
| Interviews | Nein | Als Webkonferenz | Persönlich, vor Ort |
| Vor-Ort-Prüfung | Nein | Auf Wunsch | Ja |

**Tabelle 10.3** Übersicht über TISAX Assessment-Level [Web 41]

| Schutzbedarf | Grundprüfung | Optionale Prüfung | |
|---|---|---|---|
| | Informationssicherheit | Prototypenschutz | Datenschutz |
| **Normal** | Assessment-Level 1 (AL 1) (Selbstauskunft) | – | – |
| **Hoch** | Assessment-Level 2 (AL 2) (Dokumentenprüfung) | Vor-Ort-Prüfung | Dokumentenprüfung |
| **Sehr hoch** | Assessment-Level 3 (AL 3) (Vor-Ort-Prüfung) | Vor-Ort-Prüfung | Vor-Ort-Prüfung |

Die TISAX unterscheidet dabei drei verschiedene Assessment-Level. Je höher der Schutzbedarf, desto höher ist das Assessment-Level und desto intensiver die Konformitätsprüfung (Tabelle 10.3) [Web 41]:

- **Assessment-Level 1 (AL 1):**
  - für interne Selbsteinschätzung (Self Assessment)
  - Es wird geprüft, ob eine vollständige Selbsteinschätzung vorliegt. Der Inhalt der Selbsteinschätzung wird nicht überprüft.
  - Die Ergebnisse haben eine niedrige Vertrauensstufe und werden in TISAX nicht verwendet.
- **Assessment-Level 2 (AL 2):**
  - Plausibilitätsprüfung der Selbsteinschätzung durch den akkreditierten Auditor (für alle Standorte im Prüf-Scope)
  - Es werden durch den akkreditierten Auditor Nachweise geprüft und Interviews durchführt.
  - Interviews werden entweder als Webkonferenz oder telefonisch durchgeführt. Auf Wunsch auch persönlich möglich.
  - In der Regel wird keine Vor-Ort-Prüfung durchgeführt.
- **Assessment-Level 3 (AL 3):**
  - Der akkreditierte Auditor führt eine umfassende Überprüfung der Einhaltung der geltenden Anforderungen durch.
  - Der akkreditierte Auditor verwendet die Selbsteinschätzung und die eingereichten Unterlagen, um die Prüfung vorzubereiten.
  - intensive Vor-Ort-Prüfung der Dokumente und Nachweise, örtlichen Gegebenheiten, Prozesse sowie Interviews mit Prozessverantwortlichen und -beteiligten

## 10.4 Label und Reifegrade

Das TISAX-Label wird an Unternehmen vergeben, die erfolgreich den TISAX-Prüfprozess abgeschlossen haben. Es fasst das Prüfergebnis zusammen und zeigt an, dass das ISMS des Unternehmens eine definierte Zusammenstellung von Anforderungen erfüllt. Die Labels entsprechen den Prüfzielen (Tabelle 10.3) [Web 41]

Einige TISAX-Labels sind hierarchisch verknüpft. Das heißt, beim Erreichen eines bestimmten TISAX-Labels werden automatisch auch die TISAX-Labels „unterhalb" dieses Labels erworben. [Web 41]

Gegenwärtig gibt es nachfolgende TISAX-Labels [Web 41]:

- „Info high" ist eine Obermenge von „Confidential" und „High availability".
- „Info very high" ist eine Obermenge von „Strictly confidential" und „Very high availability".
- „Strictly confidential" ist eine Obermenge von „Confidential".
- „Very high availability" ist eine Obermenge von „High availability".
- „Special data" ist eine Obermenge von „Data".

Für die TISAX-Bewertung wird das Konzept der „Reifegrade" verwendet, um die Qualität aller Aspekte des ISMS zu bewerten. Je ausgereifter ein ISMS ist, desto höher ist der Reifegrad.

> ✓ **Reifegrad:** Maßstab für die „Reife" des gesamten ISMS oder von Teilen hiervon. Dies ist der Grad der Strukturierung und der systematischen Steuerung des Gesamtprozesses oder der Teilprozesse. Für die in diesem Dokument genutzten Reifegrade gelten die im Reiter „Reifegrade" aufgeführten Anforderungen. [Web 44]

Es werden sechs Reifegrade unterschieden (Tabelle 10.4) [Web 41].

**Tabelle 10.4** Übersicht der Reifegrade [Web 41]

| Reifegrad | Bezeichnung | Beschreibung |
|---|---|---|
| 0 | Unvollständig | Es gibt keinen Prozess, es wird keinem Prozess gefolgt oder der Prozess ist nicht geeignet, um das Ziel zu erreichen. |
| 1 | Durchgeführt | Es wird einem nicht oder unvollständig dokumentierten Prozess gefolgt („informeller Prozess") und es existieren Indizien, dass er sein Ziel erreicht. |

| Reifegrad | Bezeichnung | Beschreibung |
|---|---|---|
| 2 | Gesteuert | Es wird einem Prozess gefolgt, der seine Ziele erreicht. Prozessdokumentation und Prozessdurchführungsnachweise sind vorhanden. |
| 3 | Etabliert | Es wird einem Standardprozess gefolgt, der in das Gesamtsystem integriert ist. Abhängigkeiten zu anderen Prozessen sind dokumentiert und geeignete Schnittstellen werden geschaffen. Es existieren Nachweise, dass der Prozess über einen längeren Zeitraum nachhaltig und aktiv genutzt wurde. |
| 4 | Vorhersagbar | Es wird einem etablierten Prozess gefolgt. Die Wirksamkeit des Prozesses wird durch Erheben von Kennzahlen kontinuierlich überwacht. Es sind Grenzwerte definiert, bei denen der Prozess als nicht hinreichend wirksam angesehen wird und angepasst werden muss. (Key Performance Indicators) |
| 5 | Optimierend | Es wird einem vorhersagbaren Prozess gefolgt, bei dem die kontinuierliche Verbesserung wesentliches Ziel ist. Die Verbesserung wird von dedizierten Ressourcen aktiv vorangetrieben. |

Der ISA definiert für jede Frage einen „Zielreifegrad“ (Reifegrad 3).

Im TISAX-Fragenkatalog wird im Excel-Tabellenblatt „Ergebnisse“ eine Übersicht der erreichten Reifegrade dargestellt. [Web 44]

## 10.5 TISAX-ISA-6.0-Fragenkatalog und ausgewählte Beispiele zur Umsetzung im Unternehmen

Der aktuelle Kriterienkatalog bzw. Fragenkatalog ist beim VDA unter „Information Security Assessment“: *https://www.vda.de/de/themen/digitalisierung/daten/informations-sicherheit* [Web 43] oder bei ENX unter *https://portal.enx.com/de-de/TISAX/downloads* [Web 44] abrufbar.

Eine ausgezeichnete und ausführliche Beschreibung des TISAX-ISA-6.0-Fragenkatalogs mit Hinweisen zu Muss-, Sollte- und Zusatzanforderungen und deren Interpretation ist in [Vog 24] oder [Vog 25] enthalten.

Der TISAX-ISA-6.0-Fragenkatalog mit den zugehörigen Abschnittsnummern ist in Tabelle 10.5 enthalten.

**Tabelle 10.5** Struktur und Inhalt des TISAX-ISA-6.0-Fragenkatalogs [Web 44]

| Kontrollnr. | Kontrollfrage |
|---|---|
| **1** | **Richtlinien und Organisation der Informationssicherheit** |
| **1.1** | **Richtlinien zur Informationssicherheit** |
| 1.1.1 | Inwieweit sind Richtlinien zur Informationssicherheit vorhanden? |
| **1.2** | **Organisation der Informationssicherheit** |
| 1.2.1 | Inwieweit wird in der Organisation Informationssicherheit gemanagt? |
| 1.2.2 | Inwieweit sind die Verantwortlichkeiten für Informationssicherheit organisiert? |
| 1.2.3 | Inwieweit werden Informationssicherheitsanforderungen in Projekten berücksichtigt? |
| 1.2.4 | Inwieweit sind die Verantwortlichkeiten zwischen organisationsfremden IT-Dienstleistern und der eigenen Organisation definiert? |
| **1.3** | **Asset-Management** |
| 1.3.1 | Inwieweit werden Informationswerte (Assets) identifiziert und erfasst? |
| 1.3.2 | Inwieweit werden Informationswerte hinsichtlich ihres Schutzbedarfs klassifiziert und gemanagt? |
| 1.3.3 | Inwieweit wird sichergestellt, dass nur evaluierte und freigegebene organisationsfremde IT-Dienste zum Verarbeiten von Informationswerten der Organisation eingesetzt werden? |
| 1.3.4 | Inwieweit wird sichergestellt, dass nur evaluierte und zugelassene Software zum Verarbeiten von Informationswerten der Organisation eingesetzt wird? |
| **1.4** | **Risikomanagement für Informationssicherheit** |
| 1.4.1 | Inwieweit werden Informationssicherheitsrisiken gemanagt? |
| **1.5** | **Assessment** |
| 1.5.1 | Inwieweit wird die Einhaltung der Informationssicherheit in Verfahren und Prozessen sichergestellt? |
| 1.5.2 | Inwieweit wird das ISMS von einer unabhängigen Stelle überprüft? |
| **1.6** | **Vorfall- und Krisenmanagement** |
| 1.6.1 | Inwieweit werden für die Informationssicherheit relevante Ereignisse oder Beobachtungen gemeldet? |
| 1.6.2 | Inwieweit werden gemeldete Sicherheitsereignisse verwaltet? |
| 1.6.3 | In welchem Maße ist die Organisation vorbereitet, mit Krisensituationen umzugehen? |

| Kontrollnr. | Kontrollfrage |
|---|---|
| **2** | **Personalabteilung** |
| 2.1.1 | Inwieweit wird die Eignung von Mitarbeitenden für sensible Tätigkeitsbereiche sichergestellt? |
| 2.1.2 | Inwieweit werden alle Mitarbeitenden vertraglich zur Einhaltung der Informationssicherheitsrichtlinien verpflichtet? |
| 2.1.3 | Inwieweit werden Mitarbeitende hinsichtlich der Risiken beim Umgang mit Informationen geschult und sensibilisiert? |
| 2.1.4 | Inwieweit ist mobiles Arbeiten geregelt? |
| **3** | **Physische Sicherheit** |
| 3.1.1 | Inwieweit werden Sicherheitszonen für den Schutz von Informationswerten gemanagt? |
| 3.1.2 | Ersetzt durch 1.6.3, 5.2.8 und 5.2.9 |
| 3.1.3 | Inwieweit ist der Umgang mit Informationsträgern gemanagt? |
| 3.1.4 | Inwieweit ist der Umgang mit mobilen IT-Geräten und mobilen Datenträgern gemanagt? |
| **4** | **Identitäts- und Zugriffsverwaltung** |
| **4.1** | **Identitätsverwaltung** |
| 4.1.1 | Inwieweit ist der Umgang mit Identifikationsmitteln verwaltet? |
| 4.1.2 | Inwieweit wird der Zugang von Benutzern zu IT-Diensten und IT-Systemen gesichert? |
| 4.1.3 | Inwieweit werden Benutzerkonten und Anmeldeinformationen sicher verwaltet und angewendet? |
| **4.2** | **Zugriffsverwaltung** |
| 4.2.1 | Inwieweit werden Zugriffsrechte vergeben und verwaltet? |
| **5** | **IT-Sicherheit/Cybersicherheit** |
| **5.1** | **Kryptografie** |
| 5.1.1 | Inwieweit wird die Nutzung kryptografischer Verfahren verwaltet? |
| 5.1.2 | Inwieweit werden Informationen während der Übertragung geschützt? |
| **5.2** | **Operations Security** |
| 5.2.1 | Inwieweit werden Änderungen verwaltet? |
| 5.2.2 | Inwieweit sind Entwicklungs- und Testumgebungen von Produktivumgebungen getrennt? |

**Tabelle 10.5** Struktur und Inhalt des TISAX-ISA-6.0-Fragenkatalogs [Web 44] *(Fortsetzung)*

| Kontrollnr. | Kontrollfrage |
|---|---|
| **5** | **IT-Sicherheit/Cybersicherheit** |
| 5.2.3 | Inwieweit werden IT-Systeme vor Schadsoftware geschützt? |
| 5.2.4 | Inwieweit werden Ereignisprotokolle aufgezeichnet und analysiert? |
| 5.2.5 | Inwieweit werden Schwachstellen erkannt und behandelt? |
| 5.2.6 | Inwieweit werden IT-Systeme und -Dienste technisch überprüft (System- und Dienst-Audit)? |
| 5.2.7 | Inwieweit wird das Netzwerk der Organisation verwaltet? |
| 5.2.8 | Inwieweit ist eine Kontinuitätsplanung für IT-Dienste vorhanden? |
| 5.2.9 | Inwieweit werden die Sicherung und Wiederherstellung von Daten und IT-Diensten sichergestellt? |
| **5.3** | **Systemanschaffung, Anforderungsmanagement und Entwicklung** |
| 5.3.1 | Inwieweit wird Informationssicherheit bei neuen oder weiterentwickelten IT-Systemen berücksichtigt? |
| 5.3.2 | Inwieweit sind Anforderungen an Netzwerkdienste definiert? |
| 5.3.3 | Inwieweit sind die Rückgabe und das sichere Entfernen von Informationswerten aus organisationsfremden IT-Diensten geregelt? |
| 5.3.4 | Inwieweit sind Informationen in gemeinsam genutzten organisationsfremden IT-Diensten geschützt? |
| **6** | **Lieferantenbeziehungen** |
| 6.1.1 | Inwieweit wird die Informationssicherheit bei Auftragnehmern und Kooperationspartnern sichergestellt? |
| 6.1.2 | Inwieweit ist Geheimhaltung beim Austausch von Informationen vertraglich vereinbart? |
| **7** | **Compliance** |
| 7.1.1 | Inwieweit wird die Einhaltung regulatorischer und vertraglicher Bestimmungen sichergestellt? |
| 7.1.2 | Inwieweit wird der Schutz von personenbezogenen Daten bei der Umsetzung der Informationssicherheit berücksichtigt? |
| **8** | **Prototypenschutz** |
| **8.1** | **Physische und umgebungsbezogene Sicherheit** |
| 8.1.1 | Inwieweit ist ein Sicherheitskonzept vorhanden, das Mindestanforderungen zur physischen und umgebungsbezogenen Sicherheit für den Prototypenschutz beschreibt? |

| Kontrollnr. | Kontrollfrage |
|---|---|
| **8** | **Prototypenschutz** |
| 8.1.2 | Inwieweit ist Perimeterschutz vorhanden, der den unberechtigten Zutritt zu geschützten Objekten der Liegenschaften verhindert? |
| 8.1.3 | Inwieweit ist die Außenhaut der geschützten Gebäude in einer Form ausgeführt, die das Entfernen oder Öffnen von Außenhautkomponenten mit handelsüblichen Werkzeugen verhindert? |
| 8.1.4 | Inwieweit wird der Sicht- und Einblickschutz in definierte Sicherheitsbereiche sichergestellt? |
| 8.1.5 | Inwieweit ist der Schutz vor unbefugtem Betreten in Form einer Zugangskontrolle geregelt? |
| 8.1.6 | Inwieweit werden die zu sichernden Räumlichkeiten auf Einbruch überwacht? |
| 8.1.7 | Inwieweit ist ein dokumentiertes Besuchermanagement vorhanden? |
| 8.1.8 | Inwieweit ist eine Mandantentrennung vor Ort gegeben? |
| **8.2** | **Organisatorische Anforderungen** |
| 8.2.1 | Inwieweit liegen vertragsrechtlich gültige Geheimhaltungsvereinbarungen/-verpflichtungen vor? |
| 8.2.2 | Inwieweit sind Vorgaben für die Beauftragung von Unterauftragnehmern bekannt und erfüllt? |
| 8.2.3 | Inwieweit werden Mitarbeitende und Projektbeteiligte bezüglich des Umgangs mit Prototypen nachweislich geschult und sensibilisiert? |
| 8.2.4 | Inwieweit sind die Sicherheitseinstufungen des Projekts und die daraus resultierenden Maßnahmen zur Absicherung bekannt? |
| 8.2.5 | Inwieweit ist ein Prozess zur Zutrittsvergabe in Sicherheitsbereiche definiert? |
| 8.2.6 | Inwieweit sind Regelungen zur Bildaufzeichnung und zum Umgang mit erstelltem Bildmaterial vorhanden? |
| 8.2.7 | Inwieweit ist ein Prozess für das Mitführen und die Nutzung von mobilen Video- und Fotogeräten in definierten Sicherheitsbereichen etabliert? |
| **8.3** | **Umgang mit Fahrzeugen, Komponenten und Bauteilen** |
| 8.3.1 | Inwieweit werden Transporte von als schutzbedürftig klassifizierten Fahrzeugen, Komponenten oder Bauteilen nach den Vorgaben des Auftraggebers abgewickelt? |
| 8.3.2 | Inwieweit ist sichergestellt, dass als schutzbedürftig klassifizierte Fahrzeuge, Komponenten und Bauteile den Vorgaben des Auftraggebers entsprechend abgestellt/gelagert werden? |

**Tabelle 10.5** Struktur und Inhalt des TISAX-ISA-6.0-Fragenkatalogs [Web 44] *(Fortsetzung)*

| Kontrollnr. | Kontrollfrage |
|---|---|
| **8** | **Prototypenschutz** |
| **8.4** | **Anforderungen für Versuchsfahrzeuge** |
| 8.4.1 | Inwieweit werden die vorgegebenen Regelungen zur Tarnung von den Projektbeteiligten umgesetzt? |
| 8.4.2 | Inwieweit werden Maßnahmen für den Schutz von freigegebenem Test- und Erprobungsgelände eingehalten/umgesetzt? |
| 8.4.3 | Inwieweit werden die Schutzmaßnahmen für freigegebene Test- und Erprobungsfahrten in der Öffentlichkeit eingehalten/umgesetzt? |
| **8.5** | **Anforderungen für Veranstaltungen und Shootings** |
| 8.5.1 | Inwieweit sind die Sicherheitsvorgaben für Ausstellungen und Veranstaltungen mit als schutzbedürftig klassifizierten Fahrzeugen, Komponenten oder Bauteilen bekannt? |
| 8.5.2 | Inwieweit sind die Schutzmaßnahmen für Film- und Fotoshootings mit als schutzbedürftig klassifizierten Fahrzeugen, Komponenten oder Bauteilen bekannt? |
| **9** | **Data Protection Policies and Organization** |
| **9.1** | **Data Protection Policies** |
| 9.1.1 | Inwieweit sind Richtlinien zum Datenschutz vorhanden? |
| **9.2** | **Organization of Data Protection** |
| 9.2.1 | Inwieweit sind die Verantwortlichkeiten für Datenschutz organisiert? |
| **9.3** | **Verarbeitungsverzeichnis** |
| 9.3.1 | Inwieweit werden Verarbeitungen identifiziert und erfasst? |
| **9.4** | **Datenschutzfolgenabschätzung** |
| 9.4.1 | Inwieweit wird der Umgang mit risikoreichen Verarbeitungen sichergestellt (Datenschutzfolgenabschätzung)? |
| **9.5** | **Datenübermittlungen** |
| 9.5.1 | Inwieweit ist die Übermittlung von Daten gemanagt? |
| 9.5.2 | Inwieweit werden vertragliche Vereinbarungen an Auftragnehmer und Kooperationspartner weitergegeben und deren Einhaltung überprüft? |
| 9.5.3 | Inwieweit werden Datenübermittlungen an Drittländer gemanagt? |

| Kontrollnr. | Kontrollfrage |
|---|---|
| **9** | **Data Protection Policies and Organization** |
| **9.6** | **Umgang mit Anfragen und Vorfällen** |
| 9.6.1 | Inwieweit werden Betroffenenanfragen verarbeitet? |
| 9.6.2 | Inwieweit werden Datenschutzvorfälle verarbeitet? |
| **9.7** | **Human Resources** |
| 9.7.1 | Inwieweit werden Mitarbeitende auf Vertraulichkeit verpflichtet? |
| 9.7.2 | Inwieweit werden Mitarbeitende zum Datenschutz geschult? |
| **9.8** | **Weisungen** |
| 9.8.1 | Inwieweit ist der Umgang mit Weisungen in Auftragsverarbeitungsverhältnissen gemanagt? |

## 10.6 Ausgewählte Beispiele aus dem TISAX-ISA-6.0-Fragenkatalog

Im Folgenden sollen ausgewählte Beispiele aus dem TISAX-ISA-6.0-Fragenkatalog zur Veranschaulichung und mit Hinweisen zur praktischen Umsetzung mitgeteilt werden [Web 44] [Vog 24].

### Inwieweit sind Richtlinien zur Informationssicherheit vorhanden?

**TISAX, Abschnitt 1.1.1 [Web 44]**

Richtlinie(n) für Informationssicherheit müssen in der Organisation/im Unternehmen vorhanden sein. Diese Richtlinien sind organisationsspezifisch aufzubauen und müssen entsprechende Ziele enthalten.

**Hinweise für die Umsetzung:**

Anforderungen an die Informationssicherheit müssen festgelegt und dokumentiert und an die Ziele der Organisation angepasst und von der oL freigegeben sein. [Vog 24]

### Inwieweit wird in der Organisation Informationssicherheit gemanagt?

**TISAX, Abschnitt 1.2.1 [Web 44]**

Die strategischen Ziele einer Organisation/eines Unternehmens müssen Aspekte zur Informationssicherheit enthalten, nachhaltig umgesetzt und die Wirksamkeit des ISMS regelmäßig überprüft werden.

**Hinweise für die Umsetzung:**

Der Geltungsbereich (Scope) des ISMS muss festgelegt, die Anforderungen an das ISMS müssen ermittelt werden und das ISMS muss von der oL freigegeben werden. Es müssen Maßnahmen und eine Maßnahmenverfolgung in das ISMS implementiert werden. Ziele können beispielsweise sein: Assessment-Level, Standorte des ISMS und Begründungen für Ausschlüsse von Fragen. In Management Reviews sind die Ergebnisse des ISMS mit einzubeziehen. [Vog 24]

### Inwieweit werden Informationswerte hinsichtlich ihres Schutzbedarfs klassifiziert und gemanagt?

**TISAX, Abschnitt 1.3.2 [Web 44]**

Informationen müssen bezüglich ihres Schutzbedarfs kontinuierlich klassifiziert werden.

Auf der Grundlage der Schutzziele Vertraulichkeit, Integrität und Verfügbarkeit sind die Informationen in eine Systematik zur Klassifizierung einzuordnen. Damit werden die Voraussetzungen geschaffen, dass eine Organisation/ein Unternehmen Schutzmaßnahmen umsetzen kann.

**Hinweise für die Umsetzung:**

Es muss eine Systematik zur Klassifizierung von Informationen vorhanden sein. Es muss kontinuierlich eine Beurteilung der identifizierten Informationen erfolgen und die Informationen müssen in eine Klassifizierungssystematik eingeordnet werden.

Der Umgang mit Informationsträgern (z. B. Kennzeichnung, Handhabung, Transport, Speicherung, Rückgabe, Löschung/Entsorgung) muss geregelt und umgesetzt sein. Klassifizierte Informationen sollen die Schutzziele Integrität und Verfügbarkeit berücksichtigen.

### Inwieweit werden Informationssicherheitsrisiken gemanagt?

**TISAX, Abschnitt 1.4.1 [Web 44]**

Informationssicherheitsrisiken müssen rechtzeitig erkannt, bewertet und behoben werden. Damit sollen die Schutzziele der Informationssicherheit erreicht werden. Die Organisation/das Unternehmen kann dann angemessene Maßnahmen zum Schutz ihrer Informationen in Verbindung mit den damit verbundenen Chancen und Risiken realisieren.

**Hinweise für die Umsetzung:**

Die Bewertungen von Risiken müssen kontinuierlich erfolgen. Bei bestimmten Vorfällen sind ebenfalls neue Bewertungen zur Klassifizierung von Informationen durchzuführen. Die Wahrscheinlichkeiten und Folgeschäden von Informationssicherheitsrisiken sind zu bewerten und zu dokumentieren. Für die Bewertung und das Management von Informationssicherheitsrisiken müssen die Risikoeigner bestimmt werden. Es ist eine dokumentierte Information (Prozessbeschreibung) mit Kriterien zur Bewertung und zum Management von Informationssicherheitsrisiken zu erarbeiten. Ein Maßnahmenplan mit Maßnahmen zum Umgang mit Informationssicherheitsrisiken sollte festgelegt, dokumentiert und kontinuierlich geprüft werden. Bei Änderungen der Organisationsstruktur, des Standorts und Änderungen von Gesetzen und Richtlinien muss eine Neubewertung der Informationssicherheitsrisiken erfolgen.

### Inwieweit wird die Einhaltung der Informationssicherheit in Verfahren und Prozessen sichergestellt?

**TISAX, Abschnitt 1.5.2 [Web 44]**

Die Wirksamkeit von Maßnahmen zur Informationssicherheit muss durch regelmäßige Überprüfung gewährleistet sein.

**Hinweise für die Umsetzung:**

Festgelegte Maßnahmen sind in der Organisation/dem Unternehmen regelmäßig zu überprüfen. Die vorhandenen Prozesse und Verfahren zur Informationssicherheit müssen turnusmäßig überprüft werden. Eventuell erforderliche Korrekturmaßnahmen bei Nichtkonformitäten (Abweichungen) müssen formuliert, durchgeführt und verfolgt werden. Anforderungen zur Informationssicherheit werden in planmäßigen Abständen turnusmäßig geprüft, dokumentiert und aufbewahrt.

### Inwieweit ist mobiles Arbeiten geregelt?

**TISAX, Abschnitt 2.1.4 [Web 44]**

Wenn außerhalb der Sicherheitszonen gearbeitet wird, bestehen besondere Informationssicherheitsrisiken. Deshalb sind besondere Schutzmaßnahmen zu realisieren.

**Hinweise für die Umsetzung:**

Es müssen die Anforderungen für das mobile Arbeiten ermittelt und eingehalten werden.

Berücksichtigung des Schutzbedarfs in privaten (z. B. im Homeoffice) und öffentlichen Bereichen, beispielsweise auf Reisen. Informationenrisiken in privaten und öffentlichen Bereichen müssen minimiert werden. Es sind besondere Vorkehrungen zum Schutz vor Diebstahl zu treffen. Netzwerkzugänge der Organisation dürfen nur über eine gesicherte Verbindung, beispielsweise über VPN oder über eine starke Authentifizierung realisiert werden. Die Mitarbeitenden sollten sensibilisiert werden und bei Reisen im Inland und ins Ausland besonders vorsichtig sein. So sollte die Einsichtnahme auf den Screen und auf Papiere durch entsprechende Maßnahmen verhindert werden. Auch sollten Maßnahmen gegen das Mithören umgesetzt sein.

### Inwieweit ist der Umgang mit Informationsträgern gemanagt?

**TISAX, Abschnitt 3.1.3 [Web 44]**

Informationsträger müssen vor Verlust, Diebstahl oder der unberechtigten Einsichtnahme geschützt werden.

**Hinweise für die Umsetzung:**

Kriterien für den sicheren Umgang mit Informationsträgern beispielsweise bei der Aufbewahrung und Reparatur, beim Transport, bei der Rückgabe und Entsorgung sowie bei Verlust müssen erarbeitet und erfüllt werden. Alle in der Organisation/im Unternehmen relevanten Informationsträger sind unbedingt zu schützen. Die Entsorgung von Informationsträgern sollte nach der Norm ISO 21964, mindestens Sicherheitsstufe 4, erfolgen. [Nor 18f]

### Inwieweit werden Benutzerkonten und Anmeldeinformationen sicher verwaltet und angewandt?

**TISAX, Abschnitt 4.1.3 [Web 44]**

Es müssen valide Benutzerkonten eingerichtet sein, damit der sichere Zugang zu Informationen und zu IT-Systemen gewährleistet ist. Die Benutzerkonten müssen den jeweiligen Personen eindeutig zugeordnet sein. Anmeldeinformationen müssen sicher geschützt werden. Die Rückverfolgbarkeit von Aktionen und Zugriffen muss gewährleistet sein.

**Hinweise für die Umsetzung:**

Es gibt eindeutige Regelungen zur Erstellung, Änderung und Löschung von eindeutigen und personalisierten Benutzerkonten. Auch die Nutzung und Rückverfolgbarkeit von sogenannten Sammelkonten, bei denen die Rückverfolgbarkeit von Aktionen verzichtbar ist, muss geregelt werden. Benutzerkonten müssen beim Ausscheiden des Benutzers aus der Organisation zeitnah gesperrt und in regelmäßigen Abständen überprüft werden. Die Anmeldeinformationen für den Benutzer müssen sicher zugestellt werden. Eine dokumentierte Information zum Umgang mit Anmeldeinformationen ist erarbeitet und wirksam umgesetzt. Es dürfen keine Weitergaben von Anmeldeinformationen an Dritte (auch nicht an Vorgesetzte) erfolgen. Die gesetzlichen Rahmenbedingungen sind immer zu beachten. Anmeldeinformationen dürfen nicht notiert oder unverschlüsselt gespeichert werden. Bei Verdacht auf eine Sicherheitslücke sind die Anmeldeinformationen sofort zu ändern! Anmeldeinformationen für geschäftliche und nichtgeschäftliche Nutzung müssen streng getrennt gehandhabt werden. Für die Anmeldeinformationen müssen die Passwortlänge und die zu verwendenden Zeichenarten geregelt sein. Die Passwörter für die personalisierten Benutzerkonten dürfen nur dem entsprechenden Benutzer bekannt sein und werden von autorisiertem Personal verwaltet. Es gibt einen Genehmigungsprozess und Fristen für die Löschung von Konten.

### Inwieweit werden die Sicherung und die Wiederherstellung von Daten und IT-Diensten sichergestellt?

**TISAX, Abschnitt 5.2.9 [Web 44]**

Hardware- und Softwarefehler und Fehler des Betreibers oder Angriffe von außen können dazu führen, dass Daten nicht mehr verfügbar sind. Deshalb müssen die regelmäßige Sicherung und die Wiederherstellung von Daten geregelt sein.

**Hinweise für die Umsetzung:**

Ein Verfahren für einen Backup- und Recovery-Prozess für die relevanten IT-Systeme muss deshalb vorhanden sein. Für die Schutzmaßnahmen durch die Datensicherung müssen die Vertraulichkeit, die Integrität und die Verfügbarkeit gesichert sein. Es sind Konzepte zur Wiederherstellung der Daten zu planen, die regelmäßig überprüft werden.

## Inwieweit liegen vertragsrechtlich gültige Geheimhaltungsvereinbarungen vor?

**TISAX, Abschnitt 8.2.1 [Web 44]**

Schutzbedürftig klassifizierte Informationen müssen in bestimmten Fällen weitergegeben werden. Dabei muss sichergestellt werden, dass die externen Organisationen ebenfalls die Anforderungen an die Informationssicherheit erfüllen. Dafür müssen die erforderlichen Maßnahmen umgesetzt werden. Dazu sind Geheimhaltungsvereinbarungen zwischen den Partnern abzuschließen. Schutzbedürftige Informationen dürfen nur weitergegeben werden, wenn eine rechtsgültige Geheimhaltungsvereinbarung vorliegt.

**Hinweise für die Umsetzung:**

Es muss eine rechtsgültige Geheimhaltungsvereinbarung der Parteien vorhanden sein und der Datenschutz muss eingehalten werden. Die am Projekt beteiligten Mitarbeitenden müssen persönlich zur Geheimhaltung verpflichtet werden.

## Inwieweit werden die vorgegebenen Regelungen zur Tarnung von den Projektbeteiligten umgesetzt?

**TISAX, Abschnitt 8.4.1 [Web 44]**

Regelungen zur Tarnung von Versuchsfahrzeugen müssen vorhanden und umgesetzt sein. Diese Regelungen müssen den Beteiligten am Projekt bekannt sein und eingehalten werden. Damit soll der Sichtschutz für Versuchsfahrzeuge sichergestellt werden.

**Hinweise für die Umsetzung:**

Die Anforderungen für die jeweilige Tarnung müssen den beteiligten Mitarbeitenden bekannt sein. Änderungen der Tarnung müssen mit dem Auftraggeber vereinbart und dokumentiert sein. Beschädigungen an der Tarnung müssen zeitnah gemeldet und beschrieben werden. Dazu ist eine dokumentierte Information (Prozessbeschreibung) zu erarbeiten.

**Inwieweit werden die Schutzmaßnahmen für freigegebene Test- und Erprobungsfahrten in der Öffentlichkeit eingehalten/umgesetzt?**

**TISAX, Abschnitt 8.4.3 [Web 44]**

Vorgaben des Auftraggebers für den Betrieb von als schutzbedürftig klassifizierten Versuchsfahrzeugen (Prototypen) im öffentlichen Verkehrsraum müssen bekannt sein und eingehalten werden. Es muss ein Verfahren beschrieben und implementiert werden, das die Einholung von spezifischen Anforderungen für den Betrieb von als schutzbedürftig klassifizierten Versuchsfahrzeugen im öffentlichen Verkehrsraum regelt. Die vom Auftraggeber vorgegebenen Schutzmaßnahmen einschließlich Regeln bei besonderen Ereignissen (Unfall, Panne, Diebstahl usw.), müssen bekannt sein und eingehalten werden.

Die beschriebenen ausgewählten Beispiele aus dem TISAX-ISA-6.0-Fragenkatalog mit Hinweisen zur Umsetzung sollen zeigen, wie TISAX in einer Organisation/einem Unternehmen praktisch eingeführt werden kann. Eine sehr gute und detaillierte Beschreibung aller TISAX-Fragen mit ausführlichen Hinweisen zur praktischen Umsetzung ist in [Vog 24] nachzulesen.

# 11 Anforderungen an Managementsysteme für Prüf- und Kalibrierlaboratorien (PKL-MS)

Eine leistungsfähige metrologische Infrastruktur ist die Grundlage für den Schutz der Verbraucher vor unrichtigen Messungen und für die Aufrechterhaltung des fairen Wettbewerbs. Diese metrologische Infrastruktur dient gleichermaßen als Grundlage für die industrielle Messtechnik. [Lin 24a]

Die industrielle Messtechnik trägt maßgeblich zum wirtschaftlichen Erfolg der industriellen Produktion bei.

Die weltweite Vermarktung von Produkten bedingt gleichermaßen das funktionsfähige Zusammenspiel mechanischer, elektrischer, optischer und weiterer Komponenten. Das bedeutet, dass beispielsweise geometrische Merkmale von Baugruppen, elektrische Signale und optische Eigenschaften präzise messbar sein müssen, um die Reproduktion und Austauschbarkeit von Baugruppen und Komponenten national und international sicherzustellen.

Die Wissenschaft des präzisen und richtigen Messens wird als Metrologie bezeichnet. Sie ist die methodische Grundlage jeder technischen Entwicklung und schafft gemeinsam mit den Methoden des Qualitätsmanagements die Voraussetzungen für die Einhaltung und Verbesserung der Produktqualität.

Zur metrologischen Infrastruktur gehört es, national und international einheitliches Messen zu gewährleisten. Dazu ist es zunächst erforderlich, dass die messbaren physikalischen Größen systematisiert und durch standardisierte Einheiten dargestellt werden können. Weltweite Anwendung findet heute das Internationale Einheitensystem SI (Système International d'Unités).

Für welt- und landesweit einheitliches Messen sind **Metrologieinstitute** zuständig, die die verschiedenen physikalischen Größen anhand von Normalen (französisch „Etalons") darstellen, bewahren, reproduzieren und deren Weitergabe bis hin in die betriebliche Qualitätssicherung vorbereiten.

**Beispiel:** Das Etalon für die Basiseinheit Meter wird in Deutschland bei der PTB aus der bekannten Wellenlänge von frequenzstabilisierten Lasern abgeleitet und beispielsweise auf Endmaße als Maßverkörperung übertragen. In sogenannten Laserinterferometern vergleicht man dazu die Wellenlängen des Lasers mit der zu messenden Länge. Endmaße höchster Präzision dienen als Bezugsnormale zum Anschluss weiterer Längenmessgeräte der betrieblichen Qualitätssicherung.

Das System der staatlichen Metrologieinstitute ist hierarchisch gegliedert (Bild 11.1).

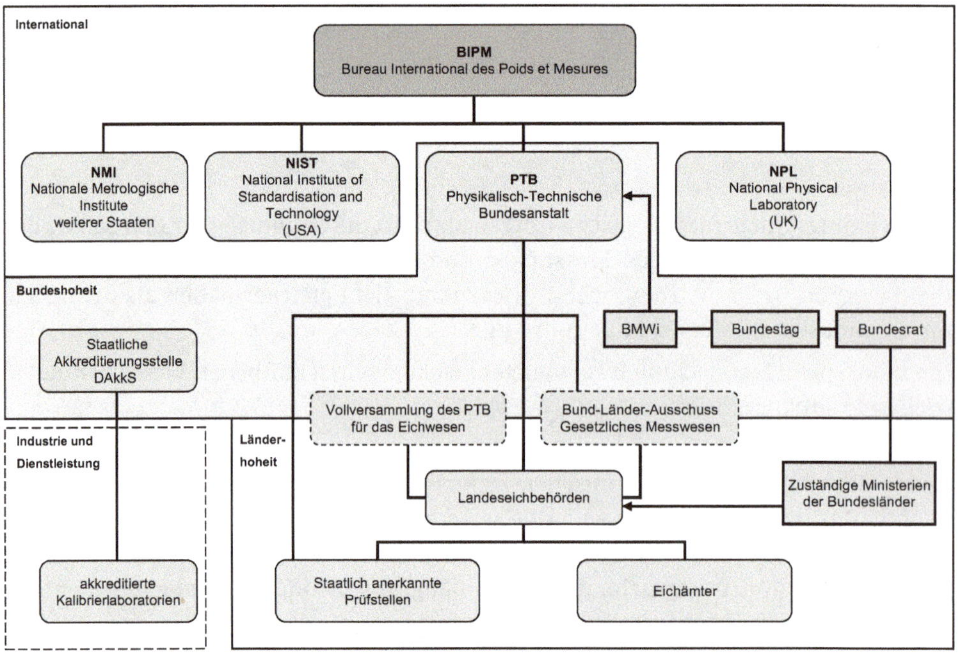


**Bild 11.1** Metrologische Infrastruktur (international und national) am Beispiel von Deutschland [Lin 24a]

An der Spitze der Pyramide steht die Definition der Messgröße, während die breite Basis von Kalibrierlaboratorien, Prüfstellen und Eichämtern die Weitergabe der Messgröße an die Anwender von Messgeräten sicherstellt.

Die metrologische Infrastruktur stellt ein flächendeckendes Netz verteilter messtechnischer Kompetenz dar. Für die gesetzlich vorgeschriebenen Messungen und Messgeräte werden in Deutschland die in Länderhoheit stehenden **Eichbehörden** von der Physikalisch-Technischen Bundesanstalt – PTB fachlich beraten. Für industrielle Messungen wird die Weitergabe der verschiedenen Messgrößen über akkreditierte **Kalibrierlaboratorien** realisiert. [Lin 24a]

Diese Kalibrierlaboratorien werden von der Deutschen Akkreditierungsstelle GmbH (DAkkS) akkreditiert und überwacht. Sie führen Kalibrierungen von Messgeräten und Maßverkörperungen für die bei der Akkreditierung festgelegten Messgrößen und Messbereiche durch.

Die von ihnen ausgestellten Kalibrierscheine sind ein Nachweis für die Rückführung auf nationale Normale, wie sie von der Normenfamilie DIN EN ISO 9000 ff. und der DIN EN ISO/IEC 17025 gefordert wird.

## 11.1 Aufgaben und Ziele akkreditierter Prüf- und Kalibrierlaboratorien

Die Ziele des gesetzlichen (staatlichen) Messwesens in Deutschland bestehen darin,

- sowohl den privaten als auch den gewerblichen Verbraucher beim Erwerb messbarer Güter und Dienstleistungen zu schützen und im Interesse eines lauteren Handelsverkehrs die Voraussetzungen für richtiges Messen im Handel zu schaffen,
- die Messsicherheit im Gesundheitsschutz, Umweltschutz und in ähnlichen Bereichen des öffentlichen Interesses zu gewährleisten und
- das Vertrauen in amtliche Messungen zu stärken.

Die Schutzziele des gesetzlichen Messwesens sind im neuen Mess- und Eichgesetz enthalten [Bun 24] [BSW 05].

Akkreditierte Prüf- und Kalibrierlaboratorien haben eine zentrale Bedeutung für die Gewährleistung der Produktqualität, der Messtechnik und der Einhaltung von Sicherheitsstandards in verschiedenen Industrien und Märkten. Wichtige Aufgaben von akkreditierten Prüf- und Kalibrierlaboratorien sind die Sicherstellung von Qualität, Zuverlässigkeit und bei Messungen und Prüfungen in verschiedenen Industriebranchen.

Dazu zählen die Durchführung von Prüfungen und Kalibrierungen, die Sicherstellung der erforderlichen Messunsicherheit, Dokumentation und Berichterstattung der Kalibrierergebnisse, die Einhaltung internationaler Standards, die Qualitätssicherung durch interne Audits sowie Ringversuche und die Teilnahme an Vergleichsprüfungen.

Akkreditierte Prüf- und Kalibrierlaboratorien gehören zur metrologischen Infrastruktur Deutschlands und haben folgende Ziele:

- Gewährleistung von Vertrauen und Zuverlässigkeit in die Genauigkeit der Prüf- und Kalibrierergebnisse.
- Unterstützung der Qualitätsprüfungen, dass Produkte den festgelegten Spezifikationen und Anforderungen entsprechen.

- Förderung der internationalen Anerkennung. Durch die Akkreditierung nach internationalen Standards können die Ergebnisse der Labore weltweit anerkannt und akzeptiert werden. Das fördert den Handel und die Zusammenarbeit zwischen Ländern und Unternehmen.
- Schutz der Gesundheit und Sicherheit, indem sie sicherstellen, dass Produkte und Materialien den Sicherheitsanforderungen entsprechen. Damit tragen die Labore zum Schutz der Gesundheit und Sicherheit der Verbraucher und der Umwelt bei.

## 11.2 Begriffe zu akkreditierten Prüf- und Kalibrierlaboratorien

Im Folgenden werden ausgewählte Begriffe für die Messtechnik und Prüf- und Kalibrierlaboratorien und die metrologische Infrastruktur in Deutschland beschrieben.

- **Akkreditierung:** Bestätigung durch eine dritte Seite, die formal darlegt, dass eine Konformitätsbewertungsstelle die Kompetenz besitzt, bestimmte Konformitätsbewertungsaufgaben durchzuführen [Nor 12c].
- **Bezugsnormal:** Normal, im Allgemeinen von der höchsten verfügbaren Genauigkeit an einem betrachteten Ort oder in einer Organisation, von dem dort Messungen abgeleitet werden [DIN 16a].
- **Eichen** (stamp): Qualitätsprüfung eines Messmittels durch das Eichamt unter Berücksichtigung der gesetzlichen Vorschriften. Bei Erfüllung dieser Vorschriften erfolgt eine externe Kennzeichnung des Messmittels mit einem Vermerk zur Gültigkeitsdauer. Ergebnis ist der Eichschein. [DGQ 09]
- **externe Kalibrierung:** Hierbei wird die Kalibrierung von einem dafür zertifizierten Kalibrierlabor durchgeführt. Diese Variante reduziert zum einen in erheblichem Umfang den Arbeitsaufwand im Unternehmen und erübrigt zum anderen die Anschaffung dazu erforderlicher Mess- und Prüfeinrichtungen.
- **Gebrauchsnormal:** Normal, üblicherweise mit einem Bezugsnormal kalibriert, das routinemäßig benutzt wird, um Maßverkörperungen, Messgeräte und Referenzmaterialien zu kalibrieren oder zu prüfen [DIN 16a].
- **interne Kalibrierung:** Für die unternehmensinterne Kalibrierung sind für die Durchführung die entsprechenden Umgebungsbedingungen und Prüfanweisungen zu erstellen. In den Prüfmittelüberwachungsrichtlinien VDI/VDE/DGQ 2618, Blatt 1–27 [VDI 99] sind die Verfahren zur Kalibrierung von Lehren und Messmitteln sowie Maßverkörperungen beschrieben.

- **Justieren** (adjust): Beseitigen systematischer Messabweichungen durch verändernden Eingriff in das Messgerät, soweit für dessen vorgesehene Anwendung erforderlich [DGQ 09].
- **Kalibrieren** (calibrate): Ermitteln der systematischen Messabweichungen einer Messeinrichtung unter vorgegebenen Anwendungsbedingungen ohne verändernden Eingriff in die Messeinrichtung. Ergebnis ist der Kalibrierschein. [DGQ 09]
- **Konformitätsbewertung:** Darlegung, dass festgelegte Anforderungen bezogen auf ein Produkt, einen Prozess, ein System, eine Person oder eine Stelle erfüllt sind. Konformitätsbewertung schließt Tätigkeiten ein, wie Prüfen, Inspektion und Zertifizierung sowie die Akkreditierung von Konformitätsbewertungsstellen [DAkkS 23].
- **Lehren** (gauge): maßliches Prüfen, bei dem festgestellt wird, ob die Eigenschaft des Prüfobjektes zwischen zwei vorgegebenen Grenzen liegt (Grenzlehrung) oder ob eine Grenze nicht unter- oder überschritten wird (beispielsweise Lehren eines Gewindes mit einer Formlehre) [Hof 86].
- **Messen** (measure): Ausführen von geplanten Tätigkeiten zum quantitativen Vergleich der Messgröße mit einer Einheit [Nor 95].
- **Messprozess:** Satz von Tätigkeiten zur Ermittlung eines Größenwertes [Nor 12c].
- **metrologische Bestätigung:** Satz von notwendigen Tätigkeiten, um sicherzustellen, dass ein Messmittel die Anforderungen an seinen beabsichtigten Gebrauch erfüllt. Üblicherweise umfasst die Metrologische Bestätigung, Kalibrierung oder Verifizierung, jede notwendige Einstellung oder Reparatur mit nachfolgender Neukalibrierung, den Vergleich mit den metrologischen Anforderungen an den beabsichtigten Gebrauch des Messmittels sowie alle erforderlichen Plombierungen und Etikettierungen. [DGQ 09]
- **nationales Normal:** Normal, das nach allgemeiner Beurteilung die höchsten metrologischen Forderungen erfüllt, mit einem Größenwert, der unabhängig von denen anderer Normale für dieselbe Größe akzeptiert ist [DIN 16a].
- **Prüfung** (inspection): Feststellen, inwieweit ein Prüfobjekt eine Forderung erfüllt [Nor 95]; Konformitätsbewertung durch Beobachten und Beurteilen, begleitet – soweit zutreffend – durch Messen, Testen oder Vergleichen [Nor 12c]; Ermittlung eines oder mehrerer Merkmale an einem Gegenstand der Konformitätsbewertung nach einem Verfahren [Nor 12c].
- **Qualitätsfähigkeit** ist die Eignung einer Organisation oder eines Systems oder eines Prozesses zum Realisieren eines Produkts, das die Anforderungen an dieses Produkt erfüllt [Nor 15b]. Qualitätsfähige Messungen müssen grundsätzlich unter Wiederholbedingungen vorbereitet, durchgeführt und ausgewertet werden.

- **Qualitätsmesstechnik (Qualitätsmetrologie)** ist die Vorbereitung, Durchführung und Auswertung von qualitätsfähigen Messungen mit qualitätsfähigen Messmitteln und Messpersonen unter qualitätsfähigen Randbedingungen zur Ermittlung der qualitätsbestimmenden Parameter von Produkten (Erzeugnissen und Dienstleistungen).
- **Referenzmaterial:** Material oder Substanz von ausreichender Homogenität, sodass ein oder mehrere Merkmalswerte so genau festgelegt sind, dass sie zur Kalibrierung von Messgeräten, zur Beurteilung von Messverfahren oder zur Zuweisung von Stoffwerten verwendet werden können.
- **Rückverfolgbarkeit** (traceability): Eigenschaft eines Messergebnisses oder des Wertes eines Normals, durch eine ununterbrochene Kette von Vergleichsmessungen mit angegebenen Messunsicherheiten auf geeignete Normale, im Allgemeinen internationale oder nationale Normale, bezogen zu sein [Nor 12c].
- **Wiederholbedingungen** liegen vor, wenn die Messaufgabe eindeutig und vollständig formuliert ist und garantiert gelöst werden kann. Die Messperson oder der Messautomat gewinnen die Messinformation durch vorgeschriebene determinierte Handlungen und Entscheidungen bei der Vorbereitung, Durchführung und Auswertung der Messungen. [Hof 86]
- **zertifiziertes Referenzmaterial (ZRM):** Referenzmaterial mit einem Zertifikat, in dem unter Angabe der Unsicherheit und des zugehörigen Vertrauensniveaus ein oder mehrere Merkmalswerte aufgrund eines Ermittlungsverfahrens zertifiziert sind, mit dem die Rückführung der Werte auf eine genaue Realisierung der Einheit erreicht wird [DIN 16a].

Für das Qualitätsmanagement ist der turnusmäßige Anschluss (Rückführbarkeit von Messungen) aller im Unternehmen eingesetzten Prüfmittel an das nationale Normal notwendig [Nor 08]. Dazu müssen Unternehmen extern oder intern metrologisch bestätigte Messgrößen nutzen (Tabelle 11.1). Der sogenannte „Maßanschluss" erfolgt dabei über die metrologische Hierarchie der Normale (Bild 11.2).

**Tabelle 11.1** Beispiel zur metrologischen Bestätigung von Messgrößen im Unternehmen [Mas 99]

| Messgröße | Bereich Genauigkeit | Art des Normals | Amtl. Überprüfstelle | Prüfrhythmus | Art des Zertifikats |
|---|---|---|---|---|---|
| Kapazität | 1 µF ±0,02 % | Normal-Kapazität GenRad 1409 E | DKD-K-01901 | 5 Jahre | DAkkS-/DKD-Kalibrierschein |
| Induktivität | 1 mH, 10 mH ±0,1 % | Normal-Induktivität GenRad 1482 | DKD-K-01901 | 5 Jahre | DAkkS-/DKD-Kalibrierschein |
| Masse | 1 mg bis 200 kg E2, F1, M1 | verschiedene Kalibriergewichte bzw. Gewichtssätze | Eichamt | 4 Jahre | Eichschein |
| Druck relativ | 0,1 bis 700 bar ±<0,04 % | Druckwaage Luckas-Barnet 8250/6 | DKD-K-05801 | 5 Jahre | DAkkS-/DKD-Kalibrierschein |

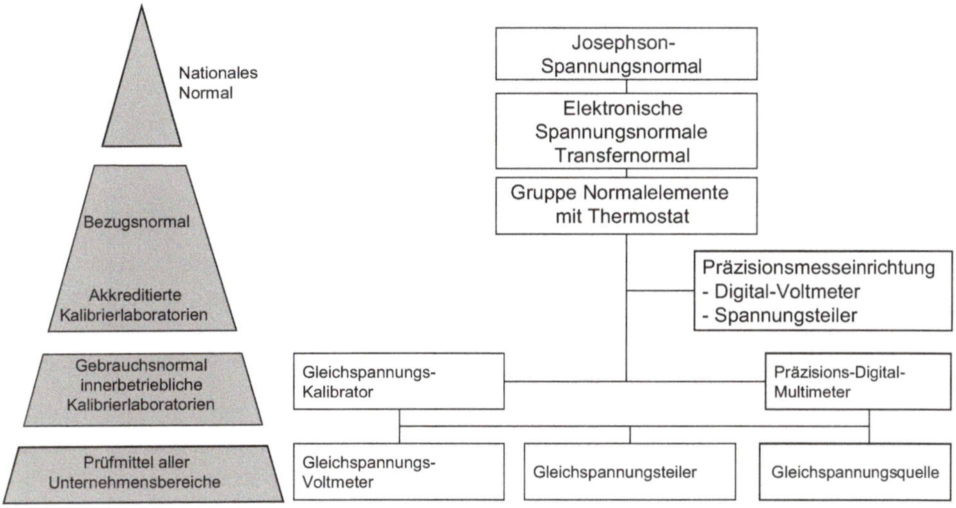


**Bild 11.2** Kalibrierhierarchie zum Nachweis der Rückführung von Prüfergebnissen am Beispiel des Normals für die elektrische Spannung [Web 37]

Eine Schlüsselstellung für die Weiterentwicklung der Messtechnik haben **Normale** und **Software** (Bild 11.3).

METROLOGISCHES NORMAL ist ein Messmittel, das die Maßeinheit einer Messgröße definiert, physikalisch vergegenständlicht, bewahrt oder reproduziert, um sie durch Vergleich auf andere Messmittel zu übertragen.

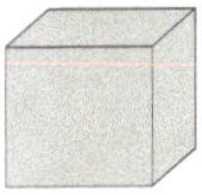

PARTIKULÄRES NORMAL ist ein objektives Muster, das die Identifikationsmarken eines Objekts oder Ereignisses definiert, physikalisch vergegenständlicht, bewahrt oder reproduziert, um sie durch Vergleich auf andere Messmittel zu übertragen.

OBJEKTIVES VIRTUELLES NORMAL ist ein Rechenprogramm oder eine Datenbank, die die Identifikationsmarken eines Objekts oder Ereignisses definiert, physikalisch vergegenständlicht, bewahrt oder reproduziert, um sie durch Vergleich auf andere Messmittel zu übertragen.

SUBJEKTIVES VIRTUELLES NORMAL ist ein subjektives Muster mit beispielsweise numerischen, verbalen, mathematischen und/oder grafischen Symbolen in der Vorstellung eines oder mehrerer Experten, das die Identifikationsmerkmale eines Objekts oder Ereignisses definiert, repräsentiert oder reproduziert, um sie durch Vergleich auf andere Informationsverarbeitungsvorgänge zu übertragen.

**Bild 11.3** Normale der Messtechnik [Mas 99]

Die Prüfung und metrologische Bestätigung von virtuellen Normalen und von Software sind fester Bestandteil bei der Bauartzulassung von Messgeräten [Web 20]. Zur Realisierung der Rückführung von Prüfergebnissen steht den Unternehmen die metrologische Infrastruktur in Deutschland zur Verfügung:

Physikalisch-Technische Bundesanstalt (PTB) *[www.ptb.de]*.

Zur Integration neuer EU-Richtlinien und auch weiter EU-Verordnungen zur Akkreditierung und Marktüberwachung sowie zur Etablierung von Verfahren zur schnellen Umsetzung neuer Messgerätetechnologien und Dateninfrastrukturen wurde das Eichgesetz umfassend überarbeitet [Bun 24].

Das innovationsoffene Mess- und Eichgesetzt ermöglicht Herstellern von neuartigen Messgeräten den Marktzugang über das o. g. EU-weit harmonisierte Konformitätsbewertungsverfahren (KBV). Dazu werden in Konformitätsbewertungsstellen die neuen Messgeräte auf Übereinstimmung mit den Anforderungen der EU-Messgeräterichtlinie [RL 2014-32] und EU-Waagenrichtlinie [RL 2014-31] überprüft. Die PTB ist eine Konformitätsbewertungsstelle davon. Vereinzelt sind auch Eichbehörden mit besonderem messtechnischem Profil als KBS bei der EU-Kommission benannt.

Mit der Akkreditierung durch die Deutsche Akkreditierungsstelle GmbH (DAkkS) wird einer Kalibrier-, Prüf-, Inspektions- oder Zertifizierungsstelle bescheinigt, dass sie kompetent ist, eine bestimmte Dienstleistung fachkundig, zuverlässig und effizient zu erbringen (Bild 11.4). Um die Aufgaben in den verschiedenen Sektoren abzubilden, verfügt die DAkkS über sektorbezogene Fachabteilungen. [Web 06b]

**Stabsbereiche**

| | | | | |
|---|---|---|---|---|
| Unternehmens-kommunikation | Qualitäts-management | Akkreditierungs-governance, Forschung und Innovation | Recht und Compliance | Organisations-entwicklung |

**Abteilungen**

| Abteilung 1 | Abteilung 2 | Abteilung 3 | Abteilung 4 | Akkreditierungs-service | Zentraler Service |
|---|---|---|---|---|---|
| FB 1.1 Dimensionelle und elektrische Messgrößen \| Hochfrequenz- und Strahlungsmessgrößen | FB 2.1 Anlagen- und Maschinensicherheit \| Feinmechanik \| Optik \| Explosionsschutz | FB 3.1 Forensik | FB 4.1 Chemische Produkte und Brennstoffe | AS 1 Kompetenzzentrum Normen und Regulatorik \| Gremienkoordination | ZS 1 Personal |
| FB 1.2 Mechanische, thermodynamische, chemische und medizinische Messgrößen \| Messgeräte | FB 2.2 Elektrotechnik \| Telekommunikation \| EMV \| aktive Medizinprodukte | FB 3.2 Ernährung und Landwirtschaft \| Forst und Holz \| Textil- und Bekleidungsindustrie | FB 4.2 Wasser \| Trinkwasser \| Wasserversorgung | AS 2 Steuerung komplexer Akkreditierungsverfahren | ZS 2 Begutachter-management |
| FB 1.3 Bauwesen und Bauprodukte \| Brandschutz \| Bergbau | FB 2.3 Informationstechnik und Cybersicherheit | FB 3.3 Gesundheitlicher Verbraucherschutz \| Veterinärmedizin | FB 4.3 Umwelt \| Boden \| Abfall \| Recycling | AS 3 Antragsservice und Neukundenbetreuung \| Internationale Kontaktstelle | ZS 3 Haushalt und Finanzen |
| FB 1.4 Verkehr \| Logistik \| Neue Mobilität \| Kraftstoffe | FB 2.4 Verbraucherschutz und Produktkennzeichnung (Non-Food) | FB 3.4 Medizin \| Pharmazie \| nicht aktive Medizinprodukte | FB 4.4 Immissionsschutz | AS 4 Programmprüfung \| Produktentwicklung | ZS 4 Controlling |
| FB 1.5 Automobile \| Homologation und Überwachung von Fahrzeugen | FB 2.5 Werkstoffprüfung und -technik (zerstörungsfreie Prüfungen) | FB 3.5 Medizinische Diagnostik | FB 4.5 Innere Sicherheit \| Verteidigung \| Explosivstoffe | AS 5 DAkkS-Akademie | ZS 5 Standortservice |
| FB 1.6 Energie und Emissionshandel | FB 2.6 Werkstoffprüfung und -technik (zerstörende Prüfungen) | FB 3.6 Zertifizierung von Personen und branchenübergreifenden Managementsystemen | FB 4.6 Finanz-, Wettbewerbs- und Vergabesysteme \| Datenschutz \| Korruptions- und Geldwäscheprävention \| Handel \| Handwerk | AS 6 Technische Zusammenarbeit \| Internationale Partnerschaften | ZS 6 Einkauf |
| | | | FB 4.7 Sozial- und Bildungswesen \| AZAV \| Arbeitssicherheit \| PSA \| Sorgfaltspflichten | | ZS 7 IT-Service |
| | | | FB 4.8 Gesundheit \| Rehabilitation \| Apotheken | | ZS 8 IT-Projektmanagement \| Anwendungsentwicklung |

Akkreditierungsausschuss (AkA)

**Bild 11.4** Organigramm der Deutschen Akkreditierungsstelle GmbH (DAkkS) [Web 06b]

Die Akkreditierung fördert das Vertrauen in die Dienstleistungen akkreditierter Stellen. Sie schafft auf nationaler und internationaler Ebene Transparenz und Vergleichbarkeit im Markt. Um sicherzustellen, dass die Akkreditierungsanforderungen jederzeit erfüllt werden, sind die Laboratorien regelmäßig durch die Akkreditierungsstelle zu überwachen. Für den hoheitlichen Bereich des Mess- und Eichwesens sichern die Eichbehörden die Richtigkeit von Messungen im öffentlichen Interesse.

Weitere Fachinformationen der Eichbehörden sowie ein Verzeichnis der nationalen Rechtsgrundlagen für das Mess- und Eichwesen erhält man bei der Arbeitsgemeinschaft Mess- und Eichwesen (AGME) [Web 07] [Web 08].

Die größte nicht staatliche Organisation für die internationale Metrologieforschung ist die Internationale Messtechnische Konföderation (IMEKO) *[imeko.org]*. Tabelle 11.2 gibt einen Überblick der wichtigsten Bezugsquellen für Vorschriften und Regeln.

**Tabelle 11.2** Bezugsquellen der Vorschriften und anerkannten Regeln

| | | |
|---|---|---|
| **Bundesgesetzblatt, Amtsblatt der Europäischen Gemeinschaften** | Bundesanzeiger Verlagsges. m. b. H.<br>Postfach 10 05 34<br>50445 Köln | |
| **Normen (ISO, CEN, DIN, ...)** | DIN Media GmbH<br>Am DIN-Platz<br>Burggrafenstraße 6<br>10787 Berlin | |
| **Eichordnung, PTB-Anforderungen, EWG-Richtlinien** | Buch-Express<br>Geranienweg 53A<br>22549 Hamburg | Tel.: 040 800 1722<br>Fax: 040 800 1422 |
| **PTB-Prüfregeln** | Physikalisch-Technische Bundesanstalt, Abt. Presse- und Öffentlichkeitsarbeit<br>Postfach 33 45<br>38023 Braunschweig | Tel.: 0531 592 9313<br>Fax: 0531 592 9305 |
| **PTB-Mitteilungen** | Wirtschaftsverlag NW, Verlag für neue Wissenschaft GmbH<br>Postfach 10 11 10<br>27511 Bremerhaven | Tel.: 0471 94544-0<br>Fax: 0471 94544-88 |
| **Technische Richtlinien der PTB, Merkblätter** | *http://www.ptb.de* | Kostenfreier Download |
| **OIML-Empfehlungen<br>WELMEC-Publikationen** | *http://www.oiml.org/publications*<br>*http://www.welmec.org/pubs.asp* | |

## 11.3 Anforderungen an akkreditierte Prüf- und Kalibrierlaboratorien nach DIN EN ISO/IEC 17025

Die ISO/IEC 17025 „Allgemeine Anforderungen an die Kompetenz von Prüf- und Kalibrierlaboratorien“ ist seit 1999 ein weltweit anerkannter Standard für den Nachweis der Kompetenz von Prüf- und Kalibrierlaboratorien sowie Akkreditierungsgrundlage und wurde im Jahr 2005 revidiert [Dra 16]. Sie ist für alle Laboratorien anwendbar, unabhängig von der Anzahl der Mitarbeitenden und dem Umfang der Prüf- und Kalibriertätigkeiten. Im Jahr 2016 wurde der Entwurf einer überarbeiteten Norm DIN EN ISO/IEC 17025:2018-03 veröffentlicht. Seit März 2018 ist die aktuelle Revision der DIN EN ISO/IEC 17025:2018-03 gültig [Nor 18]. Diese Norm ist noch nicht vollständig nach der Harmonized Structure gegliedert und enthält konkrete Forderungen, die von einem akkreditierten Prüf- und Kalibrierlaboratorium erfüllt werden müssen, wenn es den Nachweis erbringen möchte, dass es

- ein solides QM-System betreibt sowie
- technisch kompetent und fähig ist, fachlich fundierte Ergebnisse für die Art der Prüfungen bzw. Kalibrierungen, die das Labor durchführt, zu erzielen.
- Managementanforderungen beziehen sich auf das Managementsystem und die Strukturqualität und basieren größtenteils auf den Forderungen der Qualitätsnorm DIN EN ISO 9001.
- Technische Anforderungen enthalten messtechnisch-fachliche Forderungen an sämtliche Faktoren, die für die Leistungs- und Ergebnisqualität relevant sind.

Akkreditierte Prüf- und Kalibrierlaboratorien führen Kalibrierungen von Messgeräten und Maßverkörperungen für die bei ihrer Akkreditierung festgelegten Messgrößen und Messbereiche durch. Die von ihnen ausgestellten Kalibrierscheine sind ein Nachweis für die Rückführung auf nationale Normale, wie sie von der Normenfamilie ISO 9000 ff. und der DIN EN ISO/IEC 17025 gefordert werden.

Kalibrierungen durch akkreditierte Laboratorien geben dem Anwender Sicherheit für die Verlässlichkeit von Messergebnissen, erhöhen das Vertrauen der Kunden und die Wettbewerbsfähigkeit auf dem nationalen und internationalen Markt. Sie dienen als messtechnische Grundlage für die Mess- und Prüfmittelüberwachung im Rahmen des Qualitätsmanagements.

Die DIN EN ISO/IEC 17025:2018-03 legt die allgemeinen Anforderungen an das QM-System und die Arbeitsweise von Prüf- und Kalibrierlaboratorien fest. Sie beschreibt die Führungs- und Managementanforderungen, basierend auf der Philosophie der Normenreihe ISO 9000 ff., und die Arbeitsweisen zur Durchführung kompetenter Analysen von der Kalibrierung der Geräte über die Validierung von Messverfahren bis hin zur Erstellung aussagekräftiger Prüfberichte inklusive einer Interpretation von Ergebnissen.

Die Anwendung der Norm DIN EN ISO/IEC 17025:2018-03 soll die Laboratorien in die Lage versetzen, ihr Managementsystem für Qualität sowie für Verwaltungs- und technische Abläufe zu entwickeln. Kunden, Behörden und Akkreditierungsstelle (DAkkS) können sie auch zur Anerkennung und Bestätigung der Kompetenz von Laboratorien nutzen. Diese Internationale Norm ist nicht für die Anwendung als Grundlage für die Zertifizierung von Laboratorien vorgesehen. Die Akzeptanz von Prüf- oder Kalibrierergebnissen zwischen Staaten sollte erleichtert werden, wenn Laboratorien dieser Internationalen Norm entsprechen und von Stellen akkreditiert sind, die gegenseitigen Anerkennungsvereinbarungen mit gleichwertigen Stellen in anderen Staaten beigetreten sind, die ebenfalls diese Internationale Norm anwenden [Nor 18].

Die Hauptgliederungspunkte der DIN EN ISO/IEC 17025:2018-03 sind:

- 1 Anwendungsbereich
- 2 Normative Verweisungen
- 3 Begriffe
- 4 Allgemeine Anforderungen
- 5 Strukturelle Anforderungen
- 6 Anforderungen an Ressourcen
- 7 Anforderungen an Prozesse
- 8 Anforderungen an das Management

Bei der Erweiterung eines Managementsystems nach DIN EN ISO 9001 durch Anforderungen nach DIN EN ISO/IEC 17025:2018-03 ist es notwendig, folgende Dokumente des Managementsystems zu ergänzen/neu zu generieren:

- **Verfahrensanweisungen** zu dokumentierten Informationen, fortlaufende Verbesserung, Personal und Qualifikation und Prüfmittelmanagement
- **Prozessbeschreibungen** zu Angebotserstellung, internes Audit, Umgang mit fehlerhaften Produkten und Dienstleistungen und Kalibrierung
- **Arbeitsanweisungen** zu Datensicherung und Abgrenzung der Nutzerbereiche, Ausstellen von Kalibrierscheinen, Kalibrierstopp, Erstellung und Formatierung von Dokumenten und Kalibrierverfahren

Besondere Bedeutung hat die Unparteilichkeit des beteiligten Personals. Unparteilichkeit bedeutet im weitesten Sinne Neutralität und Unabhängigkeit. Das bedeutet, dass alle Labortätigkeiten unparteilich durchgeführt werden und derart strukturiert sind, dass die Unparteilichkeit immer sichergestellt ist. Die Leitung des Prüf- und Kalibrierlabors verpflichtet sich zur Unparteilichkeit. Das Kalibrierlaboratorium ist unabhängig von Parteien, Kunden, Gesellschaftern und gesellschaftlichen Interessenten. Das Personal des Prüf- und Kalibrierlabors muss kompetent sein, diese Kompetenz nachweisen und dokumentieren sowie die Bedeutung von Abweichungen bewerten können. Dazu muss eine Unparteilichkeitserklärung dokumentiert werden.

Die DIN EN ISO/IEC 17025:2018-03 gilt für Prüfmittellaboratorien und die damit verbundenen Managementsystemprozesse des Unternehmens. Kalibrierdienstleistungen erfolgen entweder in Zusammenhang mit den für den Kunden hergestellten Kalibriergegenständen oder der Kunde gibt seine Kalibriergegenstände zum Kalibrieren. Die Kalibrierdienstleistungen und insbesondere die DAkkS-Kalibrierung werden grundsätzlich nur in ortsfesten Messlaboratorien durchgeführt. DAkkS-Kalibrierungen müssen grundsätzlich nach den Vorgaben der spezifischen DAkkS-DKD-Richtlinien durchgeführt werden.

Beispielsweise können Kalibrierungen für Lehren (Lehrdorne, Lehrringe) im Durchmesserbereich 1 – 100 mm nach den Vorgaben der Richtlinie DAkkS-DKD-R 4-3 in der aktuellen Fassung durchgeführt werden (Tabelle 11.3).

**Tabelle 11.3** Ausschnitt Richtlinie DAkkS-DKD-R 4-3 für Lehrdorne und Lehrringe für zugelassenen Durchmesser [Dra 16]

| Messgröße/Kalibriergegenstand | Messbereich/ Messspanne | Messbedingungen/ Verfahren | Kleinste angebbare Messunsicherheit |
|---|---|---|---|
| Lehrdorne Ø | 1 mm bis 100 mm | DKD-R 4-3 Bl. 4.1 | 0,9 µm |
| Lehrringe Ø | 2 mm bis 100 mm | DKD-R 4-3 Bl. 4.1 | 0,9 µm |

## 11.4 Gesetzliche Grundlagen für den Maßanschluss mithilfe von Prüf- und Kalibrierlaboratorien

Die gesetzlichen Grundlagen für Prüf- und Kalibrierlaboratorien gewährleisten, dass Messungen in Deutschland zuverlässig, einheitlich und richtig sind. Damit wird insbesondere der Verbraucherschutz, der Handel und die Industrie metrologisch abgesichert.

Das gesetzliche Messwesen in Deutschland regelt die Anforderungen und Vorgaben für Messungen, für den geschäftlichen Verkehr, für amtliche Messungen und für Messungen im Rahmen von Überwachungsaufgaben.

Ausgewählte wesentliche und gesetzliche Grundlagen sind:

- **Europäische Richtlinien**
  - **MID (Measuring Instruments Directive) [EU 14a]** Diese Richtlinie harmonisiert die Anforderungen an bestimmte Messgeräte wie Wasserzähler, Stromzähler, Gaszähler, Wärme- und Kältezähler, Taxameter und andere.
  - **NAWID (Non-Automatic Weighing Instruments Directive) [Eu 14b]** Diese Richtlinie regelt nichtautomatische Waagen, die im Handel verwendet werden.

- **Gesetz über Einheiten im Messwesen und die Zeitbestimmung (Einheiten- und Zeitgesetz, EinhZeitG) [BGBl 08]**

  Das EinhZeitG regelt die gesetzlich festgelegten Einheiten des internationalen Einheitensystems wie Meter, Kilogramm, Sekunde usw. Weiterhin wird die Bestimmung der gesetzlichen Zeit in Deutschland und die Anforderungen an die Angabe von Maßen, z. B. auf Produkten oder in der Werbung, gesetzlich geregelt.

- **Mess- und Eichgesetz (MessEG) [Bun 24]**

  Das MessEG ist die zentrale rechtliche Grundlage für das gesetzliche Messwesen in Deutschland. Im MessEG werden die Anforderungen an Messgeräte, die im geschäftlichen Verkehr, im Gesundheitswesen, beim Umwelt- und Arbeitsschutz sowie in anderen Bereichen eingesetzt werden, beschrieben. Weiterhin werden die Pflichten der Hersteller, Inverkehrbringer, Verwender und Betreiber von Messgeräten, die Aufgaben der zuständigen Behörden, insbesondere der Eichbehörden, sowie die Vorschriften zur Eichung und zur Marktüberwachung von Messgeräten geregelt.

- **Mess- und Eichverordnung (MessEV) [Bun 24a]**

  Die MessEV enthält detaillierte Bestimmungen des MessEG wie beispielsweise Regelungen zu den Anforderungen an Messgeräte und Messverfahren, den Verfahren zur Konformitätsbewertung und zur Eichung, den Pflichten der Betreiber von Messgeräten, z. B. zur regelmäßigen Überprüfung und Eichung, und den Gebühren für Eichungen und andere Dienstleistungen im Bereich des Messwesens.

## 11.5 Normen für akkreditierte Prüf- und Kalibrierlaboratorien

Für akkreditierte Prüflaboratorien in Deutschland sind eine Reihe von DIN-Normen relevant, die ihre Kompetenz, Qualität und Unabhängigkeit sicherstellen. Die wichtigsten DIN-Normen für akkreditierte Prüf- und Kalibrierlaboratorien sind:

- **DIN EN ISO/IEC 17025:** Allgemeine Anforderungen an die Kompetenz von Prüf- und Kalibrierlaboratorien
- **DIN EN ISO/IEC 17020:** Konformitätsbewertung – Anforderungen an den Betrieb verschiedener Typen von Stellen, die Inspektionen durchführen
- **DIN EN ISO/IEC 17043:** Konformitätsbewertung – Allgemeine Anforderungen an die Kompetenz von Anbietern von Eignungsprüfungen
- **DIN EN ISO 9001:** Diese allgemeine Norm für Qualitätsmanagementsysteme wird von vielen Laboratorien implementiert, um ein Qualitätsmanagementsystem auf-

zubauen, das mit anderen spezifischen Normen wie der DIN EN ISO/IEC 17025 kompatibel ist.

- **DIN EN ISO/IEC 17065:** Konformitätsbewertung – Anforderungen an Stellen, die Produkte, Prozesse und Dienstleistungen zertifizieren
- **DIN EN ISO/IEC 17065 Berichtigung 1:2020-10:** Konformitätsbewertung – Anforderungen an Stellen, die Produkte, Prozesse und Dienstleistungen zertifizieren
- **DAkkS Regelwerk ILAC-Richtlinie** zur Messunsicherheit bei Kalibrierungen (Deutsche Übersetzung) ILAC-P14:09/2020 [DAkkS 20]
- **DAkkS Regelwerk 17065:2023-05-22:** Regel zur Akkreditierung von Zertifizierungsstellen für Produkte, Prozesse und Dienstleistungen nach DIN EN ISO/IEC 17065:2013 [DAkkS 23]
- **Checkliste für die speziellen Kriterien** für Prüflabore oder Zertifizierungsstellen nach EU-BauPVO Delta Anforderungen EA 2/17, Rev. 1.0/02. 08. 2021 FO-B_PL_ZE_EU-BauPVO.docx *(live.com)* [DAkkS 21]

## 11.6 Umsetzung der Anforderungen an akkreditierte Prüf- und Kalibrierlaboratorien

Für die praktische Umsetzung wird in der Regel ein zertifiziertes Qualitätsmanagementsystem nach DIN EN ISO 9001 vorausgesetzt. Bei der Umsetzung der Anforderungen an akkreditierte Prüf- und Kalibrierlaboratorien müssen zur Integration eine Reihe von dokumentierten Informationen ergänzt bzw. neu erstellt werden.

Folgende dokumentierte Informationen sind zu ergänzen bzw. neu zu erarbeiten:

- **Arbeitsanweisungen**
  - Laborordnung
  - Datensicherung – Abgrenzung der Nutzerbereiche
  - Kalibrierverfahren
  - Ausstellen von Kalibrierscheinen
  - Kalibrierstopp
  - Erstellung und Formatierung von Dokumenten
- **Dokumentierte Informationen**
  - fortlaufende Verbesserung
  - Personal und Qualifikation
  - Prüfmittelmanagement
  - Angebotserstellung

  - Umgang mit fehlerhaften Produkten und Dienstleistungen
  - interne Audits
- **Dokumentierte Informationen Prüf- und Kalibrierlabor**
  - DAkkS-Kalibrierung
  - gebäudetechnische und räumliche Ausstattung
  - geräte- und softwaretechnische Ausrüstung
  - Verpflichtungserklärung zur Unparteilichkeit
  - Schätzung der Messunsicherheit und Vergleichsmessungen
  - Eignungsprüfungsplan
  - Kalibrierscheine
  - Liste der Mitarbeitenden im Labor
  - Zugangsbeschränkung Betriebszeit und Türschild
  - Laboranforderungen
  - Verantwortlichkeiten und Befugnisse Leitung Kalibrierlaboratorium
  - Stellenbeschreibung Laborleitung
  - Stellenbeschreibung Mitarbeitende
  - Risiken und Chancen des Kalibrierprozesses
- **Übergeordnete dokumentierte Informationen**
  - Unternehmenspolitik und Qualitätsleitsätze mit Inhalten zum Prüf- und Kalibrierlaboratorium
  - DAkkS-DKD-Richtlinien für Messgrößen/Messgeräte
  - integriertes Management-Handbuch (wenn vorhanden) mit Prozesslandkarte mit integrierten Abläufen zum Prüf- und Kalibrierlaboratorium z. B. für das Kalibrieren von Messmitteln für geometrische Messgrößen oder das Kalibrieren von zylindrischen Gewinde-Einstellringen oder Gewinde-Lehrringen

**Für die praktische Einführung eines zertifizierten Managementsystems nach DIN EN ISO/IEC 17025:2018-03 ist die Nutzung von Teil II – Begutachtungsbericht/ Checkliste zu empfehlen [DAkkS 21].**

*Internet: FO-B_PL_ZE_EU-BauPVO.docx (live.com)*

## 11.7 Anforderungen nach DIN EN ISO/IEC 17025

In diesem Abschnitt werden einige wesentliche Auszüge der DIN EN ISO/IEC 17025:2018-03 beschrieben.

**ISO-Kapitel 7 Kalibrierverfahren und deren Validierung**

In akkreditierten Kalibrierlaboratorien kommen grundsätzlich nur genormte Kalibrierverfahren zum Einsatz. Sie sind auch Bestandteil der Gerätesoftware. Die einschlägigen Normen werden regelmäßig auf ihre Aktualität überprüft. Es werden keine eigenen Entwicklungen zu Messverfahren bzw. zur Gerätetechnik betrieben. Insofern sind dem Kunden generell nur Kalibrierungen nach Norm anzubieten. Sonderleistungen bewegen sich ausschließlich in dem in der jeweiligen Norm zugelassenen Rahmen.

Messaufgaben, die von den im akkreditierten Bereich beschriebenen Verfahren abweichen, müssen in jedem Falle einer Validierung unterzogen werden. Dabei ist eine Abschätzung der Messunsicherheit nach DAkkS-DKD-3 vorzunehmen. Entsprechend der Brauchbarkeitsregel *(Goldene Regel der Messtechnik)* nach DIN 2257 ist zu prüfen, ob die abgeschätzte Messunsicherheit für die zu prüfenden Toleranzen ausreichend ist. Der Auftraggeber ist in jedem Fall vorab über das zur Anwendung kommende Messverfahren und die zu erwartende Messunsicherheit aufzuklären.

Verfahren, die vom Kunden vorgeschlagen werden, sind ebenfalls zu validieren. Für den Fall, dass bei diesen Verfahren normative Forderungen nicht erfüllt werden können, sind diese abzulehnen.

Kalibrierverfahren, die von den in den Normen festgelegten Mindestanforderungen abweichen, sind mit dem Auftraggeber im Rahmen eines Werkvertrags als Werkskalibrierung zu vereinbaren.

Durch Menü-Führung bzw. vorliegende Bedienungshandbücher und Schulungen wird gesichert, dass wichtige Einrichtungen fehlerfrei bedient werden und die Verfahren einschließlich der Handhabung und Vorbereitung von Kalibriergegenständen normenkonform ausgeführt sowie dokumentiert werden.

Alle Vorgabedokumente und Anleitungen sind in einer Verfahrensanweisung zu regeln und auf dem neuesten Stand zu halten und den betreffenden Mitarbeitenden zugänglich zu machen.

Die Ergebnisse von Kalibrierungen, einschließlich Berechnungen und Datenübertragungen, sind zu prüfen.

Soweit EDV-Systeme für die Erfassung, Verarbeitung oder Aufzeichnung von Prüfdaten oder die Erstellung von Berichten verwendet werden, sind diese für den Verwendungszweck geeignet.

Käufliche Standardsoftware (Textverarbeitung, Tabellenkalkulation, statistische Programme, Gerätesoftware) wird als validiert angesehen. Darüber hinaus erstellte bzw. entwickelte Software ist, sofern zutreffend, vor dem Einsatz für den Verwendungszweck zu prüfen (validiert).

### ISO-Abschnitt 6.4 Einrichtungen

Ein Unternehmen verfügt nach dem Stand der Technik über geeignete Einrichtungen, um die Kalibriertätigkeiten durchzuführen.

Alle für die Kalibrierungen erforderlichen Einrichtungsgegenstände, einschließlich ihrer Hard- und Software, werden im Prüfmittelverwaltungssystem verwaltet. Damit werden die erforderliche Genauigkeit, Zuverlässigkeit und Einsatzfähigkeit sichergestellt.

Die Einrichtungen unterliegen einer systematischen Überwachung, d.h. sie werden nach festgelegten Plänen in regelmäßigem Turnus kalibriert, justiert, gewartet oder anderweitig überwacht. Regelungen hierzu sind beispielsweise in einer Verfahrensanweisung „Ressourcen zur Überwachung, Messung und Kalibrierung“ zu beschreiben. Die Mitarbeitenden, die mit Prüfeinrichtungen arbeiten, sind dafür qualifiziert und autorisiert. Alle Maßnahmen werden aufgezeichnet und in Gerätelogbüchern abgelegt.

### ISO-Abschnitt 6.5 Metrologische Rückführbarkeit

Alle qualitätsrelevanten Messeinrichtungen, die einen signifikanten Einfluss auf die Genauigkeit und Gültigkeit der Kalibrierergebnisse haben, werden vor Benutzung kalibriert. Zusätzlich werden sie innerhalb festgelegter Fristen vom jeweiligen Hersteller bzw. einer festgelegten Stelle nachkalibriert. Damit wird sichergestellt, dass alle Messungen im Kalibrierlabor auf SI-Einheiten zurückgeführt sind.

Für die eingesetzten Kalibriernormale wird der Maßanschluss (Bezug zu den SI-Einheiten) gesichert und nachgewiesen. In einer Verfahrensanweisung „Gebäudetechnische und räumliche Ausstattung“ des Kalibrierlabors können beispielsweise die Kalibrierketten für Mess-Schieber, Bügelmess-Schrauben, Messuhren und Bohrungslehren dargestellt werden. Für weitere Details kann beispielsweise eine Verfahrensanweisung „Ressourcen zur Überwachung, Messung und Kalibrierung“ erarbeitet werden.

### ISO-Abschnitt 7.4 Handhabung von Prüf- und Kalibriergegenständen

Gegenstände, die zur Kalibrierung benötigt werden, bleiben Eigentum des Auftraggebers und werden als solches entsprechend behandelt. Ihre Sicherheit, Unversehrtheit und die Aufrechterhaltung ihrer Eigenschaften sind zu gewährleisten. Dafür ist im Zusammenhang mit dem Eingang und der Handhabung von Kalibriergegenständen folgendes zu beachten:

- ein geeignetes Kennzeichnungs- und Aufzeichnungssystem
- geeignete Lager- und Transportbedingungen, einschließlich der Verfahren für Schutz, zeitliche Verfügbarkeit und Archivierung
- Lenkung nichtkonformer Arbeiten (DIN EN ISO/IEC 17025:2018-03, Abschnitt 7.10)

Details können beispielsweise in einer Verfahrensanweisung „*Lenkung von Kalibriergegenständen*" geregelt werden.

### ISO-Abschnitt 7.7 Sicherung der Validität von Ergebnissen

Mit aufeinander abgestimmten Verfahren sind die Qualität der angebotenen Kalibrierleistungen zu verfolgen, Abweichungen frühzeitig zu erkennen und notwendige Korrekturmaßnahmen (DIN EN ISO/IEC 17025:2018-03, Abschnitt 8.7) rechtzeitig einzuleiten.

Zusätzlich zu den internen Audits (DIN EN ISO/IEC 17025:2018-03, Abschnitt 8.8) sind Maßnahmen und statistische Verfahren zur Überwachung der Richtigkeit der ermittelten Kalibrierergebnisse systematisch zu planen und anzuwenden.

Die Methoden zur Qualitätssicherung sind in den Arbeitsanweisungen für die einzelnen Kalibrierverfahren zu regeln.

Den Verfahren angemessen sind, sofern zutreffend, anzuwenden:

- interne Qualitätslenkungsprogramme mit Anwendung statistischer Verfahren
- regelmäßige Teilnahme an Vergleichsmessungen mit anderen Laboratorien – Ringversuche im Rahmen der metrologischen Anerkennung [Nor 22]
- Vergleichsmessungen mit zertifiziertem Referenzmaterial
- interne Qualitätslenkung unter Verwendung von sekundärem Referenzmaterial bzw. von Kontrollproben
- Korrelation von Ergebnissen für verschiedene Merkmale eines Gegenstandes, Plausibilitätstest
- Anwendung weiterer statistischer Verfahren zur Überwachung der Prüfergebnisse
- turnusmäßige Qualifikation des Messpersonals und deren Nachweis sowie die zugehörige Dokumentation

Die dokumentierten Informationen über die Überwachungsmethoden und Daten werden aufbewahrt und zur Qualitätslenkung analysiert. Stellt sich heraus, dass die Kenndaten außerhalb von definierten Eingriffskriterien liegen, müssen geplante Maßnahmen ergriffen werden, um das Problem zu beseitigen und zu verhindern, dass unrichtige Ergebnisse berichtet werden (DIN EN ISO/IEC 17025:2018-03, Abschnitt 8.4).

Werden Anzeichen dafür entdeckt, dass Ergebnisse fehlerhaft sein können, sind die Grundsätze und Verfahren zur Lenkung fehlerhafter Kalibrierarbeiten beispielsweise nach einer Verfahrensanweisung „Steuerung nichtkonformer Prozessergebnisse, Produkte und Dienstleistungen" anzuwenden.

### ISO-Abschnitt 7.7.2 Vergleich mit den Ergebnissen anderer Laboratorien – Eignungsprüfungen

Zur metrologischen Absicherung der Messergebnisse in akkreditierten Prüflaboratorien muss ein regelmäßiger Maßanschluss (Vergleich) mit Referenzmaterialien bzw. geeichten Kalibriernormalen durchgeführt werden.

Prüf- und Kalibrierlaboratorien müssen sich durch Vergleich mit den Ergebnissen anderer Laboratorien überwachen. Diese Überwachung muss geplant und geprüft werden. Durch die Teilnahme an Eignungsprüfungen und/oder an Programmen zu Vergleichen zwischen Laboratorien, die keine Eignungsprüfungen sind, ist die Leistungsfähigkeit des jeweiligen Labors nachzuweisen.

Zusätzlich haben regelmäßige Teilnahmen an Vergleichsmessungen (Ringversuchen) mit anderen akkreditierten Laboratorien im Rahmen der metrologischen Anerkennung eine besondere Bedeutung.

Die Auswertung und Bewertung von Vergleichsmessungen (Ringversuchen) erfolgt mithilfe der Kenngröße des $E_n$-Wertes [PTB 18]:

$$E_n = \frac{x_{\text{Lab}} - \overline{x}}{\sqrt{u_{\text{Lab}}^2 + u^2\left(\overline{x}\right)}}$$

Dabei bedeuten:
$x_{\text{Lab}}$ – Mittelwert des Labors
$\overline{x}$ – gewichteter Mittelwert
$u_{\text{Lab}}^2$ – erweiterte Messunsicherheit des Labors (k = 2)
$u^2\left(\overline{x}\right)$ – kombinierte Messunsicherheit des gewichteten Mittelwertes

Der gewichtete Mittelwert $\overline{x}$ berechnet sich aus den Mittelwerten von $n$ = 6 Einzelmessungen der einzelnen Labore des Ringvergleichs und den Unsicherheiten $u_{\text{Lab}}^2$ der einzelnen Labore:

Gewichteter Mittelwert: $\overline{x} = \frac{\frac{x_1}{u^2(x_1)} + \ldots + \frac{x_n}{u^2(x_n)}}{\frac{1}{u^2(x_1)} + \ldots + \frac{1}{u^2(x_n)}}$

Die kombinierte Messunsicherheit des gewichteten Mittelwertes $u^2\left(\overline{x}\right)$ ergibt sich nach:

$$\frac{1}{u^2\left(\overline{x}\right)} = \frac{1}{u^2\left(x_1\right)} + \ldots + \frac{1}{u^2\left(x_n\right)}$$

mit $u\left(\overline{x}\right) = \sqrt{\frac{1}{\left(\frac{1}{u^2(x_1)} + \ldots + \frac{1}{u^2(x_n)}\right)}}$

Für die Bewertung des Ringvergleichs gilt dann:

$|E_n| \leq 1$: Vergleich bestanden – Abweichungen der Vergleichsmessungen der beteiligten Prüflaboratorien liegen innerhalb einer zulässigen Toleranz.

$|E_n| > 1$: Vergleich nicht bestanden – Abweichungen der Vergleichsmessungen der beteiligten Prüflaboratorien liegen außerhalb der zulässigen Toleranz.

Die Ergebnisse von Vergleichsmessungen (Ringversuchen) sind zu dokumentieren und aufzubewahren.

### ISO-Abschnitt 7.8 Berichten von Ergebnissen

Kalibrierergebnisse werden genau, klar, eindeutig, objektiv und vollständig auf der Grundlage von Aufzeichnungen und Auswertungen sowie Kundenforderungen auf dem Kalibrierschein (DIN EN ISO/IEC 17025:2018-03, Abschnitt 7.8.4) dargestellt. Ein Beispiel für eine DAkkS-konforme Gestaltung eines Kalibrierscheins für einen Lehrdorn ist in Anhang A 16.9 enthalten (siehe Kapitel 16).

Es sind die Grundsätze zur Erstellung, Übermittlung und Änderung von Ergebnisberichten sowie zur Archivierung beispielsweise in einer Verfahrensanweisung festzulegen.

# 12 Anforderungen an Managementsysteme weiterer Branchen

Die branchenunabhängigen Anforderungen der ISO 9001:2015 sind für QM-Systeme in bestimmten Wirtschafts- bzw. Industriezweigen nicht ausreichend. Daher wurden Regelwerke geschaffen, die für den Aufbau und die Validierung von QM-Systemen solcher Branchen gelten. Sie werden bei internen und Lieferantenaudits, aber auch bei Zertifizierungsverfahren angewendet. Diese branchenspezifischen Regelwerke **präzisieren** oder **ergänzen** die Anforderungen der ISO 9001 oder haben **eigenständige** Anforderungskataloge. Häufig setzen sie ein QM-System nach ISO 9001 voraus.

ISO fördert wirksame Verbindungen mit den Branchenorganisationen, um einerseits eine Ausuferung von Regelwerken einzudämmen und das Verständnis für die Normenprodukte von ISO zu erhöhen.

Das Technische Komitee ISO TC 176, das für die Entwicklung der ISO 9000-Familie zuständig ist, pflegt beispielsweise Verbindungen mit folgenden Organisationen AKMS, ASQ, BIPM, EFQM, IAEA, IAF, IATF, ILAC, INLAC, IQNet.

Aus diesen Verbindungen ist eine Reihe der nachfolgend aufgeführten Regelwerke entstanden.

## 12.1 Anforderungen der Automobilbranche

Die Automobilbranche stellt aufgrund der engen Verknüpfung mit ihren Lieferanten (z. B. Einbeziehung im laufenden Entwicklungsprozess, Just-in-time-Lieferungen) hohe Anforderungen an QM-Systeme, daher reichen hier die branchenunabhängigen Anforderungen der ISO 9001 nicht aus. Deshalb sahen sich die Automobilhersteller gezwungen, bei ihren Lieferanten weiterhin individuelle, zeit- und kostenintensive System-Audits zur Beurteilung der Qualitätsfähigkeit der Lieferanten durchzuführen. Um einheitliche Bewertungsrichtlinien zu haben und eine Hilfestellung beim Aufbau von QM-Systemen zu geben, wurden folgende spezifische Regelwerke geschaffen, die über die Anforderungen der ISO 9001 hinausgehen und des Weiteren Hinweise für spezielle anzuwendende Verfahren und Methoden angeben:

- **IATF 16949:** internationale Anforderungen an Qualitätsmanagementsysteme für die Serien- und Ersatzteilproduktion in der Automobilindustrie [Nor 16a]
- **VDA 6.1:** Branchenstandard der deutschen Automobilindustrie [VDA 16]
- **QS-9000 TES:** Die Branchennorm Tooling and Equipment Supplement ist eine Ergänzung zur nicht mehr gültigen QS 9000 bezüglich Werkzeuge und Ausrüstungen. Sie richtet sich in erster Linie an typische Ausrüster, Werkzeughersteller und Maschinenlieferanten, die direkt in die amerikanische Automobilindustrie liefern [Chr 98a]
- **ASQMS:** Weiterhin gibt es internationale Aktivitäten zur Entwicklung eines branchenspezifischen Regelwerks für Softwareentwickler in der Automobilbranche. Der geplante Automotive Software Quality Management System Standard (ASQMS) hat die Verbesserung der Leistung und der Benutzerfreundlichkeit von Automobilsoftware zum Ziel [Wag 24]

### 12.1.1 IATF 16949 – International Automotive Task Force

Der IATF-Standard 16949 [Nor 16a] enthält kundenspezifische Forderungen und legt die grundlegenden Anforderungen an Qualitätsmanagementsysteme für die Serien- und Ersatzteilproduktion in der Automobilindustrie fest. Der Standard IATF 16949:2016 enthält die Anforderungen und die Struktur der ISO 9001:2015 vollständig. In der IATF 16949:2016 „Zertifizierungsvorgaben der Automobilindustrie“ sind die Anforderungen an eine Zertifizierung enthalten.

Die technische Spezifikation IATF 16949 [Nor 16a] wird von der International Automotive Task Force (IATF) herausgegeben, wodurch die weltweite Akzeptanz weiter gestärkt werden konnte. Dabei ist eine enge Abstimmung mit der ISO, TC 176 erfolgt.

Die **IATF 16949** ist nach der **Harmonized Structure** aufgebaut [Nor 16a]. Die zusätzlichen Anforderungen der IATF 16949 [Nor 16a] gegenüber der DIN EN ISO 9001:2015 [Nor 15d] sind im Inhaltsverzeichnis einfach zu identifizieren. Die IATF 16949 enthält Zusatzforderungen für die Automobilindustrie, die in das Führungs- und Organisationssystem integriert werden sollen [Nor 16a]. Die Norm wird von allen Automobilherstellern weltweit anerkannt. Durch die Schaffung dieser einheitlichen Grundlage für Zertifizierungen sollen Mehrfachzertifizierungen vermieden werden.

Erklärtes Ziel der Automobilindustrie ist die Förderung des Aufbaus von QM-Systemen, die zu einer Verbesserung unter besonderer Beachtung der Fehlervermeidung und der Verminderung von Streuungen und Verschwendung innerhalb der Serien- und Ersatzteilproduktion in der Automobilindustrie führen. Die Umsetzung der Anforderungen wird nicht einmalig strategisch, sondern als kontinuierlicher Verbesserungsprozess gefordert. Die IATF 16949 findet in der gesamten internationalen Lieferantenkette der Automobilindustrie Anwendung.

Für die Zertifizierung von QM-Systemen nach der IATF 16949 sind besondere Qualifikationsnachweise der IATF-Auditoren erforderlich [Nor 16a, Nor 16b, Nor 19]. In der IATF 16949 (Abschnitt 3) werden in Ergänzung zu den Begriffen der ISO 9001:2015 40 weitere wesentliche Begriffe für die Automobilindustrie beschrieben [Nor 16a].

Die IATF 16949 (Abschnitt 4 bis 10) enthält im Kontext mit der **Harmonized Structure** der ISO 9001:2015 die zusätzlichen Anforderungen der internationalen Automobilindustrie. Besondere Anforderungen der IATF 16949 gegenüber der DIN EN ISO 9001:2015 sind:

- Anforderungen an interne und externe Prüflabore
- Aufzeichnungen der Kalibrierung und Verifizierung
- aussehensabhängige Produkte
- automobilspezifische, produktbezogene Software oder Produkte für die Automobilindustrie mit integrierter Software
- besondere Merkmale
- Betonung einer starken Kundenorientierung
- Beurteilung von Messsystemen
- Bewertung der Herstellbarkeit
- Dokumentation des Qualitätsmanagementsystems
- Eingaben für Produktentwicklungen
- Eingaben für Produktionsprozessentwicklung
- Entwicklungsänderungen
- Entwicklungsplanung
- Erfüllung gesetzlicher und behördlicher Vorschriften
- Ergebnisse der Produktentwicklung
- Ergebnisse der Produktionsprozessentwicklung
- Freigabe von Produkten und Dienstleistungen
- internes Auditprogramm für QM-System, Produktion und Produkt
- Kennzeichnung und Rückverfolgbarkeit
- Kompetenz der „Second Party"-Auditoren
- Kompetenz von internen Auditoren

- Kompetenz – praktische Ausbildung am Arbeitsplatz
- Konformität extern bereitgestellter Prozesse, Produkte und Dienstleistungen
- Kundenbeanstandungen und Schadteilanalyse bei Feldausfällen
- Kundenzufriedenheit
- Lenkung fehlerhafter Produkte
- Lieferantenauswahlprozess
- Lieferantenentwicklung
- Lieferantenüberwachung
- Management von Produktionswerkzeugen sowie Prüf-, Mess- und Fertigungseinrichtungen
- Managementbewertung
- Notfallpläne
- Optimierung der Wertschöpfungskette
- Problemlösung
- Produkterhaltung
- Produktionslenkungsplan (PLP)
- Produktionsplanung
- Produktsicherheit
- Risikoanalyse
- Rückmeldungen aus dem Kundendienst
- „Second-Party"-Audit
- Sonderfreigaben des Kunden
- stabile Prozessfähigkeit
- strategische Businessplanung
- technische Spezifikation
- Total Productive Maintenance (TPM)
- Überwachung und Messung von Produktionsprozessen
- Überwachung von Änderungen
- Verantwortung und Befugnis für Produktanforderungen und Korrekturmaßnahmen
- Verifizierung von Einrichtungsvorgängen

- Verringerung der Streuung und Verringerung der Verschwendung in der Lieferkette
- Vorbeugungsmaßnahmen
- Weiterentwicklung des Verbesserungsprozesses
- Werks-, Anlagen- und Einrichtungsplanung
- zeitlich begrenzte Änderungen in der Produktionsprozesslenkung
- zeitliche Verfügbarkeit und Archivierung von Aufzeichnungen

Des Weiteren wird, zusätzlich zu den bisher existierenden Normen, die Einführung eines Verfahrens zur Einhaltung gesetzlicher Vorschriften und zur Mitarbeitermotivation und fortlaufenden Verbesserung gefordert.

Im Anhang A1 der IATF 16949 ist der Produktionslenkungsplan (PLP) und im Anhang A2 der IATF 16949 sind die Elemente des Produktionslenkungsplanes beschrieben [Nor 16a].

Im Anhang B der IATF 16949 ist eine Bibliografie – automobilspezifische Ergänzungen enthalten [Nor 16a].

### 12.1.2 VDA 6.1 Verband der Automobilindustrie

Der VDA 6.1 wurde im November 2016 als 5., überarbeitete Ausgabe durch den Verband der Automobilindustrie (VDA) aktualisiert und an die bestehenden Anforderungen der ISO 9001:2015 angepasst, besonders in den Punkten [VDA 16]:

- prozessorientierter und strategischer Ansatz
- Wissens- und Risikomanagement
- neue Begriffe und Definitionen (z. B. Chancen und Risiken, interessierte Parteien, dokumentierte Informationen)

Die Zielgruppen sind die Automobilindustrie, deren Zulieferer und die gesamte Lieferkette der Automobilindustrie, d. h. sowohl für direkte als auch indirekte Lieferanten von Produkten, die im Fahrzeug eingebaut werden.

Der VDA 6.1 umfasst die Forderungen an die Direkt- und Unterlieferanten der Automobilindustrie. Neben fachspezifischen Anforderungen werden auch betriebswirtschaftliche und kundenorientierte Aspekte der Unternehmen angesprochen. Die Zielgruppen sind Hersteller von Teilen, die in Fahrzeuge aller Art eingebaut werden, Lieferanten von Rohmaterialien, Verpackungen etc., Lieferanten der Zubehörindustrie und Aftermarket. Die Auditierung erfolgt element-/prozessorientiert mit Frageliste nach VDA 6.1. [VDA 16] Die VDA 6.1 ist sehr gut geeignet für die Vorbereitung, Durchführung und Auswertung von System-, Prozess- und Produktaudits und die Vorbereitung externer Zertifizierungen (Bild 12.1).

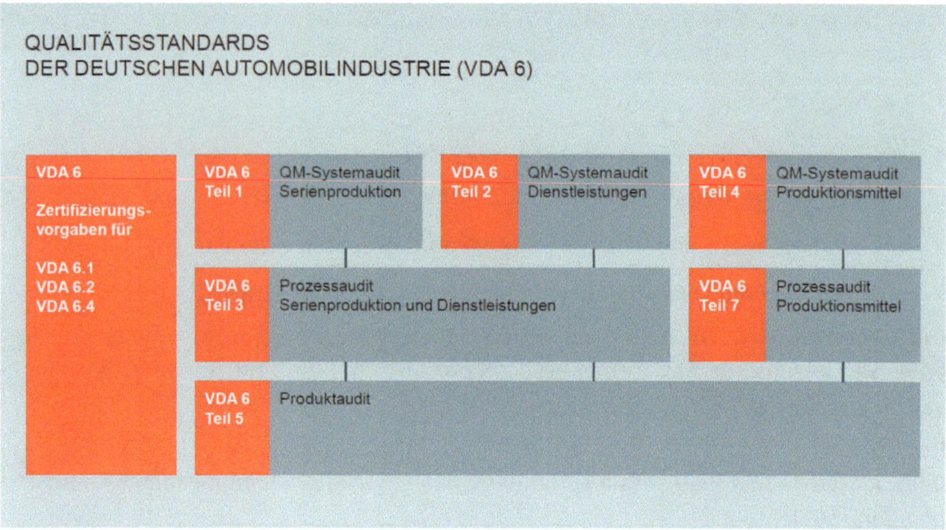


**Bild 12.1** Qualitätsstandards der Deutschen Automobilindustrie [VDA 16]

In der VDA 6.1 sind die Begriffe System, Methode, Serienfertigung, Prozessbeschreibungen/Prozessstandards, Einheit, Feststellung (Hauptabweichung), Feststellung (Nebenabweichung) und Verbesserungspotenzial zusätzlich beschrieben.

Die Bewertung im Rahmen eines VDA-Audits ist grundsätzlich wie folgt strukturiert [VDA 16a]:

- einheitliche Bewertung nach VDA 6.1 analog zu VDA 6.2 und VDA 6.4 mit Zusatzanforderungen der VDA 6.1 (z. B. VDA 6.1 Fragenkatalog, Erfüllungsgrade etc.)
- Bewertung der Dokumentation
- Wirksamkeit in der Praxis
- Risikoabschätzung

Anders als vergleichbare Standards beruht VDA 6.1 nicht auf der Struktur von ISO 9001:2015, sondern besitzt einen eigenständigen Aufbau. Eine Zertifizierung nach VDA 6.1 stellt immer eine Ergänzung der Anforderungen von ISO 9001:2015 dar.

Ziele der VDA 6.1 sind:

- Aussage über die Leistungsfähigkeit des Unternehmens sowie der Teilbereiche
- strategische Businessplanung und deren Umsetzung auf Basis konkreter Geschäftspläne
- optimierter Verbesserungsprozess
- abgesichertes Projektmanagement, Sicherstellung des Produktanlaufes und absolute Prozessbeherrschung in der Serienproduktion (Prozessfähigkeit)

- Verringerung der Streuung und Verschwendung in der Lieferkette
- Optimierung der Wertschöpfungskette

Die automobilspezifische Norm VDA 6.1 erweitert die Anforderungen der ISO 9001:2015 um folgende Aspekte [VDA 16]:

- qualitätsbezogene Kosten
- strategische kurz-, mittel- und langfristige Businessplanung
- Ermittlung der Zufriedenheit und Motivation der Mitarbeitenden
- hohe Anforderungen an die fachspezifische Qualifikation der Mitarbeitenden
- präzise Vorgaben zum Projektmanagement und der Qualitätsplanung
- absolute Prozessbeherrschung
- Anwendung spezieller Bemusterungsverfahren

Weitere VDA-Bände ergänzen Inhalte und Anforderungen der VDA 6.1.

Die VDA-Qualitätsstandards sind:

| | |
|---|---|
| **Band 1** | Dokumentation und Archivierung – Leitfaden zur Dokumentation und Archivierung von Qualitätsforderungen. 3. Auflage 2008 |
| **Band 2** | Sicherung der Qualität von Lieferungen, Produktionsprozess und Produktfreigabe (PPF). 6., überarbeitete Auflage, April 2020 |
| **Band 3, Teil 1** | Zuverlässigkeitssicherung bei Automobilherstellern und Lieferanten – Zuverlässigkeitsmanagement. 4. Ausgabe 2019 |
| **Band 4** | Sicherung der Qualität in der Prozesslandschaft. Abschnitt 4: Vorgehensmodelle. Six Sigma, Design for Six Sigma (DFSS), Wirtschaftlicher Tolerierungsprozess. 3., vollständig überarbeitete und erweiterte Auflage, August 2020 |
| **Band 4** | Produkt- und Prozess FMEA. 2., überarbeitete Auflage, Juni 2012 |
| **Band 4** | Design for Six Sigma. 1. Auflage, Dezember 2011 |
| **Band 4** | Sicherung der Qualität in der Prozesslandschaft. Abschnitt 4: Vorgehensmodelle. Six Sigma, Design for Six Sigma (DFSS), Wirtschaftlicher Tolerierungsprozess. 3., vollständig überarbeitete und erweiterte Auflage, August 2020 |
| **Band 5** | Prüfprozesseignung, Eignung von Messsystemen, Mess- und Prüfprozessen, Erweiterte Messunsicherheit, Konformitätsbewertung. 2., vollständige überarbeitete Auflage 2010, aktualisiert 2011 |
| **Band 5.1** | Rückführbare Inline-Messtechnik im Karosseriebau. Ergänzungsband zu VDA-Band 5, Prüfprozesseignung, 1. Ausgabe 2013 |

| | |
|---|---|
| **Band 5.2** | Prüfprozesseignung für das Drehmoment von Schraubenverbindungen. 1. Auflage 2013 |
| **Band 6** | Zertifizierungsvorgaben für VDA 6.1, VDA 6.2 und VDA 6.4. 6., überarbeitete Ausgabe, September 2016 |
| **Band 6, Teil 1** | Qualitätsmanagement in der Automobilindustrie. VDA-Band 6, Teil 1 QM-Systemaudit – Serienproduktion, 5. Aufl., Dezember 2016 |
| **Band 6, Teil 2** | QM-Systemaudit – Dienstleistungen. 3. Ausgabe 2017 |
| **Band 6, Teil 3** | Prozessaudit. 3., überarbeitete Ausgabe, Dezember 2016, Bemerkung: seit November 2022 ist die Version VDA 6.3:2023 freigegeben und in Vorbereitung |
| **Band 6, Teil 4** | QM-Systemaudit – Produktionsmittel – Besondere Anforderungen an Hersteller von Produktionsmitteln für die Automobilindustrie. 3. Ausgabe 2017 |
| **Band 6, Teil 5** | Produktaudit. 3., überarbeitete Ausgabe, März 2020 |
| **Band 6, Teil 7** | Prozessaudit Produktionsmittel Produktrealisierungsprozess/Einzelproduktion. 3., überarbeitete Ausgabe, Mai 2020 |
| **e-Band 7** | Austausch von Qualitätsdaten QDX – Quality Data eXchange V2.1. 2., überarbeitete Aufl. 2010, aktualisiert 2017 |
| **Band 9** | Qualitätssicherung – Emissionen und Verbrauch CoP-Prüfungen an PKW und leichten Nutzfahrzeugen. 4., überarbeitete Auflage, März 2020 |
| **Band 11** | Erfolgreich umsetzen – Zielsteuerung und Softfacts. 1. Auflage 2003 |
| **Band 12** | Prozessorientierung. 1. Auflage 2002 |
| **Band 14** | Präventive QM – Methoden in der Prozesslandschaft. 1. Auflage Mai 2008 |
| **Band 16** | Dekorative Oberflächen von Anbau- und Funktionsteilen im Außen- und Innenbereich von Automobilen. 3. Ausgabe 2016 |
| **Band 19.1, Teil 1** | Prüfung der Technischen Sauberkeit – Partikelverunreinigung funktionsrelevanter Automobilteile. 2., überarbeitete Ausgabe, März 2015 |
| **Band 19.2, Teil 2** | Technische Sauberkeit in der Montage – Umgebung, Logistik, Personal und Montageeinrichtungen. 1. Auflage 2010 |

Da Qualitätsmanagementprobleme vor allem management-, organisations- und strukturbedingt sind, ist der VDA-Fragenkatalog in zwei Teile gegliedert: U – Unternehmensführung und P – Produktion.

Der VDA-Band 6.1 enthält einen Fragenkatalog mit 22 und Z1 Elementen zur Bewertung des Managementsystems [VDA 16]:

- **Teil U: Unternehmensführung**

  01 – Verantwortung der Leitung

  02 – Qualitätsmanagementsystem

  03 – Interne Audits

  04 – Personelle Ressourcen, Kompetenz und Schulung

  05 – Finanzielle Überlegungen zu Qualitätsmanagementsystemen

  06 – Produktsicherheit

  Z1 – Unternehmensstrategie

- **Teil P: Produkt und Prozess**

  07 – Vertragsprüfung, Qualität im Marketing

  08 – Entwicklung, Produktentwicklung

  09 – Prozessplanung (Prozessentwicklung)

  10 – Lenkung der dokumentierten Informationen (Unterlagen)

  11 – Beschaffung

  12 – Lenkung der vom Kunden beigestellten Produkte

  13 – Kennzeichnung und Rückverfolgbarkeit von Produkten (Prozesslenkung, Prüfstatus)

  14 – Prozesslenkung

  15 – Prüfungen (Produktprüfung)

  16 – Prüfmittelüberwachung

  17 – Lenkung fehlerhafter Produkte

  18 – Korrekturmaßnahmen

  19 – Handhabung, Lagerung, Verpackung, Konservierung und Versand

  20 – Dienstleistungserbringung

  21 – Wartung (Kundendienst, Aufgaben nach der Produktion)

  22 – Statistische Methoden

Im Audit nach VDA erfolgt eine **Messung der Leistungsfähigkeit** der einzelnen Elemente. Jedes Element besteht aus mehreren Fragen, die einzeln bewertet und zum Ergebnis des Elements, des Teils (U-Teil und P-Teil) und dem **Erfüllungsgrad des Managementsystems** zusammengefasst werden. Zum eindeutigen Verständnis ist jede der einzelnen Fragen einheitlich in 1. Definitionen, 2. Erläuterung, 3. Forderungen/Ergänzungen untergliedert. Ein Zertifikat wird ausgestellt, wenn der Gesamterfüllungsgrad bei mindestens 90 % liegt und keine Einzelfragen oder Elemente größere Mängel aufweisen. Dieses messende Verfahren unterscheidet sich wesentlich von der IATF 16949:2016, da hier die möglichen Verbesserungspotenziale objektiv dargelegt werden.

Die **Bewertung** der einzelnen Fragen der Prozesse erfolgt im VDA-Audit nach den Aspekten:

- Festlegung – Dokumentation, Zuständigkeiten
- Nachweis der wirksamen Umsetzung in der Praxis

Der Bewertungen und Kriterien für die Auditfeststellungen nach VDA 6.1 sind in Tabelle 12.1 dargestellt. Jede Frage wird mit 0, 4, 6, 8 oder 10 Punkten bewertet (Tabelle 12.2).

**Tabelle 12.1** Bewertung der Auditfeststellungen nach VDA 6.1 [VDA 16a]

| Ist-Situation | Bewertung der Feststellungen | | | | |
|---|---|---|---|---|---|
| im QM-System vollständig festgelegt und wirksam nachgewiesen | Ja | nein | ja | nein | ja/nein |
| in der Praxis umgesetzt und wirksam nachgewiesen | Ja | ja | überwiegend<br>Das bedeutet, dass alle zutreffenden Forderungen in mehr als ca. 3/4 aller relevanten Anwendungsfälle wirksam nachgewiesen sind und kein spezielles Risiko vorhanden ist. | | nein |
| **Punktzahl** | **10** | **8** | **6** | **4** | **0** |
| Risikoabschätzung innerhalb des Prozesses | kein Risiko | geringes Risiko | deutliches Risiko | hohes Risiko | sehr hohes Risiko |
| mögliche Definition der Feststellung | grün/i. O. (ggf. mit Verbesserungspotenzial/ Hinweis) | gelb/Nebenabweichung | | rot/Hauptabweichung | |
| Verifizierung vor Ort mittels eines außerordentlichen Audits vor Zertifikaterteilung | nein | abhängig von der Risikoeinschätzung des Auditteams bzw. von der Zertifizierungsgesellschaft ggf. notwendig | | ja | |

**Tabelle 12.2** Bewertung der Feststellungen mit Punkten nach VDA 6.1 [VDA 16a]

| Punkte | Bewertung der Erfüllung einzelner Forderungen |
|---|---|
| 10 | vollständig festgelegt und wirksam nachgewiesen, es besteht kein Prozessrisiko, ggf. mit Verbesserungspotenzial |
| 8 | nicht vollständig festgelegt und wirksam nachgewiesen, es besteht ein geringes Prozessrisiko. Erforderlich: eindeutige Festlegung der Ursachenanalysen und Korrekturmaßnahmen |
| 6 | vollständig festgelegt und überwiegend wirksam nachgewiesen, es besteht ein deutliches Prozessrisiko. Erforderlich: eindeutige Festlegungen der Ursachenanalysen und Korrekturmaßnahmen |
| 4 | nicht vollständig festgelegt, aber überwiegend wirksam nachgewiesen, es besteht ein hohes Prozessrisiko. Erforderlich: eindeutige Festlegung der Ursachenanalysen und Korrekturmaßnahmen |
| 0 | nicht wirksam nachgewiesen, unabhängig von der Vollständigkeit der Festlegung im QM-System, es besteht ein sehr hohes Prozessrisiko. Erforderlich: eindeutige Festlegung der Ursachenanalysen und Korrekturmaßnahmen |

Die zusammenfassende Bewertung eines Elementes erfolgt mit jeder Frage, die ein gleiches Gewicht hat. Fragen, die nicht zutreffen, werden bei der Bewertung nicht berücksichtigt. Bei Nichtbewertung einer Frage („n. b.“) muss dies begründet werden. Die Berechnung des **Erfüllungsgrades** $E_E$ eines Elementes ergibt sich als Prozentsatz aus der Gesamtpunktezahl aller zutreffenden Fragen bezogen auf die Gesamtpunktezahl der möglichen Punkte aller zutreffenden Fragen. Wenn alle zutreffenden Fragen eines Elementes mit zehn Punkten bewertet werden, dann ergibt sich ein **Erfüllungsgrad** $E_E = 100\ \%$. Der Erfüllungsgrad $E_E$ eines Elementes berechnet sich nach:

$$E_E\ [\%] = \frac{\text{Summe aller erzielten Punkte der zutreffenden Fragen}}{\text{Summe aller möglichen Punkte der zutreffenden Fragen}} \cdot 100$$

Danach wird der **Erfüllungsgrad für den Bereich Unternehmensführung** $E_U$ und der **Erfüllungsgrad für den Bereich Produkt und Prozess** $E_P$ berechnet. Sie errechnen sich aus den Durchschnittswerten der Erfüllungsgrade der jeweils bewerteten Elemente:

$$E_U \text{ bzw. } E_P\ [\%] = \frac{\text{Summe der Erfüllungsgrade der zutreffenden Elemente}}{\text{Anzahl der bewerteten Elemente}} \cdot 100$$

Die beiden Erfüllungsgrade der Bereiche Unternehmensführung $E_U$ und Produkt/Prozess $E_P$ werden zu einem **Gesamterfüllungsgrad** $E_{Ges}$ zusammengeführt. Da die Anzahl der QM-Elemente im Bereich Produkt und Prozess etwa doppelt so hoch ist wie die Anzahl der QM-Elemente im Bereich Unternehmensführung, geht der Teil

Unternehmensführung mit einem Drittel und der Teil Produkt und Prozess mit zwei Dritteln in den Gesamterfüllungsgrad ein:

$$E_{\text{Ges}}\,[\%] = \frac{E_{\text{U}} + 2 \cdot E_{\text{P}}}{3}$$

Dabei gelten folgende Kriterien für die Durchführung eines außerordentlichen Audits [VDA 16a]:

- eine oder mehrere mit * gekennzeichnete Fragen wurde mit 0, 4 oder 6 Punkten bewertet
- eine oder mehrere nicht mit * gekennzeichnete Frage wurde mit 0 Punkten bewertet
- mindestens ein Element wurde mit einem Erfüllungsgrad kleiner 75 % bewertet

Die VDA 6.1 verlangt eine **Ergebnisübersicht** nach den Auditteilen U (Unternehmensführung) und P (Produkt und Prozess) [VDA 16a]. Im Ergebnisbericht sind die Erfüllungsgrade aller Elemente einzeln, die Zusammenfassungen zu den Teilen U und P sowie der Gesamterfüllungsgrad übersichtlich darzustellen. Außerdem sind spezifische Regeln für Überwachungsaudits (Aufrechterhaltung des VDA-6.1-Zertifikats) zu beachten [VDA 16a]:

- Elemente 01, 02, 03, 04, 05, 06 sind immer zu auditieren.
- Element Z1 ist immer zu auditieren.
- Elemente 08, 09, 14, 18 sind immer zu auditieren.
- Unter Berücksichtigung des letzten Audits sind stichprobenartig weitere Elemente entlang der Wertschöpfungskette zu auditieren.
- Bei Überwachungsaudits erfolgt keine neue Berechnung des Gesamterfüllungsgrades.
- Das Überwachungsaudit ist auszuwerten, indem eine formelle Berechnung des Erfüllungsgrades des Überwachungsaudits durchgeführt und eine Dokumentation erarbeitet wird. Nicht bewertete Fragen sind zu kennzeichnen (n. b. für nicht bewertet) und dürfen nicht mit in die Berechnung einbezogen werden.

Die Auditergebnisse dienen zur Einstufung von Lieferanten (2nd party) und bei Zertifizierungsaudits (3rd party). Der berechnete Gesamterfüllungsgrad $E_{\text{Ges}}$ wird benutzt, um das QM-System zu beurteilen und bei Kunden-/Lieferantenaudits (2nd party) einzustufen (Tabelle 12.3).

**Tabelle 12.3** Einstufung bei internen (1st party) und Lieferanten (2nd party) Systemaudit nach VDA 6.1 [VDA 16a]

| Gesamterfüllungsgrad $E_{Ges}$ | Beurteilung des QM-Systems | Einstufung |
|---|---|---|
| $E_{Ges} \geq 90\ \%$ | erfüllt | A |
| $80\ \% \leq E_{Ges} < 90\ \%$ | bedingt erfüllt | B |
| $E_{Ges} < 80\ \%$ | nicht erfüllt | C |

Dabei gelten folgende **zusätzliche Regeln**:

a) Unternehmen, die einen Gesamterfüllungsgrad von 90 % bzw. 80 % überschreiten, die aber in einem oder mehreren Elementen nur einen Erfüllungsgrad von kleiner 75 % erreichen, werden von A nach B bzw. von B nach C abgestuft.

b) Sind eine oder mehrere mit * gekennzeichnete Elemente mit weniger als acht Punkten bewertet, so ist das Unternehmen von A nach B bzw. von B nach C abzustufen.

c) Ist ein mit * gekennzeichnetes Element mit null Punkten bewertet, so ist das Unternehmen von A nach B abzustufen.

d) Es ist nur **eine** Abstufung nach a), b) oder c) möglich.

e) Alle Abstufungen sind in einem Erläuterungsbericht zu begründen.

In [VDA 16a] sind eine Abschlussbesprechung, ein Abschlussbericht, ein Abweichungsmanagement mit den Teilen Verantwortung des Klienten, Verantwortung der Zertifizierungsgesellschaft, Verifizierung vor Ort (Außerordentliches Audit), eine Zertifizierungsentscheidung und die Erteilung des VDA-6.1-Zertifikats gefordert. Auch die Erteilung nach Zertifikat VDA 6.2 und VDA 6.4 ist geregelt [VDA 16a].

## 12.2 Anforderungen der Lebensmittel- und Pharmabranche

Auch die Lebensmittel- und Pharmabranche stellt erhöhte Anforderungen an QM-Systeme. Daher wurden auch hier zusätzliche Normen und Regelwerke geschaffen, die eigenständigen Charakter haben oder auf den Anforderungen der ISO 9001 aufbauen. Solche zusätzlichen Branchennormen sind:

- **GMP:** Good Manufacturing Practice [Web 19a]
- **GLP:** Good Laboratory Practice [Web 13]
- **HACCP:** Hazard Analysis Critical Control Points [Web 01]
- **21 CFR Part 820:** Code of Federal Regulations (USA) [CFR 19]

Die Regelwerke GMP, GLP und HACCP sollen im Folgenden kurz dargestellt werden.

### 12.2.1 Good Manufacturing Practice (GMP)

**Good Manufacturing Practice (GMP)** heißt übersetzt „Gute Herstellungspraxis". Das GMP-Regelwerk wird von der Weltgesundheitsorganisation (WHO) herausgegeben und richtet sich an Pharmahersteller sowie Hersteller von Lebens- und Futtermitteln. Grundlage für die GMP ist das US-amerikanische Recht, der Code of Federal Regulations Title 21 210 und 21 211. [Web 19a]

Diese Gesetze legen u. a. genau fest,

- was bei der Herstellung von Pharmaka einzuhalten ist,
- welche Aufzeichnungen zu führen sind,
- welche Art der Kennzeichnung einzuhalten ist,
- welche Prüfungen durchzuführen sind,
- welche Aufgaben die Qualitätsprüfung hat und
- was bei Abweichungen von Spezifikationen zu tun ist. [Web 19a]

1983 ging die Bundesrepublik Deutschland mit dem Beitritt in die Pharmazeutische Inspektions-Convention (PIC) die Verpflichtung ein, die Grundregeln dieser Convention zu beachten. Diese PIC-Grundregeln, niedergelegt im PIC-GMP-Leitfaden, stellen die europäische Fortschreibung der GMP-Richtlinie der WHO dar. Der **PIC-GMP-Leitfaden** ist wie in Tabelle 12.4 dargestellt aufgebaut [Web 19a].

**Tabelle 12.4** Aufbau des PIC-GMP-Leitfadens

| Good Manufacturing Practice (GMP) | |
|---|---|
| **Einleitung**<br>**Begriffsbestimmungen**<br>**1. Qualitätssicherungssystem**<br>▪ Grundsätze<br>▪ Qualitätssicherung<br>▪ gute Herstellpraxis für pharmazeutische Produkte<br>▪ Qualitätskontrolle<br>**2. Personal**<br>▪ Grundsätze<br>▪ allgemeine Anforderungen<br>▪ Personal in Schlüsselstellungen<br>▪ Schulung<br>▪ Personalhygiene | **3. Räumlichkeiten und Ausrüstung**<br>▪ Grundsätze<br>▪ Räumlichkeiten<br>  ▪ allgemeine Anforderungen<br>  ▪ Produktionsbereiche<br>  ▪ Lagerbereiche<br>  ▪ Qualitätskontrollbereiche<br>  ▪ Nebenbereiche<br>▪ Ausrüstung |

**Good Manufacturing Practice (GMP)**

**4. Dokumentation**
- Grundsätze
- allgemeine Anforderungen
- erforderliche Unterlagen
- Spezifikationen
  - Ausgangsstoffe und Verpackungsmaterial
  - Zwischenprodukte und Bulkware
  - Fertigprodukte
- Herstellungsvorschriften und Verarbeitungsanweisungen
- Verpackungsanweisungen
- Protokolle der Chargenfertigung
- Protokolle der Chargenverpackung
- Verfahrensbeschreibungen und Protokolle
  - Wareneingang
  - Probennahme und Prüfung
- Sonstige

**5. Produktion**
- Grundsätze
- allgemeine Anforderungen
- Verhütung von Kreuzkontamination bei der Produktion
- Validierung
- Ausgangsstoffe
- Verarbeitungsvorgänge: Zwischenprodukte und Bulkware
- Verpackungsmaterial und -vorgänge
- Fertigprodukte

**6. Qualitätskontrolle**
- Grundsätze
- allgemeine Anforderungen
- gute Kontrolllabor-Praxis
  - Dokumentation
  - Probennahme
- Prüfung

**7. Herstellung und Prüfung im Lohnauftrag**
- Grundsätze
- allgemeine Anforderungen
- Auftraggeber
- Auftragnehmer
- Vertrag

**8. Beanstandungen und Produktrückruf**
- Grundsätze
- Beanstandungen
- Rückrufe

**9. Selbstinspektion**
- Grundsätze

**Anhang**

ergänzende Leitlinien mit detaillierten Regelungen für die Herstellung steriler pharmazeutischer Produkte

Jedes pharmazeutische Unternehmen ist an die Vorgaben der **Guten Herstellungspraxis** gebunden. Die Betriebe und Einrichtungen müssen ein funktionierendes Qualitätsmanagementsystem entsprechend Art und Umfang der durchgeführten Tätigkeiten einführen und pflegen.

Um die Beachtung der Vorschriften sicherzustellen, müssen regelmäßig **Selbstinspektionen** nach einem im Voraus festgelegten Programm durchgeführt werden. Über die Selbstinspektionen und die anschließend ergriffenen **Korrekturmaßnahmen müssen Aufzeichnungen** geführt und aufbewahrt werden (Bild 12.2).

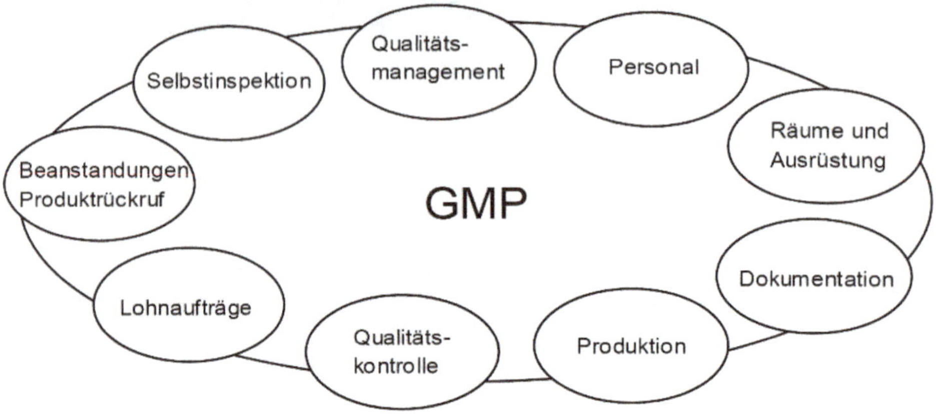


**Bild 12.2** Qualitätssicherungselemente von GMP [Pei 10]

Im Bereich der GMP-Überwachung und Qualifizierung von Wirkstoffherstellern ist die Norm DIN EN ISO/IEC 17020 für die Konformitätsbewertung relevant [Nor 12c]. Sie definiert die Kriterien für den Betrieb verschiedener Typen von Organisationen, die Inspektionen durchführen. Entsprechend tragen die nach dieser Norm akkreditierten Organisationen den Titel Inspektionsstelle.

## 12.2.2 Good Laboratory Practice (GLP)

Die Gute Laborpraxis (GLP) ist ein Qualitätssicherungssystem, das sich mit dem organisatorischen Ablauf und den Rahmenbedingungen befasst, unter denen nichtklinische gesundheits- und umweltrelevante Sicherheitsprüfungen geplant, durchgeführt und überwacht werden, sowie mit der Aufzeichnung, Archivierung und Berichterstattung der Prüfungen. Die GLP-Grundsätze der Organisation für Wirtschaftliche Zusammenarbeit und Entwicklung (OECD) wurden im Gesetz zum Schutz vor gefährlichen Stoffen (Chemikaliengesetz – ChemG) [Web 14] verankert. In den Paragrafen 19a bis 19d sind der Geltungsbereich und die Art der Überwachung der Guten Laborpraxis gesetzlich fixiert.

Die GLP-Bundesstelle im Bundesinstitut für Risikobewertung [Web 13] ist auf der Basis der „Allgemeinen Verwaltungsvorschrift GLP (ChemVwV-GLP)“ zuständig für die Koordinierung und Harmonisierung GLP-relevanter Fragen im nationalen und internationalen Bereich sowie in der Überwachung bestimmter GLP-Prüfeinrichtungen im In- und Ausland. Tabelle 12.5 zeigt den Aufbau der GLP-Richtlinie [Web 13].

**Tabelle 12.5** Aufbau der GLP-Richtlinie

| Good Laboratory Practice (GLP) |
|---|
| **Abschnitt I: Allgemeines**<br>1. Geltungsbereich<br>2. Begriffsbestimmungen<br>**Abschnitt II: Grundsätze der Guten Laborpraxis (GLP-Grundsätze)**<br>▪ Organisation und Personal der Prüfeinrichtung<br>▪ Qualitätssicherungsprogramm<br>▪ Prüfeinrichtungen<br>▪ Geräte, Materialien und Reagenzien<br>▪ Prüfsysteme<br>▪ Prüf- und Referenzsubstanzen<br>▪ Standard-Arbeitsanweisungen<br>▪ Prüfungsablauf<br>▪ Bericht über die Prüfergebnisse<br>▪ Archivierung und Aufbewahrung von Aufzeichnungen und Materialien |

### 12.2.3 Hazard Analysis Critical Control Points (HACCP)

Die Hazard Analysis Critical Control Points (HACCP) ist die Analyse von chemischen, physikalischen oder mikrobiologischen Gefahren, die im Prozess von der Anlieferung über Lagerung, Verarbeitung, Herstellung und Verteilung im Zusammenhang mit Rohstoffen, Zutaten oder Fertigprodukten auftreten können [Web 01]. Die **Critical Control Points** sind dabei die Punkte im Prozessverlauf, an denen die Steuerung der identifizierten Gefahren erforderlich bzw. möglich ist.

Die rechtlichen Grundlagen für den Aufbau eines HACCP-Systems sind:

- **VEU 2017/745:** Europäische Richtlinie des Rates über Lebensmittelhygiene [Web 99]
- **LMHV:** Verordnung über Anforderungen an die Hygiene beim Herstellen, Behandeln und Inverkehrbringen von Lebensmitteln (Lebensmittelhygiene-Verordnung – LMHV) – nationale Umsetzung der EU-Richtlinie 93/43/EWG in Deutschland [Web 12]
- **LMBG:** Lebensmittel- und Bedarfsgegenständegesetz [Web 10]
- **DIN 10514:** Lebensmittelhygiene – Hygieneschulung [Nor 09c]

Für das HACCP-Konzept wurde von einer speziellen Kommission der **Codex Alimentarius** entwickelt. Die Codex Alimentarius Commission wurde 1962 von der Weltgesundheitsorganisation (WHO), der Welternährungsorganisation (FAO) und der UNO gegründet und mit der Aufgabe betraut, horizontale Standards für Hygieneanforderungen, Pestizidrückstandsbegrenzung, Kontaminationsbegrenzung, Probeannahme, Analysemethoden und Lebensmittelkennzeichnung sowie vertikale Standards für alle Lebensmittel auszuarbeiten, die Bedeutung im internationalen Handel haben [Mys 99].

Der Codex Alimentarius beinhaltet damit international anerkannte Anforderungen (Bild 12.3).

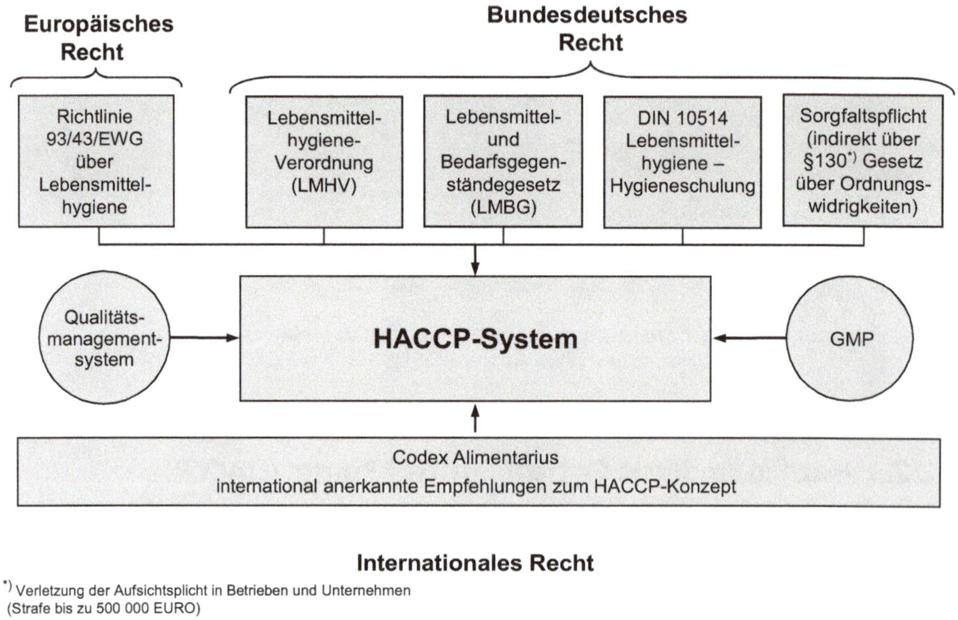


**Bild 12.3** Der rechtliche Rahmen für das HACCP-System [Web 01] [Mys 99]

Die Anforderungen der Lebensmittelhygiene-Verordnung (LMHV) sind weniger umfassend als die Empfehlungen, die die Codex Alimentarius Commission in ihrem Leitfaden „HACCP – System and Guidelines for Application" gibt (Bild 12.4).

Die Lebensmittelhygiene-Verordnung stellt drei **wesentliche Anforderungen** an Lebensmittelunternehmen:

- Umsetzung der Guten Hygienepraxis
- Einrichtung eines Eigenkontrollsystems, ähnlich dem HACCP-Konzept
- Schulung der Mitarbeitenden

Schulungen sollten mindestens folgende **Themenkomplexe** behandeln:

- Mikrobiologie (Gefahren für Lebensmittel)
- Personal- und Betriebshygiene
- HACCP (HACCP-Konzept/-System)
- HACCP- bzw. Hygiene-Dokumentation (Vorgabe-/Nachweisdokumente, Gründe/ Konsequenzen)

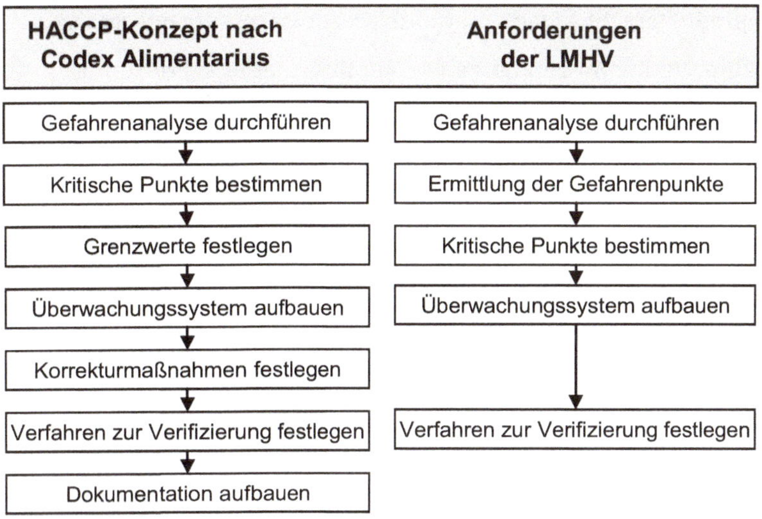


**Bild 12.4** HACCP-Konzept und Eigenkontrollsystem gemäß LMHV [Web 12] [Mys 99]

HACCP-Konzept und Qualitätsmanagement haben die gleiche Zielstellung: ein präventives Fehlervermeidungssystem wirkungsvoll zu betreiben. Aus diesem Grund empfiehlt die Verordnung (EG) Nr. 852/2004 des Europäischen Parlaments und des Rates vom 29. April 2004 über Lebensmittelhygiene den Unternehmen der Lebensmittelbranche die ISO 9001 auch bei der Ausgestaltung eines HACCP-Konzeptes anzuwenden [Web 02].

## 12.3 Anforderungen der Medizinbranche

Die Medizinbranche stellt besonders hohe Anforderungen an die Qualität der Produkte und Dienstleistungen im Gesundheitswesen. Die Anforderungen der ISO 9000 ff. reichen nicht aus, um Patientensicherheit und Patientenversorgung auf hohem Niveau zu gewährleisten. Daher wurden zahlreiche zusätzliche Richtlinien und Normen geschaffen. Anforderungen an das Qualitätsmanagement richten sich in der Medizinbranche einerseits an **Hersteller von Medizinprodukten** und andererseits an **Dienstleister im Gesundheitswesen** wie Ärzte, Reha-Zentren und vor allem Krankenhäuser sowie Lieferanten von Herstellern für Medizinprodukte.

Die wichtigsten Regelwerke für Hersteller von Medizinprodukten sind:

- **VO (EU) 2017/745:** Europäische Verordnung über Medizinprodukte (MDR)
- **VO (EU) 2017/746:** Europäische Verordnung über In-vitro-Diagnostika vom 5. April 2017 und zur Aufhebung der Richtlinie 98/79/EG und des Beschlusses 2010/227/EU der Kommission

- **MPDG:** Medizinprodukterecht – Medizinprodukterecht-Durchführungsgesetz
- **MPAMIV:** Medizinprodukte-Anwendermelde- und Informationsverordnung
- **HWG:** Heilmittelwerbegesetz
- **MPbetreibV:** Medizinprodukte – Betreiberverordnung
- **DIN EN ISO 13485:** Medizinprodukte – Qualitätsmanagementsysteme – Anforderungen für regulatorische Zwecke [Nor 21]
- **DIN EN ISO 14971:** Medizinprodukte – Anwendung des Risikomanagements auf Medizinprodukte [Nor 22b]
- **21 CFR Part 820 – QSR:** US-amerikanische Richtlinien für Medizinprodukte – Quality System Regulation [CFR 19]

### 12.3.1 Europäische Richtlinien für Medizinprodukte

Gegenwärtig befindet sich die europäische Gesetzgebung für die Medizintechnikbranche in einer Übergangszeit. Die Richtlinie 93/42/EWG (Medizinprodukte MDD Medical Devices Directive) ist außer Kraft getreten. Seit dem 26. 05. 2021 gilt die europäische Verordnung über Medizinprodukte 2017/745. Für In-vitro-Diagnostika gelten andere Übergangsregelungen als für Medizinprodukte. Die europäische Verordnung 2017/746 hat einen Geltungsbeginn zum 26. 05. 2022, bis dahin bleibt auch die Richtlinie 98/79/EWG bestehen. Wesentlich hierbei ist, dass die Europäische Union Verordnungen erlassen hat, die wie Gesetze direkt in den europäischen Nationen umgesetzt werden. EU-Richtlinien hingegen müssen erst in nationale Gesetze umgesetzt werden.

Die europäischen Verordnungen gewährleisten einen freien Verkehr der Erzeugnisse auf dem europäischen Binnenmarkt, mit der Sicherheit, dass diese die gleichen Anforderungen erfüllen.

✓ Entsprechend Verordnung (EU) 2017/745 (MDR) wird der Begriff **„Medizinprodukt"** definiert. Medizinprodukte umfassen medizinisch-technische Geräte wie beispielsweise Herzschrittmacher, Dialysemaschinen und Röntgengeräte sowie chirurgische Instrumente und künstliche Zähne, Produkte zur Empfängnisverhütung und Wundversorgung [Web 99].

In den Richtlinien werden **grundlegende Anforderungen für Medizinprodukte** festgelegt, die der Hersteller erfüllen muss:

- Festlegen der Zweckbestimmung des Produkts
- Prüfen, ob das Produkt der Definition „Medizinprodukt" entspricht und dem Medizinprodukterecht unterliegt

- Durchführen einer Risikoanalyse
- Durchführen einer klinischen Bewertung
- Aufbau und Unterhaltung eines unternehmensspezifischen Medizinprodukte-Beobachtungs- und -Meldesystems
- Beachtung der Anzeigepflichten
- Klassifizierung von Medizinprodukten [Web 99]

Medizinprodukte und Zubehör werden entsprechend ihrem Gefährdungspotenzial klassifiziert. Die Einstufung in die Klassen I, IIa, IIb und III erfolgt gemäß Anhang VIII der Verordnung MDR. Tabelle 12.6 enthält die wichtigsten Kriterien für Medizinproduktklassen. [Web 99]

**Tabelle 12.6** Medizinprodukteklassen der Richtlinie MDD [Web 99]

| Einstufung nach MDR | Kriterien | Beispiele |
|---|---|---|
| **Klasse I** | ▪ nichtinvasive Produkte, die nur ein geringes Risiko aufweisen<br>▪ kein oder unkritischer Hautkontakt<br>▪ invasive Produkte, beschränkt auf natürliche Körperöffnungen zur vorübergehenden Anwendung (< 60 min) | Gehhilfen, Verbandsstoffe, Bettpfannen |
| **Klasse I*** | ▪ Klasse-I-Produkte, die zusätzlich die Einbindung der benannten Stelle erfordern<br>▪ Medizinprodukte der Klasse I mit Messfunktion (Im), wiederverwendbare chirurgische Instrumente (Ir), sterile Medizinprodukte der Klasse I (Is) | Thermometer, Waagen, Skalpelle, Scheren, sterile Abdecktücher, sterile Schutzausrüstung |
| **Klasse IIa** | ▪ Produkte, die mittleres Risiko aufweisen<br>▪ invasive Produkte, beschränkt auf natürliche Körperöffnungen (z. B. Mund, Ohr, After)<br>▪ chirurgisch-invasive Produkte zur vorübergehenden (< 60 min) und zur kurzzeitigen (60 min bis 30 Tage) Anwendung | Hörgeräte, Katheter, bestimmte chirurgische Instrumente |

**Tabelle 12.6** Medizinprodukteklassen der Richtlinie MDD [Web 99] *(Fortsetzung)*

| Einstufung nach MDR | Kriterien | Beispiele |
|---|---|---|
| **Klasse IIb** | ▪ Produkte, die ein hohes Risiko aufweisen<br>▪ die meisten chirurgisch-invasiven Produkte<br>▪ aktive Produkte<br>▪ Einfluss auf Zusammensetzung von Körperflüssigkeiten<br>▪ implantierbare Produkte, die nicht im direkten Kontakt mit dem Herzen, dem zentralen Kreislaufsystem, dem zentralen Nervensystem oder der Wirbelsäule bestimmt sind<br>▪ Empfängnisverhütung oder zum Schutz vor der Übertragung von sexuell übertragbaren Krankheiten | Beatmungsgeräte, Dialysegeräte, Infusionspumpen, Schrauben, Platten, Kondome |
| **Klasse III** | ▪ Produkte, die das höchste Risiko aufweisen<br>▪ unmittelbare Anwendung an Herz, zentralem Kreislaufsystem oder zentralem Nervensystem, Wirbelsäule<br>▪ Produkte, die ein Medikament enthalten<br>▪ Produkte, die zum Teil menschlichen oder tierischen Ursprungs sind oder aus ihren Derivaten hergestellt wurden | Herzschrittmacher, künstliche Herzklappen, Wirbelsäulen Platten, Teil- oder Totalprothesen von Gelenken |

Der Hersteller muss ein Medizinprodukt vor dem Inverkehrbringen innerhalb der EU mit der **CE-Kennzeichnung** versehen. Auch Betreiber dürfen seit dem Stichtag 14. Juni 1998 nur noch Medizinprodukte mit CE-Kennzeichnung in Betrieb nehmen. Abhängig von der Risikoeinstufung kommen unterschiedliche Verfahren der **Konformitätsbewertung** zur Anwendung (Bild 12.5).

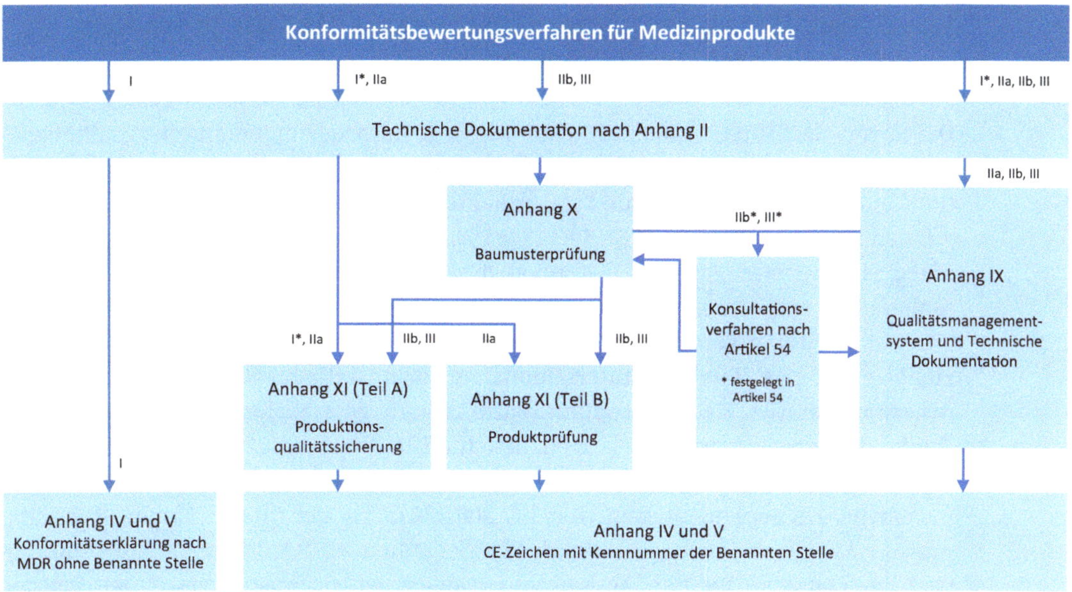


**Bild 12.5** Konformitätsbewertungsverfahren für Medizinprodukte nach MDR [Web 85]

## 12.3.2 Deutsches Recht

In Deutschland ist das Medizinproduktegesetz (MPG) seit dem 26.05.2021 außer Kraft getreten. Für In-vitro-Diagnostika hatte es noch Gültigkeit bis zum Jahr 2022. Zusätzlich zur europäischen Verordnung 2017/745 (MDR) sind folgende deutsche Gesetze veröffentlich worden, die die Anforderungen der MDR ergänzen (Tabelle 12.7).

**Tabelle 12.7** Verordnungen im deutschen Medizinprodukterecht (Auswahl)

| Kurzbezeichnung | Bezeichnung |
|---|---|
| MPDG | Medizinprodukterecht-Durchführungsgesetz |
| MPAMIV | Medizinprodukte-Anwendermelde- und Informationsverordnung |
| MPBetreibV | Medizinprodukte-Betreiberverordnung:<br>Verordnung über das Errichten, Betreiben und Anwenden von Medizinprodukten |
| HWG | Heilmittelwerbegesetz |
| MPDGGebV | Medizinprodukterecht-Durchführungsgesetz-Gebührenverordnung |
| IRegG | Implantateregistergesetz |
| ProdHaftG | Produkthaftungsgesetz |
| ProdSG | Produktsicherheitsgesetz |

### 12.3.3 Qualitätsmanagementsysteme für Medizinprodukte nach DIN EN ISO 13485:2016

Die Norm DIN EN ISO 13485:2016 [Nor 16c] legt Anforderungen an ein Qualitätsmanagementsystem fest, das durch eine Organisation für Design, Entwicklung, Produktion und Installation sowie die Instandhaltung von Medizinprodukten angewendet werden kann. Die Norm DIN EN ISO 13485:2016 [Nor 16c] ist **nicht** nach der **Harmonized Structure** aufgebaut! Sie kann auch von internen und externen Parteien einschließlich Zertifizierungsstellen verwendet werden, um die Fähigkeit der Organisation zur Erfüllung von regulatorischen Anforderungen und Kundenanforderungen zu bewerten. Das Ziel dieser internationalen Norm ist die Ermöglichung der Harmonisierung der für Medizinprodukte zutreffenden gesetzlichen Anforderungen an Qualitätsmanagementsysteme. Zusätzlich zur DIN EN ISO 9001 [Nor 15d] sind kritische Prozesse, wie beispielsweise Rückruf, Abwehr der Kontamination, Risikomanagement, zu implementieren. Die ISO 9001:2015 ist die internationale Qualitätsmanagementnorm, in der die Kundenzufriedenheit an vorderster Stelle steht. Sie wird als Leitnorm für den Aufbau von Managementsystemen verwendet. Bei der ISO 13485:2016 [Nor 16c] wird die Sicherheit von Patienten, Anwendern und Dritten sowie die Erfüllung von Regularien in den Vordergrund gestellt. Tabelle 12.8 veranschaulicht drei Begriffe, die sich von DIN EN ISO 9001:2015 unterscheiden.

**Tabelle 12.8** Begriffsbestimmung der ISO 13485:2016

| Begriff | Definition |
|---|---|
| **Reklamation** | Schriftliche, elektronische oder mündliche Mitteilung über Unzulänglichkeiten hinsichtlich Identität, Qualität, Haltbarkeit, Zuverlässigkeit, Gebrauchstauglichkeit, Sicherheit oder Leistung eines Medizinprodukts, das aus dem Lenkungsbereich der Organisation entlassen wurde oder sich auf eine Dienstleistung bezieht, die die Leistung derartiger Medizinprodukte beeinflusst |
| **Produkt** | Ergebnis eines Prozesses |
| **Risiko** | Kombination aus der Wahrscheinlichkeit des Auftretens eines Schadens und des Schweregrades dieses Schadens |

In der ISO 13485:2016 [Nor 16c] werden mehr Aspekte der FDA-(Food and Drug Administration) und der MDD-(Medical Device Directive) Anforderungen erfüllt (21 CFR Part 820, Europäische Union, Amtsblatt L 117, 5.05/2017). Insbesondere sind die Themen ausgelagerte Prozesse, Software-Validierung, Medical Device File, Risikomanagement und Design- und Entwicklungsakte neu und ergänzend geregelt worden. Dokumentierte Informationen nach ISO 9001:2015 werden in der ISO 13485:2016 in Dokumente und Aufzeichnungen differenziert und unterliegen den in der ISO 13485:2016 genannten Anforderungen zur Aufbewahrung und Archivierung [Nor 16c]. In DIN EN ISO 14971:2020-07 Medizinprodukte – Anwendung des Risikomanagements auf Medizinprodukte wird ein Prozess für einen Medizinproduktehersteller zur Identifizierung der mit Medizinprodukten verbundenen Gefährdungen, einschließlich Produkten für die In-vitro-Diagnostik, standardisiert [Nor 22f]. Weitere Normen in der Medizinbranche sind DIN EN 62304 „Software Lebenszyklusprozesse", IEC 82304-01 „Health Software", DIN EN 16844:2015-04 „Entwurf Dienstleistungen in der ästhetischen Medizin – Nicht-chirurgische, medizinische Eingriffe". Gegenüber der DIN EN ISO 9001:2015 enthält die DIN EN ISO 13485:2016 zusätzliche Anforderungen (Tabelle 12.9). Für Qualitätsmanagement in Einrichtungen des Gesundheitswesens wie Krankenhäusern und Pflegeeinrichtungen existieren spezialisierte Verfahren, beispielsweise das System nach KTQ [Web 31].

**Tabelle 12.9** Branchenspezifische Zusatzanforderungen der DIN EN ISO 13485:2016 [Nor 16c]

| Zusätzliche Anforderungen der DIN EN ISO 13485:2016 gegenüber ISO 9001:2015 | Abschnitt in ISO 9001 |
|---|---|
| **1 Anwendungsbereich**<br>Spezifizierung der QM-System-Anforderungen für Medizinprodukte und zugehörige Dienstleistungen. Ausschlüsse dieser Norm sind im Bereich Entwicklung möglich, soweit regulatorische Anforderungen dies zulassen. Sollten Aspekte aus den Kapiteln 6, 7 und 8 der DIN EN ISO 13485:2016 nicht anwendbar sein, ist dies zu begründen. | 1 |
| **4 Qualitätsmanagementsystem**<br>Es wird die Dokumentation nach regulatorischen Anforderungen gefordert. | 4, 4.1, 4.2, 4.4 |
| **4.1 Allgemeine Anforderungen**<br>Prozesse des Qualitätsmanagementsystems (QMS) müssen geleitet und gelenkt werden. Änderungen an diesen Prozessen müssen hinsichtlich des QMS und des Einflusses auf das Medizinprodukt bewertet werden. Ausgelagerte Prozesse liegen in der Verantwortung der Organisation und haben gleichen Konformitätsanspruch wie interne Prozesse. Die Lenkungsmaßnahmen müssen in einem angemessenen Verhältnis zu dem verbundenen Risiko und der Fähigkeit der externen Partei stehen. Die Lenkungsmaßnahmen müssen schriftliche Qualitätsvereinbarungen enthalten.<br>Computersoftware muss vor ihrem ersten Einsatz validiert werden, wenn angemessen nach Änderungen an dieser Software oder bei Änderungen ihrer Anwendung. Verfahren der Validierung müssen dokumentiert sein. | 4.4, 6.3, 8.4 |

**Tabelle 12.9** Branchenspezifische Zusatzanforderungen der DIN EN ISO 13485:2016 [Nor 16c] *(Fortsetzung)*

| Zusätzliche Anforderungen der DIN EN ISO 13485:2016 gegenüber ISO 9001:2015 | Abschnitt in ISO 9001 |
|---|---|
| **4.2 Dokumentationsanforderungen**<br>**4.2.1 Allgemeines**<br>Es besteht die Forderung nach einem Qualitätsmanagement-Handbuch. | 7.5 |
| **4.2.2 Qualitätsmanagement-Handbuch**<br>Ausschlüsse und Nicht-Anwendungen müssen im Qualitätsmanagement-Handbuch (QMH) begründet werden.<br>Die Struktur der Dokumentation des QMS muss im QMH dargestellt sein. | 4.3, 4.4, 7.5.1 |
| **4.2.3 Medizinprodukteakte**<br>Diese dokumentarische Anforderung muss enthalten:<br>a) allgemeine Beschreibung des Medizinprodukts, bestimmungsgemäßer Gebrauch/Zweckbestimmung sowie Kennzeichnung einschließlich etwaiger Gebrauchsanweisungen<br>b) Produktspezifikationen<br>c) Spezifikationen oder Verfahren hinsichtlich Herstellung, Verpackung, Lagerung und Vertrieb<br>d) Verfahren für Messung und Überwachung<br>e) soweit angemessen: Anforderungen für die Installation<br>f) soweit angemessen: Verfahren für die Instandhaltung | kein entsprechender Abschnitt |
| **4.2.4 Lenkung von Dokumenten**<br>Dokumentierte Verfahren müssen Lenkungsmaßnahmen zum Bewerten von Dokumenten festlegen. Die Lesbarkeit und Identifizierbarkeit ist sicherzustellen, Dokumentenverluste sind zu verhindern.<br>Änderungen an Dokumenten müssen durch einen fähigen, benannten Verantwortlichen bewertet und genehmigt werden.<br>Dokumente müssen<br>▪ für die Lebensdauer des Medizinprodukts,<br>▪ mindestens zwei Jahre ab Produktfreigabe und<br>▪ nach regulatorischen Anforderungen<br>aufbewahrt werden. | 7.5.2, 7.5.3 |
| **4.2.5 Lenkung von Aufzeichnungen**<br>Die Lenkungsmaßnahmen für diesen Dokumententyp müssen sicherstellen, dass Identifizierung, Lagerung, Schutz und Unversehrtheit, Wiederauffindbarkeit, Verfügbarkeit und Aufbewahrungsfrist möglich sind. | 7.5.2, 7.5.3 |

| Zusätzliche Anforderungen der DIN EN ISO 13485:2016 gegenüber ISO 9001:2015 | Abschnitt in ISO 9001 |
|---|---|
| Aufzeichnungen müssen<br>▪ für die Lebensdauer des Medizinprodukts,<br>▪ mindestens zwei Jahre ab Produktfreigabe und<br>▪ nach regulatorischen Anforderungen<br>aufbewahrt werden. | |
| **5 Verantwortung der Leitung**<br>**5.1 Verpflichtung der Leitung** | 5, 5.1, 5.1.1, 9.3, 9.3.1 |
| **5.2 Kundenorientierung** | 5.1.2 |
| **5.3 Qualitätspolitik**<br>Die oberste Leitung muss sicherstellen, dass die Qualitätspolitik einen Rahmen zum Festlegen und Bewerten von Qualitätszielen bietet und die Qualitätspolitik auf fortdauernde Eignung bewertet wird. | 5.2, 5.2.1, 5.2.2, 5.2.3 |
| **5.4 Planung**<br>**5.4.1 Qualitätsziele** | 6, 6.2.1 |
| **5.4.2. Planung des Qualitätsmanagementsystems** | 5.3, 6, 6.1, 6.3 |
| **5.5 Verantwortung, Befugnis und Kommunikation**<br>**5.5.1 Verantwortung und Befugnis**<br>Festgelegte Verantwortungen und Befugnisse innerhalb der Organisation müssen dokumentiert werden. | 5.3 |
| **5.5.2 Beauftragter der Leitung**<br>Die oberste Leitung **muss** ein Mitglied der Leitung benennen, das unabhängig von anderen Verantwortungen die Verantwortung und Befugnis hat, sicherzustellen, dass erforderliche Prozesse des QMS dokumentiert sind, die Wirksamkeit und die Notwendigkeit für Verbesserungen des QMS an die oberste Leitung berichtet und das Bewusstsein der regulatorischen Anforderungen und des QMS in der gesamten Organisation sicherstellt. | 5.3 |
| **5.5.3 Interne Kommunikation** | 7.4 |
| **5.6 Managementbewertung**<br>**5.6.1 Allgemeines**<br>Verfahren der Managementbewertung müssen dokumentiert werden. Die oberste Leitung muss das QMS in geplanten Abständen bewerten. Es müssen Aufzeichnungen über die Managementbewertung aufrechterhalten werden. | 9.3, 9.3.1, 10.3 |

**Tabelle 12.9** Branchenspezifische Zusatzanforderungen der DIN EN ISO 13485:2016 [Nor 16c] *(Fortsetzung)*

| Zusätzliche Anforderungen der DIN EN ISO 13485:2016 gegenüber ISO 9001:2015 | Abschnitt in ISO 9001 |
|---|---|
| **5.6.2 Eingaben für die Bewertung**<br>Folgende Eingaben müssen in der Bewertung enthalten sein:<br>▪ für die Lebensdauer des Medizinprodukts<br>▪ Reklamationsbearbeitung<br>▪ Berichterstattung an Regulierungsbehörden<br>▪ Vorbeugungsmaßnahmen<br>▪ anwendbare neue oder überarbeitete regulatorische Anforderungen | 9.3.2 |
| **5.6.3 Ergebnisse der Bewertung**<br>Ergebnisse müssen aufgezeichnet werden, die Folgendes betreffen:<br>▪ nach regulatorischen Anforderungen<br>▪ Produktverbesserung in Bezug auf Kundenanforderungen<br>▪ Änderungen, die erforderlich sind, um auf anwendbare neue oder überarbeitete regulatorische Anforderungen zu reagieren | 9.3.3 |
| **6 Management von Ressourcen**<br>**6.1 Bereitstellung von Ressourcen**<br>Die Bereitstellung von Ressourcen wird gefordert, um die anwendbaren regulatorischen Anforderungen und Kundenanforderungen zu erfüllen. | 7.1, 7.1.1, 7.1.2 |
| **6.2 Personelle Ressourcen** | 7.1.2, 7.1.6, 7.2, 7.3 |
| **6.3 Infrastruktur**<br>Wartungstätigkeiten oder Unterlassung von Wartungstätigkeiten mit Einfluss auf die Produktqualität müssen in ihren Anforderungen und Intervallen dokumentiert werden. Es müssen Aufzeichnungen über diese Wartungstätigkeiten aufrechterhalten werden. | 7.1.3 |
| **6.4 Arbeitsumgebung und Lenkung der Kontamination**<br>**6.4.1 Arbeitsumgebung**<br>Anforderungen an Arbeitsumgebungen, die zum Erreichen der Konformität mit den Produktanforderungen erforderlich sind, müssen dokumentiert werden. Anforderungen an Gesundheit, Sauberkeit und Arbeitskleidung des Personals müssen dokumentiert werden, wenn der Kontakt zwischen diesem Personal und Produkt oder der Arbeitsumgebung die Medizinproduktesicherheit oder -leistung beeinträchtigen könnte. | 7.4.1 |

| Zusätzliche Anforderungen der DIN EN ISO 13485:2016 gegenüber ISO 9001:2015 | Abschnitt in ISO 9001 |
|---|---|
| **6.4.2 Lenkung der Kontamination**<br>Soweit angemessen, müssen Maßnahmen zur Lenkung verunreinigter oder möglicherweise verunreinigter Produkte geplant und dokumentiert werden, um die Verunreinigung des Personals oder des Produkts zu verhindern. Für sterile Medizinprodukte muss die Organisation Anforderungen zur Lenkung von Verunreinigung durch Mikroorganismen oder Partikel dokumentieren und die geforderte Reinheit während der Montage- oder Verpackungsprozesse muss aufrechterhalten werden. | 7.4.1, 8.7 |
| **7 Produktrealisierung**<br>**7.1 Planung der Produktrealisierung**<br>Mindestens ein Prozess für das Risikomanagement in der Produktrealisierung muss dokumentiert sein. Die Tätigkeiten im Bereich Risikomanagement müssen als Aufzeichnung vorliegen. | 6.1, 6.2.1, 7.1.6, 8, 8.1 |
| **7.2 Kundenbezogene Prozesse**<br>**7.2.1 Ermittlung der Anforderungen bezüglich des Produkts** | 8.2, 8.2.1, 8.2.2, 8.2.3.1 |
| **7.2.2 Bewertung der Anforderungen bezüglich des Produkts** | 8.2.3, 8.2.4 |
| **7.2.3 Kommunikation**<br>Die Organisation muss in Übereinstimmung mit anwendbaren regulatorischen Anforderungen mit Regulierungsbehörden kommunizieren. | 8.2.1, 9.1.2 |
| **7.3 Entwicklung**<br>**7.3.1 Allgemeines**<br>Für die Entwicklung sind Dokumentationen erforderlich. | 8.3, 8.3.1 |
| **7.3.2 Entwicklungsplanung**<br>Folgendes muss während Planung und Aktualisierung dokumentiert werden:<br>▪ Dokumentation der in jeder Entwicklungsphase benötigte(n) Bewertung(en)<br>▪ angemessene Dokumentation zur Tätigkeit des Designtransfers<br>▪ Verfahren zur Sicherstellung der Rückverfolgbarkeit der Entwicklungsergebnisse auf die Entwicklungseingaben | 8.3.2, 8.3.3, 8.3.4 |
| **7.3.3 Entwicklungseingaben**<br>Eingaben müssen anwendbare Ergebnisse aus dem Risikomanagement und/oder den Gebrauchstauglichkeits- und Sicherheitsanforderungen entsprechend dem bestimmungsgemäßen Gebrauch enthalten.<br>Anforderungen müssen verifizierbar oder validierbar sein und dürfen einander nicht widersprechen. | 8.3.3 |

**Tabelle 12.9** Branchenspezifische Zusatzanforderungen der DIN EN ISO 13485:2016 [Nor 16c] *(Fortsetzung)*

| Zusätzliche Anforderungen der DIN EN ISO 13485:2016 gegenüber ISO 9001:2015 | Abschnitt in ISO 9001 |
|---|---|
| **7.3.4 Entwicklungsergebnisse**<br>Die Entwicklungsergebnisse müssen gegen die Entwicklungseingaben verifizierbar sein und müssen vor der Freigabe genehmigt werden. | 8.3.5 |
| **7.3.5 Entwicklungsbewertung**<br>In geeigneten Phasen müssen systematische Entwicklungsbewertungen nach geplanten und dokumentierten Regelungen durchgeführt werden.<br>Zu den Teilnehmern an derartigen Bewertungen müssen die Vertreter der Funktionsbereiche gehören, die sich mit der in der Bewertung befindlichen Entwicklungsphase befassen, sowie weitere Fachleute. Die Bewertungen müssen als Aufzeichnungen vorliegen mit Identifikation des bewerteten Designs, der beteiligten Teilnehmer und dem Datum der Bewertung. | 8.3.4 |
| **7.3.6 Entwicklungsverifizierung**<br>Verifizierungspläne sind erforderlich.<br>Schnittstellen zu anderen Medizinprodukten müssen mit den gleichen Anforderungen verifiziert und bestätigt werden. | 8.3.4 |
| **7.3.7 Entwicklungsvalidierung**<br>Eine Entwicklungsvalidierung muss an einem repräsentativen Produkt vorgenommen werden. Ein repräsentatives Produkt schließt die erste Produktionseinheit, die erste Charge oder Gleichwertiges ein. Die Begründung für die Auswahl des für die Validierung verwendeten Produkts muss aufgezeichnet werden.<br>Zur Entwicklungsvalidierung müssen klinische Bewertungen oder Leistungsbewertungen des Medizinprodukts durchgeführt werden. Ein zur klinischen Bewertung oder Leistungsbewertung verwendetes Medizinprodukt darf nicht zur weiteren Verwendung durch den Kunden freigegeben werden.<br>Schnittstellen zu anderen Medizinprodukten müssen mit gleichen Anforderungen validiert und bestätigt werden.<br>Eine Validierung muss vor der Freigabe des Produkts abgeschlossen sein. | 8.3.4 |
| **7.3.8 Übertragung der Entwicklung**<br>Verfahren für die Übertragung von Entwicklungsergebnissen an die Herstellung müssen dokumentiert werden. Es ist sicherzustellen, dass die Entwicklungsergebnisse als geeignet verifiziert werden, Produktionsfähigkeit und Produktanforderungen erfüllt werden, bevor diese mit endgültigen Festlegungen an die Produktion übergeben werden. | 8.3.4, 8.3.5 |

| Zusätzliche Anforderungen der DIN EN ISO 13485:2016 gegenüber ISO 9001:2015 | Abschnitt in ISO 9001 |
|---|---|
| **7.3.9 Lenkung von Entwicklungsänderungen**<br>Auswirkungen der Änderungen müssen bestimmt und im Zusammenhang bestehender Prozesse und Bewertungen beurteilt werden. Änderungen müssen vor ihrer Implementierung<br>▪ geprüft,<br>▪ verifiziert,<br>▪ validiert und, soweit angemessen,<br>▪ genehmigt werden. | 8.3.6, 8.5.6 |
| **7.3.10 Entwicklungsakten**<br>Sie dienen zum Nachweis von Konformität mit den Anforderungen an die Entwicklung und den Entwicklungsänderungen. | 7.5.3 |
| **7.4 Beschaffung**<br>**7.4.1 Beschaffungsprozess**<br>Bei Nichteinhaltung von Beschaffungsanforderungen muss entsprechend dem Risiko und den regulatorischen Anforderungen eine dokumentierte Mitteilung an den Lieferanten erfolgen. | 8.4, 8.4.1, 8.4.2 |
| **7.4.2 Beschaffungsangaben**<br>Beschaffungsangaben müssen das zu beschaffende Produkt eindeutig beschreiben oder darauf verweisen, einschließlich (soweit angemessen):<br>▪ Produktspezifikationen<br>▪ Anforderungen an die Produktannahme, Verfahren, Prozesse und Ausrüstungen<br>▪ Anforderungen an die Qualifikation des Personals des Lieferanten<br>▪ Anforderungen an das QMS<br>Beschaffungsangaben müssen eine schriftliche Regelung darüber enthalten, dass der Lieferant die Organisation über Änderungen am beschafften Produkt vor der Implementierung jeglicher Änderungen benachrichtigt. | 8.4.3 |
| **7.4.3 Verifizierung von beschafften Produkten**<br>Die Verifizierungstätigkeit muss auf den Ergebnissen der Lieferantenbewertung und den Risiken, die mit dem beschafften Produkt verbunden sind, beruhen. Die Organisation muss bei Änderungen der beschafften Produkte den Einfluss auf den Produktrealisierungsprozess des Medizinprodukts ermitteln. Verifizierungstätigkeiten beim Lieferanten sind in den Beschaffungsangaben zu dokumentieren. | 8.4.2, 8.4.3, 8.6 |

**Tabelle 12.9** Branchenspezifische Zusatzanforderungen der DIN EN ISO 13485:2016 [Nor 16c] *(Fortsetzung)*

| Zusätzliche Anforderungen der DIN EN ISO 13485:2016 gegenüber ISO 9001:2015 | Abschnitt in ISO 9001 |
|---|---|
| **7.5 Produktion und Dienstleistungserbringung**<br>**7.5.1 Lenkung der Produktion und der Dienstleistungserbringung**<br>Für jedes Medizinprodukt oder jede Charge von Medizinprodukten muss die hergestellte Menge und die für den Vertrieb genehmigte Menge identifiziert werden. Diese Aufzeichnungen müssen einen Umfang haben, der eine einwandfreie Rückverfolgbarkeit (siehe Abschnitt 7.5.9) ermöglicht, und müssen verifiziert und genehmigt werden. | 8.5, 8.5.1, 8.5.2, 8.5.5 |
| **7.5.2 Sauberkeit von Produkten**<br>Die Organisation muss dokumentierte Verfahren und Anforderungen für die Sauberkeit von Produkten einführen, insbesondere wenn Reinigung und/oder Sterilisation vor der Verwendung nötig ist oder die Sauberkeit bei der Verwendung von wesentlicher Bedeutung ist. | kein entsprechender Abschnitt |
| **7.5.3 Tätigkeiten bei der Installation**<br>Die Dokumentation von Anforderungen an die Installation und Annahmekriterien für die Verifizierung der Installation werden gefordert. | kein entsprechender Abschnitt |
| **7.5.4 Tätigkeiten zur Instandhaltung**<br>Für die Durchführung der Instandhaltungsarbeiten müssen<br>▪ dokumentierte Verfahren,<br>▪ Arbeitsanweisungen,<br>▪ Referenzmaterialien und Referenzmessverfahren<br>eingeführt werden.<br>Instandhaltungsarbeiten müssen aufgezeichnet und ausgewertet werden im Hinblick auf mögliche Reklamationen und Verbesserungen. | 8.5.5 |
| **7.5.5 Besondere Anforderungen für sterile Medizinprodukte**<br>Für jede Sterilisiercharge muss die Organisation Aufzeichnungen der Prozessparameter aufbewahren. Die Aufzeichnungen müssen auf jedes Produktionslos von Medizinprodukten rückverfolgbar sein. | kein entsprechender Abschnitt |
| **7.5.6 Validierung der Prozesse zur Produktion und zur Dienstleistungserbringung**<br>Für die Validierung von Computersoftware müssen dokumentierte Verfahren und Aufzeichnungen existieren. Derartige Software muss vor der ersten Anwendung, Änderung der Anwendung und Änderung der Software validiert werden. | 8.5.1 |

| Zusätzliche Anforderungen der DIN EN ISO 13485:2016 gegenüber ISO 9001:2015 | Abschnitt in ISO 9001 |
|---|---|
| **7.5.7 Besondere Anforderungen für die Validierung von Sterilisationsprozessen und Sterilbarrieresystemen**<br>Für die Validierung von Sterilisationsverfahren müssen dokumentierte Verfahren und Aufzeichnungen existieren. Sterilisationsprozesse und Sterilbarrieresysteme müssen vor der Implementierung und nach Produkt- oder Prozessänderungen, soweit angemessen, validiert werden. | kein entsprechender Abschnitt |
| **7.5.8 Identifizierung**<br>Die Organisation muss sicherstellen, dass nur Produkte, die die geforderten Inspektionen und Prüfungen durchlaufen haben oder die unter einer autorisierten Sonderfreigabe freigegeben wurden, zum Versand kommen, verwendet oder installiert werden.<br>Die Organisation muss dokumentierte Verfahren festlegen<br>▪ für eine Produktidentifizierung,<br>▪ für eine Geräteidentifizierung entsprechend regulatorischer Anforderungen und<br>▪ um sicherzustellen, dass zurückgelieferte Medizinprodukte identifiziert und von anderen unterschieden werden können. | 8.5.2 |
| **7.5.9 Rückverfolgbarkeit**<br>**7.5.9.1 Allgemeines**<br>Die Organisation muss dokumentierte Verfahren für den Umfang der Rückverfolgbarkeit in Übereinstimmung mit anwendbaren regulatorischen Anforderungen und den erforderlichen Aufzeichnungen festlegen. | 8.5.2 |
| **7.5.9.2 Besondere Anforderungen für implantierbare Medizinprodukte**<br>Aufzeichnungen müssen diejenigen Informationen enthalten, die die Einhaltung von Sicherheits- und Leistungsanforderungen gefährden könnten. Die Rückverfolgbarkeit bei Lieferanten, Vertriebsdienstleistern und Vertriebspartnern muss gewährleistet sein.<br>Es müssen Aufzeichnungen über Name und Anschrift des Empfängers der Versandverpackung geführt werden. | 8.5.2 |
| **7.5.10 Eigentum des Kunden** | 8.5.3 |

**Tabelle 12.9** Branchenspezifische Zusatzanforderungen der DIN EN ISO 13485:2016 [Nor 16c] *(Fortsetzung)*

| Zusätzliche Anforderungen der DIN EN ISO 13485:2016 gegenüber ISO 9001:2015 | Abschnitt in ISO 9001 |
|---|---|
| **7.5.11 Produkterhaltung**<br>Die Organisation muss dokumentierte Verfahren festlegen zur Erhaltung der Konformität mit den Anforderungen während Verarbeitung, Lagerung, Handhabung und Vertrieb.<br>Die Organisation muss das Produkt vor Veränderung, Kontamination und Schäden schützen, die unter zu erwartenden Bedingungen und Gefährdungen während Verarbeitung, Lagerung, Handhabung und Vertrieb entstehen könnten: durch Design, durch geeignete Verpackungen und Versandbehälter. Anforderungen an Sonderbedingungen müssen dokumentiert werden, wenn die Verpackung allein nicht für den Produkterhalt sorgen kann. | 8.5.4 |
| **7.6 Lenkung von Überwachungs- und Messmitteln**<br>Die Organisation muss mit dokumentierten Verfahren sicherstellen, dass die Überwachung, Messung, Kalibrierung und Verifizierung in Übereinstimmung mit allen Anforderungen durchführbar ist.<br>Software, die zur Überwachung und Messung von Anforderungen verwendet wird, unterliegt den gleichen Anforderungen wie Software in Kapitel 4.1.6 der DIN EN ISO 13485:2016.<br>Es müssen Aufzeichnungen der Ergebnisse und Schlussfolgerungen der Validierung und notwendige Maßnahmen aus der Validierung aufrechterhalten werden. | 7.1.5 |
| **8 Messung, Analyse und Verbesserung**<br>**8.1 Allgemeines**<br>Überwachungs-, Mess-, Analyse- und Verbesserungsprozesse müssen geplant und implementiert werden, um die Konformität des Produkts und des QMS sowie die Wirksamkeit des QMS sicherzustellen. | 9, 9.1, 9.1.1 |
| **8.2 Überwachung und Messung**<br>**8.2.1 Rückmeldungen**<br>Die Organisation muss Verfahren für den Rückmeldeprozess dokumentieren. | 8.5.5, 9.1.2, 9.1.3 |
| **8.2.2 Reklamationsbearbeitung**<br>Die Organisation muss Verfahren zur rechtzeitigen Reklamationsbearbeitung in Übereinstimmung mit anwendbaren regulatorischen Anforderungen dokumentieren. | 8.5.5, 9.1.2, 9.1.3, 10.2.1, 10.2.2 |

| Zusätzliche Anforderungen der DIN EN ISO 13485:2016 gegenüber ISO 9001:2015 | Abschnitt in ISO 9001 |
|---|---|
| Folgende Anforderungen müssen mindestens enthalten sein:<br>▪ Erhalt und Aufzeichnung von Informationen<br>▪ Beurteilung von Informationen, ob Rückmeldungen Reklamationen darstellen<br>▪ Untersuchung von Reklamationen<br>▪ Bestimmung der Meldepflicht an Regulierungsbehörde<br>▪ Handhabung der Produkte, die mit der Reklamation in Verbindung stehen<br>▪ Bestimmung zum Veranlassen von Korrekturen und Korrekturmaßnahmen<br>Der Reklamationsprozess und daraus folgende Aktionen müssen begründet und aufgezeichnet werden sowie relevante Informationen an betroffene externe Parteien kommuniziert werden. | |
| **8.2.3 Berichterstattung an Regulierungsbehörden**<br>Die Organisation muss Verfahren für die Bereitstellung von Meldungen an die entsprechenden Regulierungsbehörden dokumentieren. Es müssen Aufzeichnungen zur Berichterstattung an Regulierungsbehörden aufrechterhalten werden. | 8.5.5 |
| **8.2.4 Internes Audit** | 9.2 |
| **8.2.5 Überwachung und Messung von Prozessen** | 9.1.1 |
| **8.2.6 Überwachung und Messung des Produkts**<br>Bei implantierbaren Medizinprodukten muss die Organisation über die Identität der Personen, die jegliche Inspektion oder Prüfung vornehmen, Aufzeichnungen führen. | 8.6, 9.1.1 |
| **8.3 Lenkung nichtkonformer Produkte**<br>**8.3.1 Allgemeines** | 8.7, 10.2 |
| **8.3.2 Maßnahmen als Reaktion auf vor der Auslieferung festgestellte nichtkonforme Produkte** | 8.7, 10.2 |
| **8.3.3 Maßnahmen als Reaktion auf nach der Auslieferung festgestellte nichtkonforme Produkte** | 8.5.5, 8.7, 10.2 |
| **8.3.4 Nacharbeit**<br>Nach dem Abschluss der Nacharbeit muss das Produkt verifiziert werden, um sicherzustellen, dass es die anwendbaren Annahmekriterien und regulatorischen Anforderungen erfüllt. | 8.6, 8.7, 10.2.1 |

**Tabelle 12.9** Branchenspezifische Zusatzanforderungen der DIN EN ISO 13485:2016 [Nor 16c] *(Fortsetzung)*

| Zusätzliche Anforderungen der DIN EN ISO 13485:2016 gegenüber ISO 9001:2015 | Abschnitt in ISO 9001 |
|---|---|
| **8.4 Datenanalyse**<br>Zur Ermittlung, Erfassung und Analyse geeigneter Daten müssen dokumentierte Verfahren festgelegt werden.<br>Mindesteingaben für die Analyse sind:<br>▪ Rückmeldungen<br>▪ Konformität mit den Produktanforderungen<br>▪ Prozess- und Produktmerkmale und deren Trends, einschließlich Möglichkeiten zur Verbesserung<br>▪ Lieferanten<br>▪ Audits<br>▪ Serviceberichte, soweit angemessen | 9.1.3, 9.2.3, 10.1 |
| **8.5 Verbesserung**<br>**8.5.1 Allgemeines** | 10, 10.1, 10.3 |
| **8.5.2 Korrekturmaßnahmen**<br>Die Organisation muss Verfahren für die Festlegung von Korrekturmaßnahmen dokumentieren:<br>▪ Bewertung von Nichtkonformitäten (einschließlich Reklamationen)<br>▪ Ermittlung der Ursachen von Nichtkonformitäten<br>▪ Beurteilung des Handlungsbedarfs, um erneutes Auftreten zu verhindern<br>▪ erforderliche Planungs- und Dokumentationsmaßnahmen<br>▪ Verifizierung<br>▪ Bewertung der Wirksamkeit | 8.7, 10.2 |
| **8.5.3 Vorbeugungsmaßnahmen**<br>Die Organisation muss ein Verfahren zu Vorbeugungsmaßnahmen dokumentieren und verifizieren. Diese Vorbeugungsmaßnahmen dürfen weder die Eignung noch die anwendbaren regulatorischen Anforderungen noch die Sicherheit und Leistung des Medizinprodukts nachteilig beeinflussen. | 6.1, 10.1, 10.3 |

### 12.3.4 Kooperation für Transparenz und Qualität im Gesundheitswesen (KTQ)

Der **Gesetzgeber fordert** nach §§ 135, 137 SGB V, für alle Einrichtungen im Gesundheitswesen ein **Qualitätsmanagement** einzuführen und nachzuweisen. Das Zertifizierungsverfahren der KTQ ist eine Branchenlösung für das Gesundheitswesen und im deutschen Krankenhausbereich das am weitesten verbreitete Verfahren. Die Gesellschaft der KTQ wird getragen durch die Bundesärztekammer, die Spitzenverbände der Gesetzlichen Krankenversicherung, die Deutsche Krankenhausgesellschaft und den Deutschen Pflegerat sowie den Hartmannbund, einen Vertreter der Ärzteschaft.

Der **Ablauf des Zertifizierungsverfahrens** gliedert sich im Wesentlichen in drei Schritte (Tabelle 12.10). Tabelle 12.11 zeigt die 70 einzelnen Kriterien der KTQ [Web 31].

**Tabelle 12.10** Schritte des Verfahrens nach KTQ [Web 31]

| KTQ-Verfahrensschritte | Beschreibung |
|---|---|
| **1. Selbstbewertung** | Die Mitarbeitenden der Organisation beurteilen und bewerten ihre Leistungen in etwa 70 Kriterien der folgenden sechs Kategorien:<br>1. Patientenorientierung<br>2. Mitarbeiterorientierung<br>3. Sicherheit<br>4. Informationswesen<br>5. Führung<br>6. Qualitätsmanagement<br>In jeder der sechs Kategorien des Anforderungskatalogs muss eine festgelegte Mindestpunktzahl erreicht werden. Im Krankenhausbereich sind 55 % der möglichen Punkte in jedem Abschnitt nötig. |
| **2. Fremdbewertung/ Visitation** | Fachkollegen, sog. „Visitoren“, besuchen die Einrichtung und bewerten diese auf Grundlage der Selbstbewertung durch „Kollegiale Dialoge“ und „Begehungen einzelner Bereiche“. Stichprobenartig werden alle Bereiche und Abläufe der Organisation überprüft. |
| **3. Zertifikatvergabe/ KTQ-Qualitätsbericht** | Die Vergabe des Zertifikates erfolgt nach erfolgreicher Fremdbewertung für drei Jahre.<br>Das KTQ-Zertifikat gilt für die gesamte Einrichtung, nicht für einzelne Bereiche bzw. Abteilungen, wie es bei ISO 9001 möglich ist.<br>Von der Organisation wird weiterhin ein KTQ-Qualitätsbericht veröffentlicht. Dieser beschreibt die konkreten Leistungen sowie Strukturdaten der Einrichtung und macht diese Prozessabläufe für die Öffentlichkeit transparent. |

**Tabelle 12.11** Kriterien der KTQ

| Kriterien des KTQ-Verfahrens (zur Selbstbewertung und Visitation der Organisation) |
|---|
| **1. Patientenorientierung in der Krankenversorgung**<br>1.1 Vorfeld der stationären Versorgung und Aufnahme<br>▪ patientenorientierte Vorbereitung von stationären Behandlungen<br>▪ Orientierung im Krankenhaus<br>▪ Patientenorientierung während der Aufnahme<br>▪ ambulante Patientenversorgung<br>1.2 Ersteinschätzung und Planung der Behandlung<br>▪ Ersteinschätzung<br>▪ Nutzung von Vorbefunden<br>▪ Festlegung des Behandlungsprozesses<br>▪ Integration von Patienten in die Behandlungsplanung<br>1.3 Durchführung der Patientenversorgung<br>▪ Durchführung einer hochwertigen und umfassenden Behandlung<br>▪ Anwendung von Leitlinien<br>▪ Patientenorientierung während der Behandlung<br>▪ Patientenorientierung während der Behandlung: Ernährung<br>▪ Koordinierung der Behandlung<br>▪ Koordinierung der Behandlung: OP-Koordination<br>▪ Kooperation mit allen Beteiligten der Patientenversorgung<br>▪ Kooperation mit allen Beteiligten der Patientenversorgung: Visite<br>1.4 Übergang des Patienten in andere Versorgungsbereiche<br>▪ Entlassung und Verlegung<br>▪ Bereitstellung kompletter Informationen zum Zeitpunkt des Überganges des Patienten in einen anderen Versorgungsbereich (Entlassung/Verlegung u. a.)<br>▪ Sicherstellung einer kontinuierlichen Weiterbetreuung |
| **2. Sicherstellung der Mitarbeiterorientierung**<br>2.1 Planung des Personals<br>2.2 Personalentwicklung<br>▪ systematische Personalentwicklung<br>▪ Festlegung der Qualifikation<br>▪ Fort- und Weiterbildung<br>▪ Finanzierung der Fort- und Weiterbildung<br>▪ Verfügbarkeit von Fort- und Weiterbildungsmedien<br>▪ Sicherstellung des Lernerfolges in angegliederten Ausbildungsstätten<br>2.3 Sicherstellung der Integration von Mitarbeitenden<br>▪ Praktizierung eines mitarbeiterorientierten Führungsstiles<br>▪ Einhaltung geplanter Arbeitszeiten<br>▪ Einarbeitung von Mitarbeitenden<br>▪ Umgang mit Mitarbeiterideen, -wünschen und -beschwerden |

| Kriterien des KTQ-Verfahrens (zur Selbstbewertung und Visitation der Organisation) |
|---|
| **3. Sicherheit im Krankenhaus**<br>3.1 Gewährleistung einer sicheren Umgebung<br>▪ Verfahren zum Arbeitsschutz<br>▪ Verfahren zum Brandschutz<br>▪ Verfahren zur Regelung von hausinternen nichtmedizinischen Notfallsituationen<br>▪ Verfahren zum medizinischen Notfallmanagement<br>▪ Gewährleistung der Patientensicherheit<br>3.2 Hygiene<br>▪ Organisation der Hygiene<br>▪ Erfassung und Nutzung hygienerelevanter Daten<br>▪ Planung und Durchführung hygienesichernder Maßnahmen<br>▪ Einhaltung von Hygienerichtlinien<br>3.3 Bereitstellung von Materialien<br>▪ Bereitstellung von Arzneimitteln, Blut und Blutprodukten<br>▪ Anwendung von Arzneimitteln<br>▪ Anwendung von Blut und Blutprodukten<br>▪ Anwendung von Medizinprodukten<br>▪ Regelung des Umweltschutzes |
| **4. Informationswesen**<br>4.1 Umgang mit Patientendaten<br>▪ Regelung zur Führung, Dokumentation und Archivierung von Patientendaten<br>▪ Dokumentation von Patientendaten<br>▪ Verfügbarkeit von Patientendaten<br>4.2 Informationsweiterleitung<br>▪ Informationsweitergabe zwischen verschiedenen Bereichen<br>▪ Informationsweitergabe an zentrale Auskunftsstellen<br>▪ Information an die Öffentlichkeit<br>▪ Berücksichtigung des Datenschutzes<br>4.3 Nutzung einer Informationstechnologie |
| **5. Krankenhausführung**<br>5.1 Entwicklung eines Leitbildes<br>5.2 Zielplanung<br>▪ Entwicklung einer Zielplanung<br>▪ Festlegung einer Organisationsstruktur<br>▪ Entwicklung eines Finanz- und Investitionsplanes<br>5.3 Sicherstellung einer effektiven und effizienten Krankenhausführung<br>▪ Sicherstellung einer effektiven Arbeitsweise in Leitungsgremien und Kommissionen<br>▪ Sicherstellung einer effektiven Arbeitsweise innerhalb der Krankenhausführung<br>▪ Information der Krankenhausführung<br>▪ Durchführung vertrauensfördernder Maßnahmen |
| 5.4 Erfüllung ethischer Aufgaben<br>▪ Berücksichtigung ethischer Problemstellungen<br>▪ Umgang mit sterbenden Patienten<br>▪ Umgang mit Verstorbenen |

**Tabelle 12.11** Kriterien der KTQ *(Fortsetzung)*

| Kriterien des KTQ-Verfahrens (zur Selbstbewertung und Visitation der Organisation) |
|---|
| **6. Qualitätsmanagement**<br>6.1 Umfassendes Qualitätsmanagement<br>▪ Einbindung aller Krankenhausbereiche in das Qualitätsmanagement<br>▪ Verfahren zur Entwicklung, Vermittlung und Umsetzung von Qualitätszielen<br>6.2 Qualitätsmanagementsystem<br>▪ Organisation des Qualitätsmanagements<br>▪ Methoden der internen Qualitätssicherung<br>6.3 Sammlung und Analyse qualitätsrelevanter Daten |

Das KTQ-Plus wurde entwickelt, um zusätzliche einrichtungsinterne QM-Maßnahmen im Anschluss an eine erfolgreiche KTQ-Zertifizierung zu initiieren. Dabei kann eine Verbesserung einzelner KTQ-Kriterien auch im Sinne der Vorbereitung zur nächsten KTQ-Zertifizierung erfolgen [Web 31].

Das KTQ-Plus-Verfahren ist eine freiwillige Ergänzung des regulären KTQ-Zertifizierungsverfahrens zur weiteren Verbesserung.

### 12.3.5 Weitere Normen und Anforderungen in der Medizinbranche

Es existieren zahlreiche weitere Vorschriften, die branchenspezifische Anforderungen an QM-Systeme für Hersteller und Einrichtungen im Gesundheitswesen beschreiben (Tabelle 12.12).

**Tabelle 12.12** Ausgewählte Regelwerke der Medizinbranche

| Vorschrift | Bezeichnung |
|---|---|
| **DIN EN 15224:2017-05** [Nor 17e] | Qualitätsmanagementsysteme – EN ISO 9001:2015 für die Gesundheitsversorgung; Deutsche Fassung EN 15224:2016 |
| **DIN EN ISO 15189:2024-08** [Nor 24a] | Medizinische Laboratorien – Spezielle Anforderungen an Qualität und Kompetenz |
| **DIN EN ISO 14971:2022-04** [Nor 22f] | Medizinprodukte – Anwendung des Risikomanagements auf Medizinprodukte |
| **DIN EN ISO 15223-1:2022-02** [Nor 22c] | Medizinprodukte – Symbole zur Verwendung im Rahmen der vom Hersteller bereitzustellenden Informationen – Teil 1: Allgemeine Anforderungen (ISO 15223-1:2021); Deutsche Fassung EN ISO 15223-1:2021 |

| Vorschrift | Bezeichnung |
|---|---|
| **DIN EN ISO 14155:2021-05** [Nor 20b] | Klinische Prüfung von Medizinprodukten an Menschen – Gute klinische Praxis (ISO 14155:2020); Deutsche Fassung EN ISO 14155:2020<br>Es existiert ein überarbeiteter Entwurf:<br>DIN EN ISO 14155:2024-09 – Entwurf |
| **Richtlinie 2000/70/EG** [Web 30] | Richtlinie 2000/70/EG des Europäischen Parlaments und des Rates vom 16. November 2000 zur Änderung der Richtlinie 93/42/EWG des Rates hinsichtlich Medizinprodukten, die stabile Derivate aus menschlichem Blut oder Blutplasma enthalten |

In der Medizinbranche haben Prüflaboratorien und Laboruntersuchungen eine besondere Bedeutung. Für diese Arbeiten legt die DIN EN ISO/IEC 17025:2018 [Nor 18] die allgemeinen Anforderungen an das QM-System und die Arbeitsweise von Prüf- und Kalibrierlaboratorien fest (Kapitel 11).

## 12.3.6 US-amerikanische Richtlinien für Medizinprodukte

Auf dem amerikanischen Gesundheitsmarkt überwacht die Zulassungsbehörde **U. S. Food and Drug Administration (FDA)** die Vermarktung und Zulassung von Medizinprodukten. Hersteller, die in die USA exportieren, müssen die **Anforderungen der „Quality System Regulations – QSR“** erfüllen, die im US-Bundesgesetzbuch „Code of Federal Regulations – CFR“ enthalten sind [CFR 19]. Die Forderungen der FDA gehen über die eines Qualitätsmanagementsystems nach ISO 13485 hinaus.

Auch in den USA werden Medizinprodukte nach den mit ihnen verbundenen Risiken in verschiedene Klassen eingeteilt. Für die Klassifikation durch die FDA ist das Gesamtrisiko des jeweiligen Produkts für die Sicherheit der Patienten maßgeblich. Nach dieser Klassifizierung eines Produkts richten sich auch das Zulassungsverfahren und Kontrollen durch die FDA (Tabelle 12.13).

**Tabelle 12.13** Risikoklassifizierung der FDA [CFR 19]

| Einstufung nach FDA | Risiko | Zulassungsverfahren/Kontrollen |
|---|---|---|
| Klasse I | gering | ▪ nur allgemeine Kontrollen der FDA<br>▪ Registrierung erforderlich sowie<br>▪ Angaben zu den Produktionsanlagen und<br>▪ Mitteilungen über nachteilige Vorkommnisse im Zusammenhang mit registrierten Produkten<br>▪ Daneben führt die FDA Qualitätskontrollen durch und überwacht die Einhaltung von Kennzeichnungspflichten. |

**Tabelle 12.13** Risikoklassifizierung der FDA [CFR 19] *(Fortsetzung)*

| Einstufung nach FDA | Risiko | Zulassungsverfahren/Kontrollen |
|---|---|---|
| Klasse II | mittel | ▪ Die FDA kann weitere Kontrollen durchführen, wenn sie dies zum Schutz der Patienten für erforderlich hält.<br>▪ Eine Anzeige vor Markteinführung (premarket notification) nach Section 510 (k) FFDCA ist grundsätzlich vorzunehmen. |
| Klasse III | hoch | ▪ allgemeine und besondere Kontrollen<br>▪ Feststellung der Sicherheit und Wirksamkeit nach Prüfung und Zulassung der FDA<br>▪ Genehmigung eines Antrags vor Markteinführung ist notwendig (premarket approval application - PMA). |

Bei einer Neuzulassung existieren häufig schon ähnliche Produkte am Markt, für die eine Freigabe oder Zulassung bereits erteilt wurde. In solchen Fällen kann der Hersteller die Zulassung des neuen Produkts durch ein **abgekürztes Freigabeverfahren** erreichen. Die FDA muss hierbei feststellen, dass das neue Produkt im Wesentlichen einem bereits vorhandenen und rechtmäßig vermarkteten Produkt entspricht. Dieses Verfahren erfolgt durch eine bloße Anzeige vor Markteinführung (premarket notification). Es ist in Section 510 (k) des Federal Food, Drug and Cosmetic Act (FFDCA) geregelt [DHH 22] [DHH 07] und kann für die meisten Produkte mit mittlerem Risiko (Klasse II) angewendet werden.

In Klasse III werden jedoch auch Produkte mit einem potenziell geringen Risiko eingestuft, wenn Sicherheit und Wirksamkeit noch nicht von einem existierenden Vergleichsprodukt abgeleitet werden können.

In den USA erfolgt die Zulassung für Medizinprodukte somit generell nach drei verschiedenen Verfahren:

- Freistellung (exemptions) für Klasse I oder Klasse II
- Anzeige vor Markteinführung nach Section 510(k) FFDCA (premarket notification)
- förmliches Marktzulassungsverfahren (premarket approval application – PMA)

**Die FDA inspiziert Medizinproduktehersteller**, die ihre Produkte auf dem US-amerikanischen Markt verkaufen. Wenn bei einem solchen Audit keine Übereinstimmung mit den QSR-Regularien festgestellt wird, können den Hersteller gestufte Maßnahmen bis hin zu einem Importstop in die USA treffen. Dazu verteilt die FDA „Warnbriefe" (warning letters) mit registrierten Mängeln und Beanstandungen an die Hersteller. Verstöße gegen den CFR werden außerdem veröffentlicht.

Die Strategie der Auditierung von QM-Systemen wird in einem Leitfaden von der FDA beschrieben („Quality Systems Inspection Technique" – QSIT [QSI 99]). Von der Behörde werden nachstehende **Arten von Audits** ausgeführt (Level of inspection):

- **Level 1**

  Verkürztes Audit, Schwerpunkt CAPA (Corrective and Preventive Actions – korrektive und vorbeugende Maßnahmen) und ein Teilsystem nach QSIT

- **Level 2**

  Umfassendes Audit, umfasst alle Teilsysteme (inklusive CAPA) gemäß QSIT

- **Level 3**

  „Follow-up-Audit“, beispielsweise nach einem Warnungsbrief (warning letter), bezieht sich in der Regel auf die in dem Verwarnungsbrief aufgeführten Punkte und die von dem Unternehmen hierzu durchgeführten und eingeleiteten CAPA-Maßnahmen

Bei jedem der Audits wird das CAPA-System überprüft. Es stellt somit eine wesentliche Grundlage und kritische Komponente in der Bewertung des QM-Systems dar.

Nach QSIT basiert das Programm der FDA auf fünf gesetzlichen Anforderungen zum Auditieren von Medizinprodukteherstellern [QSI 99]:

### Quality System/Good Manufacturing Practices Regulation – 21 CFR Part 820

Inspektion von folgenden Teilsystemen:

- Verantwortung des Managements
- Verantwortung der Entwicklung
- Korrektur- und Vorbeugemaßnahmen (CAPA)
- Fertigung und Prozessverantwortung
- Verantwortung für Gebäude und Einrichtungen
- Verantwortung für Materialien, Dokumente, Aufzeichnungen und Änderungen

Das Audit beginnt in der Regel mit einer Bewertung der Struktur des Qualitätsmanagementsystems und seiner Subsysteme.

### Medical Device Reporting Regulation – 21 CFR Part 803

Ein Medizinproduktehersteller muss die FDA unterrichten, wenn der Hersteller oder US-Importeur Informationen zu einem Medizinprodukt erhält,

- die den Tod oder schwerwiegende Verletzungen hervorgerufen haben oder hätten hervorrufen können;
- die aufgrund einer Fehlfunktion den Tod oder schwerwiegende Verletzungen hervorgerufen haben oder bei einer sich wiederholenden Fehlfunktion hätten hervorrufen können.

**Medical Device Tracking Regulation – 21 CFR Part 821**

Diese gesetzliche Forderung soll sicherstellen, dass das Medizinprodukt vom Hersteller zurückverfolgt werden kann.

**Corrections and Removal Regulation – 21 CFR Part 806**

Ein Medizinproduktehersteller muss die FDA über Korrekturmaßnahmen oder über Rücknahmen von Medizinprodukten informieren, wenn diese das Gesundheitsrisiko reduzieren.

**Registration and Listing Regulation – 21 CFR Part 807**

Die Medizinproduktekategorie muss vom Medizinproduktehersteller registriert werden.

## 12.4 Normen weiterer Branchen

In einer Reihe von anderen Branchen haben unterschiedliche Gremien/Normenorganisationen spezielle Anforderungen an QM-Systeme definiert.

### 12.4.1 Ausgewählte Normen und Gesetze zum Risiko- und Krisenmanagement

Im Kapitel 5 ist das Risiko- und Krisenmanagement beschrieben mit den wesentlichen Normen und Gesetzen:

- DIN 14096:2014-05 – Brandschutzordnung
- DIN EN ISO/IEC 27001:2024-01 Sicherheitsverfahren – Informationssysteme – Anforderungen
- DIN ISO 31000:2018-10 – Risikomanagement – Leitlinien (ISO 31000:2018)
- ONR 49000:2014 ff. – Risikomanagement für Organisationen und Systeme
- ONR 49000 – Begriffe und Grundlagen: 2014-01
- ONR 40001 – Risikomanagement: 2014-01
- ONR 49002-1 – Leitfaden zur Einbettung ins Managementsystem: 2014-01
- ONR 49002-2 – Leitfaden für Methoden der Risikobeurteilung: 2014-01
- ONR 49002-3 – Leitfaden für das Notfall-, Krisen- und Kontinuitätsmanagement: 2014-01
- ONR 49003 – Anforderungen an die Qualifikation des Risikomanagements: 2014-01

- ITSicherhG: 2021-05-18 Gesetz zur Erhöhung der Sicherheit informationstechnischer Systeme (IT-Sicherheitsgesetz)
- KonTraG: 1998-05-01 Gesetz zur Kontrolle und Transparenz im Unternehmensbereich

### 12.4.2 Weitere branchenorientierte Normen

Auch die NATO, Kernenergiebranche, Luft- und Raumfahrt, Verteidigung, Elektronik, Telekommunikation, Lebensmittelbranche, Schweißbranche und Bahn haben spezielle Anforderungen an QM-Systeme definiert:

- **NATO:**
  - AQAP 2000:2009 (3. Ausgabe): NATO-Grundsätze für einen systemintegrierenden Qualitätssicherungsansatz während des gesamten Lebenszyklus [AQA 09]
  - AQAP 2009:2010 (3. Ausgabe): NATO-Leitfaden für die Anwendung der AQAP-2000-Reihe
  - AQAP 2070:2009 (2. Ausgabe): NATO-Prozess der gegenseitigen Güteprüfung
  - AQAP 2105:2009 (2. Ausgabe): NATO-Anforderungen für Qualitätsmanagementpläne
  - AQAP 2110:2009 (3. Ausgabe): NATO-Qualitätssicherungsanforderungen für Entwicklung, Konstruktion und Produktion
  - AQAP 2120:2009 (3. Ausgabe): NATO-Qualitätssicherungsanforderungen für Produktion
  - AQAP 2130:2009 (3. Ausgabe): NATO-Qualitätssicherungsanforderungen für Prüfung und Test
  - AQAP 2131:2006 (2. Ausgabe): NATO-Qualitätssicherungsanforderungen für Endprüfung
  - AQAP 2210:2006 (1. Ausgabe): NATO-Zusatzforderungen zu AQAP 2110 für die Qualitätssicherung bei Software
  - AQAP 2310:2013 (Ausgabe A Version 1): NATO-Qualitätsmanagementanforderungen für Auftragnehmer im Bereich der Luft-, Raumfahrt und Rüstung
- **Kernenergie:**

  KTA 1401 – Allgemeine Anforderungen an die Qualitätssicherung von Kernkraftwerken
- **Luft- und Raumfahrt sowie Verteidigung:**

  DIN EN 9100:2018-08 – Qualitätsmanagementsysteme – Anforderungen an Organisationen der Luftfahrt, Raumfahrt und Verteidigung; Deutsche und Englische Fassung EN 9100:2018

- **Elektronik:**
  - CECC-System – Harmonisiertes Gütebestätigungssystem für elektronische Bauelemente (CENELEC-Komitee für Bauelemente der Elektronik), umgesetzt in der Normenreihe DIN 45900 ff.
  - DIN 45980-1003:1977-04, CECC 45003:1977-04 – Harmonisiertes Gütebestätigungssystem für Bauelemente der Elektronik; Vordruck für Bauartspezifikation: Kleinsenderöhren mit einer Anodenverlustleistung bis 1 kW
  - DIN 45910-111:1985-09, CECC 30401:1985-09 – Harmonisiertes Gütebestätigungssystem für Bauelemente der Elektronik; Vordruck für Bauartspezifikation: Kunststofffolien-MKT-Kondensatoren (CECC 30401)
  - DIN 45983-1:1977-11, CECC 46000:1977-11 – Harmonisiertes Gütebestätigungssystem für Bauelemente der Elektronik; Fachgrundspezifikation: Kaltkathoden-Anzeigeröhren
  - DIN 45983-1001:1977-11, CECC 46001:1977-11 – Harmonisiertes Gütebestätigungssystem für Bauelemente der Elektronik; Vordruck für Bauartspezifikation: Kaltkathoden-Anzeigeröhren
- **Telekommunikation:**

  TL 9000:1998 – branchenspezifische Ergänzungen zur ISO 9001 – Quality Excellence for Suppliers of Telecommunication – TL 9000 Quality Management System Measurements Handbook 3.0; TL 9000 ist eine registrierte Marke
- **Schweißen:**

  DIN EN ISO 3834-2:2021-08 – Qualitätsanforderungen für das Schmelzschweißen von metallischen Werkstoffen – Teil 2: Umfassende Qualitätsanforderungen (ISO 3834-2:2021); Deutsche Fassung EN ISO 3834-2:2021
- **Lebensmittelsicherheit (Food Safety Management):**
  - DIN EN ISO 22000:2018-09 – Managementsysteme für die Lebensmittelsicherheit – Anforderungen an Organisationen in der Lebensmittelkette (ISO 22000:2018); Deutsche Fassung EN ISO 22000:2018
  - SN ISO 22004:2014-10 – Managementsysteme für die Lebensmittelsicherheit – Hinweise für die Anwendung von ISO 22000:2005
  - DIN EN ISO 22005:2007-10 – Rückverfolgbarkeit in der Futter- und Lebensmittelkette – Allgemeine Grundsätze und grundlegende Anforderungen für die Gestaltung und Verwirklichung von Systemen (ISO 22005:2007); Deutsche Fassung EN ISO 22005:2007
- **Bahn:**

  ISO/TS 22163: 2017-05 – Business- und Qualitätsmanagement in der Bahnindustrie

Zusammenfassend enthält Tabelle 12.14 ausgewählte Managementnormen mit dem Jahr der letzten Aktualisierung und Kennzeichnung der Harmonized Structure.

**Tabelle 12.14** Ausgewählte Managementnormen mit Kennzeichnung der Harmonized Structure

| Norm:Ausgabejahr | Titel | Harmonized Structure |
|---|---|---|
| DIN EN ISO 9001:2015 | Qualitätsmanagementsysteme – Anforderungen | ja |
| DIN EN ISO 45001:2018 | Managementsysteme für Sicherheit und Gesundheit bei der Arbeit – Anforderungen mit Anleitung zur Anwendung | ja |
| DIN EN ISO 14001:2015 | Umweltmanagementsysteme – Anforderungen mit Anleitung zur Anwendung | ja |
| EMAS:2010 | Eco-Management and Audit Scheme | nein |
| DIN EN ISO 50001:2018 | Energiemanagementsysteme – Anforderungen mit Anleitung zur Anwendung | ja |
| ISO/IEC 27001:2022 | Informationstechnik – Sicherheitsverfahren – Informationssicherheitsmanagementsysteme – Anforderungen | ja |
| TISAX | Trusted Information Security Assessment Exchange nach VDA-ISA-Katalog 6.0 | nein |
| DIN EN ISO/IEC 17025 | Allgemeine Anforderungen an die Kompetenz von Prüf- und Kalibrierlaboratorien | ja |
| VDA 6.1:2016 | Qualitätsmanagement in der Automobilindustrie | nein, erweitert die Anforderungen der DIN ISO 9001:2015 |
| IATF 16949:2016 | International Automotive Task Force | ja, enthält alle Anforderungen der ISO 9001:2015 vollständig |
| DIN EN ISO 13485:2021 | Medizinprodukte – Qualitätsmanagementsysteme – Anforderungen für regulatorische Zwecke | nein |

**Tabelle 12.14** Ausgewählte Managementnormen mit Kennzeichnung der Harmonized Structure *(Fortsetzung)*

| Norm:Ausgabejahr | Titel | Harmonized Structure |
|---|---|---|
| GMP:2006 | Good Manufacturing Practice | nein |
| GLP:2006 | Good Laboratory Practice | nein |
| HACCP:2004 | Hazard Analysis Critical Control Points | nein |
| AQAP 2000:2009 | NATO-Grundsätze für einen systemintegrierenden Qualitätssicherungsansatz während des gesamten Lebenszyklus | nein |
| ISO/TS 22163:2017 | Business- und Qualitätsmanagement in der Bahnindustrie | ja |
| EnSimiMaV:2022 | Verordnung zur Sicherung der Energieversorgung über mittelfristig wirksame Maßnahmen | nein |

# 13 Auditierung von integrierten Managementsystemen

Im folgenden Kapitel wird eine kurze Übersicht zu den wesentlichen Inhalten der unterschiedlichen Typen von Audits gegeben.

☑ **Audit:** systematischer, unabhängiger und dokumentierter Prozess zur Erlangung von Auditnachweisen und zu deren objektiver Auswertung, um zu ermitteln, inwieweit die Auditkriterien erfüllt sind [Nor 18g].

Audits im Qualitätsmanagement sind durch die Unternehmungsleitung initiierte, **systematische** und **unabhängige Qualitätsprüfungen**, um festzustellen, ob die qualitätsbezogenen Tätigkeiten den geplanten Anordnungen entsprechen, ob diese Anordnungen tatsächlich verwirklicht sind und ob sie geeignet sind, die Ziele zu erreichen [DGQ 09]. Die im Audit durchgeführten objektiven und unabhängigen Überprüfungen von Systemen, Prozessen und Produkten führen zu klaren und transparenten Strukturen und tragen dazu bei, frühzeitig Schwachstellen zu erkennen und konkrete Maßnahmen für Verbesserungen zu ergreifen.

## 13.1 Auditarten

Durch **Unterscheidung nach den untersuchten Einheiten** werden drei Auditarten definiert (Bild 13.1 und Tabelle 13.1).

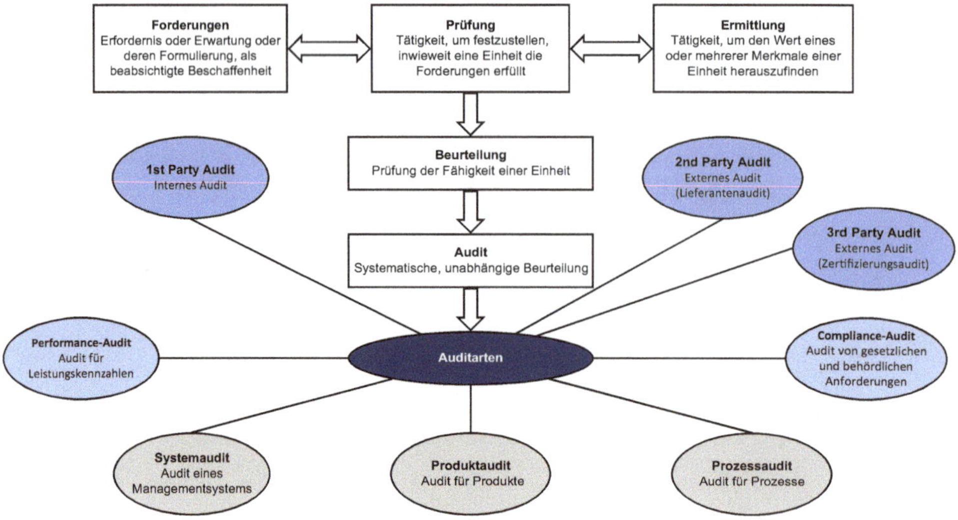


**Bild 13.1** Einordnung der Auditarten [Gre 22] [Gei 98]

In einem **Systemaudit** werden das QM-System oder Teile des QM-Systems auditiert, um festzustellen, inwieweit die qualitätsbezogenen Tätigkeiten den geplanten Anordnungen entsprechen und geeignet sind, die Qualitätsziele zu erreichen. Die Beurteilungsbasis sind das QM-Handbuch, QM-Anweisungen, Auftragsunterlagen, Normen, Richtlinien, Prüfunterlagen und Berichte. Planmäßige Systemaudits bilden eine Grundlage für die Bewertung des Managementsystems und die Revision der Systemdokumente.

**Ziele von Systemaudits** sind:

- Verifizierung der geplanten qualitätsrelevanten Tätigkeiten
- Feststellung der Wirksamkeit des QM-Systems
- Nachweis, dass Maßnahmen des Qualitätsmanagements planmäßig erfolgen
- regelmäßige Prüfung der Wirksamkeit des QM-Systems

Beim **Prozessaudit** werden ausgewählte Prozesse auf Zweckmäßigkeit und praktische Umsetzung hin überprüft und beurteilt. Es wird überprüft, ob die Prozessparameter für die Lenkung der Prozessqualität und die Qualitätsfähigkeit der Verfahren bekannt und die Prozesse beherrscht sind. Die verwendeten Basisdokumente sind Fertigungspläne, Prüfpläne, Arbeitsplatzbeschreibungen und Umgebungsspezifikationen. Wesentlicher Bestandteil eines Prozessaudits sind die Schnittstellenerfassung und die Zuordnung zum jeweiligen Prozessinhaber, der verantwortlich ist für die:

- Prozessbeschreibung
- Prozessanweisungen

- Arbeits- und Prüfanweisungen
- Arbeits- und Prüfpläne
- Prozesslenkung und -verbesserung

Durch das **Produktaudit** wird die Übereinstimmung der Ausführung von Produkten mit den festgelegten Qualitätsforderungen untersucht und beurteilt. Das Produktaudit erfolgt unabhängig von bestehenden Prüfungen im Fertigungsablauf. Auf der Grundlage eines von der Leitung vorgegebenen Auditplanes werden von der Endprüfung freigegebene Produkte auf Übereinstimmung mit vorgegebenen Spezifikationen und/oder besonderen Kunden-/Lieferantenvereinbarungen geprüft. Es soll dabei vorrangig auf systematische Fehler und Fehlerschwerpunkte geachtet werden. Beurteilungsbasis sind Qualitätsrichtlinien, Prüf- und Fertigungsunterlagen sowie die Prüf- und Fertigungsmittel (Tabelle 13.1).

**Tabelle 13.1** Übersicht zu Qualitätsaudits [DGQ 05] [Mas 99]

| | Produktaudit | Prozessaudit | Systemaudit |
|---|---|---|---|
| **Gegenstand des Audits** | Dienstleistung, Endprodukt, Baugruppe, Zwischenprodukt, Einzelteil | Fertigungsprozess, Verwaltungsprozess, Dienstleistungsprozess, Managementprozess | Systeme<br>Teilsysteme |
| **Prüfmerkmal** | Maße, Oberflächenmerkmal, Werkstoffmerkmal, Masse, Funktion, Qualität und Termin der Dienstleistung | Parameter, Wirkungsgrad, Arbeitsabläufe, Organisation, Prozessfähigkeit | Ablauforganisation<br>Aufbauorganisation<br>QM-Dokumentation |
| **Auditunterlagen** | Stücklisten, Zeichnungen, Produktbeschreibungen, Muster | Einstellpläne, Fertigungspläne, Prüfpläne, Umgebungsspezifikation, Wartungspläne | QM-Handbuch<br>QM-Anweisungen<br>Systembeschreibungen |
| **Fragestellung** | Entspricht das Produkt den vorgegebenen Spezifikationen? | Ist der Prozess geeignet, das Produkt reproduzierbar herzustellen? | Stimmt das vorhandene System mit den Normen, Richtlinien und internen/externen Zielen überein? |

**Tabelle 13.1** Übersicht zu Qualitätsaudits [DGQ 05] [Mas 99] *(Fortsetzung)*

| | Produktaudit | Prozessaudit | Systemaudit |
|---|---|---|---|
| **Zweck und Ziel des Audits** | Feststellung (aus Kundensicht), inwieweit das Produkt die geforderte Qualität aufweist | Feststellung, inwieweit der Prozess entsprechend den Vorgaben ausgeführt wird und inwieweit er das geforderte Ergebnis zuverlässig hervorbringt | Feststellung, inwieweit der vorhandene Zustand mit dem geplanten und vorgegebenen System konform ist |
| **Ergebnis** | Produktdaten Grad der Übereinstimmung | Berichte Analysen Maßnahmenkatalog | Darlegung der Wirksamkeit des QM-Systems, Maßnahmenkatalog |
| **Umfang** | Stichproben bei wichtigen Produkten | Wichtige technische und Dienstleistungsprozesse | Jährlich das gesamte QM-System |
| **Normen/ Regelwerke** | VDA 6.5 | VDA 6.3, interne Verfahrenskataloge u. a. | DIN EN ISO 9000 ff., VDA 6.1, 6.2, 6.4, DIN EN ISO 19011 |

Eine weitere Unterscheidung von Qualitätsaudits erfolgt nach dem **Ort der Durchführung des Audits** in

- internes Audit und
- externes Audit.

**Interne Qualitätsaudits** werden auf Veranlassung der Leitung in der Organisation selbst durchgeführt. Sie werden auch als **first party audit** bezeichnet.

**Externe Qualitätsaudits** sind

- Audits in der Organisation des Lieferanten – **second party audit** – und
- Audits, die durch eine Zertifizierungsstelle oder auf Veranlassung eines Auftraggebers durchgeführt werden – **third party audit**.

Erforderlichenfalls können neben **geplanten Audits** auch ungeplante Audits durchgeführt werden. **Anlass für ein ungeplantes Audit** kann sein:

- wesentliche Änderungen in der Aufbau- oder Ablauforganisation
- Produkt- oder Prozessänderungen
- Qualitätsabweichungen

## 13.2 Aufgaben der Auditoren

Auditoren sind die Personen, die mit der Durchführung eines Audits durch die Leitung beauftragt werden. Die Auditoren sollten keine unmittelbare Verantwortung für den zu überprüfenden Bereich des QM-Systems bzw. den zu überprüfenden Prozess oder das zu überprüfende Produkt haben. Das Auditteam ist entsprechend der Aufgabenstellung und des Umfangs des Qualitätsaudits angepasst zusammenzustellen. Die Auditoren müssen qualifiziert sein und Kenntnisse und Fertigkeiten zur Auditdurchführung, Bewertung und Berichterstattung haben. [Nor 18g] [Gie 16] Die Auditleitung ist für die Auswahl des Auditteams und die wirksame Durchführung des Audits verantwortlich.

Die Auditierung stützt sich auf eine Reihe von Prinzipien. Diese sollten dazu dienen, das Audit zu einem wirksamen und zuverlässigen QM-Werkzeug zur Qualitätsverbesserung zu machen. Die folgenden Prinzipien beziehen sich auf die Auditoren sowie Auditverantwortlichen:

- **angemessene berufliche Sorgfalt:** Anwendung von Sorgfalt und Urteilsvermögen beim Auditieren
- **Integrität:** die Grundlage des Berufsbildes
- **sachliche Darstellung:** die Pflicht, wahrheitsgemäß und genau zu berichten
- **Unabhängigkeit:** die Grundlage für die Unparteilichkeit des Audits und Objektivität der Auditschlussfolgerungen
- **Vertraulichkeit:** Informationssicherheit
- **Vorgehensweise, die auf Nachweisen beruht:** die rationale Grundlage, um zu zuverlässigen und nachvollziehbaren Auditschlussfolgerungen in einem systematischen Auditprozess zu gelangen

## 13.3 Durchführung von Audits

Der Ablauf eines Audits besteht aus den Phasen **Planung, Vorbereitung, Durchführung, Bewertung, Ergebnisdarstellung, Nachbereitung** (Bild 13.2).

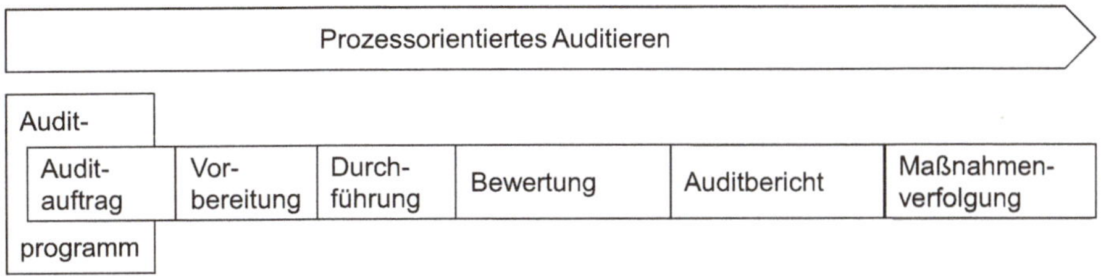


**Bild 13.2** Ablauf eines Audits [VDA 16]

Die Durchführung interner Audits muss im QM-Handbuch festgelegt werden. Für die systematische Durchführung von Audits ist die Erstellung eines **Auditprogramms** mit Abstimmung der zu auditierenden Funktion des zu auditierenden Prozesses notwendig.

**Auditprogramm:** Vorkehrungen für einen Satz von einem oder mehreren Audits, die für einen spezifischen Zeitraum geplant werden und auf einen spezifischen Zweck gerichtet sind [Nor 18g].

Der für die Qualitätssicherung zuständige Bereich des Unternehmens erstellt das **Auditprogramm** mit den folgenden Punkten:

- Auditziele (Art des Audits, interne, externe Forderungen)
- Auditumfang (Organisationseinheiten, Standorte, Elemente, Termin)
- zu auditierende Personen
- Referenzdokumente (z. B. Norm, Handbuch)
- Datum und Ort des Audits
- zu auditierende Organisationseinheiten
- voraussichtlicher Zeitpunkt und Dauer der Audittätigkeiten
- Forderungen hinsichtlich der Vertraulichkeit
- Verteiler für Auditbericht

Das Auditprogramm sollte die Wirksamkeit des Managementsystems der auditierten Organisation überprüfen und die Erfüllung der Ziele bewerten. Diese Programme müssen regelmäßig aktualisiert, angepasst und von der Unternehmensleitung genehmigt und bestätigt werden.

Für jedes individuelle Audit ist ein **Auditplan** erforderlich (Bild 13.4). Er basiert auf den im Auditprogramm enthaltenen Informationen.

**Auditplan:** Beschreibung der Tätigkeiten und Vorkehrungen für ein Audit [Nor 18g].

Der Turnus der Auditdurchführung orientiert sich an verschiedenen Kriterien:

- Auditierung des gesamten QM-Systems oder nur von Teilbereichen
- Art und Umfang der Prozesse/Produkte, die auditiert werden
- Status und Bedeutung der zu auditierenden Prozesse/Produkte und Bereiche des QM-Systems
- Ergebnisse früherer Audits

Die **Vorbereitungsphase** umfasst die Informationssammlung für das Audit. Dabei können beispielsweise folgende Dokumente berücksichtigt werden: Organigramme, Prozessablaufpläne, Produktionslenkungspläne, FMEAs, Normen, Spezifikationen, Zielvorgaben, Prozessbeschreibungen, Qualitätsregelkarten, Auditergebnisse, Maßnahmenplan letztes Audit, Ergebnisse der Lieferqualität (Qualitätsleistung), Reklamationen, Layouts, Projektpläne [VDA 16].

Zur weiteren Vorbereitung gehört die Prüfung bzw. Erstellung eines Fragenkatalogs/der Checkliste.

**Die Qualität des Fragenkataloges ist entscheidend für die Aussagefähigkeit des Audits!**

Fragenkataloge können sich auf nur eine Anforderungsnorm beziehen, aber auch mehrere Anforderungsnormen in sich vereinen, z. B. bei Integrierten Managementsystemen.

Das Auditteam muss prüfen, ob vorhandene Fragenkataloge ausreichend an die Gegebenheiten des zu beurteilenden Bereichs angepasst sind. Sie dienen einerseits als Prüfprogramm für den zu beurteilenden Bereich und andererseits als Hilfsmittel für persönliche Aufzeichnungen des Auditors, die für die spätere Abfassung des Auditberichts von ihm auszuwerten und zu interpretieren sind. Die Fragenkataloge/Checklisten sollten mit zunehmender Erfahrung stets weiter verbessert werden.

Für die Durchführung interner und externer Audits ist die Verwendung eines Auditfragenkataloges hilfreich. Durch die Darstellung in Checklistenform ist es mit geringem administrativen Aufwand sowie zeitlichen Ressourcen möglich, eine Konformität zu den normativen Anforderungen festzustellen. Auditfragenkataloge sind optimale Hilfsmittel zur Befragung der obersten Leitung, von internen und externen Beratern sowie von Führungskräften in einer Organisation.

Ein Auditfragenkatalog kann mit Bezug zur Gliederung einer oder mehrere Managementnormen nach der **Harmonized Structure** mit den Spalten Kapitelnummer der Norm (1), Kapitelname (2), Frage zu normativen Anforderungen (3), Erfüllt (4) und Nachweis der Anforderung (6) aufgebaut werden (Bild 13.3) [Ill 19].

**Auditfragenkatalog zur DIN EN ISO/IEC 27001:2017**

| Kap. Nr. | Kapitel Name | Frage zur normativen Anforderung | Erfüllt? | Nachweis der Anforderung |
|---|---|---|---|---|
| 4 | Kontext der Organisation | | | |
| 4.1. | Verstehen der Organisation und ihres Kontextes | Werden externe und interne Themen bestimmt, die für ihren Zweck relevant sind und sich auf ihre Fähigkeit auswirken, die beabsichtigen Ergebnisse ihres Informationssicherheitsmanagementsystems (ISMS) zu erreichen? | | |

**Bild 13.3** Beispiel für den Aufbau eines Auditfragenkataloges

Die Anforderungen (2), beispielsweise das Energiemanagement (Norm DIN EN ISO/ IEC 27001), werden durch präzise Fragestellungen (3) und Erfüllung (4) sowie dem Nachweis der Anforderung (5) dokumentiert. Zum Nachweis wird in einer weiteren Tabellenspalte (5) eingetragen, wo sich beispielsweise das entsprechende Dokument im integrierten Managementsystem befindet (Bild 13.3) [Ill 19].

Eine Integration erforderlicher Maßnahmen zur Maßnahmenverfolgung in den Auditfragenkatalog ist sehr zweckmäßig und rationell. Dazu können weitere Spalten zu Hinweisen/Abweichungen, Verantwortlichen, Terminen zur Erledigung und eine Spalte zum Erledigungsvermerk in den Auditfragenkatalog integriert werden (weitere Spalten in Bild 13.3).

**Ein integrierter Auditfragenkatalog beispielsweise für DIN EN ISO 9001:2015 und DIN EN ISO 14001:2015 ist im Downloadbereich des Hanser Verlags unter *plus. hanser-fachbuch.de* zu finden. [Aue 21]**

Innerhalb des Auditteams ist eine klare Aufgabenzuordnung festzulegen. Vor der Durchführung sind die zu auditierenden Bereiche zu informieren und die relevanten QM-Dokumentationen zur Überprüfung anzufordern. Darauf folgt die **Auditdurchführung** mit einem Einführungsgespräch mit den betroffenen Mitarbeitenden und Führungskräften. Bei der Durchführung des Audits prüfen die Auditoren die Nachweise für das Funktionieren bzw. Nichtfunktionieren des QM-Systems. Dies erfolgt in Form von Befragungen, Sichten von Unterlagen, Beobachten von Bedingungen und Zuständen (Sauberkeit, Ordnung, Belastung etc.).

Anhand von konkreten Fällen und Nachweisen muss der Auditor die festgelegten Prozesse nachvollziehen und die Eignung und Wirksamkeit der Festlegungen hinterfragen. Der Auditor überprüft stichprobenartig die Umsetzung der Vorgaben und Anforderungen an die Produkte und Prozesse durch Einsicht in entsprechende Dokumente und Aufzeichnungen. Ergebnisrelevante Feststellungen werden notiert. Auditfeststellungen können entweder auf Konformität mit Auditkriterien oder Fehler (Nichtkonformität) hinweisen [VDA 16].

| | | |
|---|---|---|
| Steinbeis<br>Qualitätssicherung und<br>Bildverarbeitung GmbH | **Auditplan<br>internes Audit 20XX** | Seite<br>1 von 2 |

| | |
|---|---|
| **Datum des internen Audits:** | 01.02.20XX |
| **Name der Auditoren:** | Steffen Lübbecke, Gerhard Linß,<br>Jennifer Wolf, Luise Adolph |
| **Auditierte Bereiche** | Gesamte SQB GmbH |

| **Uhrzeit:** | **Prozesse / Normenpunkte:** | Verantwortlich |
|---|---|---|
| 09:00-<br>09:30 | Eröffnungsgespräch | GF, alle Bereiche |
| 09:30-<br>10:30 | • Politik, Aufbauorganisation, Ziele, Managementbewertung<br>• Verbesserungen und Korrekturen<br>(inkl. Feststellungen/ Hinweisen aus vorangegangenen Audits)<br>• Kundenakquise<br>• Kundenkommunikation<br>• Kundenkontakte - Auswertungen | QMB, GF |
| 10:30-<br>11:00 | • Korrekturen und Verbesserungen<br>• Dokumentation des Managementsystems, Aufzeichnungen<br>• Änderungen, Freigaben | QMB/UMB/GF |
| 11:00-<br>11:30 | • Mess- und Prüfmittelverwaltung<br>• Erfassung und Kennzeichnung der Prüfmittel<br>• Prüfnachweise<br>• Beschaffung von Prüfmitteln | F |
| 11:30-<br>12:00 | • Umweltaspekte<br>• Rechtliche Vorschriften<br>• Kommunikation (intern&extern)<br>• Ziele/ Einzelziele/ Umweltprogramm<br>• Verbesserungen und Korrekturen | UMB, GF |
| 12:00-<br>12:30 | Mittagspause | |
| 12:30-<br>13:30 | Betriebsrundgang<br>• Kennzeichnung<br>• Gefährdungsbeurteilungen<br>• Betriebsanweisungen<br>• Arbeitssicherheitsunterweisungen<br>• Ersthelfer / Erste Hilfe/ Verbandskästen<br>• Überwachungsbedürftige Anlagen<br>• Prüfung elektrische Geräte<br>• Flucht- und Rettungspläne<br>• Fremdfirmen, Besucher | GF, F |
| 13:30-<br>14:00 | • Beschaffungsabläufe<br>• Einkaufsvorbereitung/Einkauf<br>• Gefahrstoffe<br>• Lieferantenbewertung | Einkauf |
| 14:00-<br>14:30 | • Schulung/Unterweisung<br>• Schulungsplanung/ Durchführung/ Wirksamkeitsbewertung<br>• Nachweise<br>• Stellenbeschreibungen | Personal/<br>Sekretariat |
| 14:30-<br>15:00 | Abschlussgespräch | GF, alle Bereiche |

| | | |
|---|---|---|
| Achtung! Ausgedruckte Exemplare unterliegen nicht dem Änderungsdienst und gelten nur am Tag des Ausdrucks! | Version | 1.0 |
| | Datum | 27.01.XX |

**Bild 13.4** Auditplan zur Durchführung eines internen Systemaudits

Durch die **quantitative Bewertung** erhält man einen Status über die Qualitätsfähigkeit des betrachteten Prozesses. Die Vergleichbarkeit der Auditergebnisse wird sichergestellt und Veränderungen gegenüber vorherigen Audits im Sinne eines kontinuierlichen Verbesserungsprozesses festgestellt.

**Schwerpunkte der Beurteilung bei System- und Prozessaudits sind:**

- Aufbauorganisation, administrative und Ablaufverfahren
- Mittel bezüglich Personals, Einrichtungen und Material
- Arbeitsbereiche, Abläufe und Prozesse
- produzierte Einheiten (um das Maß der Erfüllung von Normen und Spezifikationen festzustellen)
- QM-Dokumentation, Berichte, zeitliche Verfügbarkeit und Archivierung von QM-Aufzeichnungen

Bei **Produktaudits** werden in Stichproben Zwischenprodukte, fertige Produkte oder bereits verpackte Ware auf das Einhalten der Qualitätsforderungen überprüft. Sie dienen zur Beurteilung der Wirksamkeit der Qualitätssicherung und zur Bestätigung der Qualitätsfähigkeit der Herstellprozesse anhand der Produktqualität. Produktaudits ersetzen keine Fertigungsprüfungen.

Alle Auditfeststellungen sind klar und präzise in der Checkliste zu dokumentieren. Die Entscheidung, welche Feststellungen als Fehler benannt werden, trifft das Auditteam. Ergebnisse des **Audits** sind:

- gefundene Abweichungen oder Mängel
- Status von festgelegten Korrekturmaßnahmen aus vorherigen Audits
- Empfehlungen zur Verbesserung

Der Beschreibung von Beanstandungen sind Empfehlungen für ihre Behebung zuzuordnen. Nach jedem Audit wird von der Leitung des Auditteams ein **Auditbericht** erstellt, aus dem der Istzustand des auditierten Bereichs bezüglich der Erfüllung der Qualitätsvorgaben hervorgeht (Bild 13.5). Dieser wird den betroffenen Bereichen mitgeteilt und dient als Grundlage für die QM-Bewertung und für Verbesserungsmaßnahmen. Im Auditbericht müssen Termine für die Behebung der Beanstandung sowie der Termin für das Folgeaudit genannt sein. Die Berichte werden an die betroffenen Fachabteilungen und an die Unternehmensleitung verteilt.

≥ 90 % (qualitätsfähig)
≥ 80 % - ≤ 89 % ( bedingt qualitätsfähig)
≤ 79 % ( nicht qualitätsfähig)

**Ergebnisübersicht**

| Kapitel IMH | Element | Anzahl Fragen max. mögl. | Anzahl Fragen be-wertet | Anzahl Punkte max. mögl. | Anzahl Punkte er-reicht | Erfüllungs-grad [%] | Erfüllungsprofil [%] 1-20 | 21-40 | 41-60 | 61-80 | 81-100 |
|---|---|---|---|---|---|---|---|---|---|---|---|
| **4** | **Kontext der Organisation** | | | **Summe Erfüllungsgrad** | | **95,73** | | | | | |
| 4.1 | Verstehen der Organisation und Ihres Kontextes | 17 | 17 | 170 | 170 | **100** | | | | | |
| 4.2 | Verstehen der Erfordernisse und Erwartungen interessierter Parteien | 28 | 28 | 280 | 279 | **99,64** | | | | | |
| 4.3 | Festlegen des Anwendungsbereichs des Managementsystems | 27 | 26 | 260 | 218 | **83,85** | | | | | |
| 4.4 | Managementsystem und seine Prozesse | 265 | 265 | 2650 | 2635 | **99,43** | | | | | |
| **5** | **Führung** | | | **Summe Erfüllungsgrad** | | **89,25** | | | | | |
| 5.1 | Führung und Verpflichtung | 212 | 212 | 2120 | 1905 | **89,86** | | | | | |
| 5.2 | Politik | 130 | 130 | 1300 | 1014 | **78** | | | | | |
| 5.3 | Rollen, Verantwortlichkeiten und Befugnisse in der Organisation | 187 | 187 | 1870 | 1868 | **99,89** | | | | | |
| **6** | **Planung** | | | **Summe Erfüllungsgrad** | | **71,81** | | | | | |
| 6.1 | Maßnahmen zum Umgang mit Risiken und Chancen | 346 | 346 | 3460 | 3441 | **99,45** | | | | | |
| 6.2 | Unternehmensziele und deren Erreichung | 215 | 215 | 2150 | 2135 | **99,3** | | | | | |
| 6.3 | Planung von Änderungen | 12 | 12 | 120 | 20 | **16,67** | | | | | |
| **7** | **Unterstützung** | | | **Summe Erfüllungsgrad** | | **99,4** | | | | | |
| 7.1 | Ressourcen | 243 | 242 | 2420 | 2397 | **99,05** | | | | | |
| 7.2 | Kompetenz | 303 | 301 | 3010 | 2991 | **99,37** | | | | | |
| 7.3 | Bewusstsein | 51 | 51 | 510 | 504 | **98,82** | | | | | |
| 7.4 | Kommunikation | 77 | 76 | 760 | 759 | **99,87** | | | | | |
| 7.5 | Dokumentierte Information | 180 | 180 | 1800 | 1798 | **99,89** | | | | | |
| **8** | **Betrieb** | | | **Summe Erfüllungsgrad** | | **99,42** | | | | | |
| 8.1 | Betriebliche Planung und Steuerung | 224 | 204 | 2040 | 2012 | **98,63** | | | | | |
| 8.2 | Anforderungen an Produkte und Dienstleistungen | 104 | 104 | 1040 | 1040 | **100** | | | | | |
| 8.3 | Entwicklung von Produkten und Dienstleistungen | 132 | 123 | 1230 | 1229 | **99,92** | | | | | |
| 8.4 | Steuerung von extern bereitsgestellten Prozessen, Produkten, und Dienstleistungen | 82 | 81 | 810 | 807 | **99,63** | | | | | |
| 8.5 | Produktions- und Dienstleistungerbringung | 302 | 298 | 2980 | 2942 | **98,72** | | | | | |
| 8.6 | Freigabe von Produkten und Dienstleistungen | 48 | 47 | 470 | 467 | **99,36** | | | | | |
| 8.7 | Steuerung nichtkonformer Ergebnisse | 34 | 34 | 340 | 339 | **99,71** | | | | | |
| **9** | **Bewertung der Leistung** | | | **Summe Erfüllungsgrad** | | **99,32** | | | | | |
| 9.1 | Überwachung, Messung, Analyse und Bewertung | 143 | 142 | 1420 | 1394 | **98,17** | | | | | |
| 9.2 | internes Audit | 105 | 105 | 1050 | 1050 | **100** | | | | | |
| 9.3 | Managementbewertung | 45 | 45 | 450 | 449 | **99,78** | | | | | |
| **10** | **Verbesserung** | | | **Summe Erfüllungsgrad** | | **99,92** | | | | | |
| 10.1 | Allgemeines | 42 | 41 | 410 | 409 | **99,76** | | | | | |
| 10.2 | Nichtkonformität und Korrekturmaßnahmen | 75 | 75 | 750 | 750 | **100** | | | | | |
| 10.3 | Fortlaufende Verbesserung | 10 | 10 | 100 | 100 | **100** | | | | | |
| | | | | **Summe Erfüllungsgrad** | | **93,55** | | | | | |
| | Gesamtergebnis | | | | | **93,55** | | | | | |

**Bild 13.5** Beispiel für einen Auditbericht nach Harmonized Structure mit Erfüllungsgraden

Der **Inhalt des Auditberichts** umfasst:

- Auditverfahren
- Aufstellung des Auditteams
- Angaben über die überprüften Managementfunktionen/Abteilungen
- Angaben über die verwendeten Normen und Unterlagen, auf welchen das Audit basiert
- zugrunde liegende interne und externe Vorgaben
- Kurzfassung der durchgeführten Arbeiten
- zusammenfassende Beurteilung:
  - positive Feststellungen
  - Abweichungsschwerpunkte

  - Handlungsbedarf
  - Verbesserungspotenzial
- ggf. Empfehlungen und Korrekturmaßnahmen (mit Erledigungsterminen und eventuell Termin für das Folgeaudit)

In einem Abschlussgespräch erfolgt die **Ergebnisdarstellung**. Es wird den Auditierten über das durchgeführte Audit berichtet, mit Schwerpunkt auf:

- Mitteilung des Ergebnisses und der Auditfeststellungen
- Festlegung der nächsten Schritte, wie z. B. Termine zur Erledigung der Feststellungen
- Festlegung eines Nachaudits, falls erforderlich
- Motivation zur Maßnahmenumsetzung

Für festgestellte Abweichungen werden Ursachen, Maßnahmen, Verantwortlichkeiten und Termine für die Umsetzung festgelegt. In der **Korrekturphase** sollen Maßnahmen zu den gefundenen Abweichungen und Schwachstellen eingeleitet und deren Wirksamkeit überprüft werden. Der Abschluss und die Wirksamkeit der Korrekturmaßnahmen sollten verifiziert werden. Diese Verifizierung kann Bestandteil eines nachfolgenden Audits sein. Notwendige **Folgeaudits** zur Überprüfung der Verwirklichung und der Wirksamkeit dieser Korrekturmaßnahmen werden durchgeführt und aufgezeichnet.

**Zur Auswertung eines Audits gehört zwingend die Verwaltung und Verfolgung aller Maßnahmen in Unternehmen (Maßnahmenverfolgung)!**

Zum Beispiel können aus einem rechnerunterstützten Audit abgeleitete Maßnahmen gleichzeitig in einem Auditmodul bzw. auch in einer Auditdatenbank verwaltet werden. Beispielsweise können alle angelegten Maßnahmen nur durch die Prozessverantwortlichen bearbeitet werden. „Mitverantwortliche" können Erledigungskommentare oder sonstige Eintragungen als „Abstellmaßnahme" einfügen, ein Abschließen der Maßnahme oder das Verändern in den übrigen Feldern ist nur durch den „Hauptverantwortlichen" möglich.

Im Analysebereich können verschiedene Auswertungen und Übersichten zum **Umsetzungsstand der Maßnahmen** erzeugt werden, um den Prozess der Maßnahmenbearbeitung zu jeder Zeit transparent darzustellen.

In Übersichten lassen sich alle Maßnahmen unabhängig von ihrer Herkunft in verschiedenen Ansichten zusammenfassen:

- abgeschlossene Maßnahmen
- offene Maßnahmen mit Terminüberschreitung
- offene Maßnahmen ohne Terminüberschreitung
- alle offenen Maßnahmen bezogen auf den Verantwortlichen
- alle Maßnahmen bzgl. einer terminlichen Frist

Die **funktionsbezogene Übersicht** ermöglicht die transparente Darstellung des Umsetzungsstandes der Maßnahmen bezogen auf die Verantwortlichen in der Organisation.

Zur wirksamen **Terminüberwachung** kann aus der Maßnahmendatenbank täglich die personalisierte Liste der terminlich überschrittenen Maßnahmen **per E-Mail** an die Haupt-/Mitverantwortlichen gesendet werden [Web 87].

Gegenwärtig laufen im DIN-Normenausschuss 147 die Abstimmungen zu ergänzenden Anforderungen für Remote-Audits [QZ 22] [DGQ 22]. Damit sollen in einer Norm ISO 17012 verbindliche Regelungen bezüglich Vertraulichkeit, Datensicherheit, Verfügbarkeit technischer Ressourcen und Infrastruktur geschaffen werden. Diese Erweiterungen sollen für alle Arten von Audits gültig werden.

# 14 Zertifizierung von Managementsystemen

## 14.1 Gründe für die Zertifizierung

**Zertifizierung:** Maßnahme durch einen unparteiischen Dritten, die aufzeigt, dass angemessenes Vertrauen besteht, dass eine ordnungsgemäß bezeichnete Einheit die Qualitätsforderung erfüllt [Pfe 21].

**Ziel** der Zertifizierung ist die Nachweisführung, dass im Unternehmen ein wirksames Managementsystem eingerichtet, eingeführt und aufrechterhalten wird und dass dessen Wirksamkeit fortlaufend verbessert wird. Dieser Nachweis wird durch ein externes Systemaudit – **Zertifizierungsaudit** – erbracht, das von einer unabhängigen Zertifizierungsgesellschaft durchgeführt wird.

Auf Antrag des Unternehmens auditiert eine akkreditierte Zertifizierungsstelle das Managementsystem des Unternehmens und vergibt bei dessen Erfüllung der Anforderungen, gemäß der zugrunde gelegten Norm bzw. des zugrunde gelegten Regelwerkes, ein **Zertifikat**. Als **Zertifizierungsgrundlagen** kommen beispielsweise in Frage:

- Qualität DIN EN ISO 9001 [Nor 15d]
- Umwelt DIN EN ISO 14001 [Nor 15f]
- Informationssicherheit DIN EN ISO 27001 [Nor 24]
- Sicherheit und Gesundheit DIN EN ISO 45001 [Nor 18b]
- VDA 6.1 [VDA 16a]
- VDA 6.4 [VDA 17]
- HACCP (Hazard Analysis Critical Control Points) [Web 01]

- GLP (Good Laboratory Practice) [Web 03]
- GMP (Good Manufacturing Practice) [Web 19a]
- Medizinprodukte [Nor 21]
- KTQ – Kooperation für Transparenz und Qualität im Gesundheitswesen [Web 31]
- US-amerikanische Richtlinien für Medizinprodukte [DHH 07] [Web 85]

Die **Gründe für die Zertifizierung von** Managementsystemen sind:

- neutrale und unabhängige Bestätigung der Anwendung der Normanforderungen
- objektive Beurteilung der Wirksamkeit des Managementsystems durch fachkundige Experten
- Bestätigung für den Kunden, dass das Unternehmen die qualitätsrelevanten Prozesse konform zu den Minimalanforderungen der Normreihe gestaltet hat
- kontinuierliche Verbesserung des Managementsystems durch begleitende Überprüfung der Korrektur- und Verbesserungsmaßnahmen
- externer Zwang zur Weiterentwicklung des Systems
- Wettbewerbsvorteil durch Marketingeffekte

## 14.2 Zertifizierungsvorbereitung

Die **Voraussetzungen für die Zertifizierung eines Managementsystems** sind:

- Das Unternehmen muss ein Managementsystem eingeführt haben.
- Das Managementsystem muss den Mitarbeitenden bekannt sein.
- Das Managementsystem muss angewendet werden – der Nachweis geschieht anhand von dokumentierten Informationen.
- Das Managementsystem muss bereits seit einem angemessenen Zeitraum vorhanden sein.
- Es müssen bereits interne Audits durchgeführt worden sein.

Die Zertifizierung wird von einer Zertifizierungsgesellschaft durchgeführt. Zertifizierungsgesellschaften müssen ihrerseits wiederum spezielle Anforderungen erfüllen. Diese Anforderungen werden bei der **Akkreditierung** überprüft.

**Akkreditierung:** Bestätigung durch eine dritte Seite, die formal darlegt, dass eine Konformitätsbewertungsstelle die Kompetenz besitzt, bestimmte Konformitätsbewertungsaufgaben durchzuführen [Nor 20].

Mit der EG-Verordnung Nr. 765/2008 des Europäischen Parlaments und des Rates über die Vorschriften für die Akkreditierung und Marktüberwachung wurde die Akkreditierung in Europa neu geregelt. Seit 2010 hat die Deutsche Akkreditierungsstelle GmbH (DAkkS) die Pflicht zur Überwachung der Akkreditierungen von der Deutschen Gesellschaft für Akkreditierung mbH (DGA) und dem Deutschen Kalibrierdienst (DKD) übernommen. Die DAkkS untersteht der fachlichen Aufsicht der zuständigen Bundesministerien. Die DAkkS GmbH hat ein eigenes Regelwerk aufgestellt, das die bestehenden Akkreditierungsregeln harmonisiert. Technische Regelungen werden soweit erforderlich harmonisiert.

In Deutschland gibt es verschiedene akkreditierte Zertifizierungsgesellschaften, wie z. B. die Deutsche Gesellschaft zur Zertifizierung von Managementsystemen mbH (DQS), den Technischen Überwachungsverein (TÜV) und die DEKRA Certification GmbH u. a. Bei der Auswahl der Zertifizierungsgesellschaft muss eventuell auch auf die Wünsche von Hauptkunden eingegangen werden. Weiterhin muss beachtet werden, dass nicht jede akkreditierte Zertifizierungsgesellschaft für alle Wirtschaftsbereiche spezialisiert ist. Die Datenbank für die akkreditierten Zertifizierungsstellen einschließlich Branchenschlüssel und Zertifizierungsgesellschaften findet man unter: *https://www.dakks.de/de/akkreditierte-stellen-suche.html* [Web 06].

Außerdem muss eine Marktakzeptanz für das Zertifikat der ausgewählten Zertifizierungsgesellschaft vorhanden sein.

Zur Vorbereitung auf das **Zertifizierungsaudit** erarbeitet die Zertifizierungsgesellschaft mit dem Unternehmen einen ausführlichen Ablaufplan. Bei Bedarf kann ein kostenpflichtiges Voraudit durchgeführt werden. Es klärt die notwendigen Voraussetzungen für die Zertifizierung der Organisation/des Unternehmens im Detail.

## 14.3 Zertifizierungsdurchführung und Zertifizierungsaudit

Die Zertifizierung von Qualitätsmanagementsystemen folgt stets einem bestimmten Ablauf (Bild 14.1).

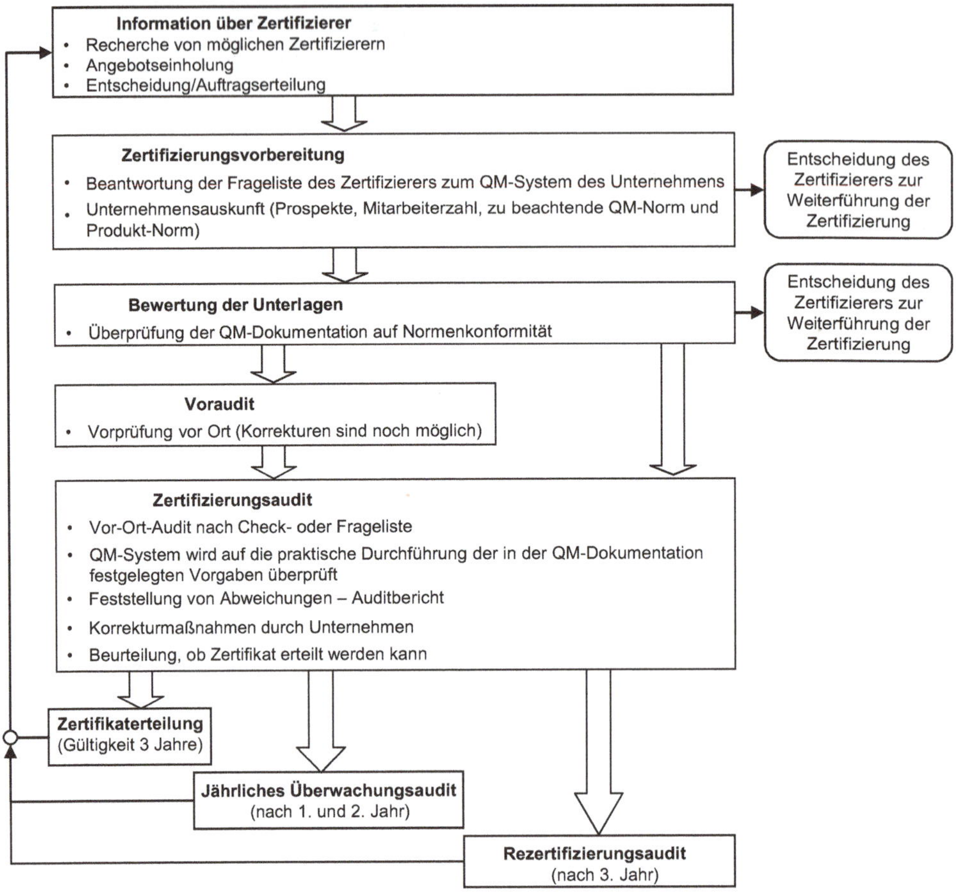


**Bild 14.1** Prinzipieller Ablauf für die Zertifizierung von Managementsystemen am Beispiel Qualität

> ✓ Im **Zertifizierungsaudit** überprüfen die Auditoren, ob die in der QM-Dokumentation beschriebenen Maßnahmen die Anforderungen der ausgewählten Zertifizierungsgrundlage erfüllen und ob diese Maßnahmen umgesetzt und wirksam sind. Diese Überprüfung erfolgt in Auditgesprächen mit den jeweiligen Bereichs- bzw. Abteilungsleitungen, durch die Befragung von Mitarbeitenden an ihren Arbeitsplätzen und durch Einsichtnahme in die QM-Dokumentation.

Bei der Durchführung der Zertifizierungsaudits durch akkreditierte Zertifizierungsgesellschaften werden häufig **Checklisten** für die Prüfung aller Prozesse genutzt. Diese Checklisten können in der Regel auch von den Zertifizierungsgesellschaften angefordert werden.

Die **Auditergebnisse** werden protokolliert durch

- Eintragungen in die Frageliste/Checkliste und
- Abweichungsberichte (Nennung und Bewertung der Abweichungen).

Schwere (kritische) Abweichungen erfordern nach einem Umsetzungszeitraum für die vom Unternehmen festzulegenden Korrekturmaßnahmen ein **Nachaudit**.

Zertifikate für Qualitätsmanagementsysteme gelten drei Jahre. Während der Gültigkeit der Zertifikate sind jährlich **Überwachungsaudits** durch eine Zertifizierungsgesellschaft durchzuführen. Durch die Überwachungsaudits wird überprüft, ob das zertifizierte Managementsystem vom Unternehmen aufrechterhalten wird. Wesentliche Bestandteile des Überwachungsaudits sind die Prüfung von internen Auditberichten, die Prüfung von zwischenzeitlich vorgenommenen Systemänderungen und die Prüfung von ausgewählten Managementbereichen.

Nach drei Jahren ist für die Neuerteilung des Zertifikats ein **Wiederholungsaudit** erforderlich. Der Gültigkeitszeitraum beträgt wiederum drei Jahre (Bild 14.2).

ZERTIFIKAT

für das Managementsystem
nach DIN EN ISO 9001:2015

Die regelwerkskonforme Anwendung wurde nachgewiesen und wird gemäß Zertifizierungsverfahren bescheinigt für das Unternehmen

Steinbeis
Qualitätssicherung und
Bildverarbeitung GmbH

Werner-von-Siemens-Straße 9, 98693 Ilmenau

Geltungsbereich

Bildverarbeitung, Messtechnik, automatisierte Prüfanlagen, Beratung

Zertifikat-Registrier-Nr.: TIC 15 100 159208

Gültig bis: 2024-03-30
Gültig ab: 2021-03-31

Audit Bericht Nr.: 3330 2ND5 H0

Diese Zertifizierung wurde gemäß TIC-Verfahren zur Auditierung und Zertifizierung durchgeführt und wird regelmäßig überwacht.

TÜV Thüringen e.V.
Zertifizierungsstelle für
Systeme und Personal

Jena, 2022-03-21

Originalzertifikate sind mit einem Hologramm versehen.

Die aktuelle Gültigkeit kann unter www.tuev-thueringen.de nachgefragt werden.

**Bild 14.2** Beispiel einer Zertifizierungsurkunde

## 14.4 Probleme und Fehler bei der Zertifizierung

Erfahrungen von Unternehmen und Zertifizierungsgesellschaften bringen häufige Probleme und Fehler bei der Vorbereitung und Durchführung der Zertifizierung zutage.

**Fehler bei der Vorbereitung:**

- Es wird ein „Musterhandbuch“ erarbeitet.
- Lösungssuche für andere statt gemeinsame Lösungsfindung.
- Vorbereitung auf Kontrolle statt auf Qualität.

**Fehler bei der Durchführung:**

- Unternehmen möchte Zertifikat statt Qualitätsmanagement.
- Mitarbeitende wurden nicht informiert.
- Mitarbeitende wurden nicht involviert.
- Mitarbeitende wurden nicht geschult und trainiert.
- Mitarbeitende erhalten keine Verantwortung.
- Qualitätsziele sind nicht bekannt.
- Qualitätsdokumentation ist nicht bekannt.
- Das Qualitätsmanagement existiert nur auf dem Papier.

**Probleme nach der Zertifizierung:**

- Was macht das Unternehmen mit dem Zertifikat?
- Wie wird das Qualitätsmanagementsystem weiterentwickelt?
- Was kostet die Pflege des Qualitätsmanagementsystems?
- Wie motivieren wir die Mitarbeitenden zum Weitermachen?
- Welche neuen Ziele streben wir an?

## 14.5 Zertifizierungszeichen und dessen Nutzung

Für die Nutzung des Zertifizierungszeichens einer akkreditierten Zertifizierungsgesellschaft gelten strenge Regeln und Einschränkungen [Web 86]:

- Das Zertifizierungszeichen darf nur von zertifizierten Unternehmen verwendet werden.
- Das Zertifizierungszeichen darf nur zu geschäftlichen Zwecken verwendet werden.

- Das Zertifikat beschränkt sich auf die darin beschriebenen Unternehmen bzw. Unternehmensteile.
- Abbildungen von Zertifikaten dürfen nur originalgetreu verwendet werden.
- Zertifikate dürfen nicht grafisch abgeändert werden.
- Die Verwendung des Zertifikates ist auf juristische Personen beschränkt und kann nicht übertragen werden.
- Bei Nichterneuerung oder Aberkennung erlischt das Verwendungsrecht für das Zertifizierungszeichen und das Zertifikat.
- Das Zertifizierungszeichen bezieht sich auf das Managementsystem und darf daher nicht in Beziehung mit den Produkten verwendet werden. Das Anbringen am Produkt selbst, auf der Verpackung oder in Preislisten, Prospekten, Technischen Informationen in unmittelbarem Zusammenhang mit der Produktbezeichnung, Laborprüfberichten, Kalibrierscheinen oder Inspektionsberichten ist nicht erlaubt.
- Zulässig ist der Hinweis auf die bestehende Zertifizierung im allgemeinen Schriftverkehr der Organisation/des Unternehmens, auf der Webseite, in Unternehmenspublikationen und -präsentationen.
- Das Nutzungsrecht beschränkt sich strikt auf den Gegenstand der Zertifizierung beispielweise auf das Managementsystem, die zertifizierte Organisation, den Unternehmensbereich und den Standort.
- Das Zertifizierungszeichen darf nicht in Verbindung mit dem gesetzlichen CE-Kennzeichen angebracht werden, weil das CE-Kennzeichen nur für Produkte auf Basis der für das Produkt entsprechenden EG-Richtlinie verwendet werden darf.
- Die CE-Kennzeichnung kann auf dem Produkt, der Kennzeichnung des Produktes und der Gebrauchsanweisung sowie ggf. auf der Handelsverpackung angebracht werden.

# 15 Computer Aided Quality Management – CAQ

## 15.1 Nutzen von integrierten CAQ-Systemen

Jedes Unternehmen muss sich **kontinuierlich verbessern**. Das betrifft die Verbesserung der Produkte und Prozesse und die **Anpassung des integrierten Managementsystems** an die Forderungen der Kunden und des Marktes. Insbesondere steigen die Anforderungen an die **Qualität und Komplexität der betrieblichen Datenverarbeitung**. Eine Vielzahl von Daten über die Qualität der Produkte und Prozesse müssen in den Unternehmen in verschiedener Form erfasst und ausgewertet werden. Die Anzahl der unterschiedlichen Datentypen und die Häufigkeit ihrer Erfassung nehmen aufgrund der steigenden Qualitätsanforderungen an die Produkte und Prozesse ständig zu. In der modernen Produktion steigen die **Forderungen an die Dokumentation** von Informationen und die **Forderungen nach Anwendung von rechenintensiven statistischen Methoden des Qualitätsmanagements** (Prozess-, Maschinen- und Prüfmittelfähigkeitsuntersuchungen, statistische Prozesslenkung, Lieferantenbewertung etc.).

Für eine effektive Erfassung und Auswertung von Massendaten im Qualitätsbereich ist die Anwendung von computergestützten Methoden und Werkzeugen im Qualitätsmanagement unumgänglich. Der Einsatz computergestützter Methoden und Werkzeuge wird als **CAQ** – **C**omputer **A**ided **Q**uality Management bezeichnet. Eine zunehmende Rolle bei der Auditierung von Managementsystemen spielt ein **automatisiertes Dokumentenmanagement**.

☑ **C**omputer **A**ided **Q**uality Management – **CAQ:** Einsatz softwarebasierter Verfahren für Planungs- und Steuerungsprozesse von Methoden und Werkzeugen des Qualitätsmanagements [Höp 03].

Bei der Verwendung des CAQ-Begriffs ist zwischen den Bezeichnungen Funktion, Modul und System zu unterscheiden [Pfe 15]. Eine CAQ-Funktion ist eine Abfolge von QM-Tätigkeiten, ein CAQ-Modul kann dabei eine oder mehrere CAQ-Funktionen enthalten. In einem CAQ-System werden alle verfügbaren bzw. tatsächlich eingesetzten CAQ-Module zum Teil unter Nutzung konstruktionstechnischer Daten zusammengefasst.

✓ **CAQ-System:** Software mit einem bestimmten Umfang an implementierten CAQ-Funktionen auf der Basis **konsistenter** Daten.

Die Ziele aus dem CAQ-Einsatz lassen sich zunächst in Form **allgemeiner** Nutzenpotenziale betrieblicher Informationssysteme formulieren [Bec 18] [Kur 16]:

- **Informationsgewinnung:** Eine systematische und regelmäßige Datenerfassung ermöglicht jederzeit vollständige, richtige und aktuelle Informationen
- **Motivationssteigerung der Mitarbeitenden** durch Entlastung von Routinetätigkeiten mittels Automatisierung und Standardisierung
- **Senkung der Durchlaufzeiten** direkter und indirekter Tätigkeiten
- **Erhöhung der Transparenz** in allen Geschäftsprozessen führt zu einer Erhöhung der Flexibilität und Reaktionsgeschwindigkeit
- **Vernetzung über Systemgrenzen** hinweg verbessert die Kommunikation zwischen Abteilungen, aber auch zu Kunden und Lieferanten
- Verbesserte **Auslastung und Produktivitätssteigerungen** führen direkt zu niedrigeren Kosten in allen Bereichen. Dem stehen die zum Teil hohen Investitionskosten bei der Einführung von CAQ-Systemen gegenüber

Hinzu kommen noch **spezielle** Nutzenpotenziale aus Sicht des Qualitätsmanagements:

- durch **systematische Erfassungen** und **Auswertungen** können Fehler frühzeitig erkannt werden, präventive Methoden des QM sind überhaupt erst effektiv nutzbar
- **Reduzierung der qualitätsbezogenen Kosten**, z. B. Prüfkosten durch eine effiziente Prüftechnik
- bessere **Erfüllung der Dokumentationsanforderungen** aus Normen und Gesetzen
- **langfristige Sicherung bzw. Steigerung der Qualitätsfähigkeit** von Produkten und Prozessen

Allgemeine Qualitätsforderungen an die Software sind:

- Benutzerfreundlichkeit
- Robustheit gegen Fehler
- verständliche Fehlermeldungen

- Betriebssicherheit, Verfügbarkeit, Wiederanlauf
- Portabilität, Kompatibilität
- Variabilität, Erweiterbarkeit
- Datenschutz, Datensicherheit

**Viele Unternehmen müssen dabei Anforderungen mehrerer Managementnormen erfüllen.**

Beispielsweise müssen die Anforderungen unterschiedlicher Managementsysteme zu Qualität, Umwelt, Arbeits- und Gesundheitsschutz, Informationssicherheit, Medizinprodukte, Automobilindustrie (VDA, IATF) und DAkkS-Laborakkreditierung in unterschiedlichen Kombinationen gleichzeitig erfüllt werden. Durch **Integration der Managementanforderungen auf der Basis der Harmonized Structure** für integrierte Managementsysteme (Kapitel 2) können erhebliche Einsparungen realisiert werden. Integrierte Managementsysteme haben eine sehr umfangreiche Dokumentation, die nur mit hohem Aufwand aktuell und konsistent gehalten werden kann.

**Der Aufwand kann durch Integration von Managementanforderungen um bis zu 50 % reduziert werden [Ill 19].**

Weil eine große Anzahl von ähnlichen (synonymen) Anforderungen in den unterschiedlichen Managementnormen enthalten ist und die meisten Normen nach der Harmonized Structure aufgebaut sind, können ca. 50 % der Anforderungen zusammengefasst behandelt werden.

**Die gleichen Synergien bestehen beim Auditmanagement für unterschiedliche Managementnormen.** [Ill 19]

In CAQ-Systemen sind neben den Querschnittsfunktionen zwei Gruppen von Funktionen realisiert, die gleichzeitig die **Kernaufgaben** von CAQ-Systemen bilden (Bild 15.1):

- Prüfungen
- statistische und präventive QM-Methoden

Die in CAQ-Systemen realisierten **Prüfungen** sind:

- Fertigungsprüfung
- statistische Prozessregelung
- losbezogene Zwischenprüfung
- Warenausgangsprüfung
- Wareneingangsprüfung
- Erstmusterprüfung
- Prüfmittelüberwachung und -management
- Instandhaltung
- Auditmanagement

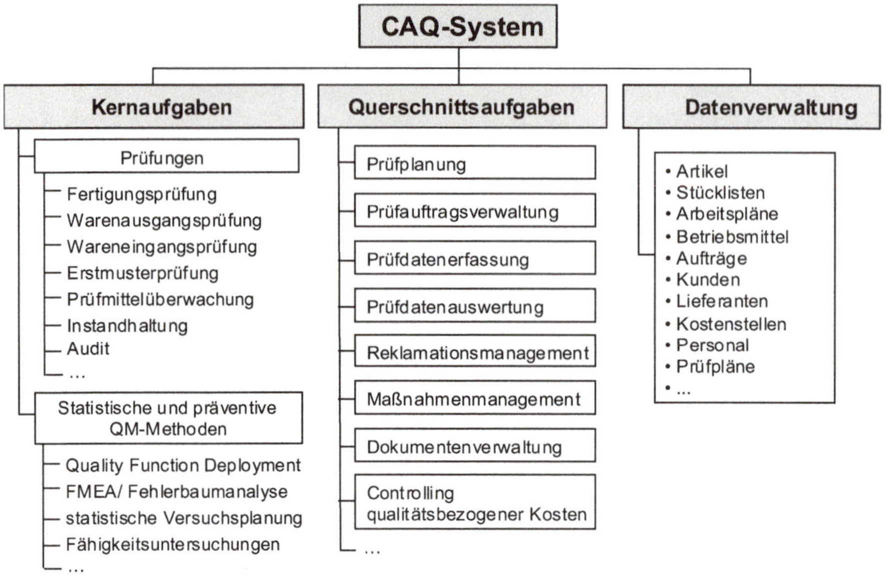


**Bild 15.1** CAQ-Aufgabenmodell [Höp 03]

## 15.2 Office-basierte CAQ-Systeme

Neben dem Einsatz eines Standard-CAQ-Systems und der Entwicklung individueller Insellösungen bietet ein sog. Office-basiertes CAQ-System [Waß 09] eine weitere Möglichkeit, ein rechnergestütztes Qualitätsmanagement im Unternehmen aufzubauen (Bild 15.2).

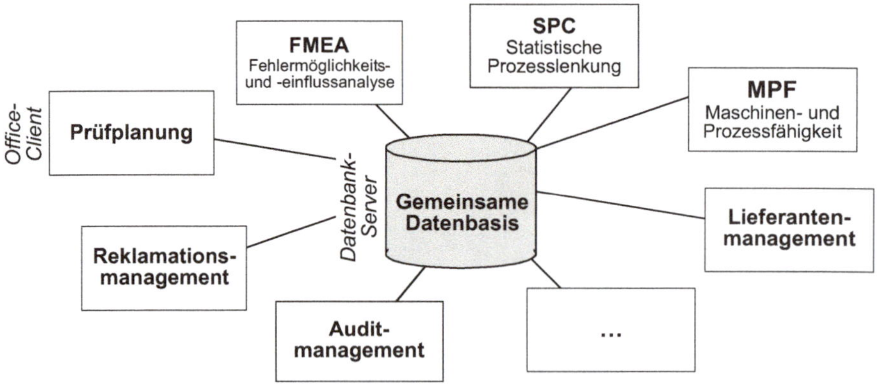


**Bild 15.2** Prinzip eines Office-basierten CAQ-Systems

Ein Office-basiertes CAQ-System umfasst zwei wesentliche Architektur-Komponenten:

- **Datenbank-Server:** Relationale Datenbanksysteme wie z. B. Oracle, MS SQL, IBM DB2, MySQL oder PostgreSQL bilden heute den Kern aller betrieblichen Informationssysteme. Sie ermöglichen die zentrale, systematische und zuverlässige Speicherung aller Unternehmensdaten und erlauben den gleichzeitigen Zugriff durch alle Nutzer.
- **Office-Clients:** Die Anwendungsfunktionen Textverarbeitung, Tabellenkalkulation, Desktop-Datenbank und E-Mail sind elementarer Bestandteil bekannter Office-Suiten wie Microsoft Office und OpenOffice Eine Office-Anwendung enthält eine oder mehrere CAQ-Funktionen und ist in Form eines sog. Office-Clients mit dem Datenbank-Server über eine geeignete Schnittstelle verbunden.

  Durch Office-basierte CAQ-Systeme können erstmals vorhandene und umfassend bekannte Softwareprodukte im Unternehmen wie Office-Suiten und Datenbanksysteme weiter genutzt und zu einer leistungsfähigeren und zugleich flexiblen Softwarelösung nach dem Client-Server-Prinzip kombiniert werden. Die offene Software-Architektur und die Verwendung von Standardschnittstellen erlauben die Austauschbarkeit und Erweiterbarkeit einzelner Software-Komponenten, erleichtern die Integration mit anderen Unternehmensanwendungen und bieten zudem Unabhängigkeit gegenüber einzelnen Softwareanbietern. Aufgrund der geringen Ressourcenanforderungen und der Anpassbarkeit an die eigenen Unternehmensbedürfnisse sind sie insbesondere für kleine und mittlere Unternehmen (KMU) sehr gut geeignet [Waß 09].
- Die **offene Architektur eines Office-basierten CAQ-Systems** und die sich daraus ergebenden denkbaren Einsatzszenarien für das Qualitätsmanagement unter Berücksichtigung der möglichen Schnittstellen zum IT-Umfeld in einem typischen Produktionsunternehmen beschreibt Bild 15.3.

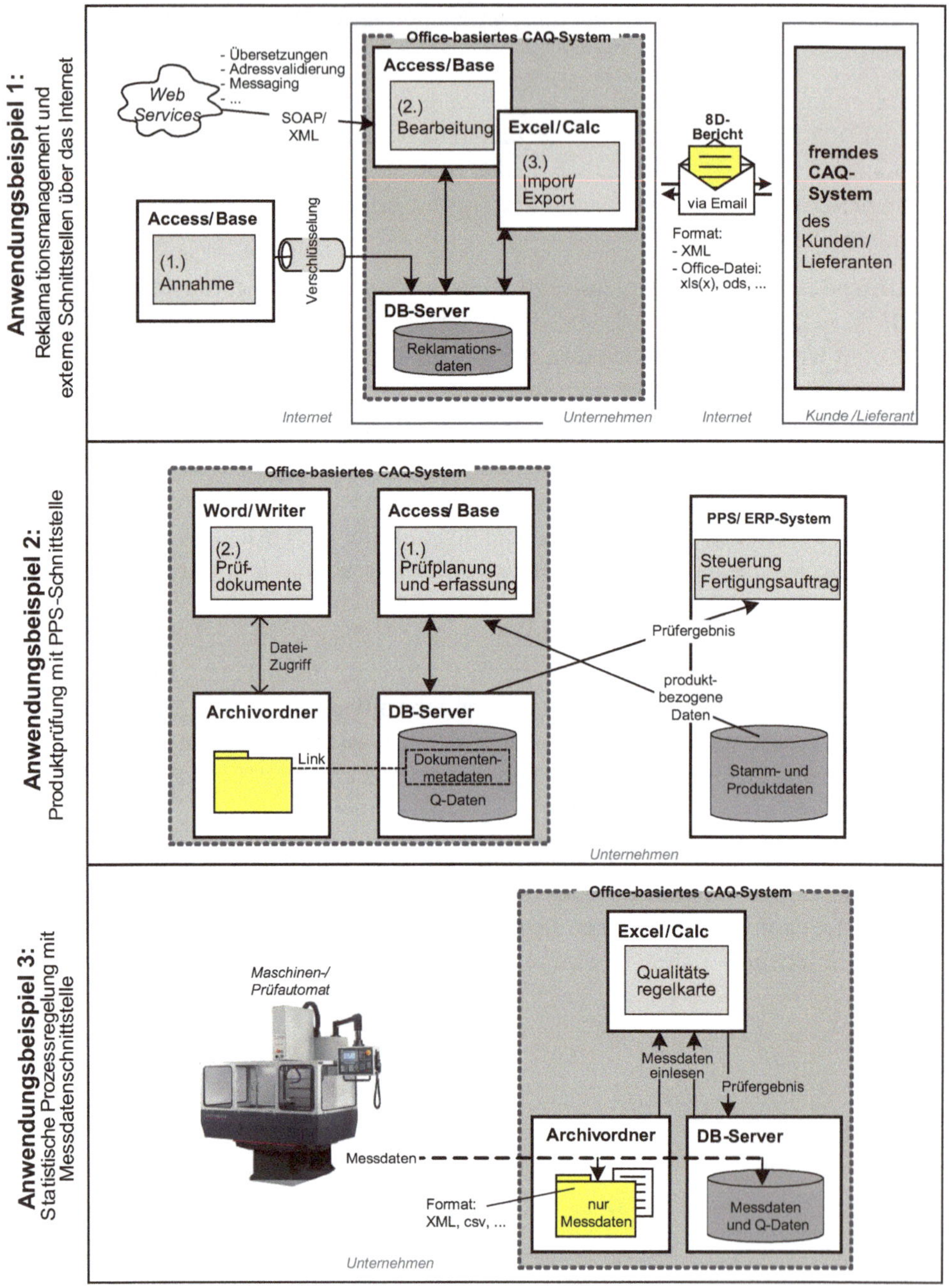


**Bild 15.3** Einsatzszenarien eines Office-basierten CAQ-Systems [Waß 09]

Der Aufbau eines Office-basierten CAQ-Systems wird im Wesentlichen durch die Entwicklung eines gemeinsamen Datenmodells für die verschiedenen CAQ-Funktionen bestimmt. Durch den Einsatz geeigneter Datenbank-Modellierungswerkzeuge lässt sich jedoch, ausgehend von einem grafischen Datenmodell (Bild 15.4), die Erzeugung einer physischen Datenbank weitgehend automatisieren.

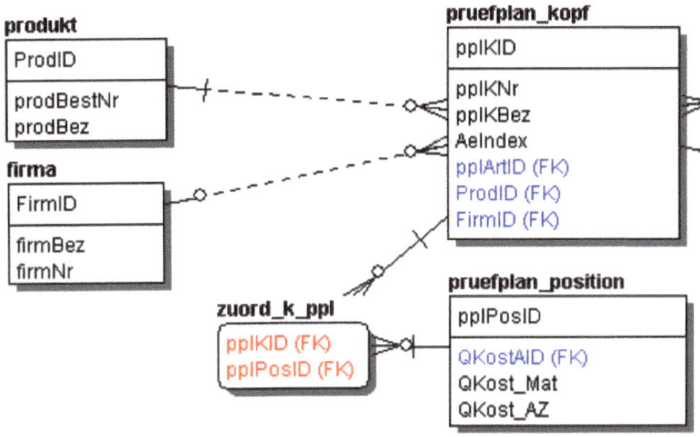


**Bild 15.4** Ausschnitt eines Relationalen Datenmodells für die Prüfplanung [Waß 09]

Die einzelnen Datenelemente aus der Datenbank können anschließend über eine integrierte Schnittstelle in den jeweiligen Office-Client importiert werden. Office-Programme stellen hierfür geeignete Masken für die Ein- und Ausgabe der Daten sowie eine Reihe vordefinierter Funktionen zur Verfügung, z. B. Steuerelemente, Funktionen zur Benutzerkommunikation oder statistische Funktionen. Der Anwender wird hierbei durch zahlreiche Assistenten und eine integrierte Programmhilfe unterstützt. Für die funktionale Erweiterbarkeit und Automatisierung der einzelnen Anwendungen steht eine Office-eigene Programmiersprache (Visual Basic for Application – VBA) mit einer integrierten Entwicklungsumgebung zur Verfügung. Darüber hinaus bieten Office-Anwendungen Unterstützung für zahlreiche Standard-Schnittstellen und ermöglichen zudem die Integration Office-fremder Anwendungen, insofern diese die jeweilige Office-Komponententechnologie unterstützen. Eine Auswahl verschiedener Funktionsmodule eines Office-basierten CAQ-Systems, die mit unterschiedlichen Office-Programmen umsetzbar sind, ist im Bild 15.1 enthalten.

## 15.3 Wiki-basierte CAQ-Systeme

Neben den etablierten CAQ-Systemen kommen zunehmend die Wiki-Technologien (wiki – hawaiisch für „schnell") basiert auf HTML-Systemen auf den Markt [Sto 14]. Inhalte können im Webbrowser von den Benutzern gelesen und geändert werden. Übliche Softwarewerkzeuge dazu sind Wiki-Software oder Wiki-Engines.

Beispiele für Wiki-basierte Systeme sind:

- Q.wiki (von Modell Aachen GmbH), *https://www.modell-aachen.de/de*
- BlueSpice (von Hallo Welt! GmbH), *https://bluespice.com/de*
- Confluence (von Atlassian), *https://www.atlassian.com/de/software/confluence*

In den meisten Unternehmen wird das Managementsystem dateibasiert in Form von Visio-, Word-, PowerPoint- oder Excel-Dateien dokumentiert. Größere Unternehmen bedienen sich zunehmend spezieller Software wie CAQ-Systemen, Business-Process-Management-Software (BPM), Dokumenten-Management-Systeme (DMS) oder auch Content-Management-Systeme (CMS).

Diese Systeme wurden mit zum Teil erheblichem technischen und inhaltlichen Aufwand eingeführt. Es ist jedoch zu beobachten, dass die Managementsystem-Dokumentation vieler Unternehmen kaum Einzug in den Alltag der Mitarbeitenden erhält – sie wird nicht „gelebt". Mit Wiki-Technologien kann die Managementsystem-Dokumentation mit geringem Aufwand so gestaltet werden, dass es von den Mitarbeitenden gerne als wertvolles Informations-, Führungs- und Kollaborationsportal genutzt wird.

Das häufigste verwendete System im deutschen Mittelstand sind MS-Office- oder MS-Visio-Dateien, abgelegt in einer Ordnerstruktur oder einem Dokumentenmanagement-System, meist als unveränderliche PDF-Dokumente. Zunehmend ist auch die Nutzung von Mobile Devices wie Mobiltelefonen oder Tablets möglich. Durch die Einbindung eines Text-Editors (CK-Editor) in hochwertigen Enterprise-Wikis kann ähnlich wie mit Office-Produkten umgegangen werden. Darstellungsformen wie beispielsweise WYSIWYG (What-You-See-Is-What-You-Get) bzw. Rich-Text-Editoren sind sehr benutzerfreundlich. Weitere Möglichkeiten und Vorteile bei der Anwendung von Wiki-Technologien beim Aufbau und der Nutzung von Managementsystemen sind:

- Einbindung einer Workflow Engine mit der Möglichkeit eines Freigabe-Workflows
- Einbindung einer performanten Search-Engine (SOLR) für Volltextsuche
- Definition feingranularer Bereiche für Zugriffsrechte und Rechtegruppen
- Gestaltung von Verwaltungsseiten des Wiki-Systems
- Konfiguration von Dashboards (eigene persönliche Seite des Nutzers)
- Konfiguration von Portalseiten
- Gestaltung von aktiven Formularen mit Workflows

- Gestaltung von Applikationen
- Anbindung an Dokumentenmanagementsysteme. Eine Standardschnittstelle zur Anbindung ist dabei die CMIS-Schnittstelle.
- Anbindung an ERP
- Ausgestaltung von Mehrsprachigkeit und automatischer Übersetzung

## 15.4 Übersicht der wesentlichen marktüblichen integrierten CAQ-Systeme

Am Markt wird eine Vielzahl von CAQ-Systemen angeboten. Im Folgenden soll hier eine Auswahl von CAQ-Systemen genannt werden:

- AHP iQ-BASIS
- Approve on Fabasoft Proceco
- Aptean CAQ Syncos Edition
- BabtecQ
- CAQ.Net Managementsystem
- Consense IMS Enterprise
- Consic
- Consline Intelligence Management System 6.0
- CWA SmartProcess
- Improve
- Q.wiki
- QM.CAQ
- QM-Pilot
- QS1
- QS–1–2–3–4
- Quality Center/e1 ns
- Sycat One

Eine umfangreiche und detaillierte Marktrecherche zu diesen CAQ-Systemen ist unter „CAQ Software | Marktübersicht“ *(https://www.qz-online.de/a/fachartikel/marktuebersicht-computer-aided-quality-a-2025878)* zu finden. Diese Systeme sind speziell für die Anforderungen der Organisation/der Unternehmen zu konfigurieren.

## 15.5 SQB IMS als Beispiel für ein integriertes CAQ-Managementsystem

Der Aufwand für Aufbau, Einführung und Aufrechterhaltung von Managementsystemen ist äußerst hoch und dennoch sind solche Systeme aus dem Unternehmensalltag nicht mehr wegzudenken. Daher setzen viele Unternehmen auf integrierte Managementsysteme, die verschiedene Managementsysteme zu einer Gesamtlösung zusammenbündeln. CAQ-Systeme (Computer Aided Quality System) eignen sich besonders gut für die Integration von unterschiedlichen standardisierten Managementsystemen. Sie ermöglichen den Aufbau von sehr effektiven integrierten Managementsystemen für unterschiedliche Managementnormen und helfen, die Komplexität des Unternehmensalltags zu bewältigen und Unternehmensziele systematisch, gezielt und geplant umzusetzen. Viele Unternehmen müssen dabei Anforderungen mehrerer Managementnormen erfüllen, wie zum Beispiel:

- Arbeits- und Gesundheitsschutz DIN ISO 45001
- Automobilindustrie IATF 16949
- Automobilindustrie VDA 6.4
- DAkkS-Laborakkreditierung DIN EN ISO/IEC 17025
- Informationssicherheit DIN EN ISO/IEC 27001 und TISAX
- Medizinprodukte DIN EN ISO 13485
- Qualitätsmanagement DIN EN ISO 9001
- Umweltmanagement DIN EN ISO 14001

Darüber hinaus können mit CAQ-Systemen die Anforderungen unterschiedlicher standardisierter Managementsysteme, die oft strenge Dokumentations- und Überwachungsanforderungen enthalten, sehr effizient aufgebaut werden. Automatisierung und Integration reduzieren den manuellen Aufwand und minimieren das Risiko von Fehlern. Mit der Vereinheitlichung der unterschiedlichen Normen nach der Harmonized Structure (HS) kann ein Managementsystem beispielsweise für Qualität, Umwelt und Arbeitssicherheit integriert werden (Abschnitt 4.4.2). Damit kann der Aufwand um bis zu 50 % reduziert werden (Bild 4.7) [Ill 19]. Integrierte Managementsysteme lassen sich sehr gut als webbasierte Intranet- oder Cloud-Lösungen aufbauen. Zentrale Datenverwaltung, standardisierte Workflows und dokumentierte Informationen, Audit- und Berichtsfunktionen, Skalierbarkeit und Anpassbarkeit sowie Compliance und Risikomanagement erleichtern die Einhaltung der Vorgaben standardisierter Managementsysteme. CAQ-Systeme, die eine Integration unterschiedlicher Managementnormen ermöglichen, werden von einer Reihe von Herstellern angeboten.

Am Beispiel des SQB IMS sollen die Vorteile integrierter CAQ-Systeme demonstriert werden.

Das System SQB IMS (Integriertes Managementsystem) eignet sich besonders für die Integration von unterschiedlichen standardisierten Managementsystemen, weil es speziell darauf ausgelegt ist, die Anforderungen verschiedener Normen und Standards in einer einheitlichen Plattform zu vereinen und effizient zu verwalten.

Das SQB IMS hat folgende besonderen Vorteile:

- Das SQB IMS ist modular aufgebaut, was bedeutet, dass es leicht an die spezifischen Anforderungen unterschiedlicher Managementsysteme (z. B. ISO 9001, ISO 14001, ISO 45001) angepasst werden kann (Bild 15.5). Die einzelnen Module lassen sich nahtlos integrieren, was eine flexible und bedarfsgerechte Implementierung ermöglicht.
- Durch die zentrale Verwaltung aller Managementsysteme in einer Plattform bietet das SQB IMS eine klare und übersichtliche Struktur. Dies erleichtert die Verwaltung von Dokumenten, Prozessen und Aufgaben, die für die Einhaltung der Standards notwendig sind. Die zentrale Datenhaltung ermöglicht zudem konsistente und transparente dokumentierte Informationen.
- Das SQB IMS ist so konzipiert, dass es die spezifischen Anforderungen von Normen wie beispielsweise DIN EN ISO 9001 (Qualitätsmanagement), DIN EN ISO 14001 (Umweltmanagement) und DIN EN ISO 45001 (Arbeitssicherheitsmanagement) unterstützt. Das System stellt sicher, dass alle dazu notwendigen Prozesse implementiert, überwacht und kontinuierlich verbessert werden.
- Das SQB IMS bietet integrierte Tools für interne Audits, Berichterstattungen und Managementbewertungen, die essenziell für die Aufrechterhaltung und Verbesserung von Managementsystemen sind. Diese Funktionen helfen, Schwachstellen zu identifizieren und kontinuierliche Verbesserungsprozesse zu fördern.
- Das Managementsystem SQB IMS enthält zusätzlich ein integriertes Auditmanagementsystem (Bild 15.6). So können auch bei der Auditierung von integrierten Managementsystemen durch Synergieeffekte erhebliche Einsparungen von bis zu 50 % erreicht werden. [Ill 19]

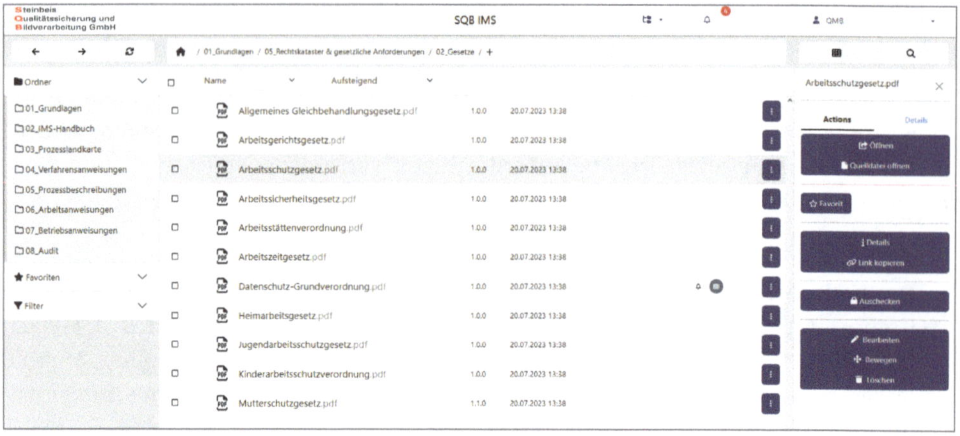


**Bild 15.5** Integriertes Managementsystem SQB IMS der SQB GmbH Ilmenau

**Der weitere Vorteil des webbasierten integrierten Managementsystems SQB IMS besteht darin, dass sich damit viele Routinearbeiten automatisieren lassen [Gre 22]:**

- **Auditmodul:** Das SQB IMS besitzt ein integriertes Auditmodul mit integriertem Auditfragenkatalog für die Kombination der unterschiedlichen Anforderungen standardisierter Managementnormen (Bild 15.6).
- **automatische Versionierung:** Bei Änderung eines Dokuments findet eine automatische Versionierung statt und das Änderungsverzeichnis wird mit aktualisiert.
- **automatisierte Inhaltssuche:** Dokumente und Inhalte können schnell über eine Volltextsuche gefunden werden.
- **automatisiertes Einlesen der Ordnerstruktur:** Die bestehende Ordnerstruktur des Unternehmens wird inklusive aller Daten bei der Installation automatisiert eingelesen.
- **Datumsstempel:** Dokumente erhalten beim Öffnen einen aktuellen Datumsstempel.
- **Dokumentenlenkung mit Benachrichtigungssystem:** Dokumente können an bestimmte Empfänger oder Empfängergruppen wie Abteilungen per E-Mail gelenkt und optional mit einer Rückmeldung durch den Empfänger bestätigt werden.
- **Dokumentenmatrix:** Dokumente können beispielsweise nach Forderung der IATF in einer Dokumentenmatrix automatisch verwaltet werden.
- **Favoriten:** Zur schnellen Navigation können allgemeine und benutzerspezifische Favoriten angelegt werden.

- **Freigabeprozess:** Für neue Versionen von Dokumenten kann ein mehrstufiger Freigabeprozess angelegt werden.
- **Rechteverwaltung:** Festlegung, welche Mitarbeitenden bestimmte Informationen und Dokumente lesen, ändern oder neu erstellen dürfen.
- **Sprachen:** Das IMS kann in mehreren Sprachen verwendet werden.
- **webbasiert:** Nach der Installation auf dem Unternehmensserver oder in der Cloud ist ein einfacher Zugriff auf das IMS von allen verknüpften Rechnern der Mitarbeitenden des Unternehmens möglich.

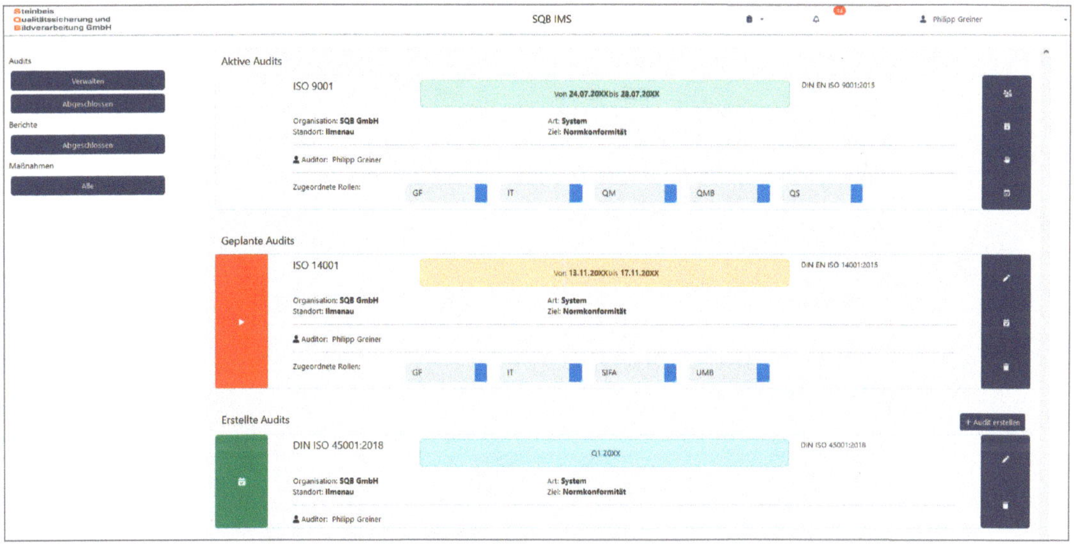


**Bild 15.6** Integriertes Auditmodul des SQB IMS der SQB GmbH Ilmenau

Ein systematischer Aufbau und die Einführung von „schlanken“ integrierten Managementsystemen kann viel Aufwand sparen, bedarf jedoch eines durchdachten und systematischen Konzepts bei der Projektierung und Einführung (Kapitel 4, Bild 4.1).

# 16 Anhang

Unter *plus.hanser-fachbuch.de* stehen für Sie folgende Dokumente und Vorlagen zum Download zur Verfügung:

A 16.1 Verfahrensanweisung zur Lenkung von Dokumenten und Aufzeichnungen

A 16.2 Verfahrensanweisung zum Prozess Beschaffung

A 16.3 Verfahrensanweisung zur Notfallvorsorge und Gefahrenabwehr

A 16.4 Piktogramme für Gefahrstoffe [Web 83]

A 16.5 Piktogramme für Gefahren [Web 83]

A 16.6 Benötigte Unterlagen für DIN-EN-ISO-9001-Zertifizierung

A 16.7 Benötigte Unterlagen für EMAS-III-Zertifizierung

A 16.8 Energieausweis eines Firmengebäudes

A 16.9 Beispiel für die DAkkS-konforme Gestaltung eines Kalibrierscheins für einen Lehrdorn

# 17 Die Autoren

Univ.-Prof. Dr.-Ing. habil. **Gerhard Linß** ist emeritierter Professor der Technischen Universität Ilmenau. Er hat an der Mathematisch-Naturwissenschaftlich-Technischen Fakultät der Friedrich-Schiller-Universität Jena 1976 mit Arbeiten zu kostenoptimalen Stichprobenprüfungen promoviert und hat sich 1986 mit Verfahren zur statistischen Qualitätsregelung in der feinmechanisch-optischen Produktion habilitiert. Nach Tätigkeiten im Messwesen im Kombinat Carl Zeiss wechselte er 1983 an die TU Ilmenau und wurde 1994 zum Professor für Qualitätssicherung berufen. Bis 2014 war er dort Leiter des Fachgebiets Qualitätssicherung und industrielle Bildverarbeitung. Bis Dezember 2023 war er außerdem Geschäftsführer der SQB GmbH Ilmenau.

Dr.-Ing. **Elske Linß** hat an der Bauhaus-Universität Weimar Bauingenieurwesen studiert und auf dem Gebiet des Baustoffrecyclings promoviert. Gegenwärtig arbeitet sie als wissenschaftliche Mitarbeiterin an der Materialforschungs- und -prüfanstalt an der Bauhaus-Universität Weimar und leitet die Forschungsgruppe „Sensorik für Produkte und Prozesse“.

Dr.-Ing. **Philipp Greiner** ist akkreditierter Berater für integrierte Managementsysteme und Prokurist bei der SQB GmbH in Ilmenau. Hierbei unterstützt er Unternehmen beim Aufbau und der Optimierung von integrierten Managementsystemen. Philipp Greiner schloss 2018 sein Studium des Wirtschaftsingenieurwesens an der TU Ilmenau ab und promovierte dort auf dem Gebiet integrierte Management- und Auditmanagementsysteme.

**Sebastian Illhardt** ist Sicherheitsingenieur der Technischen Universität Ilmenau. Nachdem er 2019 sein Fahrzeugtechnikstudium an der TU Ilmenau mit einer Arbeit zu den Anforderungen und der praktischen Umsetzung der DIN EN ISO/IEC 27001:2017 erfolgreich abgeschlossen hat, war er bis 2024 als Prokurist und akkreditierter Berater für integrierte Managementsysteme bei der SQB GmbH in Ilmenau tätig. Während seiner Karriere bei der Bundeswehr wurde er bei der Ausbildung zum Kraftfahrzeugtechnikermeister mit dem Meisterpreis der bayrischen Staatsregierung ausgezeichnet. Er qualifizierte sich neben der Fachkraft für Arbeitssicherheit sowie dem UMB zum Qualitäts- und IATF-Auditor und unterstützte Unternehmen beim Aufbau und der Optimierung von integrierten Managementsystemen.

# 18 Literatur


[Ado 14] Adolph, L.: Leistungsmessung von Prozessen im integrierten Managementsystem, dargestellt am Beispiel des Unternehmens Sandvik Tooling Supply Germany Werk Schmalkalden. Ilmenau: Technische Universität, Fakultät für Maschinenbau, 2014

[AEU 16] Amtsblatt der Europäischen Union: Verordnung des europäischen Parlaments und des Rates (EU) 2016/ 679 – vom 27. April 2016 – zum Schutz natürlicher Personen bei der Verarbeitung personenbezogener Daten, zum freien Datenverkehr und zur Aufhebung der Richtlinie 95/ 46/ EG (Datenschutz-Grundverordnung) (bmj.de)

[Ali 18] Alister, Constantine: NQA-ISO-45001-Implementation-Guide. *https://www.nqa.com/medialibraries/NQA/NQA-Media-Library/PDFs/NQA-ISO-45001-Implementation-Guide.pdf*. Stand: 02. 11. 2022

[AQA 09] AQAP 2000:2009 (3. Ausg.) NATO-Grundsätze für einen systemintegrierenden Qualitätssicherungsansatz während des gesamten Lebenszyklus

[Arp 23] Arp, Hans Peter H.; Hale, Sarah: Final report REACH: Guidance and Methods for the Identification and Assessment of PMT/vPvM Substances. 2nd Ed., Oslo: NGI 2023

[ASI 13] Gesetz über Betriebsärzte, Sicherheitsingenieure und andere Fachkräfte für Arbeitssicherheit – ASiG vom 12. Dezember 1973 (BGBl. I S. 1885), das zuletzt durch Artikel 3 Absatz 5 des Gesetzes vom 20. April 2013 (BGBl. I S. 868) geändert worden ist. *https://www.gesetze-im-internet.de/asig/ASiG.pdf*, Stand: 18. 12. 2022

[Aue 21] Auerbach, Annika: Konzept und Realisierung eines webbasierten Auditmanagementsystems zur optimierten Auditierung (Masterarbeit). Ilmenau: TU Ilmenau, Fak. für Maschinenbau, 2021

[Bar 59] Barnard, G. A.: Control Charts and Stochastic Processes. In: Journal of the Royal Statistical Society B21 (1959), S. 239 – 271

[Bay 03] Bayerisches Staatsministerium (Hrsg.): Integriertes Managementsystem: Leitfaden für kleine und mittelständische Unternehmen, München 2003

[Bay 08] Bayerisches Landesamt für Umwelt (Hrsg.): Publikationen des Bayerischen Landesamts für Umwelt

[Bay 18] Bayerisches Staatsministerium für Umwelt, Gesundheit und Verbraucherschutz – StMUGV (Hrsg.): Das OHRIS-Gesamtkonzept – Schriftenreihe Managementsysteme für Arbeitsschutz und Anlagensicherheit, 3., überarb. Aufl., München: 2018. *https://www.lgl.bayern.de/arbeitsschutz/management systeme/ohris/ohris_gesamtkonzept.htm*, Stand: 20. 12. 2022

[Bec 18] Becker, J.: Unternehmenssoftwareeinführung – Eine strategische Entscheidung. In: Becker, J.; Vering, O.; Winkelmann, A. (Hrsg.): Softwareauswahl und -einführung in Industrie und Handel. 5., neu bearb. Aufl., Berlin [u. a.]: Springer, 2018

[Béd 09] Bédé, A.; Steinbeis-Hochschule Berlin (Hrsg.): Notfall- und Krisenmanagement im Unternehmen: Transfer – Dokumentation – Report. Stuttgart: Steinbeis-Edition, 2009

[BGBI 08] Bundesgesetzblatt: Gesetz über die Einheiten im Messwesen und die Zeitbestimmung (Einheiten- und Zeitgesetz – EinhZeitG). In der Fassung vom 03. 07. 2008, Köln: Bundesanzeiger Verlag

[BGW 10] Berufsgenossenschaft für Gesundheitsdienst und Wohlfahrtspflege: Managementanforderungen der BGW zum Arbeitsschutz (MAAS-BGW): Integration von Sicherheit und Gesundheit in ein Qualitätsmanagementsystem nach DIN EN ISO 9001:2015. *https://www.bgw-online.de/resource/blob/20336/c0841fce230ec401c025c2ca00ae6c94/bgw04-08-004-maas-bgw-fuer-din-en-iso-data.pdf*, 06/2017 (bgw-online.de), Stand: 15. 01. 2023

[Bin 03] Binner, H. F.: Prozessorientierte TQM-Umsetzung. 2. Aufl., München: Hanser Verlag, 2003

[Bre 22] Brenner, Michael; Gentschen, Felde, Nils; Hommel, Wolfgang; Metzger, Stefan; Reiser, Helmut; Schaaf, Thomas: Praxisbuch ISO/IEC 27001. 4., überarb. Aufl., München: Hanser Verlag, 2022

[Brü 08] Brühwiler, B.: Sicher(er) in die Zukunft. Neue Standards für das Risikomanagement. In: Qualität und Zuverlässigkeit 53 (2008), Nr. 7, S. 37 – 39

[Brü 16] Brühwiler, B.: Risikomanagement als Führungsaufgabe. ISO 31000 mit ONR 49000 wirksam umsetzen. 3. Aufl., Berlin: Haupt Verlag, 2016

[BRU 22] Bayerischer Rundfunk: Earth Overshoot Day 2019. Tag der ökologischen Überschuldung, 2019. *https://www.br.de/themen/wissen/tag-oekoschulden-earth-overshoot-day-100.html*, Stand: 14. 12. 2022

[BSI 12] Bundesamt für Sicherheit in der Informationstechnik – BSI: Leitfaden Informationssicherheit, IT-Grundschutz kompakt. Rheinbach: Druckpartner Moser Druck + Verlag GmbH, 2012

[BSI 17] Bundesamt für Sicherheit in der Informationstechnik – BSI: BSI-Standard 200-1, Managementsystem für Informationssicherheit (ISMS). Version 1.0, November 2017. *https://www.bsi.bund.de/DE/Themen/Unternehmen-und-Organisationen/Standards-und-Zertifizierung/IT-Grundschutz/BSI-Standards/BSI-Standard-200-1-Managementsysteme-fuer-Informationssicherheit/bsi-standard-200-1-managementsysteme-fuer-informationssicherheit_node.html*, Stand: 14. 01. 2023

[BSI 18] British Standards Group: ISO 45001 Whitepaper. Neue internationale Norm für Arbeitsschutzmanagement. Welche Änderungen erwarten Sie und wie sollen Sie damit umgehen? London, 2018

[BSI 21] Bundesministerium der Justiz: Gesetz über das Bundesamt für Sicherheit in der Informationstechnik (BSI-Gesetz – BSIG) vom 14. August 2009 (BGBl. I S. 2821), das zuletzt durch Artikel 12 des Gesetzes vom 23. Juni 2021 (BGBl. I S. 1982) geändert worden ist, BSIG.pdf (gesetze-im-internet.de) und Neue KRITIS-Verordnung von 2021 (openkritis.de), Stand: 20. 12. 2022

[BSW 05] Bayerisches Staatsministerium für Wirtschaft, Infrastruktur, Verkehr und Technologie (Hrsg.): Medizinprodukte, Merkblatt zur EU-Richtlinie 93/42/EWG, 2005 [BT-Drs. 17/12727]

[BUMB 22] Umweltbundesamt. *http://www.umweltbundesamt.de/daten/klimawandel/europaeische-energie-klimaziele*, Stand: 14. 08. 2024

[Bun 11] Bundesministerium des Inneren (Hrsg.): Schutz Kritischer Infrastrukturen – Risiko- und Krisenmanagement. Leitfaden für Unternehmen und Behörden. 2. Aufl., Berlin: Silber Druck, 2011

[Bun 24] Bundesministerium der Justiz: Mess- und Eichgesetz vom 25. Juli 2013 (BGBl. I S. 2722, 2723), das zuletzt durch Artikel 1 des Gesetzes vom 27. Januar 2024 (BGBl. 2024 I Nr. 26) geändert worden ist. *MessEG.pdf (gesetze-im-internet.de)*, Stand: 23. 08. 2024

[Bun 24a] Bundesministerium der Justiz: Mess- und Eichverordnung vom 11. Dezember 2014 (BGBl. I S. 2010, 2011), die zuletzt durch Artikel 1 der Verordnung vom 29. Januar 2024 (BGBl. 2024 I Nr. 27) geändert worden ist. MessEV – Verordnung über das Inverkehrbringen und die Bereitstellung von Messgeräten auf dem Markt sowie über ihre Verwendung und Eichung (gesetze-im-internet.de), Stand: 22. 08. 2024

[CFR 19] Code of Federal Regulations: 21 CFR Part 820 – QSR (Quality Systems Regulation) (FDA-Guidelines bei Medizingeräten für das Qualitätssystem für die USA), Februar 2019

[Chr 98a] Chrysler Corporation, Ford Motor Company, General Motors Corporation (Hrsg.): Forderungen an Qualitätsmanagement-Systeme, Ergänzungen bezüglich Werkzeugen und Ausrüstungen (TES): QS 9000: Quality System Requirements – Tooling and Equipment Supplement. 2. Ausg., 1998

[Cro 79] Crosby, Philip, B.: Quality Is Free. New York: McGraw-Hill, 1979

[DAkkS 20] DAkkS Regelwerk ILAC-Richtlinie zur Messunsicherheit bei Kalibrierungen (Deutsche Übersetzung) ILAC-P14:09/2020

[DAkkS 21] Checkliste für die speziellen Kriterien für Prüflabore oder Zertifizierungsstellen nach EU-BauPVO Delta Anforderungen EA 2/17, Rev. 1.0/02. 08. 2021 FO-B_PL_ZE_EU-BauPVO.docx (live.com)

[DAkkS 23] DAkkS R17065:2023-05-22 Regel zur Akkreditierung von Zertifizierungsstellen für Produkte, Prozesse und Dienstleistungen nach DIN EN ISO/IEC 17065:2013. Berlin: Beuth Verlag, 2023

[Dem 87] Deming, W. E.: Changes required in management for quality. Proceedings of the International Conference on Quality Control, Tokyo: Union of Japanese Scientists and Engineers JUSE 1987 Supplement, S. XVII–XX

[Dem 94] Deming, W. E.: Out of the crisis. 19. Aufl., Cambridge: Massachusetts Institute of Technology, 1994

[Deu 10] Deutsche Gesetzliche Unfallversicherung e. V. (DGUV): DGUV Vorschrift 2. Betriebsärzte und Fachkräfte für Arbeitssicherheit. 2., veränd. Aufl., Oktober 2010. Wiesbaden: 2010

[DGQ 00] DGQ – Deutsche Gesellschaft für Qualität e. V. (Hrsg.): Organisatorische Gestaltungsmöglichkeiten für Qualitätsmanagementsysteme (DGQ 12-61). 3. Aufl., Berlin: Beuth Verlag, 2000

[DGQ 05] DGQ – Deutsche Gesellschaft für Qualität e. V. (Hrsg.): Audit im Prozesscontrolling (DGQ 12-31). 2. Aufl., Berlin: Beuth Verlag, 2005

[DGQ 07] DGQ – Deutsche Gesellschaft für Qualität e. V. (Hrsg.): Risikomanagement: Risiken beherrschen – Chancen nutzen. Frankfurt: Beuth Verlag, 2007

[DGQ 09] DGQ – Deutsche Gesellschaft für Qualität e. V. (Hrsg.): Managementsysteme – Begriffe – Ihr Weg zu klarer Kommunikation (DGQ 11-04). Berlin: Beuth Verlag, 2009

[DGQ 10] DGQ – Deutsche Gesellschaft für Qualität e. V. (Hrsg.): Prozessmanagement und -kennzahlen (DGQ 14-27). Berlin: Beuth Verlag, 2010

[DGQ 11] DGQ – Deutsche Gesellschaft für Qualität e. V. (Hrsg.): Kundenzufriedenheit – Ermitteln und Bewerten der Kundenzufriedenheit (DGQ 14-11). Berlin: Beuth Verlag 2011

[DGQ 12] DGQ – Deutsche Gesellschaft für Qualität e. V. (Hrsg.): FMEA – Fehlermöglichkeits- und Einflussanalyse (DGQ 13-11). Berlin: Beuth Verlag, 2012

[DGQ 19] Deutsche Gesellschaft für Qualität e. V. Frankfurt (DGQ): Datenschutzmanagement – Zertifizierungen und ISO High Level Structure. *https://www.dgq.de/fachbeitraege/datenschutzmanagement-zertifizierungen-und-iso-high-level-structure/?s=Datenschutzmanagement+%E2%80%93+Zertifizierungen+und+ISO+High+Level+Structure*, Stand: 14. 01. 2023

[DGQ 19a] Neues aus der Normung: Joint Technical Coordination Group nimmt Stellung zur High Level Structure. *https://www.dgq.de/aktuelles/news/neues-aus-der-normung-joint-technical-coordination-group-nimmt-stellung-zur-high-level-structure*, Stand: 30. 01. 2024

[DGQ 22] ISO-Normungsvorhaben zu Remote-Audit-Methoden gestartet. *https://www.dgq.de/aktuelles/iso-normungsvorhaben-zu-remote-audit-methoden-gestartet/?utm_term=https%*, Stand: 08. 02. 2023

[DGQ 86] DGQ – Deutsche Gesellschaft für Qualität e. V.; Franzkowski, R.: DGQ-Lehrgangsunterlagen Block QII – Stichprobensysteme. 1986

[DGQ 96] DGQ – Deutsche Gesellschaft für Qualität e. V. (Hrsg.): SPC 2 – Qualitätsregelkartentechnik (DGQ 16-32). 5. Aufl., Berlin: Beuth Verlag, 1996

[DHH 07] U. S. Department of Health and Human Services (Hrsg.), April 2007: Code of Federal Regulations, title 21 – medical devices, part 820 – Quality System Regulation, 2007

[DHH 22] U. S. Department of Health and Human Services (Hrsg.), Federal Food, Drug, and Cosmetic Act, As Amended Through P. L. 117 – 180, Enacted September 30, 2022

[DIN 16] DIN Deutsches Institut für Normung e. V.: Qualitätsmanagement – QM-Systeme und -Verfahren, DIN Taschenbuch 226. Berlin: Beuth Verlag, 2016

[DIN 16a] DIN Deutsches Institut für Normung e. V.: Qualitätssicherung und angewandte Statistik. DIN-Taschenbuch 223. 6. Aufl., Berlin: Beuth Verlag, 2016

[Dra 16] Drachenberg, A.: Untersuchungen zum Aufbau eines Managementsystems nach den Anforderungen an akkreditierte Prüflabore nach ISO 17025 sowie zur möglichen Integration in ein bestehendes Qualitätsmanagementsystem. Masterarbeit, Ilmenau: TU Ilmenau, Fak. für Maschinenbau, 2016

[Ebe 13] Ebert, C.: Risikomanagement kompakt: Risiken und Unsicherheiten bewerten und beherrschen. 2., überarb. und erw. Aufl. Stuttgart: Springer Vieweg Verlag, 2013

[Egg 19] Eggert, M.; Graser, C.; Harfst, N.: DIN EN ISO 50001:2018 – Vergleich mit DIN EN ISO 50001:2011. Änderungen und Auswirkungen. 1. Aufl., Berlin: Beuth Verlag, 2019

[Ein 22] Einhaus, M.; Lugauer, F.; Häußinger, C.: Arbeitsschutz und Sicherheitstechnik. 2., akt. und erw. Auflage, München: Hanser Verlag, 2022

[EMA 10] EMAS III EMAS-Verordnung (EG) Nr. 1221/2009 über die freiwillige Teilnahme von Organisationen an einem Gemeinschaftssystem für Umweltmanagement und Umweltbetriebsprüfung (ABl. EG Nr. L 342 S. 1 vom 22. Dezember 2009), seit dem 11. 01. 2010 in Kraft

[EU 14a] Richtlinie 2014/32/EU des europäischen Parlaments und des Rates vom 26. Februar 2014 zur Harmonisierung der Rechtsvorschriften der Mitgliedstaaten über die Bereitstellung von Messgeräten auf dem Markt (Neufassung)

[EU 14b] Directive 2014/31/EU of the European Parliament and of the Council of 26 February 2014 on the harmonisation of the laws of the Member States relating to the making available on the market of non-automatic weighing instruments

[EUK 22] Europäische Kommission: Klimaschutz – Strategien und Ziele. *https://climate.ec.europa.eu/eu-action/climate-strategies-targets_d*, Stand: 14. 12. 2022

[EUR 01] Verordnung (EG) Nr. 761/2001 des Europäischen Parlaments und des Rates vom 19. März 2001 über die freiwillige Beteiligung von Organisationen an einem Gemeinschaftssystem für das Umweltmanagement und die Umweltbetriebsprüfung (EMAS II)

[ExB 09] ExBa forum Marktforschung GmbH (Hrsg.): Excellence Barometer 2009 – Benchmarkstudie zur Excellence in der deutschen Wirtschaft. Mainz: 2009

[Fei 87] Feigenbaum, A.: Total quality in the future – a global review for the next decade. Proceedings of the International Conference on Quality Control. Tokyo: Union of Japanese Scientists and Engineers JUSE 1987 Supplement, S. XI–XVI

[FQS 98] FQS – Forschungsgemeinschaft Qualitätssicherung e. V.; DGQ – Deutsche Gesellschaft für Qualität e. V. (Hrsg.): Prozessorientiertes Qualitätsmanagement für kleine und mittlere Unternehmen der Investitionsgüterindustrie (FQS-DGQ 92-08). Berlin: Beuth Verlag, 1998

[Gar 14] Garrecht, A.: Ansatz zur Verbesserung der Planung von Strategien und Maßnahmen im Notfall- und Krisenmanagement. In: Sicher ist sicher: Zeitschrift für Arbeitsschutz 65 (2014), Nr. 4, S. 211 – 219

[Gei 08] Geiger, W.; Kotte, W.: Handbuch Qualität, Grundlagen und Elemente des Qualitätsmanagements: Systeme – Perspektiven. 5. Aufl., Wiesbaden: Vieweg + Teubner Verlag, 2008

[Gei 15] Geilhausen, M.; Bränzel, J.; Engelmann, D.; Schulze, O.: Energiemanagement. Für Fachkräfte, Beauftragte und Manager. 1. Auflage. Wiesbaden: Springer Vieweg Verlag, 2015

[Gei 98] Geiger, W.: Qualitätslehre. Einführung, Systematik, Terminologie. 3. Aufl., Berlin: Beuth Verlag, 1998 (DGQ 11-20)

[Gev 06] Gevatter, H.-J.; Grünhaupt, U. (Hrsg.): Handbuch der Mess- und Automatisierungstechnik in der Produktion (VDI-Buch). Heidelberg: Springer Verlag, 2006

[Gie 16] Gietl, G.; Lobinger, W.: Leitfaden für Qualitätsauditoren. Planung und Durchführung von Audits nach ISO 9001:2015. 5., vollst. Überarb. Neuaufl., München: Hanser Verlag, 2016

[Gla 95] Glaap, W.: Umweltmanagement leichtgemacht. München: Hanser Verlag, 1995

[Gra 16] Graul Susanne: Sicherheit und Gesundheit bei der Arbeit 2015: Bundesministerium für Arbeit und Soziales (BMAS) in Zusammenarbeit mit Bundesanstalt für Arbeitsschutz und Arbeitsmedizin (BAuA), 2016

[Gre 18] Greiner, P.: Untersuchungen zu Anforderungen und zur Umsetzung der DIN EN ISO 14001:2015 und EMAS III, dargestellt am Beispiel Steinbeis Qualitätssicherung und Bildverarbeitung GmbH Ilmenau. Masterarbeit, Ilmenau: TU, Fak. für Maschinenbau, 2018

[Gre 22] Greiner, P.: Webbasierte integrierte Management- und Auditmanagementsysteme. Dissertationsschrift, Ilmenau: TU, Fak. für Maschinenbau, 2022

[Gri 13] Grimm, H.: Untersuchungen zur Integrationsmöglichkeit relevanter Normen zu einem Musterhandbuch für integrierte Managementhandbücher und Evaluierung der Praxistauglichkeit. Masterarbeit, Ilmenau: TU, Fak. für Maschinenbau, 2013

[Hau 01] Hauger, W.: Rückversicherung für das Management. Risikomanagement ergänzt und erweitert das Qualitätsmanagement. In: Qualität und Zuverlässigkeit 46 (2001), Nr. 8, S. 1028 – 1031

[Hei 15] Heinold, R.: Untersuchungen zum Aufbau eines Energiemanagementsystems nach den Anforderungen zur Einführung der ISO 50001 sowie zur Implementierung in integrierte Managementsysteme. Masterarbeit, Ilmenau: TU, Fak. für Maschinenbau, 2015

[Her 03] Hering, E.; Triemel, J.; Blank, H.-P. (Hrsg.): Qualitätsmanagement für Ingenieure (VDI-Buch). 5. Aufl., Berlin u. a.: Springer Verlag, 2003

[Hof 12] Hoffmann, J.: Handbuch der Messtechnik. 4. neu bearb. Aufl., Leipzig: Fachbuchverlag, 2012

[Hof 23] Hoffmann-Bäuml, L.: ISO 9001 leicht gemacht. In: Qualität und Zuverlässigkeit 06 (2023), S. 48 – 49

[Hof 83] Hofstede, G.: The Cultural Relativity of Organizational Practices and Theories. In: Journal of International Business Studies, 14 (1983) Nr. 2, S. 75 – 89

[Hof 86] Hofmann, D.: Handbuch Messtechnik und Qualitätssicherung. 3. Aufl., Berlin: Verlag Technik/Braunschweig, Wiesbaden: Vieweg und Sohn, 1986

[Hof 93] Hofstede, G.: Interkulturelle Zusammenarbeit. Kulturen – Organisationen – Management. Wiesbaden: Gabler, 1993

[Höl 02] Hölscher, R.; Elfgen, R. (Hrsg.): Herausforderung Risikomanagement. Identifikation, Bewertung und Steuerung industrieller Risiken. Wiesbaden: Gabler, 2002

[Höp 01] Höppner, D.: Integration der Qualitätsplanung und -steuerung in Produktionsplanungs- und -steuerungssysteme (Dissertation). Ilmenau: TU, Fak. für Maschinenbau, 2001

[Höp 03] Höppner, D.: Integration von PPS- und CAQ-Systemen – Möglichkeiten, Prozessmodellierung, Integrationsmodell, Umsetzung. München: Hanser Verlag, 2003

[Ill 19] Illhardt, S.: Untersuchung zu den Anforderungen der DIN EN ISO/IEC 27001:2017-06 und zur Umsetzung am Beispiel der SQB GmbH Ilmenau. Bachelorarbeit. Ilmenau: TU Ilmenau, 2019

[ISO 22] ISO Survey 2022: *http://www.iso.org/iso/home/standards/certification/iso-survey.htm?certificate=ISO%209001&countrycode=AL#countrypick*, Stand: 05. 07. 2024

[Jah 88] Jahn, H.: Erzeugnisqualität, die logische Folge von Arbeitsqualität. In: VDI-Z, 130 (1988) 4, S. 4 – 12

[Jur 87] Juran, J. M.: Managing for quality – the critical variable. Proceedings of the International Conference on Quality Control. Tokyo: Union of Japanese Scientists and Engineers JUSE 1987 Supplement, S. I–VI

[Kam 15] Kamiske, G. F.: Handbuch QM-Methoden: Die richtige Methode auswählen und erfolgreich umsetzen. 3., akt. und erw. Aufl., München: Hanser Verlag, 2015

[Kra 15] Krahl, L.: Untersuchungen zum Risiko- und Krisenmanagement. Masterarbeit. Ilmenau: TU Ilmenau, Fak. für Maschinenbau, 2015

[Kur 16] Kurbel, K.: Enterprise Resource Planning und Supply Chain Management in der Industrie. 8., vollst. überarb. und erw. Aufl., München: Oldenbourg Verlag, 2016

[Lei 15] Leinweber, W.: Qualitätskennzeichen für Produkte. Hauptseminararbeit. Ilmenau: TU Ilmenau, Fak. für Maschinenbau, 2015

[Len 12] Lendle, M.; Glasner, J.: Krisenmanagement in der Lebensmittelindustrie. Hamburg: Behr's Verlag, 2012

[Lie 18] Lieback, J. U.; Felker, Y.; Behrendt, N.; Wagner, L.: In 18 Schritten über 3 Stufen zum effizienten Energiemanagement nach ISO 50001. Ein Leitfaden für Einsteiger. 1. Aufl., Berlin: Firmenschrift GUT-cert GmbH 2018

[Lin 18] Linß, G.: Qualitätsmanagement für Ingenieure. 4. Aufl., München: Hanser Verlag, 2018

[Lin 24] Linß, G.; Linß, E.: Qualitätsmanagement – Methoden und Werkzeuge. Planung, Realisierung, Auswertung und Verbesserung. München: Hanser Verlag, 2024

[Lin 24a] Linß, G.; Linß, E.: Qualitätsmanagement – Grundlagen. Aufbau und Zertifizierung von Managementsystemen, Metrologie, Messtechnik. München: Hanser Verlag, 2024

[Lin 86] Linß, G.: Untersuchungen zur objektivierten rechnergestützten industriellen Qualitätsregelung – dargestellt am Beispiel der Großserienfertigung von Präzisionsmessgetrieben (Habilitation). Jena: Friedrich-Schiller-Universität Jena, Mathematisch-Naturwissenschaftlich-Technische Fakultät, 1986

[Mac 99] Mackau, D.; Orban, P.; Janas, I.: Mit Prozeßorientierung in die Zukunft. Integriertes Managementsystem sichert kleinen und mittleren Unternehmen langfristig Wettbewerbsvorteile. In: Qualität und Zuverlässigkeit 4 (1999), Nr. 9, S. 1102–1105

[Mar 18] Marcus, G.: Deep Learning: A Critical Appraisal. Deep Learning: A Critical Appraisal. Computer Science. Published in arXiv.org, 2 January 2018

[Mas 14] Masing, W.; Pfeifer, T.; Schmitt, R. (Hrsg.): Handbuch Qualitätsmanagement. 6. Aufl., München: Hanser Verlag, 2014

[Mas 99] Masing, W. (Hrsg.): Handbuch Qualitätsmanagement. 4. Aufl., München: Hanser Verlag, 1999

[Mat 17] Mattes, K.; Jäger, A.; Kelnhofer, A.; Gotsch, M.: Energieeffizienz im Betriebsalltag. Chancen durch Energiemanagement und Qualifikation. In: Modernisierung der Produktion 70 (2017)

[Mei 05] Meier, P.: Risikomanagement in Technologieunternehmen. Grundlagen, Methoden, Checklisten und Implementierung. Weinheim: Wiley-VCH Verlag, 2005

[Mys 99] Myska, M.: Der TÜV-Umweltmanagement-Berater. Köln: TÜV-Verlag, 18. Akt./Erg.-Lieferung, 11/1999

[Nor 05] Norm DIN EN ISO 9000, Dezember 2005: Qualitätsmanagementsysteme: Grundlagen und Begriffe. Berlin: Beuth Verlag, 2005

[Nor 07a] Norm DIN EN 60601-1, Juli 2007: Medizinische elektrische Geräte – Teil 1: Allgemeine Festlegungen für die Sicherheit einschließlich der wesentlichen Leistungsmerkmale. Berlin: Beuth Verlag, 2007

[Nor 08] Norm DIN EN ISO 9001, Dezember 2008: Qualitätsmanagementsysteme: Anforderungen (ISO 9001:2008). Berlin: Beuth Verlag, 2008

[Nor 09c] Norm DIN 10514, Mai 2009: Lebensmittelhygiene: Hygieneschulung. Berlin: Beuth Verlag, 2009

[Nor 11] Norm DIN EN ISO 50001:2011-12, Dezember 2011: Energiemanagementsysteme: Anforderungen mit Anleitung zur Anwendung. Berlin: Beuth Verlag, 2011

[Nor 12c] DIN EN ISO/IEC 17020, Juli 2012: Konformitätsbewertung – Anforderungen an den Betrieb verschiedener Typen von Stellen, die Inspektionen durchführen. Berlin: Beuth Verlag, 2012

[Nor 13e] Norm DIN ISO 3534-2, Dezember 2013: Statistik – Begriffe und Formelzeichen – Teil 2: Angewandte Statistik. Berlin: Beuth Verlag, 2013

[Nor 14c] Norm DIN 14096, Mai 2014: Brandschutzordnung. Berlin: Beuth Verlag, 2014

[Nor 14d] Norm ONR 49000, Januar 2014: Begriffe und Grundlagen

[Nor 14e] Norm ONR 49002, Teil 3, Januar 2014: Leitfaden für das Notfall-, Krisen- und Kontinuitätsmanagement

[Nor 15b] Norm DIN EN ISO 9000, November 2015: Qualitätsmanagementsysteme: Grundlagen und Begriffe. Berlin: Beuth Verlag, 2015

[Nor 15d] Norm DIN EN ISO 9001, November 2015: Qualitätsmanagementsysteme: Anforderungen (ISO 9001:2015). Berlin: Beuth Verlag, 2015

[Nor 15f] Norm DIN EN ISO 14001, November 2015: Umweltmanagementsysteme – Anforderungen mit Anleitung zur Anwendung. Berlin: Beuth Verlag, 2015, mit Berichtigung 1: 2016-03

[Nor 16a] IATF 16949, Oktober 2016: Anforderungen an Qualitätsmanagementsysteme für die Serien- und Ersatzteilproduktion in der Automobilindustrie. Berlin: Beuth Verlag, 2016

[Nor 16b] IATF 16949, Januar 2017: Zertifizierungsvorgaben der Automobilindustrie zum IATF 16949-Standard – Regeln für die Anerkennung und Aufrechterhaltung der IATF-Zulassung. 5. Ausg., Berlin: Beuth Verlag, 2017

[Nor 16c] DIN EN ISO 13485, Dezember 2021: Medizinprodukte – Qualitätsmanagementsysteme – Anforderungen für regulatorische Zwecke (ISO 13485:2016); Deutsche Fassung EN ISO 13485:2016 + A C:2018 + A11:2021. Berlin: Beuth Verlag, 2016

[Nor 16d] DIN ISO 50003, November 2016: Energiemanagementsysteme: Anforderungen an Stellen, die Energiemanagementsysteme auditieren und zertifizieren. Berlin: Beuth Verlag, 2016

[Nor 17e] DIN EN 15224, Mai 2017: Qualitätsmanagementsysteme – EN ISO 9001:2015 für die Gesundheitsversorgung. Berlin: Beuth Verlag, 2017

[Nor 17g] DIN ISO 50006, April 2017: Energiemanagementsysteme – Messung der energiebezogenen Leistung unter Nutzung von energetischen Ausgangsbasen (EnB) und Energieleistungskennzahlen (EnPI): Allgemeine Grundsätze und Leitlinien. Berlin: Beuth Verlag, 2017

[Nor 17h] Norm DIN EN ISO/IEC 27000, Oktober 2017. Informationstechnik – Sicherheitsverfahren – Informationssicherheits-Managementsysteme: Überblick und Terminologie. Berlin: Beuth Verlag, 2017

[Nor 18] DIN EN ISO/IEC 17025, März 2018: Allgemeine Anforderungen an die Kompetenz von Prüf- und Kalibrierlaboratorien. Berlin: Beuth Verlag, 2018

[Nor 18a] ISO/IEC DIS 27552:2018-12 – Entwurf: Sicherheitstechniken – Erweiterung zu ISO/IEC 27001 und ISO/IEC 27002 für das Management von Informationen zum Datenschutz – Anforderungen und Leitlinien. Berlin: Beuth Verlag, 2018

[Nor 18b] DIN ISO 45001, Juni 2018: Managementsysteme für Sicherheit und Gesundheit bei der Arbeit – Anforderungen mit Anleitung zur Anwendung. Berlin: Beuth Verlag, 2018

[Nor 18c] Norm DIN EN ISO 9004:2018-08: Qualitätsmanagement – Qualität einer Organisation – Anleitung zum Erreichen nachhaltigen Erfolgs. Berlin: Beuth Verlag, 2018

[Nor 18d] DIN EN ISO 50001: Energiemanagementsysteme. Anforderungen mit Anleitung zur Anwendung. Berlin: Beuth Verlag, 2018

[Nor 18e] ISO 31000, Oktober 2018: Risikomanagement – Leitlinien. Berlin: Beuth Verlag, 2018

[Nor 18f] ISO/IEC 21964-1:2018-08: Informationstechnik – Bürogeräte – Vernichten von Datenträgern – Teil 1: Grundlagen und Begriffe. Berlin: Beuth Verlag, 2018

[Nor 18g] DIN EN ISO 19011, Oktober 2018: Leitfaden zur Auditierung von Managementsystemen. Berlin: Beuth Verlag, 2018

[Nor 19] IATF-Auditor-Leitfaden für IATF 16949. Berlin: Beuth Verlag, Mai 2019

[Nor 20] Norm DIN EN ISO/IEC 17000, September 2020: Konformitätsbewertung – Begriffe und allgemeine Grundlagen. Berlin: Beuth Verlag, 2020

[Nor 20b] Klinische Prüfung von Medizinprodukten an Menschen – Gute klinische Praxis (ISO 14155:2020); Deutsche Fassung EN ISO 14155:2020

[Nor 21] Norm DIN EN ISO 13485, Dezember 2021: Medizinprodukte – Qualitätsmanagementsysteme – Anforderungen für regulatorische Zwecke. Berlin: Beuth Verlag, 2021

[Nor 21a] Norm DIN 55350, Oktober 2021: Begriffe zum Qualitätsmanagement. Berlin: Beuth Verlag, 2021

[Nor 22] ISO 13528:2022-08: Statistische Verfahren für Eignungsprüfungen durch Ringversuche. Berlin: Beuth Verlag, 2022

[Nor 22a] ABNT ISO/TS 9002:2022-06-28: Quality management systems – Guidelines for the application of ISO 9001:2015. Berlin: Beuth Verlag, 2022

[Nor 22b] DIN EN ISO 14971:2022-04: Medizinprodukte – Anwendung des Risikomanagements auf Medizinprodukte. Berlin: Beuth Verlag, 2022

[Nor 22c] Medizinprodukte – Symbole zur Verwendung im Rahmen der vom Hersteller bereitzustellenden Informationen – Teil 1: Allgemeine Anforderungen (ISO 15223-1:2021); Deutsche Fassung EN ISO 15223-1:2021

[Nor 22d] ISO/IEC 27001, Oktober 2022: Information security, cybersecurity and privacy protection. Berlin: Beuth Verlag, 2022

[Nor 22e] DIN ISO 50003:2022-05: Energiemanagementsysteme – Anforderungen an Stellen, die Energiemanagementsysteme auditieren und zertifizieren. Berlin: Beuth Verlag, 2022

[Nor 22f] DIN EN ISO 14971:2022-04: Medizinprodukte – Anwendung des Risikomanagements auf Medizinprodukte. Berlin: Beuth Verlag, 2022

[Nor 24] DIN EN ISO/IEC 27001, Januar 2024: Informationssicherheit, Cybersicherheit und Datenschutz – Informationssicherheitsmanagementsysteme – Anforderungen. Berlin: Beuth Verlag, 2024

[Nor 24a] Norm DIN EN ISO 15189, August 2024: Medizinische Laboratorien – Anforderungen an Qualität und Kompetenz. Berlin: DIN Media Verlag, 2024

[Nor 95] Norm DIN 1319-1, Januar 1995: Grundbegriffe der Messtechnik, Teil 1: Begriffe für die Anwendung von Messgeräten. Berlin, Köln: Beuth Verlag, 1995

[Pei 10] Peither, T.; Rempe, P.; Büßing, W.: GMP – Anlagenqualifizierung in der Pharmaindustrie: Planung, Durchführung, Beispieldokumente. Schopfheim: Maas & Peither GMP-Verlag, 2010

[Pfe 10] Pfeifer, T.: Fertigungsmesstechnik. 3. Aufl., München: Oldenbourg Wissenschaftsverlag, 2010

[Pfe 15] Pfeifer, T.: Qualitätsmanagement: Strategien, Methoden, Techniken. 5. Aufl., München: Hanser Verlag, 2015

[Pfe 21] Pfeifer, T.; Schmitt, R. (Hrsg.): Masing Handbuch Qualitätsmanagement. 7., überarb. Aufl., München: Hanser Verlag, 2021

[Pro 17] Produkthaftungsgesetz – ProdHaftG vom 15. Dezember 1989 (BGBl. I S. 2198), das zuletzt durch Artikel 5 des Gesetzes vom 17. Juli 2017 (BGBl. I S. 2421) geändert worden ist

[ProdSG 21] Gesetz über die Bereitstellung von Produkten auf dem Markt (Produktsicherheitsgesetz – ProdSG) – Produktsicherheitsgesetz vom 16. 07. 2021

[PTB 18] 308. PTB-Seminar: Berechnung der Messunsicherheit – Empfehlungen für die Praxis. 15. und 16. März 2018 in der PTB Berlin. *https://www.ptb.de/cms/fileadmin/internet/fachabteilungen/abteilung_8/8.4_mathematische_modellierung/308._PTB_Seminar/Vortraege/2SystemAbweichung/Hernla-Vortrag-Systematische-Abweichungen.pdf*, Stand: 02. 02. 2023

[QSI 99] U. S. Food and Drug Administration, August 1999: Guide to Inspections of Quality Systems. New Hampshire: 1999

[QZ 22] Eine Norm für Remote-Audit-Methoden. In: Qualität und Zuverlässigkeit (QZ), 67 (2022), S. 12

[Ree 16] Reese, K.; Niemeier, M.: DIN EN ISO 50001 in der Praxis. Ein Leitfaden für Aufbau und Betrieb eines Energiemanagementsystems. 2. Aufl., Essen: Vulkan Verlag, 2016.

[Rei 00] Reichert, A.: Neue Aufgaben für den Qualitätsmanager: Umfassendes Risikomanagement im Unternehmen gesetzlich verankert. In: Qualität und Zuverlässigkeit 45 (2000), Nr. 4, S. 424 – 428

[Rei 17] Reimann, G.: Erfolgreiches Energiemanagement nach DIN EN ISO 50001 – Lösungen zur praktischen Umsetzung. Textbeispiele, Musterformulare, Checklisten. 3. Aufl., Berlin: Beuth Verlag, 2017

[Rei 22] Reimann, G.: Erfolgreich Managementsysteme integrieren – Lösungen zur praktischen Umsetzung – Textbeispiele, Musterformulare, Checklisten; berücksichtigt: ISO 9001, ISO 14001, ISO 50001, ISO 45001, ISO 22000, GMP+ R 1.0. Berlin: Beuth Verlag, 2022

[RL 2014-31] Richtlinie 2014/31/EU des Europäischen Parlaments und des Rates vom 26. Februar 2014 zur Angleichung der Rechtsvorschriften der Mitgliedstaaten betreffend die Bereitstellung nichtselbsttätiger Waagen auf dem Markt (Neufassung)

[RL 2014-32] Richtlinie 2014/32/EU des Europäischen Parlaments und des Rates vom 26. Februar 2014 zur Harmonisierung der Rechtsvorschriften der Mitgliedstaaten über die Bereitstellung von Messgeräten auf dem Markt (Neufassung)

[Rös 05] Rössing, R.: Betriebliches Kontinuitätsmanagement. Bonn: Mitp-Verlag, 2005

[Sch 07] Schopenhauer, Arthur: Parerga und Paralipomena. Kleine philosophische Schriften. 1. Bd. 2. Teilbd: „Aphorismen zur Lebensweisheit" 20428, Zürich: Diogenes, 2007

[Sch 09] Schröter, M.; Weißfloch, U.; Buschak, D.: Energieeffizienz in der Produktion – Wunsch oder Wirklichkeit? In: Modernisierung der Produktion 51 (2009)

[Sch 14] Schmitt, M.: Betriebliches Notfallmanagement. Maßnahmen zur betrieblichen Gefahrenabwehr und Schadensbegrenzung. 2. Aufl., Heidelberg: Verlagsgruppe Hüthig Jehle Rehm, 2014

[Sch 14a] Schmitt, R.; Günther, S.: Industrielles Energiemanagement. München: Hanser Verlag, 2014

[Sch 15] Schmitt, R.; Pfeifer, T.: Qualitätsmanagement: Strategien, Methoden, Techniken. 5., akt. Aufl., München: Hanser Verlag, 2015

[Sch 17] Schnitzler, S.: Analyse und Evaluation von Methoden zur Einführung eines Informationsmanagementsystems (ISMS) an bayrischen Hochschulen und Universitäten, Forschungsbericht 2. Augsburg: Hochschule für angewandte Wissenschaften, 2017

[Sch 23] Schmitt, R.; Dietrich, E.: Handbuch Messtechnik in der industriellen Produktion – Valide Messergebnisse planen, erhalten, auswerten und verteilen: München: Hanser Verlag, 2023

[Sch 98] Schmelzer, H. J.; Sesselmann, W.: Assessment von Geschäftsprozessen. In: Qualität und Zuverlässigkeit 43 (1998), Nr. 1

[Seg 13] Seghezzi, H. D.: Integriertes Qualitätsmanagement – Der St. Galler Ansatz. 4. Aufl., München: Hanser Verlag, 2013

[Sen 19] Senfleben, M.: Untersuchungen zu Anforderungen und zur Umsetzung der DIN ISO 45001:2018-06, dargestellt am Beispiel der Sandvik Tooling Supply Germany Werke Renningen und Schmalkalden. Ilmenau: TU Ilmenau, Fak. für Maschinenbau, 2019

[Sto 05] Stottrop, J.: Erste Norm für integriertes Risikomanagement: Aus einem Guss. In: Qualität und Zuverlässigkeit 50 (2005), Nr. 9, S. 34 – 35

[Sto 14] Stoffers, A.; Hoefeld, H. C.: Internationale Interaktive Managementsysteme auf Wiki-Basis. In: Qualität und Zuverlässigkeit 7 (2014)

[Sto 19] Storm, P.-C.: Umweltrecht. Völlig neu bearb. Aufl., Berlin: Erich Schmidt Verlag, 2019

[Tei 18] Teichert, V.: Integrierte Managementsysteme: Arbeitsschutz, Umweltschutz und Energie. Kissing: WEKA Media GmbH & Co. KG, 2018

[Tho 09] Thomann, H. J.: Der Qualitätsmanagement-Berater. Prozessorientiertes Qualitätsmanagement in der betrieblichen Praxis. 15. Aufl., Köln: TÜV Media, 2009

[TÜV 13] TÜV Rheinland (2013): Praxiswissen Energiemanagement – Anforderungen und Hinweise. Die DIN EN ISO 50001. Köln: 2013

[UWB 22] Umweltbundesamt – Erneuerbare Energien in Zahlen. *https://www.umweltbundesamt.de/themen/klima-energie/erneuerbare-energien/erneuerbare-energien-in-zahlen#uberblick*, Stand: 17. 12. 2022

[VDA 10b] Verband der Automobilindustrie e. V. (Hrsg.): Sicherung der Qualität in der Prozesslandschaft. 2., überarb. und erw. Aufl. 2009, akt. März 2010, erg. Dezember 2011. Frankfurt a. M.: VDA, 2011

[VDA 16] VDA – Verband der Automobilindustrie e. V. (Hrsg.): Qualitätsmanagement in der Automobilindustrie. VDA Band 6, Teil 1 QM-Systemaudit – Serienproduktion. VDA/QMC. 5. Aufl., Dezember 2016

[VDA 16a] VDA – Verband der Automobilindustrie e. V. (Hrsg.): Qualitätsmanagement in der Automobilindustrie – Zertifizierungsvorgaben für VDA 6.1, VDA 6.2 und VDA 6.4. VDA/QMC. 6., überarb. Aufl., September 2016

[VDA 17] VDA – Verband der Automobilindustrie e. V. (Hrsg.): QM-Systemaudit – Produktionsmittel – Besondere Anforderungen an Hersteller von Produktionsmitteln für die Automobilindustrie. VDA Band 6, Teil 4. 3. Aufl., Juni 2017

[VDI 18] Richtlinie VDI 4602, Blatt 1, April 2018: Energiemanagement Grundlagen

[VDI 99] VDI/VDE-Gesellschaft: Mess- und Automatisierungstechnik VDI/VDE/ DGQ 2618, Blatt 1 – 27. Berlin: Beuth Verlag, 1999

[Vog 24] Vogel, B.; Eller, C.: Informationssicherheit nach VDA ISA & TISAX. Anforderungen verstehen und erfolgreich umsetzen. München: Hanser Verlag, 2024

[Wae 02] Wäldele, F.; Schwenke, H.: Automatische Bestimmung der Messunsicherheit auf KMGs auf dem Weg in die Praxis. In: Technisches Messen 69 (2002), S. 550 – 557

[Wag 24] Wagner, W.: Ein neuer QM-Standard für Automotive-Softwareanbieter. In: Qualität und Zuverlässigkeit 69 (2024) 6, S. 60 – 62

[Waß 09] Waßmuth, S.: Office-basierte CAQ-Systeme – am Beispiel der Integration von Prüfplanung, FMEA und Reklamationsmanagement (Dissertation). Ilmenau: TU Ilmenau, Fak. für Maschinenbau, 2009

[Web 01] Bundesinstitut für Risikobewertung – BfR: Fragen und Antworten zum Hazard Analysis and Critical Control Point (HACCP)-System. Berlin: 2021: *www.bfr.bund.de/cm/350/fragen_und_antworten_zum_hazard_analysis_and_critical_control_point__haccp__konzept.pdf*, Stand: 01. 11. 2022

[Web 02] UWS Umweltmanagement GmbH: Verordnung (EG) Nr. 852/2004 des Europäischen Parlaments und des Rates vom 29. April 2004 über Lebensmittelhygiene: *https://eur-lex.europa.eu/LexUriServ/LexUriServ.do?uri=CONSLEG:2004R0852:20090420:DE:PDF*, Stand: 01. 11. 2022

[Web 03] Deutsche Gesellschaft für Gute Forschungspraxis e. V.: Grundsätze der Guten Laborpraxis (GLP): *http://www.dggf.de*, Stand: 04. 11. 2016

[Web 04] DIN Deutsches Institut für Normung e. V.: Interpretationen_ISO.35919.pdf: *http://www.nqsz.din.de*, Stand: 04. 11. 2016

[Web 06] DAkkS Deutsche Akkreditierungsstelle GmbH (Hrsg.): Akkreditierte Stellen: *https://www.dakks.de/de/akkreditierte-stellen-suche.html*, Stand: 04. 11. 2022

[Web 06b] DAkkS Deutsche Akkreditierungsstelle GmbH: Organigramm: *https://www.dakks.de/de/organigramm.html*, 17. 02. 2023

[Web 07] Arbeitsgemeinschaft Mess- und Eichwesen (AGME): *http://www.agme.de*, Stand: 17. 06. 2021

[Web 08] Physikalisch-Technische Bundesanstalt (PTB): *http://www.ptb.de*, Stand: 17. 06. 202021

[Web 10] Lebensmittel- und Futtermittelgesetzbuch in der Fassung der Bekanntmachung vom 15. September 2021 (BGBl. I S. 4253; 2022 I S. 28), das zuletzt durch Artikel 2 Absatz 6 des Gesetzes vom 20. Dezember 2022 (BGBl. I S. 2752) geändert worden ist: LFGB.pdf (gesetze-im-internet.de), Stand: 07. 02. 2023

[Web 12] Verordnung über Anforderungen an die Hygiene beim Herstellen, Behandeln und Inverkehrbringen von Lebensmitteln: *https://www.gesetze-im-internet.de/bundesrecht/lmhv_2007/gesamt.pdf*, Stand: 01. 11. 2022

[Web 13] Richtlinie 2004/10/EG des Europäischen Parlaments und des Rates vom 11. Februar 2004 zur Angleichung der Rechts- und Verwaltungsvorschriften für die Anwendung der Grundsätze der Guten Laborpraxis und zur Kontrolle ihrer Anwendung bei Versuchen mit chemischen Stoffen: *www.bfr.bund.de/cm/343/richtlinie_2004_10_eg_de.pdf*, Stand: 01. 11. 2022

[Web 14] Bundesministerium der Justiz: Gesetz zum Schutz vor gefährlichen Stoffen (Chemikaliengesetz – ChemG): *http://bundesrecht.juris.de/chemg/index.html*, Stand: 01. 11. 2022

[Web 15] Arbeitssicherheit.de: Unfallstatistik für das erste Halbjahr 2022 | News | arbeitssicherheit.de, Stand: 20. 12. 2022

[Web 19a] UWS Umweltmanagement GmbH: EG-GMP Leitfaden: *http://www.umwelt-online.de/recht/lebensmt/amg/gmp_ges.htm*, Stand: 01. 11. 2022

[Web 20] Physikalisch-Technische Bundesanstalt Braunschweig: Verordnung über das Inverkehrbringen und die Bereitstellung von Messgeräten auf dem Markt sowie über ihre Verwendung und Eichung (Mess- und Eichverordnung – MessEV) § 19 EG-Bauartzulassung: *https://www.gesetze-im-internet.de/messev/__19.html*, Stand: 05. 02. 2023

[Web 21] Central Intelligence Agency: The World Factbook (cia.gov), Stand: 04. 02. 2023

[Web 27] Deutsche Gesetzliche Unfallversicherung e. V. (DGUV), DGUV: Tödliche Arbeitsunfälle, Stand: 20. 12. 2022

[Web 28] Aushangpflichtige Gesetze und weitere wichtige Vorschriften – Textsammlung wichtiger Gesetze und Vorschriften zum Aushängen. 27. aktualisierte Neuauflage, Merching: FORUM Verlag Herkert, 2022

[Web 30] Richtlinie 2000/70/EG des Europäischen Parlaments und des Rates vom 16. November 2000 zur Änderung der Richtlinie 93/42/EWG des Rates hinsichtlich Medizinprodukten, die stabile Derivate aus menschlichem Blut oder Blutplasma enthalten: *http://eur-lex.europa.eu/legal-content/DE/TXT/HTML/?uri=CELEX:32000L0070&rid=2*, Stand: 04. 11. 2022

[Web 31] KTQ-Manual/KTQ-Katalog Krankenhaus, Version 2021: *http://www.ktq.de*, Stand: 04. 11. 2022

[Web 32] Berufsgenossenschaft Holz und Metall: DGUV – FB EH Erste Hilfe Material, Stand: 04. 02. 2023

[Web 33] Brandschutzordnung nach DIN 14096 erstellen (Teil A, B und C) (forum-verlag.com), Stand: 04. 02. 2023, Merching: FORUM Verlag Herkert, 2022

[Web 34] Flucht- und Rettungsplan mühelos selbst erstellen – so geht's (weka.de), Stand: 04. 02. 2023, Kissing: WEKA Media GmbH & Co. KG

[Web 35] International Organization for Standardization: *http://www.iso.org*, Stand: 04. 11. 2022

[Web 37] Physikalisch-Technische Bundesanstalt (PTB): Kalibrierhierarchie: *https://www.ptb.de*, Stand: 07. 02. 2023

[Web 40] Fragenkatalog VDA ISA. SMCT-MANAGEMENT Unternehmensberatung für Managementsysteme. *https://smct-management.de/fragenkatalog-vda-isa/*, Stand: 11. 08. 2024

[Web 41] TISAX-Teilnehmerhandbuch. *https://www.enx.com/handbook/tisax-teilnehmerhandbuch.html*, Stand: 11. 08. 2024

[Web 42] ENX-Portal: Information Security Assessment. *https://portal.enx.com/de-DE/TISAX*, Stand: 11. 08. 2024

[Web 43] Informationssicherheit in Unternehmen, *https://www.vda.de/de/themen/digitalisierung/daten/informationssicherheit*, Stand: 10. 08. 2024

[Web 44] VDA Information Security Assessment ISA 6.02 (deutsche Übersetzung) *https://portal.enx.com/de-de/TISAX/downloads*, Stand: 10. 08. 2024

[Web 45] Steinbeis Qualitätssicherung und Bildverarbeitung GmbH: SQB IMS. *https://sqb-ilmenau.de/download/pb_sqb_ims.pdf*, Stand: 01. 07. 2024

[Web 53] Statistisches Bundesamt, Europäischer Green Deal: Klimaneutralität bis 2050: *https://www.destatis.de/Europa/DE/Thema/GreenDeal/_inhalt.html*, Stand: 02. 02. 2023

[Web 54] Feuerlöscher – Bundesverband Brandschutz-Fachbetriebe e. V. (bvbf) (bvbf-brandschutz.de), Stand: 03. 02. 2023

[Web 56] DGUV – FB EH Kennzeichnung von Erste-Hilfe-Einrichtungen, Stand: 04. 02. 2023

[Web 59] Risikoeinschätzung und Risikobehandlung in der ISO 27001 (smct-management.de), Stand: 01. 02. 2023

[Web 64] Berufsgenossenschaft Holz und Metall: BGHM: Maschinen und Geräte, Stand: 02. 02. 2023

[Web 68] Gabler Wirtschaftslexikon, 2018, Stichwort: Arbeitsanweisung: *https://wirtschaftslexikon.gabler.de/definition/arbeitsanweisung-31074/version-254642*, Stand: 06. 11. 2022

[Web 69] Gabler Wirtschaftslexikon, Stichwort: Formular: Revision von Formular, Stand: 06. 02. 2023

[Web 70] Unternehmensstabilisierungs- und -restrukturierungsgesetz (StaRUG) vom 22. Dezember 2020 (BGBl. I S. 3256), das zuletzt durch Artikel 12 des Gesetzes vom 20. Juli 2022 (BGBl. I S. 1166) geändert worden ist, Stand: 27. 12. 2022

[Web 72] EMAS-Logo: *http://www.emas.de/ueber-emas/emas-logo*, Stand: 11. 12. 2022

[Web 73] DIHK EMAS in Zahlen – Statistiken: EMAS-Teilnehmer-Anzahl-Bundeslaender-DIHK in Deutschland, Stand: 24. 01. 2023

[Web 74] Institut für Arbeitsschutz der Deutschen Gesetzlichen Unfallversicherung (IFA): GHS – Global Harmonisiertes System zur Einstufung und Kennzeichnung von Chemikalien: *https://www.dguv.de/medien/ifa/de/fac/ghs_verordnung/ghs-2019.pdf*, Stand: 20. 12. 2022

[Web 75] ISO 27001 Controls aus Anhang A: Übersicht der Maßnahmen der ISO 27001, DataGuard Informationssicherheit: Was Sie über die ISO 27001 Controls aus Annex A wissen sollten (dataguard.de), Stand: 30. 01. 2023

[Web 76] ISO 27001 & ISO 22301 Wissensdatenbank: *https://advisera.com/27001academy/de/knowledgebase/iso-27001-risikobewertung-und-risikobehandlung-6-grundlegende-schritte*, Stand: 30. 01. 2023

[Web 80] Länderausschuss für Arbeitsschutz und Sicherheitstechnik (Hrsg.): LASI-Veröffentlichungen: *https://lasi-info.com/publikationen/lasi-veroeffentlichungen?tx_ikanoslasipublications_publications%5Baction%5D=show&tx_ikanoslasipublications_publications%5Bcontroller%5D=Publication&tx_ikanoslasipublications_publications%5Bpublication%5D=26&cHash=393d660a9b233cd65c261ad106a50005*, Stand: 31. 11. 2022

[Web 81] DGUV Deutsche Gesetzliche Unfallversicherung: Grundbegriffe des Arbeitsschutzes: *http://www.dguv.de/de/praevention/aus-weiterbildung/fasi/index.jsp*, Stand: 24. 11. 2022

[Web 82] DGUV Vorschrift 2, Deutsche Gesetzliche Unfallversicherung: *https://publikationen.dguv.de/widgets/pdf/download/article/1195*, Stand: 04. 01. 2023

[Web 83] Deutsche Gesetzliche Unfallversicherung e. V. (DGUV): ISi – Informationssystem für Sicherheitsdatenblätter: *https://www.dguv.de/ifa/gestis/isi-informationssystem-fuer-sicherheitsdatenblaetter/index.jsp*, Stand: 19. 12. 2022

[Web 84] Bundesanstalt für Arbeitsschutz und Arbeitsmedizin (BAuA): *https://www.baua.de/DE/Themen/Arbeitsgestaltung-im-Betrieb/Gefahrstoffe/Einstufung-und-Kennzeichnung/Kennzeichnungselemente/Gefahrenpiktogramme-und-Signalwoerter.html*, Stand: 11. 12. 2022

[Web 85] Johner Medical GmbH: Johner Institut – Ihr Partner für Regularien im Bereich Medizinprodukte (johner-institut.de), Stand: 04. 11. 2022

[Web 86] Zertifizierungsstelle der Tervis Zertifizierungen GmbH: Nutzung des Zertifizierungszeichens: *https://www.fritz-praezision.de*, Stand: 06. 11. 2022

[Web 87] Steinbeis Qualitätssicherung und Bildverarbeitung GmbH: *https://sqb-ilmenau.de/download/pb_sqb_ims.pdf*, Stand: 09. 11. 2022

[Web 99] Verordnung (EU) 2017/745 des Europäischen Parlaments und des Rates vom 5. April 2017 über Medizinprodukte, zur Änderung der Richtlinie 2001/83/EG, der Verordnung (EG) Nr. 178/2002 und der Verordnung (EG) Nr. 1223/2009 und zur Aufhebung der Richtlinien 90/385/EWG und 93/42/EWG des Rates, EUR-Lex – 32017R0745 – EN – EUR-Lex (europa.eu), Stand: 11. 12. 2022

[Web 100] Verordnung zur Einführung einer Ersatzbaustoffverordnung, zur Neufassung der Bundes-Bodenschutz- und Altlastenverordnung und zur Änderung der Deponieverordnung und der Gewerbeabfallverordnung1 vom 9. Juli 2021, Mantelverordnung ab 01. 08. 2023 in Kraft! | Baustoff-Recycling Bayern (baustoffrecycling-bayern.de), Stand: 05. 02. 2023

[Web 101] Berufsgenossenschaft Holz und Metall: BGHM: Gefahrstoffe, Stand: 04. 02. 2023

[Web 102] Berufsgenossenschaft Holz und Metall: *https://www.bghm.de/metanavigation/suche?tx_solr%5Bq%5D=Kennzeichnung+Gefahrenbereiche*, Stand: 02. 02. 2023

[Web 103] ISO/IEC 27001:2022 – Was ist neu? – News | TÜV NORD (tuev-nord.de), Stand: 05. 02. 2023

[Web 104] Die neue ISO 27002:2022 (vace.at), Stand: 05. 02. 2023

[Web 105] Wichtige Gesetze und Verordnungen zum Umweltschutz. BWL & Wirtschaft lernen – optimale Prüfungsvorbereitung! (wiwiweb.de), Stand: 16. 02. 2023

[Web 106] QAS-Company AG: Fachbegriffe aus dem Qualitätsmanagement, der QM-Beratung & Co, Stand: 16. 02. 2023

[Web 107] Über uns – Schardt GmbH & Co. KG, Stand: 16. 02. 2023

[Web 109] ISO management standards and the concept of a harmonized structure: *https://www.iso.org/management-system-standards.html*, Stand: 05. 01. 2024

[Web 110] Dröge, U.: Was ist eine High Level Structure oder Harmonized Structure? *https://www.dqsglobal.com/de-de/wissen/blog/was-ist-eine-high-level-structure*, Stand: 08. 11. 2024

[Web 111] Wirtschaftslexikon24, Ausgabe 2024, Dipl. Kfr. Gudrun Stiller, Puente el Eden, Barrio Auxiliadora, Managua, Nicaragua, *https://www.wirtschaftslexikon24.com/d/pims-studie/pims-studie.htm*, Stand: 01. 07. 2024

[Wec 04] Weckenmann, A. (Hrsg.); Bettin, V.: Ansatz zur übergreifenden Qualitätsregelung von Prozessketten in der Fertigung. In: Berichte aus dem Lehrstuhl Qualitätsmanagement und Fertigungsmesstechnik. Friedrich-Alexander-Universität Erlangen-Nürnberg, Band 9, Aachen: Shaker Verlag GmbH, 2004

[Wed 19] Weddige, R.: Untersuchungen zu Anforderungen und zur Umsetzung der DIN EN ISO 50001:2018, dargestellt am Beispiel des Sandvik Tooling Supply Werkes Schmalkalden und der Revision der DIN EN ISO 19011:2018. Masterarbeit. Ilmenau: TU Ilmenau, Fak. für Maschinenbau, 2019

[Wei 00] Weichert, N.; Wuelker, M.: Messtechnik und Messdatenerfassung. München: Oldenbourg Verlag, 2000

[Wei 16] Weimann, Mario: Risk Management – Projektsteuerung auf Basis quantitativer Risikoanalyse. Aalen: Hochschule Aalen, Masterthesis, 2016

[Wei 18] Weigl, C.: Praxishandbuch DIN ISO 45001. Arbeits- und Gesundheitsschutz in Organisationen umsetzen und managen. 1. Auflage. Freiburg, München, Stuttgart: Haufe Group, 2018

[Wol 09] Wolf, K.; Runzheimer, B.: Risikomanagement und KonTraG: Konzeption und Implementierung. 5. Aufl., Wiesbaden: Gabler, 2009

[Wol 14] Wolf, J.: Analyse und Re-Engineering, sowie Vereinheitlichung der dokumentierten Verfahren für das Qualitätsmanagement, dargestellt am Beispiel des Unternehmens Sandvik Tooling Supply Germany Werk Schmalkalden. Masterarbeit. Ilmenau: TU Ilmenau, Fak. für Maschinenbau, 2014

# Index

## Symbole



## A

## F



## G

## R



## S

## W



## Z

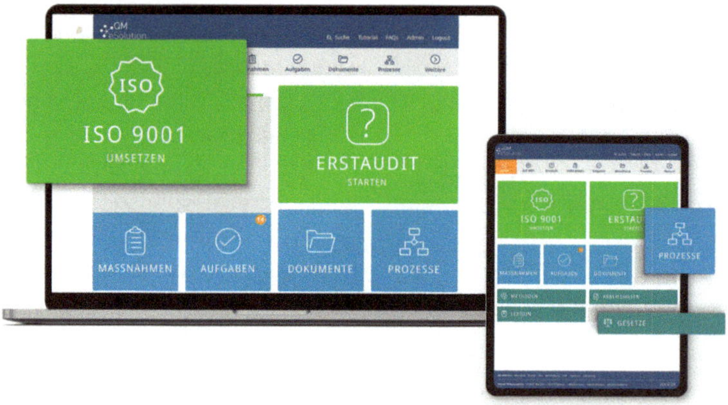
ISO 9001
UMSETZEN
ERSTAUDIT
STARTEN
MASSNAHMEN
AUFGABEN
DOKUMENTE
PROZESSE